譯註 續日本紀 中

연민수 延敏洙

동국대학교 사학과 및 동 대학원 석사과정 졸업
九州大學 대학원 일본사학과 수사·박사과정 졸업, 문학박사
전 동북아역사재단 역사연구실장

논저 | 『일본고대국가와 도래계 씨족』(학연문화사, 2021)
『고대일본의 대한인식과 교류』(역사공간, 2014)
『고대한일관계사』(도서출판혜안, 1998)
『고대한일교류사』(도서출판혜안, 2003)
『일본역사』(보고사, 1998)
『역주일본서기』 1~3(공역, 동북아역사재단, 2013)
『新撰姓氏錄』 上·中·下(공역, 동북아역사재단, 2020)
『일본고중세문헌속의 한일관계사료집성』(공편, 도서출판혜안, 2005) 등 다수

譯註 續日本紀 中

연민수 역주

초판 1쇄 발행 2022년 4월 25일

펴낸이 오일주
펴낸곳 도서출판 혜안

등록번호 제22-471호
등록일자 1993년 7월 30일

주소 04052 서울시 마포구 와우산로 35길 3(서교동) 102호
전화 02-3141-3711~2 / **팩스** 02-3141-3710
이메일 hyeanpub@hanmail.net

ISBN 978-89-8494-679-8 93910

값 40,000 원

譯註 續日本紀 中

연민수 역주

혜안

서문

『속일본기』는 文武 원년(697)에서 桓武朝 延暦 10년(791)에 이르는 9대 95년의 역사를 다루고 있다. 공간적으로는 藤原京, 平城京, 長岡京이 존재했지만 주무대는 평성경을 중심으로 전개되었다. 이 시대는 大寶·養老律令의 제정으로 율령법에 기초한 국가의 운용이 충실히 시행되고 있었고, 본격적인 문서행정으로 수많은 공문서가 산출되었다. 『속일본기』 편찬 자료는 각 행정관청에 소장되어 있는 문서군을 기초로 하였고, 그만큼 생생한 현장의 사건, 소식들을 담은 사실적 역사서라고 할 수 있다. 나아가 당대 일본국가의 운용 시스템을 제도적으로 잘 보여주고 있다는 점에서 이른바 '律令國家'의 구조, 실태를 이해하는 데 근간이 되는 사료이다. 율령제를 규정짓는 요소인 중앙집권적 관료제를 근간으로 하여 개별적 인민 파악을 위한 호적과 계장, 반전수수에 의한 구분전, 租庸調의 수취체제, 신분제로서의 良賤制, 군단병사제 등이 성립되어 기능하고 있다. 여기에 천황의 조서, 칙지를 비롯하여 태정관부, 지방국사의 상주문 등 중앙과 지방의 문서전달체계는 중앙집권화된 율령사회의 모습을 잘 보여주고 있다. 한편으로는 이러한 율령국가의 구조와 체제가 8세기 전체를 관통하면서도 내부적인 모순에 의해 점차 변질, 붕괴되어 가는 현상도 『속일본기』에서는 말하고 있다.

『속일본기』의 핵심 사상은 천황주의이다. 이 이념은 이미 『일본서기』에 의해 확립되어 『속일본기』에 그대로 계승되고 있다. 율령을 기반으로 한 중앙집권적 지배체제는 천황이라는 절대인격이 그 정점에 자리하고 있다. 무엇보다 천황가라는 혈통의 절대성, 신성성은 기타 씨족이 넘볼 수 없는 영역이었다. 천황 1인만은 율령법에 명시되어 있지 않듯이 법적 규제를 받지 않는 초법적인 존재였고, 조칙을 통한 천황의 명령권은 그 자체가

법적 효력을 발휘하였고, 관인의 任免權, 賜姓 정책을 통해 관료사회를 지배해 나갔다. 여기에 천황 권력의 사상적 이념은 公地公民制에 기초한 王土王民思想이고, 중국적 예제주의를 수용한 천명사상과 덕치주의였다. 신격화된 천황의 통치는 천명에 의해 좌우되고 덕치에 의해 유지된다는 논리였다. 따라서 상서와 재이가 교차하고, 자연재해나 사회적 모순에 의해 발생하는 모든 현상들을 천황의 부덕으로 받아들이고 하늘이 내린 징벌이라는 사고가 생겨났다. 이를 극복하기 위한 수단으로서 구휼, 사면 등의 조치가 내려지고, 神佛에 기원하는 종교적 의식이 거행되고 있다. 이 시기가 되면 전통적인 신사의식과 국가불교로서 발전해 가는 불교는 습합되어 융화되는 현상을 보여주고 있다.

권력의 구조는 천황을 정점으로 한 5위 이상의 관인층이 세습적 특권을 갖고 권력을 공유해 나갔다. 음서제에 의한 관인층의 특권적 족벌세력의 재생산은 이전 호족연합정권 시대의 私地私民制의 산물이지만, 율령시대에는 제도화된 특권이었고, 특히 왕실과의 혼인관계를 통해 확립된 藤原家의 독점적 권력은 많은 정치적 갈등과 모순을 드러내었다. 文武 이후 벌어지는 황위계승의 문제는 누가 권력을 차지하느냐는 문제와도 직결되어 있어 이를 둘러싼 음모와 암투가 전개되었다. 누가 황후가 되고 어느 씨족 출신의 후궁이 낳은 황자가 천황이 되느냐에 따라 권력의 핵심부는 바뀌게 되는 것이다. 여기에는 등원씨가 중심이 되고 있지만, 등원가 내부에서도 대립이 있고, 나아가 왕실의 원로격 인물과도 충돌을 피할 수 없었다. 長屋王 일가의 반역음모 사건은 등원가의 모략이었고, 藤原仲麻呂의 반란은 독신 여제의 즉위와 측근 道鏡의 등장에 따른 위기감 때문에 발생한 사건이었다.

이 시대에 여성 천황의 즉위가 두드러졌다. 전시대 天武는 壬申의 난이라는 피의 쟁란을 통해 天智의 황자를 제거하고 즉위한 까닭에 황위계승에 있어서 형제의 난을 우려하였다. 이에 '吉野의 맹약'을 통해 적장자 계승원칙을 세웠다. 그러나 이러한 원칙이 현실의 벽에 부딪히고 이로 인한 혼란을 피하기 위한 수단으로서 여성 천황이 즉위하였다. 이 시대 8명의 천황 중에서 4명이 천황의 모친, 딸로서 즉위하는데 적통남계의 부재가 낳은 하나의 현상이었다. 여성천황 시대에 벌어지는 권력의 암투는 『속일본기』의 세계를 이해하는

데 중요하다.

『속일본기』의 사료적 성격을 엿볼 수 있는 것이 대외인식이다. 천황제 율령국가는 唐의 제국적 천하의식, 정치체제를 모방한 중화사상에 기반을 두고 있다. 한편으로는 당에 조공하면서 독자 연호와 천황호를 사용하고 있고, 신라와 발해에 대해서는 일본우위의 번국관을 고수하였다. 신라에 대한 번국관의 근거는 신공황후의 삼한정벌이라는 전설의 세계이고 복속과 조공의 유래를 설명하고 있다. 신공황후 전설은 7세기 후반 백강전투 이후 일본고대국가의 성립기에 생겨난 인식이고, 신라에 대한 대항의식의 발로이다. 발해에 대해서는 고구려의 계승국임을 명백히 하면서 고구려 멸망기의 인식에 기반을 둔 대외관이다. 외교의례의 장에서 펼쳐지는 번국의식은 중국 화이사상을 모방한 것이었다. 특히 원단의 신년하례의식에 이들 사절단을 참여시켜 천황의 권위를 대내적으로 연출하였다. 그러나 이러한 주관적이고 일방적인 대외관은 외교상의 마찰을 일으켜 갈등을 유발시키고 있다. 국내적 통치질서를 벗어난 대외인식은 통용되지 못한 채로 교차하는 교류와 갈등이 순환적으로 반복되었다. 실질을 동반하지 않은 주관적 대외인식은 내부의 권력집중을 지향하고 있고, 신라와의 외교적 마찰은 동시에 신라정토론으로 전화되어 내부적 성토의 장으로서 중화의식을 만족시켰다.

『속일본기』가 완성되어 진상된 것은 환무조 연력 16년(797)이다. 편찬은 이미 淳仁, 光仁朝에서 추진되었으나, 기초자료의 나열 정도에 그쳐 사서로서의 체제를 갖추지 못해 보류되었다. 다음 환무조에서 본격적인 편찬사업에 들어가 최종 40권으로 완성되었다. 이는 재임중인 '今天皇'紀가 들어간 초유의 사서였다. 자신의 치세를 사서에 기록하는 일은 전례없었지만, 왕조교체가 없던 천황가 역사라는 점에서 특별한 반발이나 위화감 없이 추진된 것으로 보인다. 다만 환무 자신의 치세의 나머지 기록은 『일본후기』에 수록되어 있듯이 사후에 편찬된다는 사실을 알면서도 강행한 것은 재임중에 명확히 해야 할 문제가 있었기 때문으로 생각된다. 그것은 다름아닌 즉위의 정당성, 정통성 문제였다. 『속일본기』에 나오는 문무를 비롯한 역대 천황들은 천무의 직계 혈통이다. 이것이 光仁의 즉위로 天智系로 바뀌고 이어 즉위한 환무는 신왕조 창시를 선포하게 된다. 환무는 즉위 후 이른바 우주의 주재신인

昊天上帝와 자신의 부친 광인천황을 합사한 제사의식을 거행하였다. 이것은 광인을 시조로 하는 천황가의 정통성을 알리고 자신의 후계 자손이 일본국을 통치해 나간다는 메시지였다. 환무 이후 그의 세 명의 아들이 차례로 즉위한 사실은 이를 증명해 주고 있다.

환무천황에 의해 추진된『속일본기』의 편자로 이름이 거론된 인물은 4인이다. 그중에서 菅野眞道는 환무의 편찬이념을 잘 받들어 찬술을 주도했던 인물이었다. 그는 환무의 생모인 高野新笠과 같은 백제계 도래씨족의 후예였고, 동시에 태양신의 후예인 都慕 신화를 공유하게 되었다. 환무 자신은 모계의 출자를 강하게 의식하였는데 환무조에서 백제왕씨를 비롯한 백제계 씨족들이 우대받은 사실에서도 잘 알 수 있다. 편찬에 관여한 인물 중에서 中科宿禰巨都雄은 개성 이전의 씨성이 津連氏로 관야진도와 동족이다. 관야진도 역시 개성하기 이전에 津連氏였다.『속일본기』에 유독 백제왕씨 등 인물이 많이 나오는 것도 이러한 편찬자의 수사와 무관하지 않다고 보인다.

『속일본기』를 역주하면서 새삼 확인한 것이 사료의 중요성이다. 일본고대사에서 8세기만큼 사료가 풍부한 시기도 없다.『속일본기』라는 정사를 근간으로 하여 동 사서를 실증적으로 뒷받침하는 호적, 계장, 정세장, 사경소문서 등을 담은 정창원문서, 수십만 점에 달하는 목간이 전해주는 생생한 현장의 기록물은 일본고대의 8세기사 연구를 풍부하게 해주고 있다. 사료에 목말라 있는 한국고대사의 실정에 비추어 보면 이들 사료에 관심을 기울일 필요가 있다.『속일본기』에 등장하는 수많은 한국계 인명은 한국고대사 복원에 유용하게 이용할 수 있고, 4등관제를 비롯하여 율령국가의 운용 실태는 동시대의 신라사 연구에도 활용할 부분이 적지 않다. 사료 자체의 번역뿐 아니라 해당 사료의 주석에 따라 활용할 수 있는 범위가 넓어진다고 생각된다.

이 역주 작업에는 몇 년 전 프로젝트를 통해 공동으로 정리한 50여 종에 달하는 일본고대사료의 DB화가 큰 도움이 되었다. 특히 원문 바탕 위에 작업을 하여 입력 시간을 단축시키고, 단순한 문장은 용이하게 처리할 수 있었다. 또한 정창원문서와 목간 등 기초자료의 원문검색이 가능해져 유용하게 활용하였다. 新日本古典文學大系本의 훈독과 중국고전을 인용한 사료는 그 출전을 재확인하여 주석에 인용하였다. 여기에 『新撰姓氏錄』을 역주하면서 얻은 수많은 도래계 씨족을 비롯한 관련자료들을 주석에 인용하여 자료로서의 활용도를 높였다.

사실 『속일본기』는 그간 관련 논문을 쓰면서 손때가 묻을 정도로 익숙했지만, 막상 작업에 들어가 보니 홀로 하기에는 만만치 않은 분량이었고 특히 文武紀 초두부터 나오는 宣命體 문장을 비롯한 곳곳의 난해한 사료는 해독의 벽에 부딪혀 많은 시간을 고민해야 했다. 이러한 한계를 마주하면서 점차 사료의 세계에 빠져들어 갔고, 종전 단편적으로 참고하던 때와는 달리 이 시대의 전체적인 모습이 보이기 시작하였다. 하루 10시간 이상 1년 수개월간 하나의 작업에 몰두한 것은 나의 연구인생에 처음 있는 일이었고, 어쩌면 나 자신의 인내심을 시험하는 장이었다고 생각된다.

역주를 마치면서 당대의 사료를 당대인의 생각으로 읽는다는 것과 사료 이면의 본질을 파악하는 것은 사료연구의 기본이며 얼마나 중요한 일인지를 새삼 확인하였다. 기록된 문서와 사실의 문제는 반드시 일치하지는 않아 해석에도 차이도 생기고, 이념성이 강한 사료일수록 두드러진다. 사료의 역주는 단지 번역의 단계를 넘어 주석을 함께한 연구이다. 다른 눈으로 볼 때 새롭게 보일 수도 있다. 비판과 지적이 필요함은 물론이다. 본 역주서가 천황제 율령국가의 이해와 기초적 연구에 도움이 되기를 바란다.

2022년 3월

북한산 자락의 서재에서

연 민 수

목 차

역주 『속일본기』

譯註 續日本紀 上

譯註 續日本紀 下

범 례

1. 본 역주본의 사료는 國史大系本을 원문으로 하고, 新古典文學大系本의 훈독을 참조하였다.
2. 약자, 속자, 이체자 등은 정자체로 바꾸고, 사안에 따라 원문 그대로 둔 사례도 있다.
3. 선명체 문서, 상행문서, 외교문서 등 구어체, 경어체 형식의 문장은 문어체, 평어체로 통일하였다.
4. 선명체 기사는 ( ) 안에 선명체라고 표시하고, 음차 한자는 〈 〉 안에 표기하였다.
5. 원문의 行幸, 巡幸 등은 번역문에서는 내용, 거리에 따라 순행, 행차라고 구분하였다
6. 번역은 고전을 인용한 비유 문장, 역사용어 등은 문장의 흐름을 방해하지 않는 범위에서 문장 속으로 풀어서 해석하거나 각주로 처리하였다.
7. 본문의 번역문에서는 문장의 이해를 돕기 위해 원문에 없는 내용은 ( ) 안에 설명하여 의미를 보충하였다.
8. 國史大系本의 일부 오류가 있는 日干支의 날짜는 新日本古典文學大系本에 따라 수정하였다.
9. 출전을 표시하지 않고 연호로 기년을 나타낸 것은 모두 『속일본기』에 근거한다.
10. 원문의 일본 고유명사 발음은 한자의 한글표기를 원칙으로 한다.

역주『속일본기』

『속일본기』 권제15

〈天平 15년(743) 정월부터 16년(744) 12월까지〉

종4위하 行[1)]民部大甫 겸 左兵衛督 황태자학사
신 菅野朝臣眞道 등이 칙을 받들어 편찬하다.

天璽國押開豊櫻彦天皇 〈聖武天皇〉

◯ 天平 15년(743) 춘정월 신축삭(1일), (천황이) 우대신 橘宿禰諸兄을 먼저 恭仁宮으로 돌아가게 하였다.

임인(2일), 천황이 紫香樂으로부터 돌아왔다.

계묘(3일), 천황이 대극전에 임하여 백관의 신년하례를 받았다.

정미(7일), 천황이 대안전[2)]에서 5위 이상에게 연회를 베풀고 차등있게 녹을 내렸다.

임자(11일), 석원궁[3)]의 누각〈城[4)]의 동북에 있다.〉에 임하여 백관 및 관위가 있는 사람들에게 연회를 베풀었다. 칙이 내려져 거문고를 지급하였다.[5)] 음악을 연주할 수 있는 5위 이상에게 접의[6)]를 내리고 6위 이하에게 녹을 차등있게 하사하였다.

계축(12일), 금광명최승왕경[7)]을 독경시키기 위해 많은 승을 금광명사에

---

1) 「選敍令」6에는 관위에 비해 낮은 관직을 가진 경우에 行이라고 하고, 높은 관직일 경우에는 守라고 한다. 民部大輔는 「官位令」에는 정6위상이다. 따라서 종4위하인 菅野朝臣眞道를 行民部大輔라고 한 것이다.

2) 大安殿. 內裏의 正殿.

3) 石原宮. 恭仁宮의 동북방에 있는 離宮.

4) 恭仁京.

5) 거문고를 지급하고 연주하게 했다는 의미이다.

6) 摺衣. 다양한 색의 문양으로 직조한 의복.

7) 당의 義淨이 번역한 金光明經.

초청하였다. (천황이) 말하기를, "천황은 삼가 49인의 大德[8]들에게 자문을 구하고 불제자[9]의 오랜 인연으로 천명을 이어받아 불법을 펼치고 여러 백성들을 인도하여 다스리고자 한다. 이에 금년 정월 14일을 기하여 국중의 출가한 사람들에게 청하여 주거하는 곳에서 7·7일[10]에 한해서 대승금광명최승왕경을 전독하도록 한다. 또 천하에 7·7일에 한해서 살생을 금하고 잡식을 하지 않도록 한다. 별도로 대양덕국[11] 금광명사에 특히 훌륭한 법회를 열어 천하에 모범이 되고자 한다. 여러 고승들 혹은 시대의 명망있는 사람들 혹은 만리의 賀賓[12]들은, 모두 사람들의 스승이라고 하고 다들 나라의 보물이라고 말하고 있다. 저 고명한 분들에게 바라건대 이 짐의 청한 바에 따라 비로소 자비의 말씀을 펼치어 마침내 영묘한 힘을 미치게 하고자 한다. 우러러 바라는 것은 사원의 위엄은 높아지고 황실에는 경사가 겹치고 국토의 기운은 밝아지고 백성은 평안하고, 널리 사방에 미치어 영원히 많은 사람들을 감싸고 보살의 수레를 타고 함께 여래의 경지에 이르기를 바라고 있다. 상법[13]의 중흥은 바로 금일에 있다. 무릇 그 지견을 생각하지 않을 수 있겠는가"라고 하였다.

2월 신사(11일), 佐渡國을 越後國에 합병하였다.

을미(15일), 밤에 달이 화성을 가렸다.

정유(27일), 밤에 달이 금성을 가렸다.

3월 계묘(4일), 금광명사의 독경이 끝났다. 조를 내려, 우대신 橘宿禰諸兄 등을 보내 절에 가서 많은 승들을 위로하게 하였다.

을사(6일), 筑前國司에서 언상하기를, "신라사 살찬 金序貞 등이 내조하였다"

---

8) 大德은 덕이 높은 高僧.

9) 聖武天皇.

10) 매 7일마다 49일 동안 7회 독경하는 것.

11) 天平 9년 12월 大倭國을 大養德國으로 개칭하였고, 天平 19년 3월에 다시 大倭國으로 되돌렸다.

12) 외국에서 온 도래승.

13) 부처님이 열반한 후 부처의 가르침이 바르게 행해지는 시기를 正法이라고 하고, 가르침과 수행하는 자가 있어도 깨달음을 펼치지 않는 시기를 像法이라고 하고, 末法은 敎法 즉 가르침만 남은 시기라고 한다. 경전에서는 像法 시기를 정법이 끝난 뒤의 5백년 혹은 1천년 지속된 시기를 말하고 있어, 像法에 접어든 현재의 상황을 佛法을 중흥시킬 수 있는 시기라고 강조하고 있다.

라고 하였다. 이에 종5위하 多治比眞人土作, 외종5위하 葛井連廣成[14]을 筑前에 보내 사절을 응접하는 상황을 살펴보게 하였다.

하4월 임신(3일), (천황이) 紫香樂[15]으로 순행하였다. 우대신 정2위 橘宿禰諸兄, 좌대변 종3위 巨勢朝臣奈弖麻呂, 우대변 종4위하 紀朝臣飯麻呂를 유수관으로 삼았다. 궁내소보 종5위하 多治比眞人木人을 보내 평성궁 유수관으로 삼았다.

을유(16일), 천황이 환궁하였다.

신묘(22일), 수행한 종5위 이상 28인, 6위 이하 2,370인에게 차등있게 녹을 내렸다.

갑오(25일), 신라사의 사정을 살피러 온 多治比眞人土作 등이 아뢰기를, "신라사가 調를 고쳐서 土毛[16]라고 칭하고, 문서[17]에는 물품의 수량만을 적어 놓았다. 옛 관례를 생각하면 상례를 크게 잃어버린 것이다"라고 하였다. 태정관이 처분하기를, "마땅히 수부 이상을 불러 예를 잃어버린 상황을 알리고 즉시 돌려보내도록 하라"고 하였다.

5월 신축(3일), 3월부터 금월까지 비가 내리지 않았다. 기내의 제신사에 봉폐하고 기우제를 지냈다.

---

14) 백제계 도래인 王辰爾의 일족인 白猪史氏의 후예씨족. 養老 3년(719) 견신라사로 임명되어 신라에 파견되었다. 이때의 신분은 종6위하 大外記. 養老 4년 일족과 함께 白猪史에서 葛井連으로 개성한다. 天平 15년 종5위하 備後守에 서임되고, 동 20년 종5위상, 정5위상으로 연이어 승진되었다. 天平勝寶 원년(749) 8월에는 中務少輔에 보임되었다. 萬葉歌人으로 『萬葉集』(962,1011,1012)에 단가 3수를 남기고 있고, 『懷風藻』에 한시 2수, 『經國集』에도 天平 3년의 대책문으로 작성한 한시 3수가 남아 있다.

15) 近江國 甲賀郡에 조영된 離宮. 甲賀宮이라고도 한다.

16) 「賦役令」7 集解古記에 "土毛, 謂草木也, 其地所生, 謂之地毛, 當國所出, 皆是土毛耳"라고 하여 土毛는 단지 土地의 産物을 가리켜 상하의 의미가 있는 것은 아니다. 발해사를 일관되게 조공사로 간주하고 있던 일본은 발해사가 갖고 온 물품에 國信物, 土毛, 毛物, 方物 등의 용어가 통용되고 있음에도 문제를 삼지 않았다. 이는 土毛라는 용어의 사용이 신라사의 入京을 불허하고 放還시킨 이유가 되지 않는다는 것을 말해준다. 당시 일본조정은 대재부의 관인 藤原廣嗣의 난을 겪고 난을 진압한 후에도 대재부가 폐지되는 등 불안정하고 혼돈된 상태였다. 전년도 2월 일본에 온 신라사 일행도 新京 조영이 완성되지 않아 축자에서 되돌려 보냈던 사실로 보더라도 당시 일본은 외국사를 접견하기 어려운 상황이었던 것으로 보인다.

17) 원문의 '書'는 國書라는 의미가 아니라 신라사가 가져온 물품의 수량을 적은 문서를 말한다.

계묘(5일), (천황이) 내리에서 군신들에게 연회를 베풀었다. 황태자가 몸소 오절무[18]를 추었다.

우대신 橘宿禰諸兄이 (천황의) 조를 받들어 태상천황[19]에게 주상하기를(宣命體), "천황이 대명으로 말씀하기를, 말하기조차 황공한 飛鳥淨御原宮에서 대팔주국을 통치하신 성스러운 (천무)천황이 천하를 통치하고 평정하여 상하의 질서를 정하고 온화하게 동요없이 안정시키는 데에는, 禮와 樂 2가지를 함께 평온하게 오랫동안 유지해야 한다고 신으로서 생각하여 이 춤을 처음으로 만들었다는 사실을 (聖武天皇은) 듣고, 천지와 함께 끊임없이 계속해서 이어나가기 위해 이 (내친)왕[20]에게 습득시켜서 우리 皇天皇[21] 어전에 바친다"라고 하였다.

이에 대해서 태상천황이 답하여 말하기를(宣命體), "現神[22]이시고 대팔주국을 통치하는 우리 아들인 천황이, '말하기조차 황송한 (천무)천황의 조정이 처음으로 만드신 국보를 이 (내친)왕으로 하여금 (오절무를) 바치게 하여 천하에 세워져 행해지는 법이 끊어지는 일이 없을 것이다'라고 하여, 이를 보고 기뻐하고 있다고 하신 (태상천황의) 말씀을 올린다. 또 금일 행하는 오절무를 보면, 단지 즐거움만이 아니라 군신과 부자의 도리를 가르치고 인도하는 것과 같다고 생각한다. 그런 까닭에 가르치고 인도하는 대로 체득하여 망각하거나 잃어버리지 않도록 그 표시로서 1, 2인에게 위계를 주려고 한다는 (태상천황의) 말씀을 주상한다"라고 하였다.

이에 태상천황이 만든 단가에서, "大和의 국이 존귀하다는 것은 신의 몸체이기 때문이다. 지금 이 춤을 보면"이라고 하였고, 또 다른 단가에서는 "천신의 자손인 천황이 스스로 손에 잡으시고 이 존귀한 풍어주를 지금 바친다"라고 하였고, 또 다른 단가에서는 "우리 대군은 언제까지나 영원히 평안하게

---

18) 五節의 會에 행하는 舞. 1월 1일, 1월 7일, 1월 16일, 5월 5일, 11월 新嘗祭 다음날 농경의 풍요를 바라고 축하하기 위해 행한다.

19) 元正天皇.

20) 황태자인 阿倍內親王.

21) 元正天皇.

22) 現神은 明神, 現人神, 現御神 등의 표기법이 있다. 인간의 모습으로 나타난 신, 즉 천황의 신격화를 나타낸다.

국을 다스리고, 이 존귀한 풍어주를 바친다"라고 하였다.

우대신 橘宿禰諸兄이 (천황의) 조를 받들어 말하기를(宣命體), "천황의 대명으로 말씀하기를, 오늘 거행되어 (태상천황에게) 바친 오절무에 따라 각 천황의 치세마다 봉사해 온 친왕들, 대신들의 자식들을 비롯하여 위계를 줄만한 1, 2인을 선발하여 내리고자 한다. 이에 그대들도 금일 내린 대명과 같이 군신, 부자의 도리를 잊지 말고 이어나가 천황의 치세 대대로 밝고 정결한 마음으로 선조의 이름을 소중히 간직하고 천지와 함께 오랫동안 영원히 봉사하라고 하는 생각으로 관위를 내린다고 하신 대명을 모두 들으라고 하였다. 황태자궁의 관인에게 관위 1계를 올려주고, 이 중에 박사로 임명된 下道朝臣眞備[23]에게는 관위 2계를 올려준다고 하신 천황의 말씀을 모두 듣도록 한다"라고 하였다.

우대신 정2위 橘宿禰諸兄에게 종1위를, 정3위 鈴鹿王에게 종2위를, 정4위하 藤原朝臣豊成에게 종3위를, 종4위하 栗栖王·春日王에게 함께 정4위하를, 종4위하 船王에게 종4위하를, 무위 阿刀王·御室王에게 함께 종4위하를, 종5위상 矢釣王에게 정5위하를, 무위 高丘王·林王·市原王에게 함께 종5위하를, 종4위하 大伴宿禰牛養·石上朝臣乙麻呂·藤原朝臣仲麻呂에게 함께 종4위하를, 정5위상 多治比眞人廣足·佐伯宿禰常人, 정5위하 下道朝臣眞備에게 종4위하를, 정5위하 多治比眞人占部·石川朝臣加美, 종5위상 藤原朝臣八束·橘宿禰奈良麻呂, 정5위하 阿倍朝臣虫麻呂·佐伯宿禰淸麻呂·坂上忌寸犬養에게 함께 정5위상을, 종5위상 阿倍朝臣佐美麻呂, 종5위하 藤原朝臣淸河, 종5위상 紀朝臣淸人·石川朝臣年足·背奈王福信[24]에게 함께 정5위하를, 종5위하 大伴宿禰稻君·百濟王孝忠[25]·佐

23) 吉備朝臣眞備.

24) 延曆 8년(789)조에 背奈王福信의 개성 이후 이름인 高倉朝臣福信으로 薨傳 기사가 나온다. 여기에는 福信의 본관, 조상 내력, 씨명 변화, 관직에 오르는 과정 등이 기록되어 있다. 그는 무장국 고려군 사람으로, 본성은 背奈이고 조부인 福德이 당나라 장군 이세적이 평양성을 함락했을 때 일본에 귀화하여 무장에 살게 되었다고 한다. 복신이 사망한 연력 8년(789)에 나이가 81세였다고 하니 그의 출생 연도는 고구려 멸망 후 30년이 지난 화동 2년(708)이다. 즉, 고구려 유민의 3세에 해당된다. 이 씨족의 본성인 背奈는 고구려 5부의 消奴部에서 유래한 '肖奈'에서 온 것으로 고구려 5부 중 소노부 출신으로 생각된다. 背奈氏는 양로 5년(721)을 하한으로 하는 시기에 背奈公으로 바뀌고, 천평 19년(747) 背奈王으로 개성되었으며, 천평승보 2년(750) 高麗朝臣으로, 寶龜 10년(779)에 다시 高倉朝臣으로 개성되었다. 『신찬성씨록』 좌경제

味朝臣虫麻呂·巨勢朝臣堺麻呂·佐伯宿禰稻麻呂에게 함께 종5위상을, 외종5위하 縣犬養宿禰大國, 정5위상 大伴宿禰駿河麻呂, 종6위상 大原眞人麻呂, 정6위상 中臣朝臣淸麻呂·佐伯宿禰毛人에게 함께 종5위하를, 종6위상 下毛野朝臣稻麻呂, 정6위상 高橋朝臣國足·鴨朝臣角足·秦井手乙麻呂·紀朝臣小楫·若犬養宿禰東人·井上忌寸麻呂에게 함께 외종5위하를 내렸다. 앞서 우대신 종1위 橘宿禰諸兄을 좌대신으로 임명하였고, 병부경 종3위 藤原朝臣豊成, 좌대변 종3위 巨勢朝臣奈弖麻呂를 중납언으로 삼았고, 종4위상 藤原朝臣仲麻呂, 종4위하 紀朝臣麻路를 참의로 삼았다.

을축(27일), (천황이) 조를 내려, "듣는 바로는 '간전은 養老 7년의 격[26]에 의하면, 기한이 찬 후에 상례에 따라 收授한다.[27] 이로부터 농부는 나태해지고 개간지는 다시 황폐해졌다[28]'고 한다. 지금 이후로는 임의대로 개인의 재산으로 하여 3世1身[29]을 논하지 말고 모두 다 永年에 걸쳐 (국가가) 거두는 일이

번 「고려」조에는 "高麗朝臣은 고구려왕 好台 7세손 延典王으로부터 나왔다"라고 기록되어 있다. 福信薨傳에 따르면 그는 백부 背奈公行文의 도움을 받아 궁중의 內竪所에서 정8위에 상당하는 右衛士大志로 출발하였고, 천평 연간에는 외종5위하를 받고 春宮亮에 임명되었다. 성무천황의 총애를 받아 천평승보(749~757) 초에 종4위 紫微少弼에 이르렀고, 天平神護 원년(765)에 종3위로 造宮卿에 임명되어 武藏守, 近江守를 겸임하였다. 또한 천평승보 8년(756), 보귀 원년(770), 연력 2년(783) 등 세 번에 걸쳐 무장국 장관인 무장수를 겸임하였다.

25) 攝津亮 百濟王郎虞의 아들. 天平 8년(736)에 종5위하에 서위되었고, 동 10년에 遠江守, 동 15년에 橘諸兄의 좌대신 임관과 동시에 종5위상으로 승진하였다. 天平 16년에 정5위하, 동 19년에 정5위상, 동 20년에 종4위하로 승진하였다. 天平勝寶 2년(750)에 出雲守, 동 4년에 東大寺 대불개안회 때에는 鎭裏京使에 임명되어 內裏와 平城京 경호를 담당하였다.

26) 養老 7년 4월 신해조의 태정관의 格에는 "천하의 백성들에게 전지의 개간을 할당시키고, 수로와 못을 새로 만들어 개간한 자에게는 그 대소에 제한없이 3대에 걸쳐 소유하게 하고, 만약 이전 수로와 못을 이용할 경우에는 1대에 한하여 소유하게 한다"라고 되어 있다.

27) 개간한 토지는 3世1身法에서는 3世 혹은 당대에 경작한 후, 소유권이 국가로 넘어가 국유지가 되고 다시 구분전으로 班給하는 형태가 된다.

28) 개간한 토지의 소유권 만기가 다가와 소유권이 국가로 넘어가게 되면 농민들이 경작을 게을리하고 나태해져 결국 토지도 황폐해진다는 것이다.

29) 養老 7년 4월 신해조에, 태정관이 주상하여 "요즈음 백성들이 점차 많아져 전지와 용수시설이 모자란다. 바라건대 천하의 백성들에게 전지의 개간을 할당시키고, 수로와 못을 새로 만들어 개간한 자에게는 그 대소에 제한없이 3대에 걸쳐 소유하게 하고, 만약 이전의 수로와 못을 이용할 경우에는 1대에 한하여 소유하게 한다"라는

없도록 한다.[30] 친왕 1품 및 1위는 500정, 2품 및 2위 400정, 3품, 4품 및 3위는 300정, 4위는 200정, 5위는 100정, 6위 이하 8위 이상은 50정, 초위 이하 서인은 10정이다. 다만 郡司의 대령, 소령은 30정, 주정, 주장은 10정이다. 만약 이전에 받은 토지가 이 한도보다 많으면 즉시 국가에 반납한다. 부정으로 (토지를) 점유하고 은닉하고 속이는 자가 있으면 법에 따라 죄를 과한다. 국사가 재임 중에 개간한 것은 모두 앞의 격[31]에 의한다"라고 하였다.

병인(28일), 제국의 국사들이 구관에 거주하지 않고 새로 관사를 짓는 일, 또 임지에 갈 때 한번 비품을 지급하는데 해가 지나도 새로 지급하는 일, 또 養郡[32]을 두고 국사의 생활을 위해 번거롭게 하는 일은 금지하게 하였다. 備前國에서 언상하기를, "邑久郡 新羅邑의 邑久浦에 대어 52마리가 표착하였다. 길이는 2장 3척 이하, 1장 2척 이상이고 껍질은 종이와 같이 얇고 눈은 좁쌀과 비슷하고 소리는 사슴의 울음과 같다. 옛 노인들이 모두 말하기를, 일찍이 들은 적이 없다고 한다"라고 하였다.

6월 계사(26일), 山背國司에서 언상하기를, "금월 24일 유시[33]에서 술시에 이르기까지 宇治河의 물이 고갈되어 행인이 건널 수 있게 되었다"라고 하였다.

내용을 말한다.

30) 墾田에 대해 3대에 걸쳐 소유권을 인정하는 규정에서 영원히 자손에게 상속할 수 있게 한 墾田永年私財法이다. 墾田永世私財法이라고도 한다. 『類聚三代格』 天平 15년 5월 27일 格에도 동일한 조문이 보이는데 후반부 중 『속일본기』에 누락된 내용은 다음과 같다. "其國司在任之日, 墾田一依前格, 但人爲開田占地者, 先就國申請, 然後開之. 不得因茲占請百姓有妨之地, 若受地之後至于三年, 本主不開者, 聽他人開墾". 즉, 국사의 재임 중 墾田에 대한 취급은 앞의 格에 의한다. 다만 경지를 개간하여 그 토지를 점유하려고 하는 자는 먼저 국에 신청을 한 후 개간한다. 이 규정에 근거해서 백성들에게 방해가 되는 토지를 점유해서는 안 된다. 만약 허가받은 자가 3년이 지나도 개간을 하지 않으면 다른 사람으로부터 개간을 신청받는다. 이 간전영년사재법에 의해 자본을 축적한 중앙귀족이나 대사원, 지방국사 등은 사유지의 소유를 확대하여 이를 사령화, 장원화하는 계기가 된다. 한편으로는 개간한 토지에 대해 口分田과 마찬가지로 田租를 부과하기 때문에 국가 쪽에서 본다면 조세원의 확대를 꾀하여 율령국가의 법의 목적을 보완한다는 측면도 있다.

31) 『속일본기』 天平 원년 11월 계사조의 太政官奏.

32) 『延喜式』 권제50 「雜式」에 "凡國司等, 各不得置資養郡". 이에 따르면 養郡은 국사가 사적으로 필요한 물품과 노역을 부과하는 郡으로, 임지에서 나오는 조세의 일부를 자신의 수입으로 삼는 관행이 있었다고 보인다.

33) 오후 6시 전후.

정유(30일), 종5위하 中臣朝臣清麻呂를 신기대부로 삼고, 종5위하 當麻眞人鏡麻呂를 소납언으로 삼고, 종5위하 多治比眞人木人을 중무소보로 삼고, 종5위하 藤原朝臣許勢麻呂를 중궁량으로 삼고, 종5위하 高丘王을 우대사인두로 삼고, 종5위하 林王을 도서두로, 외종5위하 小野朝臣綱手를 내장두로 삼고, 조5위하 大原眞人麻呂를 식부소보로 삼고, 외종5위하 大伴宿禰三中을 병부소보로 삼고, 종5위하 大市王을 형부경으로 삼고, 정5위상 平羣朝臣廣成을 형부대보 삼고, 외종5위상 倭武助를 전약두로 삼고, 외종5위하 紀朝臣男楫을 탄정필로 삼고, 종4위상 藤原朝臣仲麻呂를 좌경대부로 삼고, 외종5위하 鴨朝臣角足을 우경량으로 삼고, 종5위하 多治比眞人土作을 섭진량으로 삼고, 종4위하 下道朝臣眞備[34]를 春宮大夫로 삼고 황태자학사는 예전 그대로 하고, 정5위하 背奈王福信을 춘궁량으로 삼고, 정5위하 藤原朝臣清河를 大養德守로 삼고, 종5위하 佐伯宿禰毛人을 尾張守로 삼고, 외종5위하 秦井手乙麻呂를 相摸守로 삼고, 종5위하 百濟王敬福[35]을 陸奥守로 삼고, 외종5위하 葛井連廣成[36]을 備後守로 삼고, 종5위하 小治田朝臣廣千을 讃岐守로 삼고, 외종5위상 引田朝臣虫麻呂를 土左守로 삼았다.

추7월 무술삭(1일), 일식이 있었다.

경자(3일), 천황이 石原宮에 임하여 隼人들에게 향응을 베풀었다. 정5위상 佐伯宿禰清麻呂에게 종4위하를, 외종5위하 葛井連廣成에게 종5위하를, 외종5위하 曾乃君多利志佐에게 외종5위상을, 외정6위상 前君乎佐에게 외종5위하를,

---

34) 吉備地方 호족 下道氏 출신으로 후에 吉備로 개성하여 吉備眞備의 이름으로 활동한다. 靈龜 2년(717) 僧 玄昉과 함께 유학생으로 입당하고 735년에 귀국하여 唐禮 130권, 暦書, 음악서, 무기, 악기, 측량구 등을 바쳤다. 그는 유학, 천문, 병법 등에 통달하여 중용되어 東宮學士, 筑前守, 西海道節度使, 造東大寺長官, 大納言 등의 요직을 거쳐 정2위 우대신에 올랐다. 大宰大貳 재직 시에 직접 怡土城 축조를 지도하기도 했다.

35) 百濟王善光의 후손. 天平 21년(749)에 陸奥國 小田郡에서 산출한 황금 900량을 헌상하여 東大寺 대불을 완성하는 데 공헌하였다. 이 공로로 종5위상에서 7단계를 뛰어넘는 종3위에 서위되었다. 天平勝寶 2년(750)에 宮內卿이 되었고, 같은 시기 河內國 交野郡에 百濟寺를 건립하였다. 天平勝寶 4년에 常陸守, 左大弁을 거쳐 동 9년에 出雲守가 되었다. 天平寶字 3년(759)에 伊予守에 임명되었고, 동 5년에는 南海道節度使에 임명되어 紀伊, 阿波, 讃岐, 伊予, 土佐, 播磨, 美作, 備前, 備中, 備後, 安藝, 周防 등 12국의 군사권을 장악하는 직무를 맡았다. 天平神護 원년(765)에 刑部卿을 끝으로 이듬해 사망하였다. 천평신호 2년 6월 정유조 薨年에 그의 일대기가 기록되어 있다.

36) 앞의 각주 14) 참조.

외종5위상 佐須岐君夜麻等久久賣에게 외정5위하를 내렸다.

임인(5일), 出雲國司가 언상하기를, "楯縫, 出雲 2군에서 천둥과 비가 보통과 달랐고, 산악이 붕괴되어 인가를 덮치고 전지를 매몰시켰다"라고 하였다.

경인,[37] 지진이 있었다.

계해(26일), 紫香樂宮으로 순행하였다. 좌대신 橘宿禰諸兄, 知太政官事 鈴鹿王, 중납언 巨勢朝臣奈弖麻呂를 유수관으로 삼았다.

8월 정묘삭(1일), (천황이) 鴨川으로 순행하였다. 이름을 바꾸어 宮川으로 하였다.

을해(9일), 上總國司가 언상하기를, "지난 7월 대풍우가 수일간 지속되어 길이 3, 4장 이하 2, 3척 이상의 잡목 1만5천여주가 관내 해변에 떠내려 왔다"라고 하였다.

9월 임인(6일), 정5위상 石川朝臣賀美에게 종5위하를 내렸다.

기유(13일), 官奴 斐太를 해방시켜 양인으로 하고 大友史[38]의 성을 내렸다. 비태는 처음에 大坂에서 모래로 옥석을 연마했던 사람이다.

정사(21일), 甲賀郡의 調, 庸을 기내에 준하여 수납하게 하였다.[39] 또 당해년의 전조를 면제하였다.

동10월 신사(15일), (천황이) 조를 내려, "짐은 덕이 부족한데도 황공하게도 황위를 이어받아 그 뜻은 널리 모든 사람들을 구제하는 일에 있어 힘써 만물을 다스려왔다. 비록 이 통솔하는 토지의 끝까지 이미 은혜를 받고 있지만, 아직 천하에는 두루 불법의 자비가 내리지는 않았다. 진실로 삼보의 위령에 의지하여 하늘과 땅은 평안해지고 만대에까지 훌륭한 사업을 행하여 동물과 식물에 이르기까지 모두에게 영화가 깃들기를 바라고자 한다. 여기

---

37) 이 달에는 庚寅의 날이 없다. 甲寅(7일)의 오기이거나 다른 달의 日附라고 생각된다.

38) 『新撰姓氏錄』「未定雜姓」河內國에 "大友史는 百濟國 사람 白猪奈世의 후손이다"라고 나온다. 大友라는 씨명은 하내국에는 보이지 않지만 近江國 滋賀郡의 大友鄕에 존재한다. 이곳은 현재 滋賀縣 大津市 坂本 일대이다. 대우향에 본거를 둔 씨족으로는 大友村主 등이 있다. 이들은 530년대부터 540년대에 백제에서 도래한, 최첨단 학술과 사상을 체득한 지식인으로 倭漢直의 관할 하에 놓여 있었던 것으로 보인다. 하내국 대우사도 백제국 사람 白猪奈世의 후손이라 칭하고 있으므로 근강국 자하군 대우향에서 이주하였을 가능성도 있다.

39) 調는 2분의 1, 庸은 전부 면제.

天平 15년 세차[40]가 계미년인 10월 15일에 보살의 大願을 일으켜 노사나불의 금동상 1구를 만들고자 한다. 국내의 모든 동을 녹여 큰 산을 깎아 법당을 만들고자 하니, 널리 법계가 미치는 사람들이 짐의 뜻에 공헌해 주기를 바란다. 그리하여 모두 함께 이익을 얻어 보살의 경지에 이르도록 한다. 무릇 천하의 부를 가진 자도 짐이요, 천하의 권세를 가진 자도 짐이다. 이 부와 권세로 이 존귀한 상을 만들고자 한다. 일을 이루기는 쉽지만 마음에 다다르는 것은 어렵다. 다만 걱정스러운 것은 (무리하게) 사람을 노역시켜서는 신성함을 느낄 수 없게 되거나 혹은 (대불조영을) 비난하여 도리어 죄에 빠지게 되는 일이다. 이에 이 사업에 공헌하려는 사람은 지극한 정성으로 개개인에게 복을 가져온다는 마음으로 매일 3번 노사나불에 참배하고 스스로 (이러한) 마음으로 노사나불을 만들어야 한다. 더욱이 풀 한포기, 흙 한줌을 갖고 대불조영 사업을 돕고자 하는 사람이 있다면 그대로 이를 허락하도록 한다. 국사, 군사들은 이 일로 인해서 백성들을 침해하거나 강제로 물자를 수렴해서는 안 된다. 모든 지역에 포고하여 짐의 뜻을 알리도록 한다"라고 하였다.

임오(16일), 東海, 東山, 北陸 3도 25국의 금년도 조, 용 등의 물자를 모두 紫香樂宮에 바치도록 하였다.[41]

을유(19일), 황제가 자향락궁에 임하여, 노사나불상을 조영하기 위해 처음으로 寺地를 열었다. 이에 行基法師가 제자들을 데리고 많은 백성들을 (대불조영에) 참여하도록 권하였다.

11월 정유(2일), 천황이 恭仁宮으로 돌아왔다. 천황이 자향락에서 체재한 것은 무릇 4개월이었다.

무신(13일), 내리에서 군신들에게 연회를 베풀었다. 외정5위하 倭武助에게 종5위하를 내리고, 5위 이상에게 각각 차등있게 녹을 지급하였다.

12월 기축(24일), 처음으로 평성궁의 무기를 옮겨 공인궁에 수납해 두었다.

---

40) 歲次는 歲星 즉 木星이 이 해에 머무는 장소를 말한다. 목성은 12년을 주기로 天을 일주하여, 고대 중국의 천문학에서는 12次로 나누고 12干支에 해당시켜 그 해를 표시하기도 한다. 상기 본문의 歲次癸未라고 하면 歲가 癸未에 머문다(次)는 뜻이다. 계미해에 목성이 머무는 것, 즉 天平 15년을 말한다.

41) 大佛 조영을 위해 東海道, 東山道 등의 25국으로부터 받은 공진물을 紫香樂宮으로 집적시켰다. 紫香樂宮은 近江國 甲賀郡에 조영된 離宮이다.

신묘(26일), 처음으로 筑紫에 鎭西府[42]를 두었다. 종4위하 石川朝臣加美를 장군으로 삼고, 외종5위하 大伴宿禰百世를 부장군으로 삼았다. 판관 2인, 주전 2인이다. 처음으로 평성궁의 대극전 및 회랑을 공인궁으로 옮겨 축조한 지 4년 만에 그 공사는 끝났다. 조영에 들어간 비용은 가히 계산할 수가 없을 정도이다. 여기에 이르러 다시 자향락궁을 조영하려고 한다. 이에 공인궁의 조영은 중지하였다.

○ 16년 춘정월 병신삭(1일), 원단의 의례를 중지하였다. 조당에서 5위 이상에게 향연을 베풀었다.

경술(15일), 裝束司 및 次第司[43]를 임명하였다. 난파궁에 순행하기 위해서였다.

무오(23일), 태정관이 주상하기를, "진서부 장군은 종5위관에 준하고, 판관은 종6위관에 준하고, 주전은 종7위관에 준하고, 2季의 祿[44] 및 月料[45]는 2배를 지급하도록 한다. 아울러 (서해도제국에서) 경에 보내는 조, 용을 (鎭西府에) 두고 물자를 분할해서 융통하고 편의에 따라 지급한다. 또 특히 공해전[46]을 장군은 10정, 부장군은 8정, 판관은 6정, 주전은 4정을 지급한다"라고 하자, 이 주상을 허락하였다.

신유(26일), 진서부에 印[47] 1면을 지급하였다.

윤정월 을축삭(1일), (천황이) 조를 내려 백관을 조당으로 소집하여, 恭仁, 難波 2경 중에서 어느 곳을 정하여 왕도로 삼을 것인지 각자 그 생각을

---

42) 天平 14년 정월에 藤原廣嗣의 난으로 大宰府가 폐지되면서 九州를 비롯한 서해도에 국의 관할을 넘어선 광역 군단을 통할할 기관이 없어졌다. 이에 신라와의 긴장관계에 대응한다는 측면에서도 국사적 관할 기구가 필요하여 鎭西府가 설치되었다.

43) 순행 시에 필요한 비품을 조달하기 위한 관사. 『延喜式』 권제11 太政官에 "凡行幸應經旬者, …任裝束司, 長官.〈一人, 三位〉次官二人, 〈五位.〉判官三人, 主典三人, 〈並六位以下.〉任前後次第司, 御前長官一人, 〈三位.〉次官一人, 〈五位.〉判官二人, 主典二人, 〈並六位以下.〉御後亦准此"라고 하여 裝束司와 前後次第司의 조직 구성에 대한 규정이 있다. 次第司는 순행 시 천황의 거마 앞뒤에서 행렬을 이끌며 위엄을 보이는 기마병단을 말한다.

44) 1년 중 2월에 春夏의 系祿을 지급하고, 8월에 秋洞의 系祿을 지급한다.

45) 관위에 따라 매월 관인에게 지급하는 食料.

46) 지방 國司에게 지급되는 田으로 大寶令에서는 公廨田, 養老令에서는 職分田이라 하였다.

47) 鎭西府에서 발행하는 문서에 날인하는 인장.

말해 보도록 하였다. 이에 공인경이 마땅하다고 진술한 자가 5위 이상 24인, 6위 이하 157인이고, 난파경이 마땅하다고 진술한 자가 5위 이상이 23인, 6위 이하가 130인이었다.[48)]

무진(4일), 종3위 巨勢朝臣奈弖麻呂,[49)] 종4위상 藤原朝臣仲麻呂[50)]를 보내 市[51)]에 가서 경의 선정을 물어보게 하였다. 市의 사람들은 모두 공인경을 왕도로 삼기를 원하였다. 단지 난파경을 원하는 자가 1인, 평성경을 원하는 자가 1인이었다.

계유(9일), 또 京職에게 명하여 제사찰과 백성들에게 모두 사택을 짓게 하였다.

을해(11일), 천황이 난파궁으로 순행하였다. 知太政官事 종2위 鈴鹿王, 민부경 종4위상 藤原朝臣仲麻呂를 유수관으로 삼았다. 이날 安積親王[52)]이 다리에 병이나 櫻井頓宮에서 (恭仁宮으로) 돌아왔다.

정축(13일), (安積親王이) 죽었다. 때의 나이 17세였다. 종4위하 大市王·紀朝臣飯麻呂 등을 보내 장의를 감독하게 하였다. 친왕은 (聖武)천황의 황자이다. 생모는 (聖武天皇의) 夫人 정3위 縣犬養宿禰廣刀自이고 종5위하 (縣宿禰犬養)唐의 딸이다.

2월 을미삭,[53)] 少納言 종5위상 茨田王을 恭仁宮으로 보내 驛鈴,[54)] 내외의

48) 平城京의 5위 이상의 관인의 수는 시대에 따라 변동이 있지만 大寶令 시행 이후 150명 전후로 추정된다. 상기 본문에는 5위 이상의 관인이 47인으로 되어 있어 3분의 1정도 참석했다고 보인다.

49) 天平 15년 4월에 恭仁京 留守官, 동 5월에 中納言, 동 7월에 恭仁京 留守官이었다.

50) 天平 15년 5월에 參議 겸 民部卿, 동 6월에는 左京大夫를 겸직하고 있었다.

51) 恭仁京의 市. 물품을 매매하는 많은 사람이 밀집되어 있는 공간에서 왕도를 정하는 정치적인 문제를 묻는 행위는 흥미롭다. 당연히 상행위를 하고 있는 현장의 사람들은 그들의 거주지인 恭仁京을 선택할 것이다.

52) 神龜 5년(728)에 聖武天皇의 2자로 태어났다. 동년 9월 藤原氏 光明皇后가 낳은 황태자 基皇子가 유아기에 사망하자 유력한 황태자 후보가 되었다. 그러나 天平 10년 1월에 光明皇后가 낳은 딸 阿倍內親王(후에 孝謙·稱德天皇)이 立太子가 되었다. 그 후 天平 16년 윤1월 聖武天皇의 難波宮 순행 도중에 다쳐 恭仁京으로 돌아왔으나 이틀 만에 사망하였다. 갑작스러운 이 죽음에 대해서는 藤原仲麻呂에 의한 독살이라는 설이 유력하다.

53) 新日本古典文學大系本의 고증에 의하면, 을미의 日附는 2일에 해당한다.

54) 율령시대 관인의 공무출장을 위해 조정에서 지급받는 鈴. 大化 2년(646) 1월 1일, 孝德天皇이 발포한 改新의 詔에 驛馬, 傳馬 제도가 나온다. 관인은 驛鈴을 울려 驛子,

印[55]을 가져오게 하였다.[56] 또 제관사 및 조집사[57] 등을 난파궁에 소집하였다.

병신(3일), 중납언 종3위 巨勢朝臣奈弖麻呂가 留守官이 지급한 鈴, 印을 갖고 난파궁에 도착하였다. 知太政官事 종2위 鈴鹿王, 木工頭 종5위하 小田王, 병부경 종4위상 大伴宿禰牛養, 대장경 종4위하 大原眞人櫻井, 대장대보 정5위상 穗積朝臣老 5인을 공인궁의 유수관으로 삼았다. 치부대보 정5위하 紀朝臣淸人, 좌경량 외종5위하 巨勢朝臣嶋村 2인을 평성궁의 유수관으로 삼았다.

갑진(11일), 和泉宮으로 순행하였다.

병오(13일), 천하의 馬飼[58]의 잡호 사람들을 해방시켰다. 이에 칙을 내려 "지금 그대들이 갖고 있는 성은 사람들에게 부끄러운 바가 있다. 따라서 해방하여 평민과 동일하게 한다. 다만 해방된 후에 그대들의 기술은 자손들에게 전습시키지 않는다면, 자손들은 두루 이전의 성으로 내려가 비천한 등급으로 될 것으로 생각된다. 또 관노비 60인을 해방시켜 양인으로 한다"라고 하였다.

정미(14일), 천황이 和泉宮으로부터 (難波宮에) 도착하였다.

갑인(21일), 공인궁의 高御座[59] 및 大楯[60]을 난파궁으로 옮겼다. 또 사자를 보내 수로[61]를 이용하여 兵庫의 무기를 배로 운반하였다.

을묘(22일), 공인경의 백성이 난파궁으로 이주하기를 진심으로 원하는 자는

驛馬 혹은 驛舟를 징발, 이용할 수 있다.

55) 內印은 天皇御印으로 少納言이 관리하고 5위 이상의 位記 및 제국에 내리는 공문서 등에 이용하고, 外印은 太政官印으로 少納言이 관리하고 6위 이하의 位記 및 太政官 문서에 날인하는 官印이다.

56) 驛令과 天皇御印, 太政官印을 恭仁宮으로부터 가져오게 한 조치는 천황 부재 시 문서의 전달을 못하게 하고 천황이 순행지에서 필요할 때 사용하기 위한 것이다.

57) 朝集使는 大宰府, 諸國으로부터 근무평정 등을 기록한 행정문서인 朝集帳을 제출하고 행정보고 등을 하기 위해 매년 11월 1일까지 상경하여 정월 원단의식에 참여하고 考文 등의 심사가 끝날 때까지 체재한다.

58) 말의 조련, 사육에 종사하는 자.

59) 즉위, 하례 등의 주요 의식 때 대극전 중앙에 설치하여 장막으로 둘러친 천황의 玉座.

60) 文武天皇 2년(698) 11월 大嘗祭 때에 榎井倭麻呂가 大盾을 세워 의례를 행했다. 이후 大嘗祭에 즈음하여 物部, 石上, 榎井 제씨가 大嘗宮의 문에 盾을 세우는 것이 관행이 되었다. 고대일본에서 盾은 권력자의 묘나 건물, 궁문에 세워 악령을 쫓는 수호신적인 신앙관에서 생겼다고 생각된다.

61) 恭仁宮에서 難波宮에 이르는 木津川. 巨掠池, 淀川을 경유하는 수상교통로.

그대로 허락하였다.

병진(23일), 安曇江에 순행하여 송림을 유람하였고, 백제왕 등이 백제악을 연주하였다. 조를 내려 무위 百濟王女天[62]에게 종4위하를 내렸다. 종5위상 百濟王慈敬,[63] 종5위하 孝忠·全福[64]에게 함께 정5위하를 내렸다.

무오(25일), 三嶋路[65]를 통해 紫香樂宮으로 순행하였다. 태상천황 및 좌대신 橘宿禰諸兄이 難波宮에 머물렀다.

경신(27일), 좌대신이 선칙으로 말하기를, "지금 난파궁을 황도로 정한다. 이 상황을 알리고 京戶[66]의 백성들은 그들의 뜻대로 왕래하도록 한다"라고 하였다.

3월 갑술(11일), 石上, 榎井 2씨가 大楯, 大槍을 난파궁의 中外門[67]에 세웠다.

정축(14일), 금광명사[68]의 대반야경을 옮겨 자향락궁에 도착하였다. 주작문에 이르자 잡악[69]을 연주하여 맞이하였고, 관인들이 맞이하여 예배를 행하였다. 궁중으로 인도하여 대안전에 봉안하였다. 승 200인을 청하여 1일 전독하였다.

---

62) 百濟王女天에 대해서는 알려진 바 없으나 무위에서 종4위하의 관위를 받은 것은 親王의 子에 준하는 것으로 특별한 사안이 있다고 생각된다.

63) 百濟王慈敬은 左衛士督 百濟王遠寶의 자로, 天平 12년(740) 聖武天皇의 難波宮 순행 시에 백제왕 일족과 함께 백제 풍속악을 연주하여 종5위상에 서위되었다. 이듬해 天平 13년 宮內大輔에 임명되었다.

64) 百濟王孝忠은 天平 15년 5월에, 百濟王全福은 天平 12년 11월에 종5위상에 서위되고 있어 모순되고 있다.

65) 攝津國 嶋上과 嶋下 兩郡을 통과하는 길. 山陽道.

66) 養老律令에는 京戶라는 말이 없지만, 『令義解』의 戶令 주석(居狹條, 穴記)으로부터 古令[大寶律令]에 京戶가 존재하고 있었고, 『속일본기』 등 정사에는 경호가 나온다. 경호의 중심을 이루는 것은 귀족, 관인층으로 그들은 도성의 택지를 분배받는다. 황족이 臣籍으로 내려온 경우 칙에 의해 좌경, 우경에 본관으로 호적에 등재되어 京戶가 된다. 황족들도 경호로서 호적에 등재되어 그 명부를 궁내성에서 관리한다. 왕도를 유지하기 위해서는 많은 백성들이 거주해야 되는데, 이들 역시 경호로서 호적에 등재된다. 이렇듯 황족으로부터 귀족, 관인, 일반 백성에 이르기까지 왕경에 거주하는 공민은 모두 京戶가 된다.

67) 難波宮의 가장 외곽 宮城門은 外門, 宮門은 中門, 閤門은 內門이라고 한다. 中外門은 중문과 외문의 중간에 있는 문이다.

68) 平城京에 있는 大養德金光明寺.

69) 『令義解』「職員令」17에 "雜樂, 〈謂雅曲, 正舞以外雜樂也〉"라고 하여 雅樂 이외 음악의 총칭, 즉 高麗樂, 百濟樂, 唐樂, 度羅樂 등을 가리킨다.

무인(15일), 난파궁의 동서의 누전에서 승 300인을 청하여 대반야경을 독송하게 하였다.

하4월 병오(13일), 자향락궁의 서북쪽에서 산불이 났다. 성 아래의 남녀 수천인이 모두 나가 벌목한 연후에 불이 꺼졌다. 천황이 기뻐하며 1인당 삼베 1단을 내렸다.

갑인(21일), 조병사, 단야사 2사[70]를 폐지하였다.

병진(23일), 자향락궁을 조영하기 시작하였는데, 백관의 관사가 아직 완성되지 않아 관사별로 公廨錢[71] 총 1천관을 지급하고, 이를 대출하여 이자를 취하여 영구히 공용으로 충당하고, 그 원금에 손실이 없도록 하였다. 매년 11월에 한해서 구체적으로 錢의 이자의 사용 내역을 기록하여 태정관에 보고하도록 하였다.

5월 경술,[72] 肥後國에 천둥과 비, 지진이 있었다. 八代·天草·葦北 3군의 관사 및 전지 290여 정, 민가 470여 채, 사람 1,520여 인이 수몰되어 피해를 입었고, 산사태는 280여 곳이고 압사한 사람이 40여 인이었다. 함께 진휼하였다.

6월 임자(21일), 우박이 내렸다.

추7월 계해(2일), 태상천황이 智努離宮으로 순행하였다.

정묘(6일), 고 정4위하 紀朝臣男人[73]과 고 종4위하 紀朝臣國益[74]의 노비의

---

70) 造兵司는 병기류를 제작하는 병무성 산하의 관사(「職員令」26, 「造兵司」조, 造兵司, 正一人.〈掌, 造 雜兵器及工戶戶口名籍事〉)이고, 鍛冶司는 금속기를 제작하는 궁내성 산하의 관사이다(「職員令」48, 「鍛冶司」조, 鍛冶司, 正一人.〈掌, 造作銅鐵雜器之屬及鍛戶戶口名籍事.〉).

71) 관청이 백성에게 빌려주고(出擧), 그 이자로 관청 운용비를 마련하였다.

72) 이 달에는 庚辰의 일부가 없다.

73) 慶雲 2년(705)에 종5위하에 서위되었고, 동 4년 文武天皇 장의 때 造御竈司에 임명되었다. 和銅 4년(711)에 兵庫將軍에 임명되어 衛兵所의 兵庫를 守衛하였다. 이후 승진을 거듭하여 養老 7년(723)에 종5위하에 서위되었고, 養老 5년에는 佐爲王, 山上憶良 등 문인과 함께 東宮 首皇子의 교육을 담당하였다. 聖武朝 天平 3년(731)에 종4위상, 동 8년에 정4위하에 서위된 후, 大宰大貳, 右大弁 등을 역임하였다. 大宰大貳 재임 중인 天平 2년 당시 大宰帥였던 大伴旅人의 저택에서 개최된 梅花의 宴에서 지은 和歌가 『萬葉集』(0815)에 실려 있고, 『懷風藻』에도 漢詩 3首가 남아 있다.

74) 紀朝臣國益과 紀朝臣男人이 소유했던 노비가 사후에 紀朝臣國益의 아들에게 상속되었는데, 유산을 남긴 양인의 관계는 분명하지 않다. 延曆 3년(784) 4월 기미조에 紀朝臣家守人의 卒年 기사에 그는 紀朝臣男人의 아들로 나온다. 그렇다면 본문의 소송은 紀朝臣家守人과 紀朝臣國益의 아들 紀朝臣淸人 사이에 벌어졌을 가능성이 크다.

상속을 두고 (자손들간에) 서로 고소하였다. 형부성의 판결에 따라 國益의 아들 정5위하 (紀朝臣)清人에게 귀속되었다. 이미 清人은 상표하여 (노비를) 모두 양인으로 하였다. 무술[75], 태상천황이 仁岐河에 순행하였다. 수행한 위사 이상에게 남녀 불문하고 각각 차등있게 녹을 내렸다.

기사(8일), 천황이 난파궁으로 환궁하였다.

갑신(23일), 조를 내려, "기내 4국, 7도 제국에 국별로 정세 4만속을 분할하여 승니 양사[76]에 각각 2만속씩 시주하고, 매년 대여하여 그 이자를 영구히 사원의 조영비로 충당한다"라고 하였다.

8월 을미(5일), 조를 내려 蒲生郡의 대령 정8위상 佐佐貴山君親人에게 종5위하를 내리고, 아울러 식봉 50호, 비단 100필, 삼베 100단, 목면 100둔, 동전 100관을 지급하였다. 神前郡의 대령 정8위하 佐佐貴山君足人에게 정6위상을 내리고, 아울러 비단 40필, 삼베 80단, 목면 80둔, 동전 40관을 지급하였다. 이 2인은 함께 자향락궁 인근의 산을 벌목하여 그 때문에 포상을 내린 것이다.[77]

9월 갑술(15일), 기내, 7도에 순찰사를 보냈다. 종4위하 紀朝臣飯麻呂[78]를 畿內使로 삼고, 정5위하 石川朝臣年足[79]을 東海道使로 삼고, 정5위상 平群朝臣廣成[80]을 東山道使로 삼고, 종5위하 石川朝臣東人을 北陸道使로 삼고, 정5위하

75) 이 달에 무술은 없다.
76) 國分寺, 國分尼寺.
77) 앞의 4월 병오조에 보이는 산불이 났을 때 벌목하여 산불이 더 이상 번지지 않고 진화된 사실을 가리킨다.
78) 神龜 6년(729) 2월에 일어난 長屋王의 변 이후 외종5위하에 서위된 것으로 미루어 反長屋王派였던 것으로 보인다. 天平 12년(740) 9월 藤原廣嗣의 난이 발생하자, 持節大藏軍 小野東人 휘하에서 정토부장군으로 참여하였고, 그 이듬해에 종4위하로 승진하고 右大弁에 보임되었다. 천평 14년 정월 대재부 폐지 때 현지에 파견되어 실무처리를 담당하였고, 동년 2월 신라사 金欽英이 大宰府에 도착했을 때 현지에 파견되어 사절에 대한 향연을 베풀었다. 천평 14년 8월부터 이듬해 4월까지 聖武天皇의 3차에 걸친 紫香樂宮 순행 시에 모두 恭仁宮의 留守司로서 임무를 수행하였다.
79) 임신의 난 이후 蘇我氏 적통이 된 少納言 蘇我安麻呂의 孫이고, 權參議 石川石足의 장남이다. 天平 7년(735)에 종5위하에 서임된 후 出雲守에 보임되었다. 天平 12년에 종5위상, 天平 15년에 정5위하, 동 18년에 정5위하, 동 19년에 종4위하로 승진하였고, 天平 20년에 參議에 보임되어 공격이 되었다. 그 후 天平勝寶 5년(753)에 종3위, 天平勝寶 9년(757)에 中納言, 天平寶字 2년(758)에 정3위에 올랐다. 또 天平勝寶 9년(757)에서 天平寶字 3년(759)에 걸쳐 『養老律令』의 시행 및 그 시행세칙인 『別式』 20권을 편집, 관직명을 중국식으로 변경하는 데 공헌하였다.

百濟王全福[81]을 山陰道使로 삼고, 외종5위하 大伴宿禰三中[82]을 山陽道使로 삼고, 외종5위하 巨勢朝臣嶋村을 南海道使로 삼고, 종4위상 石上朝臣乙麻呂[83]를 西海道使로 삼고, 외종5위하 大養德宿禰小東人을 (서해도사)의 차관으로 삼고, 도별로 판관 1인, 주전 1인을 두었다.[84]

을유(26일), 8도의 순찰사 등에게 칙을 내려 "이번 파견의 순찰사들은 사안에 대해 조사할 때에 국사, 군사가 사실에 의거하여 대답하는 자는 사형죄에 해당한다고 해도 모두 용서하여 (죄를) 논하지 않는다. 만약 질문을 해도 신하의 소임을 다하지 않아 순찰사에게 적발된 자는 그 사안이 사소하더라도 법에 따르고 용서해서는 안 된다. 순찰사는 이를 정중하게 고시하여

---

80) 天平 4년(732) 8월에 제10차 견당사의 판관으로 파견되었다. 귀국하던 중에 조난당하여 崑崙國에 표착했지만 구사일생으로 생존하여 6년 만인 천평 11년 일본으로 귀국하였다. 이후 조정에서 중용되어 天平 15년(743)에 刑部大輔, 동 16년에 東山道巡察使, 동 18년에 式部大輔, 攝津大夫를 역임하고, 天平 19년에는 종4위하, 天平勝寶 2년(750)에는 종4위상, 동 4년에는 武藏守를 역임하였다.

81) 攝津亮 百濟王郎虞의 아들. 天平 12년(740) 2월 聖武天皇의 難波宮 순행 시에 풍속악을 연주하여 종5위하에 서위되었고, 동년 11월에 종5위상으로 승진하였다. 天平 16년 2월 聖武天皇의 安曇江 순행 시에도 백제악을 연주하여 百濟王慈敬과 함께 정5위하에 서위되었다. 天平 17년에 尾張守에 임명되었다.

82) 大納言 大伴御行의 아들. 天平 8년(736)에 견신라부사로 임명되어 신라에 파견되었다. 귀국 시에 대마도에서 지은 和歌 2수를 남기기도 하였다(『萬葉集』 3701- 3707). 함께 파견된 대사 阿倍継麻呂는 역병에 감염되어 사망하였고, 그 역시 발병하여 입경하지 못하다가 이듬해 3월에 배조하였다. 견신라사의 공로로 종6위하에서 정6위상으로 3단계 승진하였고, 天平 12년에는 외종5위하에 서위되었다. 天平 13년에 刑部少輔 겸 大判事에 임명되었고, 兵部少輔를 거쳐 天平 17년 大宰少貳로 전임되었다. 天平 18년에 長門守가 되면서 곧 종5위하에 서위되었고, 이듬해에 형부대판사로 중앙관인으로 복귀하였다.

83) 좌대신 石上麻呂의 3남. 天平 4년(732)에 종5위상 丹波守가 된 이래, 天平 8년에 정5위하, 동 9년에 정5위상, 동 10년에 종4위하 左大弁에 서위되었다. 한편 天平 11년에는 故 藤原宇合의 처인 久米若賣와의 간통사건으로 土佐國에 유배되었지만, 이듬해 사면받았다. 이후 천평 15년에 종4위상으로 승진하였고, 西海道巡察使, 常陸守, 治部卿, 右大弁, 中務卿을 거쳐 천평 20년 종3위 參議에 서임되어 공경의 반열에 올랐다. 대외적으로는 天平 18년에 견당대사에 임명되었으나 중지되었다.

84) 西海道에만 使, 차관, 판관, 주전 4등관을 구성하였고, 기타 지역은 使, 판관, 주전은 3등관으로 하였다. 현임의 면모를 보면, 平群朝臣廣成은 형부대보, 大伴宿禰三中은 형부소보 겸 대판사, 巨勢朝臣嶋村, 大養德宿禰小東은 형부소보로서 형부성 관인이 많다. 이러한 현상은 대불조영에 즈음해서 지방관인의 불법적인 민중동원 등 부정행위를 적발할 의도로 보인다.

1개조라도 법에 저촉하는 일이 있다면 칙에 준거하여 시행하도록 한다"라고 하였다.

병술(27일), 칙을 내려 순찰사에게 32개조를 반포하고 그 내용은 별칙에 구체적으로 기록되어 있다. 이에 칙을 내려 "무릇 근자에 듣는 바에 의하면, 諸國, 諸郡의 관인들은 법령을 시행하지 않고 헛되이 卷[85] 안에 둔 채 헌장을 두려워하지 않고 멋대로 이윤을 추구하면서 공민을 해마다 핍박하여 사적인 재산은 날로 증가하고 있다. 짐이 신뢰하는 신하들이 어찌 이와 같을 수가 있겠는가. 지금 이후로는 반포한 조문에 의거하여 4년의 근무평정이 끝날 때마다 반드시 방문하여 조사하고 파악해야 한다. 즉 선악에 따라 그 사람을 강등, 해임시키거나 승진시켜 결국에는 맑은 涇水와 탁한 渭水를 구별하듯이[86] 현명한 자, 우매한 자는 그에 맞는 지위를 얻도록 한다. 만약 순찰사가 아첨 때문에 마음을 굽히고 승진이나 강등의 도리를 잃어버리는 일이 있다면, (바로잡아) 법률에 입각해서 명확히 판단해야 한다. 치우침이 없고 당파도 없이 풍속을 맑고 엄숙하게 한다면 통상의 지위로부터 발탁되어 높은 자리에 있게 될 것이다. 마땅히 소관 관사에 고하여 짐의 뜻을 알게 해야 한다"라고 하였다. 또 구두에 의한 칙 13개조는 별칙에 상세하다.

또 칙을 내려 "천하 제국의 정치적인 공적이 좋은가 어떤가를 조사하기 위해 지금 순찰사를 각 도에 나누어 파견한다. 다만 근년 이래 임무를 맡은 순찰사는 방문 관찰이 상세하지 않아 관인의 처우에 적절함을 결하고 관인도 백성도 모두 노력하지 않아 교화가 충분히 이루어지지 않고 있다. 따라서 지금 구체적으로 점검할 사안을 정하여 순검하도록 한다. 다만 걱정스러운 것은, 관인이 법률의 조문을 명확하게 숙지하지 못하고 있어 많은 죄를 범하고 오히려 법망에 걸려드는 것이다. 이에 특별한 은혜를 내려 스스로 새로운 길을 열도록 한다. 그 국, 군의 관사가 비록 모반, 반역, 통상의 사면에서 면제되지 않는 죄도 모두 다 면제하여 일체 논란이 없도록 한다. 다만 간교한 마음을 품고 사실을 말하지 않는다면, 순찰사는 주의를 주어

---

85) 卷物, 칙서, 포고문 등을 기록한 문서를 두루마기 형태로 말아놓은 것.
86) 중국 섬서성에서 합류하여 황하로 들어가는 涇水는 탁하고, 渭水는 맑다. 옳고 그름을 구별하는 것.

재삼 깨우쳐 가르치고, 만약 그래도 고집을 부리고 자백하지 않는다면, 법에 따라 처벌하도록 한다. 천하에 두루 짐의 뜻을 알리도록 한다"라고 하였다. 또 구두로 내린 칙이 5조가 있는데, 그 내용은 별기에 상세하다.

기축(30일), 조를 내려 "지금 듣건대, 승강이 임의로 인장을 제도에 의하지 않고 사용하고 있다고 한다. 마땅히 그 인장을 바치게 하여 대신의 관할하에 두어야 할 것이다. 지금 이후로는 전례에 따라 승강의 정치도 태정관에 신고하고 지시를 기다리도록 한다"라고 하였다.[87] 진서부에 驛鈴[88] 2구를 지급하였다.

동10월 신묘(2일), 율사 道慈法師가 죽었다.〈천평 원년에 율사가 되었다.〉. 법사의 속성은 額田氏이고, 添下郡 사람이다. 태생적으로 총명하고 영민하여 사람들로부터 추앙을 받았다. 大寶 원년에 사절을 따라 입당하였다. 경전을 섭렵하고 더욱이 삼론에 정통하였다. 養老 2년(716)에 귀국하였는데, 이때 釋門의 우수자는 단지 법사와 神叡法師[89] 2인뿐이었다. 『愚志』[90] 1권을 저술하여 승니의 傳敎 방책에 관해 논하였다. 그 대략을 말하면, "지금 일본의 속인과 승려가 불법을 수행하고 있는 법도를 보면, 완전히 대당의 道俗[91]이 전하는 불교의 법칙과는 다르다. 만약 경전에 따르면 국토를 수호할 수 있고 헌장[92]에 어긋나게 하면 백성들에게 이익이 되지 않을 것이다. 일국의 불법도 만민의 자가수행도 어떻게 형식만을 따르고 있어 어찌 삼가하지 않을 것인가"라고 하는 것이다. (법사의) 제자로서 업적을 이어가는 자는

---

87) 僧綱의 印도 태정관에서 관리하여 불교에 관한 정치적인 행위를 태정관의 지휘 하에 두는 것이다. 불교계의 전횡을 막고 국가에서 통제하려는 의도에서이다. 靈龜 2년 5월 계미조에 僧綱에게 처음으로 印을 지급하였다.

88) 「公式令」43 「諸國給鈴」조에는 "凡諸國給鈴者, 太宰府卄口, 三關及陸奥國各四口, 大上國三口, 中下國二口"라고 하여 大宰府에 20개의 驛鈴이 지급되고 있다.

89) 元興寺의 學僧으로 義淵을 師事하고, 法相, 華嚴, 三論에 통했다고 한다. 大安寺의 道慈와 함께 釋門의 수재로 알려져 있다. 持統 7년(693)에 신라에 학문승으로 파견되었고, 天平 원년에 少僧都가 되고, 芳野(吉野山)의 現光寺에서 虛空藏菩薩의 영위를 얻었다고 전한다. 통칭 芳野僧都라고 한다.

90) 경전이나 注疏가 아니고 傳敎의 방책에 대해 저술한 것. 愚志라는 서명에서 보듯이 법사의 겸손함이 묻어나고 있다.

91) 승려와 속인.

92) 율령에 있는 僧尼令.

지금도 끊이질 않는다. 근자에 大安寺를 평성경으로 이전하는 문제에 대해 칙을 내려 법사에게 그 일을 맡겼다. 법사는 특히 공작기술에 뛰어나 설계, 구조 모두 그 계획안을 받아 모든 장인이 탄복하지 아니함이 없었다. 사망시의 나이는 70여 세였다.

을미(6일), 좌대신[93]의 家令[94] 정6위상 余義仁[95]에게 외종5위하를 내렸다.

경자(11일), 태상천황이 珍努[96]와 竹原井[97]의 離宮을 행차하였다.

신축(12일), 郡司 14인에게 작위 1급을 내렸다. 고령자 1인에게 6급을 3인에게 9급을 내렸다. 순행의 경유지인 大鳥, 和泉, 日根 3군의 백성 나이 80세 이상의 남녀에게 곡물을 사람마다 차등있게 하사하였다.

임인(13일), 태상천황이 난파궁으로 돌아왔다.

11월 임신(13일), 甲賀寺[98]에 처음으로 노사나불상의 골조의 기둥을 세웠다. 천황이 친히 임하여 손으로 줄을 잡아당겼다. 때에 종종의 음악이 연주되었다. 4대사[99]의 많은 승이 모이고 보시가 내려졌는데 각각 차이가 있었다.

---

93) 좌대신 橘諸兄은 敏達天皇의 후손으로 大宰帥 美努王의 아들이고 모친은 橘三千代이다. 臣籍으로 내려와 橘宿禰, 橘朝臣의 성을 받았다. 당시 종1위.

94) 율령제 하에서 1품 이하 4품 이상의 친왕, 내친왕 및 3위 이상의 公卿家에서 가사를 총괄하는 공적인 家政機關의 장관. 「家令職員令」5 「一位」조에는 "家令一人.〈掌, 知家事〉"라고 규정되어 있다. 「職員令」11에 나오는 家令의 관위상당은 종5위이다.

95) 『신찬성씨록』 우경제번에 "高野造는 백제국인 좌평 余自信의 후예이다"라고 한다. 余自信은 백제왕족으로 백제부흥운동의 최후까지 남아 저항하다가 일본의 패잔병들과 함께 663년 일본으로 망명하여 天智 10년(671)에 大錦下의 관위를 받은 인물이다. 余義仁은 그의 후손으로 생각된다. 天平勝寶 3년 정월에 종5위하에 서위되었다.

96) 珍努宮. 동년 7월 2일에도 元正太上天皇이 智努離宮으로 행차하였다.

97) 養老 2년 2월, 天平 6년 3월, 4월에 竹原井頓宮이 나온다.

98) 聖武天皇이 紫香樂宮(甲賀宮)과 더불어 국분사의 본산으로서 近江 지역에 조영계획을 세웠던 사찰이다. 그러나 이 계획은 중지되어 近江 國分寺로 전용되었다. 天平 14년 2월에 聖武는 恭仁京에서 近江國 甲賀郡으로 통하는 길을 열고, 동년 8월에 甲賀郡의 紫香樂村에 離宮의 조영을 명하고, 天平 15년 10월에 대불조영의 조를 내렸다. 동년 9월에는 盧舍那仏像을 안치하기 위해 紫香樂에 寺地를 열었는데 이것이 甲賀寺이다. 天平 17년 1월에는 紫香樂宮이 新京으로 자리매김되었지만, 동년 4월에 산불과 지진으로 平城宮으로 이전하여 甲賀寺의 조영도 중지되었다. 대불조영은 平城京 천도 후에 東大寺로 계승되었다. 『東大寺要錄』의 「大佛殿碑文」에는 天平 17년 8월 23일에 造立再開, 天平 19년 9월 29일에 鑄造開始, 天平勝寶 원년(749) 10월 24일에 鑄造完成이 기록되어 있다. 최종적으로 天平勝寶 4년(752) 4월 29일에 開眼供養이 이루어졌다.

99) 大安寺, 藥師寺, 元興寺, 弘福寺.

계유(14일), 태상천황이 甲賀宮으로 순행하였다.

병자(17일), 태상천황이 난파궁에서 (甲賀宮에) 이르렀다.

경진(21일), 정5위상 藤原朝臣八束, 정5위하 紀朝臣淸人[100]에게 함께 종4위하를 내리고, 외종5위하 大宅朝臣君子·田邊史難波[101]에게 함께 종5위하를 내렸다.

12월 경인(2일), 별이 장군[102]의 방향으로 빛을 내며 지나갔다.

임진(4일), 천하 제국에 명하여 약사회과[103]를 7일간 하도록 하였다.

병신(8일), 100인을 득도시켰다. 이날 밤 금종사[104] 및 주작대로에 등 1만개를 밝혔다.

『속일본기』 권제15

---

100) 和銅 7년(714)에 三宅藤麻呂와 함께 國史撰修의 조칙을 받고『日本書紀』편찬에 관여하였고, 和銅 8년에 종5위하에 서위되었다. 뛰어난 학문적 재능으로 황태자 교육을 담당했으며, 養老 5년에는 우수한 관인으로서 포상도 받았다. 聖武朝에서는 右京亮, 治部大輔, 文章博士를 역임하였고, 天平 15년에 정5위하에 서위되었다. 동 16년 2월에는 聖武天皇이 恭仁京에서 難波京으로 천도할 당시, 平城宮의 留守官에 임명되었다. 天平 18년 정월에 元正上皇의 御在所에서 개최된 연회에서 지은 應詔歌가『萬葉集』(3923)에 채록되어 있다. 동년 5월에는 武藏守에 임명되었다.

101) 田邊史氏는 田邊廢寺의 사적이 있는 河內國 安宿郡 資母鄕 지역을 본거지로 하는 백제계 도래씨족이다. 田邊史難波는 天平 9년 4월에 정6위상 出羽守로 陸奧按察使 겸 鎭守將軍으로 임명된 大野東人을 大室驛에서 맞이한 적이 있고, 天平 11년 4월에 정6위상에서 외종5위하로, 天平 16년 11월에는 종5위하로 승진하였고, 天平勝寶 2년 3월에 中衛員外少將으로 上毛野君을 사성받았다. 동 6년 정월에 종5위상에 서위되었다.

102) 將軍은 28宿의 婁宿이라고 하는 별자리 북쪽에 天大將軍이라는 별이 있고, 武兵을 담당한다고 전한다.

103) 悔過는 불교에서 삼보에 대해 자기가 지은 죄나 과오를 참회하고 고치는 일을 말한다. 佛事의 대상이 되는 본존에 따라 藥師如來인 경우에는 藥師悔過, 阿彌陀佛이면 阿彌陀悔過, 釋迦如來이면 釋迦悔過, 觀音菩薩이면 觀音悔過라고 한다.

104) 東大寺 대불전의 동쪽 若草山麓에 조영된 東大寺의 전신 사원,『東大寺要錄』에 의하면 天平 5년(733)에 若草山麓에 창건된 金鍾寺(金鐘寺)가 동대사의 기원이 되고 있다.

續日本紀卷第十五

〈起天平十五年正月, 盡十六年十二月〉

從四位下行民部大輔兼左兵衛督皇太子學士臣菅野朝臣眞道等奉勅撰,

天璽國押開豊櫻彦天皇〈聖武天皇〉

◯ **天平十五年**春正月辛丑朔, 遣右大臣橘宿禰諸兄, 在前還恭仁宮. 壬寅, 車駕自紫香樂至. 癸卯, 天皇御大極殿, 百官朝賀. 丁未, 天皇御大安殿宴五位已上, 賜祿有差. 子, 御石原宮樓.〈在城東北.〉賜饗於百官及有位人等. 有勅, 鼓琴任其彈歌五位已上賜摺衣, 六位已下祿各有差. 癸丑, 爲讀金光明最勝王經, 請衆僧於金光明寺. 其詞曰, 天皇敬諮四十九座諸大德等. 弟子階緣宿殖嗣膺寶命. 思欲宣揚正法導御蒸民. 故以今年正月十四日, 勸請海內出家之衆於所住處. 限七七日轉讀大乘金光明最勝王經. 又令天下限七七日, 禁斷殺生及斷雜食. 別於大養德國金光明寺, 奉設殊勝之會, 欲爲天下之摸. 諸德等或一時名輩, 或萬里嘉賓, 僉曰人師咸稱國寶. 所冀屈彼高明隨玆延請. 始暢慈悲之音, 終諧微妙之力. 仰願梵宇增威, 皇家累慶, 國土嚴淨, 人民康樂廣及羣方綿該廣類, 同乘菩薩之乘並坐如來之座. 像法中興實在今日. 凡厥知見可不思哉.

二月辛巳, 以佐渡國弁越後國. 乙未, 夜月掩熒惑. 丁酉, 夜月掩太白.

三月癸卯, 金光明寺讀經竟. 詔遣右大臣橘宿禰諸兄等, 就寺慰勞衆僧. 三月乙巳, 筑前國司言, 新羅使薩湌金序貞等來朝. 於是, 遣從五位下多治比眞人土作, 外從五位下葛井連廣成於筑前, 檢校供客之事.

四月壬申, 行幸紫香樂. 以右大臣正二位橘宿禰諸兄, 左大弁從三位巨勢朝臣奈弖麻呂, 右大弁從四位下紀朝臣飯麻呂爲留守, 遣宮內少輔從五位下多治比眞人木人爲平城宮留守. 乙酉(十六), 車駕還宮. 辛卯, 賜陪從五位已上二十八人, 六位已下二千三百七十人祿有差. 甲午, 檢校新羅客使多治比眞人土作等言, 新羅使調改稱土毛, 書奥注物數. 稽之舊例, 大失常禮. 太政官處分, 宜召水手已上, 告以失禮之狀, 便卽放却.

五月辛丑, 自三月至今月不雨. 奉幣帛于畿內諸神社祈雨焉. 癸卯, 宴群臣於內裏. 皇太子親舞五節. 右大臣橘宿禰諸兄奉詔. 奏太上天皇曰, 天皇大命〈爾〉坐〈西〉. 奏賜〈久〉掛〈母〉畏〈岐〉飛鳥淨見御原宮〈爾〉大八洲所知〈志〉聖〈乃〉天皇命天下〈乎〉治賜〈比〉平賜〈比弖〉所思坐〈久〉, 上下〈乎〉齊〈倍〉和〈氣弖〉無動〈久〉靜〈加爾〉令有〈爾八〉禮〈等〉樂〈等〉二〈都〉並〈弖志〉平〈久〉長〈久〉可有〈等〉隨神〈母〉所思坐〈弖〉, 此〈乃〉舞〈乎〉始賜〈比〉造賜〈比伎等〉聞食〈弖〉, 與天地共〈爾〉絶事無〈久〉, 彌繼〈爾〉受賜〈波利〉行〈牟〉物〈等之弖〉皇太子斯王〈爾〉學〈志〉頂令荷〈弖〉, 我皇天皇大前〈爾〉貢事〈乎〉奏. 於是, 太上天皇詔報曰, 現神御大八洲我子天皇〈乃〉掛〈母〉畏〈伎〉天皇朝廷〈乃〉始賜〈比〉造賜〈弊留〉寶國寶〈等之弖〉此王〈乎〉令供奉賜〈波〉, 天下〈爾〉立賜〈比〉行賜〈部流〉法〈波〉可絶〈伎〉事〈波〉無〈久〉有〈家利止〉見聞喜侍〈止〉奏賜〈等〉詔大命〈乎〉奏. 又今日行賜〈布〉態〈乎〉見行〈波〉直遊〈止乃味爾波〉不在〈之弖〉, 天下人〈爾〉君臣祖子〈乃〉理〈乎〉教賜〈比〉趣賜〈布等爾〉有〈良志止奈母〉所思〈須〉, 是以教賜〈比〉趣賜〈比奈何良〉受被賜持〈弖〉不忘不失可有〈伎〉表〈等之弖〉, 一二人〈乎〉治賜〈波奈止那毛〉所思行〈須等〉奏賜〈止〉詔大命〈乎〉奏賜〈波久止〉奏. 因御製歌曰, 蘇良美都, 夜麻止乃久爾 波, 可未可良斯, 多布度久安流羅之,許能末比美例波. 又歌曰, 阿麻豆可未, 美麻乃彌己止乃, 登理母知弖, 許能等與美岐遠, 伊寸多弖末都流. 又歌曰, 夜須美斯志, 和己於保支美波, 多比良氣久, 那何久伊末之弖, 等與美岐麻都流. 右大臣橘宿禰諸兄宣詔曰, 天皇大命〈良麻等〉勅〈久〉, 今日行賜〈比〉供奉賜態〈爾〉依而御世御世當〈弖〉供奉〈禮留〉親王等大臣等〈乃〉子等〈乎〉始而, 可治賜〈伎〉一二人等選給〈比〉治給〈布〉, 是以汝等〈母〉今日詔大命〈乃期等〉君臣祖子〈乃〉理〈遠〉忘事無〈久〉, 繼坐〈牟〉天皇御世御世〈爾〉明淨心〈乎〉以而, 祖名〈乎〉戴持而天地與共〈爾〉長〈久〉遠〈久〉仕奉〈禮等之弖〉冠位上賜〈比〉治賜〈布等〉勅大命衆聞食宣. 又皇太子宮〈乃〉官人〈爾〉冠一階上賜〈布〉, 此中博士〈等〉任賜〈部留〉下道朝臣眞備〈爾波〉冠二階上賜〈比〉治賜〈波久等〉勅天皇大命衆聞食宣. 授右大臣正二位橘宿禰諸兄從一位, 正三位鈴鹿王從二位, 正四位下藤原朝臣豊成從三位, 從四位上栗栖王, 春日王並正四位下, 從四位下船王從四位上, 無位阿刀王, 御室王並從四位下, 從五位上矢釣王正五位下, 無位高丘王, 林王, 市原王並從五位下, 從四位下大伴宿禰牛養, 石上朝臣乙麻呂, 藤原朝臣仲麻呂並從四位上, 正五位上多治比眞人廣足, 佐伯宿禰常人, 正五位下下道朝臣眞備並從四位下, 正五位下多治比眞人占部, 石川朝臣加美, 從五位上藤原朝臣八束, 橘宿禰奈良麻呂, 正五位下阿倍朝臣虫麻呂, 佐伯宿禰淸麻呂, 坂上忌寸犬養並正五位上, 從五位上阿倍朝臣佐美麻呂, 從五位下藤原朝臣淸河, 從五位上紀朝臣淸人, 石川朝臣年足, 背奈王福信並正五位下, 從五位下大伴宿禰稻君, 百濟王孝忠, 佐味朝臣虫麻呂, 巨勢朝臣堺麻呂, 佐伯宿禰稻麻呂並從五位上, 外從五位下縣犬養宿禰大國, 正六位上大伴宿禰駿河麻呂, 從六位上大原眞人麻呂, 正六位上中臣朝臣淸麻呂, 佐伯宿禰毛人並從五位下, 從六位上下毛野朝臣稻麻呂, 正六位上高橋朝臣國足, 鴨朝臣角足, 秦井手乙麻呂, 紀朝臣小楫, 若犬養宿禰東人, 井上忌寸麻呂並外從五位下. 旣而以右大臣從一位橘宿禰諸兄拜左大臣, 兵部卿從三位藤原朝臣豊成, 左大弁從三位巨勢朝臣奈弖麻呂爲中納言, 從四位上藤原朝臣仲麻呂, 從四位下紀朝臣麻路爲參議. 乙丑, 詔曰, 如聞, 墾田依養老七年格, 限滿之後, 依例收授. 由是, 農夫怠倦, 開地復荒. 自今以後, 任爲私財無論三世一身. 咸悉永年莫取. 其親王一品及一位五百町, 二品及二位四百町, 三品四品及三位三百町, 四位二百町, 五位百町, 六位已下八位已上五十町, 初位已下至于庶人十町. 但郡司者, 大領少領三十町, 主政主帳十町. 若有先給地過多玆限, 便卽還公. 姦作隱欺科罪如法. 國司在任之日, 墾田一依前格. 丙寅, 禁斷諸國司等不住舊舘更作新舍. 又到任一度須給鋪設, 而雖經年序. 更亦給之, 又各置養郡勿令煩資養. 備前國言, 邑久郡新羅邑久浦漂着大魚五十二隻, 長二丈三尺已下, 一丈二尺已上, 皮薄如紙, 眼似米粒, 聲如鹿鳴. 故老皆云, 未嘗聞也.

六月癸巳, 山背國司言, 今月二十四日自酉至戌, 宇治河水涸竭, 行人揭涉. 丁酉, 以從五位下中臣朝臣淸麻呂爲神祇大副, 從五位下當麻眞人鏡麻呂爲少納言, 從五位下多治比眞人木人爲中務少輔, 從五位下藤原朝臣許勢麻呂爲中宮亮, 從五位下高丘王爲右大舍人頭, 從五位下林王爲圖書頭, 外從五位下小野朝臣綱手爲內藏頭, 從五位下大原眞人麻呂爲式部少輔, 外從五位下大伴宿禰三中爲兵部少輔, 從四位下大市王爲刑部卿, 正五位上平羣朝臣廣成爲大輔, 外從五位上倭武助爲典藥頭, 外從五位下紀朝臣男楫爲彈正弼, 從四位上藤原朝臣仲麻呂爲左京大夫, 外從五位下鴨朝臣角足爲右京亮, 從五位下多治比眞人土作爲攝津亮, 從四位下下道朝臣眞備爲春宮大夫, 皇太子學士如故, 正五位下背奈王福信爲亮, 正五位下藤原朝臣淸河爲大養德守, 從五位下佐伯宿禰毛人爲尾張守, 外從五位下秦井手乙麻呂爲相摸守, 從五位下百濟王敬福爲陸奥守, 外從五位下葛井連廣成爲備後守, 從五位下小治田朝臣廣千爲讃岐守,外從五位上引田朝臣虫麻呂爲土左守.

秋七月戊戌朔, 日有蝕之. 庚子, 天皇御石原宮. 賜饗於隼人等. 授正五位上佐伯宿禰清麻呂從四位下, 外從五位下葛井連廣成從五位下, 外從五位下曾乃君多利志佐外正五位上, 外正六位上前君乎佐外從五位下, 外從五位上佐須岐君夜麻等久久賣外正五位下. 壬寅, 出雲國司言, 楯縫出雲二郡雷雨異常, 山岳頹崩, 壞廬舍埋田畝. 庚寅, 地震. 癸亥, 行幸紫香樂宮. 以左大臣橘宿禰諸兄, 知太政官事鈴鹿王, 中納言巨勢朝臣奈弖麻呂爲留守.

八月丁卯朔, 幸鴨川. 改名爲宮川也. 乙亥, 上總國司言, 去七月大風雨數箇日, 雜木長三四丈已下二三尺已上一萬五千許株漂着部內海濱也.

九月壬寅, 正五位上石川朝臣賀美授從四位下. 己酉, 免官奴斐太從良, 賜大友史姓, 斐太始以大坂沙治玉石之人也. 丁巳, 甲賀郡調庸准畿內收之. 又免當年田租.

十月辛巳, 詔曰, 朕以薄德恭承大位, 志存兼濟, 勤撫人物, 雖率土之濱已霑仁恕. 而普天之下未浴法恩, 誠欲賴三寶之威靈乾坤相泰, 修萬代之福業動植咸榮. 粤以天平十五年歲次癸未十月十五日, 發菩薩大願奉造盧舍那佛金銅像一軀. 盡國銅而鎔象, 削大山以構堂, 廣及法界爲朕知識, 遂使同蒙利益共致菩提. 夫有天下之富者朕也. 有天下之勢者朕也. 以此富勢造此尊像, 事也易成心也難至. 但恐徒有勞人無能感聖, 或生誹謗反墮罪辜. 是故預知識者, 懇發至誠, 各招介福, 宜每日三拜盧舍那佛, 自當存念各造盧舍那佛也. 如更有人情願持一枝草一把土助造像者, 恣聽之. 國郡等司莫因此事侵擾百姓强令收斂, 布告遐邇知朕意矣. 壬午, 東海東山北陸三道二十五國今年調庸等物皆令貢於紫香樂宮. 乙酉, 皇帝御紫香樂宮, 爲奉造盧舍那佛像. 始開寺地. 於是行基法師率弟子等勸誘衆庶.

十一月丁酉, 天皇還恭仁宮. 車駕留連紫香樂. 凡四月焉. 戊申, 宴群臣於內裏. 外從五位下倭武助授從五位下. 五位已上賜祿有差.

十二月己丑, 始運平城器仗收置於恭仁宮. 辛卯, 始置筑紫鎭西府, 以從四位下石川朝臣加美爲將軍, 外從五位下大伴宿禰百世爲副將軍, 判官二人, 主典二人, 初壞平城大極殿幷步廊, 遷造於恭仁宮四年, 於茲其功纔畢矣. 用度所費不可勝計. 至是更造紫香樂宮. 仍停恭仁宮造作焉.

◯ **十六年**春正月丙申朔, 廢朝. 饗五位已上於朝堂. 庚戌, 任裝束次第司, 爲幸難波宮也. 戊午, 太政官奏, 鎭西府將軍准從五位官, 判官准從六位官, 主典准從七位官, 倍給二季祿及月料. 並留應入京調庸物相折, 通融隨時便給. 又特賜公廨田, 將軍十町,副將軍八町, 判官六町, 主典四町. 奏可之. 辛酉, 給鎭西府印一面.

閏正月乙丑朔, 詔喚會百官於朝堂. 問曰, 恭仁難波二京何定爲都, 各言其志. 於是陳恭仁京便宜者, 五位已上二十四人, 六位已下百五十七人, 陳難波京便宜者, 五位已上二十三人, 六位已下一百三十人. 戊辰, 遣從三位巨勢朝臣奈弖麻呂, 從四位上藤原朝臣仲麻呂, 就市問定京之事, 市人皆願以恭仁京爲都. 但有願難波者一人, 願平城者一人. 癸酉, 更仰京職令諸寺百姓皆作舍宅. 乙亥, 天皇行幸難波宮. 以知太政官事從二位鈴鹿王, 民部卿從四位上藤原朝臣仲麻呂爲留守. 是日, 安積親王緣脚病從櫻井頓宮還. 丁丑, 薨. 時年十七. 遣從四位下大市王, 紀朝臣飯麻呂等, 監護喪事. 親王天皇之皇子也. 母夫人正三位縣犬養宿禰廣刀自, 從五位下唐之女也.

二月乙未朔, 遣少納言從五位上茨田王于恭仁宮, 取驛鈴內外印. 又追諸司及朝集使等於難波宮. 丙申, 中納言從三位巨勢朝臣奈弖麻呂持留守官所給鈴印詣難波宮. 以知太政官事從二位鈴鹿王, 木工頭從五位下小田王, 兵部卿從四位上大伴宿禰牛養, 大藏卿從四位下大原眞人櫻井, 大輔正五位上穗積朝臣老五人爲恭仁宮留守. 治部大輔正五位下紀朝臣清人, 左京亮外從五位下巨勢朝臣嶋村二人爲平城宮留守. 甲辰, 和泉宮. 丙午, 天下馬飼雜戶人等. 因勅曰, 汝等今負姓人之所耻也. 所以原免同於平民. 但旣免之後, 汝等手伎如不傳習子孫, 子孫彌降前姓, 欲從卑品. 又放官奴婢六十人從良. 丁未, 車駕自和泉宮至. 甲寅, 運恭仁宮高御座幷大楯於難波宮. 又遣使取水路運漕兵庫器仗.

二月乙卯, 恭仁京百姓情願遷難波宮者恣聽之. 丙辰, 幸安曇江遊覽松林. 百濟王等奏百濟樂. 詔授無位百濟王女天從四位下, 從五位上百濟王慈敬, 從五位下孝忠, 全福並正五位下. 戊午, 取三嶋路行幸紫香樂宮. 太上天皇及左大臣橘宿禰諸兄留在難波宮焉. 庚申, 左大臣宣勅云, 今以難波宮定爲皇都. 宜知此狀. 京戶百姓任意往來.

三月甲戌, 石上榎井二氏樹大楯槍於難波宮中外門. 丁丑, 運金光明寺大般若經致紫香樂宮. 比至朱雀門, 雜樂迎奏, 官人迎禮, 引導入宮中奉置大安殿. 請僧二百, 轉讀一日. 戊寅, 難波宮東西樓殿, 請僧三百人, 令讀大般若經.

夏四月丙午, 紫香樂宮西北山火, 城下男女數千餘人皆趣伐山, 然後火滅. 天皇嘉之, 賜布人一端. 甲寅, 廢造兵鍛冶二司. 丙辰, 以始營紫香樂宮, 百官未成. 司別給公廨錢惣一千貫, 交關取息永充公用. 不得損失其本, 每年限十一月, 細錄本利用狀令申太政官.

五月庚戌, 肥後國雷雨地震. 八代, 天草, 葦北三郡官舍, 并田二百九十餘町, 民家四百七十餘區, 人千五百二十餘口被水漂沒, 山崩二百八十餘所, 有壓死人四十餘人. 並加賑恤.

六月壬子, 雨氷.

七月癸亥, 太上天皇幸智努離宮. 丁卯, 故正四位下紀朝臣男人與故從五位下紀朝臣國益, 相訴奴婢. 依刑部判賜國益男正五位下淸人, 旣而淸人上表悉從良焉. 戊辰, 太上天皇幸仁岐河. 陪從衛士已上, 無問男女賜祿各有差. 己巳, 車駕還難波宮. 甲申, 詔曰, 四畿內七道諸國, 國別割取正稅四萬束, 以入僧尼兩寺各二萬束, 每年出擧, 以其息利永支造寺用.

八月乙未, 詔授蒲生郡大領正八位上佐佐貴山君親人從五位下, 并賜食封五十戶, 絁一百疋, 布二百端, 綿二百屯, 錢一百貫, 神前郡大領正八位下佐佐貴山君足人正六位上并絁四十疋, 布八十端, 綿八十屯, 錢四十貫, 斯二人並伐除紫香樂宮邊山木. 故有此賞焉.

九月甲戌, 遣巡察使於畿內七道. 以從四位下紀朝臣飯麻呂爲畿內使, 正五位下石川朝臣年足爲東海道使, 正五位上平群朝臣廣成爲東山道使, 從五位下石川朝臣東人爲北陸道使, 正五位下百濟王全福爲山陰道使, 外從五位下大伴宿禰三中爲山陽道使, 外從五位下巨勢朝臣嶋村爲南海道使, 從四位上石上朝臣乙麻呂爲西海道使, 外從五位下大養德宿禰小東人爲次官, 道別判官一人, 主典一人. 乙酉, 勅八道巡察使等曰, 是行使等檢問事條, 國郡官司依實報答者, 縱當死罪, 咸原而勿論. 若有經問不臣被使勘獲者, 事雖細小, 依法不容, 使宜慇懃告示, 一事以上准勅施行. 丙戌, 勅頒三十二條於巡察使. 事具別勅. 因勅曰, 凡頃聞, 諸國郡官人等, 不行法令, 空置卷中. 無畏憲章, 擅求利潤, 公民歲弊, 私門日增. 朕之股肱豈合如此. 自今以後, 宜依頒條每四考終必加訪察奏聞, 卽隨善惡黜陟其人. 遂令涇渭殊流, 賢愚得所. 若有巡察使諂曲爲心, 昇降失理, 當寘法律以明勸沮, 無偏無黨, 淸風肅俗, 拔自常班, 處以榮秩, 宜告所司知朕意焉. 又口勅十三條, 具在別勅. 又勅曰, 爲檢天下諸國政績治不, 今差巡察使分道發遣. 但比年以來, 所任使人, 訪察不精, 黜陟有濫, 吏民由是未肅, 風化所以尙壅. 故今具定事條仰令巡檢. 唯恐官人不練明科, 多犯罪愆還陷法網, 仍垂非常之恩, 特開自新之路, 其國郡官司雖犯謀反大逆, 常赦所不免, 咸悉除免一切勿論. 但情懷姦僞不肯吐實, 使人存意再三喩示. 若是固執猶不首伏者, 依法科罪. 普天率土宜知朕懷焉. 又口勅五條, 語具別記. 己丑, 詔曰, 今聞, 僧綱任意用印不依制度. 宜令進其印置大臣所. 自今以後一依前例. 僧綱之政亦申官待報, 給鎭西府驛鈴二口.

冬十月辛卯, 律師道慈法師卒.〈天平元年爲律師.〉法師俗姓額田氏, 添下郡人也. 性聰悟爲衆所推. 大寶元年隨使入唐, 涉覽經典, 尤精三論. 養老二年歸朝. 是時釋門之秀者, 唯法師及神叡法師二人而已. 著述愚志一卷論僧尼之事. 其略曰, 今察日本素緇行佛法軌模全異大唐道俗傳聖教法則, 若順經典, 能護國土. 如違憲章, 不利人民, 一國佛法, 萬家修善, 何用虛設, 豈不愼乎. 弟子傳業者, 于今不絶. 屬遷造大安寺於平城, 勅法師勾當其事, 法師尤妙工巧. 構作形製皆稟其規模, 所有匠手莫不歎服焉. 卒時年七十有餘. 乙未, 左大臣家令正六位上余義仁授外從五位下. 庚子, 太上天皇行幸珍努及竹原井離宮. 辛丑, 賜郡司十四人爵一級. 高年一人六級, 三人九級, 行所經大鳥, 和泉, 日根三郡百姓年八十以上男女穀人有差. 壬寅, 太上天皇還難波宮.

十一月壬申, 甲賀寺始建盧舍那佛像體骨柱. 天皇親臨, 手引其繩. 于時種種樂共作, 四大寺衆僧僉集. 襯施各有差. 癸酉, 太上天皇幸甲賀宮. 丙子, 太上天皇自難波至. 庚辰, 授正五位上藤原朝臣八束, 正五位下紀朝臣淸人並從四位下, 外從五位下大宅朝臣君子, 田邊史難波並從五位下.

十二月庚寅, 有星, 孛於將軍. 壬辰, 令天下諸國, 藥師悔過七日. 丙申, 度一百人, 此夜於金鍾寺及朱雀路燃燈一萬坏.

續日本紀卷第十五

『속일본기』 권제16

〈天平 17년(745) 정월부터 18년(746) 12월까지〉

종4위하 行民部大輔 겸 左兵衛督 황태자학사
신 菅野朝臣眞道 등이 칙을 받들어 편찬하다

天璽國押開豊櫻彦天皇〈聖武天皇〉

○ 天平 17년(745) 춘정월 기미삭(1일), 신년하례를 중지하였다.[1] 갑자기 新京으로 천도하여 산을 벌목하고 평지를 조성해서 왕궁을 조영했는데, 담장이 아직 완성되지 않아 장막을 둘렀다. 병부경 종4위상 大伴宿禰牛養, 위문독 종4위하 佐伯宿禰常人에게 명하여 大楯槍[2]을 세우게 하였다.〈石上, 榎井 2씨는 갑작스런 천도로 소집하지 못하여 2인에게 명하여 이 일을 맡긴 것이다.〉. 이날 어재소[3]에서 5위 이상에게 연회를 베풀고 차등있게 따라 녹을 내렸다.

을축(7일), 천황이 대안전에 임하여 5위 이상에게 연회를 베풀었다. 종4위상 大伴宿禰牛養에게 종3위를, 종5위하 阿貴王에게 종5위상을, 무위 依羅王에게 종5위하를, 종4위상 藤原朝臣仲麻呂에게 정4위상을, 정5위하 阿倍朝臣沙彌麻呂·藤原朝臣清河에게 함께 정5위상을, 종5위상 石川朝臣麻呂·紀朝臣宇美에게 함께 정5위하를, 종5위하 三國眞人廣庭·多治比眞人屋主·藤原朝臣許勢麻呂에게 함께 종5위상을, 외종5위하 紀朝臣廣名·紀朝臣男楫, 정6위상 石川朝臣名

1) 紫香樂宮이 아직 완성되지 않아 새해 정월 초하루의 元旦朝賀 의식을 열지 않았다.

2) 紫香樂宮을 새 왕도로 했다는 것을 선포하는 가시적인 표상으로서 大楯, 大槍을 세운 것이다. 이러한 의식은 천도나 대상제 때에 행한다.

3) 恭仁京 천도 이전에는 御在所가 內裏와 같은 의미로 쓰이지만, 여기서는 왕궁이 미완성인 상태에서 사용한 임시 시설을 가리킨다. 이후에는 천황이 순행 시 사용하는 일시적인 行宮으로 사용하였다.

人·縣犬養宿禰須奈保·大伴宿禰古麻呂·大伴宿禰家持에게 함께 종5위상을, 외종5위상 宗形朝臣赤麻呂에게 외정5위상을, 외종5위하 巨勢斐多朝臣嶋村·高丘連河內[4]에게 함께 외종5위상을, 정6위상 路眞人野上·粟田朝臣堅石·大伴宿禰名負·太朝臣德足·鴨朝臣石角·布勢朝臣多禰·難福子[5]·田邊史高額[6]·楢原造東人에게 함께 외종5위하를 내렸다. 또 무위 衣縫女王·石川女王·秦女王에게 함께 종5위하를, 무위 久米女王·氷上女王·岡田女王·巨勢女王에게 함께 종5위하를, 외종5위상 佐味朝臣稻敷, 외종5위하 縣犬養宿禰八重, 무위 中臣朝臣眞敷에게 함께 종5위하를, 외종5위상 尾張宿禰小倉·黃文連許志[7]·朝倉君時·小槻山君廣虫에게 함께 외정5위하를, 무위 中臣小殿連眞庭, 외종5위하 箭集宿禰堅石에게 외종5위상을, 정6위상 槻本連若子, 정6위하 熊野直廣濱·粟凡直若·若湯坐宿禰繼女·氣太十千代·飯高君笠目, 무위 大石村主廣嶋·古仁染思·上部眞善[8]·忍海連伊賀虫·古仁虫名·栗栖史多禰女·茨田宿禰弓束에게 함께 외종5위하를 내렸다. 연회가 끝난 후 차등있게 녹을 하사하였다. 백관의 주전 이상에게 조당에서

---

4) 天智 2년(663) 백제에서 망명한 沙門詠의 자손. 養老 5년(721) 退朝 후에 황태자인 首皇子에게 근시를 명받아 교육시켰다. 또 동년 정월에는 학업이 뛰어나고 모범이 될 만한 관인을 포상하는데 樂浪河內의 이름이 나온다. 『家傳』下(『寧樂遺文』下-885)에도 문사에 뛰어난 인물로 紀朝臣清人, 山田史御方 葛井連廣成, 百濟公倭麻呂, 大倭忌寸小東人 등 당대의 석학들과 더불어 高丘連河內의 이름이 열기되어 있다. 天平 3년(731)에 외종5위하로 승진하여 右京亮이 되었고, 이후 정5위하로 대학료의 장관인 大學頭에 임명되었다. 『만엽집』에도 天平 15년(743)의 「高丘河內連謌二首」(6-1038, 1039)라고 하여 단가 2수를 남기고 있다.

5) 難氏 성을 가진 백제계 도래씨족의 후예. 寶龜 8년 3월 무진조에 정6위상에서 외종5위하에 서위된 難金信이 나오고, 正倉院文書에도 難君足(『大日本古文書』 8-505), 難子公(『大日本古文書』 3-254), 難千依(『大日本古文書』 14-405) 등이 나온다.

6) 田邊史에 대해서는 『신찬성씨록』 우경제번에 漢王의 후손인 知惣으로부터 나왔다고 되어 있으나 河內國 安宿郡 資母鄕 지역을 본거지로 하는 백제계 도래씨족이다. 이해 9월에 參河守에 임명되었다.

7) 고구려계 도래씨족. 『신찬성씨록』 山城國諸蕃 「黃文連」조에는 고구려인 久斯那王으로부터 나왔다는 출자를 밝히고 있다.

8) 『日本後紀』 延曆 18년 12월 갑술조에, 信濃國 小縣郡人 上部豊人, 上部色布知 등이 상주하는 말로, "己等先高麗人也. 小治田, 飛鳥二朝庭時節, 歸化來朝, 自爾以還, 累世平民, 未改本號"라고 하여 上部가 고구려 출자로 5부 중 하나고, 『翰苑』에 인용된 「魏略」에는 고구려 5부 중 順奴部이고 東部, 左部, 青部라고도 한다고 되어 있다. 天平寶字 5년 3월 경자조에도 고구려인의 개사성 기사에 上部君足이 나오고, 神護景雲 원년 정월 계유조에도 上部木의 인명이 나온다. 백제에도 5부 중에 上部가 있으나 『속일본기』 이후에는 部名을 관칭한 인명은 보이지 않는다.

향응을 베풀고 차등있게 녹을 하사하였다.

기묘(21일), 조를 내려 行基法師를 대승정으로 삼았다.

2월 임자(24일), 종5위하 佐伯宿禰毛人을 伊勢守로 삼고, 정5위하 大伴宿禰兄麻呂를 美濃守로 삼았다.

하4월 무자삭(1일), (紫香樂京의) 市 서쪽 산에서 불이 났다.

경인(3일), 寺[9]의 동쪽 산에서 불이 났다.

갑오(7일), 산위 종4위하 三室王이 죽었다.

을미(8일), 伊賀國의 眞木山에서 불이 났다. 3, 4일간 계속 불이 꺼지지 않았다. 산 수백여 정이 불에 탔다. 즉시 山背, 伊賀, 近江 등 제국에 진화시켰다.

무술(11일), 궁성의 동쪽 산에서 불이 났다. 연일 꺼지지 않았다. 이에 왕도에 거주하는 남녀가 앞다투어 하천에 가서 재물을 묻었다. 천황이 거마를 준비시켜 大丘野로 순행하였다.

경자(13일), 밤에 약간의 비가 내렸다 산불이 꺼졌다.

임인(15일), 鹽燒王[10]을 소환하여 입경시켰다.

경술(23일), 大藏卿 종4위상 大原眞人門部가 죽었다.

임자(25일), 정6위상 託陀眞玉·養德畫師楯[11]·戶弁麻呂·葛井連諸會[12]·茨田

---

9) 紫香樂京의 甲賀山이라는 설도 있고, 寺가 市의 오기라는 설도 있다.

10) 鹽燒王은 天平 14년 8월에 香樂宮 순행에 前次第司로 임명되었지만, 동년 10월에 女孺 4인과 함께 평성경의 감옥에 수감되었다가 伊豆國 三嶋로 유배되었다가 이때 사면되어 입경을 허락받았다. 그의 유배형에 대해서는 정치적 음모설이 언급되고 있다.

11) 養德畫師는 倭畫師라고도 쓴다. 神護景雲 3년 5월조에 좌경인 倭畫師種麻呂 등 18인에게 大岡忌寸의 성을 주었다고 한다. 『新撰姓氏錄』 左京諸蕃에는 大岡忌寸에 대해 魏文帝의 후손인 安貴公으로부터 나왔다는 출자를 밝히고 雄略天皇 때 4部의 무리를 데리고 이주했는데, 그 아들 龍(일병 辰貴)이 그림에 뛰어나 武烈朝에서 首 성을 받았고, 그 5세손 勤大壹 惠尊이 회화에 재능이 있어 天智 치세에 倭畫師의 성을 받았다고 전한다. 天平 18년 윤9월 24일부의 平城宮 출토 목간에 倭畫師大虫이 보이고, 正倉院文書에도 倭畫師雄弓, 倭畫師池守 등의 이름이 나온다. 養德畫師楯師는 중국 출자로 되어 있지만, 실제는 백제계 후예씨족으로 생각된다.

12) 葛井連氏의 선조는 6세기 전반 백제에서 도래한 王辰爾의 일족인 胆津이다. 그는 白猪屯倉에 파견되어 田部를 편성하고 호적을 작성한 공로로 白猪史의 성을 받았고, 문필씨족으로 성장하였다. 養老 4년(720) 일족은 葛井連의 씨성을 받았고, 葛井寺는 이 씨족의 氏寺이다. 葛井連諸會는 天平 13년(741) 山背介를 역임하고 동 17년 외종5위하, 天平 19년 相模守에 보임되었다. 天平勝寶 9년(757)에 종5위하에 이른다. 天平 18년 정월 대설의 날에 좌대신 橘諸兄, 中納言 藤原豊成 등이 元正上皇의 御在所에서 행한

宿禰枚麻呂·丹比間人宿禰和珥麻呂, 정7위하 國君麻呂[13]에게 함께 외종5위하를 내렸다.

갑인(27일), (천황이) 조를 내려, "순찰사의 상주에 따라 천하 제국의 작년 전조를 면제하였다. 또 생각하는 바가 있어 천하에 대사면을 내린다. 天平 17년 4월 27일 동트기 이전에 일어난 사형죄 이하는 죄의 경중에 관계없이, 이미 발각되었거나 발각되지 않았거나, 이미 판결이 났거나 심리중이거나, 현재 수감되어 있는 자도 모두 다 사면한다. 다만 팔학을 범하여 사형죄에 들어간 자는 사형을 면제하고 장기 구금한다. 사주전 및 공범자는 몸에 형구를 채우고 장기적으로 주전사에서 사역시키도록 한다.[14] 강도, 절도 등 통상의 사면에서 면제되지 않는 자는 사면의 범위에 포함되지 않는다. 또 유형자로 유배지에 도착한 자에 대해서는 대사면의 기준에 비추어 특별히

주연에서 지은 단가가 『萬葉集』(3925)에 남아 있고, 『經國集』 222에도 和銅 4년(711)의 대책문 2首가 실려 있다.

13) 國君麻呂는 國公麻呂라고도 한다. 백제멸망 이후 天智 2년(663)에 망명한 백제인 國骨富의 손자이다(寶龜 5년 10월 기사조). 후에 國中連으로 개성하였다. 天平 18년 11월에 金光明寺 造物所의 造佛長官으로 나오고(『大日本古文書』 9-301), 동 19년 정월에는 不空羂索觀音像(현재의 東大寺 三月堂의 본존)의 광배를 만들기 위해 철 20廷을 신청하였다(『大日本古文書』 9-327). 동년 11월에는 遠江員外介를 겸직하였다(『大日本古文書』 5-14). 그 후 광명황태후의 아미타정토원 조영에 관계하였다. 天平寶字 5년 10월에 造東大寺 차관이 되고, 造香山藥師寺所, 造石山寺所에도 관여하였다. 天平神護 3년(767)에 稱德天皇의 東大寺 순행 시에 종4위하에 올랐고, 神護景雲 2년(768) 11월에는 但馬員外介가 된다. 寶龜 5년 10월 기사조의 卒年 기사에는 "天平年中, 聖武皇帝發弘願, 造盧舍那銅像, 其長五丈, 當時鑄工無敢加手者, 公麻呂頗有巧思, 竟成其功"이라고 하여 造東大寺司 차관으로서 동대사 조영에 관여한 사실이 기록되어 있다. 『東大寺要錄』의 〈大佛殿碑文〉에 공로자 6인 중 大佛師로서 이름을 남기고 있다.

14) 私鑄錢의 주범과 공범에 대한 형벌은 「大寶律」에서는 徒 3년이었지만, 和銅 4년 10월 갑자의 勅에서는 銅錢에 대해서는 "凡鑄錢者斬, 從者沒官, 家口皆流"라고 하여 주범은 사형, 공범은 沒官, 가족은 유형에 처한다고 되어 있다. 銀錢에 대해서는 和銅 2년 정월 임오의 詔에서 "私鑄銀錢者, 其身沒官, 財入告人行濫逐利者, 加杖二百, 加役當徒, 知情不告者, 各與同罪"라고 규정되어 있다. 상기 본문에서는 사주전한 자에 대해 몸에 형구를 부착시키고 주전사에서 사역시킨다고 한다. 天平神護 2년 是年條에도 "民私鑄錢者, 先後相尋, 配鑄錢司駈役, 並皆著鈴於其鈦, 以備逃走, 聽鳴追捕焉"이라고 하여 유사한 규정이 있다. 이 해에 사주전자를 주전사에서 사역시킨 이유는 평성경 천도와 대불조영 등으로 전화 유통이 급증하고, 대불조영을 위해 많은 주물사가 동원되어 주전사에 기술공이 부족했기 때문에 사주전 기술을 가진 죄인들을 투입시켰던 것으로 추정되고 있다.

은사가 적용되도록 한다"라고 하였다.

이날 하루 밤중에 지진이 일어나 3일 주야로 계속되었다. 美濃國에서는 櫓,[15] 館, 정창 및 불사, 당탑, 백성의 가옥이 피해를 입어 조금이라도 흔들리면 무너졌다.

을묘(28일), 산위 정4위하 春日王이 죽었다.

5월 무오삭(1일), 지진이 있었다.

기미(2일), 지진이 있었다. 경사의 제사찰에 명하여 17일간 최승명경을 전독하게 하였다.[16] 筑前, 筑後, 豊前, 豊後, 肥前, 肥後, 日向 7국의 無姓인 사람들에게 원하는 성을 주었다.[17] 이날 태정관에서 제관사의 관인들을 불러, 어느 곳을 경으로 삼는 것이 좋으냐고 묻자, 모두 平城을 都로 해야 한다고 말하였다.

경신(3일), 지진이 있었다. 造宮輔 종4위하 秦公嶋麻呂[18]를 보내 恭仁宮을 청소하도록 하였다.[19]

신유(4일), 지진이 있었다. 大膳大夫 정4위하 栗栖王을 평성경 약사사[20]에 보내어 4대사의 여러 승들을 불러모아 어느 곳을 京으로 하는 것이 좋은가를 묻자, 모두 평성을 都로 해야 한다고 하였다.

---

15) 櫓는 『和名類聚抄』 권10 居處部 제13에 "城山守禦樓"라고 되어 있다. 망루를 가리킨다.
16) 지진을 방지하게 위한 轉讀.
17) 호적에 등재된 양민으로 성이 없고 이름만 있는 사람. 본인의 희망에 따라 성을 주지만, 씨성의 높고 낮은 질서가 있어 이에 어긋나지 않는 한도에서 부여하였다고 보인다. 天平寶字 원년 4월 신사조에도 "其戶籍, 記無姓及族字, 於理不穩, 宜爲改正"이라고 하여, 호적에 성이 없는 경우는 이치에 맞지 않으니 개정한다고 하였다.
18) 신라계 도래씨족 秦河勝의 증손으로 葛野郡의 大領 秦牛萬呂의 아들. 天平 12년(740) 平城京에서 恭仁宮으로 천도하자 天平 14년 造宮錄으로 恭仁京의 담을 축조하여 정8위하에서 종4위하로 13단계 승진하였다. 錢 100관, 絁 100필, 布 200단, 綿 200둔을 포상받았다. 天平 19년 3월에 長門守에 서임되었다. 씨성은 秦下에서 太秦公, 太秦公忌寸으로 변한다.
19) 여기서는 천황의 순행 내지는 천도를 예상한 환경정비라고 보인다.
20) 『일본서기』 天武 9년(680) 11월에 황후의 치유를 기원하여 天武天皇의 발원으로 藤原京에 조영이 시작되었다. 藥師寺 동탑 상륜부에 명기된 東塔檫銘에는 淸原宮에서 천하를 다스리는 천황의 즉위 8년에 中宮[持統天皇]의 병 때문에 이 가람을 조영하기 시작했지만, 완성을 보지 못하고 붕어하여 그 유지를 이어 太上天皇[持統]이 완성했다고 한다. 창건 당시의 藥師寺는 藤原京에 있었지만, 和銅 3년(710) 평성경 천도로 平城京 우경 6조 대로로 이전되었다.

임술(5일), 지진이 있어 1주야 멈추지 않았다. 이날, 천황이 공인궁으로 돌아왔다. 참의 종4위하 紀朝臣麻路를 甲賀宮[21]의 유수관으로 삼았다.

계해(6일), 지진이 있었다. 천황이 공인경의 泉橋에 이르렀을 때, 백성들이 멀리 천황을 바라보고 길 좌측에서 배알하여 모두 만세를 외쳤다.[22] 이날, 공인궁에 도착하였다.

갑자(7일), 지진이 있었다. 우대변 종4위하 紀朝臣飯麻呂를 보내 평성궁을 청소하게 하였다.[23] 때에 제사찰의 많은 승들이 淨人,[24] 동자 등을 데리고, 경쟁하듯 모여들었다. 백성들은 또 모두 (평성궁으로) 나와서 동리에는 사람이 없는 상태가 되었다. 때에 농번기가 되어 위로하고 돌려보냈다.

을축(8일), 지진이 있었다. 大安, 藥師, 元興, 興福 4사에 3·7일(21일) 동안 大集經[25]을 독경하게 하였다. 4월부터 비가 오지 않아 모내기를 하지 못하였다. 이에 제국의 신사에 봉폐하고 기우제를 올렸다.

병인(9일), 지진이 있었다. 近江國 백성 1천인을 징발하여 甲賀宮의 인근 산불을 끄게 하였다.

정묘(10일), 지진이 있었다. 평성궁에서 대반야경을 독경시켰다. 이날, 공인경의 市人[26]들이 평성경으로 이주하여, 새벽부터 밤까지 행렬이 끊이지 않았다.

무진(11일), 諸陵[27]에 폐백을 바쳤다. 이때 甲賀宮이 비어 사람이 없게 되자 도적이 가득차고 화재 역시 끊이질 않았다. 이에 제관사 및 위문부의 위사 등을 보내 관물을 수습하게 하였다. 이날 평성경으로 순행하였다.

---

21) 紫香樂宮. 近江國 甲賀郡, 현재의 滋賀縣 甲賀市.

22) 聖武천황은 天平 15년 2월 무오(24일)에 難波宮으로 순행하고, 다시 3월 정축(14일)에 紫香樂宮에서 체재하였다. 이후 2년 3개월 만에 恭仁宮으로 돌아온 천황을 축하한다는 표시이다. 『日本書紀』 顯宗紀 2년(486) 3월조에 "幸後苑曲水宴, 是時喜集公卿大夫, 臣連國造伴造爲宴, 羣臣頻稱萬歲"라고 하여 군신들이 연회에서 천황에게 만세를 외친 기록이 나온다.

23) 평성궁 천도를 의도한 환경정비사업으로 보인다.

24) 사원을 청소하는 사람.

25) 대승불교경전의 하나로 석가가 十方의 불보살을 모아 대승의 법을 설한 것으로 空思想이 더해져 밀교적 요소가 농후하다. 大方等大集經이라고 한다.

26) 물건을 교역하는 왕경의 東市, 西市의 사람들.

27) 先帝의 천황릉.

中宮院[28]을 어재소로 삼았다. 이전 황후궁[29]을 宮寺[30]로 삼았다. 제관사의 관인들이 각각 本曹[31]로 돌아왔다.

계유(16일), 지진이 있었다.

을해(18일), 지진이 있었다. 천황이 친히 송림의 창름[32]에 임하여 수행한 사람들에게 차등있게 녹을 내렸다.

임오(25일), (천황이) 제를 내려 무위의 황친에게 춘추의 시복을 지급하였다. "지금 이후로는 上日[33] 140일을 채우지 않으면 지급하지 않는다.〈上日을 (반년마다) 집계해서 70일[34]이면 춘하의 시복을 지급하고, 추동도 또한 같다.〉. 다만 유모를 지급받는 왕에게는 이 규정을 적용하지 않는다. 또 격에 따라 嫡王[35]으로서 왕명을 얻는 자는 시복료를 지급하는 범위에 포함되지 않는다"라고 하였다. 이달의 지진은 이상 현상으로 자주 지반이 균열되고 용천수가 분출하였다.

6월 경인(4일), 좌위사독 종4위하 佐伯宿禰淨麻呂를 이세태신궁에 보내 봉폐하였다.

신묘(5일), 大宰府를 다시 설치하였다.[36] 종4위하 石川朝臣加美를 (大宰)大貳로 삼고, 종5위상 多治比眞人牛養, 외종5위하 大伴宿禰三中을 나란히 (大宰)少貳로 삼았다.

---

28) 평성궁의 宮中.

29) 藤原不比等의 저택으로 光明皇后가 거주하여 황후궁으로 칭하였다.

30) 宮寺는 광명황후가 그의 부 藤原不比等으로부터 물려받은 것으로 사후에 보시되어 절이 되었다. 이 궁사는 國分寺 건립의 조가 내려지며 大和國 分尼寺가 되고, 天平 19년에는 法華寺로 개칭하였다.

31) 평성궁의 집무를 위한 관의 청사.

32) 松林苑 내에 있는 미곡 보관창고.

33) 「考課令」59 「內外初位」조에 "凡內外初位以上長上官, 計考前釐事, 不滿二百四十日, 分番不滿一百四十日, 若帳內資人不滿, 二百日並不考"라고 하여 관인의 연간 출근일수를 규정하고 있다.

34) 「祿令」1 「給季祿」조에 "凡在京文武職事,…皆依官位給祿, 自八月至正月, 上日一百卄日以上者, 給 春夏祿"이라고 하여 반년에 120일 이상이면 춘하의 녹을 지급한다고 되어 있다. 여기서는 分番(番上官)을 기준으로 하여 반년 70일 이상 출근하면 춘하의 祿[時服]을 지급한다는 것이다.

35) 5세왕의 적손, 6세왕.

36) 藤原廣嗣의 난으로 천평 14년 정월에 폐지하고 천평 15년 12월에 鎭西府를 설치하였는데, 다시 復置한 것이다.

경자(14일), 筑前國 宗形郡의 대령 외종8위상 宗形朝臣与呂志에게 외종5위하를 내렸다. 이날 궁문[37]에 大楯을 세웠다.[38]

추7월 경신(5일), 사자를 보내 기유제를 지냈다.

임신(17일), 지진이 있었다.

계유(18일), 지진이 있었다.

무인(23일), 典侍[39] 종4위상 大宅朝臣諸姉가 죽었다.

8월 기축(4일), 대재부 관내의 제관사에 印 12면을 지급하였다.

갑오(9일), 종5위하 中臣熊凝朝臣五百嶋의 中臣을 없애고 (씨성을) 熊凝朝臣으로 하였다.

경자(15일), 大安殿[40]에서 無遮大會[41]를 열었다.

기유(24일), 지진이 있었다.

임자(27일), 정3위 山形女王이 죽었다. 淨廣壹 高市皇子의 딸이다.

계축(28일), 난파궁에 순행하였다. 중납언 종3위 巨勢朝臣奈弖麻呂·藤原朝臣豊成을 유수관으로 삼았다.

갑인(29일), 지진이 있었다.

9월 병진(2일), 지진이 있었다.

무오(4일), 知太政官事 겸 식부경 종2위 鈴鹿王이 죽었다. 高市皇子의 아들이다. 정5위상 橘宿禰奈良麻呂를 섭진대부로 삼고, 정5위하 百濟王全福[42]을 尾張守로 삼고, 외종5위하 田邊史高額[43]을 參河守로 삼고, 民部卿 정4위상 藤原朝臣仲麻呂를 近江守를 겸직시키고, 종5위하 縣犬養宿禰須奈保를 丹後守로 삼고, 종5위하 大原眞人麻呂를 美作守로 삼고, 외종5위하 井上忌寸麻呂를 紀伊

---

37) 평성궁의 外門인 朱雀門.

38) 平城宮 천도의 표시로 大楯을 세웠던 것으로 보인다.

39) 內侍司[後宮]의 女官으로 차관직. 장관인 尙侍는 후에 설치되지 않아 常侍가 실질적으로 장관역을 하였다.

40) 內裏의 正殿.

41) 천황이 시주가 되어 승려, 속인, 귀천이 없이 공양하고 보시하는 법회.

42) 天平 12년 2월 聖武天皇의 難波宮 순행 시에 백제와 일족이 풍속악을 연주하여 그 공으로 종5위하에 서위되고, 그해 11월 다시 종5위상으로 승서되었다. 天平 16년 2월 천황의 安曇江 순행 시에도 백제악을 연주하여 정5위하를 받고, 동년 9월에는 山陰道巡察使에 보임되었다.

43) 백제계 도래씨족의 후예. 이 해 정월조에 보인다.

守로 삼고, 정5위하 紀朝臣宇美를 讚岐守로 삼고, 외종5위하 車持朝臣國人을 伊豫守로 삼고, 외종5위상 文忌寸馬養[44]을 筑後守로 삼았다.

정묘(13일), 종5위상 巨勢朝臣堺麻呂를 式部少輔로 삼았다.

기사(15일), 3년간 천하에 일체의 동물 살생을 금지하였다.

신미(17일), 칙을 내려, "짐이 요즈음 몸이 편치가 않은 지 10일 이상 지속되고 있다. 생각하니 이것은 통치하는 데에 道를 상실한 것이 있어 많은 백성이 죄를 짓고 있기 때문이다. 천하에 대사면을 내려야 한다. 통상의 사면에서 면제되지 않는 자도 모두 사면한다. 나이 80세 이상 및 홀아비, 과부, 고아, 독거노인 및 질병으로 자활할 수 없는 자는 헤아려 구휼하도록 한다"라고 하였다.

임신(18일), 종5위하 藤原朝臣乙麻呂를 兵部少輔로 삼고, 종5위상 佐味朝臣虫麻呂를 越前守로 삼았다.

계유(19일), 산위 종4위하 中臣朝臣名代가 죽었다. 천황이 병이 악화되었다. 평성경, 공인경의 유수관에게 칙을 내려 궁중을 엄중히 지키게 하고, 孫王[45]들을 불러 모두 난파궁으로 오게 하였다. 사자를 평성궁에 보내 驛鈴와 印[46]을 가져오게 하였다. 또 경사와 기내의 제사찰 및 명산의 청정한 곳에서 약사회과의 법회를 열게 하고, 賀茂,[47] 松尾[48] 등 신사에 폐백을 올렸다. 제국에 명하여 소유하고 있는 매, 두견새를 모두 방생하도록 하였다. 3,800인을 득도, 출가시켰다.

갑술(20일), 播磨守 정5위상 阿倍朝臣虫麻呂에 명하여 八幡神社에 폐백을 올리게 하였다. 또 경사 및 제국에 명하여 대반야경 100부를 필사시키고, 또 높이 6척 3촌의 약사불상 7구를 만들게 하고, 아울러 經[49] 7권을 서사시켰

44) 文忌寸馬養은 靈龜 2년(716)에 父 文忌寸根麻呂가 세운 임신의 난의 공로로 간전을 받았다. 이후 主稅頭, 筑後守, 鑄錢長官을 역임하였고, 天平寶字 2년(758)에는 종5위하에 서위되었다.

45) 2세왕, 天智, 天武의 孫王.

46) 內印인 천황의 御璽와 外印인 太政官印. 內印은 5위 이상의 位記와 제국에 내려보내는 太政官符에 날인하고, 外印은 6위 이상의 位記 및 태정관의 문안에 날인한다. 모두 少納言이 관리한다.

47) 京都의 上賀茂神社, 下賀務神社.

48) 京都의 松尾大社.

다.

병자(22일), 중납언 종3위 巨勢朝臣奈弖麻呂 등이 아뢰기를, "巨勢朝臣 등은 오랫동안 노비 203인에 대해 소송을 해왔는데, 이번에 취하하고 양인의 신분으로 하고자 청한다"라고 하였다. 이를 허락하였다.

정축(23일), 평성궁의 中宮에 승 600인을 불러 대반야경을 독경시켰다.

기묘(25일), 천황이 (難波宮에서) 평성궁으로 환궁하게 되어 이날 저녁 宮池驛[50]에서 숙박하였다.

경진(26일), 평성궁에 이르렀다.

동10월 무자(5일), 제국이 출거하는 정세의 수량을 논의하여 정하였다. 국마다 수량이 정해졌지만, 다만 多褹, 對馬 양 도는 모두 이 범위에 포함하지 않았다.

신해(28일), 河內國司가 언상하기를, "우경인 尾張王이 관내 古市郡 古市里의 농가의 뜰에서 흰 거북 1마리를 얻었는데, 길이 9분, 폭 7분 크기의 양 눈이 적색이다"라고 하였다.

11월 을묘(2일), 玄昉法師를 보내어 筑紫의 관세음사의 조영을 담당하게 하였다.

기사(16일), 내리에서 5위 이상에게 연회를 베풀고 각각 차등있게 녹을 내렸다. 다만 나이 70세 이상은 별도로 침구를 지급하였다.

경오(17일), 승 玄昉에게 지급했던 봉호를 몰수하였다.[51]

경진(27일), (천황이) 제를 내려 "제국의 公廨를 출거하는 稻의 한도를 대국은 40만속으로, 상국은 30만속으로, 중국은 20만속으로 하고, 그 중에 大隅, 薩摩 양국은 각각 4만속으로 정하고, 하국은 10만속으로 그 중에 飛彈, 隱伎, 淡路 3국은 3만속으로 하고, 志摩國, 壹伎嶋은 각각 1만속으로 정하였다. 만약 정세의 수량이 적거나 백성이 출거에 응하지 않으면 반드시 그 한도 수량을 채울 필요는 없다. 관물의 부족분이 수납되지 않는 경우에는 公廨田[52]

49) 藥師瑠璃光如來本願功德經, 藥師經 7부.

50) 難波宮과 平城宮 사이에 있는 역. 소재지는 미상.

51) 天平 18년 6월 18일조에 의하면 그는 권력에서 밀려나 筑紫의 觀世音寺로 좌천되었다.

52) 大宰府와 제국의 국사 등 관인에게 관직의 고하에 따라 차등 지급되고 경작하는 事力도 별도로 지급되었다. 전조를 내지 않는 不輸租田이 원칙이었다. 관인에게 지급되

출거의 이자로서 보전하고 다시 (태정관에) 신고하는 것은 허락하지 않는다. 또 제국에 명하여 仕丁의 보조역을 정지시킨다"라고 하였다.

12월 무술(15일), 恭仁宮의 병기를 평성경으로 옮겼다.

○ 天平 18년(746) 춘정월 계축삭(1일), 신년하례를 중지하였다.

병인(14일), 지진이 있었다.

기묘(27일), 정3위 牟漏女王이 죽었다. 증 종2위 栗隈王의 손이고 종4위하 美努王의 딸이다.

경진(28일), 우경인 上部乙麻呂[53]의 처 大辛刀自賣가 한번에 3녀를 낳았다. 정세의 벼 400속을 내렸다.

신사(29일), 지진이 있었다. 밤에 또 지진이 있었다.

임오(30일). 지진이 있었다.

2월 기축(7일), 騎舍人을 授刀舍人으로 개칭하였다.

3월 정사(5일), 정4위상 藤原朝臣仲麻呂를 식부경으로 삼고, 종4위하 紀朝臣麻呂를 민부경으로 삼고, 외종5위상 秦忌寸朝元을 주계두로 삼았다.

기미(7일), 외종7위하 出雲臣弟山에게 외종6위하를 내리고 出雲國造로 삼았다. (천황이) 칙을 내려, "짐은 사해에 군림하고 만민의 근심을 위로하고 있어도 아직 태평의 시대에는 이르지 못하여 덕이 부족한 것은 아닌가 부끄럽게 느끼고 있었다. 이때에 치부경 종4위상 石上朝臣乙麻呂 등이 주상하여, '정5위하 河內國守 大伴宿禰古慈斐가 문서를 올려 관할 古市郡 내의 右京人 尾張王이 흰거북 한 마리를 잡았는데, 길이와 폭이 작고 형상은 특이하다'라고 하였다. 삼가 瑞圖[54] 및 援神契[55]를 살펴보고 말하기를, '왕자의 덕이 널리 퍼지면 神龜가 나오고, 효도를 행하면 地龜가 출현한다'라고 하였다.[56] 이것은 실로

는 전지이기 때문에 職田과 동일하고, 養老律令 시행 시에는 職分田이라고 칭했다.

53) 上部는 고구려 출자로 5부의 하나. 『翰苑』에 인용된 「魏略」에 따르면 고구려의 5부 중 順奴部이며 東部, 左部, 靑部라고도 한다. 『日本後紀』 延曆 18년 12월 갑술조에, 信濃國 小縣郡人 上部豊人, 上部色布知 등이 상주하는 말로, "己等先高麗人也"라고 하여 고구려 출자를 말하고 있다. 앞의 천평 17년 정월 기미조의 上部眞善 각주 참조.

54) 참위설의 祥瑞에 관련된 圖.

55) 『孝經』에 기초하여 쓴 미래 예언의 緯書인 孝經援神契.

56) 養老 7년 10월 기묘조에도 "得左京人紀朝臣家所獻白龜, 仍下所司, 勘檢圖諜, 奏稱, 孝經援神

大瑞에 부합하는 일이고, 모두 천지가 내린 복이고 宗社[57]가 내린 영험이다. 황하와 낙수에 상서가 나타났다고 하듯이 (옛 성자의 치세와 같이) 신의 세계와 인간의 세계가 조화를 보여주는 것이다. 삼가 天이 내린 축복에 대해 기쁨과 두려움이 교차하는 마음이다. 짐은 덕이 부족한데 어떻게 홀로 받을 수 있겠는가. 백관과 함께 기쁨을 같이 한다면 실로 짐의 뜻에 맞는 일이다. 마땅히 6위 이하에게 1급을 승서하고, 효자, 순손,[58] 의부, 절부 및 역전자[59]에게는 2급을 내린다. 다만 정6위상에게는 (위계를 받지 않는 대신에) 해당 호의 금년도 전조를 면제한다. 거북을 바친 사람[60]에게는 특별히 종5위하에 서위하고, 물품은 상례에 준하여 내린다. 거북이 출현한 군에는 금년도 租, 調를 면제한다"라고 하였다.

임술(10일), 정5위상 平群朝臣廣成을 식부대보로 삼고, 정5위상 橘宿禰奈良麻呂를 민부대보로 삼고, 정5위하 石川朝臣麻呂를 궁내대보로 삼고, 종5위하 大伴宿禰家持를 궁내소보로 삼았다.

정묘(15일), 칙을 내려, "삼보를 흥륭시키는 것은 국가의 福田[61]이고, 만민을 위무하고 보살피는 것은 선왕의 훌륭한 모범이다. 이로서 황실의 통치기반을 영구히 견고하게 하고, 천황의 자손으로서 계승하여 천하가 평안하고 백성들에게 이익을 되도록 인왕반야경[62]을 강설한다. 이에 삼가 듣건대, 그 교의에는 자비를 우선으로 하고 관대하고 어진 마음을 느끼게 하고, 사물에 측은지심을 깊게 한다. 天平 18년 3월 25일 동트기 이전에 일어난 사형죄 이하는 죄의 경중에 관계없이, 아직 발각되지 않았거나 이미 발각되었거나, 아직 심리 중이거나 이미 판결이 났거나, 현재 옥에 수감되어 있는 자는 모두 사면한다. 다만, 팔학, 고의 살인, 모의살인을 하여 죽인 자, 사주전, 강도, 절도, 통상의 사면에서 면제되지 않는 자는 사면의 범위에 포함되지

契曰, 天子孝, 則天龍降, 地龜出"이라고 하는 내용이 나온다.

57) 宗廟社稷.

58) 順孫. 조부모에게 효성을 다하는 손주.

59) 力田者. 농사일에 힘쓰는 자.

60) 右京인 尾張王.

61) 佛法僧 삼보를 흥륭시키는 것은 밭에 식물이 자라나는 것과 같은 복을 주는 것으로, 국가의 번영을 의미한다.

62) 後漢의 鳩摩羅什이 한역하여 전한 仁王般若波羅蜜多經.

않는다"라고 하였다.

무진(16일), 태정관이 처분하기를, "무릇 사찰의 토지 매매는 율령에서 금지하는 바이다. 요즈음 토지를 매입하여 점유하는 일이 성행하는데, 이치를 헤아려 보면 심히 헌법에 어긋하는 일이다. 마땅히 경 및 기내에 명하여 엄히 금지조치를 취한다"라고 하였다.

병자(24일), 常陸國 鹿嶋郡의 中臣部[63] 20호와 占部[64] 5호에게 中臣鹿嶋連의 성을 내렸다.

하4월 기유삭,[65] 종5위하 甘南備眞人神前을 형부대보로 삼고, 종5위하 犬養德宿禰小東人을 섭진량으로 삼고, 종5위하 百濟王敬福을 上總守로 삼고, 종4위상 石上朝臣乙麻呂를 常陸으로 삼고, 정5위하 石川朝臣年足을 陸奥守로 삼았다.

병술(5일), 좌대신 종1위 橘宿禰諸兄에게 大宰帥를 겸직시키고, 중납언 종3위 藤原朝臣豊成에게 동해도진무사를 겸직시키고, 참의 및 식부경 정4위상 藤原朝臣仲麻呂에게 동산도진무사를 겸직시키고, 중납언 종3위 巨勢朝臣奈弖麻呂에게 北陸, 山陰, 양도 진무사를 겸직시키고 참의 종3위 大伴宿禰牛養에게 山陽, 西海 양도의 진무사를 겸직시키고, 참의 종4위하 紀朝臣麻呂에게 남해도 진무사를 겸직시켰다.

임진(11일), 정5위하 百濟王孝忠을 좌중변으로 삼고, 종4위하 大市王을 內匠頭로 삼고, 종5위하 紀朝臣廣名을 대학두로 삼고, 종4위상 安宿王을 치부경으로 삼고, 종5위하 多治比眞人土作을 민부소보로 삼고, 종4위하 多治比眞人廣足을 형부경으로 삼고, 종4위상 船王을 탄정윤으로 삼고, 외종5위하 大伴宿禰三中을 長門守로 삼고, 종5위하 紀朝臣男楫을 大宰少貳로 삼았다.

경자(19일), 종5위하 小田王을 因幡守로 삼았다.

임인(21일), 종5위하 依羅王을 大炊頭로 삼고, 외종5위하 鴨朝臣石角을 主殿頭로 삼고, 외종5위하 小野朝臣綱手를 上野守로 삼았다.

계묘(22일), 정4위상 藤原朝臣仲麻呂에게 종3위를, 정4위하 智努王에게 정4

---

63) 鹿嶋郡의 鹿嶋神社에 봉사하는 神戶로 보인다.

64) 占卜을 생업으로 하는 部民.

65) 동월 28일에도 기유조가 나온다. 新日本古典文學大系本의 고증으로는, 4월의 삭일은 壬午에 해당되어 기유삭은 오류이다.

위상을, 종4위상 三原王에게 정4위하를, 종4위하 諱[66]에게 종4위상을, 종5위하 小田王에게 종5위상을, 무위 額田部王·伊香王·山村王에게 함께 종5위하를, 종4위상 石上朝臣乙麻呂에게 정4위하를, 종4위하 紀朝臣麻呂에게 종4위상을, 정5위상 多治比眞人占部·阿倍朝臣沙彌麻呂·藤原朝臣清河, 정5위하 大伴宿禰兄麻呂에게 함께 종4위하를, 정5위하 石川朝臣年足에게 정5위상을, 종5위상 多治比眞人國人에게 정5위하를, 종5위하 粟田朝臣馬養에게 종5위상을, 외종5위하 大伴宿禰麻呂·田口朝臣三田次·爲奈眞人馬養·粟田朝臣堅石·當麻眞人廣名·紀朝臣可比佐·大伴宿禰三中·大伴宿禰名負·大伴宿禰百世·路眞人宮守·引田朝臣虫麻呂·下毛野朝臣稻麻呂·太朝臣德足·路眞人野上·車持朝臣國人·高橋朝臣國足·鴨朝臣石角·穗積朝臣老人·布勢朝臣多禰·大伴宿禰犬養·笠朝臣蓑麻呂·小野朝臣東人·小野朝臣綱手·紀朝臣必登·鴨朝臣角足, 정6위하 藤原朝臣宿奈麻呂, 정6위상 阿倍朝臣毛人·波多朝臣足人·佐伯宿禰濱足·坂合部宿禰金綱·采女朝臣·阿曇宿禰大足·中臣朝臣益人·縣犬養宿禰古麻呂, 정6위하 巨勢朝臣君成, 정6위상 大神朝臣麻呂·佐伯宿禰全成·大養德忌寸佐留에게 함께 종5위하를, 정6위상 津史馬人[67]·大鳥連大麻呂·船連吉麻呂[68]·土師宿禰牛勝·壬生使主宇太麻呂·中臣丸連張弓·出雲臣屋麻呂·清原連清道에게 함께 외종5위하를 내렸다.

기유(28일), 칙을 내려 "1위 이하 초위 이상의 (관인에게) 말 부리는 從者 수가 많은데, 제도로 정하지 않았다. 이에 1위는 12인, 2위는 10인, 3위는 8인, 4위는 6인, 5위는 4인, 6위 이하는 2인으로 하고, 지금 이후로는 영구히 항례로 한다. 다만 직사관 1위, 2위는 이 법에 적용되지 않는다"라고 하였다.

5월 계축(2일), 종4위하 紀朝臣清人을 武藏守로 삼았다.

무오(7일), 외종5위상 菅生朝臣古麻呂·巨勢斐太朝臣嶋村·物部依羅朝臣人會·

66) 白壁王, 후의 光仁天皇. 천황 이름을 명기하는 것을 꺼리는 忌諱에서 나온 것이다. 『속일본기』에서는 光仁, 桓武 2천황의 이름을 기록한 곳에 諱로서 표기되어 있다.

67) 津氏는 백제계 도래 씨족으로 敏達 3년(574)에 王辰爾의 弟인 牛가 津史의 성을 받았고, 天平寶字 2년(758)에 連으로 개성하여 津連氏가 된다. 延曆 9년(790) 7월에 津連眞道가 상표하여 菅野朝臣으로 개성하였다.

68) 天平 14년 12월 「優婆塞貢進解」(『大日本古文書』 2-323)에 河內國 丹比郡 野中鄕의 戶主 정6위상 船連吉麻呂의 이름이 나온다. 船連氏는 백제 도래씨족인 王辰爾의 후예로 船史氏에서 天武 12년(683)에 連을 하사받았다. 본거지는 河內國 丹比郡 野中鄕으로 野中寺는 이 씨족의 氏寺이다.

高丘連河內, 외종위하 楢原造東人·小治田朝臣諸人·民忌寸眞楫에게 함께 종5위하를 내렸다.

경신(9일), 제사찰이 다투어 백성의 간전 및 園地를 매입하여 영구히 寺地로 삼는 행위를 금지하였다.

병자(25일), 제국에 명하여 이전 제도[69]에 따라 仕丁의 보조역을 부활하였다.

6월 병술(5일), 지진이 있었다.

임진(11일), 종5위하 高丘王에게 종4위하를, 무위 大養德宿禰麻呂女에게 종5위하를 내렸다.

기해(18일), 僧 玄昉이 죽었다. 현방의 속성은 阿刀氏이다. 靈龜 2년 입당하여 학문을 쌓았다. 당 천자는 현방을 존경하여 3품에 준해서 자색 가사를 착용하게 하였다. 天平 7년에 대사 多治比眞人廣成을 따라 귀환하였다. 경론 5천여 권 및 여러 불상을 갖고 왔다. 조정에서는 같은 자색 가사를 착용시키고 존숭하여 승정으로 삼아 內道場에 거주하게 하였다 이로부터 천황의 총애가 날로 더해져 사문으로서 어긋나는 행위가 점점 많아져서 당시 사람들은 이를 증오하게 되었다. 이에 이르러 좌천된 장소에서 죽음을 맞이하게 되었다. 세간에 전하는 바에 의하면, 藤原廣嗣의 靈에 의해 살해되었다고 한다.

임인(21일), 종5위하 石川朝臣名人을 內藏頭로 삼고, 종5위하 引田朝臣虫麻呂를 木工頭로 삼고, 종5위하 物部依羅朝臣人會를 信濃守로 삼고, 종5위하 藤原朝臣宿奈麻呂를 越前守로 삼고, 종5위하 大伴宿禰家持를 越中守로 삼았다.

추7월 신해삭(1일), 사자를 기내에 보내 기우제를 지냈다.

8월 정해(8일), 종5위하 伊香王을 雅樂頭로 삼고, 외종5위하 土師宿禰牛勝을 諸陵頭로 삼고, 종5위하 中臣朝臣益人을 主稅頭로 삼고, 외종5위하 壬生使主宇太麻呂를 右京亮으로 삼았다.

임인(23일), 齋宮寮를 설치하고 종5위하 路眞人野上을 장관으로 삼았다.

9월 경술삭(1일), 외종5위하 秦忌寸大魚를 下野守로 삼고, 외종5위하 客君狛麻呂를 土左守로 삼았다.

임자(3일), 이보다 앞서 縣女王을 齋王으로 삼았는데, 이에 이르러 (伊勢의

69) 天平 7년 11월 27일에 폐지하였던 것을 다시 부활시킨 것이다.

齋宮으로) 출발하였다. 대신 이하가 문밖에 나와 배웅하였다. 제관사 역시 왕경 밖에까지 나와 배웅하고 돌아갔다.

임술(13일), 지진이 있었다.

계해(14일), 종5위하 藤原朝臣宿奈麻呂를 上總守로 삼고, 종5위하 百濟王敬福[70]을 陸奧守로 삼고, 종5위하 大伴宿禰駿河麻呂를 越前守로 삼았다.

무진(19일), 종5위하 紀朝臣廣名을 소납언으로 삼고, 정5위하 石川朝臣麻呂를 중무대보로 삼고, 종4위하 山背王을 우대사인두로 삼고, 종5위하 穗積朝臣老人을 내장두로 삼고, 종5위하 久勢王을 대학두로 삼고, 종5위상 茨田王을 궁내대보로 삼고, 종5위하 多治比眞人木人을 下總守로 삼았다.

기사(20일), 정4위하 石上朝臣乙麻呂를 우대변으로 삼고, 종4위하 佐伯宿禰淸麻呂를 황후궁대부로 삼고, 종5위하 縣犬養宿禰古麻呂를 치부소보로 삼고, 종5위하 藤原朝臣乙麻呂를 병부대보로 삼고, 종5위하 阿倍朝臣子嶋를 병부소보로 삼고, 종5위하 巨勢斐太朝臣嶋村을 刑部少輔로 삼고, 종5위하 紀朝臣可比佐를 대장소보로 삼고, 종5위하 波多朝臣足人을 궁내소보로 삼고, 종5위하 多治比眞人犢養을 좌경량으로 삼고, 정5위상 平群朝臣廣成을 섭진대부로 삼고, 정5위상 石川朝臣年足을 春宮員外亮[71]으로 삼고, 종4위하 紀朝臣飯麻呂를 常陸守로 삼고, 종5위하 高丘連河內[72]를 伯耆守로 삼고, 종5위상 多治比眞人屋主를 備前守로 삼고, 종5위상 粟田朝臣馬養을 筑前守로 삼고, 종5위하 大伴宿禰百世를 豊前守로 삼았다.

갑술(25일), 民部卿 종4위상 紀朝臣麻呂에게 右衛士督을 겸직시켰다.

무인(29일), 恭仁宮 大極殿을 國分寺에 시입하였다.

윤9월 을유(7일), 무위 鹽燒王에게 원래의 관위인 정4위하를,[73] 종5위하 百濟王敬福[74]에게 종5위상을 내렸다.

---

70) 권15, 天平 15년 6월조 24쪽 각주 35) 참조.

71) 황태자의 가정기관인 春宮坊의 관인.「養老令」東宮職員令에 의하면, 장관은 大夫, 차관은 亮이고 判官, 主典으로 구성된 4등관이고, 부속 인력이 다수 배치되어 있다. 大夫의 관위상당은 종4위하이고, 亮은 종5위하이다.

72) 앞의 천평 17년 춘정월조 46쪽 각주 4) 참조.

73) 天武天皇의 孫, 1품 新田部親王의 아들. 무언가의 사유로 天平 14년 10월 伊豆國으로 유배되었는데, 동년 17년 4월에 사면받아 입경을 허락받고 복위되었다.

74) 攝津亮 百濟王郎虞의 아들. 天平 8년(736)에 종5위하에 서위되었고, 동 10년에 遠江守,

무자(10일), 정6위상 依羅我孫忍麻呂에게 외종5위하를 내리고, 종5위하 高橋朝臣國足을 越後守로 삼았다.

신묘(13일), 지진이 있었다.

동10월 계축(5일), 日向國에 풍우가 동시에 발생하여 양잠에 피해를 주었다. 이에 調, 庸을 면제하였다.

갑인(6일), 천황, 태상천황, 황후가 金鍾寺[75]에 행차하여 노사나불[76]에 연등을 공양하였는데, 불상 앞뒤로 등불이 15,700여 개였다. 밤 1경[77]에는 수천인의 승이 손 등불을 들고 경건히 공양하면서 불상 주위를 3번 돌았다. 3경[78]에 이르러 환궁하였다.

정사(9일), 安藝國에 명하여 배 2척을 만들게 하였다.

정묘(19일), 종4위하 下道朝臣眞備에게 吉備朝臣의 성을 내렸다.

계유(25일), 정5위하 百濟王孝忠을 大宰大貳로 삼았다.

11월 임오(5일), 春宮員外亮 정5위상 石川朝臣年足을 좌중변으로 삼고, 종5위하 笠朝臣蓑麻呂를 중무소보로 삼고, 종5위상 巨勢朝臣堺麻呂를 식부대보로 삼고, 종5위하 大伴宿禰犬養을 少輔로 삼고, 종4위하 石川朝臣加美를 병부경으로 삼았다.

12월 정사(10일), 7도의 鎭撫使[79]를 정지하였다. 또 왕경, 기내 제국의 병사는 구제도에 따라 조사하여 징발한다.

이해에 발해인 및 鐵利 총 1100여 인이 덕화를 흠모하여 내조하였다.[80]

동 15년에 橘諸兄의 좌대신 임관과 동시에 종5위상으로 승진하였다. 天平 16년에 정5위하, 동 19년에 정5위상, 동 20년에 종4위하로 승진하였다. 天平勝寶 2년(750)에 出雲守, 동 4년에 東大寺 대불개안회 때에는 鎭裏京使에 임명되어 內裏와 平城京 경호를 담당하였다.

75) 東大寺 대불전의 동쪽 若草山麓에 조영된 東大寺의 전신 사원. 『東大寺要錄』에 의하면 天平 5년(733) 若草山麓에 창건된 金鍾寺(金鐘寺)가 동대사의 기원이다.

76) 동대사 대불 주조 이전의 모형.

77) 오후 7시부터 9시경.

78) 오후 11시에서 오전 1시경.

79) 天平 3년(731)에 설치된 鎭撫使는 제국의 치안을 순찰하고 國司, 郡司의 치적을 감사하기 위해 파견되었다. 이때의 진무사 정지로 전국적인 兵士制가 부활되었다.

80) 鐵利는 중국 동북지방의 흑룡강, 러시아 연해주 지역에 거주하던 黑水靺鞨을 구성하는 8개 부락 중 鐵利部를 가리킨다. 후에 발해에 복속되어 발해와 더불어 일본에 파견되었다. 권35 寶龜 10년(779) 9월 경진조에도 발해 및 鐵利 359인이 慕化하여 내조했다는

出羽國에 안치하고 의복과 식량을 지급하고 되돌려 보냈다.

『속일본기』 권제16

기사가 나온다.

續日本紀卷第十六

〈起天平十七年正月, 盡十八年十二月〉

從四位下行民部大輔兼左兵衛督皇太子學士臣菅野朝臣眞道等奉勅撰,

天璽國押開豊櫻彦天皇〈聖武天皇〉

◯ **天平十七年**春正月己未朔, 廢朝. 乍遷新京, 伐山開地以造宮室. 垣牆未成, 繞以帷帳. 令兵部卿從四位上大伴宿禰牛養, 衛門督從四位下佐伯宿禰常人樹大楯槍.〈石上榎井二氏倉卒不及追集, 故令二人爲之.〉. 是日, 宴五位已上於御在所, 賜祿有差. 正月乙丑, 天皇御大安殿. 宴五位已上. 詔授從四位上大伴宿禰牛養從三位, 從五位下阿貴王從五位上, 無位依羅王從五位下, 從四位上藤原朝臣仲麻呂正四位上, 正五位下阿倍朝臣沙彌麻呂, 藤原朝臣清河並正五位上, 從五位上石川朝臣麻呂, 紀朝臣宇美並正五位下, 從五位下三國眞人廣庭, 多治比眞人屋主, 藤原朝臣許勢麻呂並從五位上, 外從五位下紀朝臣廣名, 紀朝臣男楫, 正六位上石川朝臣名人, 縣犬養宿禰須奈保, 大伴宿禰古麻呂, 大伴宿禰家持並從五位下, 外從五位上宗形朝臣赤麻呂外正五位上, 外從五位下巨勢斐多朝臣嶋村, 高丘連河内並外從五位上, 正六位上路眞人野上, 粟田朝臣堅石, 大伴宿禰名負, 太朝臣德足, 鴨朝臣石角, 布勢朝臣多禰, 難福子, 田邊史高額, 楢原造東人並外從五位下. 又授無位衣縫女王, 石川女王, 秦女王並從四位下, 無位久米女王, 氷上女王, 岡田女王, 巨勢女王並從五位下, 外從五位上佐味朝臣稻敷, 外從五位下縣犬養宿禰八重, 無位中臣朝臣眞敷並從五位下, 外從五位上尾張宿禰小倉, 黃文連許志, 朝倉君時, 小槻山君廣虫並外正五位下, 無位中臣小殿連眞庭, 外從五位下箭集宿禰堅石並外從五位上, 正六位上槻本連若子, 正六位下熊野直廣濱 粟凡直若子, 若湯坐宿禰繼女, 氣太十千代, 飯高君笠目, 無位大石村主廣嶋, 古仁染思, 上部眞善, 忍海連伊賀虫, 古仁虫名, 栗栖史多禰女, 茨田宿禰弓束並外從五位下. 宴訖賜祿有差. 百官主典已上, 於朝堂賜饗, 祿亦有差. 正月己卯, 詔以行基法師爲大僧正.

二月壬子, 以從五位下佐伯宿禰毛人爲伊勢守, 正五位下大伴宿禰兄麻呂爲美濃守.

夏四月戊子朔, 市西山火. 庚寅, 寺東山火. 甲午, 散位從四位下三室王卒. 乙未, 伊賀國眞木山火, 三四日不滅. 延燒數百餘町. 卽仰山背伊賀近江等國撲滅之. 戊戌, 宮城東山火, 連日不滅. 於是都下男女競往臨川埋物焉. 天皇備駕欲幸大丘野. 庚子, 夜微雨. 火乃滅止. 壬寅, 徵鹽燒王令入京. 庚戌, 大藏卿從四位上大原眞人門部卒. 壬子, 正六位上託陀眞玉, 養德畫師楯戶弁麻呂, 葛井連諸會, 茨田宿禰枚麻呂, 丹比間人宿禰和珥麻呂, 正七位下國君麻呂並授外從五位下. 甲寅, 詔, 依巡察使上奏, 原免天下諸國去年田租. 又緣有所念大赦天下. 其自天平十七年四月二十七日昧爽以前大辟罪已下, 罪無輕重, 已發覺, 未發覺, 已結正, 未結正, 繫囚見徒, 咸悉赦除. 但犯八虐罪入死者, 免死長禁. 私鑄錢及從者, 着鈦長役鑄錢司, 强盜竊盜, 常赦所不免, 不在赦限. 其流人到配所者, 准此簡擇, 特令會恩. 是日, 通夜地震三日三夜. 美濃國櫓舘正倉, 佛寺堂塔, 百姓廬舍觸處崩壞. 乙卯, 散位正四位下春日王卒.

五月戊午朔, 地震. 己未, 地震. 令京師諸寺限一七日轉讀最勝王經, 筑前, 筑後, 豊前, 豊後, 肥前, 肥後, 日向七國, 無姓人等賜所願姓. 是日, 太政官召諸司官人等問, 以何處爲京. 皆言, 可都平城. 庚申, 地震. 遣造宮輔從四位下秦公嶋麻呂, 令掃除恭仁宮. 辛酉, 地震. 遣大膳大夫正四位下栗栖王於平城藥師寺, 請集四大寺衆僧. 問以何處爲京. 僉曰, 可以平城爲都. 壬戌, 地震, 日夜不止. 是日, 車駕還恭仁宮. 以參議從四位下紀朝臣麻路爲甲賀宮留守. 癸亥, 地震. 車駕到恭仁京泉橋. 于時, 百姓遙望車駕拜謁道左, 共稱萬歲. 是日, 到恭仁宮. 甲子, 地震. 遣右大弁從四位下紀朝臣飯麻呂, 掃除平城宮. 時諸寺衆僧率淨人童子等, 爭來會集. 百姓亦盡出, 里無居人. 以時當農要, 慰勞而還. 乙丑, 地震. 於大安, 藥師, 元興, 興福四寺, 限三七日令讀大集經. 自四月不雨, 不得種藝. 因以奉幣諸國神社祈雨焉. 丙寅, 地震. 發近江國民一千人令滅甲賀宮邊山火. 丁卯, 地震. 讀大般若經於平城宮. 是日, 恭仁京市人徙於平城, 曉夜爭行相接無絶. 戊辰, 奉幣帛於諸陵. 是時甲賀宮空而無人, 盜賊充斥, 火亦未滅. 仍遣諸司及衛門衛士等令收官物. 是日, 行幸平城, 以中宮院爲御在所. 舊皇后宮爲宮寺也. 諸司百官各歸本曹. 癸酉, 地震. 乙亥, 地震. 天皇親臨松林倉廩. 賜陪從人等穀有差. 壬午, 制, 無位皇親給春秋服者, 自今已後, 上日不滿一百四十不在給例. 〈計上日七十給春夏服, 秋冬亦如之.〉. 但給乳母王不在此限. 又據格, 承嫡王者直得王名, 不在給服之限. 是月, 地震異常, 往往坼裂, 水泉涌出.

六月庚寅, 遣左衛士督從四位下佐伯宿禰淨麻呂, 奉幣帛于伊勢太神宮. 辛卯, 復置大宰府. 以從四位下石川朝臣加美爲大貳, 從五位上多治比眞人牛養, 外從五位下大伴宿禰三中並爲少貳. 庚子, 筑前國宗形郡大領外從八位上宗形朝臣與呂志授外從五位下. 是日, 樹宮門之大楯.

秋七月庚申, 遣使祈雨焉. 壬申, 地震. 癸酉, 地震. 戊寅, 典侍從四位上大宅朝臣諸姉卒.

八月己丑, 給大宰府管內諸司印十二面. 甲午, 從五位下中臣熊凝朝臣五百嶋除中臣爲熊凝朝臣. 庚子, 設無遮大會於大安殿焉. 己酉, 地震. 壬子, 正三位山形女王薨. 淨廣壹高市皇子之女也. 癸丑, 行幸難波宮. 以中納言從三位巨勢朝臣奈弖麻呂, 藤原朝臣豊成爲留守. 甲寅, 地震.

九月丙辰, 地震. 戊午, 知太政官事兼式部卿從二位鈴鹿王薨. 高市皇子之子也. 以正五位上橘宿禰奈良麻呂爲攝津大夫, 正五位下百濟王全福爲尾張守, 外從五位下田邊史高額爲參河守, 民部卿正四位上藤原朝臣仲麻呂爲兼近江守, 從五位下縣犬養宿禰須奈保爲丹後守, 從五位下大原眞人麻呂爲美作守, 外從五位下井上忌寸麻呂爲紀伊守, 正五位下紀朝臣宇美爲讚岐守, 外從五位下車持朝臣國人爲伊豫守, 外從五位上文忌寸馬養爲筑後守. 丁卯, 以從五位上巨勢朝臣堺麻呂爲式部少輔. 己巳, 禁斷三年之內天下殺一切宍. 辛未, 勅, 朕頃者枕席不安, 稍延旬日. 以爲, 治道有失, 民多罹罪. 宜可大赦天下. 常赦所不免咸赦除之. 其年八十以上, 及鰥寡惸獨, 并疹疾之徒不能自存者, 量加賑恤. 壬申, 從五位下藤原朝臣乙麻呂爲兵部少輔, 從五位上佐味朝臣虫麻呂爲越前守. 癸酉, 散位從四位下中臣朝臣名代卒. 天皇不豫. 勅平城恭仁留守固守宮中, 悉追孫王等詣難波宮. 遣使取平城宮鈴印. 又令京師畿內諸寺及諸名山淨處行藥師悔過之法, 奉幣祈禱賀茂松尾等神社. 令諸國所有鷹鵜並以放去. 度三千八百人出家. 甲戌, 令播磨守正五位上阿倍朝臣虫麻呂奉幣帛於八幡神社, 令京師及諸國寫大般若經合一百部. 又造藥師佛像七軀高六尺三寸, 并寫經七卷. 丙子, 中納言從三位巨勢朝臣奈弖麻呂等言, 巨勢朝臣等久時所訴奴婢二百三人, 今旣停訴, 請欲從良. 許之. 丁丑, 平城中宮請僧六百人令讀大般若經. 己卯, 車駕還平城. 是夕, 宿宮池驛. 庚辰, 至平城宮.

冬十月戊子, 論定諸國出擧正稅, 每國有數. 但多褹對馬兩嶋者, 並不入限. 辛亥, 河內國司言, 右京人尾張王, 於部內古市郡古市里田家庭中, 得白龜一頭, 長九分, 闊七分, 兩目並赤.

十一月乙卯, 遣玄昉法師造筑紫觀世音寺. 己巳, 宴五位已上於內裏, 賜祿有差. 但年七十以上別加賜被. 庚午, 收僧玄昉封物. 庚辰, 制, 諸國公廨, 大國四十萬束, 上國三十萬束, 中國二十萬束. 就中, 大隅薩摩兩國各四萬束, 下國十萬束. 就中, 飛驒, 隱伎, 淡路三國各三萬束, 志摩國, 壹伎嶋各一萬束. 若有正税數少, 及民不肯擧者, 不必滿限. 其官物欠負未納之類, 以茲令塡, 不許更申. 又令諸國停止仕丁之廝.

十二月戊戌, 運恭仁宮兵器於平城.

◯ **十八年**春正月癸丑朔, 廢朝. 丙寅, 地震. 己卯, 正三位牟漏女王薨. 贈從二位栗隈王之孫, 從四位下美努王之女也. 庚辰, 右京人上部乙麻呂之妻大辛刀自賣一産三女. 給正税四百束. 辛巳, 地震, 夜亦震. 壬午, 地震.

二月己丑, 改騎舍人爲授刀舍人.

三月丁巳, 以正四位上藤原朝臣仲麻呂爲式部卿, 從四位下紀朝臣麻呂爲民部卿, 外從五位上秦忌寸朝元爲主計頭. 己未, 外從七位下出雲臣弟山授外從六位下爲出雲國造. 勅曰, 朕君臨四海, 憂勞兆民, 未致隆平, 稍有慙德. 粤得治部卿從四位上石上朝臣乙麻呂等奏稱, 正五位下河內國守大伴宿禰古慈斐解稱, 於所部古市郡內, 右京人尾張王獲白龜一頭, 長闊短小, 形象異常者. 謹檢瑞圖及援神契云, 王者德澤洽則神龜來, 孝道行則地龜出, 實合大瑞者. 斯蓋乾坤垂福, 宗社降靈, 河洛呈祥, 幽明協度, 祗對天貺喜懼交懷, 孤以薄德何堪忝受. 百官共悅. 良當朕意. 宜天下六位以下皆加一級, 孝子順孫, 義夫節婦及力田者二級. 唯正六位上免當戶今年租. 其進龜人特敍從五位下, 賜物准例. 出龜郡者免今年租調. 壬戌, 以正五位上平群朝臣廣成爲式部大輔, 正五位上橘宿禰奈良麻呂爲民部大輔, 正五位下石川朝臣麻呂爲宮內大輔, 從五位下大伴宿禰家持爲少輔. 丁卯, 勅曰, 興隆三寶國家之福田, 撫育萬民先王之茂典. 是以爲令皇基永固, 寶胤長承, 天下安寧, 黎元利益, 仍講仁王般若經. 於是伏聞其教, 以慈爲先, 情感寬仁事深隱惻. 宜天平十八年三月十五日昧爽以前大辟以下罪無輕重, 未發覺, 已發覺, 未結正, 已結正, 繫囚見徒, 咸赦除之. 但八虐, 故殺人, 謀殺殺訖, 私鑄錢, 强竊二盜, 常赦所不免者, 不在赦限. 戊辰, 太政官處分, 凡寺家買地, 律令所禁. 比年之間占買繁多, 於理商量, 深乖憲法. 宜令京及畿內嚴加禁制. 以從四位上三原王爲大藏卿. 丙子, 常陸國鹿嶋郡中臣部二十烟, 占部五烟, 賜中臣鹿嶋連之姓. 夏四月己酉, 以從五位下甘南備眞人神前爲刑部大輔, 外從五位下犬養德宿禰小東人爲攝津亮, 從五位下百濟王敬福爲上總守, 從四位上石上朝臣乙麻呂爲常陸守, 正五位下石川朝臣年足爲陸奥守. 丙戌, 以左大臣從一位橘宿禰諸兄爲兼大宰帥, 中納言從三位藤原朝臣豊成爲兼東海道鎭撫使, 參議式部卿正四位上藤原朝臣仲麻呂爲兼東山道鎭撫使, 中納言從三位巨勢朝臣奈弖麻呂爲兼北陸山陰兩道鎭撫使, 參議從三位大伴宿禰牛養爲兼山陽西海兩道鎭撫使, 參議從四位下紀朝臣麻呂爲兼南海道鎭撫使, 壬辰, 以正五位下百濟王孝忠爲左中弁, 從四位下大市王爲內匠頭, 從五位下紀朝臣廣名爲大學頭, 從四位上安宿王爲治部卿, 從五位下多治比眞人土作爲民部少輔, 從四位下多治比眞人廣足爲刑部卿, 從四位上船王爲彈正尹, 外從五位下大伴宿禰三中爲長門守, 從五位下紀朝臣男楫爲大宰少貳. 庚子, 以從五位下小田王爲因幡守. 壬寅, 以從五位下依羅王爲大炊頭, 外從五位下鴨朝臣石角爲主殿頭, 外從五位下小野朝臣綱手爲上野守. 癸卯, 授正四位上藤原朝臣仲麻呂從三位, 正四位下智努王正四位上, 從四位上三原王正四位下, 從四位下諱從四位上, 從五位下小田王從五位上, 無位額田部王, 伊香王, 山村王並從五位下, 從四位上石上朝臣乙麻呂正四位下, 從四位下紀朝臣麻呂從四位上, 正五位上多治比眞人占部, 阿倍朝臣沙彌麻呂, 藤原朝臣清河, 正五位下大伴宿禰兄麻呂並從四位下, 正五位下石川朝臣年足正五位上, 從五位上多治比眞人國人正五位下, 從五位下粟田朝臣馬養從五位上, 外從五位下大伴宿禰麻呂, 田口朝臣三田次, 爲奈眞人馬養, 粟田朝臣堅石, 當麻眞人廣名, 紀朝臣可比佐, 大伴宿禰三中, 大伴宿禰名負, 大伴宿禰百世, 路眞人宮守, 引田朝臣虫麻呂, 下毛野朝臣稻麻呂, 太朝臣德足, 路眞人野上, 車持朝臣國人, 高橋朝臣國足, 鴨朝臣石角, 穗積朝臣老人, 布勢朝臣多禰, 大伴宿禰犬養, 笠朝臣蓑麻呂, 小野朝臣東人, 小野朝臣綱手, 紀朝臣必登, 鴨朝臣角足, 正六位下藤原朝臣宿奈麻呂, 正六位上阿倍朝臣毛人, 波多朝臣足人, 佐伯宿禰濱足, 坂合部宿禰金綱, 采女朝臣人, 阿曇宿禰大足, 中臣朝臣益人, 縣犬養宿禰古麻呂, 正六位下巨勢朝臣君成, 正六位上大神朝臣麻呂, 佐伯宿禰全成, 大養德忌寸佐留並從五位下, 正六位上津史馬人, 大鳥連大麻呂, 船連吉麻呂, 土師宿禰牛勝, 壬生使主宇太麻呂, 中臣丸連張弓, 出雲臣屋麻呂, 清原連清道並外從五位下. 己酉, 勅, 一位以下初位以上馬從, 多數甚無制度, 其一位十二人, 二位十人, 三位八人, 四位六人, 五位四人, 六位以下二人. 自今已後, 永爲恒式.

但職事一位二位不在此例.

五月癸丑, 從四位下紀朝臣淸人爲武藏守. 戊午, 外從五位上菅生朝臣古麻呂, 巨勢斐太朝臣嶋村, 物部依羅朝臣人會, 高丘連河內, 外從五位下楢原造東人, 小治田朝臣諸人, 民忌寸眞楫並授從五位下. 庚申, 禁諸寺競買百姓墾田及園地永爲寺地. 丙子, 令諸國依舊進仕丁之廝.

六月丙戌, 地震. 壬辰, 從五位下高丘王授從四位下. 無位大養德宿禰麻呂女從五位下. 己亥, 僧玄昉死, 玄昉俗姓阿刀氏. 靈龜二年入唐學問, 唐天子尊昉, 准三品令着紫袈裟, 天平七年隨大使多治比眞人廣成還歸, 齎經論五千餘卷及諸佛像來, 皇朝亦施紫袈裟着之. 尊爲僧正, 安置內道場. 自是之後, 榮寵日盛, 稍乖沙門之行, 時人惡之. 至是死於徙所. 世相傳云, 爲藤原廣嗣靈所害. 壬寅, 以從五位下石川朝臣名人爲內藏頭, 從五位下引田朝臣虫麻呂爲木工頭, 從五位下物部依羅朝臣人會爲信濃守, 從五位下藤原朝臣宿奈麻呂爲越前守, 從五位下大伴宿禰家持爲越中守.

秋七月辛亥朔, 遣使於畿內祈雨焉.

八月丁亥, 以從五位下伊香王爲雅樂頭, 外從五位下土師宿禰牛勝爲諸陵頭, 從五位下中臣朝臣益人爲主稅頭, 外從五位下壬生使主宇太麻呂爲右京亮. 壬寅, 置齋宮寮, 以從五位下路眞人野上爲長官.

九月庚戌朔, 外從五位下秦忌寸大魚爲下野守, 外從五位下客君狛麻呂爲土左守. 壬子, 先是縣女王爲齋王, 至是發入, 大臣已下送出門外, 諸司亦送至京外而還. 壬戌, 地震. 癸亥, 以從五位下藤原朝臣宿奈麻呂爲上總守, 從五位下百濟王敬福爲陸奧守, 從五位下大伴宿禰駿河麻呂爲越前守. 戊辰, 以從五位下紀朝臣廣名爲少納言, 正五位下石川朝臣麻呂爲中務大輔, 從四位下山背王爲右大舍人頭, 從五位下穗積朝臣老人爲內藏頭, 從五位下久勢王爲大學頭, 從五位上茨田王爲宮內大輔, 從五位下多治比眞人木人爲下總守. 己巳, 以正四位下石上朝臣乙麻呂爲右大弁, 從四位下佐伯宿禰淸麻呂爲皇后宮大夫, 從五位下縣犬養宿禰古麻呂爲治部少輔, 從五位下藤原朝臣乙麻呂爲兵部大輔, 從五位下阿倍朝臣子嶋爲少輔, 從五位下巨勢斐太朝臣嶋村爲刑部少輔, 從五位下紀朝臣可比佐爲大藏少輔, 從五位下波多朝臣足人爲宮內少輔, 從五位下多治比眞人犢養爲左京亮, 正五位上平群朝臣廣成爲攝津大夫, 正五位上石川朝臣年足爲春宮員外亮, 從四位下紀朝臣飯麻呂爲常陸守, 從五位下高丘連河內爲伯耆守, 從五位上多治比眞人屋主爲備前守, 從五位上粟田朝臣馬養爲筑前守, 從五位下大伴宿禰百世爲豊前守. 甲戌, 民部卿從四位上紀朝臣麻呂爲兼右衛士督. 戊寅, 恭仁宮大極殿施入國分寺.

閏九月乙酉, 無位鹽燒王授本位正四位下, 從五位下百濟王敬福從五位上. 戊子, 正六位上依羅我孫忍麻呂授外從五位下, 從五位下高橋朝臣國足爲越後守. 辛卯, 地震.

冬十月癸丑, 日向國風雨共發, 養蚕損傷, 仍免調庸. 甲寅, 天皇, 太上天皇, 皇后行幸金鍾寺, 燃燈供養盧舍那佛. 佛前後燈一萬五千七百餘坏. 夜至一更, 使數千僧令擎脂燭, 讚歎供養繞佛三匝. 至三更而還宮. 丁巳, 令安藝國造舶二艘. 丁卯, 從四位下下道朝臣眞備賜姓吉備朝臣. 癸酉, 正五位下百濟王孝忠爲大宰大貳.

十一月壬午, 以春宮員外亮正五位上石川朝臣年足爲左中弁, 從五位下笠朝臣蓑麻呂爲中務少輔, 從五位上巨勢朝臣堺麻呂爲式部大輔, 從五位下大伴宿禰犬養爲少輔, 從四位下石川朝臣加美爲兵部卿. 丁巳, 停七道鎭撫使. 又京畿內及諸國兵士依舊點差. 是年, 渤海人及鐵利惣一千一百餘人慕化來朝. 安置出羽國,給衣粮放還.

續日本紀卷第十六

『속일본기』 권제17

〈天平 19년(746) 정월부터 天平勝寶 원년(749) 12월까지〉

종4위하 行民部大輔 겸 左兵衛督 황태자학사
신 菅野朝臣眞道 등이 칙을 받들어 편찬하다.

天璽國押開豊櫻彦天皇 〈聖武天皇〉

○ 天平 19년(746), 춘정월 정축삭(1일), 신년하례를 중지하였다. 천황이 남쪽 뜰에 임하여 근시하는 신하들에게 연회를 베풀었다. 칙을 내려, "짐의 건강이 나빠진 지 많은 세월이 지났다. 나를 돌아보고 사물을 생각해 보면, 역시 자애를 베풀어야 한다. 천하에 대사면을 내려 근심하고 고통받고 있는 사람들을 구제해야 한다. 천평 19년 정월 1일 동트기 이전에 일어난 유형죄 이하는 죄의 경중에 관계없이 이미 발각되었거나 발각되지 않았거나, 이미 판결이 났거나 심리중이거나, 현재 수감되어 있는 자나 미결수도 모두 다 사면한다. 다만 사형죄는 1등을 감형한다. 사주전의 주범 및 강도와 절도 및 통상의 사면에서 면제되지 않는 자는 사면의 범위에 포함되지 않는다"라고 하였다.

임진(16일), 國見眞人眞城에게 새로 大宅眞人의 성을 내렸다.

병신(20일), (천황이) 남쪽 뜰에 임하여 5위 이상에게 연회를 베풀고, 제관사의 主典[1] 이상에게 술과 안주를 내렸다. 정4위상 智努王에게 종3위를, 정4위하 三原王에게 정4위상을, 종4위하 多治比眞人廣足에게 종4위상을, 정5위상 石川朝臣年足·平群朝臣廣成, 정5위하 大伴宿禰古慈備, 정5위상 橘宿禰奈良麻呂에게 함께 종4위하를, 정5위하 石川朝臣麻呂·百濟王孝忠[2]·紀朝臣宇美에게 함께 정5

1) 율령관제 4등관의 최하위. 6위 이하의 관인이 맡고 문안을 기초하고 공문서 등을 작성하였다. 5위와 6위 사이에는 신분상으로 현격한 차이가 있다.

위상을, 종5위하 大伴宿禰百世, 종5위상 巨勢朝臣堺麻呂에게 함께 정5위하를, 종5위하 當麻眞人鏡麻呂·阿倍朝臣嶋麻呂·藤原朝臣乙麻呂에게 함께 종5위상을, 외종5위하 大養德宿禰小東人, 정6위상 縣犬養宿禰小山守·布勢朝臣宅主·大野朝臣横刀·小野朝臣田守에게 함께 종5위상을, 정5위상 黃文連伊加麻呂[3]·池上君大歲·葛木連戶主에게 함께 외종5위하를, 무위 井上內親王에게 2품을, 무위 難波女王·飛鳥田女王에게 함께 종5위하를, 무위 長柄女王·久勢女王·池上女王에게 함께 종5위하를, 무위 藤原朝臣殿刀自에게 정4위상을, 외종5위상 上廬郡君에게 종4위하를, 무위 穗積朝臣多理에게 종5위하를 내렸다.

계묘(27일), (천황이) 제를 내려, 7도 제국에 명하여 沙彌尼[4] 등에게 해당국의 사찰에서 수계시키고 입경하지 못하도록 하였다.

2월 정묘(21일), 작년에는 심한 가뭄으로 그해의 곡물이 익지 않았다. 조를 내려 생업을 보살피기 위해 대신 이하 제관사의 우수한 기술을 보유한 장상관 이상에게 稅布[5] 및 소금을 각각 차등있게 지급하였다.

무진(22일), 大倭, 河內, 攝津, 近江, 伊勢, 志摩, 丹波, 出雲, 播磨, 美作, 備前, 備中, 紀伊, 淡路, 讚岐 15국에 기근이 들어 구휼하였다.

3월 무인(3일), 내명부 종5위하 尾張宿禰小倉에게 종4위하를 내리고 尾張國의 국조로 삼았다.

을유(10일), 종4위하 藤原朝臣八束을 치부경으로 삼고, 종5위하 阿倍朝臣毛人을 현번두로 삼고, 종5위하 大伴宿禰三中을 형부대판사로 삼고, 종5위하 額田部王을 대장대보로 삼고, 종5위하 布勢朝臣宅主를 우경량으로 삼고, 종5위하 楢原造東人을 駿河守로 삼고, 종4위하 秦忌寸嶋麻呂를 長門守로 삼았다.

---

2) 攝津亮 百濟王郎虞의 아들. 天平 8년(736)에 종5위하, 동 10년에 遠江守, 동 15년 橘諸兄의 좌대신 임관 시에 종5위상으로 승진하였다. 天平 16년에 정5위하, 동 19년에 정5위상, 천평 19년에 정5위상, 천평 20년에 종4위하로 승서하였다. 天平勝寶 2년(750)에 出雲守, 동 4년에 東大寺 대불개안회 때에는 鎭裏京使에 임명되어 內裏와 平城京 경호를 담당하였다.

3) 天平 9년 「和泉監正稅帳」(『大日本古文書』 2-83)에 종6위상 훈12등 黃文連伊加麻呂라고 하여 이름이 기록되어 있다. 黃文連은 고구려계 후예씨족으로 특히 화공 관련 종사자가 많다.

4) 得度한 여성. 수행에 정진하여 具足戒를 받으면 比丘尼가 된다.

5) 稅로서 거둬들인 布.

병술(11일), 종4위하 石川朝臣年足을 춘궁대부로 삼았다. 종4위하 石川朝臣加美가 죽었다.

신묘(16일), 大養德國을 고쳐서 원래대로 大倭國으로 하였다.

하4월 기미(14일), 紀伊國에 역병과 가뭄이 발생해 구휼하였다.

정묘(22일), 천황이 남쪽 뜰에 임하여, 大神神主 종6위상 大神朝臣伊可保, 大倭神主[6] 정6위상 大倭宿禰水守에게 함께 종5위하를 내렸다. 외종5위하 葛井連諸會[7]를 相摸守로 삼았다.

5월 병자삭(1일), 종5위하 中臣朝臣益人을 神祇大副로 삼고, 종5위하 石川朝臣名人을 少納言으로 삼고, 외종5위하 文忌寸黑麻呂를 主稅頭로 삼고, 조5위하 中臣朝臣淸麻呂를 尾張守로 삼았다.

무인(3일), 태정관이 주상하기를, "封戶의 인수가 많고 적음에 따라 (封主에게) 공납하는 잡물의 수량이 동등하지 않다.[8] 이에 관직과 위계가 동등해도 지급되는 수량은 차이가 있어 법에 따라[9] 헤아려 보지만, 실로 이치에 맞지 않는다. 청하건대 호마다 正丁[10] 5, 6인, 中男[11] 1인을 표준으로 해서 향별로 課口[12] 280인, 중남 50인을 임시로 정하고자 한다. 그 전조는 1호마다 40속을 한도로 해서 가감하지 않도록 한다"라고 하였다. (천황은) 이 주상을 허락하였다.

경진(5일), 천황이 南苑에 임하여 騎射, 走馬를 관람하였다. 이날 태상천황[13]

---

6) 大倭神社의 神官. 大和神社라고도 한다.

7) 葛井連諸會는 天平 13년(741)에 山背介를 역임하고 동 17년 외종5위하, 天平勝寶 9년(757) 종5위하에 서위되었다. 天平 18년 정월 대설의 날에 좌대신 橘諸兄, 中納言 藤原豊成 등이 元正上皇의 御在所에서 행한 주연에서 지은 단가가 『萬葉集』(3925)에 남아 있고, 『經國集』 222에도 和銅 4년(711)의 대책문 2首가 실려 있다. 葛井連氏의 백제계 王辰爾의 일족으로 白猪史에서 養老 4년(720)에 葛井連으로 개성하였다.

8) 「祿令」의 규정에는 職封, 位封, 功封이 있고 별칙에 의해 지급되는 封戶도 있다. 封戶는 해당 호에 正丁, 中男 등의 숫자가 다르기 때문에 같은 수의 封戶를 받아도 공납되는 수량은 차이가 난다. 이에 대한 시정 조치이다.

9) 『令集解』 「賦役令」8의 「古記」 慶雲 2년 11월 4일 格에 "以四丁准一戶"라고 되어 있으나, 실상은 차이가 있다.

10) 21세에서 60세까지의 남자.

11) 17세에서 21세의 남자.

12) 과역을 담당하는 호구.

13) 元正太上天皇.

이 조를 내려, "옛적 오월의 절회[14]에는 항상 창포로 머리장식을 해왔으나 요즈음에는 이 풍습이 보이지 않는다. 지금 이후로는 창포로 장식하지 않은 자는 궁중에 들여보내지 않도록 한다"[15]라고 하였다.

정해(12일), 지진이 있었다.

경인(15일), (천황은) 남원에서 인왕경을 강설시키고, 지금 천하의 제국도 같이 강설하게 하였다.

신묘(16일), 力田[16] 외정6위하 前部寶公[17]에게 외종5위하를, 그 처 久米舍人妹女에게 외소초위상을 내렸다.

계사(18일), 近江, 讚岐 2국에 기근이 들어 구휼하였다.

6월 무신(4일), 長門國守 종4위하 秦忌寸嶋麻呂가 죽었다.

신해(7일), 정5위하 背奈福信, 외정7위하 背奈大山, 종8위상 背奈廣山 등 8인에게 背奈王의 성을 내리고,[18] 외종5위하 茨田弓束, 종8위상 茨田枚野에게 宿禰의 성을, 외종5위하 出雲屋麻呂에게 臣 성을 내렸다.

기미(15일), 羅城門[19]에서 기우제를 지냈다.

정묘(23일), 종5위상 多治比眞人牛養을 備後守로 삼았다.

추7월 신사(7일), (천황이) 조를 내려, "지난 6월부터 경사에 가뭄이 심해 이에 명산에 폐백을 올리고 제신사에 기우제를 지냈다. 지성을 다했지만, 효험은 없고 벼이삭이 말라버렸다. 이것은 모두 짐이 정치와 가르침이 부족하여 백성들에게 덕을 베풀지 않았기 때문일 것이다. 마땅히 좌우경의 금년도

---

14) 5월 5일의 단오절 節會.

15) 창포의 잎을 둥글게 하여 머리에 장식하는 것. 창포의 강한 향기로 나쁜 기운을 없애주고 장수를 기원하는 행위이다.

16) 力田은 力田人, 力田者 등으로 표기되어 있고, 일반적으로 농사에 힘쓴 백성, 篤農家을 말한다. 다만 농사에 힘쓰는 사람이라는 기준은 애매하기 때문에, 당시의 사회상으로 미루어, 권농에 대한 국가정책이 있고, 사재를 모아 부농이 된 자에게 빈자를 구제하고 국가에 錢을 바치면 관위를 내려준다는 포상정책이 있다. 여기서는 백성 중에서 부농으로서 사회적 공헌을 한 사람을 대상으로 한다고 생각된다.

17) 前部는 고구려 5부의 하나로 부명을 씨명으로 한 고구려계 씨족이다.

18) 고구려 멸망 직후에 망명한 씨족으로, 背奈氏에서 시작하여 背奈公, 背奈王, 高麗朝臣, 高倉朝臣으로의 씨성 변천이 있다. 延曆 8년(789) 동10월 무인조의 高倉朝臣福信 薨傳 기사 참조.

19) 평성궁의 정문. 朱雀大路의 남단에 설치.

전조를 면제하도록 한다"라고 하였다.

8월 병인(23일), 정6위상 赤染造廣足,[20] 赤染高麻呂[21] 등 9인에게 常世連[22]의 성을 내렸다.

9월 을해(2일), 河內國 사람 대초위하 河俣連人麻呂가 동전 1천관을, 越中國 사람 무위 礪波臣志留志가 쌀 3천석을 노사나불의 知識[23]으로 바쳤다. 아울러 외종5위하를 내렸다.

병신(23일), 종5위하 縣犬養宿禰古麻呂를 소납언으로 삼고, 종5위하 路眞人野上을 大監物[24]로 삼고, 종5위상 佐味朝臣虫麻呂를 치부대보로 삼고, 종5위하 小野朝臣東人을 치부소보로 삼았다.

동10월 계묘삭(1일), 일식이 있었다.

을사(3일), 칙을 내려, "春宮少屬 종8위상 御方大野[25]가 원하는 성을 허락해 주려고 하였다. 그러나 大野의 父[26]는 淨御原朝庭에서 황자로 있을 때, 작은 과오가 있어 끝내 폐황자가 되었다. 짐은 심히 안타깝게 생각하지만, 그 일로 인해 성을 내리지 않는다"라고 하였다.

---

20) 天平勝寶 2년(750) 9월 병술조에도 "正六位上赤染造廣足, 赤染高麿等卄四人, 賜常世連姓"이라고 하여 동일한 문장이 보여 중복으로 생각된다. 天平感寶 원년(749) 5월 이후에 正倉院文書에 常世連馬人(『大日本古文書』 3-619)이라는 인물이 나온다.

21) 寶龜 8년(777) 4월조에도 赤染國持, 赤染人足, 赤染長濱, 赤染帶繩 등에게 常世連의 성을 내리고 있다. 赤染造의 씨성을 가진 상세련씨 일족으로는 『일본서기』 天武 원년(672) 6월조의 赤染造德足, 『속일본기』 천평 19년(747) 8월조의 赤染造廣足 등이 있다.

22) 常世라는 씨명은 『고사기』 垂仁天皇段에 常世國, 『일본서기』 신대 상, 제8단 1書 6에 常世鄕, 동 垂仁紀 90년 2월조의 상세국에서 나온다. 常世라는 씨명은 바다 건너 피안에 있다고 하는 이상의 국명으로 신선사상에 의한 관념에서 나온 것이라는 설이 있다. 『신찬성씨록』 左京諸蕃上, 右京諸蕃上, 河內國諸蕃에 "常世連은 燕國王 公孫淵으로부터 나왔다"고 한다. 平野邦雄은 赤染을 신라와 가야계의 呪術로 추정하고, 이것이 常世信仰의 모체이며 적염이 상세로 개성을 한 것도 이 같은 신앙에 기초한다고 보았다.

23) 불상, 당탑 등의 佛事에 재물을 보시하는 것. 知識物, 智識으로도 표기한다.

24) 監物은 中務省 직속의 관으로 제관사의 창고 열쇠를 관리하고 출납사무를 감찰한다. 中務省의 典鑰, 大藏省, 內藏寮의 主鑰을 실질적으로 통솔한다. 직원은 大監物 1인(종5위하), 中監物(종6위하) 4인, 少監物(정7위하) 4인, 監物主典(정7위상), 史生 등으로 구성되어 있다. 후에 中監物은 폐지되고 監物主典으로 대체되었다.

25) 天平勝寶 원년(749) 7월에 孝謙天皇 즉위 시에 종5위하에 서임되고 동 8월에 圖書頭에 임명되었다. 그의 아들 廣名은 天平寶字 5년(761)에 宿禰 성을 받았다.

26) 淨御原朝庭 때의 황자 중에는 폐황자가 된 기록이 없다.

신해(9일), 정6위상 市往泉麻呂에게 岡連의 성을 내렸다.

을묘(13일), 외종5위하 氣太十千代 등 8인에게 氣太君 성을 내렸다.

병진(14일), 伊勢國 사람 종6위상 伊勢直大津 등 7인에게 中臣伊勢連의 성을 내렸다.

11월 병자(4일), 외종5위하 中臣丸連張弓을 皇后宮亮으로 삼고, 종4위상 多治比眞人廣足을 병부경으로 삼고, 종4위하 多治比眞人占部를 형부경으로 삼고, 春宮大夫 겸 학사 종4위하 吉備朝臣眞備를 右京大夫로 삼고, 종5위하 坂合部宿禰金綱을 信濃守로 삼고, 종5위상 茨田王을 越前守로 삼고, 정5위하 大井王을 丹波守로 삼고, 종5위상 粟田朝臣馬養을 備中守로 삼았다.

기묘(7일), (천황은) 조를 내려, "짐은 지난 天平 13년 2월 14일에 지극한 마음으로 발원하여 국가를 영구히 확고히 하고 성스러운 부처의 가르침을 항상 수행하려고 생각하여, 두루 천하 제국에 조를 내려 국별로 金光明寺[27]와 法華寺[28]를 조영하게 하였다. 그 금광명사에는 각각 7중탑 1기를 세우고 아울러 금으로 쓴 금광명경 1부를 탑 안에 안치하게 하였다. 그러나 제국의 국사들은 태만하여 실행하지 않고, 혹은 절터가 불편하고 혹은 아직도 터도 마련하지 않았다. 생각하건대, 천재, 재이가 한두번 나타나는 것은 모두 이 때문일 것이다. 짐이 가장 신뢰하는 신하가 어떻게 이와 같이 할 수 있겠는가. 이에 종4위하 石川朝臣年足, 종5위하 阿倍朝臣小嶋·布勢朝臣宅主 등을 각도에 나누어 보내 寺地를 조사하여 정하고, 아울러 조영의 상황을 살펴보게 한다. 國司는 사자 및 國師[29]와 함께 좋은 사지를 선정하여 조영에 힘쓰도록 한다. 또 郡司 중에서 용기있게 제 사업을 훌륭하게 해낼 수 있는 자를 임명해서 오로지 조영사업에 종사시킨다. 오는 3년 이전을 기한으로 탑, 금당, 승방 모두 다 완료한다. 만약 칙을 잘 지켜 그대로 조영된다면 자손은 끊김이 없이 군령의 관직에 임명한다. 그 僧寺, 尼寺의 논은 이전에 시입된 수를 제외하고 더욱이 전지를 더하여 僧寺 90정, 尼寺 40정으로 하고,

27) 金光明四天王護國之寺.

28) 法華滅罪之寺.

29) 大寶令의 제정으로 諸國에 설치된 승직으로, 僧尼의 감독, 경전 강의 및 행정을 담당하였다. 8세기 후반에는 大國師, 少國師로 분리되었고, 延曆 14년(795)에 講師로 개칭되었다.

소관 관사에 명하여 개간시켜 시입한다. 두루 國郡에 고하여 짐의 뜻을 알리도록 한다"라고 하였다.

기해(17일), 무위 高橋王佐保에게 眞人의 성을 내렸다.

12월 을사(4일), 종5위하 大伴宿禰犬養을 소납언으로 삼고, 종5위상 當麻眞人鏡麻呂를 민부대보로 삼았다.

을묘(14일), 칙을 내려 "요즈음 태상천황이 건강이 악화된 지 여러 날이 지났다. 의약의 치료도 효험이 없다. 천하에 대사면을 내려야 한다. 天平 19년 12월 14일 동트기 이전에 일어난 사형죄 이하는 모두 사면한다. 다만 팔학, 사주전, 강도, 절도 및 통상의 사면에서 면제되지 않는 자는 사면의 범위에 포함하지 않는다"라고 하였다. 또 천하의 제국에 칙을 내려, "백성이 탑을 조영하는데 마음으로부터 원하는 자가 있다면 모두 허락한다. 세우는 곳은 반드시 가람 경내에 조성해야 하고, 산야나 도로변에 만들어서는 안 된다. 만약 탑을 조영하는 준비를 마쳤다면 먼저 그 상황을 보고하도록 한다"라고 하였다.

○ 天平 20년(748), 춘정월 임신삭(1일), 신년하례를 중지하였다. (천황이) 5위 이상에게 내리에서 연회를 베풀고 차등있게 녹을 내렸다. 그 외에는[30] 조당에서 향연을 베풀었다.

갑술(3일), 大倭連深田, 魚名에게 함께 宿禰 성을 내렸다.

무인(7일), 천황이 남쪽 뜰에 임하여 5위 이상에게 연회를 베풀고, 정5위상 坂上忌寸犬養에게 종5위하를, 정6위상 角朝臣道守[31]에게 종5위하를, 정6위상 津史秋主[32]에게 외종5위하를 내리고 연회가 끝난 후에 녹을 차등있게 내렸다.

30) 6위 이하의 4등관인 主典.

31) 角은 都努, 都濃이라고도 쓴다. 紀氏와 동족으로, 紀角宿禰의 자손인 小鹿火宿禰가 紀小弓이 죽었다는 소식을 듣고 신라에서 귀국하던 중에 角國에 머물렀기 때문에 角臣의 성을 받았다는 전승이 있다. 天武 13년에 朝臣을 사성받았다. 角朝臣道守는 여기에만 나온다.

32) 백제계 王辰爾의 후예씨족. 天平寶字 2년(757) 8월 병인조에, 외종5위하 津史秋主 등 34인이 "船, 葛井, 津은 본래 같은 조상이다. 나누어져 3씨가 되었다. 그 중에 2씨는 連 성을 받았지만 단지 秋主 등의 津氏는 아직 개성의 은혜를 입지 못했다. 史자를 고쳐주기를 청한다"라고 하여, 津連의 성을 받았다고 한다.

2월 기미(19일), 종3위 巨勢朝臣奈弖麻呂에게 정3위를, 정4위상 三原王, 정4위하 石上朝臣乙麻呂에게 함께 종3위를, 종4위상 紀朝臣麻路에게 정4위상을, 종4위상 多治比眞人廣足, 종4위하 大伴宿禰兄麻呂에게 함께 정4위하를, 종4위하 佐伯宿禰淨麻呂·佐伯宿禰常人에게 함께 종4위상을, 정5위상 石川朝臣麻呂·百濟王孝忠[33)]·紀朝臣宇美에게 함께 종4위하를, 정5위하 巨勢朝臣堺麻呂·背奈王福信[34)]에게 함께 정5위상을, 종5위상 多治比眞人屋主·藤原朝臣巨勢麻呂에게 함께 정5위하를, 종5위하 石川朝臣名人·鴨朝臣角足·民忌寸眞楫에게 함께 종5위상을, 외종5위하 若犬養宿禰東人·國君麻呂,[35)] 정6위상 百濟王元忠[36)]·藤原朝臣魚名·多治比眞人石足·佐伯宿禰乙首名·久米朝臣湯守·柿本朝臣市守·粟田朝臣奈勢麻呂·石川朝臣豊人·平群朝臣人足·田中朝臣少麻呂·大伴宿禰御依·阿倍朝臣鷹養·津嶋朝臣家虫·佐味朝臣廣麻呂·建部公豊足·日下部宿禰大麻呂에게 함께 종5위하를, 외종5위하 陽侯史眞身[37)]에게 외종5위상을, 정6위상 高市連大國에게 외종5위하를 내렸다.

신유(21일), 종5위상 佐伯宿禰稻麻呂에게 종4위상을 추증하였다.

임술(22일), 知識物[38)]을 진상한 사람들인 외대초위하 物部連族子嶋, 외종6위하 田可臣眞束, 외소초위상 大友國麻呂, 종7위상 漆部伊波에게 함께 외종5위하를 내렸다.

---

33) 권15, 天平 15년 5월조 21쪽 각주 25) 참조.

34) 권15, 天平 15년 5월조 21쪽 각주 24) 참조.

35) 권16, 天平 17년 하4월조 48쪽 각주 13) 참조. 國君麻呂[國公麻呂]는 天平寶字 2년(758) 동대사 대불전을 완공하고 大和國 葛下郡 國中村으로 거주하는데, 그 지명을 따 國中連으로 개성하게 되어 國中連公麻呂로 나온다.

36) 出雲守 百濟王孝忠의 子. 天平勝寶 3년(751)에 종5위상, 天平勝寶 9년(757)에 정5위하, 淳仁朝에서는 大藏少輔, 天平寶字 8년(764)에 종4위하에 서위되었다.

37) 陽侯는 楊候, 楊胡, 陽候, 陽胡라고도 표기하고 陽侯史, 陽侯忌寸으로의 씨성의 변화가 있다. 『신찬성씨록』 좌경제번상에 수양제의 자손인 達率 楊候阿子王으로부터 나왔다고 출자를 밝히고 있지만, 실제는 달솔의 관위를 가진 백제계 도래씨족이다. 陽侯史眞身은 養老 6년(722) 矢集虫麻呂, 大和長岡 등과 함께 養老律令을 편찬한 공로로 공전을 지급받았고, 天平 2년(730)에는 통역을 양성하기 위해 粟田馬養 등 4인과 함께 제자 2인씩을 취하여 漢語를 가르쳤다고 한다. 天平 7년 외종5위하에 서임된 후, 동 10년 4월에 豊後守, 동 13년 8월에 但馬守를 역임하였고, 孝謙朝 초기에 但馬守를 역임하였다. 『東大寺要錄』에 의하면, 대불 건립에 錢 1천 관, 牛 1두를 헌상하였다고 한다.

38) 東大寺에 물품을 보시한 일.

을축(25일), 종5위상 佐味朝臣虫麻呂에게 정5위하를, 종5위하 葛井連廣成[39]에게 종5위상을, 외종5위상 陽侯史眞身에게 종5위하를 내렸다.

3월 무인(8일), 칙을 내려, "짐은 덕이 부족한데 사해에 군림하여 아침 일찍 일어나 밤늦게까지 백성들을 걱정하고 있다. 그러나 아직 덕화가 미흡하여 죄를 범한 자가 많다. 이것은 가르치고 인도하는 것이 밝지 않기 때문이고, 백성들의 허물이 아니다. 천하에 죄가 있다면 나 한사람이다. 모든 부정한 것을 씻어 스스로 쇄신하도록 한다. 천하에 대사면을 내려야 한다. 天平 23년 3월 8일 동트기 이전에 일어난 사형죄 이하는 모두 사면한다"라고 하였다.

기묘(9일), 정6위상 葛城忌寸豊人에게 종5위하를 내렸다.

임오(12일), 종5위하 巨勢朝臣君成을 下野守로 삼았다.

임진(22일), 종3위 藤原朝臣豊成에게 종2위를 내리고 대납언에 보임하였다. 종3위 藤原朝臣仲麻呂에게 정3위를, 정4위하 大野·廣瀨·粟田女王에게 함께 정4위상을, 종4위상 河內女王에게 정4위하를 내렸다.

하4월 경신(21일), 태상천황[40]이 침전에서 붕어하였다. 춘추 69세였다.

신유(22일), 종3위 智努王·石上朝臣乙麻呂, 종4위상 黃文王, 종4위하 大市王, 정4위상 紀朝臣麻呂, 종4위하 藤原朝臣八束을 御裝束司로 삼았고, 6위 이하는 8인이었다. 종3위 三原王, 종4위상 石川王·道祖王, 종4위하 紀朝臣飯麻呂·吉備朝臣眞備를 山作司로 삼았고, 6위 이하는 8인이었다. 종5위상 阿倍朝臣嶋麻呂, 외종5위하 丹比間人宿禰若麻呂를 養役夫司로 삼고, 6위 이하는 10인이었다. 칙을 내려 좌우경, 기내 4국 및 7도 제국에 3일간 애도하게 하였다.

임술(23일), 大安寺에서 독경하였다.

---

39) 이전의 씨성은 白猪史. 백제계 도래인 王辰爾 일족의 후손이다. 天平 15년(743) 신라사 金序貞이 일본에 올 때 신라사신을 응접하기 위해 筑前國에 파견되었고, 동년 외종5위하 備後守에 서임되었다. 이 해 8월에 천황이 그의 저택에 행차하여 군신과 더불어 연회를 베풀었는데, 날이 저물어 그의 집에서 숙박하고 다음 날 그의 부인 縣犬養八重과 함께 정5위상을 서위되었다. 天平勝寶 원년(749)에는 中務省 차관인 少輔에 보임되었다. 『藤氏家伝』下에는 神龜 연간(724~729)에 문장에 뛰어난 학사로 이름을 남기고, 『萬葉集』에 단가 3수와 『懷風藻』에 한시 2수, 『経國集』에도 天平 3년(731)의 대책문 2편이 남아 있다.

40) 元正天皇.

갑자(25일), 山科寺[41]에서 독경하였다.

병인(27일), 초7일재를 맞이하여 飛鳥寺에서 독경하였다. 이로부터 이후는 매 7일마다 경내의 사찰에서 독경하였다.

정묘(28일), 천하에 칙을 내려 모두 소복을 입게 하였다. 이날 태상천황을 佐保山陵에서 화장하였다.

5월 정축(8일), 천하 제국에 칙을 내려 태상천황을 위해 매 7일마다 국사는 스스로 심신을 청결히 하고 제사찰의 승니를 모두 불러 한 사찰에 모이게 하여 경건한 예로써 독경하게 하였다.

기축(20일), 右大史 정6위상 秦老 등 1200여 호에게 伊美吉의 성을 내렸다.

6월 임인(4일), 정3위 藤原夫人이 죽었다. 증 태정대신 武智麻呂의 딸이다.

계묘(5일), 백관 및 제국에 명하여 상복을 벗게 하였다.

추7월 무인(10일), 정6위하 中臣部干稻麻呂에게 中臣葛野連의 성을, 정8위하 山代直大山 등 3인에게 忌寸의 성을 내렸다.

병술(18일), 종5위하 大倭御手代連麻呂女에게 宿禰의 성을 내리고, 태상천황을 위해 법화경 1천부를 서사하여 바치게 하였다.

무술(30일), 河內, 出雲 2국에 기근이 들어 구휼하였다.

8월 신축(3일), 近江, 播磨의 국에서 기근이 들어 구휼하였다. 외종5위하 高市大國에게 連 성을 내렸다.

계묘(5일), 釋奠[42]에 있어서 복장과 기물 및 의식을 개정하였다.

을묘(17일), 八幡大神의 祝部 종8위상 大神宅女, 종8위상 大神杜女에게 함께 외종5위하를 내렸다.

기미(21일), 천황이 산위 종5위상 葛井連廣成의 집에 행차하였다. 군신들을 불러 주연을 열고 날이 저물자 숙박하였다. 다음날, 廣成 및 그 부인 종5위하 縣犬養宿禰八重에게 함께 정5위상을 내렸다. 이날 환궁하였다.

---

41) 興福寺.

42) 공자를 제사지내는 의식. 釋奠에 관한 최초의 기록은 『속일본기』 大寶 원년(701) 2월 14일로, 대보율령에 대학료 및 국학에서 매년 춘추로 제사를 지낸다고 규정되어 있다. 天平 7년(735)에 당에서 귀국한 吉備眞備가 唐禮 130권을 갖고 왔다. 寶龜 6년의 그의 훙전에는 대학의 釋奠 의식이 정비되지 않았다고 하여 처음으로 기물, 의식을 정비했다고 기록하고 있다.

동10월 을축(28일), 조를 내려 왕경, 기내, 7도 제국의 전조를 면제하였다. 정해,[43] 정7위하 廣幡牛養에게 秦 성을 내렸다.

11월 기축(23일), 下道朝臣乙吉備·眞事·廣 3인에게 함께 吉備朝臣의 성을 내렸다.[44]

12월 갑인(18일), 사자를 佐保山陵에 보내 제사지냈다. 僧, 尼 각각 1천인을 득도시켰다.

○ 天平勝寶 원년(749), 춘정월 병인삭(1일), 신년하례를 중지하였다. 처음으로 원일로부터 7·7일(49일) 이내에 천하의 제사찰에 회과를 하고 금광명경을 전독하게 하였다. 또 천하의 살생을 금지하였다.

기사(4일), 매년 빈번히 심한 가뭄을 만나 오곡이 여물지 않아 많은 관인이 굶주려 고통을 받고 있다. 이에 문무의 관인 및 諸家司[45]에서 사람별로 매월 6두의 쌀을 내도록 하였다.

을해(10일), 上總國에 기근이 들어 구휼하였다.

2월 정유(2일), 대승정 行基和尙이 遷化[46]하였다. 화상은 약사사의 승이다. 속성은 高志氏이고 和泉國 사람이다.[47] 和尙의 성격은 순수하고 천부의 재능을 갖고 있었고 남에게 모범이 될만한 품성이 일찍부터 두드러졌다. 처음에 출가할 때, 瑜伽唯識論[48]을 읽고 즉시 그 의미를 해석하였다. 일찍부터 왕도와 촌락을 주유하면서 중생들을 교화하였다. 승려와 속인이 교화를 흠모하여

---

43) 이 달에 丁亥의 일부는 없다. 丁未(10일) 혹은 丁巳(20일)의 오류이거나 기타의 달에 잘못 채록된 것으로 보인다.

44) 天平 18년 10월 정묘에 下道朝臣眞備에게 吉備朝臣의 성을 내린 바 있다. 여기에 나오는 3인은 그 일족이다.

45) 품계가 있는 친황 및 3위 이상의 관직을 가진 관인의 家政機關.

46) 고승의 죽음을 말한다. 『속일본기』에서 遷化라는 말은 行基와 鑑眞에 대해서만 사용하였고, 그 외에는 物化 혹은 卒로 표기하고 있다.

47) 行基의 묘지명인 唐招提寺 소장 〈大僧上舍利甁記〉에는 藥師寺의 승려이고 俗姓은 高志氏로 나온다. 이어 "本出於百濟王子王爾之後焉"이라고 하여 王爾, 즉 王仁의 후예로 기록되어 있다. 古志는 高志라고도 하며, 大和國 高市郡이라는 지명에서 유래한다. 또 『신찬성씨록』 河內國諸蕃, 和泉國諸蕃에, "古志連은 文宿禰와 조상이 같으며 王仁의 후손이다"라고 기록되어 있다.

48) 瑜伽師地論과 成唯識論의 총칭.

따르는 자가 거의 1천인을 헤아렸다. 가는 곳에 화상이 온다는 말을 들으면 마을에 사람이 없을 정도로 앞다투어 모여들어 예배하였다. (行基는) 기량에 따라 인도하여 모두 선으로 나아가게 하였다. 또 스스로 제자들을 이끌고 여러 중요한 장소에 다리를 설치하였다.[49] (화상에 대해서) 들은 바가 전해진 곳에서는 모두 와서 일에 협력하여 하루도 지나지 않아 완성되었다. 백성들은 지금에 이르러 그 이익을 누리고 있다. 豊櫻彦天皇[50]은 (행기를) 대단히 존경하여 중시하였다. 조를 내려 대승정의 지위를 내리고, 공양을 위해 400인을 출가시켰다. 화상은 신비로운 영험을 많이 보여 때의 사람들은 行基菩薩[51]이라고 호칭하였다. 머무는 곳에는 모두 도장을 세워 畿內에는 무릇 49개소이고 諸道에도 여러 곳이 있었다. 제자들은 모두 행기가 남긴 불법을 지키고 지금까지 주지하고 있다. 사망시의 나이는 80세였다.

경자(5일), 下總國이 가뭄과 황충으로 기근이 들어 구휼하였다.

병오(11일), 石見國에 역병이 들어 구휼하였다.

병진(21일), 조정의 인근 대로변에서 익명의 투서가 자주 발생하여, 조를 내려 백관 및 대학생들에게 훈도하여 갖고 오는 것을 금지시켰다.

「天平 21년 2월」[52] 정사(22일), 陸奧國에서 처음으로 황금을 공상하였다. 이에 기내, 7도의 제신사에 고하고 봉폐하였다.

임술(27일), (천황이) 칙을 내려, "근년에 군령을 보임하는 데에 국사는 우선 계보의 우열과 재능의 유무, 일족 내의 지위의 고하, 장유의 순서를 검토해서 후보를 선정하여 식부성에 상신한다. 식부성에서는 재차 구두시험을 통해 우열을 비교한 연후에 선임한다. 혹은 계보가 비록 낮다고 하더라도 공로가 있으면 추천하고 혹은 가문이 높더라도 능력이 떨어지면 이를 물리치고 있다. 이것은 전형의 방법이 하나가 아닌 것이다. 일족은 많은 가문으로

---

49) 安元 원년(1175)에 편찬된 『行基年譜』에는 架橋 6곳, 直道 1곳, 造は池 15곳, 造溝 6곳 등 많은 시설물 설치 기록이 보인다.

50) 聖武天皇.

51) 『日本靈異記』 권7에 "聖武天皇, 感於威德, 故重信之, 時人欽貴, 美稱菩薩"이라고 기록되어 있다.

52) 「天平 21년 2월」의 기사는 『속일본기』 편찬과정에서 다른 기사의 연월이 혼입된 것으로 추정되고 있다. 천평 21년은 天平勝寶 원년에 해당되어 기년에는 문제가 없다.

나누어져 있고 자손은 더욱 많아져 절차없이 멋대로 소송하고 각자의 욕심에 빠져 예의를 돌아보지 않는다. 부모와 형을 공경하는 도는 이미 쇠퇴하고 풍속의 덕화는 점점 희박해지고 있다. 짐이 가만히 생각해 보니, 도리로서 그렇게 해서는 안 되는 것이다. 지금 이후로는 마땅히 전례를 고쳐서 郡을 세운 이후로 郡司의 계보가 중대한 집을 선정하여 적계로 계승하게 하고 방계의 친족은 임용하지 않도록 하여 결국에는 쟁송의 근원을 끊고 영원히 신분에 어울리지 않는 자리를 엿보지 않도록 한다. 만약 적자가 죄나 질병 및 직무를 감당하기 어려운 자가 있다면 令에 따라 교체하도록 한다"라고 하였다. 종5위하 大倭宿禰小東人을 攝津亮으로 삼고, 종4위하 紀朝臣飯麻呂를 大倭守로 삼았다.

3월 을축삭(1일), 일식이 있었다.

정묘(3일), 左大舍人 장관 종4위하 高丘王이 죽었다.

하4월 갑오삭(1일), 천황이 동대사에 행차하여 노사나불상의 前殿에 임하여 북면을 향해 불상을 마주하였다. 황후, 태자가 나란히 근시하였다. 군신, 백료 및 하급관인, 백성들은 분리하여 뒤에 행렬하였다.

칙을 내려 좌대신 橘宿禰諸兄을 보내 대불에게 말하기를(宣命體), "삼보의 노복[53]으로 봉사하는 천황의 명으로서 노사나불의 대전에 올리라고 말씀하기를, 이 대왜국은 천지의 개벽 이래 황금은 외국으로부터 헌상받은 일이 있지만, 이 땅에는 없는 것이라고 생각하고 있었는데 통치하고 있는 국내의 동방에 있는 陸奧國守 종5위상 百濟王敬福이 관내의 少田郡에 황금이 나왔다고 말하고 바쳤다. 이 소식을 듣고 놀라고 기뻐하며 존귀하게 여겼는데, 노사나불이 은혜를 내리고 축복으로 주신 것으로 생각하여 받아들이고, 삼가 받들어 백관의 관인들을 이끌고 예배하고 봉사하는 일을, 말하기조차 황공한 삼보의 어전에 삼가 주상한다"고 하였다.

종3위 중무경 石上朝臣乙麻呂가 말하기를(宣命體), "現神으로 천하를 통치하는 倭根子天皇[54]의 詔旨로서 내린 말씀을 친왕, 제왕, 제신, 백관인들 및

53) 聖武天皇이 대불에 대해 北面하고 자신을 낮추어 佛의 奴僕, 下僕으로 신종하는 자세를 말한다.

54) 聖武天皇.

천하의 공민들은 모두 들으라고 분부하였다. 高天原에서 강림한 천황의 어세를 시작으로 중간을 거쳐 지금에 이르기까지 천황 대대의 황위 계승자로서 즉위하여 다스리고 베풀어 온 천하통치의 과업이라고, 신으로서 생각한다고 한 말씀을 모두 들으라고 분부하였다. 이와 같이 통치하고 베풀어 온 황위계승자의 과업으로 짐의 치세를 맞이하여 천지가 마음을 쓰고 중대한 일이라고 생각하여, 감사하고 송구함이 많다고 생각하고 있던 바, 통치하고 있는 동방의 陸奥國의 小田郡에서 금이 나왔다고 주상하여 바쳤다. 이를 생각하면 여러 법 중에서 부처의 말씀이 국가를 진호하기 위해서는 훌륭하다고 듣고 있다. 통치하고 있는 천하의 제국에 최승왕경을 갖추고, 노사나불을 조영하여 하늘에 계신 신, 땅에 계신 신에게 기도를 올려 말하기조차 황송한 먼 천황의 어세를 시작으로 섬기고 많은 백성들을 이끌고 봉사하려고 하는 마음은, 화가 멈추어 선이 되고, 위기가 변하여 평화로 온전하게 될 것이라고 생각하여 봉사하고 있는 사이에, 많은 사람들은 이루어질 수 있을까 의심하고, 짐은 금이 부족하지 않을까 걱정하고 있었는데, 삼보의 불가사의한 신험을 얻어 하늘에 계신 신, 땅에 계신 신이 서로 허락하여 축복을 내리시고 또 천황의 조령들의 은혜를 받고 위무해 주신 덕분에 출현한 것이라고 생각하고, 받은 것을 기뻐하고 이를 존귀하게 여기고, 어떻게 할 바를 모르면서 밤이고 낮이고 두렵고 근심하면서, 천하를 위무하고 베푸신 일이 도리에 맞는 현군의 치세에 있어야 하는데, 인연도 없는 짐의 시대에 출현하여 보인 것은 황공하고 부끄러운 일이라고 생각한다. 이에 짐 혼자서 존귀한 大瑞를 받을 수 있겠는가. 천하와 함께 받아 기뻐하는 일이 도리라고 신으로서 생각하고, 모두에게 은혜를 내리고 다스려서 어세의 연호[55]에 글자를 더한다고 한 천황의 말씀을 모두 들으라고 분부하였다.

말을 바꾸어 말씀하기를, 대신궁[56]을 비롯한 제신사에 神田을 바쳐서

---

55) 天平의 연호에 感寶라는 두 글자를 추가하였는데, 이후 天平勝寶, 天平寶字, 天平神護, 神護景雲 등의 4자 연호를 사용하였다. 4자 연호는 중국의 측천무후 시대에 証聖 원년(695)을 天冊萬歲로 개원하고 이후 萬歲登封, 萬世通天을 사용하였는데, 이를 모방한 것으로 추정된다. 한편 天平感寶의 연호는 '天感'(『大日本古文書』 3-220), '感寶'(『大日本古文書』 3-223)와 같이 축약해서 사용하기도 하였다.

56) 伊勢大神宮.

祝部[57]들을 관리하고, 제사찰에서 간전을 소유하는 것을 허락하고 승강을 비롯한 많은 승니를 공경하여 관리하고 새로 지은 사찰 중에서 관사로 해야 할 것은 관사로 한다. 大御陵을 지키고 봉사하는 사람들 1, 2인을 정한다. 또 천황 치세 대대로 천하의 정무를 담당하고 국가를 수호하고 봉사해 온 신하들을 모시고 있는 장소[58]에 표식을 세워 천지와 함께 무시당하거나 더럽혀지지 않도록 관리하라고 하신 대명을 모두 들으라고 분부하였다.

또 황위를 계승하여 업으로서 천하를 다스리는 일은, 나아가 말하기조차 황공한 천황이라는 御名을 이어받았고, 물러나서는 모친 大御祖[59]의 은덕을 받아 천황이 통치하는 천하를, 위무하고 은혜를 베풀 수 있었다고 신으로서 생각한다. 이것이 왕, 대신의 자식[60]을 예우하는 일이, 천황의 조정에 봉사하고 모친을 섬기는 일에 통하는 것이다. 이에 더하여 말하기조차 황공한 近江의 大津宮에서 대팔도국을 통치하신 천황[61]의 대명으로서, 奈良의 궁에서 대팔주국을 통치하신 나의 皇天皇[62]에까지 어세를 거듭하여 짐에게 분부하기를, '대신이 어느 어대에도 밝고 청결한 마음으로 봉사하면 황위는 평화롭고 안정되게 전해질 수 있는 것이라고, 이 말을 잊어서도 버려서도 안 된다'라고 하신 말씀을 받아 삼가 그대들에게 베풀고 다스린다고 한 말씀을 모두 들으라고 분부하였다.

또 三國眞人, 石川朝臣, 鴨朝臣, 伊勢大鹿首는 위계를 올려야 할 사람으로서 선정한다고 말씀하였다. 또 縣犬養橘夫人은 천황의 어세를 거듭하여 밝고 정결한 마음으로 봉사하고 천황인 짐의 어세에도 태만하지 않고 조력하여 봉사하였고, 이에 더하여 조부 대신[63]의 가문이 황폐해지거나 더럽혀지지 않게 지켜온 것은 기쁜 일이어서 잊을 수 없는 손들 1, 2인의 위계를 올리려고 한다. 또 대신으로서 봉사해 온 臣들의 자녀들에 대해서는 남자는 봉사하는

57) 원래는 신사에 봉사하는 하급 神職이지만, 여기서는 모든 신직을 가리킨다.
58) 墓地.
59) 藤原不比等의 딸 藤原宮子, 文武天皇의 夫人.
60) 여기서 대신의 자식은 대대로 대신의 직위를 갖고 봉사해 온 藤原鎌足, 藤原不比等의 자손을 말한다.
61) 天智天皇.
62) 元正太上天皇.
63) 藤原不比等. 聖武天皇의 생모인 宮子의 부친에 해당하기 때문에 外祖父가 된다.

상황에 따라서 종종의 위계를 올려주고 있지만, 여자는 그렇지 않다. 이에 생각하건대, 남자만이 父名으로 은덕을 입는데, 여자는 어떤 관련도 없는 것인가. 서로 나란히 봉사하는 것이 도리라고 생각한다. 父가 (자식이) 이렇게 되었으면 좋겠다고 생각하여 인도하고 가르쳐서 과오나 실수없이 가문이 황폐해지지 않고 천황의 조정에 봉사하라고 한 그대들에게 위계를 올려주도록 한다. 또 大伴, 佐伯의 宿禰는 항상 말하고 있듯이, 천황의 조정을 지키고 봉사하는 데에 몸을 아끼지 않은 사람들이고, 그대들의 선조들이 말해왔듯이 '바다에 나가 싸우면 물거품의 주검이고, 산에 나가 싸우면 풀덤불의 주검이 되고 말텐데 대군의 옆에서 죽자. 편안하게 죽지는 않을 것이다'라고 전하고 있는 사람들이라고 알고 있다.[64] 이에 먼 천황의 어세로부터 지금의 짐의 치세에 있어서도 천황을 지키는 병사로서 봉사하고 있다. 이런 까닭에 자식은 선조의 마음과 같은 이 마음을 갖는 자식이 되어야 한다. 이 마음을 잃어버리지 않고 밝고 정결한 마음으로 봉사하도록, 남녀 합쳐서 1, 2인의 위계를 올려준다. 또 5위 이상의 관인의 子에게 위계를 올려준다. 6위 이하의 관인에게도 1계 올리고, 동대사를 조영한 사람들에게는 2계를 더하고, 정6위 이상의 관인에게는 그 아들 1인의 위계를 더한다. 또 5위 이상과 황족의 나이 13세 이상, 무위의 大舍人으로부터 제관사의 仕丁에 이르기까지 천황으로부터 물품을 지급한다. 또 고령자를 구휼하고, 궁핍한 사람에게 혜택을 주고, 효행과 절의가 있는 사람들에게 과역을 면제하고, 농업에 힘쓴 자에게도 혜택을 준다. 죄인은 사면하고, 또 壬生[65]에게 혜택을 주고, 학자, 기술자에게도 혜택을 내리도록 한다. 또 금을 발견한 사람 및 육오국의 국사, 군사로부터 백성에 이르기까지 은혜를 내렸다. 천하의 모든 백성을 위무하고 은혜를 베풀라고 하신 천황의 대명을 모두 듣도록 하라"고

64) 大伴氏, 佐伯氏는 대대로 궁문을 호위하는 군사씨족으로 봉사하였다. 『新撰姓氏錄』 左京神別 「大伴宿禰」조에 雄略天皇 대에 入部靫負를 大連公에게 사여하자, 대련공이 "衛門을 열고 닫는 임무는 중요한 직책이다. 한 몸으로는 감당하기 힘들다. 저의 아들 語와 함께 좌우에서 지킬 수 있기를 바란다"고 상주하였다. 천황은 상주한 대로 명하였는데, 이것이 大伴氏와 佐伯氏가 좌우에서 문을 개폐하는 일을 담당하게 된 연유라고 기록하고 있다.

65) 황자, 황녀 등 황족을 양육하는 데 종사하는 사람.

분부하였다.

정3위 巨勢朝臣奈弖麻呂에게 종2위를, 종3위 大伴宿禰牛養에게 정3위를, 종5위상 百濟王敬福[66]에게 종3위를, 종4위상 佐伯宿禰淨麻呂·佐伯宿禰常人에게 함께 정4위하를, 종4위하 阿倍朝臣沙彌麻呂·橘宿禰奈良麻呂·多治比眞人占部에게 함께 종4위상을, 종5위하 藤原朝臣永手에게 종4위하를, 종5위상 大伴宿禰稻君에게 정5위하를, 종5위하 大伴宿禰家持·佐伯宿禰毛人에게 함께 종5위상을, 정6위상 藤原朝臣千尋·藤原朝臣繩麻呂·佐伯宿禰靺鞨, 정6위하 藤原朝臣眞從에게 함께 종5위하를 내렸다. 기진물을 바친 외종8위하 他田舍人部常世, 외종8위상 小田臣根成 2인에게 함께 외종5위하를 내렸다. 정2위 橘夫人에게 종2위를, 종4위상 藤原朝臣吉日에게 종3위를, 종5위상 藤原朝臣袁比良女·藤原朝臣駿河古에게 함께 종5위하를, 무위 多治比眞人乎婆賣·多治比眞人若日賣·石上朝臣國守·藤原朝臣百能·藤原朝臣弟兄子·藤原朝臣家子·大伴宿禰三原·佐伯宿禰美努麻女·久米朝臣比良女에게 함께 종5위하를 내렸다. 종2위 巨勢朝臣奈弖麻呂를 대납언으로 삼고 정3위 大伴宿禰牛養을 중납언으로 삼았다.

을미(2일), 천하에 대사면을 내렸다. 天平 21년 4월 1일 동트기 이전에 일어난 사형죄 이하는 모두 사면하였다.

무술(5일), 조를 내려 종5위하 中臣朝臣益人에게 종5위상을, 정6위상 忌部宿禰鳥麻呂에게 종5위하를, 伊勢大神宮의 禰宜 종7위하 神主首名에게 외종5위하를 내렸다. 이에 民部卿 정4위상 紀朝臣麻路, 神祇大副 종5위상 中臣朝臣益人, 少副 종5위하 忌部宿禰鳥麻呂 등을 伊勢大神宮에 보내 폐백을 바쳤다.

정미(14일), 천황이 동대사에 행차하여 노사나불의 前殿에 임하였다. 대신 이하 백관 및 백성들은 모두 순서에 따라 행렬하였다. 조를 내려 좌대신 종1위 橘宿禰諸兄에게 정1위를, 대납언 종2위 藤原朝臣豊成을 우대신에 보임하였다. 종5위하 市原王에게 종5위상을, 무위 三使王·岸野王·三形王·倭王·額田部王·多治比王·厚見王·葛木王·大坂王·出雲王·三河王·長嶋王·高嶋王에게 함께 종5위하를, 종5위하 國君麻呂[67]에게 종5위상을, 무위 別君廣麻呂에게 종5위하

66) 이때 百濟王敬福은 무려 7단계를 뛰어넘는 특진을 하였다.

67) 권16, 天平 17년 하4월조 48쪽 각주 13) 참조. 國君麻呂[國公麻呂]는 天平寶字 2년(758) 동대사 대불전을 완공하고 大和國 葛下郡 國中村으로 거주하는데, 그 지명을 따 國中連으

를, 외종5위하 高市連大國에게 외종5위상을, 정6위상 蓋高麻呂·吉田連兄人[68]에게 함께 외종5위하를 내렸다. 또 2품 多紀內親王에게 1품을, 종3위 竹野女王에게 정3위를, 무위 橘宿禰通何能에게 정4위를 내렸다. 天平 21년을 고쳐서 天平感寶[69] 원년으로 하였다.

무신(15일), 대신 이하 제관사의 仕丁 이상에게 각각 차등있게 녹을 내렸다. 경, 기내의 승니에게 물품을 보시하고 역시 차등이 있었다.

신해(18일), 정6위상 丹羽臣眞咋에게 외종5위하를 내렸다.

을묘(22일), 陸奥守 종3위 百濟王敬福이 황금 900량을 바쳤다.[70]

5월 무진(5일), 무위 御浦王에게 종5위하를, 정6위상 中臣伊勢連大津에게 외종5위하를 내렸다. 또 종7위상 陽侯史令珍,[71] 정8위하 陽侯史令珪,[72] 종8위상 陽侯史令珍,[73] 종8위하 陽侯史人麻呂[74]에게 함께 외종5위하를 내렸다. 4인은 모두 (陽侯史)眞身[75]의 아들이다. 각각 동전 1천관을 바쳤다.

로 개성하게 되어 國中連公麻呂로 나온다.

68) 天平 20년 10월 「皇后宮職牒」(『大日本古文書』 3-123)에 정7위상 侍醫, 皇后宮大屬, 河內大目을 겸직한 吉田連兄人의 이름이 나온다. 天平勝寶 원년 8월에는 紫微少忠, 동 3년 10월에는 종5위하에 서위되었다. 吉田連은 天智 10년(671)에 백제 망명자들을 대상으로 한 관위수여식에서 小山上의 관위를 받은 吉大尙의 일족이다. 이 가문은 대대로 의업을 계승하여 조정에 큰 자취를 남겼다. 『文德實錄』 嘉祥 3년(850) 興世朝臣書主의 「卒年」 기사에도 그의 本姓이 吉田連이고 선조의 출자는 "其先出自百濟"라고 하여 백제국 출신임을 밝히고 있다.

69) 앞의 4월 갑오조의 宣命에 "어대의 연호에 글자를 더한다"고 하였다. 산출된 황금은 삼보, 천신지기, 역대 천황의 영위가 聖武天皇의 대불조영에 대한 열의에 감응하여 내려준 보물이라는 관념 하에 天平 연호에 感寶의 2글자를 더한 것이다.

70) 百濟王敬福이 황금 900량을 바친 것은 4월 22일인데, 이보다 앞서 4월 1일에 종3위에 서위되었다. 순서로 보면, 황금을 바친 후에 그에 대한 공로로 승진 기사가 나오는게 맞다. 다만 금광의 발견과 채굴, 정련에 이르기까지는 시차가 있으므로 황금을 헌상하기 전에 관위수여가 있었다고 하면 문제는 없을 것으로 생각된다.

71) 天平寶字 3년 7월에 伊賀守, 동년 5월 10월에 漆部正, 동 7년 4월에 日向守를 역임하였다.

72) 여기에만 나온다.

73) 天平寶字 3년 4월에 越後守, 동 4년 11월에 종5위하에 서위되었다.

74) 神護景雲 2년 3월에 일족 64인에 함께 忌寸으로 개성하였다. 寶龜 8년 정월에 東市正, 동11년 3월에 豊前介에 임명되었다.

75) 도래계 씨족의 후예인 陽侯氏. 후에 陽侯史, 陽侯忌寸으로 씨성의 변천이 있다. 『신찬성씨록』 좌경제번상에서는 陽侯忌寸이 隋양제의 자손인 達率 楊侯阿子王의 후손이라고 출자를 밝히고 있다. 『일본서기』 推古 10년(602)조에는 "백제의 승려 觀勒이 내조하여 역서, 천문지리 서적과 아울러 둔갑, 방술의 서적을 바쳤다. 이때 書生 3, 4명을

무인(15일), 上野國 碓氷郡 사람 외종7위상 石上部君諸弟, 尾張國 山田郡 사람 외종7위하 生江臣安久多, 伊豫國 宇和郡 사람 외대초위하 凡直鎌足 등은 각각 해당국 국분사에 知識[76]의 물품을 바쳤다. 아울러 외종5위하를 내렸다.

경인(27일), 홀아비, 과부, 고아, 독거노인 및 질병으로 자활할 수 없는 자에게는 곡물 5두를 내렸다. 효자, 순손, 의부, 절부는 집문, 마을 입구에 그 뜻을 표시하고, 종신 과역을 면제하였다.[77] 농업에 힘쓰는 力田人은 무위의 자에게 1계를 서위하였다. 육오국은 3년간 調, 庸을 면제하였다. 小田郡은 영구히 면제하였다. 그 연한은 후일의 칙을 기다리게 하였다. 그 외의 제국은 국별로 1년에 2군의 조, 용을 면제하고, 매년 바꾸어 모든 군이 돌아올 때까지로 하였다. 또 천하의 금년도 전조를 면제하였다.

윤5월 갑오삭(1일), 정4위상 橘宿禰奈良麻呂, 종5위상 阿倍朝臣嶋麻呂를 함께 侍從으로 삼았다. 정5위하 多治比眞人屋主를 左大舍人頭로 삼고, 종5위하 紀朝臣男楫을 兵部少輔로 삼고, 종5위하 柿本朝臣市守를 丹後守로 삼고, 종5위하 小野朝臣田守를 大宰少貳로 삼았다.

임인(9일), (천황은) 궁중에서 1천인을 득도시켰다.

계묘(10일), (천황은) 조를 내려, "짐은 덕이 부족한데도 황공하게도 황위를 이어받았다. 하늘이 감싸고 땅이 떠받치고 있지만, 많은 백성이 함께 우러러 보는 덕이 부족한 것은 아닌가 두려워하고 있다. 헛되이 근심만 쌓이고, 정사에 잘못이 있는 것은 아닌가 생각한다. 신이 질책의 흔적을 남긴 것은

선발하여 관륵에게 학습하게 하였다. 陽胡史의 선조 玉陳은 역법을 배우고, …모두 배워서 학업을 성취하였다"라고 한다. 達率의 관위로 추정하면 백제계 씨족일 가능성이 높으며 후에 중국계로 출자개변이 있었다고 추정된다. 楊侯, 楊胡, 陽侯, 陽胡라고도 표기한다. 文武 4년(700) 승 通德이 환속해서 陽侯史의 성을 받았다는 사례도 나온다. 陽胡史眞身은 天平 2년(730)에 통역을 양성하기 위해 粟田馬養 등 4인과 함께 제자 2인씩을 취하여 漢語를 교습하였다. 天平 7년 외종5위하에 서위되었고, 동 10년에 豊後守, 동 13년에 但馬守를 역임하였다. 天平 2년에 종5위하로 승진되었고, 동대사 대불조영을 위해 동전 1천 관, 소 1마리를 바쳤다.

76) 불상, 당탑 등의 건립에 금품을 기진하는 일, 知識物.

77) 「賦役令」17에는 "무릇 孝子, 順孫, 義夫, 節婦의 뜻과 행동이 國, 郡에 알려졌다면 태정관에 보고하여 천황에게 아뢰고 그 門閭에 표시한다. 같은 호적에 있는 사람들은 모두 과역을 면제한다. 정성이 두루 감복할 만하면 별도로 우대하여 상을 내린다"라고 규정되어 있다. 이들에게 내려진 과역 면제는 같은 戶에 속한 사람들에게도 미치고 있어 특별한 대우를 하였음을 알 수 있다.

실은 짐 자신에게 있다. 요즈음 날씨가 매우 더운 시절에 들어가 일상은 (상황이) 좋지 않다. 모든 관사는 타는 듯한 더위에 좌우의 관인은 근무에 고생하고 있다. 지금 (짐은) 하늘의 뜻에 따라서 나쁜 기운을 없애려고 한다. 이에 과오를 고쳐서 방법을 찾고, 마음으로부터 내 몸 안에 있는 허물을 사죄받고자 한다. 이에 은혜로운 조칙을 내려 지금까지 쌓였던 죄를 씻어버리는 정치를 베풀어야 할 것이다. 천하에 대사면을 내린다. 天平感寶 원년 윤5월 10일 동트기 이전에 일어난 사형죄 이하는 모두 사면한다. 다만 그 부모를 살해하고, 불존상을 훼손하는 자는 이 사면에 포함하지 않는다"라고 하였다.

갑진(11일), 陸奧國介 종5위하 佐伯宿禰全成, 鎭守判官 종5위하 大野朝臣橫刀에게 함께 종5위상을 내렸다. 大掾 정6위상 余足人,[78] 금을 획득한 上總國 사람 丈部大麻呂에게 함께 종5위하를, 좌경인 무위 朱牟須賣에게 외종5위하를 내렸다. 私度[79] 沙彌 小田郡 사람 丸子連宮麻呂에게 應寶라고 하는 법명을 내리고 師位[80]의 지위를 부여하였다. 금을 정련하는 좌경인 戶淨山[81]에게 대초위상을, 금을 산출한 산의 神主[82]인 小田郡의 日下部深淵에게 외소초위하

78) 余足人은 天平 10년(738)에 鎭守判官을 시작으로 상기 본문에서 보듯이 종5위하에 서위되었고, 그 후 무성에서 百濟朝臣을 받았다. 孝謙朝에서 淳仁朝에 걸쳐 陸奧介 겸 鎭守副將軍을 역임하고, 天平勝寶 9년(757)에 종5위상, 天平寶字 4년(760)에는 雄勝城, 桃生柵을 축조한 공로로 陸奧國安察使 겸 鎭守將軍에 임명되었다. 天平寶字 5년에는 東海道節度副使가 되었고, 동 8년에는 藤原仲麻呂의 난 때, 孝謙上皇側에 선 까닭에 종4위하 右衛士督에 보임되었다.

79) 私度는 官의 허가없이 출가한 沙彌를 말한다. 사미는 7세 이상 20세 미만으로 출가하여 십계를 지키고 있지만 아직 具足戒를 받기 이전으로 비구가 되기 위해 수행하는 남자이다. 「僧尼令」에는 사도승에 대한 처벌규정이 있지만, 여기에서는 법명을 내리고 있다. 이러한 현상에 대해 사도승은 과역을 부담하고 있을 뿐 아니라 불도수행을 통해 지역주민의 신앙을 결집하고 활발한 종교활동을 하는 존재로서 율령국가의 법규정과는 별도로 현실적으로 사도승을 용인하는 정책을 취했다고 보는 견해도 있다(吉田一彦, 「古代の私度僧について」, 『仏教史學硏究』 30-1).

80) 師位는 수계를 받고 수행, 덕행을 쌓은 자에게 주는 僧位.

81) 戶淨山의 戶는 씨명으로 백제로부터의 도래계 씨족의 성이다. 天平寶字 5년 3월에 戶淨道 이하 4인에게 松井連을 사성한 기록이 보이고, 神護慶雲 원년 8월 기사에도 松井連淨山이 나와 松井連을 사성받은 4인 중에 포함되어 있었다고 생각된다. 正倉院文書에도 戶令貴(『大日本古文書』 2-296), 戶牛養(『大日本古文書』 9-326) 등이 보인다.

82) 황금의 산출지는 4월 갑자조에 少田郡으로 나온다. 현재의 宮城縣 遠田郡 涌谷町 字黃金迫에 있는 式內社 黃金山神社를 중심으로 한 일대의 지역으로 산 전체가 하나의

를 내렸다. 이날 伊勢神宮의 齋王은 양친의 상을 당하여 齋宮에서 물러났다.

계축(20일), (천황이) 조를 내려 大安寺, 藥師寺, 元興寺, 興福寺, 東大寺[83]의 5사에 각각 비단 5백필, 목면 1천둔, 삼베 1천단, 벼 10만속, 간전 1백정을 희사하고, 法隆寺에 비단 4백필, 목면 1천둔, 삼베 8백단, 벼 10만속, 간전 1백정을, 弘福寺, 四天王寺의 2사에 각각 비단 3백필, 목면 1천필, 삼베 6백단, 벼 10만속, 간전지 1백정을, 崇福寺, 香山藥師寺,[84] 建興寺, 法花寺[85]의 4사에 각각 비단 2백필, 삼베 4백단, 목면 1천둔, 벼 10만속, 간전지 1백정을 희사하였다.

이에 천황은 발원하여 말하기를, "花嚴經[86]을 근본으로 하고, 일체의 대승, 소승의 經, 律, 論과 抄, 疏, 章 등을 반드시 전독하고 강설하여 모두 끝내도록 한다.[87] (짐은) 먼 일월이 다할 때까지 미래의 끝까지 계속하려고 한다. 지금 그런 까닭에 이 물자를 삼가 제사찰에 희사하였다. 바라는 것은 太上天皇 沙彌勝滿[88]이 諸佛을 옹호하고 佛法이 약과 같이 스며들어 만병을 없애 수명을 연장하고 일체의 소원을 모두 만족시키고, 불법이 영구히 지속되어 중생을 구제하고 천하가 태평해져서 만백성은 즐거움을 누리고 法界의 모든 사람들과 함께 성불의 길로 들어가고자 한다"라고 하였다. 飛驒國 大野郡의 대령 외정7위하 飛驒國造 高市麻呂, 上野國 勢多郡의 소령 외종7위하 上毛野朝臣足人이 각각 해당국의 국분사에 知識의 물품을 시주하여 함께 외종5위하를 내렸다.

神體로서 신앙의 대상이 되고 있다.

83) 東大寺 명칭은 『속일본기』에서는 최초의 기록이다. 동대사는 大倭國(大養德國)의 金光明寺이고, 그 전신은 金鍾寺이다. 正倉院文書에는 이보다 앞서 天平 19년 12월의 東大寺寫經所解(『大日本古文書』 9-632)에 東大寺라는 명칭이 보이고, 天平 19년 12월 22일 近江國坂田郡司解(『大日本古文書』 9-643)에는 東大之寺로 나온다. 이 밖에도 東寺라는 명칭도 자주 등장한다.

84) 『東大寺要錄』 1에는 天平 19년 3월 光明皇后가 聖武天皇의 병 치유를 위해 기원하여 新藥師寺를 건립했다고 기록하고 있다. 기왕의 藥師寺에 대하여 新藥師寺라고 부르고, 香山藥師寺, 香藥寺라고도 한다.

85) 法華寺, 大倭國의 國分尼寺. 원 藤原不比等의 저택으로 그의 부인인 光明皇后의 皇后宮으로 사용되다가 기진되어 법화사가 되었다.

86) 華嚴經.

87) 經은 불법을 기록한 경전, 律은 계율의 기록, 論은 경전과 율법의 주석과 해설 그리고 抄는 발췌의 의미이고 疏는 경론 본문의 章句의 주석, 章은 경론의 대의를 논한 주석이다.

88) 聖武天皇 자신을 가리킨다. 聖武가 양위하여 법명을 太上天皇沙彌勝滿이라고 하였는데, 다만 聖武의 양위는 이 해의 7월 2일이다. 소급된 명칭이다.

병진(23일), 천황이 藥師寺의 궁[89]으로 이주하여 御在所로 삼았다.

임술(29일), 중납언 정3위 大伴宿禰牛養이 죽었다. 大德咋子連의 손이고, 증 大錦中[90] 小吹負의 아들이다.

추7월 갑오(2일), 황태자[91]가 양위받아 대극전에서 즉위하였다.

(천황은) 조를 내려(宣命體), "현신으로서 천하를 통치하신 倭根子天皇[92]의 어명으로 하신 말씀을 모두 들으라고 분부하였다. 高天原에 신으로서 계신 천황의 遠祖이신 남신, 여신의 명으로 우리 황손이 통치해야 할 국인 천하를 주심에 따라, 遠皇祖의 어세로부터 시작하여 천황이 대대로 통치하신 국을 다스리는 것은, 황위 계승자의 과업이라고 신으로서 생각한다고 하신 (聖武)天皇의 말씀을 모두 들으라고 분부하였다. 또 平城의 궁에서 천하를 통치하신 (원정)천황이 말씀하기를, '말하기조차 황공한 近江 大津의 궁에서 천하를 통치하신 (천지)천황이 고쳐서는 안 되는 常典[93]으로서 처음으로 정해진 법에 따라, 이 황위 계승의 과업은 짐의 대명이기 때문에 그대가 계승하여 통치하도록 한다'라고 하신 말씀을, 황공한 마음으로 받아 천하를 다스리고 있는 사이에, 정무가 과중하게 쌓여 몸이 감당하기 어렵게 되어 법에 따라 황위 계승의 과업은 짐의 子[94]인 왕에게 전한다고 한 (성무)천황의 말씀을 친왕들, 왕들, 신들, 백관들 및 천하의 공민들은 모두 들으라고 분부하였다. 또 (효겸)천황의 어명으로 하신 말씀을 모두 만들라고 분부하였다. 말하기조

89) 藥師寺 내에 설치된 천황의 임시 御在所. 성무천황의 佛家 입문과 양위를 위한 절차로 보인다. 약사사는 『日本書紀』 天武 9년(680) 11월조에 天武天皇이 아픈 황후(持統天皇)의 쾌유를 위해 발원하여 조영되었다. 이후 평성경 천도와 함께 이전하였다. 평성경 藥師寺 경내에서 靈龜 2년(716)이 명기된 목간이 발견되어 이보다 약간 이른 시기에 조영된 것으로 보인다.

90) 贈大錦中은 추증된 관위, 大錦中은 天智 3년 제정된 26계 관위의 제8위.

91) 阿倍內親王으로 孝謙天皇으로 즉위. 聖武天皇의 제2황녀로 모친은 光明皇后.

92) 聖武天皇.

93) 天智天皇이 제정했다는 황위계승 원칙을 정한 不改常典을 말한다. 이 법은 『日本書紀』에 天智天皇의 사적으로는 보이지 않고, 『續日本紀』 이래의 제사서에 인용되어 있다. 元正天皇의 즉위 詔에서 처음 인용되고 전 천황의 양위의 조에서도 나온다. 다만 구체적인 내용은 보이지 않고 不改常典에 따라 황위를 전한다 혹은 天智天皇이 정한 법에 따라 황위에 나아간다고 하는 문맥으로 전한다. 桓武天皇을 마지막으로 이후에는 不改常典이라는 말은 보이지 않는다.

94) 阿倍內親王.

차 황공한 우리 (성무)천황이 이 황위계승의 과업을 이어받아 봉사하라고 명하여 삼가 받들어 어떻게 할 바를 모른 채 다만 황공하다고 한 천황의 말씀을 모두 들으라고 분부하였다. 이와 같은 까닭에 어명으로서 내리기를, 짐은 재능이 없고 부족하지만, 친왕들을 비롯하여 왕들, 신들 모두가 천황의 조정이 세운 국을 통치하는 정치를 삼가 받들어 밝고 정결한 마음으로 과오없이 도와서 봉사한다면 천하는 평화롭고 안정되게 다스리고 베풀 수 있다고, 신으로서 생각한다는 천황의 어명을 모두 듣도록 하라"고 분부하였다.

이에 정4위상 紀朝臣麻路에게 종3위를, 종5위하 久世王·伊香王에게 함께 종5위상을, 정4위하 多治比眞人廣足에게 정4위상을, 종4위하 石川朝臣年足·紀朝臣飯麻呂·吉備朝臣眞備에게 함께 종4위상을, 종5위상 巨勢朝臣堺麻呂·背奈王福信에게 종4위하를, 정5위하 多治比眞人國人에게 정5위상을, 종5위상 佐伯宿禰毛人·鴨朝臣角足에게 함께 정5위하를, 종5위하 大伴宿禰犬養·藤原朝臣千尋에게 함께 종5위상을, 정6위상 御方大野·鴨朝臣虫麻呂에게 함께 종5위하를 내렸다. 종3위 藤原朝臣仲麻呂를 대납언으로 삼고, 종3위 石上朝臣乙麻呂·紀朝臣麻呂, 정4위상 多治比眞人廣足을 함께 중납언으로 삼고, 정4위하 大伴宿禰兄麻呂, 종4위상 橘宿禰奈良麻呂, 종4위하 藤原朝臣淸河를 함께 참의로 삼았다.

이날 感寶 원년을 고쳐서 勝寶[95] 원년으로 삼았다.

을미(3일), 종6위상 阿倍朝臣石井, 정6위상 山田史女嶋, 정6위하 竹首乙女에게 함께 종5위하를 내렸다. 모두 천황의 유모였다.

을사(13일), 제사찰의 간전지의 범위를 정하였다. 大安寺, 藥師寺, 興福寺, 大倭國의 法華寺, 제국의 國分金光明寺는 사찰마다 1천정으로 하고, 大倭國의 國分金光明寺는 4천정, 元興寺는 2천정, 弘福寺, 法隆寺, 四天王寺, 崇福寺, 新藥師寺, 建興寺, 下野의 藥師寺, 筑紫의 觀世音寺는 사찰별로 5백정으로 하고, 제국의 法華寺[96]는 사찰별로 4백정으로 하고, 그 외에 定額寺[97]에는 사찰별로 1백정으

---

95) 孝謙天皇의 즉위에 의한 개원이다. 이해 4월에 天平感寶로 개원했듯이 한 해에 2번 개원한 것이다.

96) 國分尼寺.

97) 官大寺, 國分寺, 國分尼寺에 이어 국가의 통제를 받는 사찰. 조정이 私寺의 폐단을 시정하기 위해 황족이나 귀족, 호족이 세운 사원 중에서 寺額을 주어 定額寺로 정했다. 半官半私의 성격을 띤 사원으로 특히 私寺에 대한 통제가 강화되는 延曆 연간인 780년대

로 정하였다.

8월 계해(2일), 정6위상 阿倍朝臣綱麻呂에게 종5위하를, 외정5위하 小槻山君廣虫에게 정5위하를, 외종5위하 出雲臣屋麻呂에 외종5위상을, 종6위상 田邊史廣濱[98]에게 외종5위하를 내렸다.

신미(10일), 종5위하 大原眞人麻呂·石川朝臣豊人을 함께 소납언으로 삼고, 종5위하 大伴宿禰古麻呂를 左少弁으로 삼고, 대납언 정3위 藤原朝臣仲麻呂에게 紫微令을 겸직하게 하고, 參議 정4위하 大伴宿禰兄麻呂, 식부경 종4위상 石川朝臣年足에게 함께 식부대필을 겸직시키고, 종4위하 百濟王孝忠,[99] 식부대보 종4위하 巨勢朝臣堺麻呂, 중위소장 종4위하 背奈王福信에게 함께 중위소필을 겸직시키고, 정5위상 阿倍朝臣虫麻呂, 伊豫守 정5위하 佐伯宿禰毛人, 左兵衛率 정5위하 鴨朝臣角足, 종5위하 多治比眞人土作에게 左兵衛大忠을 겸직시키고, 외종5위상 出雲臣屋麻呂, 衛門員外佐 외종5위하 中臣丸連張弓·吉田連兄人·葛木連戶主를 함께 左兵衛少忠으로 삼고, 종5위하 藤原朝臣繩麻呂를 侍從으로 삼고, 종5위하 御方大野를 도서두로 삼고, 종5위하 別公廣麻呂를 음양두로 삼고, 종3위 三原王을 중무경으로 삼고, 종4위상 安宿王을 중무대보로 삼고, 정5위상 葛井連廣成, 종5위하 藤原朝臣眞從을 함께 중무소보로 삼고, 중납언 종3위 紀朝臣麻呂에게 식부경을 겸직시키고 종5위하 多治比眞人犢養을 식부소보로 삼고, 神祇大副從 종5위상 中臣朝臣益人에게 민부대보를 겸직시키고, 종5위하 阿倍朝臣鷹養을 주계두로 삼고, 종5위하 紀朝臣廣名을 주세두로 삼고, 정5위하 大伴宿禰稻君을 병부대보로 삼고, 종5위상 大伴宿禰犬養을 山背守로 삼고, 종5위상 石川朝臣名人을 上總守로 삼고, 외종5위하 茨田宿禰枚麻呂를 美作守로 삼았다.

이후 定額寺가 급증하는데, 私寺에서 官寺로의 편입을 신청하여 억압을 피하고 국가로부터 지원을 받으려는 움직임이 나타났다.

98) 백제계 도래씨족의 후예. 天平寶字 원년 5월에 종5위하에 서위되었다. 이후에는 上毛野君의 성으로 나온다.

99) 攝津亮 百濟王郎虞의 아들. 天平 8년(736)에 종5위하에 서위되었고, 동 10년에 遠江守, 동 15년에 橘諸兄의 좌대신 임관과 동시에 종5위상으로 승진하였다. 天平 16년에 정5위하, 동 19년에 정5위상, 동 20년에 종4위하로 승진하였다. 天平勝寶 2년(750)에 出雲守, 동 4년에 東大寺 대불개안회 때에는 鎭裏京使에 임명되어 內裏와 平城京 경호를 담당하였다.

을해(14일), 종4위하 尾張宿禰小倉이 죽었다.

임오(21일), 大隅, 薩摩 양국의 隼人 등이 調를 바치고, 아울러 풍토의 가무를 행하였다.

계미(22일), 조를 내려 외정5위상 曾乃君多利志佐에게 종5위하를, 외종5위하 前君乎佐에게 외종5위상을, 외정6위상 曾縣主岐直志自羽志·加禰保佐에게 함께 외종5위하를 내렸다.

9월 무술(7일), 紫微中臺[100]의 관위를 제정하였다. 令 1인 정3위 상당의 관직, 大弼 2인 정4위 상당의 관직, 少弼 3인 종4위하 상당의 관직, 大忠 4인 정5위하 상당의 관직, 少忠 4인 종5위하 상당의 관직, 大疏 4인 종6위상 상당의 관직, 少疏 4인 정7위상 상당의 관직으로 하였다.

갑진(13일), 정5위하 藤原朝臣袁比良女에게 종5위하를 내렸다.

동10월 경오(9일), (천황이) 河內國의 智識寺[101]에 순행하였다. 외종5위하 茨田宿禰弓束女의 저택을 行宮으로 삼았다.

을해(14일), (천황이) 石川[102]의 연안을 따라 순행하였다. 志紀, 大縣, 安宿 3군의 백성으로 100세 이하로부터 어린아이 이상에게 각각 차등있게 녹을 내렸다. 또 3군의 백성에게 (대출받은) 正稅의 원금과 이자를 면제하였다. 그 외의 郡은 이자는 면제하고 원금은 납부하게 하였다. 수행한 제관사의 관인에게 신분에 따라 각각 녹을 내렸다.

병자(15일), 河內國의 사찰 66개소에 거주하고 있는 승니 및 사미, 사미니에게 각각 차등있게 녹을 내렸다. 외종5위하 茨田宿禰弓束女에게 정5위상을 내렸다.

---

100) 聖武天皇의 황후인 光明皇后를 위해 설치한 황후궁직을 승격시킨 관사. 태정관 다음에 배치될 만큼 그 위상이 높았다. 장관은 정3위가 임명되었고, 4등관제의 차관, 판관 주전에 해당하는 각 직책도 4, 5위의 관인이 임명되는 8省의 위에 있다. 명칭은 唐 則天武后의 中台(尙書省의 改號), 玄宗의 紫微省(中書省의 改號)을 모방한 것이라고 한다.

101) 지역 불교신도가 중심이 되어 知識이라고 칭하는 재물, 노동력으로 건립된 민간사찰을 가리킨다. 智識寺라고도 한다. 유력 호족들이 세운 氏寺와는 달리 신앙심 깊은 다양한 계층이 참여하여 조영한 사찰이다. 天平 12년(740)에 聖武天皇이 순행하였고, 盧舍那佛과 同寺에 협력하는 사람들의 모습에 자극받아 東大寺 노사나불을 조영하게 되었다. 孝謙天皇도 천평 21년(749), 天平勝寶 8세(756)에 행차하였고, 天平神護 원년(765)에는 국가로부터 封戶 50호를 기진받았다.

102) 大和川의 지류.

이날 천황이 大郡宮으로 돌아왔다.

병술(25일), 무위 石津王에게 종5위하를 내리고, 정7위상 倉首於須美에게 외종5위하를 내렸다.

11월 신묘삭(1일), 八幡大神의 禰宜 외종5위하 大神杜女, 主神司 종8위하 大神田麻呂 2인에게 大神朝臣의 성을 내렸다.

을묘(25일), 남쪽에 있는 藥園의 新宮[103]에서 大嘗祭를 거행하였다. 因幡國을 由機國으로 하고, 美濃國을 須岐國로 하였다.

병진(26일), 5위 이상에게 연회를 베풀었다. 종3위 三原王에게 정3위를, 종5위상 藤原朝臣乙麻呂에게 정5위상을, 정6위상 高橋朝臣男河·高橋朝臣三綱에게 함께 종5위하를, 종5위상 中臣朝臣益人에게 정5위하를, 무위 秋篠王, 정7위하 當麻眞人子老에게 함께 종5위하를 내렸다.

정사(27일), 5위 이상에게 연회를 베풀고 각각 차등있게 녹을 내렸다.

무오(28일), 제관사의 주전 이상에게 향응을 베풀고, 신분에 따라 녹을 내렸다. 番上[104]의 관인도 녹을 지급하는 대상이 되었다.

기미(29일), 由機國. 須岐國의 國司 종5위상 小田王[105]에게 정5위하를, 정4위하 大伴宿禰兄麻呂[106]에게 정4위상을, 종4위하 大伴宿禰古慈悲·背奈王福信에게 함께 종4위상을, 정6위상 津嶋朝臣雄子에게 종5위하를 내리고, 軍毅[107] 이상에게 1급을 서위하였다. 또 국사 및 군의, 백성에게 향응을 베풀고 녹을 지급하였다.

경신(30일), 정5위하 小田王에게 정5위상을 내렸다. 이날, 천황이 大郡宮으로 돌아왔다.[108]

---

103) 『東大寺要錄』6에 樂園宮이 보인다. 현재의 奈良縣 大和郡 山市材木町 부근이다.

104) 순서에 따라 교대근무하는 舍人, 史生, 伴造, 使部 등의 잡사에 종사하는 사람. 여기서는 6위 이하의 內分番을 말한다.

105) 天平 18년 4월에 因幡國(由機國)의 國守에 임명.

106) 天平 17년 2월에 美濃國(須岐國)의 國守에 임명.

107) 고대일본의 군단을 통솔하는 관직으로 大毅, 少毅, 毅의 총칭. 郡司와 같이 현지의 유력자가 임명하고 國司의 감독을 받았다. 養老律令 軍防令의 정원은, 군단 병사 1천 인에 大毅 1인, 少毅 2인을 두었고, 養老 3년에는 軍毅의 수가 감소하여 1천 인이라면 大毅 1인, 少毅 2인이지만, 600인 이하의 군단에서는 大毅 1인, 少毅 1인, 500인 이하에서는 毅 1인으로 3단계의 정원으로 규정하였다.

108) 大嘗祭가 종료하여 樂園宮에서 大群宮으로 돌아온 것이다.

기유[109](19일), 八幡大神의 신탁으로 京으로 향하였다.

갑인(24일), 참의 종4위상 石川朝臣年足, 시종 종5위하 藤原朝臣魚名 등을 迎神使[110]로 삼았다. (八幡大神이 入京하는) 도중의 제국은 병사 100인 이상을 징발하여 전후로 지켜 방해받지 않도록 하였다. 또 팔번대신이 통과하는 국에서는 살생을 금지하고, 그 수행하는 사람들의 대접에는 술과 고기를 사용하지 못하게 하고, 도로를 청결히 하고 부정한 것이 없도록 하였다.

12월 정해(27일), 외종5위상 高市連大國, 정6위상 內藏伊美吉黑人·佐伯宿禰今毛人에게 함께 종5위하를 내리고, 정6위상 柿本小玉, 종6위상 高市連眞麻呂에게 함께 외종5위하를 내렸다.

경인[111](18일), 5위 10인, 산위 20인, 6위부 舍人 각각 20인을 보내어 八幡神을 平群郡에서 맞이하였다. 이날 입경하였다. 이에 궁의 남쪽 있는 梨原宮에 新殿을 조영해 신궁으로 삼았다. 승 40인을 불러 회과의식을 7일간 하였다.

정해(27일), 八幡大神의 禰宜尼, 大神朝臣杜女〈그 수레는 자색으로 (천황의) 수레와 동일하였다.〉가 동대사에 참배하였다. 천황, 태상천황, 황태후도 함께 순행하였다. 이날, 백관 및 여러 氏人 등은 모두 동대사에 모였다. 승 5천인을 불러 예불, 독경하였고, 대당악, 발해악, 오악을 연주하고, 五節田舞, 久米舞를 행하였다. 이에 (八幡)大神에게 1품, 比咩神[112]에게 2품을 봉헌하였다.

좌대신 橘宿禰諸兄이 (孝謙天皇의) 조를 받들어 大神에게 말하기를(宣命體), "(聖武)천황이 어명으로 말씀하기를, 지난 경진년[113]에 河內國 大縣郡의 智識寺에 가서 노사나불을 예불하고, 짐도 조영하여 바치려고 했는데, 이루지 못한 사이에 豊前國 宇佐郡에 계신 廣幡[114]의 팔번대신이, '神인 나는 천신지기를 이끌고 권유하여 반드시 (대불조영을) 성취하려고 한다. 이는 특별한

109) 기유(19일)의 일부와 다음 갑인(24일)의 일부 기사는 날짜 배열에 착오가 있어 11월조의 신묘삭(1일)과 을묘(25일) 사이에 들어가야 한다.

110) 八幡神을 맞이하기 위해 임명한 임시 사자.

111) 경인(18일)조 기사의 날짜는 잘못된 배열이고, 정해(27일) 기사의 앞으로 가야 한다.

112) 神社에서 主祭神과 함께 比咩神(比賣神, 比賣大神)을 모시는데, 특정한 신의 명칭이 아니고 신사의 主祭神의 부인, 딸 혹은 관계가 깊은 여신을 말한다.

113) 天平 12년. 당시 孝謙天皇은 황태자였고 立太子는 天平 10년(738) 1월이다.

114) 廣幡은 크고 넓은 깃발이지만, 八幡大神에 대한 미칭, 존칭의 의미이다.

것이 아니고 구리의 쇳물을 물로 만들고, 내 몸을 풀과 나무와 흙으로 섞어서 지장없이 무사히 이루도록 한다'고 했는데, 성취되어 기쁘고 존귀한 일이라고 생각하고 있다. 그래서 이대로 있을 수가 없어 황공한 일이지만, (大神에게) 관위를 봉헌하는 일[115]을 삼가 말씀드린다"라고 하였다. (별도로) 尼杜女에게 종4위하를, 主神[116] 大神朝臣田麻呂에게 외종5위하를 내렸다. 동대사에 봉호 4천호, 奴 1백인, 婢 1백인을 시주하고, 또 동대사 조영에 참가한 사람들에게 공로에 따라 차등있게 서위하였다.

『속일본기』 권제17

---

115) 八幡大神에게 1품을, 比咩神에게 2품을 봉헌한 사실을 말한다.

116) 이때의 主神은 신사에 봉직하는 神職으로서의 의미이고 제사 대상이 되는 신이 아니다. 이에 대한 해석은 제 설이 있다. 大神朝臣田麻呂는 11월 신묘조에 종8위하이고 직책이 主神司로 나온다.

續日本紀卷第十七

〈起天平十九年正月, 盡天平勝寶元年十二月〉

從四位下行民部大輔兼左兵衛督皇太子學士臣菅野朝臣眞道等奉勅撰,

天璽國押開豊櫻彦天皇〈聖武天皇〉

◯ **天平十九年**春正月丁丑朔, 廢朝. 天皇御南苑宴侍臣. 勅曰, 朕寢膳違和, 延經歲月. 顧己推物, 尙可矜慈. 宜大赦天下救濟憂苦. 其自天平十九年正月一日昧爽已前流罪已下, 罪無輕重, 已發覺, 未發覺, 已結正, 未結正, 繫囚見徒咸悉赦之. 但死罪者降一等. 私鑄錢人首, 及强竊二盜, 常赦所不免者不在赦限. 壬辰, 國見眞人眞城, 改賜大宅眞人姓. 丙申, 御南苑, 宴五位已上. 諸司主典已上賜酒肴. 授正四位上智努王從三位, 正四位下三原王正四位上, 從四位下多治比眞人廣足從四位上, 正五位上石川朝臣年足, 平群朝臣廣成, 正五位下大伴宿禰古慈備, 正五位上橘宿禰奈良麻呂並從四位下, 正五位下石川朝臣麻呂, 百濟王孝忠, 紀朝臣宇美並正五位上, 從五位下大伴宿禰百世, 從五位上巨勢朝臣堺麻呂並正五位下, 從五位下當麻眞人鏡麻呂, 阿倍朝臣嶋麻呂, 藤原朝臣乙麻呂並從五位上, 外從五位下大養德宿禰小東人, 正六位上縣犬養宿禰小山守, 布勢朝臣宅主, 大野朝臣横刀, 小野朝臣田守並從五位下, 正六位上黃文連伊加麻呂, 池上君大歲, 葛木連戶主並外從五位下, 無位井上內親王二品, 無位難波女王, 飛鳥田女王並從四位下, 無位長柄女王, 久勢女王, 池上女王並從五位下, 無位藤原朝臣殿刀自授正四位上, 外從五位上廬郡君從四位下, 無位穗積朝臣多理從五位下. 癸卯, 制令七道諸國沙彌尼等, 於當國寺受戒, 不須更入京.

二月丁卯, 以去年亢旱年穀不稔. 詔爲治産業, 賜大臣已下諸司才伎長上已上稅布幷鹽各有差. 戊辰, 大倭, 河內, 攝津, 近江, 伊勢, 志摩, 丹波, 出雲, 播磨, 美作, 備前, 備中, 紀伊, 淡路, 讚岐一十五國飢饉. 因加賑恤.

三月戊寅, 命婦從五位下尾張宿禰小倉授從四位下, 爲尾張國國造. 乙酉, 以從四位下藤原朝臣八束爲治部卿, 從五位下阿倍朝臣毛人爲玄蕃頭, 從五位下大伴宿禰三中爲刑部大判事, 從五位下額田部王爲大藏大輔, 從五位下布勢朝臣宅主爲右京亮, 從五位下楢原造東人爲駿河守, 從四位下秦忌寸嶋麻呂爲長門守. 丙戌, 以從四位下石川朝臣年足爲春宮大夫. 從四位下石川朝臣加美卒. 辛卯, 改大養德國, 依舊爲大倭國.

夏四月己未, 紀伊國疫旱. 賑給之. 丁卯, 天皇御南苑. 大神神主從六位上大神朝臣伊可保, 大倭神主正六位上大倭宿禰水守並授從五位下. 以外從五位下葛井連諸會爲相摸守.

五月丙子朔, 以從五位下中臣朝臣益人爲神祇大副, 從五位下石川朝臣名人爲少納言, 外從五位下文忌寸黑麻呂爲主稅頭, 從五位下中臣朝臣淸麻呂爲尾張守. 戊寅, 太政官奏曰, 封戶人數緣有多少, 所輸雜物其數不等. 是以, 官位同等所給殊差, 於法准量, 理實不愜, 請每一戶, 以正丁五六人中男一人爲率. 則用鄕別課口二百八十, 中男五十, 擬爲定數. 其田租者每一戶以四十束爲限, 不合加減. 奏可之. 庚辰, 天皇御南苑觀騎射走馬. 是日, 太上天皇詔曰, 昔者五月之節常用菖蒲爲縵. 比來已停此事. 從今而後, 非菖蒲縵者勿入宮中. 丁亥, 地震. 庚寅, 於南苑講說仁王經. 令天下諸國亦同講焉. 辛卯, 力田外正六位下前部寶公授外從五位下, 其妻久米舍人妹女外少初位上. 癸巳, 近江, 讚岐二國飢, 賑恤之.

六月戊申, 長門國守從四位下秦忌寸嶋麻呂卒. 辛亥, 正五位下背奈福信, 外正七位下背奈大山, 從八位上背奈廣山等八人, 賜背奈王姓, 外從五位下茨田弓束, 從八位上茨田枚野宿禰姓, 外從五位下出雲屋麻呂臣姓. 己未, 於羅城門雩. 丁卯, 從五位上多治比眞人牛養爲備後守.

秋七月辛巳, 詔曰, 自去六月, 京師亢旱. 由是, 奉幣帛名山祈雨諸社, 至誠無驗, 苗稼燋凋, 此蓋朕之政敎不德於民乎. 宜免左右京今年田租.

八月丙寅, 賜正六位上赤染造廣足, 赤染高麻呂等九人, 常世連姓.

九月乙亥, 河內國人大初位下河俣連人麻呂錢一千貫, 越中國人無位礪波臣志留志米三千碩, 奉盧舍那佛知識. 並授外從五位下. 丙申, 以從五位下縣犬養宿禰古麻呂爲少納言, 從五位下路眞人野上爲大監物, 從五位上佐味朝臣虫麻呂爲治部大輔, 從五位下小野朝臣東人爲少輔.

冬十月癸卯朔, 日有蝕之. 乙巳, 勅曰, 春宮少屬從八位上御方大野所願之姓思欲許賜. 然大野之父於淨御原朝庭在皇子之列. 而緣微過遂被廢退, 朕甚哀憐, 所以不賜其姓也. 辛亥, 正六位上市往泉麻呂賜岡連姓. 乙卯, 外從五位下氣太十千代等八人賜氣太君姓. 丙辰, 伊勢國人從六位上伊勢直大津等七人, 賜中臣伊勢連姓.

十一月丙子, 以外從五位下中臣丸連張弓爲皇后宮亮. 從四位上多治比眞人廣足爲兵部卿, 從四位下多治比眞人占部爲刑部卿, 春宮大夫兼學士從四位下吉備朝臣眞備爲右京大夫, 從五位下坂合部宿禰金綱爲信濃守, 從五位上茨田王爲越前守, 正五位下大井王爲丹波守, 從五位上粟田朝臣馬養爲備中守. 己卯, 詔曰, 朕以去天平十三年二月十四日, 至心發願. 欲使國家永固, 聖法恒修, 遍詔天下諸國, 國別令造金光明寺, 法華寺, 其金光明寺各造七重塔一區, 并寫金字金光明經一部, 安置塔裏. 而諸國司等怠緩不行, 或處寺不便, 或猶未開基, 以爲, 天地災異一二顯來盖由茲乎. 朕之股肱豈合如此. 是以差從四位下石川朝臣年足, 從五位下阿倍朝臣小嶋, 布勢朝臣宅主等, 分道發遣, 檢定寺地. 并察作狀, 國司宜與使及國師, 簡定勝地勤加營繕. 又任郡司勇幹堪濟諸事, 專令主當, 限來三年以前, 造塔金堂僧坊悉皆令了. 若能契勅, 如理修造之. 子孫無絶任郡領司, 其僧寺尼寺水田者除前入數已外. 更加田地, 僧寺九十町, 尼寺四十町, 便仰所司墾開應施, 普告國郡知朕意焉. 己亥, 賜無位高橋王佐保眞人姓.

十二月乙巳, 以從五位下大伴宿禰犬養爲少納言, 從五位上當麻眞人鏡麻呂爲民部大輔. 乙卯, 勅, 頃者, 太上天皇, 枕席不安, 稍經弦朔, 醫藥療治, 未見効驗. 宜大赦天下, 自天平十九年十二月十四日昧爽以前大辟罪以下咸赦除之. 但八虐, 故殺人, 私鑄錢, 强竊二盜, 常赦所不免者不在赦限. 勅, 天下諸國, 或有百姓情願造塔者, 悉聽之. 其造地者必立伽藍院內, 不得濫作山野路邊. 若備儲畢, 先申其狀.

◯ **二十年**春正月壬申朔, 廢朝. 宴五位已上於內裏. 賜祿有差. 其餘於朝堂賜饗焉. 甲戌, 大倭連深田, 魚名並賜宿禰姓. 戊寅, 天皇御南殿宴五位以上, 授正五位上坂上忌寸犬養從四位下, 正六位上角朝臣道守從五位下, 正六位上津史秋主外從五位下. 宴訖賜祿有差.

二月己未, 授從三位巨勢朝臣奈弖麻呂正三位, 正四位上三原王, 正四位下石上朝臣乙麻呂並從三位, 從四位上紀朝臣麻路正四位上, 從四位上多治比眞人廣足, 從四位下大伴宿禰兄麻呂並正四位下, 從四位下佐伯宿禰淨麻呂, 佐伯宿禰常人並從四位上, 正五位上石川朝臣麻呂, 百濟王孝忠, 紀朝臣宇美並從四位下, 正五位下巨勢朝臣堺麻呂, 背奈王福信並正五位上, 從五位上多治比眞人屋主, 藤原朝臣巨勢麻呂並正五位下, 從五位下石川朝臣名人, 鴨朝臣角足, 民忌寸眞楫並從五位上, 外從五位下若犬養宿禰東人, 國君麻呂, 正六位上百濟王元忠, 藤原朝臣魚名, 多治比眞人石足, 佐伯宿禰乙首名, 久米朝臣湯守, 柿本朝臣市守, 粟田朝臣奈勢麻呂, 石川朝臣豊人, 平群朝臣人足, 田中朝臣少麻呂, 大伴宿禰御依, 阿倍朝臣鷹養, 津嶋朝臣家虫, 佐味朝臣廣麻呂, 建部公豊足, 日下部宿禰大麻呂並從五位下, 外從五位下陽侯史眞身外從五位上, 正六位上高市連大國外從五位下. 辛酉, 從五位上佐伯宿禰稻麻呂贈從四位上. 壬戌, 進知識物人等, 外大初位下物部連族子嶋, 外從六位下田可臣眞束, 外少初位上大友國麻呂, 從七位上漆部伊波並授外從五位下. 乙丑, 授從五位上佐味朝臣虫麻呂正五位下, 從五位下葛井連廣成從五位上, 外從五位上陽侯史眞身從五位下.

三月戊寅, 宣勅, 朕以薄德君臨四海, 夙興夜寢, 憂勞兆民, 然猶風化未洽. 犯禁者多, 是訓導之不明, 非黎首之愆咎, 萬方有罪, 在予一人. 咸洗瑕穢, 更令自新. 宜大赦天下. 自天平二十年三月八日昧爽已前, 大辟已下咸悉赦除. 己卯, 正六位上葛城忌寸豊人授外從五位下. 壬午, 以從五位下巨勢朝臣君成爲下野守. 壬辰, 從三位藤原朝臣豊成授從二位拜大納言, 從三位藤原朝臣仲麻呂正三位, 正四位下大野, 廣瀨, 粟田女王並正四位上, 從四位上河內女王正四位下.

夏四月庚申, 太上天皇崩於寢殿. 春秋六十有九. 辛酉, 以從三位智努王, 石上朝臣乙麻呂, 從四位上黃文王, 從四位下大市王, 正四位上紀朝臣麻呂, 從四位下藤原朝臣八束, 爲御裝束司. 六位已下八人, 從三位三原王, 從四位上石川王, 道祖王, 從四位下紀朝臣飯麻呂, 吉備朝臣眞備爲山作司. 六位已下八人, 從五位上阿倍朝臣嶋麻呂, 外從五位下丹比間人宿禰若麻呂, 爲養役夫司. 六位已下十人. 勅令左右京, 四畿內及七道諸國擧哀三日. 壬戌, 於大安寺誦經. 甲子, 於山科寺誦經. 丙寅, 當初七, 於飛鳥寺誦經. 自是之後, 每至七日, 於京下寺誦經焉. 丁卯, 勅天下悉素服. 是日火葬太上天皇於佐保山陵.

五月丁丑, 勅令天下諸國奉爲太上天皇, 每至七日, 國司自親潔齋, 皆請諸寺僧尼, 聚集於一寺, 敬禮讀經. 己丑, 右大史正六位上秦老等一千二百餘烟, 賜伊美吉姓.

六月壬寅, 正三位藤原夫人薨. 贈太政大臣武智麻呂之女也. 癸卯, 令百官及諸國釋服.

秋七月戊寅, 正六位下中臣部干稻麻呂賜中臣葛野連姓, 正八位下山代直大山等三人並賜忌寸姓. 丙戌, 從五位下大倭御手代連麻呂女賜宿禰姓, 奉爲太上天皇奉寫法華經一千部. 戊戌, 河內出雲二國飢, 賑恤之.
八月辛丑, 近江播磨飢, 賑給之. 賜外從五位下高市大國連姓. 癸卯, 改定釋奠服器及儀式. 乙卯, 八幡大神祝部從八位上大神宅女, 從八位上大神杜女並授外從五位下. 己未, 車駕幸散位從五位上葛井連廣成之宅, 延群臣宴飮, 日暮留宿. 明日, 授廣成及其室從五位下縣犬養宿禰八重並正五位上. 是日還宮.
冬十月乙丑, 詔免京畿內七道諸國田租. 丁亥, 正七位下廣幡牛養賜秦姓. 己丑, 下道朝臣乙吉備, 眞事, 廣三人, 並賜吉備朝臣姓.
十二月甲寅, 遣使鎭祭佐保山陵, 度僧尼各一千.

◯ **天平勝寶元年**春正月丙寅朔, 廢朝. 始從元日, 七七之內, 令天下諸寺悔過, 轉讀金光明經. 又禁斷天下殺生. 己巳, 比年頻遭亢陽, 五穀不登, 官人妻子多有飢乏. 於是, 文武官及諸家司給米, 人別月六斗. 乙亥, 上總國飢, 賑給之.
二月丁酉, 大僧正行基和尙遷化. 和尙藥師寺僧, 俗姓高志氏, 和泉國人也. 和尙眞粹天挺, 德範夙彰, 初出家, 讀瑜伽唯識論卽了其意. 旣而周遊都鄙敎化衆生, 道俗慕化追 從者, 動以千數. 所行之處聞和尙來, 巷無居人, 爭來禮拜, 隨器誘導, 咸趣于善. 又親率弟子等, 於諸要害處造橋築陂, 聞見所及咸來加功, 不日而成. 百姓至今蒙其利焉. 豊櫻彦天皇甚敬重焉. 詔授大僧正之位, 并施四百人出家. 和尙靈異神驗觸類而多, 時人號曰行基菩薩, 留止之處皆建道場. 其畿內凡四十九處, 諸道亦往往而在, 弟子相繼皆守遺法, 至今住持焉. 薨時年八十. 庚子, 下總國旱蝗飢饉, 賑給之. 丙午, 石見國疫, 賑給之. 丙辰, 以朝庭路頭屢投匿名書, 下詔, 教誡百官及大學生徒以禁將來. 「天平二十一年二月」丁巳, 陸奧國始貢黃金. 於是, 奉幣以告畿內七道諸社. 壬戌, 勅曰, 頃年之間, 補任郡領, 國司先檢譜第優劣, 身才能不, 舅甥之列, 長幼之序, 擬申於省. 式部更問口狀, 比校勝否, 然後選任. 或譜第雖輕, 以勞薦之, 或家門雖重, 以拙却之. 是以其緖非一, 其族多門, 苗裔尙繁, 濫訴無次, 各迷所欲, 不顧禮義, 孝悌之道旣衰, 風俗之化漸薄. 朕竊思量, 理不可然. 自今已後, 宜改前例簡定立郡以來譜第, 重大之家, 嫡嫡相繼, 莫用傍親, 終塞爭訟之源, 永息窺窬之望. 若嫡子有罪疾及不堪時務者, 立替如令. 以從五位下大倭宿禰小東人爲攝津亮, 從四位下紀朝臣飯麻呂爲大倭守.
三月乙丑朔, 日有蝕之. 丁卯, 左大舍人頭從四位下高丘王卒.

夏四月甲午朔, 天皇幸東大寺. 御盧舍那佛像前殿, 北面對像, 皇后太子並侍焉. 群臣百寮及士庶分頭, 行列後. 勅遣左大臣橘宿禰諸兄, 白佛. 三寶〈乃〉奴〈止〉仕奉〈流〉天皇〈羅我〉命盧舍那佛像〈能〉大前〈仁〉奏賜〈部止〉奏〈久〉. 此大倭國者, 天地開闢以來〈爾〉, 黃金〈波〉人國〈用理〉獻言〈波〉有〈登毛〉, 斯地者無物〈止〉念〈部流仁〉, 聞看食國中〈能〉東方陸奥國守從五位上百濟王敬福〈伊〉部內少田郡〈仁〉黃金出在奏〈弖〉獻. 此〈遠〉聞食驚〈岐〉悅〈備〉貴〈備〉念〈久波〉, 盧舍那佛〈乃〉慈賜〈比〉福〈波陪〉賜物〈爾〉有〈止〉念〈閇〉受賜〈里〉恐〈理〉戴持百官〈乃〉人等率〈天〉禮拜仕奉事〈遠〉, 挂畏三寶〈乃〉大前〈爾〉, 恐〈無〉恐〈無毛〉奏賜〈波久止〉奏. 從三位中務卿石上朝臣乙麻呂宣. 現神御宇倭根子天皇詔旨宣大命, 親王諸王諸臣百官人等, 天下公民衆聞食宣. 高天原〈爾〉天降坐〈之〉天皇御世〈乎〉始〈天〉, 中今〈爾〉至〈麻弖爾〉天皇御世御世天日嗣高御座〈爾〉坐〈弖〉治賜〈比〉惠賜來〈流〉食國天下〈乃〉業〈止奈母〉神奈我良〈母〉所念行〈久止〉宣大命衆聞食宣, 加久治賜〈比〉惠賜來〈流〉天日嗣〈乃〉業〈止〉, 今皇朕御世〈爾〉當〈弖〉坐者, 天地〈乃〉心〈遠〉勞〈彌〉重〈彌〉辱〈美〉恐〈美〉坐〈爾〉, 聞食食國〈乃〉東方陸奥國〈乃〉小田郡〈爾〉金出在〈止〉奏〈弖〉進〈禮利〉. 此〈遠〉所念〈波〉種種法中〈爾波〉佛大御言〈之〉國家護〈我〉多仁〈波〉勝在〈止〉聞召. 食國天下〈乃〉諸國〈爾〉最勝王經〈乎〉坐, 盧舍那佛化奉〈止〉爲〈弖〉, 天坐神地坐神〈乎〉祈禱奉, 挂畏遠我皇天皇御世治〈弖〉拜仕奉〈利〉衆人〈乎〉伊謝〈奈比〉率〈弖〉仕奉心〈波〉, 禍息〈弖〉善成危變〈弖〉全平〈牟等〉念〈弖〉仕奉間〈爾〉, 衆人〈波〉不成〈牟登〉疑, 朕〈波〉金少〈牟止〉念憂〈都都〉在〈爾〉, 三寶〈乃〉勝神〈枳〉大御言驗〈乎〉蒙〈利〉, 天坐神地坐神〈乃〉相宇豆〈奈比〉奉佐枳〈波倍〉奉〈利〉, 又天皇御靈〈多知乃〉惠賜〈比〉撫賜〈夫〉事依〈弖〉顯〈自〉示給〈夫〉物在〈自等〉念召〈波〉, 受賜〈利〉歡受賜〈利〉貴, 進〈母〉不知, 退〈母〉不知夜日畏恐〈麻利〉所念〈波〉天下〈乎〉撫惠〈備〉賜事, 理〈爾〉坐君〈乃〉御代〈爾〉當〈弖〉可在物〈乎〉, 拙〈久〉多豆何〈奈伎〉朕時〈爾〉顯〈自〉示賜〈禮波〉辱〈美〉愧〈美奈母〉念〈須〉. 是以朕一人〈夜波〉貴大瑞〈乎〉受賜〈牟〉, 天下共頂受賜〈利〉歡〈流自〉理可在〈等〉, 神奈我良〈母〉念坐〈弖奈母〉衆〈乎〉惠賜〈比〉治賜〈比〉御代年號〈爾〉字加賜〈久止〉宣天皇大命衆聞食宣. 辭別〈弖〉宣〈久〉, 大神宮〈乎〉始〈弖〉諸神〈多知爾〉御戶代奉〈利〉諸祝部治賜〈夫〉. 又寺々〈爾〉墾田地許奉〈利〉僧綱〈乎〉始〈弖〉衆僧尼敬問〈比〉治賜〈比〉新造寺〈乃〉官寺〈止〉可成〈波〉官寺〈止〉成賜〈夫〉. 大御陵守仕奉人等一二治賜

〈夫〉. 又御世御世〈爾〉當〈天〉天下奏賜〈比〉國家護仕奉〈流〉事〈乃〉勝在臣〈多知乃〉侍所〈爾波〉置表〈弖〉與天地共人〈爾〉不令侮不令穢治賜〈部止〉宣大命衆聞食宣. 又天日嗣高御座〈乃〉業〈止〉坐事〈波〉進〈弖波〉, 挂畏天皇大御名〈乎〉受賜〈利〉, 退〈弖波〉婆婆大御祖〈乃〉御名〈乎〉蒙〈弖之〉食國天下〈乎婆〉撫賜惠賜〈夫止奈母〉神奈我良〈母〉念坐〈須〉. 是以王〈多知〉大臣〈乃〉子等治賜〈伊自〉天皇朝〈爾〉仕奉〈利〉婆婆〈爾〉仕奉〈爾 波〉可在. 加以挂畏近江大津宮大八嶋國所知〈之〉天皇大命〈止之弖〉奈良宮大八洲國所知〈自〉我皇天皇〈止〉御世重〈弖〉朕宣〈自久〉, 大臣〈乃〉御世重〈天〉明淨心以〈弖〉仕奉事〈爾〉依〈弖奈母〉天日嗣〈波〉平安〈久〉聞召來〈流〉此辭忘給〈奈〉. 弃給〈奈止〉宣〈比之〉大命〈乎〉受賜〈利〉恐〈麻利〉汝〈多知乎〉惠賜〈比〉治賜〈久止〉宣大命衆聞食宣. 又三國眞人石川朝臣鴨朝臣伊勢大鹿首部〈波〉可治賜人〈止自弖奈母〉簡賜〈比〉治賜〈夫〉. 又縣犬養橘夫人〈乃〉天皇御世重〈弖〉明淨心以〈弖〉仕奉〈利〉, 皇朕御世當〈弖毛〉無怠緩事〈久〉助仕〈天〉奉〈利〉加以, 祖父大臣〈乃〉殿門荒穢〈須〉事無〈久〉守〈ツツ〉在〈自之〉事伊蘇〈之美〉宇牟賀〈斯美〉忘不給〈止自弖奈母〉孫等一二治賜〈夫〉. 又爲大臣〈弖〉仕奉〈部留〉臣〈多知乃〉子等男〈波〉隨仕奉狀〈弖〉種種治賜〈比ツ禮等母〉女不治賜,是以所念〈波〉男〈能未〉父名負〈弖〉女〈波〉伊婆〈禮奴〉物〈爾〉阿禮〈夜〉. 立雙仕奉〈自〉理在〈止奈母〉念〈須〉. 父〈我〉加久斯麻〈爾〉在〈止〉念〈弖〉於母夫〈氣〉教〈祁牟〉事不過失家門不荒〈自弖〉天皇朝〈爾〉仕奉〈止自弖奈母〉汝〈多知乎〉治賜〈夫〉. 又大伴佐伯宿禰〈波〉常〈母〉云如〈久〉天皇朝守仕奉事顧〈奈伎〉人等〈爾〉阿禮〈波〉, 汝〈多知乃〉祖〈止母乃〉云來〈久〉海行〈波〉美〈豆久〉屍山行〈波〉草〈牟須〉屍王〈乃〉幣〈爾去曾〉死〈米〉能杼〈爾 波〉不死〈止〉云來〈流〉人等〈止奈母〉聞召〈須〉. 是以遠天皇御世始〈弖〉今朕御世〈爾〉當〈弖母〉內兵〈止〉心中〈古止波奈母〉遣〈須〉. 故是以子〈波〉祖〈乃〉心成〈伊自〉子〈爾 波〉可在. 此心不失〈自弖〉明淨心以〈弖〉仕奉〈止自弖奈母〉男女幷〈弖〉一二治賜〈夫〉. 又五位已上子等治賜〈夫〉. 六位已下〈爾〉冠一階上給〈比〉東大寺造人等二階加賜〈比〉, 正六位上〈爾波〉子一人治賜〈夫〉. 又五位已上, 及皇親年十三已上無位大舍人等至于諸司仕丁〈麻弖爾〉大御手物賜〈夫〉. 又高年人等治賜〈比〉困乏人惠賜〈比〉孝義有人其事免賜〈比〉力田治賜〈夫〉, 罪人赦賜〈夫〉. 又壬生治賜〈比〉知物人等治賜〈夫〉. 又見出金人及陸奧國國司郡司百姓至〈麻弖爾〉治賜〈比〉天下〈乃〉百姓衆〈乎〉撫賜〈比〉惠賜〈久止〉宣天皇大命衆聞食宣. 授正三位巨勢朝臣奈弖麻呂從二位, 從三位大伴宿禰牛養正三位, 從五位上百濟王敬福從三位, 從四位上佐伯宿禰淨麻呂, 佐伯宿禰常人並正四位下, 從四位下阿倍朝臣沙彌麻呂, 橘宿禰奈良麻呂, 多治比眞人占部並從四位上, 從五位下藤原朝臣永手從四位下, 從五位上大伴宿禰稻君正五位下, 從五位下大伴宿禰家持, 佐伯宿禰毛人並從五位上, 正六位上藤原朝臣千尋, 藤原朝臣繩麻呂, 佐伯宿禰靺鞨, 正六位下藤原朝臣眞從並從五位下. 進知識物人外從八位下他田舍人部常世, 外從八位上小田臣根成二人並外從五位下. 正三位橘夫人從二位, 從四位上藤原朝臣吉日從三位, 從五位上藤原朝臣袁比良女, 藤原朝臣駿河古並正五位下, 無位多治比眞人乎婆賣, 多治比眞人若日賣, 石上朝臣國守, 藤原朝臣百能, 藤原朝臣弟兄子, 藤原朝臣家子, 大伴宿禰三原, 佐伯宿禰美努麻女, 久米朝臣比良女並從五位下. 以從二位巨勢朝臣奈弖麻呂爲大納言, 正三位大伴宿禰牛養爲中納言. 乙未, 大赦天下, 自天平二十一年四月一日昧爽以前大辟罪已下, 咸悉赦除. 戊戌, 詔授從五位下中臣朝臣益人從五位上, 正六位上忌部宿禰鳥麻呂從五位下, 伊勢大神宮禰宜從七位下神主首名外從五位下. 因遣民部卿正四位上紀朝臣麻路, 神祇大副從五位上中臣朝臣益人, 少副從五位下忌部宿禰鳥麻呂等, 奉幣帛於伊勢大神宮. 丁未, 天皇幸東大寺, 御大盧舍那佛前殿. 大臣以下百官及士庶, 皆以次行列. 詔授左大臣從一位橘宿禰諸兄正一位, 以大納言從二位藤原朝臣豊成拜右大臣, 授從五位下市原王從五位上, 無位三使王, 岸野王, 三形王, 倭王, 額田部王, 多治比王, 厚見王, 葛木王, 大坂王, 出雲王, 三河王, 長嶋王, 高嶋王並從五位下. 從五位下國君麻呂從五位上, 無位別君廣麻呂從五位下, 外從五位下高市連大國外從五位上. 正六位上蓋高麻呂, 吉田連兄人並外從五位下. 又授二品多紀內親王一品, 從三位竹野女王正三位, 無位橘宿禰通何能正四位上. 改天平二十一年爲天平感寶元年. 戊申, 大臣以下諸司仕丁以上, 賜祿各有差. 京畿內僧尼等施物, 亦各有差. 辛亥, 正六位上丹羽臣眞咋授外從五位下. 乙卯, 陸奥守從三位百濟王敬福貢黃金九百兩. 五月戊辰, 無位御浦王授從四位下, 正六位上中臣伊勢連大津外從五位下. 又從七位上陽侯史令珍, 正八位下陽侯史令珪, 從八位上陽侯史令璆, 從八位下陽侯史人麻呂並授外從五位下, 四人並是眞身之男, 各貢錢千貫也. 戊寅, 上野國碓氷郡人外從七位上石上部君諸弟, 尾張國山田郡人外從七位下生江臣安久多, 伊豫國宇和郡人外大初位下凡直鎌足等, 各獻當國國分寺知識物, 並授外從五位下. 庚寅, 鰥寡孤獨及疾疹之徒不能自存者給穀五斗, 孝子順孫, 義夫節婦, 表其門閭, 終身勿事. 力田人者, 無位敍位一階. 陸奥國者免三年調庸, 小田郡者永免, 其年限者待後勅, 自餘諸國者, 國別一年免二郡調庸, 每年相替周盡諸郡. 又咸免天下今年田租,

閏五月甲午朔, 從四位上橘宿禰奈良麻呂, 從五位上阿倍朝臣嶋麻呂並爲侍從, 正五位下多治比眞人屋主爲左大舍人頭, 從五位下紀朝臣男楫爲兵部少輔, 從五位下柿本朝臣市守爲丹後守, 從五位下小野朝臣田守爲大宰少貳. 壬寅, 於宮中度一千人. 癸卯, 詔, 朕以寡薄恭承寶祚, 恒恐累二儀之覆載, 虧兆庶之具瞻, 徒積憂勞, 政事如闕, 神之貽咎, 實由朕躬. 比者, 時屬炎蒸, 寢膳乖豫, 百寮煌灼, 左右勤劬, 今欲克順天心消除災氣. 乃求改往之術, 深謝在予之愆, 則宜流渙汗之恩, 施蕩滌之政. 可大赦天下. 自天平感寶元年閏五月十日昧爽已前大辟已下咸赦除之. 但殺其父母, 及毁佛尊像者, 不在此例. 甲辰, 陸奥國介從五位下佐伯宿禰全成, 鎭守判官從五位下大野朝臣横刀並授從五位上, 大掾正六位上余足人, 獲金人上總國人丈部大麻呂並從五位下. 左京人無位朱牟須賣外從五位下, 私度沙彌小田郡人丸子連宮麻呂授法名應寶入師位, 冶金人左京人戶淨山大初位上, 出金山神主小田郡日下部深淵外少初位下. 是日, 伊勢齋王爲遭二親喪, 自齋宮退出. 癸丑, 詔捨大安, 藥師, 元興, 興福, 東大五寺, 各絁五百疋, 綿一千屯, 布一千端, 稻一十萬束, 墾田地一百町, 法隆寺絁四百疋, 綿一千屯, 布八百端, 稻一十萬束, 墾田地一百町, 弘福, 四天王二寺, 各絁三百疋, 綿一千屯, 布六百端, 稻一十萬束, 墾田地一百町, 崇福, 香山藥師, 建興, 法花四寺, 各絁二百疋, 布四百端, 綿一千屯, 稻一十萬束, 墾田地一百町. 因發御願曰, 以花嚴經爲本, 一切大乘小乘, 經律論抄疏章等, 必爲轉讀講說, 悉令盡竟. 遠限日月, 窮未來際, 今故以茲資物, 敬捨諸寺. 所冀太上天皇沙彌勝滿, 諸佛擁護, 法藥薰質, 萬病消除, 壽命延長, 一切所願, 皆使滿足, 令法久住, 拔濟群生, 天下太平, 兆民快樂, 法界有情共成佛道. 飛驒國大野郡大領外正七位下飛驒國造高市麻呂, 上野國勢多郡小領外從七位下上毛野朝臣足人, 各獻當國國分寺知識物, 並授外從五位下. 丙辰, 天皇遷御藥師寺宮, 爲御在所. 壬戌, 中納言正三位大伴宿禰牛養薨. 大德咋子連孫, 贈大錦中小吹負之男.

秋七月甲午, 皇太子受禪卽位於大極殿. 詔曰, 現神〈止〉御宇倭根子天皇可御命〈良麻止〉宣御命〈乎〉衆聞食宣. 高天原神積坐皇親神魯棄神魯美命以, 吾孫〈乃〉命〈乃〉將知食國天下〈止〉言依奉〈乃〉隨, 遠皇祖御世始而天皇御世御世聞看來食國天〈ツ〉, 日嗣高御座〈乃〉業〈止奈母〉隨神所念行〈佐久止〉勅天皇〈我〉御命〈乎〉衆聞

食勅. 平城〈乃〉宮〈爾〉御宇〈之〉天皇〈乃〉詔〈之久〉, 挂畏近江大津〈乃〉宮〈爾〉御宇〈之〉天皇〈乃〉不改〈自伎〉常典〈等〉初賜〈比〉定賜〈部流〉法隨, 斯天日嗣高御座〈乃〉業者, 御命〈爾〉坐〈世〉伊夜嗣〈爾〉奈〈賀〉御命聞看〈止〉勅〈夫〉御命〈乎〉畏自物受賜〈理〉坐〈天〉, 食國天下〈乎〉惠賜〈比〉治賜〈布〉間〈爾〉, 萬機密〈久〉多〈久志天〉御身不敢賜有〈禮〉, 隨法天日嗣高御座〈乃〉業者, 朕子王〈爾〉授賜〈止〉勅天皇御命〈乎〉親王等王等臣等百官人等, 天下〈乃〉公民衆聞食宣. 又天皇御命〈良末止〉勅命〈乎〉衆聞食宣. 挂畏我皇天皇斯天日嗣高御座〈乃〉業〈乎〉受賜〈弖〉仕奉〈止〉負賜〈閇〉頂〈爾〉受賜〈理〉恐〈末里〉進〈毛〉不知退〈毛〉不知〈爾〉恐〈美〉坐〈久止〉宣天皇御命〈乎〉, 衆聞食勅, 故是以御命坐勅〈久〉, 朕者拙劣雖在親王等〈乎〉始而王等臣等諸天皇朝庭立賜〈部留〉食國〈乃〉政〈乎〉戴持而明淨心以誤落言無助仕奉〈爾〉依〈弖之〉, 天下者平〈久〉安〈久〉治賜〈比〉惠賜〈布閇支〉物〈爾〉有〈止奈毛〉神隨所念坐〈久止〉勅天皇御命〈乎〉衆聞食宣. 既而授正四位上紀朝臣麻路從三位, 從五位下久世王, 伊香王並從五位上, 正四位下多治比眞人廣足正四位上, 從四位下石川朝臣年足, 紀朝臣飯麻呂, 吉備朝臣眞備並從四位上, 正五位上巨勢朝臣堺麻呂, 背奈王福信並從四位下, 正五位下多治比眞人國人正五位上, 從五位上佐伯宿禰毛人, 鴨朝臣角足並正五位下, 從五位下大伴宿禰犬養, 藤原朝臣千尋並從五位上, 正六位上御方大野, 鴨朝臣虫麻呂並從五位下. 以正三位藤原朝臣仲麻呂爲大納言, 從三位石上朝臣乙麻呂, 紀朝臣麻呂, 正四位上多治比眞人廣足並爲中納言, 正四位下大伴宿禰兄麻呂, 從四位上橘宿禰奈良麻呂, 從四位下藤原朝臣清河, 並爲參議. 是日, 改感寶元年, 爲勝寶元年. 乙未, 從六位上阿倍朝臣石井, 正六位上山田史女嶋, 正六位下竹首乙女並授從五位下, 並天皇之乳母也. 乙巳, 定諸寺墾田地限. 大安, 藥師, 興福, 大倭國法華寺, 諸國分金光明寺, 寺別一千町. 大倭國國分金光明寺四千町. 元興寺二千町. 弘福, 法隆, 四天王, 崇福, 新藥師, 建興, 下野藥師寺, 筑紫觀世音寺, 寺別五百町. 諸國法華寺, 寺別四百町, 自餘定額寺, 寺別一百町.

八月癸亥, 正六位上阿倍朝臣綱麻呂授從五位下, 外正五位下小槻山君廣虫正五位下, 外從五位下出雲臣屋麻呂外從五位上, 從六位上田邊史廣濱外從五位下. 辛未, 以從五位下大原眞人麻呂, 石川朝臣豊人, 並爲少納言. 從五位下大伴宿禰古麻呂爲左少弁, 大納言正三位藤原朝臣仲麻呂爲兼紫微令, 參議正四位下大伴宿禰兄麻呂, 式部卿從四位上石川朝臣年足並爲兼大弼, 從四位下百濟王孝忠, 式部大輔從四位下巨勢朝臣堺麻呂, 中衛少將從四位下背奈王福信並爲兼少弼. 正五位上阿倍朝臣虫麻呂, 伊豫守正五位下佐伯宿禰毛人, 左兵衛率正五位下鴨朝臣角足, 從五位下多治比眞人土作爲兼大忠, 外從五位上出雲臣屋麻呂, 衛門員外佐外從五位下中臣丸連張弓, 吉田連兄人, 葛木連戶主並爲少忠, 從五位下藤原朝臣繩麻呂爲侍從, 從五位下御方大野爲圖書頭, 從五位下別公廣麻呂爲陰陽頭, 從三位三原王爲中務卿, 從四位上安宿王爲大輔, 正五位上葛井連廣成, 從五位下藤原朝臣眞從並爲少輔, 中納言從三位紀朝臣麻呂爲兼式部卿, 從五位下多治比眞人犢養爲少輔, 神祇大副從五位上中臣朝臣益人爲兼民部大輔, 從五位下阿倍朝臣鷹養爲主計頭, 從五位下紀朝臣廣名爲主稅頭, 正五位下大伴宿禰稻君爲兵部大輔, 從五位上大伴宿禰犬養爲山背守, 從五位上石川朝臣名人爲上總守, 外從五位下茨田宿禰枚麻呂爲美作守. 乙亥, 從四位下尾張宿禰小倉卒. 壬午, 大隅, 薩摩兩國隼人等貢御調, 并奏土風歌舞. 癸未, 詔授外正五位上曾乃君多利志佐從五位下, 外從五位下前君乎佐外從五位上, 外正六位上曾縣主岐直志自羽志, 加禰保佐並外從五位下.

九月戊戌, 制紫微中臺官位, 令一人正三位官, 大弼二人正四位下官, 少弼三人從四位下官, 大忠四人正五位下官, 少忠四人從五位下官, 大疏四人從六位上官, 少疏四人正七位上官. 甲辰, 正五位下藤原朝臣袁比良女授從四位下.

冬十月庚午, 行幸河內國智識寺, 以外從五位下茨田宿禰弓束女之宅, 爲行宮. 乙亥, 幸石川之上, 志紀, 大縣, 安宿三郡百姓, 百年以下, 小兒已上, 賜綿有差. 又免三郡百姓所負正稅本利, 自餘諸郡免利收本, 陪從諸司, 賜綿亦各有差. 丙子, 河內國寺六十六區見住僧尼及沙彌, 沙彌尼, 賜絁綿各有差. 外從五位下茨田宿禰弓束女授正五位上. 是日車駕還大郡宮. 丙戌, 無位石津王授從五位下, 正七位上倉首於須美外從五位下.

十一月辛卯朔, 八幡大神禰宜外從五位下大神杜女, 主神司從八位下大神田麻呂二人賜大神朝臣之姓. 乙卯, 於南藥園新宮大嘗. 以因幡爲由機國, 美濃爲須岐國. 丙辰, 宴五位已上. 授從三位三原王正三位, 從五位上藤原朝臣乙麻呂正五位上, 正六位上高橋朝臣男河, 高橋朝臣三綱並從五位下, 從五位上中臣朝臣益人正五位下, 無位秋篠王, 正七位下當麻眞人子老並從五位下. 丁巳, 宴五位已上, 賜祿有差. 戊午, 賜饗諸司主典已上, 賚祿有差. 番上人等亦在祿例. 己未, 由機須岐國司. 從五位上小田王授正五位下, 正四位下大伴宿禰兄麻呂正四位上, 從四位下大伴宿禰古慈悲, 背奈王福信並從四位上, 正六位上津嶋朝臣雄子從五位下, 軍毅已上敍位一級. 又國司及軍毅百姓賜饗幷祿. 庚申, 正五位下小田王授正五位上. 是日還御大郡宮. 己酉, 八幡大神託宣向京. 甲寅, 遣參議從四位上石川朝臣年足, 侍從從五位下藤原朝臣魚名等, 以爲迎神使, 路次諸國差發兵士一百人以上, 前後駈除. 又所歷之國, 禁斷殺生, 其從人供給不用酒宍, 道路淸掃, 不令汚穢.

十二月丁亥, 外從五位上高市連大國, 正六位上內藏伊美吉黑人, 佐伯宿禰今毛人並授從五位下, 正六位上柿本小玉, 從六位上高市連眞麻呂並授外從五位下. 戊寅, 遣五位十人, 散位二十人, 六衛府舍人各二十人, 迎八幡神於平群郡. 是日入京, 卽於宮南梨原宮, 造新殿以爲神宮, 請僧四十口悔過七日. 丁亥, 八幡大神禰宜尼大神朝臣杜女〈其輿紫色, 一同乘輿〉, 拜東大寺, 天皇, 太上天皇, 皇太后, 同亦行幸. 是日, 百官及諸氏人等咸會於寺, 請僧五千禮佛讀經, 作大唐渤海吳樂, 五節田舞, 久米舞. 因奉大神一品, 比咩神二品, 左大臣橘宿禰諸兄奉詔白神曰天皇〈我〉御命〈爾〉坐申賜〈止〉申〈久〉. 去辰年, 河內國大縣郡〈乃〉智識寺〈爾〉坐盧舍那佛〈遠〉禮奉〈天〉, 則朕〈毛〉欲奉造〈止〉思〈登毛〉得不爲〈之〉間〈爾〉豊前國宇佐郡〈爾〉坐廣幡〈乃〉八幡大神〈爾〉申賜〈閇〉, 勅〈久〉. 神我天神地祇〈乎〉率伊左奈比〈天〉必成奉〈無〉. 事立不有, 銅湯〈乎〉水〈止〉成. 我身〈遠〉草木土〈爾〉交〈天〉障事無〈久〉奈佐〈牟止〉勅賜〈奈我良〉成〈奴禮波〉歡〈美〉貴〈美奈毛〉念食〈須〉. 然猶止事不得爲〈天〉恐〈家禮登毛〉御冠獻事〈乎〉恐〈美〉恐〈美毛〉申賜〈久止〉申. 尼杜女授從四位下. 主神大神朝臣田麻呂外從五位下, 施東大寺封四千戶, 奴百人, 婢百人. 又預造東大寺人, 隨勞敍位有差.

續日本紀卷第十七

『속일본기』 권제18

〈天平勝寶 2년(750) 정월부터 4년(752) 12월까지〉

종4위하 行民部大輔 겸 左兵衛督 황태자 학사
신 菅野朝臣眞道 등이 칙을 받들어 편찬하다.

寶字稱德孝謙皇帝〈출가하여 부처에 귀의하여 새로 시호를 올리지 않았다.[1] 이에 寶字 2년에 관인들이 상신한 존호를 취해서 (시호를) 칭하였다.〉.

◯ 天平勝寶 2년(750) 춘정월 경인삭(1일), 천황이 대안전[2]에 임하여 신년하례를 하였다. 이날, 천황이 大郡宮[3]으로 돌아와 5위 이상의 관인에게 위계에 따라 각각 녹을 내렸다. 그 외의 5위 이상에게는 藥園宮에서 향응을 베풀었다.

기해(10일), 종4위상 吉備朝臣眞備를 좌천시켜 筑前守로 삼았다.[4]

을사(16일), 정3위 藤原朝臣仲麻呂에게 종2위를, 정4위상 多治比眞人廣足에게 종3위를, 종4위상 多治比眞人占部에게 정4위상을, 종4위하 平群朝臣廣成·藤原朝臣永手에게 함께 종4위상을, 정5위하 藤原朝臣巨勢麻呂에게 정5위상을, 종5위하 大倭宿禰小東人에게 종5위상을, 외종5위하 大藏忌寸廣足[5]·調連馬養,

1) 孝謙上皇은 天平寶字 6년(762) 5월에 淳仁天皇과 갈등을 빚고 이듬해 6월 佛家에 귀의하여 불제자가 되겠다는 조를 내린 바 있다. 이후 효겸은 重祚하여 稱德天皇으로 즉위했으나 사후에도 시호를 받은 일은 없다.

2) 大安殿. 內裏의 正殿.

3) 平城京 주변에 조영된 궁.

4) 吉備朝臣眞備의 좌천 이유는 불명이지만, 寶龜 6년 10월 임술조의 그의 薨傳에 藤原廣嗣의 怨靈에 의한 것으로 기록되어 있다. 藤原廣嗣가 난을 일으킨 배경에는 吉備, 玄昉 2인의 제거가 목적으로 되어 있어 이와 관련지어 나오고 있지만, 구체적인 실태는 알 수 없다.

5) 백제계 도래씨족인 東漢氏의 지족으로 直의 성에서 忌寸, 宿禰, 朝臣으로의 변천이 있다. 大藏氏의 이름은 大藏의 관리, 출납 등과 관련된 직명에서 유래한다.

정6위상 下毛野朝臣多具比에게 함께 종5위하를, 정6위상 秦忌寸首麻呂[6]·大石村主眞人·大原史遊麻呂[7]에게 함께 외종5위하를, 좌대신 정1위 橘宿禰諸兄에게 朝臣의 성을 내렸다.

병진(27일), 종4위상 背奈王福信[8] 등 6인에게 高麗朝臣[9]의 성을 내렸다. 造東大寺 관인 이하 우바새[10] 이상에게 1등 33인에게 관위 3계를 서위하고, 2등 204인에게는 2계를, 3등 434인에게는 1계를 서위하였다.

2월 계해(4일), 천황이 대안전에 임하였다. 出雲國造 외정6위상 出雲臣弟山[11]이 神齋賀事[12]를 주상하였다. 弟山에게 외종5위하를 내렸다. 그 외의 祝部는 차등있게 서위하였다. 아울러 비단, 목면을 또한 차등있게 지급하였다.

무진(9일), 천황이 大郡宮에서 藥師寺宮으로 이주하였다.

을해(16일), 春日[13]의 酒殿으로 순행하였다. 唐人 정6위상 李元環[14]에게

---

6) 秦忌寸氏는 신라계 도래씨족. 秦忌寸首麻呂는 『東大寺要錄』 2에 天平勝寶 4년 4월 9일의 대불개안회 때 외종5위하 玄蕃頭의 관직에 있었다.

7) 大原史氏는 『신찬성씨록』 좌경제번상에 漢人 西姓令貴에서 나왔다고 출자를 밝히고 있다. 한편 『속일본후기』 承和 3년(836) 윤5월조에는 大原史河麻呂라는 인물이 宿禰의 성을 받았을 때, 출자를 백제인으로 기록하고 있다. 이런 경우는 중국에서 백제로 와서 몇 세대 체재하다가 다시 일본으로 이주한 것이거나, 백제계에서 중국계로 출자를 개변한 사례라고 생각된다.

8) 권15, 天平 15년(743) 5월조 21쪽 각주 24) 참조.

9) 『신찬성씨록』 좌경제번하에 따르면, "高麗朝臣은 고구려왕 好台의 7세손 延典王으로부터 나왔다." 원래 이 씨족은 고구려 멸망 직후 망명한 背奈福德에서 시작되고, 원조상의 출자를 호태왕, 즉 광개토왕에서 구한 것이다. 이 씨족의 본성은 고구려 5부의 消奴部에서 유래하는 肖奈이며, 고구려 5부 중 소노부 출신이었다고 생각된다. 『속일본기』 천평 19년(747) 6월조에 背奈公福信 등이 배나왕의 씨성을 받았고, 동 天平勝寶 2년(750) 정월조에 背奈王福信 등이 고려조신으로 개성한 것이다.

10) 優婆塞는 出家하지 않고 집에서 생활하면서 佛道에 귀의하는 在家의 신자를 말한다. 남자를 優婆塞, 여자를 優婆夷라고 부른다.

11) 天平 18년 3월에 出雲國造에 임명되었다.

12) 出雲國造가 바뀔 때마다 신임 국조가 상경하여 천황의 치세를 축하하여 주상하는 壽詞. 神賀詞라고도 한다.

13) 후에 春日大社 경내에 있던 神酒를 제조하는 酒殿. 春日大社는 神護景雲 2년(768) 平城京의 수호와 백성의 번영을 기원하기 위해 창건되었다. 中臣氏, 藤原氏의 祖神으로 모시고 있다.

14) 『신찬성씨록』 좌경제번상에 "淸宗宿禰, 唐人正五位下李元環之後也"라고 하여 淸宗宿禰는 唐人 정5위하 李元環의 후손이라고 하는 출자가 기록되어 있다. 천평보자 7년(763) 정월조에 외종5위하 李忌寸元環을 織部正으로 삼고 出雲介는 그대로 유지하였다고 한다. 직부정은 율령제 하에서 대장성에 소속되어 錦, 綾 등의 직물과 염색 등을

외종5위하를 내렸다.

임오(23일), 大倭의 金光明寺에 봉호 3천5백호를 증가시켰다. 이전에 시입된 봉호와 합쳐 5천호이다.

무자(29일), 1품 八幡大神에게 봉호 8백호〈이전 420호이고, 이번에 380호를 추가하였다〉, 위전 80정〈이전 50정이고, 이번에 30정을 추가하였다〉을, 2품 比賣神에게 봉호 600호, 위전 60정을 기진하였다.

3월 무술(10일), 駿河守 종5위하 楢原造東人 등이 관내의 廬原郡 多胡浦[15] 해변에서 황금을 얻어 헌상하였다.〈練金 1分, 沙金 1分.〉. 이에 東人 등에게 勤臣[16]의 성을 내렸다. 또 中衛員外少將 종5위하 田邊史難波[17] 등에게 上毛野君의 성을 내렸다.

경자(12일), 정4위하 多治比眞人占部를 攝津大夫로 삼고, 종5위하 紀朝臣小楫을 山背守로 삼고, 종4위하 百濟王孝忠[18]을 出雲守로 삼고, 종5위하 內藏忌寸黑人을 長門守로 삼고, 종5위상 大伴宿禰犬養을 播磨守로 삼고, 정5위상 多治比眞人國人·藤原朝臣乙麻呂를 함께 大宰少貳로 삼았다.

하4월 무오삭(1일), 정6위상 佐味朝臣乙麻呂에게 종5위하를 추증하였다. 정6위상 高向村主老[19]에게 종5위하를 내렸다.

담당하던 관부이다. 天平神護 2년(766) 10월조에는 종5위하에서 종5위상으로 진급하였고, 사리 봉안식에서 당악을 연주하였다. 寶龜 2년(771) 11월에는 정5위하로 진급하였다.

15) 富士山 남록의 駿河灣 일대 해안.

16) 황금을 헌상한 행적을 기려 근면하고 충실한 신하라는 의미인 勤臣을 姓으로 하사한 것으로 특이한 사례이다.

17) 권15, 天平 16년 11월조 37쪽 각주 101) 참조.

18) 권15, 天平 15년 5월조 22쪽 각주 25) 참조.

19) 天平 17년 10월 20일 「雅樂寮解」(『大日本古文書』 2-472)에 정6위상 少允으로 나온다. 『신찬성씨록』 우경제번상에, "高向村主는 魏 武帝의 태자 文帝로부터 나왔다"라고 한다. 高向의 씨명은 河內國 錦部郡 錦部鄕 高向村의 지명에서 유래한다. 〈坂上系圖〉에 인용된 『신찬성씨록』 逸文에는 應神朝 때에 阿知王이 통솔하는 7姓 漢人의 필두에 高向村主가 나온다. 동 逸文에서 아지왕은 阿知使主를 말하는데, 그의 본향 사람들이 이산되어 고구려, 백제, 신라에 편재되어 있다가 仁德朝 때 집락이 이주했다는 전승과 함께 고향촌주 등 촌주 성을 가진 30씨는 당시의 후예들이라고 기록하고 있다. 『일본서기』 응신기 20년 9월조에는 "倭漢直의 선조 阿知使主와 그의 아들 都加使主는 그의 무리 17현을 거느리고 내귀하였다"라고 한다. 왜한직은 백제계 도래씨족인 東漢氏이고, 村主 성의 대부분은 백제계라는 점에서 고향촌주 역시 백제계로 보는

신유(4일), 칙을 내려, "요즈음 생각하는 바가 있어, 藥師經[20]에 귀의하여 行道[21]와 참회[22]를 행한다. 바라건대, 은혜를 베풀어 용서하고 아울러 백성을 구제하고자 한다. 모든 과오와 부정한 것을 씻고 다시 스스로 새롭게 거듭나는 일이다. 이에 천하에 대사면을 행하고 아울러 금년도 기내 4국의 조를 면제한다. 사주전 및 팔학을 범한 자, 고의 살인, 강도와 절도, 통상의 사면에서 면제의 범위에 포함되지 않는다. 다만 사형죄는 1등 감한다.[23] 또 中臣卜部[24]의 紀奧乎麻呂를 감형하고 中流로 하였다.

5월 을미(8일), 中宮의 安殿에서 승 100인을 불러 인왕경을 강설하고 아울러 좌우경, 기내 4국, 7도 제국에 강설하게 하였다.

신축(14일), 종3위 百濟王敬福[25]을 궁내경으로 삼고, 종5위상 藤原朝臣千尋을 美濃守로 삼고, 외종5위하 壬生使主宇太麻呂를 但馬守로 삼았다.

병오(19일), 伊蘇志臣東人의 친족 34인에게 伊蘇志臣의 성을 내렸다.

신해(24일), 中山寺[26]가 낙뢰를 맞아 탑과 회랑이 모두 소실되었다. 경내에 소나기가 내려 하천의 물이 범람하였다. 또 伎人,[27] 茨田[28] 등의 제방 곳곳이 붕괴되었다.

6월 계해(7일), 備前國에 기근이 들어 구휼하였다.

것이 타당하다.

20) 당의 玄奘이 漢譯한 藥師瑠璃光如來本願功德.

21) 經을 독송하면서 불전과 불상 주위를 도는 의식.

22) 부처에게 자신의 죄를 고백하고 사죄를 구하는 일. 藥師悔過.

23) 사형자가 1등 감형되면 遠流(遠地 유형)에 처해진다.

24) 中臣氏에 통솔되어 龜卜을 직무로 하는 部民.

25) 天平 21년(749)에는 陸奧國 小田郡에서 산출한 황금 900량을 헌상하여 東大寺 대불을 완성하는 데 공헌하였다. 이 공로로 종5위상에서 7단계를 뛰어넘는 종3위에 서위되었다. 天平神護 2년(766) 6월 임자조 百濟王敬福 薨年 기사 참조.

26) 東大寺 寺地 내에 있던 절.

27) 『萬葉集』(4457)에 河內國 伎人鄕이 나오고, 『삼대실록』 貞觀 4년 3월 4일조에 河內國과 攝津國 사이에 伎人堤를 둘러싼 분쟁이 등장하는데 양 지역의 국경 부근으로 추정된다.

28) 현재의 大阪府 門眞市, 守口市, 枚方市, 寢屋川市, 大東市, 大阪市의 각 일부 지역. 淀川의 범람을 방지하기 위해 축조했으며 하류역의 충적지 남쪽에 위치한다. 『일본서기』 仁德紀 11년 10월조에 茨田堤 축조기사가 있다. 『古事記』 仁德天皇段에, "又役秦人作茨田堤及茨田三宅"이라고 하여, 도래계 씨족인 秦人을 동원하여 이 제방을 만들었다고 한다. 茨田堤는 淀川의 자연제방을 중심으로 삶을 영위하던 단계에서, 제방을 축조한 획기적인 공사였다. 行基年譜에는 行基가 茨田郡에 관개시설을 축조했다고 전한다.

추7월 갑진(18일), 攝津國의 甀玉大魚賣, 參河國의 海直玉依賣가 한번에 3남을 낳아 아울러 정세의 도곡 300속과 유모 1인을 보냈다.

8월 경신(5일), 정6위상 大伴宿禰伯麻呂, 외조5위하 葛木連戶主에게 함께 종5위하를, 정4위하 日置女王, 종4위상 丹生女王, 종4위하 春日女王에게 함께 정4위상을, 종4위하 難波女王에게 종4위상을, 무위 山代女王에게 종5위하를, 종5위하 藤原朝臣家子에게 정5위상을, 무위 當麻眞人比禮에게 종5위하를 내렸다.

신미(16일), 攝津國 住吉郡 사람 외종5위하 依羅[29]我孫忍麻呂 등 5인에게 依羅宿禰의 성을 내리고, 神奴意支奈, 祝長月 등 53인에게 依羅物忌의 성을 내렸다.

9월 병술삭(1일), 中納言 종3위 중무경을 겸직한 石上朝臣乙麻呂가 죽었다. 좌대신 贈종1위·麻呂의 자이다. 정6위상 赤染造廣足·赤染高麻呂 등 24인에게 常世連[30]의 성을 내렸다.

기유(24일), 견당사를 임명하였다. 종4위하 藤原朝臣清河[31]를 대사로 삼고, 종5위하 大伴宿禰古麻呂를 부사로 삼고, 판관, 주전 각 4인이었다.

동10월 병진삭(1일), 조를 내려, 정5위상 藤原朝臣乙麿에게 종3위를 내리고

---

29) 依羅의 씨명은 河內國 丹比郡 依羅鄕의 지명에서 유래한다. 『신찬성씨록』 河內國諸蕃에, "依羅連은 百濟國 사람 素禰志夜麻美乃君으로부터 나왔다"라고 되어 있다. 神護景雲 원년(767) 7월 신미조에는 河內國 志紀郡人 依羅造五百世麻呂 등이 依羅連의 씨성을 받았다고 한다. 이외에도 『新撰姓氏錄』 攝津國皇別에 開化天皇의 황자 彦坐命이 依羅宿禰의 조상으로 나오고, 饒速日命을 氏祖로 하는 神別의 依羅連, 物部依羅連도 있다.

30) 권17, 天平 19년 8월 병진조의 常世連 하사기사와 동일 사건.

31) 藤原北家의 祖인 參議 藤原房前의 4남. 天平 12년(740)에 종5위하에 서위되었고, 天平 15년에 정5위하, 天平 17년에 정5위상, 天平 18년에 종4위하에 이른다. 天平勝寶 원년(749)에 參議에 임명되어 공경의 반열에 들어섰다. 天平勝寶 2년에 12차 견당대사로 임명되어 동 4년 윤3월에 정4위하에 서임되고 難波津에서 출발하였다. 長安에 들어가 당 현종을 알현하고, 天平勝寶 5년 정월 조하의례에서 신라사와 석차 쟁송사건이 전해진다. 동년 12월 藤原清河 일행은 당에 35년간 체류하고 있던 阿倍仲麻呂와 함께 귀국길에 올랐으나 도중 좌초되어 唐 남방의 驩州(현재의 베트남)에 표착하였다. 이후 탈출한 藤原清河는 天平勝寶 7년(755)에 당으로 돌아와 관직에 올라 秘書監이 되었다. 天平寶字 3년(759) 藤原清河를 데려오기 위해 高元度를 대사로 한 迎入唐使가 발해를 경유하여 入唐하였으나, 安史의 난 등으로 실현되지 못하고 藤原清河는 끝내 당에서 객사하였다. 唐에서는 潞州大都督의 칭호를 내렸다. 藤原清河는 당의 여인과 결혼하여 喜娘이라는 딸을 낳았는데 그녀는 일본의 견당사선에 승선하여 귀국한다. 일본조정에서는 寶龜 10년(779) 藤原清河를 종2위로 추증하고, 延曆 22년(803)에는 종2위, 承和 3년(836)에는 종1품에 서위하여 추도하였다.

大宰守에 임명하였다. 八幡大神의 교시가 있었기 때문이다.

계유(18일), 태상천황을 奈保山陵으로 개장하였다. 천하가 소복을 입고 곡을 하며 애도하였다.

11월 기축(4일), 左衛士督 정4위하 佐伯宿禰淨麻呂가 죽었다.

12월 계해(9일), 駿河國守 종5위하 勤臣(楢原造)東人에게 종5위상을, 금을 얻은 무위 三使連淨足에게 종6위하를 내리고, 비단 40필, 목면 30둔, 정세의 도곡 2천속을 지급하였다. 금을 산출한 郡에는 금년도 전조를 면제하고 군사의 主帳 이상에게는 신분에 따라 관위를 내렸다.[32] 또 대납언 藤原朝臣仲麻呂를 보내어 東大寺에 가서 종5위상 市原王에게 정5위하를, 종5위하 佐伯宿禰今毛人에게 정5위상을, 종5위하 高市連大國에게 정5위하를, 외종5위하 柿本小玉·高市連眞麻呂에게 함께 외종5위상을 내렸다.

○ 天平勝寶 3년(751) 춘정월 무술(14일), 천황이 동대사에 행차하였다. 木工寮長上[33] 정6위상 神磯部國麻呂에게 외종5위하를 내렸다.

경자(16일), 천황이 대극전 남원에 임하여 백관의 주전 이상에게 연회를 베풀고 신분에 따라 녹을 내렸다. 踏歌[34]의 歌頭인 女孺[35] 忍海伊太須[36]·錦部河內[37]에게 함께 외종5위하를 내렸다.

기유(25일), 정4위상 大伴宿禰兄麻呂에게 종3위를, 종4위상 安宿王에게 정4

---

32) 3월 무술조 기사에 나오는 駿河國 廬原郡의 多胡浦에서 획득한 금 헌상에 대한 포상이다.

33) 木工寮의 상근직인 공인 長上官. 목공료는 궁내성 소속으로 궁전 및 관영공사의 목재 등을 채집하고 직능공을 관리한다. 天平 17년 4월 17일 工寮解(『大日本古文書』 2-401)는 長上 11인, 番上 107인, 斐太匠 38인으로 구성되어 있다.

34) 발을 구르면서 소리를 내고 박자를 맞춰 춤을 추는 집단적 무용. 歌頭는 집단가무의 선두에 서서 무용을 이끄는 사람.

35) 後宮 12司에 속하여 잡무를 보는 하급 女官.

36) 天平寶字 5년 6월에 光明皇太后의 周忌御齋에서 供奉하여 종5위하에 서위되었다.

37) 天平寶字 5년 6월에 光明皇太后의 周忌御齋에서 忍海伊太須와 함께 供奉하여 종5위하에 서위되고, 天平神護 원년 정월에 종5위상에 올랐다. 그 후 어떤 이유에서 관위를 박탈당한 것 같고, 寶龜 2년 2월 원래의 종5위하로 복위되었다. 天平 8년 8월의 內侍司牒(『大日本古文書』 2-8)에 錦部連川內라는 이름으로 서명하고 있어 連 성을 가졌음을 알 수 있다. 이 씨족은 원래 造 성이었으나 天武 10년에 일족이 連 성을 사성받았다. 『新撰姓氏錄』 河內諸蕃, 和泉諸蕃 「錦部連」조에는 백제국 速古大王의 후예라고 기록되어 있는데, 錦部를 장악하고 錦의 직조를 담당하는 도래계 伴造氏族이다.

위하를, 종4위하 大市王에게 종4위상을, 무위 道守王에게 종5위하를, 정5위상 阿倍朝臣虫麻呂·多治比眞人國人에게 함께 종4위하를, 정5위하 佐伯宿禰毛人에게 정5위상을, 종5위상 多治比眞人家主·大倭宿禰小東人에게 함께 정5위하를, 종5위하 高丘連河内[38)]·百濟王元忠[39)]·大伴宿禰古麻呂·縣犬養宿禰古麻呂·中臣朝臣清麻呂에게 함께 종5위상을, 외종5위하 余義仁[40)]·土師宿禰牛勝, 정6위상 三國眞人千國·石川朝臣人成·爲奈眞人東麻呂·藤原朝臣浜足, 정6위하 石上朝臣宅嗣에게 함께 종5위하를, 정6위상 甘味神寶·文忌寸上麻呂[41)]·河內忌寸廣足에게 함께 외종5위하를 내렸다. 정3위 竹野女王에게 종2위를, 종3위 多藝女王에게 정3위를, 종5위하 置始女王에게 정5위하를, 무위 吳原女王에게 종5위하를, 종5위하 佐味朝臣稻敷에게 종5위상을 내렸다. 이날, 1품 多紀內親王이 죽었다. 天武天皇의 황녀이다.

신해(27일), 정5위하 大井王에게 奈良眞人의 씨성을, 무위 垂水王·三室王·甥三影王·日根王·名辺王, 무위 廬原王과 그의 아들 安曇王·三笠王, 對馬王·物部王·牧野王, 손 奈羅王·小倉王, 무위 猪名部王과 그의 아들 大湯坐王·堤王·菟原王·三上王·野原王·礪波王 등에게 三嶋眞人의 씨성을, 무위 御船王에게 淡海眞人의 씨성을, 무위 等美王에게 內眞人의 씨성을, 무위 壬生王·岡屋王에게 美和眞人의 씨성을, 무위 清水王과 그의 아들 三狩에게 海上眞人의 씨성을, 田部王에게 春日眞人의 씨성을, 文成王에게 甘南備眞人의 씨성을, 平群王·常陸王에게 志紀眞人의 씨성을 내렸다.

2월 경오(17일), 견당사의 雜色人[42)] 113인에게 차등있게 관위를 내렸다.

---

38) 권16, 天平 17년 춘정월조 46쪽 각주 4) 참조.

39) 천평 20년에 종5위하에 서위되고, 天平勝寶 3년(751)에 종5위상, 天平勝寶 9년(757)에 정5위하, 淳仁朝에서는 大藏少輔, 天平寶字 8년(764)에 종4위하에 올랐다.

40) 백제부흥운동 실패 후 일본으로 망명하여 天智 10년(671)에 大錦下의 관위를 받은 余自信의 일족이다.

41) 天平 20년 11월에 左少史 정6위상 훈12등으로 나오고, 천평승보 3년 정월에 외종5위하, 동 6년 4월에 右京亮, 동년 7월에 태황태후 宮子의 장의에서 御葬東司를 맡았다. 文忌寸氏는 天武 12년(683)에 文首가 連 성을 받고, 동 14년에는 文連이 忌寸을 받아 文忌寸이 되었다. 文은 書라고도 쓴다. 『신찬성씨록』에 한고조의 후예로서 應神朝 때에 백제에서 일본에 귀화한 王仁의 후손으로 나오고 있어 백제계 도래인의 후손이다.

42) 율령제 관료집단에서 잡사의 직종을 총칭한다. 전년도인 天平勝寶 2년 9월 기유조에 견당사의 대사, 부사, 판관, 주전 등이 임명되었다. 그 후 4등관 이외에 知乘船使,

을해(22일), 出雲國造인 出雲臣弟山이 神賀事[43]를 주상하였다. 관위를 올리고 물품을 내렸다.

기묘(26일), 典膳[44] 정6위하 雀部朝臣眞人 등이 아뢰기를, "磐余玉穗宮에서 천하를 통치하시는 천황[45]과 勾金椅宮에서 천하를 통치하시는 천황[46]의 어세에 雀部朝臣男人은 대신에 임명되어 봉사해 왔다. 그러나 잘못하여 巨勢男人大臣으로 기록되었다. 眞人 등의 선조인 巨勢男柄宿禰의 아들은 3인이 있다. 그 중에 星川建日子는 雀部朝臣 등의 시조이고, 伊刀宿禰는 經部朝臣 등의 시조이고, 乎利宿禰는 巨勢朝臣 등의 시조이다. 淨御原朝庭이 8색의 성을 제정할 때, (星川建日子의 자손은) 雀部朝臣의 성을 받았다. 그러한 즉, 巨勢와 雀部는 원래 조상이 같지만, 씨성이 갈라진 후에 대신에 임명되었다. 지금 천황의 운이 융성한 시기에 개정할 수 없다면 (雀部라고 하는) 씨족의 유래를 잊어버려 영원히 원류를 알 수 없는 씨족이 되어 버린다. 바라건대, 巨勢大臣을 고쳐서 雀部大臣으로 하여 명칭을 오래도록 후세에 전하여 영광을 후손들에게 보이고자 한다"라고 하였다. 대납언 종2위 巨勢朝臣奈弖麻呂[47]도 그 일을 증명하였다. 이에 치부성에 명하여 청한 대로 이를 개정하였다.

하4월 병진(4일), 참의 겸 좌중변 종4위상 石川朝臣年足 등이 이세태신궁에 폐백을 바쳤다. 또 사자를 보내 기내, 7도 제국의 제신사에 봉폐하였다. 견당사[48] 등의 평안을 기원하기 위해서였다.

갑술(22일), 조를 내려, 菩提法師[49]를 승정으로 삼고, 良弁法師[50]를 소승도

譯語 등을 雜色人으로 임명하였다.

43) 천황의 御代를 신의 축복을 비는 의식.

44) 內膳司의 차관.

45) 繼體天皇.

46) 安閑天皇.

47) 巨勢朝臣奈弖麻呂는 당시 巨勢朝臣의 氏上 지위에 있었다고 보인다.

48) 藤原朝臣淸河를 대사로 한 견당사 일행. 이듬해 天平勝寶 4년 윤3월에 천황으로부터 節刀를 받고 출발한다.

49) 天平 8년 8월에 唐僧인 道璿과 함께 일본에 온 인도승. 大安寺 中院에 거주하였고, 天平勝寶 4년 4월 대불개안회에 開眼師로 참석하고 동 6년 鑑眞이 일본에 오자 道璿과 함께 東大寺에 가서 위문하였다.

50) 東大寺의 僧. 神龜 5년에 조영된 동대사의 전신인 金鍾寺房에 들어가 수행하면서, 天平 12년(740)에는 화엄경을 강설하기 위해 審祥을 초청하였다. 天平 14년(742) 聖武天皇의 칙으로 金鐘寺는 大和國分寺로 지정되었다. 天平 17년 율사가 되었고, 天平勝寶

로 삼고, 道璿法師[51]와 隆尊法師[52]를 율사로 삼았다.

추7월 정해(7일), 천황이 남원에 임하여 대신 이하 제관사의 주전 이상에게 연회를 베풀었다. 정6위상 紀朝臣伊保에게 종5위하를, 女孺 무위 刑部勝麻呂에게 외종5위하를 내렸다.

8월 신해삭(1일), 일식이 있었다.

동10월 병진(7일), 종5위상 伊香王, 그의 아들 高城王, 무위 池上王에게 甘南備眞人의 씨성을 내렸다.

정사(8일), 大倭國 城下郡 사람 大倭連田長, 古人 등 8인에게 宿禰의 성을 내렸다.

무진(19일), 布勢眞虫에게 君 성을, 佐伯諸魚에게 連 성을 내렸다.

임신(23일), (천황이) 조를 내려, "요즈음, 태상천황의 건강이 좋지 않다. 이에 7·7일(49일)간 49인의 훌륭한 승을 新藥師寺에 초청하여 續命의 법[53]을 행하고자 공양의 식사를 준비하고 行道[54]를 거행한다. 청컨대 聖體가 회복하고 수명이 오래 지속되기를 바라고자 한다. 경전에서 말하기를, 고통받고 있는 여러 중생들을 구제한다면, 각각 병으로부터 벗어나 수명을 연장할 수 있다고 한다. 이에 경전의 가르침에 따라 천하에 대사면을 내린다. 다만 팔학을 범한 자, 고의 살인, 사주전, 강도와 절도, 통상의 사면에서 면제되지 않는 자는 사면의 범위에 포함되지 않는다"라고 하였다.

정축(28일), 외종5위하 吉田連兄人[55]에게 종5위하를, 정6위상 答本忠節[56]

4년(751)에는 東大寺 대불건립의 공로로 동대사 초대 別當에 임명되었다. 동 8년에는 鑑眞과 함께 大僧都에 임명되었고, 天平寶字 4년(760) 8월에는 慈訓, 法進과 함께 僧階(3색 13계제)를 개정하도록 주상하였다. 寶龜 4년(773)에 승정에 임명되었다. 출자에 대해서는 近江國의 百濟氏라는 설도 전한다.

51) 일본의 입당승 榮叡, 普照의 요청으로 鑑眞보다 먼저 일본에 계율을 전한 唐僧. 견당사 中臣朝臣名代가 귀국할 때 인도출신 僧 菩提僊那, 베트남 출신 僧 佛哲과 함께 일본에 왔다. 道璿은 北宗禪의 홍법을 위해 大安寺에 禪院을 설치하고 『梵網経疏』라는 계율서를 편찬하였다.

52) 元興寺의 승. 대불개안회 때 화엄경을 강설하였다.

53) 延命을 위한 기원의 법.

54) 경전을 독송하면서 불상, 불전을 도는 의식.

55) 권17, 天平勝寶 원년 4월조 87쪽 각주 68) 참조.

56) 『일본서기』 天智 4년(665) 8월조에 "달솔 答体春初를 보내 長門國에 성을 쌓게 하였다"라고 하듯이 答体氏는 백제관인으로 망명한 씨족이다. 答本忠節은 그 일족으로 의약에

에게 외종5위하를 내렸다.

11월 병술(7일), 종4위상 吉備朝臣眞備를 入唐副使로 삼았다.

기축(10일), 칙을 내려, 天平勝寶 원년 이전에 公私의 채무를 변제하지 않은 자는 모두 면제한다. 그 무이자로 대출받은 경우는 이 적용을 받지 않는다. 다만 본인이 사망한 경우에는 앞에 기록[57]한 예에 의거한다.

○ 天平勝寶 4년(752), 춘정월 기묘삭(1일), 大宰府에서 흰 거북을 바쳤다.

신사(3일), 정월 3일부터 12월말까지 천하의 살생을 금지하였다. 다만 해변 근처에 사는 백성으로 어로를 생업으로 살아갈 수밖에 없는 자는 그 사람 수에 따라 매일 벼[58] 2승을 지급하였다. 또 홀아비, 과부, 고아, 독거노인, 빈곤자, 노인, 병자 등 자활할 수 없는 자를 헤아려 구휼하였다.

기축(11일), 지진이 있었다. 이날, 僧 950인, 尼 50인을 출가시켰다. 태상천황의 질병 때문이었다.

계묘(25일), 정7위하 山口忌寸人麻呂[59]를 견신라사로 삼았다.

무신(30일), 종6위하 山田史君足[60]에게 외종5위하를 내렸다.

2월 병인(18일), 陸奥國의 調, 庸에 대해서 多賀郡 이북의 郡에는 황금을 공납시키기로 하였다. 그 기준은 正丁 4인에 1량으로 하고, 그 이남의 군은 종정대로 布를 납입하도록 하였다.

기사(21일), 경기 제국의 鐵工, 銅工, 金作, 甲作, 弓削, 矢作, 桙削, 鞍作, 鞆張 등의 雜戶[61]는 天平 16년 2월 13일의 조의 취지에 따라 개성의 은혜를

밝은 인물로 나온다. 天平勝寶 9년(757) 6월 橘奈良麻呂의 藤原仲麻呂 타도 모의사건의 내막을 알고서도 통보하지 않았다는 죄에 연루되어 杖刑으로 사망한 것으로 보인다.

57) 앞에 기록한 무이자가 아닌 公私의 出擧로 대출받은 자의 경우와 같이 면제한다는 것.

58) 粈米. 탈곡, 정미하기 전의 벼 낟알.

59) 이때의 견신라사는 天平 12년(740) 이래 12년 만의 일이다. 파견 목적은 東大寺 대불조영에 관한 보고와 사찰에서 필요한 각종 물품의 조달 등이었을 것으로 추정된다.

60) 天平勝寶 7년(755) 3월 廣野連의 성으로 개성하였고, 天平寶字 원년(757) 5월에 종5위하에 서임되었다. 山田氏는 도래계 씨족으로 그 일족으로 학문과 문장에 뛰어난 山田史御方이 있다. 개성된 이후의 廣野連氏는 『신찬성씨록』 右京諸蕃, 河內國諸蕃의 長野連氏와 조상이 같다고 하고 도래계 씨족임을 기록하고 있다.

61) 雜戶는 그 직종에 따라 특수한 성이 부여되고 세습되는데, 잡호로부터 해방되면

받았으나 본업을 면제받은 것은 아니다. 이에 본적지에 조회해서 天平 15년 이전의 호적과 계장[62]을 조사해서 직종별로 징발하여 종전대로 사역시키도록 하였다.

3월 경진(3일), 견당사 등이 배조하였다.

갑오(17일), 중무대보 종4위하 安倍朝臣虫麻呂가 죽었다.

윤3월 병진(9일), 견당사절의 부사 이상을 내리로 불러, 조를 내리고 節刀를 하사하였다. 이에 대사인 종4위상 藤原朝臣清河에게 정4위하를, 부사인 종5위상 大伴宿禰古麻呂에게 종4위상을, 유학생 무위 藤原朝臣刷雄에게 종5위하를 내렸다.

기사(22일), 대재부에서 주상하기를, "신라왕자 韓阿飡 金泰廉, 貢調使인 대사 金暄 및 왕자를 送使하는 金弼言 등 700여 인이 7척의 배를 타고 와서 정박하였다"라고 하였다.[63]

을해(28일), 사자를 大內,[64] 山科,[65] 惠我,[66] 直山[67] 등의 諸陵에 보내 신라왕자의 내조의 상황을 고하였다.[68]

새로운 성으로 개성되어 종전의 비천한 신분을 감출 수 있다. 잡호의 대부분은 왕경과 기내 지역에 본관을 두고 있는 거주자로, 각종 토목공사 등 관영사업에 동원되어야 하기 때문으로 보인다.

62) 雜戶를 면하기 이전의 신분을 기록한 문서.

63) 신라사절의 일본 방문은 이 해 정월 23일 신라에 파견된 일본사절에 의해 공식 전달되었다고 보인다. 700여 명의 사절단은 정치적 목적뿐 아니라 교역단의 성격도 강하게 띠어 대량의 신라물을 탑재하고 왔을 것이다. 신라와의 교역 내역을 담은 〈買新羅物解〉에는 구체적인 물품 종류가 기록되어 있어 그 저간의 사정을 말해주고 있다.

64) 天武·持統天皇陵, 檜隅大內陵.

65) 天智天皇의 山科陵. 京都府 京都市 山科區에 있는 八角 고분으로 八角墳은 7세기 중엽이 되면 大王墓에 한정해서 조영된다.

66) 應神陵. 『延喜式』 諸陵寮에 "惠我藻伏崗陵〈輕嶋明宮御宇應神天皇, 在河內國志紀郡兆域東西五町, 南北五町. 陵戶二烟, 守戶三烟〉"이라고 기록되어 있다. 소재지는 『陵墓要覽』(宮內廳 발간)에서는 大阪府 羽曳野市 譽田 6丁目의 前方後円墳으로 譽田御廟山古墳으로 추정하고 있다. 應神은 모친인 신공황후의 태중에서 신라정벌 설화를 전하고 있어 胎中天皇이라고도 일컬어지며, 神功皇后와는 일체가 되어 신앙화되어 있다.

67) 元明天皇의 直(奈保)山東陵.

68) 외국사의 물품을 역대 천황릉에 봉폐한 사례로는, 文武 2년 정월조에 신라사절의 물품을 天武·持統陵인 大內山陵과 제신사에 바친 예, 天平勝寶 6년 3월 견당사가 갖고 온 唐의 信物을 山科陵(天智陵)에 바친 예 등 두 차례가 있다. 이번의 경우는 5명의

하4월 을유(9일), 노사나대불이 완성되어 비로서 개안하였다. 이날 (천황이) 동대사에 행차하였다. 천황이 친히 문무백관을 이끌고 공양의식을 행하고 성대한 법회를 열었다. 그 의식은 오로지 원일과 같이 5위 이상은 예복을 입었고, 6위 이하는 위계에 따른 조복을 입었다. 승 1만명을 초청하였다. 이미 아악료 및 제사찰의 다양한 음악의 악사들이 모두 모였다. 또 왕족, 관인, 제씨족의 오절무,[69] 구미무,[70] 楯伏,[71] 踏歌,[72] 袍袴[73] 등의 가무가 행해졌다. 동서로 구분하여 노래하고 정원에서 분산하여 연주하였다. 이룩해낸 훌륭하고 위대한 일은 기록할 수 없을 정도였다. 불법이 동으로 전래된 이래 재회의식이 일찍이 이렇게 성대한 적은 없었다. 그날 저녁 천황이 대납언 藤原朝臣仲麻呂의 田村 저택[74]에 들어가 어재소로 삼았다.

신묘(15일), 종4위하 藤原朝臣八束을 섭진대부로 삼았다.

5월 경술(5일), 정6위상 小野朝臣小贄에게 종5위하를, 女孺인 무위 藤原朝臣兒從에게 종5위하를 내렸다.

임자(7일), 여유 종6위하 鴨朝臣子鯽에게 종5위하를 내렸다.

기축,[75] 외종5위하 大鳥連大麻呂에게 종5위하를 내렸다.

경신(15일), 무위 中臣殿來連竹田賣에게 외종5위하를 내렸다.

병인(21일), 官奴인 鎌取, 根足을 해방시키고, 鎌取에게 巫部宿禰의 성을, 根足에게 賀茂朝臣의 성을 내렸다.[76]

역대 천황이 안치된 4개릉에 바치고 있어 신라와의 특별한 관계 인식에서 나온 것으로 생각된다.

69) 궁정에서 행해지는 女舞. 大歌의 하나인 五節歌曲을 반주하며 행해진다. 五段의 節調에 의한 舞로, 大嘗祭, 新嘗祭의 豊明節會에 개최되었다.

70) 久米舞. 神武東征 전설에 연유한 久米歌의 舞. 大伴氏가 琴을 연주하고, 佐伯이 刀를 들고 행한다. 개안공양회에서는 大伴伯麿, 佐伯全成 2인이 통솔하는 大伴氏, 佐伯氏 각 20인이 행하였다.

71) 土師宿禰, 文忌寸 등이 갑옷 차림에 刀楯을 들고 의식을 행하는데, 복속을 맹세하는 舞라고 추정된다. 통상 10인이 행하는데 개안공양회에서는 文上麿, 土師牛勝이 통솔하는 檜前忌寸氏, 土師宿禰氏 각 20인이 행하였다.

72) 집단 가무. 대불개안회에서는 여성 120인이 참여하였다.

73) 남자 관인의 조복을 입은 여성이 행하는 舞.

74) 藤原仲麻呂의 平城京 저택. 田村第라는 명칭은 田村里의 지명에서 유래한다.

75) 이날의 己丑의 日附는 없다. 동 기사는 잘못 배열된 오류이다.

76) 官奴에게 내린 巫部宿禰, 賀茂朝臣의 성은 문자 그대로 제사와 관련된 씨성으로서

신미(26일), 종5위하 多治比眞人犢養을 遠江守로 삼고, 종5위하 巨勢朝臣淨成을 下總守로, 종3위 百濟王敬福을 常陸守로, 종5위하 笠朝臣蓑麻呂를 上野守로, 종4위상 平群朝臣廣成을 武藏守로, 종5위상 佐伯宿禰全成을 陸奥守로, 종5위하 粟田朝臣奈勢麻呂를 越前守로, 종5위상 阿倍朝臣嶋麻呂를 伊予守로 삼았다.

6월 기축(14일), 신라왕자 金泰廉 등이 배조하고 아울러 調를 바쳤다. (신라사가) 주상하기를, "신라국왕이 일본에 군림하는 천황의 조정에 말한다. 신라국은 먼 조정으로부터 대대로 끊임없이 배와 노를 열지어 국가에 봉사해 왔다.[77] 이번에 국왕이 친히 조공하여 조를 바치고자 했으나, 그러나 생각해 보면 하루라도 임금이 없으면 국정이 단절되어 혼란해진다. 이에 왕자 韓阿湌 泰廉을 보내 왕 대신에 수석으로 삼고, 대사 이하 370여 인을 이끌고 입조하였고, 아울러 여러가지 조를 바친다. 삼가 말씀드린다"라고 하였다. 이에 (천황이) 조를 내려 답하기를, "신라국은 먼 조정으로부터 대대로 끊임없이 국가에 봉사해 왔다. 지금 또 왕자 泰廉이 입조하여 조를 바치니 왕의 정성을 짐은 기뻐하는 바이다. 지금부터 오래도록 위무하고 보살필 것이다"라고 하였다. 泰廉은 또 주언하기를, "천하는 두루 왕토가 아닌 것이 없고, 통솔하는 국토의 끝까지 왕의 신하가 아닌 곳이 없다.[78] 泰廉은 다행히 聖世를 만나 내조하여 조공할 수 있어 기쁨을 이길 수가 없다. 제가 몸소 준비해 온 국토의 보잘 것 없는 물품을 삼가 바치고자 한다"라고 하였다.

원래의 신분으로 복귀한 것으로 추정된다. 宿禰, 朝臣은 天武朝 때에 재편된 8성 중에서 상위의 성에 해당한다.

77) 원문인 "新羅國王言, 日本照臨天皇朝庭, 新羅國者, 始自遠朝, 世世不絶, 舟楫並連, 來奉國家"에 보이는 신라국왕의 말로, 사신인 김태렴이 언급하고 있는 내용이다. 그런데 이 원문에서 보이는 "日本照臨天皇朝庭"은 발해왕의 일본을 대한 표현인 "日本照臨聖天皇朝"(天平勝寶 5년 정월 경오조), 宣命體인 "日本國坐大八洲國照給 治給倭根子天皇"(神護慶雲 원년 8월 계사조) 등과 유사하다. 또 "始自遠朝, 世世不絶, 舟楫並連"이라는 문구는 『일본서기』 신공황후 섭정전기(仲哀天皇 9년)의 "不乾船柂", 『古事記』 仲哀天皇段3(神功皇后新羅征伐)의 "其國王畏惶奏言, 自今以後, (중략) 每年雙船, 不乾船腹, 共與天地, 無退仕奉"이라는 내용과도 통한다. 이는 신공황후의 신라정벌담이 투사된 것으로서 신라왕의 발언이라고는 볼 수 없는 내용이다. 신라왕의 입을 통해 문자화하여 마치 현실의 장에서 일어난 일인 것처럼 기록한 것이다.

78) 『詩經』 小雅, 北山에 "溥天之下, 莫非王土, 率土之濱, 莫非王臣"이라고 하는 중국의 王土王民 사상에서 유래한 것이다. 이 내용은 신라사 김태렴의 발언이 아니라 신라를 번국시하는 관념에 따라 편찬에 보입된 것으로 생각된다.

(천황은) 조를 내려 답하기를, “泰廉의 주상을 잘 알았다”라고 하였다.

임진(17일), 외정6위하 君子部和氣[79]·遠田君小捄·遠田君金夜[80]에게 함께 외종5위하를 내렸다. 이날, 신라사에게 조당에서 향응을 베풀었다. (천황이) 조를 내려, “신라국이 조정에 와서 (공물을) 바친 것은 기장족원황태후[81]가 그 나라를 평정한 이래 지금에 이르기까지 우리의 蕃屛[82]이 되어왔다. 그러나 전왕 承慶[83]과 대부 思恭[84] 등의 언행이 태만하고 항례를 잃어버려[85] 사자를 보내 죄를 묻고자 하는 사이에, 지금 그 왕 軒英[86]이 이전의 과오를 뉘우치고 스스로 내조하기를 기대하였다. 그러나 국정을 돌봐야 하기 때문에 왕자 泰廉 등을 보내어 대신 입조하고 아울러 조를 바친다고 하였다. 짐은 이 정성을 아름답고 기쁘게 생각하여, 관위를 내리고 물품을 사여한다”라고 하였다. 또 조를 내려 “지금 이후로는 국왕이 친히 와서 마땅히 구두로

---

79) 君子部, 君子의 씨명은 關東 및 陸奧, 出羽 지역에 많이 분포하는 君 성을 갖는 지방의 유력씨족이다.

80) 遠田君은 陸奧國 遠田郡의 郡領 씨족.

81) 氣長足媛皇太后는 神功皇后. 『일본서기』 신공황후 섭정전기에 등장하는 신라정벌, 삼한정벌담의 주인공. 仲哀의 황후로서 이름은 氣長足姬尊으로 이는 일본식 諡號이다. 그녀의 父는 開化天皇의 증손인 息長宿禰王, 母는 葛城高顙媛으로 나온다. 仲哀천황이 사망한 때로부터 應神천황이 즉위하기까지 70여 년간(神功皇后 원년 10월부터 69년 4월까지) 황태후로서 섭정하였다고 되어 있으며, 천황이 아니면서 천황과 동등하게 神功皇后紀로 편재되어 있다. 신라정토 도중에 황태자 譽田別尊을 출산했다는 설화담이 전한다.

82) 蕃屛의 蕃은 藩과 통하는 단어로 속국, 울타리, 담장을 의미하고 屛 역시 담장을 가리킨다. 즉 '我蕃屛'은 신라가 번국으로서 일본의 담장이 되어 외적으로부터 지켜왔다는 의미가 된다. 이 말은 孔子의 『春秋』를 해석한 주석서인 『春秋左氏傳』 僖公 24년에 “封建親戚, 以蕃屛周室”이라고 한 문구를 차용한 것으로, 신라를 봉건제후국으로 간주하는 번국관이 투영된 것이다.

83) 新羅 孝成王(737~741). 『삼국사기』 효성왕 즉위년조에 “孝成王立. 諱承慶, 聖德王第二子”라고 하여 諱가 承慶으로 되어 있다.

84) 『三國史記』 新羅本紀 聖德王 17년(718)에 波珍湌 思恭을 中侍로 삼았고, 동 27년에는 伊湌의 신분에서 上大等에 임명되었고, 동 31년에는 角干으로 將軍에 임명되었다고 한다. 신라에 온 일본사신을 상대한 인물이 당대의 진골귀족인 金思恭이었음을 알 수 있다.

85) 天平 9년(737) 2월조에 전년도 신라에 파견된 견신라사의 귀국보고에 언급된 “新羅國, 失常例, 不受使旨”, 『삼국사기』 경덕왕 원년(742) 10월조의 “日本國使旨, 不納”이라는 내용, 즉 일본사신을 접견하지 않았던 사실을 말한다.

86) 景德王(742~764). 『삼국사기』 경덕왕 즉위년조에 “景德王立, 諱憲英, 孝成王同母弟, 孝成無子, 立憲英爲太子”라고 하여 諱가 憲英으로 나온다.

주상하든가, 그 외의 사람을 보내어 입조하면 반드시 表文[87]을 갖고 오도록 한다"라고 하였다.

정유(22일), 泰廉 등이 大安寺, 東大寺에 가서 예불하였다.

추7월 갑인(10일), 중무경 정3위 三原王이 죽었다. 1품 증 태정대신 舍人親王의 아들이다.

경신(16일), 정4위하 栗栖王에게 종3위를 내렸다.

갑자(20일), 下總國의 穴太部阿古賣가 한번에 2남 2녀를 낳았다. 식량과 유모를 보냈다.

무진(24일), 泰廉 등이 돌아가는 길에 難波館에서 숙박하였다. 칙을 내려 사자를 보내 비단, 삼베 및 술과 안주를 내렸다.

8월 경인(17일), 京師의 巫覡[88] 17인을 체포하여 伊豆, 隱伎, 土左 등의 遠國으로 유배보냈다.

9월 경술(7일), 中納言 종3위 紀朝臣麻路에게 大宰帥를 겸직시켰다.

을축(22일), 종3위 智努王 등에게 文室眞人의 성을 내렸다.

정묘(24일), 발해사 輔國大將軍[89] 慕施蒙[90] 등이 越後國 佐渡嶋에 내착하였다.

동10월 갑술삭(1일), 지진이 있었다.

을해(2일), 또 지진이 있었다.

무인(5일), 常陸守 종3위 百濟王敬福을 檢習西海道兵使[91]로 삼았다. 그 외 판관 2인, 녹사 2인을 임명하였다.

경진(7일), 좌대사 정6위상 坂上忌寸老人[92] 등을 越後國에 보내어 발해객

---

87) 신라왕의 國書를 말한다.

88) 巫는 여자 무속인, 覡은 남자 무속인을 가리킨다. 대불조영에 즈음하여 무속인들이 왕경 대로에서 사람들을 불러모아 요언 등의 행위를 하는 것을 차단시키고자 한 조치이다.

89) 『舊唐書』 職官志에는 輔國大將軍이 정2품으로 武散官이다. 唐制를 받아들인 발해의 관제라고 생각된다.

90) 발해의 고위 관인으로 사절단의 대사, 발해사 일행은 天平勝寶 5년 5월 을축조에 천황에게 배조하며 信物을 바치고, 2일 후 조당에서 향연을 받았다. 동년 6월 정축에 귀국하였다.

91) 檢習西海道兵使는 西海道에 대한 군사권을 갖고 이 지역을 순찰한 임시직으로 생각되는데, 兵使의 권한 범위 및 畿內와 七道에 파견된 순찰사, 안찰사와의 관계 등에 대해서는 불명이며, 이 기사 이외에는 보이지 않는다.

등의 소식을 물었다.

신사(7일), 伊世國[93] 飯野郡 사람 飯麻呂 등 17인에게 秦部[94]의 성을 내렸다.

11월 을사(3일), 정6위상 佐伯宿禰美濃麻呂에게 종5위하를 내렸다. 佐渡國守 1인, 目 1인을 다시 설치하였다. 종4위상 藤原朝臣永手를 大倭守로 삼고, 종5위하 藤原朝臣宿奈麻呂를 相摸守로 삼고, 종5위하 大伴宿禰伯麻呂를 上野守로 삼고, 종5위하 小野朝臣小贄를 下野守로 삼고, 종5위하 佐伯宿禰美濃麻呂를 大宰少貳로 삼았다. 또 參議 종4위하 橘朝臣奈良麻呂를 但馬因幡按察使로 삼고, 伯耆, 出雲, 石見 등 제국의 비위의 사실을 검찰하게 하였다.

기유(7일), 칙을 내려 "제국의 국사 등이 관물을 손실시키면 법에 따라 처벌하지만, 郡司에 대해서는 아직 처벌하지 않았다. 지금 이후로는 군사도 현직에서 해임하고 법에 따라 처벌한다. 대대로 군사에 임명되어 온 유력 가문이라도 그 자손은 임용해서는 안 된다"라고 하였다.

임자(10일), (천황이) 제를 내려, "제관사에서 이유없이 출근하지 않는 자는 본적지로 되돌려 보낸다. 유위자에 대해서는 外散位[95]로 하고, 무위자는 본적지로 돌아가 원래의 신분으로 한다"고 하였다.

12월 계유삭(1일), 일식이 있었다.

『속일본기』 권제18

---

92) 坂上氏는 阿知使主를 조상으로 하는 백제계 東漢氏의 지족으로 天武 11년(682)에 坂上直에서 坂上連으로 개성하고, 동 14년에는 坂上忌寸의 성을 받았다. 『日本三代實錄』 元慶 5년(881) 10월 계축조의 坂上大宿禰瀧守 卒年 기사에는 "瀧守者 … 幼好武藝, 便習弓馬, 尤善步射. 坂氏之先, 世傳將種, 瀧守幹略, 不墜家風"이라고 하여 坂上氏가 궁술, 騎射 등의 무예를 가업으로 삼아 조정에 봉사한 씨족으로 기록되어 있다. 坂上忌寸老人은 天平寶字 5년 정월에 외종5위하로 서위되었고, 동 6년 4월에 山背介에 임명되었다. 寶龜 6년 정월에는 종5위하에 올랐다.

93) 伊勢國.

94) 秦部는 九州의 備前, 筑前, 豊前 지역 등 널리 분포하고 있는 신라계 씨족이다.

95) 外位로 관직이 없는 자.

續日本紀卷第十八

〈起天平勝寶二年正月, 盡四年十二月〉

從四位下行民部大輔兼左兵衛督皇太子學士臣菅野朝臣眞道等奉勅撰

寶字稱德孝謙皇帝〈出家歸佛, 更不奉謚,因取寶字二年百官所上尊號稱之.〉

◯ **天平勝寶二年**正月庚寅朔, 天皇御大安殿, 受朝. 是日, 車駕還大郡宮. 宴五位以上, 賜祿有差. 自余五位已上者, 於藥園宮給饗焉. 正月己亥, 左降從四位上吉備朝臣眞備爲筑前守. 乙巳, 授正三位藤原朝臣仲麻呂從二位, 正四位上多治比眞人廣足從三位, 從四位上多治比眞人占部正四位下, 從四位下平群朝臣廣成, 藤原朝臣永手並從四位上, 正五位下藤原朝臣巨勢麻呂正五位上, 從五位下大倭宿禰小東人從五位上, 外從五位下大藏忌寸廣足, 調連馬養, 正六位上下毛野朝臣多具比並從五位下, 正六位上秦忌寸首麻呂, 大石村主眞人, 大原史遊麻呂並外從五位下, 左大臣正一位橘宿禰諸兄賜朝臣姓. 丙辰, 從四位上背奈王福信等六人賜高麗朝臣姓. 造東大寺官人已下, 優婆塞已上, 一等三十三人叙位三階, 二等二百四人二階, 三等四百三十四人一階. 二月癸亥, 天皇御大安殿. 出雲國造外正六位上出雲臣弟山奏神齋賀事. 授弟山外從五位下. 自余祝部叙位有差, 並賜絁綿, 亦各有差. 戊辰, 天皇從大郡宮, 移御藥師寺宮. 乙亥, 幸春日酒殿. 唐人正六位上李元環授外從五位下. 壬午, 益大倭金光明寺封三千五百戶, 通前五千戶. 戊子, 奉充一品八幡大神封八百戶.〈前四百二十戶, 今加三百八十戶〉, 位田八十町〈前五十町, 今加三十町〉, 二品比賣神封六百戶, 位田六十町. 三月戊戌, 駿河守從五位下楢原造東人等, 於部內廬原郡多胡浦浜, 獲黃金獻之〈練金一分, 沙金一分〉. 於是, 東人等賜勤臣姓. 又賜中衛員外少將從五位下田邊史難波等上毛野君姓. 庚子, 以正四位下多治比眞人占部爲攝津大夫, 從五位下紀朝臣小楫爲山背守, 從四位下百濟王孝忠爲出雲守, 從五位下內藏忌寸黑人爲長門守, 從五位上大伴宿禰犬養爲播磨守, 正五位上多治比眞人國人, 藤原朝臣乙麻呂並爲大宰少貳.

夏四月戊午朔, 正六位上佐味朝臣乙麻呂贈從五位下. 正六位上高向村主老授外從五位下. 辛酉, 勅, 比來之間, 緣有所思, 歸藥師經, 行道懺悔. 冀施恩恕, 兼欲濟人, 盡洗瑕穢, 更令自新, 仍可大赦天下. 并免今年四畿內調. 其私鑄錢, 及犯八虐, 故殺人, 强盜竊盜, 常赦所不免者, 不在赦限. 但入死者, 降一等. 又中臣卜部紀奧乎麻呂, 減配中流.

五月乙未, 於中宮安殿, 請僧一百, 講仁王經. 并令左右京, 四畿內, 七道諸國講說焉. 辛丑, 以從三位百濟王敬福爲宮內卿, 從五位上藤原朝臣千尋爲美濃守, 外從五位下壬生使主宇太麻呂爲但馬守. 丙午, 伊蘇志臣東人之親族三十四人賜姓伊蘇志臣族. 辛亥, 震中山寺, 塔并步廊盡燒. 京中驟雨, 水潦汎溢. 又伎人, 茨田等堤, 往往決壞.

六月癸亥, 備前國飢,賑給之.

秋七月甲辰, 攝津國甌玉大魚賣, 參河國海直玉依賣一産三男, 並給正稅三百束, 乳母一人.

八月庚申, 正六位上大伴宿禰伯麻呂, 外從五位下葛木連戶主並授從五位下, 正四位下日置女王, 從四位上丹生女王, 從四位下春日女王並正四位上, 從四位下難波女王從四位上, 無位山代女王從五位下, 從五位下藤原朝臣家子正五位上, 無位﨑麻眞人比禮從五位下. 辛未, 攝津國住吉郡人外從五位下依羅我孫忍麻呂等五人, 賜依羅宿禰姓, 神奴意支奈, 祝長月等五十三人, 依羅物忌姓.

九月丙戌朔, 中納言從三位兼中務卿石上朝臣乙麻呂薨, 左大臣贈從一位麻呂之子也. 正六位上赤染造廣足, 赤染高麻呂等二十四人, 賜常世連姓, 己酉, 任遣唐使, 以從四位下藤原朝臣清河爲大使, 從五位下大伴宿禰古麻呂爲副使, 判官, 主典, 各四人.

冬十月丙辰朔, 詔授正五位上藤原朝臣乙麻呂從三位, 任大宰帥. 八幡大神教也. 癸酉, 太上天皇改葬於奈保山陵, 天下素服擧哀.

十一月己丑, 左衛士督正四位下佐伯宿禰淨麻呂卒.

十二月癸亥, 授駿河國守從五位下勤臣東人從五位上, 獲金人無位三使連淨足從六位下, 賜絁疋, 綿三十屯, 正稅二千束. 出金郡免今年田租, 郡司主帳已上, 進位有差. 又遣大納言藤原朝臣仲麻呂, 就東大寺. 授從五位上市原王正五位下, 從五位下佐伯宿禰今毛人正五位上, 從五位下高市連大國正五位下, 外從五位下柿本小玉, 高市連眞麻呂並外從五位上.

○ **三年**正月戊戌, 天皇幸東大寺. 授木工寮長上正六位上神礒部國麻呂外從五位下. 庚子, 天皇御大極殿南院, 宴百官主典已上, 賜祿有差. 踏歌歌頭女孺忍海伊太須, 錦部河內, 並授外從五位下. 己酉, 授正四位上大伴宿禰兄麻呂從三位, 從四位上安宿王正四位下, 從四位下大市王從四位上, 無位道守王從五位下, 正五位上阿倍朝臣虫麻呂, 多治比眞人國人並從四位下, 正五位下佐伯宿禰毛人正五位上, 從五位上多治比眞人家主, 大倭宿禰小東人並正五位下, 從五位下高丘連河內, 百濟王元忠, 大伴宿禰古麻呂, 縣犬養宿禰古麻呂, 中臣朝臣淸麻呂並從五位上, 外從五位下余義仁, 土師宿禰牛勝, 正六位上三國眞人千國, 石川朝臣人成, 爲奈眞人東麻呂, 藤原朝臣浜足, 正六位下石上朝臣宅嗣並從五位下, 正六位上甘味神寶, 文忌寸上麻呂, 河內忌寸廣足並外從五位下. 正三位竹野女王從二位, 從三位多藝女王正三位, 從五位下置始女王正五位下, 無位吳原女王從五位下, 從五位下佐味朝臣稻敷從五位上. 是日, 一品多紀內親王薨. 天武天皇之皇女也. 辛亥, 賜正五位下大井王奈良眞人姓, 無位垂水王, 男三室王, 甥三影王, 日根王, 名邊王, 無位廬原王, 男安曇王, 三笠王, 對馬王, 物部王, 牧野王, 孫奈羅王, 小倉王, 無位猪名部王, 男大湯坐王, 堤王, 菟原王, 三上王, 野原王, 礪波王等三嶋眞人, 無位御船王淡海眞人, 無位等美王內眞人, 無位壬生王, 岡屋王美和眞人, 無位淸水王, 男三狩王海上眞人, 田部王春日眞人, 文成王甘南備眞人, 平群王, 常陸王志紀眞人.

二月庚午, 遣唐使雜色人一百一十三人, 敍位有差. 乙亥, 出雲國造出雲臣弟山奏神賀事, 進位賜物. 己卯, 典膳正六位下雀部朝臣眞人等言, 磐余玉穗宮, 勾金椅宮御宇天皇御世, 雀部朝臣男人爲大臣供奉, 而誤記巨勢男人大臣, 眞人等先祖巨勢男柄宿禰之男有三人, 星川建日子者, 雀部朝臣等祖也. 伊刀宿禰者, 輕部朝臣等祖也. 乎利宿禰者, 巨勢朝臣等祖也. 淨御原朝庭定八姓之時, 被賜雀部朝臣姓, 然則, 巨勢雀部, 雖元同祖, 而別姓之後, 被任大臣, 当今聖運, 不得改正, 遂絶骨名之緒, 永爲無源之民. 望請, 改巨勢大臣, 爲雀部大臣, 流名長代, 示榮後胤, 大納言從二位巨勢朝臣奈弖麻呂. 亦証明其事. 於是, 下知治部, 依請改正之.

夏四月丙辰, 遣參議左中弁從四位上石川朝臣年足等, 奉幣帛於伊勢太神宮. 遣使奉幣帛於畿內七道諸社, 爲令遣唐使等平安也. 甲戌, 詔, 以菩提法師爲僧正, 良弁法師爲少僧都, 道璿法師, 隆尊法師爲律師.

秋七月丁亥, 天皇御南院, 賜宴大臣已下諸司主典已上, 授正六位上紀朝臣伊保從五位下, 女孺無位刑部勝麻呂外從五位下.

八月辛亥朔, 日有蝕之.

冬十月丙辰, 從五位上伊香王, 男高城王, 無位池上王, 賜甘南備眞人姓. 丁巳, 大倭國城下郡人大倭連田長, 古人等八人, 賜宿禰姓. 戊辰, 布勢眞虫賜君姓, 佐伯諸魚連姓. 壬申, 詔曰, 頃者, 太上天皇, 枕席不穩. 由是, 七七日間, 屈請四十九賢僧於新藥師寺, 依續命之法, 設齋行道. 仰願, 聖体平復, 寶壽長久, 經云, 救濟受苦雜類衆生者, 各免病延年. 是以, 依敎大赦天下. 但犯八虐, 故殺人, 私鑄錢, 强窃二盜, 常赦所不免者, 不在赦限. 丁丑, 外從五位下吉田連兄人授從五位下, 正六位上答本忠節外從五位下.

十一月丙戌, 以從四位上吉備朝臣眞備爲入唐副使. 己丑, 勅, 自天平勝寶元年已前, 公私債負未納者, 悉從原免, 其借貸者, 不在此例. 但身亡者, 准前.

◯ **四年**春正月己卯朔, 大宰府獻白龜. 辛巳, 禁斷始從正月三日迄于十二月晦日, 天下殺生. 但緣海百姓, 以漁爲業, 不得生存者, 隨其人數, 日別給籾二升. 又鰥寡孤獨, 貧窮老疾, 不能自存者, 量加賑恤. 己丑, 地動. 是日, 度僧九百五十人, 尼五十人, 爲太上天皇不悆也. 癸卯, 以正七位下山口忌寸人麻呂爲遣新羅使. 戊申, 從六位下山田史君足授外從五位下.

二月丙寅, 陸奧國調庸者, 多賀以北諸郡, 令輸黃金. 其法, 正丁四人一兩, 以南諸郡, 依舊輸布. 己巳, 京畿諸國鐵工, 銅工, 金作, 甲作, 弓削, 矢作, 桙削, 鞍作, 鞆張等之雜戶, 依天平十六年二月十三日詔旨, 雖蒙改姓, 不免本業, 仍下本貫. 尋檢天平十六年以前籍帳, 每色差發, 依舊役使.

三月庚辰, 遣唐使等拜朝. 甲午, 中務大輔從四位下安倍朝臣虫麻呂卒.

閏三月丙辰, 召遣唐使副使已上於內裏. 詔, 給節刀, 仍授大使從四位上藤原朝臣淸河正四位下, 副使從五位上大伴宿禰古麻呂從四位上, 留學生無位藤原朝臣刷雄從五位下. 己巳, 大宰府奏, 新羅王子韓阿湌金泰廉, 貢調使大使金暄及送王子使金弼言等七百余人, 乘船七艘來泊. 乙亥, 遣使於大內, 山科, 惠我, 直山等陵, 以告新羅王子來朝之狀. 乙酉, 盧舍那大佛像成, 始開眼. 是日行幸東大寺, 天皇親率文武百官, 設齋大會. 其儀一同元日. 五位已上者著禮服, 六位已下者当色, 請僧一萬. 旣而雅樂寮及諸寺種種音樂, 並咸來集. 復有王臣諸氏五節, 久米舞, 楯伏, 踏歌, 袍袴等哥舞, 東西發聲, 分庭而奏, 所作奇偉, 不可勝記. 佛法東歸, 齋會之儀, 未嘗有如此之盛也. 是夕, 天皇還御大納言藤原朝臣仲麻呂田村第, 以爲御在所. 辛卯, 以從四位下藤原朝臣八束爲攝津大夫.

五月庚戌, 正六位上小野朝臣小贄授從五位下, 女孺無位藤原朝臣兒從從五位下. 壬子, 女孺從六位下鴨朝臣子鯽授從五位下. 己丑, 外從五位下大鳥連大麻呂授從五位下. 庚申, 無位中臣殿來連竹田賣授外從五位下. 丙寅, 免官奴鎌取, 根足, 鎌取賜巫部宿禰, 根足賀茂朝臣. 辛未, 以從五位下多治比眞人犢養爲遠江守, 從五位下巨勢朝臣淨成爲下總守, 從三位百濟王敬福爲常陸守, 從五位下笠朝臣蓑麻呂爲上野守, 從四位上平群朝臣廣成爲武藏守, 從五位上佐伯宿禰全成爲陸奥守, 從五位下粟田朝臣奈勢麻呂爲越前守, 從五位上阿倍朝臣嶋麻呂爲伊予守.

六月己丑, 新羅王子金泰廉等拜朝. 并貢調. 因奏曰, 新羅國王言日本照臨天皇朝庭, 新羅國者, 始自遠朝, 世世不絶, 舟楫並連, 來奉國家, 今欲國王親來朝貢進御調. 而顧念, 一日無主, 國政弛發. 是以, 遣王子韓阿湌泰廉, 代王爲首, 率使下三百七十余人入朝. 兼令貢種種御調, 謹以申聞. 詔報曰, 新羅國, 始自遠朝, 世世不絶, 供奉國家, 今復遣王子泰廉入朝, 兼貢御調. 王之勤誠. 朕有嘉焉. 自今長遠, 当加撫存, 泰廉又奏言, 普天之下, 無匪王土, 率土之浜, 無匪王臣, 泰廉, 幸逢聖世, 來朝供奉, 不勝歡慶, 私自所備國土微物, 謹以奉進. 詔報, 泰廉所奏聞之. 壬辰, 外正六位下君子部和氣, 遠田君小捄, 遠田君金夜, 並授外從五位下. 是日, 饗新羅使於朝堂. 詔曰, 新羅國來奉朝庭者, 始自氣長足媛皇太后平定彼國, 以至于今, 爲我蕃屛. 而前王承慶, 大夫思恭等, 言行怠慢, 闕失恒禮, 由欲遣使問罪之間, 今彼王軒英, 改悔前過. 冀親來庭, 而爲顧國政, 因遣王子泰廉等, 代而入朝, 兼貢御調. 朕所以嘉歡勤款, 進位賜物也. 又詔, 自今以後, 國王親來, 宜以辭奏, 如遣余人入朝, 必須令齎表文. 丁酉, 泰廉等就大安寺, 東大寺禮佛.

秋七月甲寅, 中務卿正三位三原王薨. 一品贈太政大臣舍人親王之子也. 庚申, 正四位下栗栖王授從三位. 甲子, 下總國穴太部阿古賣一産二男二女. 賜糧弁乳母. 戊辰, 泰廉等還在難波館. 勅遣使賜絁布并酒肴.

八月庚寅, 捉京師巫覡十七人, 配于伊豆, 隱伎, 土左等遠國.

九月庚戌, 中納言從三位紀朝臣麻路爲兼大宰帥. 乙丑, 從三位智努王等賜文室眞人姓. 丁卯, 渤海使輔國大將軍慕施蒙等著于越後國佐渡嶋.

冬十月甲戌朔, 地震, 乙亥, 亦震. 戊寅, 以常陸守從三位百濟王敬福爲檢習西海道兵使, 判官二人, 錄事二人. 庚辰, 遣左大史正六位上坂上忌寸老人等於越後國, 問渤海客等消息. 辛巳, 伊世國飯野郡人飯麻呂等十七人賜秦部姓.

十一月乙巳, 正六位上佐伯宿禰美濃麻呂授從五位下. 復置佐渡國守一人, 目一人. 以從四位上藤原朝臣永手爲大倭守, 從五位下藤原朝臣宿奈麻呂爲相摸守, 從五位下大伴宿禰伯麻呂爲上野守, 從五位下小野朝臣小贄爲下野守, 從五位下佐伯宿禰美濃麻呂爲大宰少貳. 又以參議從四位上橘朝臣奈良麻呂爲但馬因幡按察使, 兼令檢校伯耆, 出雲, 石見等國非違事. 己酉, 勅, 諸國司等欠失官物, 雖依法處分. 而至於郡司未嘗科斷. 自今已後, 郡司亦解見任, 依法科罪. 雖有重大譜第, 不得任用子孫. 壬子, 制, 諸司無故不上者, 令放還本貫. 其有位者, 爲外散位. 無位者, 還從本色.

十二月癸酉朔, 日有蝕之.

續日本紀卷第十八

『속일본기』 권제19

〈天平勝寶 5년(753) 정월부터 8세(756) 12월까지〉

종4위하 行民部大輔 겸 左兵衛督 황태자학사
신 菅野朝臣眞道 등이 칙을 받들어 편찬하다.

寶字稱德孝謙皇帝

◯ 天平勝寶 5년(753) 춘정월 계묘삭(1일), 신년하례를 중지하였다. 천황이 중무성의 남원에 임하여 5위 이상에게 연회를 베풀고 차등있게 녹을 내렸다.

정미(5일), 이세대신궁의 신주[1] 외종5위하 神主首名에게 외종5위상을 내렸다. 內人[2]·物忌[3]의 남 45인, 여 16일에게 관위를 내렸다.

경오(28일), 종4위상 平群朝臣廣成[4]이 죽었다.

2월 신사(9일), 종5위하 小野朝臣田守[5]를 견신라대사로 삼았다.

신묘(19일), 정6위상 小田臣枚床에게 외종5위하를 내렸다.

갑오(22일), 齋宮의 大神司[6] 정7위하 津嶋朝臣小松[7]에게 종5위하를 내렸다.

---

1) 神主는 伊勢神宮의 神職의 하나인 禰宜를 가리킨다.

2) 伊勢神宮의 神職으로 禰宜 밑에서 物忌, 小內人을 통솔하며 神事에 봉사한다.

3) 神事에 봉사하는 童男, 童女.

4) 天平 5년(733)에 견당사 판관으로 당에 파견되었다. 이듬해 귀국하던 중에 조난을 당하여 곤륜국에 표착하고, 구사일생으로 당으로 돌아와 발해사의 도움으로 일본으로 향했으나 다시 표착하여 동 11년에 出羽國에 내착하였다. 귀국 후에 刑部大輔, 攝津大夫 등을 역임하였다.

5) 天平 19년(747) 종5위하에 서위되고, 天平感寶 원년(749)에 大宰少貳에 임명되었다. 이후 天平勝寶 5년(753)에 견신라대사로 신라에 파견되었는데, 신라에서 결례를 이유로 신라왕의 접견을 불허하여 소임을 다하지 못하고 귀국하였다. 天平勝寶 6년에 大宰少貳에 임명되었고, 天平寶字 원년(757)에 刑部少輔로 전임된 후, 이듬해 遣渤海大使에 임명되어 발해에 파견되었다. 그해 9월에 渤海大使 揚承慶 등과 함께 귀국하였다. 귀국 후 당에서 일어난 安史의 난에 대해 보고하자 淳仁天皇은 安祿山의 침공에 대한 대비책을 세울 것을 명하였다. 그는 견발해사의 공로로 종5위상으로 승진하였다.

3월 경오(29일), 동대사에서 백고좌[8]를 설치하고 인왕경을 강설하였다. 이날, 회오리바람이 불어 경의 강설을 끝내지 못하였다. 이후 4월 9일 강설하였다. 또 회오리바람이 불었다.

신미(30일), 대납언 종2위 神祇伯 및 造宮卿을 겸직한 巨勢朝臣奈弖麻呂가 죽었다. 小治田朝[9] 小德[10](巨勢朝臣)大海의 손이고, 淡海朝[11] 중납언 大紫[12](巨勢朝臣)比登의 자이다.

하4월 병술(15일), (천황이) 조를 내려, "요즈음 황태후의 건강이 악화된 지 거의 10개월이나 계속되고 있다. 의약을 사용하여 치료하고 있으나, 여전히 회복하지 못하고 있다. 생각하건대 정치에 올바름을 잃어 죄에 걸려드는 자들이 있다. 하늘이 이 벌을 내려 짐 자신을 경계하고 있다. 母子[13]의 자애는 신분의 귀천없이 모두 같은 것이다. 죄를 범한 자들이 어찌 혼자만이 부모가 없겠는가. 바라는 것은 모두 (죄를) 씻어 (부모들의) 근심과 고통을 구제하고자 천하에 대사면을 내린다. 통상의 사면에서 면제되지 않는 자도 모두 다 사면하도록 한다. 다만 그 부모를 살해하고, 불상을 훼손한 자 및 강도와 절도는 이 사면에 포함되지 않는다. 만약 사형죄에 들어간 자는 1등 감면한다"라고 하였다.

계사(22일), 정5위하 大倭宿禰小東人을 參河守로 삼고, 종5위하 阿倍朝臣小嶋를 駿河守로 삼고, 종5위상 大伴宿禰犬養을 美濃守로 삼고, 종5위하 平群朝臣人足을 越後守로 삼고, 종4위하 巨勢朝臣堺麻呂를 丹波守로 삼고, 정4위하 安宿王을 播磨守로 삼고, 종5위하 安曇宿禰大足을 安藝守로 삼고, 종5위하 石津王을

---

6) 齋宮寮의 主神司. 主神司의 장관은 제사 씨족인 中臣氏가 담당하는데, 津嶋朝臣은 『신찬성씨록』 攝津國神別에 大中臣朝臣과 同祖라고 되어 있다.

7) 寶龜 6년 정월에 무위에서 종5위하로 복위되었다. 그 사이에 무언가의 사유로 관위를 박탈당한 것으로 보인다.

8) 仁王般若經을 독경하면서 진호국가를 기원하는 법회. 100개 高座를 설치하고 100명의 고승을 초청하여 인왕반야경을 독경한 百高座會. 『일본서기』 齊明紀 6년 5월조에, "造一百高座, 一百納袈裟, 設仁王般若之會"라고 하여 百高座 기록이 처음 보인다.

9) 推古朝.

10) 推古朝 관위 12계의 제2위.

11) 天智朝.

12) 天智 3년 위계제의 제5위.

13) 황태후인 光明皇后는 孝謙天皇의 생모이다. 이를 母子관계로 표현하였다.

紀伊守로 삼고, 외종5위하 清原連淨道를 筑後守로 삼았다.

기해(28일), 종5위하 葛木連戶主에게 종5위상을 내렸다.

5월 경술(10일), 무위 篠原王·伊刀王에게 함께 종5위하를 내렸다.

을축(25일), 발해사 輔國大將軍 慕施蒙[14] 등이 배조하였다. 아울러 信物을 바쳤다. (발해사가) 주상하여 말하기를, "발해왕이 일본에 군림하고 있는 신성한 천황의 조정에 말씀드린다. 使命[15]을 받지 않은 지 이미 10여년이 지났다.[16] 이에 모시몽 등 75인을 보내고 국의 신물을 가져와 조정에 바친다"라고 하였다.

정묘(27일), 모시몽 등에게 조당에서 향응을 베풀고 관위를 내리고 녹을 차등있게 사여하였다.

6월 정축(8일), 모시몽 등이 귀국하였다. (천황이) 새서[17]를 사여하고 말하기를, "천황이 삼가 발해국왕에게 문안드린다.[18] 짐은 덕이 부족하지만, 삼가 황위를 이어받아 백성들을 보살피고 팔방에 군림하고 있다. 왕은 해외에 치우쳐 있으면서 멀리서 사신을 보내 내조하였다. 정성스런 마음은 지극히 밝아 기쁨은 더할 뿐이다. 다만 가져온 서계를 보면 臣名을 칭하지 않았다.[19] 이에 「高麗舊記」[20]를 살펴보니, (고구려)국이 태평의 시기에 상표문에서

---

14) 권18, 天平勝寶 4년 동10월 정묘조에도 발해국 慕施蒙 등이 越後國 佐渡嶋에 도착했다고 나온다.

15) 일본천황이 발해왕에게 사신을 보내라고 하는 명.

16) 발해사가 일본에 온 것은 天平 11년(739) 7월 이래 14년 만이다.

17) 璽書. 천황의 御印이 날인된 국서.

18) 이 부분은 원문에 "天皇敬問"으로 되어있다. 즉 『延喜式』 권제12 中務省 「慰勞詔書式」에 "天皇敬問, 云云.〈大蕃國云天皇敬問, 小蕃國云天皇問.〉이라고 하여 大蕃國에는 "天皇敬問", 小蕃國에는 "天皇問"이라는 표현을 쓴다고 규정하고 있다. 天皇敬問에 대해서는 『續日本紀』에 "天皇敬問新羅國王"(慶雲 3년 1월조), "天皇敬問新羅王"(慶雲 3년 11월조), "天皇敬問渤海郡王"(神龜 5년 4월조), "天皇敬問渤海國王"(天平勝寶 5년 6월조), "天皇敬問高麗國王"(寶龜 3년 2월조) 등의 용례에서 보이듯이 신라와 발해에 대해 사용하고 있다. 이들 문서 형식은 唐의 국제문서인 慰勞詔書를 모방한 것이다. 그리고 唐代의 중국은 주변 제국과의 사이에 국제문서 형식으로 '皇帝敬問'을 적대관계, 형제관계, 동족관계에 사용하고, '皇帝問', '勅'을 부자관계, 군신관계에 사용하였다고 한다. 어느 것이든 발해에 대한 일본국의 번국관이 투영된 기록으로 다분히 주관적인 대외인식이라고 생각된다.

19) 발해사가 갖고 온 발해국왕의 문서에는 발해왕 스스로를 일본천황의 臣이라고 칭한 사례는 없다.

말하기를, '族으로는 형제이고, 義로는 군신이다'라고 하였다. 혹은 원병을 요청하기도 하고, 혹은 천황의 즉위를 축하하기도 하였다. 조빙의 수호를 항례의 법식으로 하여 진실된 정성을 다해 왔다. 그런 까닭에 선조[21]께서도 곧은 절의를 소중히 여기시어 특별한 은혜로서 대접해 왔다. 영광스러운 (발해의) 운명은 융성해지고 날로 새로워져 끊어지는 일이 없었다. 생각하건대, (왕은) 이를 잘 알고 있다고 생각하는데 어찌 한두마디의 말이 필요하겠는가. 이에 앞서 (발해사가) 온 후에[22], 이미 칙서를 내렸다. 어떻게 이해의 내조에도 거듭해서 상표문이 없는 것인가. 예로서 왕래하는 것은 서로 모두 같은 것이니, 왕은 이를 깊이 생각했으면 한다. 늦여름이지만 매우 덥다. 무고하시기를 바란다. 지금 돌아가는 사인에게 생각하고 있던 바를 구두로 전한다. 아울러 사여한 물품은 별도로 기록한 바와 같다"라고 하였다. 陸奧國 牡鹿郡[23] 사람 외정6위하 丸子牛麻呂, 정7위상 丸子豊嶋 등 24인에게 牡鹿連의 성을 내렸다.

추7월 경술(11일), 산위 종4위하 紀朝臣淸人[24]이 죽었다.

무오(19일), 좌경인 정8위상 石上部君男嶋 등 47인이 아뢰기를, "나의 친부 登與는 지난 大寶 원년에 上毛野坂本君 성을 내려받았다. 그러나 자손들의 호적과 계장에는 石上部君이라고 기록되어 있다. 도리로서 납득할 수 없다. 바라건대

---

20) 고구려의 옛 기록이라는 의미로, 고구려 멸망 전후의 긴박한 국제정세 속에서 고구려가 보낸 국서 등의 문서류로 생각된다. 한편 여기에는 고구려 멸망 이후의 보덕국에서 보낸 국서도 포함되었을 것이며 따라서 일본에 도움을 요청하는 저자세의 외교문구가 포함되어 있었을 것이다.

21) 선대 聖武天皇의 朝廷. 이 시기에 발해사가 일본에 왔을 때 특별한 예우를 했다는 것을 말한다.

22) 天平 11년 7월 일본에 온 발해사가 동 12년 2월에 귀국할 때 일본천황의 칙서를 주었다는 것.

23) 현재 宮城縣 牧鹿郡과 石巻市의 일부.

24) 和銅 7년(714) 종6위상 관위에 있을 때에 國史撰修의 조칙을 받아 『日本書紀』에 관여한 1인이다. 和銅 8년에 종5위하로 3단계 승진하였고, 우수학자로 우대받았다. 聖武朝에서 右京亮, 治部大輔, 文章博士를 역임하였고 天平 15년(743)에 정5위하로 승진하였다. 동 16년 2월 聖武天皇이 恭仁京에서 難波京으로 천도할 당시 平城宮의 留守官이 되었고, 동년 11월에 종5위하로 승진하였다. 天平 18년(746) 정월에 元正上皇의 御在所에서 열린 연회에서 지은 단가가 『萬葉集』(3923)에 남아 있다. 동년 5월에는 武藏守에 보임되었다.

父의 성에 따라 이를 개정해 줄 것을 원한다"라고 하였다. 조를 내려 허락하였다.

8월 계사(25일), 陸奧國 사람 대초위하 丸子嶋足에게 牡鹿連[25]의 성을 내렸다.

9월 무술삭(1일), 무위 板持連眞釣[26]이 동전 1백만문을 바쳤다. 이에 외종5위하를 내렸다.

임인(5일), 攝津國 御津村에 남풍이 크게 불어 조수가 거세게 밀려와 가옥 110여 곳이 파손되었고 백성 560여 인이 물속으로 휩쓸려 들어갔다. 아울러 구휼하였다. 이에 해변의 백성들을 소환해 京[27]의 공한지로 이주시켰다.

을축(28일), 종4위상 石川朝臣年足[28]에게 종3위를 내리고 大宰帥로 삼았다. 종4위상 紀朝臣飯麻呂[29]를 (大宰)大貳로 삼았다.

동10월 임신(5일), 산위 종4위하 紀朝臣宇美가 죽었다.

갑술(7일), 중무경 종3위 栗栖王이 죽었다. 2품 長親王[30]의 子이다.

11월 기해(2일), 尾張國에서 흰 거북을 바쳤다.

12월 정축(11일), 攝津國이 높은 해수의 피해로 諸郡의 금년도 전조를 면제하였다.

기묘(13일), 서해도 제국의 가을 수확에 많은 손실이 있어 이에 금년도 전조를 면제하였다.

---

25) 陸奧國 牧鹿郡의 호족으로 그 일족이 宿禰, 道嶋宿禰의 성을 받는다.

26) 『東大寺要錄』 2의 〈造寺材木知識記〉에 재물을 바친 10인 중에 "板茂眞釣〈錢一千貫〉"라고 하여 동일한 인명이 나온다. 板持連眞釣는 板茂(連)眞釣으로, 神護慶雲 2년에 伊豫介, 寶龜 원년에 외종5위상이 되었다.

27) 여기서는 내륙의 平城京이 아니라 연안지역인 難波京일 가능성이 크다.

28) 天平 7년(735)에 종5위하에 서위되고 곧 出雲守에 임명되었다. 그 후 左中弁, 春宮員外亮을 역임하였고, 승진을 거듭하여 天平 19년(747)에 종4위하, 동 20년에 參議에 올라 공경의 반열에 섰다. 天平勝寶 원년(749) 7월에 종4위상, 동년 8월에 紫微中台의 차관(紫微大弼)에 임명되어 藤原仲麻呂를 보좌하였다. 그 후 天平勝寶 2년(750)에 式部卿, 동 5년에 종3위, 동 9년에 中納言, 天平寶字 2년(758)에 정3위에 올랐다. 『養老律令』의 시행 및 시행세칙인 『別式』 20권을 편찬하고 관직명을 중국식으로 변경하는 데 기여하였다. 조부는 飛鳥時代의 권세가였던 蘇我氏의 후손으로 본종가가 몰락한 이후 蘇我氏(石川氏)의 氏人으로서는 최고위로 승진한 인물이다.

29) 天平 12년 藤原廣嗣의 난 때 정토부장군에 임명되었고, 천평 14년 정월 대재부가 폐지될 때 관물을 筑前國으로 이전시키는 사인으로 파견되었다.

30) 天武天皇의 황자.

○ 天平勝寶 6년(754), 춘정월 정유삭(1일), 上野國에서 흰 까마귀[31]를 바쳤다. 5위 이상에게 내리에서 연회를 베풀고 차등있게 각각 녹을 내렸다.

신축(5일), (천황이) 동대사에 행차하였다. 연등 2만개를 점등하였다. (천황이) 칙을 내리기를, "연초에 새로운 曆이 시행되고 새로운 해는 봄으로부터 시작된다. 천지가 자비를 베풀고 동식물은 은혜를 입는다. 옛적에 명군은 좋은 때에 따라 반드시 세상에 화합을 펼치고 널리 자애를 베푼다.[32] 짐은 덕이 부족한데 어떻게 화합을 도모할 수 있을 것인가. 천하에 대사면을 내린다. 팔학, 고의 살인, 사주전, 강도와 절도, 통상의 사면에서 면제되지 않는 자는 이 사면의 범위에 포함하지 않는다. 다만 사형죄에 들어간 자는 모두 1등 감면한다"라고 하였다.

계묘(7일), 천황이 동원에 임하여 5위 이상에게 연회를 베풀었다. 칙이 있어 정5위하 多治眞人家主, 종5위하 大伴宿禰麻呂 2인을 어전으로 불러, 특별히 4위의 조복을 하사하여[33] 4위의 반열에 서게 하고[34] 바로 종4위를 내렸다.

임자(16일), 천황이 대안전에 임하여 조를 내려 종4위상 藤原朝臣永手[35]에게 종3위를, 종4위하 池田王에게 종4위상을, 종4위상 橘朝臣奈良麻呂에게 정4위하를, 종4위하 石川朝臣麻呂·藤原朝臣八束에게 함께 종4위상을, 정5위상 藤原朝臣巨勢麻呂에게 종4위하를, 종5위상 高丘連河內[36]에게 정5위하를, 종5

---

31) 『延喜式』 治部省 祥瑞에 "白烏는 태양의 정기이다"라고 나온다. 中瑞에 해당한다.

32) 寶龜 4년 정월 계미조의 대사면 시에도 "今者初陽啓曆, 和風扇物, 天地施仁, 動植仰澤, 思順時令, 式覃寬宥, 宜可大赦天下"라고 유사한 내용이 나온다.

33) 「衣服令」5에 의하면 4위의 조복의 색은 深緋이다.

34) 연회 석상에서는 위계에 따라 서열화된다.

35) 藤原朝北家의 시조인 藤原房前의 2남. 天平 9년(737)에 종5위하에 서위된 후, 天平寶字 원년(757)에 中納言에 오른다. 764년의 藤原仲麻呂의 난을 진압하는 데 공을 세워 稱德朝에서 좌대신으로 승진하였다. 稱德천황 사후에는 光仁天皇을 옹립하였고, 사후에 태정대신으로 추증되었다.

36) 天智 2년(663) 백제에서 망명한 沙門詠의 자손. 養老 5년(721) 退朝 후에 황태자인 首皇子에게 근시를 명받아 교육시켰다. 또 동년 정월에는 학업이 뛰어나고 모범이 될 만한 관인을 포상하는데 樂浪河內의 이름이 나온다. 『家傳』下(『寧樂遺文』下-885)에도 문사에 뛰어난 인물로 紀朝臣清人, 山田史御方 葛井連廣成, 百濟公倭麻呂, 大倭忌寸小東人 등 당대의 석학들과 더불어 高丘連河內의 이름이 열기되어 있다. 天平 3년(731)에 외종5위하로 승진하여 右京亮이 되었고, 이후 정5위하로 대학료의 장관인 大學頭에 임명되었다. 『만엽집』에도 天平 15년(743)의 「高丘河內連謌二首」(6-1038, 1039)라고 하여 단가 2수를 남기고 있다.

위하 多治比眞人犢養·小治田朝臣諸人·波多朝臣足人·大藏忌寸廣足[37]·土師宿禰牛勝·上毛野君難波[38]에게 함께 종5위하를, 정6위상 佐伯宿禰大成·小野朝臣竹良·石川朝臣豊成·粟出朝臣人成·藤原朝臣武良士·後部王吉[39]에게 함께 종5위하를, 정6위상 林連久麻·物部山背·中臣酒人宿禰虫麻呂·高福子[40]·日置造眞卯·黃文連水分[41]·大藏忌寸麻呂[42]에게 함께 외종5위하를 내렸다. 入唐副使 종4위상 大伴宿禰古麻呂가 귀국하였다. 唐僧 鑒眞,[43] 法進 등 8인이 함께 귀조하였다.

---

37) 한반도계 도래씨족인 東漢氏. 秦氏 중에 大藏의 관리와 출납을 직무로 하는 씨족으로 직명을 씨명으로 삼았다. 이후 忌寸, 宿禰, 朝臣 등의 성을 받는다.

38) 백제계 도래씨족의 후손. 天平 9년(737) 2월에 出羽守, 天平 11년에 외종5위하, 天平 16년에 종5위하에 서위되고, 孝謙朝에서 中衛員外少將에 보임되었고, 天平勝寶 2년(750)에 일족과 함께 田邊史에서 上毛野君으로 개성하였다. 동 6년에 종5위상에 이른다.

39) 고구려 멸망 후 망명한 후예씨족. 後部는 고구려 5부의 하나로 絶奴部, 北部와도 통한다. 선조가 속한 後部名을 관칭한 고구려계 씨족으로는 後部王, 後部, 後部高 등이 보인다. 『新撰姓氏錄』 右京諸蕃에 "後部王, 高麗國長王周之後也"라고 나온다. 後部王氏는 和銅 5년(712) 정월조에 後部王同, 神龜 2년(725) 윤정월조에 後部王起, 天平寶字 5년(761) 3월조에 後部王安成이 나오고, 『寧樂遺文』(中-633)에도 後部王虫名의 인명이 보인다.

40) 고구려계 씨족의 후손. 天平寶字 3년 3월에 정6위상에서 외종5위하로 승진되었다. 『신찬성씨록』 좌경제번하에 高氏는 高麗國人 高助斤의 후예라고 나온다. 『正倉院文書』에는 다수의 고씨가 보인다. 천평 7년 12월 7일부 「寫經所啓案」(『大日本古文書』 7-43)에 高廣麿, 천평 9년 4월 4일부 「小野備宅所」(동 2-28)에 高忍熊, 천평 10년 2월 28일 「經師等行事手實」(동 7-132)에 高豐島, 천평 11년 4월 15일부 「寫經司所」(동 2-162)에 高東麻呂 등이 있다. 이외에도 高東人(동 2-347), 高淨成(동 25-134), 高吉人(동 25-134), 高秋長(동 12-247), 高益國(동 3-567), 高大萬呂(동 6-36), 高礒足(동 19-271), 高龜主(동 6-315), 高乙虫(동 25-161), 高秋永(동 13-244), 高眞鳥(동 4-453) 등이 있다.

41) 고구려계 씨족으로 동년 4월에 肥前守를 역임하였다. 『日本書紀』, 『聖德太子伝曆』 등에는 推古朝 604년에 黃文畵師, 山背畵師의 화공 전문집단을 만들었다고 한다. 일족 중에 화공이 저견된다. 天武 12년(683)에 黃文造는 黃文連으로 개성한다. 正倉院文書에도 黃文連乙万呂, 黃文連乙万呂, 黃文連黑人, 黃文川主 등의 인명이 나온다.

42) 한반도계 도래씨족의 후손. 천평 9년 정월 신축조에 정7위상으로 견신라사 少判官에 임명되었다. 『萬葉集』에 신라사로 파견되는 도중에 지은 단가 1수가 남아 있으며, 正倉院文書에도 그의 활동상이 보인다. 天平勝寶 3년 11월 정6위상 造東大寺司判官(『大日本古文書』 12-175), 동 7년 3월 造東大寺司 차관으로 造東大寺解에 서명한 기록(『大日本古文書』 4-51)이 나온다. 天平寶字 2년 11월에 종5위하, 丹波守를 역임하였다.

43) 唐의 揚州 江陽縣에서 출생하고 14세에 득도하여 大雲寺에 거주하였다. 18세에 보살계를 받고, 律宗, 天台宗을 수학하였다. 揚州의 大明寺 주지로 있던 742년에 견당승 榮叡, 普照 등의 간청을 받아 수차례 도일을 시도했지만 실패하고, 天平勝寶 5년(753) 12월 7일에 九州 남단의 屋久에 도착하였다. 동년 12월 26일 大宰府에 도착하여 大宰府 觀世音寺에 인접한 戒壇院에서 처음으로 授戒를 행하고 이듬해 6월 平城京에 도착하여

계축(17일), 대재부에서 주상하기를, "입당 부사 종4위상 吉備朝臣眞備가 탄 배가 작년 12월 7일 益久嶋에 내착하였고, 그 후 익구도에서 출발하여 紀伊國의 牟漏埼에 도착하였다"라고 하였다.

병인(30일), 부사 大伴宿禰古麻呂가 당에서 돌아왔다. 古麻呂가 주상하기를, "大唐 天寶 12년[44] 歲星이 계사에 있는 정월 초하루 계묘에 (당의) 백관과 諸蕃이 신년하례를 하였다. 천자[45]가 蓬萊宮[46]의 含元殿[47]에서 새해인사를 받았다. 이날, 일본[48]의 석차는 서반의 제2위로 吐蕃의 아래이고, 신라사의 석차는 동반의 제1위로 大食國의 위에 있었다. 이에 古麻呂가 진술하기를, 예로부터 지금까지 신라가 일본국에 조공한 것은 오래되었다. 지금 (신라는) 동반의 상석에 있고, 일본은 반대로 그보다 하위에 있다. 이것은 義에 맞지 않는 일이라고 하였다. 이때 장군 吳懷實[49]이 古麻呂가 수긍하지 않는 안색을 보고, 바로 신라사를 서반의 제2위 석차인 吐蕃 아래로 인도하고, 일본사는 동반의 제1위의 大食國의 위로 열석시켰다"라고 하였다.[50]

聖武上皇 등의 환대를 받았다. 孝謙天皇의 칙으로 戒壇의 설립과 授戒를 일임받고, 동대사에 주지하였다. 鑑眞은 동대사에 戒壇을 만들어 聖武上皇을 비롯한 승니 등 400명에게 보살계를 내렸다. 天平寶字 2년(758)에는 淳仁天皇의 칙으로 大和上에 임명되었다. 이듬해에는 新田部親王의 구저택에 唐招提寺를 창건하고 戒壇을 설치하였다. 天平寶字 7년(763)에 唐招提寺에서 76세로 사망하였다.

44) 天平勝寶 5년(753).

45) 唐 玄宗.

46) 당의 長安城 龍首原에 貞觀 8년(634)에 조영된 궁성으로 大明宮이라고 칭했다가 龍朔 2년(662)에 蓬萊宮으로 개칭하였다. 이후 神龍 원년(705)에 다시 대명궁으로 복원되었다.

47) 大明宮의 正殿.

48) 원문에는 我, 大伴宿禰麻呂 자신 즉 日本을 말한다.

49) 『舊唐書』 高尙傳에 開元 원년 '中官將軍吳懷實'이 나오는데, 그는 환관으로 추정된다.

50) 상기 석차쟁송에 대해서는, 당이 일본 주장의 정당성을 인정하여 석차를 변경시켜 주었다는 긍정설, 당과 신라와의 관계가 긴밀하여 당이 일본 주장을 인정할 리가 없다는 허구설, 이때 신라는 당에 사신을 파견하지 않았으며 이 사건은 大伴古麻呂의 공명심에서 비롯된 것이라는 이른바 자작극설 등이 제기되고 있다. 근년에는 754년 唐僧 鑑眞과 함께 일본에 온 思託이 편찬한 延暦僧錄의 「勝寶感神聖武皇帝菩薩傳」에 기록된 "元日拜朝賀正, 勅命日本使可於新羅使之上"의 내용을 근거로 긍정설에 무게를 두고 있지만, 견당사가 조정에 제출한 보고서를 思託이 이용했을 가능성도 있다. 이 사건은 석차를 둘러싼 쟁장사건의 진위와는 관계없이, 신공황후 신라정벌설화가 당대 일본지배층의 신라관에 뿌리깊게 자리잡고 있었음을 보여준다는 점에 유의할 필요가 있다.

2월 기묘(13일), 정6위상 百濟王理伯[51]에게 종5위하를 내렸다.

병술(20일), 대재부에 칙을 내려, "지난 天平 7년(735)에 (大宰)大貳 종4위하 小野朝臣老, 高橋連牛養을 南嶋[52]에 보내 (섬마다) 패찰을 세우게 하였다. 그러나 그 패찰은 세월이 흘러 이미 썩어 훼손되었다. 마땅히 원래대로 수리하여 세우고, 패찰마다 명확하게 섬의 이름, 배의 정박 장소, 급수할 수 있는 곳 및 왕래하는 국까지의 거리, 멀리서도 보이는 섬의 이름을 새겨서 표착하는 배가 돌아가야 할 곳을 알 수 있도록 한다"라고 하였다.

3월 병오(10일), 사자를 보내 당의 信物을 山科陵[53]에 바치게 하였다.

계축(17일), 대재부에서 주언하기를, "사자를 보내 견당사의 제1선을 탐문하였는데, 그 소식에 따르면 제1선은 돛을 올려 奄美嶋를 떠났고 아직 도착지는 알지 못한다"라고 하였다.

하4월 경오(5일), 종5위상 中臣朝清麻呂를 신기대부로 삼고, 종5위하 秋篠王·粟田朝臣人成을 함께 소납언으로 삼고, 종4위상 大伴宿禰古麻呂를 좌대변으로 삼고, 종5위하 石川朝臣豊成을 右少弁으로 삼고, 외종5위하 日置造眞卯를 紫微中臺少忠으로 삼고, 종5위하 當麻眞人子老를 아악두로 삼고, 종5위상 石川朝臣名人을 민부대보로 삼고, 종5위하 石川朝臣豊人을 주세두로 삼고, 종5위상 大伴宿禰家持를 병부소보로 삼고, 종4위상 紀朝臣飯麻呂를 대장경으로 삼고, 정5위하 朝臣中臣益人을 造宮少輔로 삼고, 종5위하 藤原朝臣武良志를 좌경량으로 삼고, 외종5위하 文忌寸上麻呂[54]를 우경량으로 삼고, 종3위 文室眞人珍努를 섭진대부로 삼고, 종5위하 百濟王理伯[55]을 (섭진)량으로 삼고, 종5위하 多治比眞人土作을 尾張守로 삼고, 정5위하 大伴宿禰稻君을 上總守로 삼고, 종4위상 吉備朝臣眞備를 대재대이로 삼고, 종5위하 小野朝臣田守를 대재소이로 삼고, 외종5위하 黃文連水分[56]을 肥前守로 삼았다.

---

51) 百濟王敬福의 아들. 天平勝寶 6년(754)에 종5위하 攝津亮에 보임되었고, 天平寶字 6년(762)에 肥後守, 稱德朝인 天平神護 2년(766)에 종5위상, 이듬해에 정5위하 攝津大夫, 神護景雲 4년(770)에 종4위하에 서임되었다. 寶龜 2년(771)에는 伊勢守, 동 5년에 右京大夫가 되었다.

52) 九州 남단의 南西諸島.

53) 天智陵

54) 권18, 天平勝寶 3년(751) 춘정월조 116쪽 각주 41) 참조.

55) 앞의 2월 기묘조 해당 각주 참조.

임신(7일), 入唐廻使 종4위상 大伴宿禰古麻呂·吉備朝臣眞備에게 함께 정4위하를, 판관 정6위상 大伴宿禰御笠·巨萬朝臣大山에게 함께 종5위하를 내렸다. 그 외의 사인 222인에게도 각각 차등있게 관위를 내렸다. 대재부에서 말하기를, "入唐 제4선 판관 정6위상 布勢朝臣人主 등이 薩摩國의 石籬浦에 내착하여 정박하고 있다"라고 하였다.

5월 기유(14일), 종5위하 石川朝臣豊人을 越中守로 삼았다.

6월 을축삭(1일), 정5위하 中臣朝臣益人을 神祇大副로 삼았다.

추7월 병오(13일), (천황이) 조를 내려, "요즈음 대황태후[57]의 건강이 악화된 지 거의 10일[58]이나 계속되고 있다. 백방으로 치료하고 있지만, 아직도 회복하지 못하고 있다. (짐이) 느끼는 아픈 마음은 참으로 깊고 끝이 없다. 짐은 듣건대, 하늘은 덕을 (행하는 자를) 돕고, 덕은 재난을 이겨낸다고 한다. 자비심이 있는 政令을 베풀어 대황태후의 건강을 돕고 침식을 평상과 같이 일상생활을 평온하게 하고자 한다. 이에 대사면을 내린다. 다만 팔학, 고의 살인, 사주전,[59] 강도와 절도, 통상의 사면에서 면제되지 않는 자는 이 사면의 범위에 들어가지 않는다"라고 하였다.

이날, 승 100인을 득도시켰다. 入唐判官 정6위상 布勢朝臣人主에게 종5위하를 내렸다. 종5위상 中臣朝臣清麻呂를 좌중변으로 삼고, 종5위하 阿倍朝臣小嶋를 식부소보로 삼고, 외종5위하 壬生使主宇陀麻呂를 玄蕃頭[60]로 삼고, 종5위하 大伴宿禰御依를 주세두로 삼고, 종5위하 紀朝臣伊保를 대취두로 삼고, 종5위하

56) 黃文連은 고구려계 후예씨족. 일족 중에는 畫工 등으로 활동한 인물이 확인된다.

57) 孝謙天皇의 조모인 藤原宮子. 聖武天皇의 생모. 원문에는 大皇太后라고 되어 있다.

58) 원문에는 旬月로 나오는데, 이를 10일, 1달, 10달 등으로 해석하고 있다. 내용에 따라 달리 볼 수 있으나, 태황태후라는 위치로 보아 병세의 위중함을 해소하기 위해 대사면을 내린 상황이어서 그 기간을 멀리 보기는 어렵다고 생각된다.

59) 唐律의 「雜律」3에, 私鑄錢에 대해 "諸私鑄者, 流三千里, 作具已備未鑄者, 徒二年, 作具未備者, 杖一百, 若磨錯成錢, 令薄小, 取銅以求利者, 徒一年"이라고 규정되어 있다. 우선 사주전자는 3천리의 유형에 처하고, 鑄錢을 위해 공작기구를 갖추었지만 아직 주조하지 않은 경우에는 도형 2년, 기구를 갖추지 않은 경우에는 장 1백대에 처하고, 또 주화를 갈거나 얇고 작게 하여 이익을 취하는 경우에는 도형 1년으로 한다고 되어 있다. 사주전에 관해서 일본 律은 唐律을 참고했다고 보인다.

60) 玄蕃寮의 장관으로 승려의 度緣, 戒牒의 발행, 명적을 관리하고 宮中의 佛事, 法會의 감독, 외국사절 접대, 鴻臚館의 관리 등을 직무로 한다.

忌部宿禰鳥麻呂를 전약두로 삼고, 종5위하 布勢朝臣人主를 駿河守로 삼고, 종5위하 阿倍朝臣綱麻呂를 出雲守로 삼고, 종5위하 小野朝臣東人을 備前守로 삼고, 종5위상 波多朝臣足人을 備後守로 삼았다.

임자(19일), 대황태후가 중궁에서 죽었다.

계축(20일), 정1위 橘朝臣諸兄, 종3위 文室眞人珍努·紀朝臣麻路, 정4위하 安宿王, 종5위하 厚見王, 종4위하 多治比眞人國人, 종5위하 多治比眞人木人·紀朝臣男楫·阿倍朝臣毛人·石川朝臣豊成, 외종5위하 文忌寸上麻呂를 御裝束司[61]로 삼았다. 그 외 6위 이하는 12인이었다. 종2위 藤原朝臣豊成, 종3위 多治比眞人廣足·藤原朝臣永手, 종4위상 池田王, 정4위하 大伴宿禰古麻呂, 종4위상 文室眞人大市, 정5위상 佐伯宿禰今毛人, 종5위상 縣犬養宿禰古麻呂, 종5위하 紀朝臣廣名·粟田朝臣人成을 造山司[62]로 삼았다. 그 외 6위 이하는 21인이었다.

8월 정묘(4일), 정4위하 安宿王이 조사를 읽는 사람들을 이끌고 조사를 올렸다. 시호를 千尋葛藤高知天宮姬之尊이라고 하였다. 이날, 佐保山陵[63]에서 화장하였다.

9월 병신(4일), 정4위하 安宿王에게 內匠頭를 겸직시켰다. 종4위상 文室眞人大市를 大藏卿으로 삼고, 종4위상 紀朝臣飯麻呂를 右京大夫로 삼고, 종4위상 石川朝臣麻呂를 武藏守로 삼고, 종5위하 佐伯宿禰大成을 丹後守로 삼고, 외종5위하 中臣丸連張弓을 因幡守로 삼았다.

정미(15일), 칙을 내려, "듣는 바와 같이, 제국의 국사들은 이윤을 탐하고 추구하여 전조의 수납이 부실하고 출거한 (正稅의) 벼의 이자를 징수하는 데에도 허위가 많다. 이에 백성들은 점차 힘들어지고 정창은 상당히 비어 있다. 왕경 및 제국의 전조는 수확량의 많고 적음을 논하지 말고 모두 다 납부하도록 한다. 정세(의 稻)의 이자는 10분의 3을 취한다. 다만 토지의 작물이 흉작이어서 調, 庸의 한도가 면제에 해당될 경우에는[64] 令에 준거하여

61) 천황의 수행, 葬儀, 대상제 등의 행사에 물품 등을 조달하고 준비하는 임시 관사.
62) 陵墓 조영을 위해 설치된 임시 관사.
63) 『延喜式』 21 諸陵寮에는 "佐保山西陵〈平城朝太皇大后藤原氏, 在大和國添上郡, 兆域東西十二町, 南北十二町, 守戶五烟〉"이라고 기록하고 있다. 현재의 소재지는 奈良市 法蓮町 부근으로 추정된다.
64) 「賦役令」9 「水旱」조에는 "凡田, 有水旱虫霜, 不熟之處, 國司檢實, 具錄申官, 十分損五分以上,

처분한다. 또 지난 천평 7년의 격[65]을 보니, 국사 등이 관할 지역에서 교역하고 무한정으로 물자를 (왕경으로) 운반하는 행위는 이미 금지되어 있다. 그러나 여전히 (이 格을 따르지 않고) 이익을 탐하고 마음을 더럽히는 일이 통속화되고 있다. 짐의 신뢰하는 신하들이 어찌 이와 같을 수 있겠는가. 지금 이후로는 다시 (이 格을) 위반하는 자가 있다면 법에 의거하여 처벌하고 동정을 베풀어서는 안 된다"라고 하였다.

동10월 을해(14일), 칙을 내려, "관인, 백성이 헌법[66]을 두려워하지 않고 몰래 사람들을 모아 마음대로 雙六[67]을 행하고 나쁜 길로 빠져 자식은 아버지에 순종하지 않고 결국에는 가업을 잃어버리고 또 효의 도리도 어지럽히게 된다. 이에 경기, 7도 제국에 명하여 엄격하게 이를 금지하도록 한다. 6위 이하는 남녀 불문하고 곤장 100대에 처하고 蔭[68]과 贖[69]을 적용해서는 안 된다. 단 5위 이상의 자는 현직에서 즉시 해임하고 位祿, 位田을 박탈한다. 4위 이상은 封戶의 지급을 정지한다. 職[70] 및 제국의 국사, 군사가 용인해서 금지하지 않으면 역시 모두 해임한다. 만약 (雙六을 하는) 20인 이상을 고발하는 자는 무위라면 3계를 서위하고[71] 유위자는 비단 10필, 삼베 10단의 물품을

免租, 損七分, 免租調, 損八分以上, 課役俱免. 若桑麻損盡者, 各免調, 其已役已輸者, 聽折來年"이라고 하여 흉작으로 인한 손실에 대해 정해진 수확량의 비율에 따라 전조와 調, 庸의 이자를 면제하는 조치이다.

65) 天平 8년(738) 5월 병신조에 "先是有勅, 諸國司等除公廨田事力借貸之外, 不得運送者"라고 하여, 이보다 앞서 내린 칙에 따라 제국 국사들은 公廨田, 事力, 借貸 이외에는 운송할 수 없다고 되어 있다. '先是有勅'은 바로 상기 본문의 天平 7년의 格을 말한다.

66) 일반적인 국가의 법인 율령법을 말한다. 憲法이라는 용어는 『속일본기』에 모두 5회 나온다.

67) 雙六은 바둑과 장기와 같이 장방형의 판 위에 돌을 깔아 게임을 하며 즐기는 놀이문화, 일종의 도박성이 있어 금지령이 나오고 있다. 『日本書紀』 持統 3년(689) 12월 병진조에 "禁斷雙六"이 처음 나오고, 율령에서도 금지하고 있다. 『令義解』 捕亡律에도 도박행위에 대한 벌칙을 묻는 주석에 "謂博戲者, 雙六樗蒲之屬, 卽雖未決勝負, 唯賭財者, 皆定之"라고 기록되어 있다. 금지령에도 불구하고 당시 이 놀이가 사회문제가 되고 있었던 것으로 보인다.

68) 蔭은 음위에 따라 형이 감형 혹은 면제되는 것.

69) 贖은 贖錢이라고 하여 돈을 납입하고 실형을 면제받는 것.

70) 左右京職, 攝津職.

71) 무위자가 3계의 관위에 서위된다면 관위 30계에서 제28위에 해당하는 대초위하를 받는다.

지급한다.

기묘(18일), 기내, 7도 제국에 명하여 射田[72]을 설치하였다.

윤10월 경술(19일), 종5위하 秋篠王, 아들 繼成王, 조카 濱名王·船城王·愛智王 5인에게 丘基眞人의 성을 내렸다. 외종5위상 額田部 湯坐連息長에게 종5위하를 내렸다.

신해(20일), 大宰府에 명하여 관내 제국의 산과 언덕이 붕괴된 장소에 제사를 지내게 하였다.

11월 신유삭(1일), 순찰사를 임명하였다. 종4위상 池田王을 畿內使로 삼고, 종5위하 紀朝臣小楫을 東海道使로 삼고, 종5위하 石川朝臣豊成을 東山道使로 삼고, 종5위하 藤原朝臣武良志를 北陸道使로 삼고, 종5위상 大伴宿禰家持를 山陰道使로 삼고, 종5위하 阿倍朝臣毛人을 山陽道使로 삼고, 종5위하 多治比眞人木人을 南海道使로 삼고, 종4위상 紀朝臣飯麻呂를 西海道使로 삼고, 도별로 錄事 1인을 두었다.

무진(8일), 칙을 내려, "짐은 진심으로 2인의 어체[73]의 평안과 수명의 연장을 위해 7일간 49인의 승을 불러 藥師琉璃光佛[74]에 귀의하여 삼가 공양을 하려고 한다. 그 경전에서, '續命의 幡[75]을 걸고 49개의 연등을 켜서 다양한 종류의 많은 생물을 방생해야 한다'고 한다. 홀로 가만히 생각해 보니, 방생 중에서 사람을 구제하는 것 만한 공양은 없다. 이 가르침에 따라 천하에 대사면을 내리고자 한다. 다만 팔학을 범한 자, 고의 살인, 사주전, 강도와 절도 및 통상의 사면에서 면제되지 않는 자는 사면의 범위에 포함하지 않는다. 아울러 사형죄는 1등 감면하도록 한다"라고 하였다.

신미(11일), 大唐 학문생 무위 船連夫子[76]에게 외종5위하를 내렸으나 사양

---

72) 제국의 군단 병사의 궁술을 장려하기 위한 재원으로 설치된 전지.

73) 孝謙天皇의 父 聖武太上天皇과 母인 光明皇太后.

74) 藥師如來佛. 약사여래가 설했다는 경전은 永徽 원년(650)에 玄奘이 한역한 『藥師瑠璃光如來本願功德経』(藥師經)과 景龍 원년(707)에 義淨이 한역한 『藥師瑠璃光七佛本願功德經』(七仏藥師經)이 있다.

75) 수명의 연장을 기원하는 5색의 綾羅로 만든 旗.

76) 출가하여 받은 법명은 延慶. 天平勝寶 5년(753)에 당에서 온 鑑眞을 大宰府로 안내하고 이듬해에는 감진이 입경할 때 통역을 담당하였다. 正倉院文書에는 東大寺 사경소에 天平勝寶 7년(755)에 화엄경을, 이듬해에는 摩登伽經을 빌렸다고 한다. 船連氏의 선조는

하고 받지 않았다. 출가하기 때문이었다.

갑신(24일), 약사사 승 行信은 八幡神宮의 主神 大神朝臣多麻呂 등과 뜻을 같이하여 주술로서 사람을 미혹시키는 행위를 하여 소관 관사에서 추문한 결과, 죄가 遠流[77]에 합당하다고 하였다. 이에 중납언 多治比眞人廣足을 약사사에 보내어 (천황의) 조를 말하고, 行信을 下野國[78]의 약사사로 유배보냈다.

정해(27일), 종4위하 大神朝臣杜女, 외종5위하 大神朝臣多麻呂는 함께 제명하고[79] 본래의 성을 따르게 하였다.[80] (大神朝臣)杜女는 日向國으로 유배보내고, (大神朝臣)多麻呂는 多褹嶋[81]로 유배보냈다. 이에 다른 사람을 택하여 신궁의 禰宜, 祝에 보임하였다. 그 封戶, 位田 및 잡물은 1건 이상 모두를 대재부에 조사시켜 관리하게 하였다.

12월 을묘(25일), 左大舍人[82] 무위 多米王에게 高額眞人의 성을 내렸다.

이해 8월, 풍수해로 기내 및 11국의 백성들의 생업이 피해를 입었다. 함께 구휼하였다.

○ 天平勝寶 7년(755), 춘정월 신유삭(1일), 신년하례를 중지하였다. (대황태후의 죽음으로) 천황이 상복중이기 때문이다.[83]

백제계 도래인 王辰爾로부터 시작된다. 『日本書紀』 欽明 14년(553) 7월 칙을 받은 蘇我大臣稻目宿禰의 명에 따라 王辰爾가 선박의 출납, 문서 작성 등 船賦 일을 맡고 이에 船史의 씨성을 받았다. 이후 天武 12년(683)에 船連으로 개성되었다. 일족인 船連今道는 葛井連道依와 함께 延曆 10년(791) 1월에 주상해서 宮原宿禰의 성을 받는다. 『新撰姓氏錄』 右京諸蕃下 「船連」조에 "菅野朝臣同祖, 大阿郎王三世孫智仁君之後也", 동 攝津國諸蕃에도 船連氏를 "菅野朝臣同祖, 大阿良王之後也"라고 기록하고 있다. 菅野朝臣 역시 왕진이계 船史氏의 후손이다.

77) 왕경에서 遠國으로 유배 보내는 流刑.

78) 고대 東山道의 1국으로 현재의 栃木縣. 毛野國이 上毛野, 下毛野로 분할되었다. 下毛野는 下野로도 쓴다.

79) 「名例律」21 「除法」조에는 "凡除名者, 官位勳位悉除, 課役從本色"이라고 하여 위계, 훈위를 모두 박탈하고 과역도 본래의 신분에 따라 부과한다고 규정되어 있다.

80) 天平勝寶 원년 11월 신묘조에 大神朝臣의 성을 받았는데, 제명으로 본래의 성인 大神으로 되돌린 것이다.

81) 九州 남단의 種子島.

82) 左右大舍人寮에 소속되어 궁중에서 숙직, 경호, 천황 순행 시의 물품 준비 등에 종사한 하급관인.

83) 전년도인 天平勝寶 6년 7월에 천황의 조모인 태황태후 宮子가 사망하였다.

갑자(4일), 칙을 내려, "생각하는 바가 있어, 天平勝寶 7년을 고쳐서 天平勝寶 7歲[84]로 한다"라고 하였다. 종7위상 山田史廣人, 종5위하 比賣嶋女 등 7인에게 山田御井宿禰의 성을 내렸다.

갑술(14일), 외정6위상 丸子大國에게 종5위하를 내리고, 외정6위하 외종5위하를 내렸다.

3월 경신삭(1일), 외종5위하 山田史君足[85]에게 廣野連의 성을 내렸다.

정해(28일), 八幡大神의 神託을 말하기를, "神인 나는 거짓으로 말하여 신탁을 핑계대는 것은 원하지 않는다. (앞서) 받은 봉호 1,400호, 전지 140정[86]은 쓸모가 없게 되어 산야에 버려두는 것과 같다. 마땅히 조정에 반환하고, 다만 통상의 神田[87]은 그대로 원할 뿐이다"라고 하였다. 신탁에 따라 행하게 하였다.

하4월 정미(18일), 종5위하 丘基眞人秋篠[88] 등 21인에게 다시 豊國眞人[89]의 성을 내렸다.

5월 정축(19일), 大隅國 菱苅村[90]의 부랑인 930여 인이 郡家[91]를 세우고 싶다고 언상하자, 조를 내려 이를 허락하였다.

---

84) 唐의 玄宗이 天寶 3년(天平 16년)에 年을 載로 고치고, 이어 肅宗 至德 3載(天平寶字 2년)까지 '載'자를 사용하였다. 이 天平勝寶 7歲도 唐의 天寶 14載에 해당한다. 이것은 天平勝寶 5~6년에 귀국한 견당사의 정보에 의해 당의 제도를 모방한 것으로 추정된다.

85) 天平寶字 원년(757) 5월에 종5위하에 서위되었다. 개성된 이후의 廣野連氏는 『신찬성씨록』 右京諸蕃, 河內國諸蕃의 長野連氏와 조상이 같다고 하고 도래계 씨족임을 기록하고 있다.

86) 天平勝寶 2년 2월 八幡大神에게 준 봉호 800호, 위전 80정과, 2품 比賣神에게 준 봉호 600호, 위전 60정의 합계와 동일하다. 이들 봉호와 위전을 국가에 반환한 것은 그 전해 11월 藥師寺 승 行信이 八幡神宮의 主神 大神朝臣多麻呂 등과 함께 주술로써 사람을 미혹시키는 행위를 하여 유형에 처해진 사건과 관련 있는 것으로 보인다.

87) 신사의 경비에 충당하는 전지. 사원의 寺田과 동일한 성격으로 班田收授의 대상이 되지 않고, 전조를 내지 않은 不輸租田이다.

88) 秋篠王으로 전년도 丘基眞人의 성을 받았는데, 이를 확대하여 다시 새로운 성을 내린 것.

89) 『신찬성씨록』 좌경황별에, 大原眞人과 同祖이고, 大原眞人은 敏達의 孫인 百濟王으로부터 나왔다는 출자를 기록하고 있다.

90) 현재의 鹿兒島縣 伊佐郡 부근의 산간 분지.

91) 郡을 새로 설치하는 것. 부랑인은 호적에 등재되지 않은 사람으로 공민으로 편입되고 싶어도 행정처리를 할 수 있는 관청이 없어 군의 신설을 요청한 것이다.

6월 계유(15일), 安藝國에서 흰 까마귀를 헌상하였다.

임자(24일), 대재부 관내의 제국에 국별로 兵衛 1인, 채녀 1인을 공상시켰다. 和氣王,[92] 細川王에게 岡眞人[93]의 성을 내렸다.

추8월 경자(13일), 정6위상 日下部宿禰子麻呂·食朝臣息人에게 함께 종5위하를 내렸다.

10월 병오(21일), 칙을 내려, "요즈음 태상천황[94]이 건강이 불안정하여 침식의 상태도 좋지 않다. 짐은 가만히 이를 생각하면, 마음 깊이 슬픔을 느낀다. 이 병을 구제하는 방법은 오직 시혜를 베풀고, 연명을 위해서는 사람들의 고통을 구제하는 일만한 것이 없다. 천하에 대사면을 내리고자 한다. 팔학을 범한 자, 고의 살인, 사주전, 강도와 절도, 통상의 사면에서 면제되지 않는 자는 사면의 범위에 포함하지 않는다. 다만 사형죄는 1등 감면한다. 홀아비, 과부, 고아, 독거노인, 궁핍한 자, 고령자, 질환으로 자활하기 어려운 자는 헤아려 구휼하고, 아울러 탕약을 지급하도록 한다"라고 하였다. 또 금일로부터 12월 말일까지 살생을 금한다. 山科,[95] 大內의 동서,[96] 安古,[97] 眞弓,[98] 奈保山 동서[99] 등의 산릉 및 태정대신[100]의 묘에 사자를 보내 봉폐하고 (태상천황의 건강 회복을) 기원하였다.

11월 정사(2일), 소납언 종5위하 厚見王을 이세대신궁에 보내 폐백을 바쳤다.

12월 정미(23일), 종5위하 佐伯宿禰美濃麻呂를 越前守로 삼았다.

○ 天平勝寶 8歲(756), 춘2월 병술(2일), 좌대신 정1위 橘朝臣諸兄이 사직을 청했다. 칙을 내려 청한 대로 이를 허락하였다.

---

92) 舍人親王의 손이고, 細川王의 형이다.
93) 『신찬성씨록』 좌경황별에, 岡眞人은 "出自諡天武皇子一品贈太政大臣舍人王也"라고 하여 天武의 황자인 舍人親王으로부터 나왔다고 한다.
94) 聖武天皇.
95) 天智天皇陵.
96) 天武·持統天皇陵.
97) 文武天皇陵.
98) 草壁皇子陵, 孝謙天皇의 증조부.
99) 元明·元正天皇陵.
100) 藤原不比等.

무신(24일), (천황이) 難波에 순행하였다. 이날, 河內國에 이르러 智識寺 남쪽의 행궁으로 들어갔다.

기유(25일), 천황이 智識, 山下, 大里, 三宅, 家原, 鳥坂 등 6사[101)]에서 예불하였다.

경술(26일), 內舍人을 6사에 보내 (각 寺의 승려에게) 독경하도록 하고, 차등있게 시주하였다.

임자(28일), 큰 비가 내렸다. 河內國 제신사의 祝, 禰宜 등 118인에게 정세의 벼를 각각 차등있게 내렸다. 이날, (천황이) 難波宮에 이르러 동남의 신궁에 들어갔다.

3월 갑인삭(1일), 태상천황이 堀江[102)]의 강가에 순행하였다.

을묘(2일), 조를 내려, 河內, 攝津 2국의 전조를 면제하였다.

무오(5일), 攝津國의 제사찰에 사자를 보내 (승려에게) 독경하도록 하고, 각각 차등있게 시주하였다.

하4월 정유(14일), 칙을 내려, "태상천황의 건강이 악화된 지 10여 일이 지났으나 여전히 회복되지 않고 있다. 듣는 바에 의하면, 재앙을 가라앉히고 복을 가져오는 데에는 자애를 베푸는 일 만한 것이 없고, 병을 낫게 하고 수명을 연장시키는 데에는 실로 덕이 있는 정치를 해야 한다고 한다. 천하에 대사면을 내린다. 다만 팔학, 고의 살인, 사주전, 강도와 절도, 통상의 사면에서 면제되지 않는 자는 사면의 범위에 포함하지 않는다. 만약 절도로 인해 사형죄를 받은 자는 1등을 감면한다. 홀아비, 과부, 고아, 독거노인, 궁핍한 자, 고령자, 질환으로 자활하기 어려운 자는 헤아려 구휼하도록 한다"라고 하였다.

무술(15일), 천황이 澁河路[103)]를 통해 귀로에 올라 智識寺의 行宮에 이르렀다.

경자(17일), (平城宮으로) 환궁하였다.

을사(22일), 사자를 이세대신궁에 보내 폐백을 올렸다.

---

101) 智識寺[知識寺] 등 6寺는 河內國의 大縣郡, 高安郡 등지에 분포한다. 독실한 신자들이 智識錢 등 다양한 물자를 내어 조영한 절이다.

102) 難波의 堀江, 淀川과 大和川이 합류한 물을 배수하기 위해 토사를 파내어 만든 강. 『고사기』, 『일본서기』에도 仁德天皇 때에 開掘했다는 기사가 나온다.

103) 河內國 澁川郡, 현재의 八尾市의 澁川町.

임자(29일), 의사, 선사,[104] 관인 각 1인을 좌우경, 기내 4국에 보내 발진에 걸린 사람들을 치료하여 구제하도록 하였다. 종5위하 日下部宿禰古麻呂를 八幡大神宮에 보내 폐백을 바쳤다.

5월 을묘(2일), 좌대변 정4위하 大伴宿禰古麻呂 및 中臣忌部 등을 이세대신궁에 보내 폐백을 바쳤다. 천하 제국의 금년도 전조를 면제하였다.

이날, 태상천황[105]이 침전에서 붕어하였다. 遺詔로서 중무경 종4위상 道祖王[106]을 황태자로 삼았다.

병진(3일), 사자를 보내 3관을 굳게 지키게 하였다. 종2위 藤原朝臣豊成, 종3위 文室眞人珍努·藤原朝臣永手, 정4위하 安宿王, 종4위상 黃文王, 정4위하 橘朝臣奈良麻呂, 종4위하 多治比眞人國人, 종5위하 石川朝臣豊成을 御裝束司[107]로 삼았다. 그 외 6위 이하는 10인이었다. 종3위 多治比眞人廣足·百濟王敬福,[108] 정4위하 鹽燒王, 종4위하 山背王, 정4위하 大伴宿禰古麻呂, 종4위상 高麗朝臣福信,[109] 정5위상 佐伯宿禰今毛人, 종5위하 小野朝臣田守·大伴宿禰伯麻呂를 山作司[110]로 삼았다. 그 외 6위 이하는 20인이었다. 외종5위하 大藏忌寸麻呂를 造方相司[111]로 삼았다. 그 외 6위 이하는 2인이었다. 종5위하 佐味朝臣廣麻呂·

104) 禪僧으로 주술을 통해 치료하고 간병하는 승려.

105) 聖武天皇.

106) 天武天皇의 孫, 新田部親王의 子. 天平寶字 원년에 廢太子가 되었다.

107) 천황의 수행, 葬儀, 대상제 등의 행사에 물품 등을 조달하고 준비하는 임시 관사.

108) 天平 21년(749)에는 陸奧國 小田郡에서 산출한 황금 900량을 헌상하여 東大寺 대불을 완성하는 데 공헌하였다. 이 공로로 백제왕경복은 종5위상에서 7단계를 뛰어넘는 종3위에 서위되었다. 天平神護 2년(766) 6월 임자조 百濟王敬福 薨年 기사 참조.

109) 고구려계 후예씨족. 延曆 8년(789) 高倉朝臣福信의 薨傳에 의하면, 그는 무장국 고려군 사람으로 본성은 背奈이고 조부인 복덕이 당나라 장군 이세적이 평양성을 함락했을 때 일본에 귀화하여 무장에 살게 되었다고 한다. 그의 출생연도는 고구려 멸망 후 30년이 지난 화동 2년(708)으로 고구려 유민 3세에 해당된다. 背奈氏는 양로 5년(721)을 하한으로 하는 시기에 背奈公으로 바뀌었고, 천평 19년(747)에 背奈王으로 개성되고, 천평승보 2년(750)에 高麗朝臣, 보귀 10년(779)에 다시 高倉朝臣으로 개성되었다. 성무천황의 총애를 받아 천평승보(749~757) 초에는 종4위 紫微少弼에 이르렀고, 신호 원년(765)에 종3위로 造宮卿에 임명되어 武藏守, 近江守를 겸임하였다. 또한 천평승보 8세(756), 보귀 원년(770), 연력 2년(783) 등 3번에 걸쳐 무장국 장관인 무장수를 겸임하였다.

110) 陵墓 조영을 위해 설치된 임시 관사.

111) 造方相司는 장의 때 方相이 입는 의류와 소지하는 물품을 만드는 임시 관사. 方相은 중국고대에 신으로 분장하여 역귀를 쫓는 역할을 하였는데, 4개의 황금 눈을 가진

佐佐貴山君親人을 養役夫司[112]로 삼았다. 그 외 6인 이하는 6인이었다.

정사(4일), 7대사[113]에 독경하도록 하였다.

기미(6일), 문무의 백관은 이날부터 소복을 입고, 內院의 남문 밖에서 조석으로 곡을 하며 애도하였다. 정4위상 春日女王이 죽었다.

신유(9일), 태상천황의 초7일재[114]에 7대사에서 독경을 하게 하였다.

계해(10일), 出雲國守 종4위상 大伴宿禰古慈斐, 內堅[115] 淡海眞人三船이 조정을 비방하여 신하의 예를 잃어버렸다는 죄에 연좌되어 좌우의 衛士府에 구금되었다.

병인(13일), 조를 내려 (2인을) 방면하였다.

무진(15일), 2·7재[14일]에 7대사에 독경하도록 하였다.

임신(19일), 태상천황을 佐保山陵에 매장하였다. 장의의 절차는 부처에 봉사하는 것과 같이 하였다. 공양구는 師子座[佛座]의 향로, 天子座의 金輪幢,[116] 대소의 寶幢, 香幢, 花縵,[117] 蓋繖[118] 등이었다. 노상에서 피리를 부는 사람에게 장송의 행진곡을 연주시켰다. 이날, 칙을 내려 태상천황이 출가하여 부처에 귀의하여 새로 시호를 바치지 않았다. 소관관사는 이를 알고 있으라고 하였다.

을해(22일), 3·7재[21일]가 되어 좌우경의 제사찰에 독경하게 하였다. (천황은) 칙을 내려, "左衛士督 종4위하 坂上忌寸犬養,[119] 右兵衛率 종5위상 鴨朝臣虫

가면을 쓰고 손에는 창, 방패를 들고 장례 수레를 선도하였다.

112) 陵墓 조영에 동원되는 사역민의 식량, 노임 등을 관리하기 위해 설치한 임시 관.

113) 大安寺, 藥師寺, 元興寺, 興福寺, 東大寺 5대사에 法隆寺, 弘法寺(혹은 四天王寺)를 추가하여 7대사.

114) 초7일은 聖武天皇이 죽은 지 2일째부터 7일이 지난 날.

115) 궁중에서 천황의 측근으로 봉사하는 소년.

116) 聖武의 관 위에 장식하는 기.

117) 직물, 피혁, 목재, 동 등으로 만든 佛田의 장식구.

118) 佛의 두상에 장식하는 장식구.

119) 무예에 재능이 있어 聖武天皇의 총애를 받아 天平 8년(736)에 외종5위하에 서위된 후, 동 20년에 종4위하에 오른다. 이어 天平勝寶 8세(756) 聖武 사망 후에 그 보은에 답하기 위해 山陵을 지키겠다고 주청하여 허락을 받고 다시 정4위상에 승서되었다. 그 후 藤原仲麻呂 정권 하에서 造東大寺長官, 播磨守, 大和守를 역임하고, 天平寶字 4년(760) 광명황태후 사망 시에 山作司에 임명되었다. 坂上忌寸은 백제계 도래씨족인 倭漢氏의 지족으로, 延曆 4년 6월 坂上苅田麻呂 등의 상표문에 坂上忌寸은 함께 宿禰

麻呂는 오랫동안 궁중에서 봉사하며 깊고 두터운 은혜를 받았다. 이에 슬픈 마음을 억누를 수가 없어 산릉에 봉사하기를 절실히 바라고 있다. 짐은 그대들의 진심을 가상히 여겨 청한 바대로 허락한다. 선대의 총신 중에 이러한 사람을 본 적이 없다. 마땅히 포상하여 군주를 섬기는 자들을 격려하고자 한다. 犬養에게 정4위하를, 虫麻呂에게 종4위하를 내렸고, 여기에 종속된 授刀舍人 20인에게는 위계 4등을 더한다"라고 하였다.

병자(23일), (천황이) 칙을 내려, "禪師 法榮은 천성이 청결하고, 계율을 지키는 것은 으뜸이고 대단히 병자를 잘 돌보고 있다. 이에 (태상천황의) 신변 가까이 불러 의약을 담당시켜 근시하게 하였다. 태상천황은 많은 효과를 얻어 그 신임은 누구보다 두터워 다른 의사는 중용하지 않았다. 그러나 흐르는 물은 멈추게 할 수 없듯이 태상천황은 끝내 붕어하였다. 선사는 바로 맹서하기를, '영원히 사람들과의 교류를 끊고 산릉에 근시하여 대승경을 전독하고 (태상천황이) 가는 길을 돕고 봉사하고자 한다'라고 하였다. 짐은 청한 바에 따라 삼가 은덕에 보답하려고 생각하였다. (그러나) 속세를 꺼리고 진리의 길로 귀의했는데, 재물이 무슨 부가 될 것인가. 출가해서 불도를 바라는데 지위가 무슨 영예가 있을 것인가. 그 이름을 만대에 전하고 후세 사람들에게 모범이 되는 일보다 나은 것은 없다. 이에 선사가 태어난 1군의 조세를 면제하고 영구히 사역시키지 않도록 한다"라고 하였다.

정축(24일), (천황은) 칙을 내려, "선제 폐하를 위해 청하여 간병에 봉사한 선사 126인의 해당 호[120]의 과역을 면제한다. 다만 良弁,[121] 慈訓,[122] 安寬 3법사는 (과역의 면제는) 모두 부모 양쪽의 호에 미치게 하고 그 기한은 僧 1대로 한정한다. 또 和上 鑑眞, 소승도 良弁, 화엄강사 慈訓, 대당승 法進,

---

성으로 개성되었다.

120) 선사들이 출생한 지역의 호의 과역 즉 田租를 제외한 庸, 調, 雜徭를 면제한다는 것.

121) 권18, 天平寶字 3년 4월조 117쪽 각주 50) 참조.

122) 河內國 丹比郡(현 大阪府 羽曳野市)의 백제계 도래씨족인 船氏의 후예이고 入唐僧 道昭[道照]와는 동족이다. 天平 12년(740)에 審祥의 화엄경 법회에서 부강사를 역임하였고, 동 14년에 강사가 되었고, 天平勝寶 7년(755)에는 宮中講師가 되었다. 天平寶字 4년(760)에는 良弁과 함께 僧位 제도의 개정을 주상하였다. 그 후 道鏡의 출현으로 승강의 직에서 해임되었다가 도경이 실각하는 神護景雲 4년(770) 8월 少僧都로 복귀하였다.

법화사의 鎭[123] 慶俊은 학업이 우수하고 또한 계율을 청정하게 준수하였고, 聖代의 국가 수호를 능히 수행하여 승려의 지도자가 되었다. 이에 더하여 良弁, 慈訓 두 大德[124]은 선제의 병환 중에 스스로 정성을 다하여 밤낮으로 노고가 많아 그 덕에 보답하고자 하는 짐의 마음은 끝이 없다. 화상과 소승도에게 대승도를 내리고, 화엄강사에게는 소승도를, 法進과 慶俊에게는 함께 율사에 보임한다"라고 하였다.

6월 을유(3일), 칙을 내려 7도 제국에 사자를 보내, (제국이) 만들고 있는 國分寺의 장육불상의 조영을 재촉하고 살펴보게 하였다.

병술(4일), (태상천황의) 5·7재[35일]를 大安寺에서 열었다. 승, 사미 1천여 인이 참가하였다.

경인(8일), 조를 내려, "상복의 예는 군주 대한 신하의 도리이고, 부모에 대한 자식의 도리인 것은 같다. 천하의 백성으로 누가 효를 행하지 않겠는가. 마땅히 천하의 제국에 명하여 금일부터 내년 5월 30일까지 살생을 금하도록 한다"라고 하였다.

신묘(9일), 태정관이 처분하기를, 태상천황에게 바쳤던 쌀, 소금 등은 唐 和上 鑑眞과 法榮 2인에게 주어 영구히 공양하도록 하였다.

임진(10일), 조를 내려, "요즈음 工人들을 사자로 각지에 보내 제국의 불상의 조영을 재촉하고 조사시켰다. 마땅히 내년 (성무천황의) 기일까지는 반드시 완료해야 한다. 그 불전도 함께 만들도록 한다. 만약 불상과 함께 불전을 이미 만들었으면, 또 탑을 만들어 기일에 맞추도록 한다. 불법은 자애를 우선으로 한다. 이로 인해 백성들에게 고통을 주어서는 안 된다. 국사 및 공인 등이 만약 짐의 뜻에 부합하는 자가 있다면, 특별히 포상을 내린다"라고 하였다.

병신(14일), 6·7재[42일]에 藥師寺에서 재회를 열었다.

계묘(21일), 7·7재[49일]를 興福寺에서 열었다. 승 및 사미 1천여 인이

---

123) 사찰을 관리하는 승직의 하나. 正倉院文書의 天平勝寶 5년 8월 5일 法華寺牒(『大日本古文書』 4-96)에 慶俊은 法華寺의 大鎭法師로 기록되어 있다. 『延喜式』 太政官 해당 조문에도 諸寺의 別堂, 鎭, 三講의 승려는 태정관부에 의거하여 보임한다고 되어 있다.

124) 덕망있는 고승.

참가하였다.

갑진(22일), 怡土城[125]의 축조를 시작하였다. 大宰大貳 吉備朝臣眞備에게 그 일을 전담시켰다. 칙을 내려, 내년 國忌의 재회는 동대사에서 열기로 한다. 대불전의 회랑은 6도 제국에 명하여 조영시키고 반드시 忌日[126]에 맞추도록 한다. 태만하고 지체해서는 안 된다"라고 하였다.

추7월 기사(17일), 칙을 내려, "授刀舍人의 考選,[127] 季祿을 지급하는 명부는 모두 中衛府의 소관으로 한다. 그 정원은 400인을 한도로 한다. 결원이 생기면 바로 선발하여 보충한다. 다만 授刀舍人이라는 명칭은 그대로 하고, 中衛舍人으로 해서는 안 된다. 또 중위사인도 400인을 한도로 한다"라고 하였다.

경오(18일), 河內國 石川郡 사람 漢人廣橋, 漢人刀自賣 등 13인에게 山背忌寸의 성을 내렸다.

계유(21일), 土左國 道原寺의 승 專住는 僧綱을 비방하고 거리끼는 바가 없어 伊豆嶋로 유배보냈다.

8월 을유(4일), 近江朝의 書法[128] 100권을 崇福寺에 시입하였다.

동10월 신사삭(1일), 일식이 있었다.

정해(7일), 태정관이 처분하기를, "山陽道, 南海道의 제국의 舂米[白米]는 지금 이후로는 해로로 운송하고, 만약 표류해서 손실이 발생하면, 天平 8년 5월의 (태정관)부에 의거하여, (손실분을) 5등분하여 3분은 綱領[129]에게 징수하고, 2분은 운송인부에게 징수시킨다. 다만, 美作, 紀伊 2국은 이 범위에 포함하지 않는다"라고 하였다.

병신(16일), 백색 기체가 태양을 관통하였다.

계묘(23일), 大納言 藤原朝臣仲麻呂[130]가 東大寺에 쌀 1천곡, 야채 1천缶[131]

125) 福岡縣의 絲島市, 福岡市 경계 지역에 있는 高祖山에 축조된 산성. 축성 담당자인 吉備眞備가 2번에 걸쳐 견당사로 파견되어 배워온 당의 병법, 산성 축조지식을 활용하여 天平勝寶 8세(756)에서 神護景雲 2년(768)까지 12년에 걸쳐 조영되었다. 당의 안사의 난과 대신라 긴장 등의 국제정세 하에서 축조되었다.

126) 내년 5월 2일.

127) 근무평정을 해서 서위하고 승진시키는 일.

128) 近江의 天智朝로부터 전해진 모범이 될 만한 책으로 聖武天皇의 유품. 聖武의 명복을 빌기 위해 近江朝와 관계 깊은 崇福寺에 施入한 것으로 보인다.

129) 운송의 감독, 책임자.

를 헌납하였다.

11월 정사(7일), 칙을 내려, "듣는 바와 같이, 관물을 출납하는 제 관사의 관인들은 구차하게 前分[132]을 탐하여 교묘하게 지연시켜 10일이 지나도 선뜻 수납하려고 하지 않는다. 이 때문에 운송 인부들은 (발이 묶여) 고통을 받고 앞다투어 도망간다고 한다. 이것은 바로 정치를 훼손시킬 뿐만 아니라 실로 백성의 교화를 어지럽히는 일이다. 마땅히 탄정대에 명하여 조사하도록 한다. 지금 이후로는 다시는 그렇게 해서는 안 된다"라고 하였다.

정묘(17일), 신상제를 중지하였다. (태상천황의) 상복기간이기 때문이다. 〈神祇官記를 검토해 보니, 이해에 신기관의 관사에서 신상제의 행사가 있었다.〉.

12월 경진삭(1일), 지난 달부터 6일간 천동소리가 지속되었다.

갑신(5일), 승 100인을 청하여 동대사에서 인왕경을 전독하게 하였다.

을미(16일), 이에 앞서 은칙이 있어, 경내의 고아를 불러 의복과 식량을 지급하고 이들을 보살폈다. 이에 이르러 남자 9인, 여자 1인이 성인이 되었다. 이에 葛木連의 성을 내리고, 紫微少忠 종5위상 葛木連의 호주의 호에 편입하여 부모와 자식의 관계로 삼았다.

기해(20일), 越後, 丹波, 丹後, 但馬, 因幡, 伯耆, 出雲, 石見, 美作, 備前, 備中, 備後, 安藝, 周防, 長門, 紀伊, 阿波, 讃岐, 伊豫, 土左, 筑後, 肥前, 肥後, 豊前, 豊後, 日向 등 26국에 국별로 灌頂幡 1구, 道場의 幡 49수, 緋綱 2조를 분배하고 (성무천황)의 1주기 재회의 장엄한 장식에 사용하게 하였다. 사용 후에는 금광명사에 수납해 놓고 영원히 사찰의 물품으로서 필요에 따라 꺼내 사용하도록 하였다.

경자(21일), 태상천황의 (거마를 담당했던) 御輿丁 1인에게 위계 4계를 내리고, 1인에게는 2계를, 57인에게는 외위 2계를, 126인에게는 외위 1계를 내렸다.

---

130) 東大寺獻帳物[國家珍寶帳]에도 종2위 行大納言 兼 紫微令中衛大將近江守라고 하여 藤原不比等을 필두로 하는 자필 서명(『大日本古文書』 4-171)이 있다.

131) 缶는 수량 단위인 용기. 1缶의 용량은 3斗(지금의 용량으로는 1두 2승) 전후.

132) 庸, 調에 부수해서 징수되는 부가세 혹은 징수하러 온 役人에게 바치는 일종의 뇌물로 추측된다. 이것이 과다하게 징수되거나 調, 庸의 수납을 지연시켜 뇌물을 요구하는 등 사회문제로 나타나기도 한다.

기유(30일), 칙을 내려, 황태자 및 우대변 종4위하 巨勢朝臣堺麻呂를 東大寺에, 우대신 종2위 藤原朝臣豊成, 出雲國守 종4위하 山背王을 大安寺에, 대납언 종2위 藤原朝臣仲麻呂, 中衛少將 정5위상 佐伯宿禰毛人을 外嶋坊[133]에, 중납언 종3위 紀朝臣麻路, 소납언 종5위하 石川朝臣名人을 藥師寺에, 大宰帥 종3위 石川朝臣年足, 彈正尹 종4위상 池田王을 元興寺에, 讚岐守 정4위하 安宿王, 左大弁 정4위하 大伴宿禰古麻呂를 山階寺[134]에 보내어 범망경[135] 강사 62인을 청하였다.

(천황의) 칙서에서 말하기를,[136] "황제가 삼가 말한다. 짐은 아픈 흉사[137]를 만나 마음의 고통은 독초보다도 깊다. (태상천황의) 관을 실은 수레는 점점 멀어지고, 외쳐부르고 그리워해도 쫓아갈 수가 없다. 모든 아픔이 마음속에 휘감겨 끝없는 슬픔은 뼈를 뚫는 것과 같다. 언제나 은덕에 보답하려고 생각하고, 밤낮으로 멈추는 일이 없다. 듣는 바로는, 보살계를 받기 위해서는 범망경을 근본으로 한다. 이 경의 공덕은 대단히 크고 (사자의) 가는 길에 도움이 된다고 한다. 이에 62부를 서사하여 62국에 강설하도록 한다. (내년) 4월 15일에 시작하여 5월 2일까지 끝내도록 한다. 이에 따라 사인을 보내 삼가 (설법을) 청하는 바이다. 모든 大德들이여, 사양하지 말고 받아들이길 바란다. 이 훌륭하고 더 이상 없는 위력으로 저세상으로 가는 천자의 수레를 도와 화엄장의 보찰[138]로 인도하고자 한다. 이 지면을 대하는 슬픔에 가슴이 미어지는 것 같아, 글로는 다하기가 어렵다"라고 하였다.

『속일본기』 권제19

133) 天平勝寶 4년 이전에 法華寺 경내에 세워졌으며 화엄경을 서사하는 사경소를 두었다.

134) 和銅 3년(710) 평성경 천도 직후에 藤原不比等이 건립한 藤原氏의 氏寺로 興福寺의 전신이다. 興福寺는 平城京 좌경 3조 7방에 소재하며, 奈良時代에는 南都 4大寺, 平安時代에는 南都 7大寺의 하나로서 번영하였다.

135) 대승불교의 경전으로 정식 명칭은 『梵網経盧舍那仏説菩薩心地戒品第十』이고, 통칭은 『梵網経』이라고 한다. 鳩摩羅什의 한역본이 전한다. 상하 2권으로 하권은 「菩薩戒經」이라 부르며 악을 멈추고 선을 닦아 타인을 위해 힘쓰는 것을 내용으로 한다.

136) 사자가 지참한 梵綱經 강사를 부탁하는 천황의 칙서.

137) 父인 聖武上皇의 喪.

138) 寶刹, 梵網經에서 설하는 盧舍那佛과 그 화신인 석가불이 있는 세계, 佛國土.

續日本紀卷第十九

〈起天平勝寶五年正月, 盡八歲十二月〉

從四位下行民部大輔兼左兵衛督皇太子學士臣菅野朝臣眞道等奉 勅撰

寶字稱德孝謙皇帝

◯ **天平勝寶**五年春正月癸卯朔, 廢朝. 天皇御中務南院, 宴五位已上, 賜祿各有差. 正月丁未, 伊勢大神宮神主外從五位下神主首名授外從五位上. 內人, 物忌男四十五人, 女十六人, 授位各有差. 庚午, 從四位上平群朝臣廣成卒.

二月辛巳, 以從五位下小野朝臣田守爲遣新羅大使. 辛卯, 正六位上小田臣枚床授外從五位下. 甲午, 齋宮大神司正七位下津嶋朝臣小松授從五位下.

三月庚午, 於東大寺, 設百高座講仁王經. 是日, 飄風起, 說經不竟. 於後, 以四月九日, 講說, 飄風亦發. 辛未, 大納言從二位兼神祇伯造宮卿巨勢朝臣奈氐麻呂薨. 小治田朝小德大海之孫, 淡海朝中納言大紫比登之子也.

夏四月丙戌, 詔曰, 頃者皇大后寢膳不安, 稍延旬月. 雖用醫藥療治. 而猶未平復, 以爲, 政治失宜, 罹罪有徒, 天遺此罰警戒朕身. 其母子之慈, 貴賤皆同, 犯罪之徒, 豈獨無親. 庶悉洗滌, 欲救憂苦. 宜大赦天下. 常赦所不免者, 咸悉赦除. 但殺其父母, 毁佛尊像, 及强盜竊盜, 不在此例. 若有入死減一等. 癸巳, 以正五位下大倭宿禰小東人爲參河守, 從五位下阿倍朝臣小嶋爲駿河守, 從五位上大伴宿禰犬養爲美濃守, 從五位下平群朝臣人足爲越後守, 從四位下巨勢朝臣堺麻呂爲丹波守, 正四位下安宿王爲播磨守, 從五位下安曇宿禰大足爲安藝守, 從五位下石津王爲紀伊守, 外從五位下淸原連淨道爲筑後守. 己亥, 從五位下葛木連戶主授從五位上.

五月庚戌, 無位篠原王, 伊刀王並授從五位下. 乙丑, 渤海使輔國大將軍慕施蒙等拜朝. 弁貢信物. 奏稱, 渤海王言日本照臨聖天皇朝, 不賜使命, 已經十餘歲. 是以, 遣慕施蒙等七十五人, 齎國信物, 奉獻闕庭. 丁卯, 饗慕施蒙等於朝堂, 授位賜祿各有差.

六月丁丑, 慕施蒙等還國. 賜璽書曰, 天皇敬問渤海國王, 朕以寡德虔奉寶圖, 亭毒黎民, 照臨八極, 王僻居海外, 遠使入朝, 丹心至明, 深可嘉尙. 但省來啓, 無稱臣名, 仍尋高麗舊記, 國平之日, 上表文云, 族惟兄弟, 義則君臣. 或乞援兵, 或賀踐祚, 修朝聘之恒式. 効忠款之懇誠. 故先朝善其貞節, 待以殊恩, 榮命之隆, 日新無絶, 想所知之, 何假一二言也. 由是, 先廻之後, 既賜勅書, 何其今歲之朝, 重無上表, 以禮進退, 彼此共同, 王熟思之, 季夏甚熱, 比無恙也. 使人今還, 指宣往意, 并賜物如別. 陸奧國牡鹿郡人外正六位下丸子牛麻呂, 正七位上丸子豊嶋等二十四人賜牡鹿連姓.

秋七月庚戌, 散位從四位下紀朝臣淸人卒. 戊午, 左京人正八位上石上部君男嶋等四十七人言, 己親父登與, 以去大寶元年, 賜上毛野坂本君姓. 而子孫等籍帳猶注石上部君, 於理不安. 望請, 隨父姓欲改正之. 詔許焉.

八月癸巳, 陸奧國人大初位下丸子嶋足賜牡鹿連姓.

九月戊戌朔, 無位板持連眞釣獻錢百萬, 授外從五位下. 壬寅, 攝津國御津村南風大吹, 潮水暴溢, 壞損廬舍一百十餘區, 漂沒百姓五百六十餘人, 並加賑恤. 仍追海濱居民遷置於京中空地. 乙丑, 從四位上石川朝臣年足, 授從三位, 爲大宰帥, 從四位上紀朝臣飯麻呂爲大貳.

冬十月壬申, 散位從四位下紀朝臣宇美卒. 甲戌, 中務卿從三位栗栖王薨. 二品長親王之子也.

十一月己亥, 尾張國獻白龜, 丁丑, 免攝津國遭潮諸郡今年田租. 己卯, 西海道諸國, 秋稼多損. 仍免今年田租.

◯ **六年**春正月丁酉朔, 上野國獻白烏. 宴五位已上於內裏, 賜祿有差. 辛丑, 行幸東大寺. 燃燈二萬. 勅曰, 初元啓曆, 獻歲登春, 天地行仁, 動植霑惠. 古昔, 明主應此良辰, 必布時和, 廣施慈命. 朕雖薄德, 何不由茲. 可大赦天下. 其八虐, 故殺人, 私鑄錢, 强盜竊盜, 常赦所不原者, 不在赦例. 但入死者皆減一等. 癸卯, 天皇御東院宴五位已上. 有勅, 召正五位下多治眞人家主, 從五位下大伴宿禰麻呂二人於御前, 特賜四位當色, 令在四位之列. 即授從四位下. 壬子, 天皇御大安殿. 詔授從四位上藤原朝臣永手從三位, 從四位下池田王從四位上, 從四位上橘朝臣奈良麻呂正四位下, 從四位下石川朝臣麻呂, 藤原朝臣八束並從四位上, 正五位上藤原朝臣巨勢麻呂從四位下, 從五位上高丘連河內正五位下, 從五位下多治比眞人犢養, 小治田朝臣諸人, 波多朝臣足人, 大藏忌寸廣足, 土師宿禰牛勝, 上毛野君難波並從五位上, 正六位上佐伯宿禰大成, 小野朝臣竹良, 石川朝臣豊成, 粟出朝臣人成, 藤原朝臣武良士, 後部王吉並從五位下, 正六位上林連久麻, 物部山背, 中臣酒人宿禰虫麻呂, 高福子, 日置造眞卯, 黃文連水分, 大藏忌寸麻呂並外從五位下. 入唐副使從四位上大伴宿禰古麻呂來歸. 唐僧鑑眞, 法進等八人隨而歸朝. 癸丑, 大宰府奏, 入唐副使從四位上吉備朝臣眞備船, 以去年十二月七日, 來着益久嶋, 自是之後, 自益久嶋進發, 漂蕩着紀伊國牟漏埼. 丙寅, 副使大伴宿禰古麻呂自唐國至, 古麻呂奏曰, 大唐天寶十二載, 歲在癸巳正月朔癸卯, 百官諸蕃朝賀. 天子於蓬萊宮含元殿受朝. 是日, 以我次西畔第二吐蕃下, 以新羅使次東畔第一大食國上, 古麻呂論曰, 自古至今, 新羅之朝貢大日本國久矣. 而今列東畔上, 我反在其下, 義不合得, 時將軍吳懷實見知古麻呂不肯色. 卽引新羅使, 次西畔第二吐蕃下, 以日本使次東畔第一大食國上.

二月己卯, 正六位上百濟王理伯授從五位下. 丙戌, 勅大宰府曰, 去天平七年, 故大貳從四位下小野朝臣老遣高橋連牛養於南嶋, 樹牌. 而其牌經年今旣朽壞. 宜依舊修樹, 每牌顯著嶋名并泊船處, 有水處, 及去就國行程, 遙見嶋名, 令漂著之船知所歸向.

三月丙午, 遣使奉唐國信物於山科陵. 癸丑, 大宰府言, 遣使尋訪入唐第一船, 其消息云, 第一船擧帆指奄美嶋發去, 未知其着處.

夏四月庚午, 以從五位上中臣朝淸麻呂爲神祇大副, 從五位下秋篠王, 粟田朝臣人成並爲少納言, 從四位上大伴宿禰古麻呂爲左大弁, 從五位下石川朝臣豊成爲右少弁, 外從五位下日置造眞卯爲紫微中臺少忠, 從五位下當麻眞人子老爲雅樂頭, 從五位上石川朝臣名人爲民部大輔, 從五位下石川朝臣豊人爲主稅頭, 從五位上大伴宿禰家持爲兵部少輔, 從四位上紀朝臣飯麻呂爲大藏卿, 正五位下朝臣中臣益人爲造宮少輔, 從五位下藤原朝臣武良志爲左京亮, 外從五位下文忌寸上麻呂爲右京亮, 從三位文室眞人珍努爲攝津大夫, 從五位下百濟王理伯爲亮, 從五位下多治比眞人土作爲尾張守, 正五位下大伴宿禰稻君爲上總守, 從四位上吉備朝臣眞備爲大宰大貳, 從五位下小野朝臣田守爲少貳, 外從五位下黃文連水分爲肥前守. 壬申, 入唐廻使從四位上大伴宿禰古麻呂, 吉備朝臣眞備並授正四位下, 判官正六位上大伴宿禰御笠, 巨萬朝臣大山並從五位下, 自餘使下二百二十二人亦各有差. 癸未, 大宰府言, 入唐第四船判官正六位上布勢朝臣人主等來泊薩摩國石籬浦.

五月己酉, 從五位下石川朝臣豊人爲越中守.

六月乙丑朔, 正五位下中臣朝臣益人爲神祇大副.

秋七月丙午, 詔曰, 頃者大皇大后枕席不安, 稍延旬月, 百方救療, 猶未平復. 感愴之懷, 良深罔極. 朕聞, 皇天輔德, 德勝不祥, 庶施慈令, 奉資寶體, 欲使寢膳如常, 起居穩便. 可大赦天下. 但八虐, 故殺人, 私鑄錢, 强盜竊盜, 常赦所不免者, 不在赦限. 此日度僧一百人, 尼七人. 授入唐判官正六位上布勢朝臣人主從五位下, 以從五位上中臣朝臣淸麻呂爲左中弁, 從五位下阿倍朝臣小嶋爲式部少輔, 外從五位下壬生使主宇陀麻呂爲玄蕃頭, 從五位下大伴宿禰御依爲主稅頭, 從五位下紀朝臣伊保爲大炊頭, 從五位下忌部宿禰鳥麻呂爲典藥頭, 從五位下布勢朝臣人主爲駿河守, 從五位下阿倍朝臣綱麻呂爲出雲守, 從五位下小野朝臣東人爲備前守, 從五位上波多朝臣足人爲備後守. 壬子, 大皇大后崩於中宮. 癸丑, 以正一位橘朝臣諸兄, 從三位文室眞人珍努, 紀朝臣麻路, 正四位下安宿王, 從五位下厚見王, 從四位下多治比眞人國人, 從五位下多治比眞人木人, 紀朝臣男楫, 阿倍朝臣毛人, 石川朝臣豊成, 外從五位下文忌寸上麻呂, 爲御裝束司. 六位已下十二人. 從二位藤原朝臣豊成, 從三位多治比眞人廣足, 藤原朝臣永手, 從四位上池田王, 正四位下大伴宿禰古麻呂, 從四位上文室眞人大市, 正五位上佐伯宿禰今毛人, 從五位上縣犬養宿禰古麻呂, 從五位下紀朝臣廣名, 粟田朝臣人成爲造山司. 六位已下二十一人.

八月丁卯, 正四位下安宿王率誄人奉誄. 謚曰千尋葛藤高知天宮姬之尊. 是日, 火葬於佐保山陵.

九月丙申, 以正四位下安宿王爲兼內匠頭, 從四位上文室眞人大市爲大藏卿, 從四位上紀朝臣飯麻呂爲右京大夫, 從四位上石川朝臣麻呂爲武藏守, 從五位下佐伯宿禰大成爲丹後守, 外從五位下中臣丸連張弓爲因幡守. 丁未, 勅, 如聞, 諸國司等, 貪求利潤, 輸租不實, 擧稅多欺. 由是, 百姓漸勞, 正倉頗空, 宜令京及諸國田租, 不論得不, 悉皆全輸. 正稅之利擧十取三. 但田不熟, 至免調庸限者, 准令處分. 又覽去天平八年格, 國司等所部交關, 運物無限者, 禁斷旣訖. 然猶不肯承行, 貪濁成俗. 朕之股肱, 豈合如此. 自今以後, 更有違犯, 依法科罪, 不須矜宥.

冬十月乙亥, 勅, 官人百姓, 不畏憲法, 私聚徒衆, 任意雙六, 至於淫迷. 子無順父, 終亡家業, 亦虧孝道. 因斯, 遍仰京畿七道諸國, 固令禁斷. 其六位已下, 無論男女, 決杖一百, 不須蔭贖. 但五位者, 卽解見任, 及奪位祿位田. 四位已上, 停給封戶. 職, 國郡司阿容不禁. 亦皆解任. 若有糺告二十人已上者, 無位敍位三階, 有位賜物絁十疋, 布十端. 己卯, 仰畿內七道諸國令置射田.

閏十月庚戌, 從五位下秋篠王, 男繼成王, 姪濱名王, 船城王, 愛智王五人賜丘基眞人姓. 外從五位上額田部湯坐連息長授從五位下. 辛亥, 令大宰府鎭祭管內諸國山岡崩壞之處.

十一月辛酉朔, 任巡察使. 以從四位上池田王爲畿內使, 從五位下紀朝臣小楫爲東海道使, 從五位下石川朝臣豊成爲東山道使, 從五位下藤原朝臣武良志爲北陸道使, 從五位上大伴宿禰家持爲山陰道使, 從五位下阿倍朝臣毛人爲山陽道使, 從五位下多治比眞人木人爲南海道使, 從四位上紀朝臣飯麻呂爲西海道使, 道別錄事一人. 戊辰, 勅, 朕以至款奉爲二尊御體平安, 寶壽增長, 一七之間, 屈四十九僧, 歸依藥師琉璃光佛, 恭敬供養. 其經云, 懸續命幡, 燃四十九燈, 應放雜類衆生, 竊以, 放生之中, 莫若救人. 宜依茲敎. 可大赦天下. 但犯八虐, 故殺人, 私鑄錢, 强盜竊盜, 及常赦所不免者, 不在赦限. 若入死罪, 並減一等. 辛未, 大唐學問生無位船連夫子授外從五位下, 辭而不受, 以出家故也. 甲申, 藥師寺僧行信, 與八幡神宮主神大神朝臣多麻呂等, 同意厭魅, 下所司推勘, 罪合遠流. 於是, 遣中納言多治比眞人廣足, 就藥師寺宣詔, 以行信配下野藥師寺. 丁亥, 從四位下大神朝臣杜女, 外從五位下大神朝臣多麻呂並除名從本姓. 杜女配於日向國, 多麻呂於多褹嶋, 因更擇他人, 補神宮禰宜祝. 其封戶位田, 幷雜物一事已上, 令大宰檢知焉.

十二月乙卯, 左大舍人無位多米王賜高額眞人姓. 是年八月, 風水, 畿內及諸國一十, 百姓産業損傷, 並加賑恤.

◯ **七年**春正月辛酉朔, 廢朝. 以諒闇故也. 甲子, 勅, 爲有所思, 宜改天平勝寶七年, 爲天平勝寶七歲. 從七位上山田史廣人, 從五位下比賣嶋女等七人, 賜山田御井宿禰姓. 甲戌, 外正六位上丸子大國贈從五位下, 外正六位下六人部藥授外從五位下.

三月庚申朔, 外從五位下山田史君足賜廣野連姓. 丁亥, 八幡大神託宣曰, 神吾不願矯託神命, 請取封一千四百戶, 田一百四十町, 徒無所用, 如捨山野. 宜奉返朝廷. 唯留常神田耳. 依神宣行之.

夏四月丁未, 從五位下丘基眞人秋篠等二十一人更賜豊國眞人姓.

五月丁丑, 大隅國菱苅村浮浪九百三十餘人言, 欲建郡家. 詔許之.

六月癸卯, 安藝國獻白烏. 壬子, 大宰府管內諸國, 國別貢兵衛一人, 采女一人. 和氣王,細川王賜岡眞人姓.

秋八月庚子, 正六位上日下部宿禰子麻呂, 食朝臣息人並授從五位下.

十月丙午, 勅曰, 比日之間, 太上天皇枕席不安, 寢膳乖宜. 朕竊念茲, 情深惻隱, 其救病之方, 唯在施惠, 延命之要, 莫若濟苦. 宜大赦天下. 其犯八虐, 故殺人, 私鑄錢, 强盜竊盜, 常赦所不免者, 不在赦例. 但入死罪者減一等, 鰥寡惸獨, 貧窮老疾, 不能自存者, 量加賑恤, 兼給湯藥. 又始自今日, 至來十二月晦日, 禁斷殺生. 遣使於山科, 大內東西, 安古, 眞弓, 奈保山東西等山陵, 及太政大臣墓, 奉幣以祈請焉.

十一月丁巳, 遣少納言從五位下厚見王, 奉幣帛于伊勢大神宮.

十二月丁未, 以從五位下佐伯宿禰美濃麻呂爲越前守.

◯ **八歲**春二月丙戌, 左大臣正一位橘朝臣諸兄致仕. 勅依請許之. 戊申, 行幸難波. 是日, 至河內國, 御智識寺南行宮. 己酉, 天皇幸智識, 山下, 大里, 三宅, 家原, 鳥坂等六寺禮佛. 庚戌, 遣內舍人於六寺誦經, 襯施有差. 壬子, 大雨, 賜河內國諸社祝禰宜等一百十八人正稅, 各有差. 是日行至難波宮, 御東南新宮.

三月甲寅朔, 太上天皇幸堀江上. 乙卯, 詔免河內攝津二國田租. 戊午, 遣使攝津國諸寺誦經, 襯施有差.

夏四月丁酉, 勅曰, 頃者, 太上天皇聖體不豫, 漸延旬日, 猶未平復. 如聞, 鎖災致福, 莫如仁風, 救病延年, 實資德政. 可大赦天下. 但犯八虐, 故殺人, 私鑄錢, 强盜竊盜, 常赦所不免者, 不在赦例. 若以贓入死減一等. 鰥寡惸獨, 貧窮老疾, 不能自存者, 量加賑恤. 戊戌, 車駕取澁河路, 還至智識寺行宮. 庚子, 還宮. 乙巳, 遣使奉幣帛于伊勢大神宮. 壬子, 遣醫師, 禪師, 官人各一人於左右京四畿內, 救療疹疾之徒. 遣從五位下日下部宿禰古麻呂, 奉幣帛于八幡大神宮.

五月乙卯, 遣左大弁正四位下大伴宿禰古麻呂. 并中臣忌部等, 奉幣帛於伊勢大神宮. 免天下諸國今年田租. 是日, 太上天皇崩於寢殿. 遺詔, 以中務卿從四位上道祖王爲皇太子. 丙辰, 遣使固守三關, 以從二位藤原朝臣豊成, 從三位文室眞人珍努, 藤原朝臣永手, 正四位下安宿王, 從四位上黃文王, 正四位下橘朝臣奈良麻呂, 從四位下多治比眞人國人, 從五位下石川朝臣豊成爲御裝束司. 六位已下十人. 從三位多治比眞人廣足, 百濟王敬福, 正四位下鹽燒王, 從四位下山背王, 正四位下大伴宿禰古麻呂, 從四位上高麗朝臣福信, 正五位上佐伯宿禰今毛人, 從五位下小野朝臣田守, 大伴宿禰伯麻呂爲山作司. 六位已下二十人. 外從五位下大藏忌寸麻呂爲造方相司. 六位已下二人. 從五位下佐味朝臣廣麻呂, 佐佐貴山君親人爲養役夫司. 六位已下六人. 丁巳, 於七大寺誦經焉. 己未, 文武百官始素服, 於內院南門外, 朝夕擧哀. 正四位上春日女王卒. 辛酉, 太上天皇初七, 於七大寺誦經焉. 癸亥, 出雲國守從四位上大伴宿禰古慈斐, 內堅淡海眞人三船, 坐誹謗朝廷, 無人臣之禮, 禁於左右衛士府. 丙寅, 詔並放免. 戊辰, 二七, 於七大寺誦經焉. 壬申, 奉葬太上天皇於佐保山陵. 御葬之儀如奉佛, 供具有師子座香爐, 天子座, 金輪幢, 大小寶幢, 香幢, 花縵, 蓋繖之類. 在路令笛人奏行道之曲. 是日, 勅曰, 太上天皇出家歸佛. 更不奉謚, 所司宜知之. 乙亥, 三七, 於左右京諸寺誦經焉. 勅曰, 左衛士督從四位下坂上忌寸犬養, 右兵衛率從五位上鴨朝臣虫麻呂, 久侍禁掖, 深承恩渥, 悲情難抑. 伏乞奉陵. 朕嘉乃誠, 仍許所請, 先代寵臣, 未見如此也. 宜表褒賞以勸事君, 犬養敍正四位上, 虫麻呂從四位下, 其所從授刀舍人二十人增位四等. 丙子, 勅, 禪師法榮, 立性淸潔, 持戒第一, 甚能看病. 由此, 請於邊地, 令侍醫藥. 太上天皇得驗多數, 信重過人, 不用他醫, 爾其閱水難留, 鸞輿晏駕, 禪師卽誓, 永絶人間, 侍於山陵, 轉讀大乘, 奉資冥路. 朕依所請, 敬思報德, 厭俗歸眞, 財物何富, 出家慕道, 冠蓋何榮, 莫若名流萬代, 以爲後生准則. 宜復禪師所生一郡, 遠年勿役. 丁丑, 勅, 奉爲先帝陛下屈請看病禪師一百二十六人者, 宜免當戶課役. 但良弁, 慈訓, 安寬三法師者, 並及父母兩戶. 然其限者終僧身. 又和上鑑眞, 小僧都良弁, 華嚴講師慈訓, 大唐僧法進, 法華寺鎭慶俊, 或學業優富, 或戒律淸淨, 堪聖代之鎭護, 爲玄徒之領袖. 加以, 良弁, 慈訓二大德者, 當于先帝不豫之日, 自盡心力, 勞勤晝夜, 欲報之德,朕懷罔極. 宜和上小僧都拜大僧都, 華嚴講師拜小僧都, 法進, 慶俊並任律師.

六月乙酉, 勅遣使於七道諸國, 催檢所造國分丈六佛像. 丙戌, 五七, 於大安寺設齋焉. 僧沙彌合一千餘人. 庚寅, 詔曰, 居喪之禮, 臣子猶一, 天下之民, 誰不行孝. 宜告天下諸國, 自今日始迄來年五月三十日, 禁斷殺生. 辛卯, 太政官處分, 太上天皇供御米鹽之類, 宜充唐和上鑑眞禪師, 法榮二人, 永令供養焉. 壬辰, 詔曰, 頃者, 分遣使工檢催諸國佛像, 宜來年忌日必令造了. 其佛殿兼使造備, 如有佛像并殿已造畢者, 亦造塔令會忌日, 夫佛法者, 以慈爲先, 不須因此辛苦百姓, 國司并使工等. 若有稱朕意者, 特加褒賞. 丙申, 六七, 於藥師寺設齋焉. 癸卯, 七七, 於興福寺設齋焉. 僧并沙彌一千一百餘人. 甲辰, 始築怡土城. 令大宰大貳吉備朝臣眞備專當其事焉. 勅, 明年國忌御齋, 應設東大寺. 其大佛殿步廊者, 宜令六道諸國營造, 必會忌日, 不可怠緩.

秋七月己巳, 勅, 授刀舍人考選賜祿名籍者, 悉屬中衛府, 其人數以四百爲限, 闕卽簡補. 但名授刀舍人, 勿爲中衛舍人, 其中衛舍人, 亦以四百爲限. 庚午, 河內國石川郡人漢人廣橋, 漢人刀自賣等十三人賜山背忌寸姓. 癸酉, 土左國道原寺僧專住, 誹謗僧綱, 無所拘忌, 配伊豆嶋.

八月乙酉, 以近江朝書法一百卷, 施入崇福寺.

冬十月辛巳朔, 日有蝕之. 丁亥, 太政官處分, 山陽南海諸國舂米. 自今以後, 取海路漕送. 若有漂損, 依天平八年五月符, 以五分論, 三分徵綱, 二分徵運夫. 但美作, 紀伊二國不在此限. 丙申, 有白氣貫日, 癸卯, 大納言藤原朝臣仲麻呂獻東大寺米一千斛, 雜菜一千缶.

十一月丁巳, 勅, 如聞, 出納官物諸司人等, 苟貪前分, 巧作逗留, 稍延旬日, 不肯收納. 由此, 擔脚辛苦, 競爲逃歸, 非直敗治, 實亦虧化. 宜令彈正臺巡檢. 自今以後, 勿使更然. 丁卯, 廢新嘗會, 以諒闇故也〈檢神祇官記, 是年於神祇官曹司行新嘗會之事矣.〉.

十二月庚辰朔, 自去月雷六日. 甲申, 請僧一百於東大寺轉讀仁王經焉. 乙未, 先是, 有恩勅, 收集京中孤兒而給衣糧養之. 至是, 男九人, 女一人成人, 因賜葛木連姓, 編附紫微少忠從五位上葛木連戶主之戶, 以成親子之道矣. 己亥, 越後, 丹波, 丹後, 但馬, 因幡, 伯耆, 出雲, 石見, 美作, 備前, 備中, 備後, 安藝, 周防, 長門, 紀伊, 阿波, 讚岐, 伊豫, 土左, 筑後, 肥前, 肥後, 豊前, 豊後, 日向等二十六國. 國別頒下灌頂幡一具, 道場幡四十九首, 緋綱二條, 以充周忌御齋莊餝, 用了收置金光明寺, 永爲寺物, 隨事出用之. 庚子, 太上天皇御輿丁一人敍四階, 一人二階, 五十七人外二階, 一百二十六人外一階. 己酉, 勅遣皇太子, 及右大弁從四位下巨勢朝臣堺麻呂於東大寺, 右大臣從二位藤原朝臣豊成, 出雲國守從四位下山背王於大安寺, 大納言從二位藤原朝臣仲麻呂, 中衛少將正五位上佐伯宿禰毛人於外嶋坊, 中納言從三位紀朝臣麻路, 少納言從五位上石川朝臣名人於藥師寺, 大宰帥從三位石川朝臣年足, 彈正尹從四位上池田王於元興寺, 讚岐守正四位下安宿王, 左大弁正四位下大伴宿禰古麻呂於山階寺, 講梵網經, 講師六十二人. 其詞曰, 皇帝敬白, 朕自遭閔凶, 情深荼毒. 宮車漸遠, 號慕無追. 萬痛纏心, 千哀貫骨. 恒思報德, 日夜無停. 聞道, 有菩薩戒, 本梵網經. 功德巍巍, 能資逝者. 仍寫六十二部, 將說六十二國. 始自四月十五日, 令終于五月二日. 是以, 差使敬遣請屈. 願衆大德, 勿辭攝受. 欲使以此妙福無上威力, 翼冥路之鸞輿, 向華藏之寶刹. 臨紙哀塞, 書不多云.

續日本紀卷第十九

『속일본기』 권제20

〈天平寶字 원년(757) 정월에서 2년(758) 7월까지〉

종4위하 行民部大輔 겸 左兵衛督 황태자 학사
신 菅野朝臣眞道 등이 칙을 받들어 편찬하다.

寶字稱德孝謙皇帝

○ 天平寶字[1] 원년(757), 춘정월 경술삭(1일), 신년하례를 중지하였다. (성무천황의) 상중[2]이기 때문이다. 칙을 내려 800인을 출가, 득도시켰다.

갑인(5일), 칙을 내려, "오는 4월 15일부터 시작하여 5월 2일까지 국마다 범망경[3]을 강설하게 한다. 그 때문에 금년의 안거는 5월 3일에 시작한다"라고 하였다. 또 칙을 내려, "요즈음 郡領,[4] 軍毅[5]에 白丁[6]을 임용하고 있다. 이 때문에 백성들은 집에 있으면서 관에 나갈 수 있다고 생각하는데, 군주에게 봉사하여 봉록을 받을 수 있다는 것을 모른다.[7] (부모에게) 효도하는 것과 같이 군주에게 충성하는 마음이 점차 쇠퇴해지고 사람을 가르쳐 인도하는 일은 참으로 어렵다. 지금 이후로는 마땅히 소관 관사에서는 관위가 있는

---

1) 동년 8월 갑오(18일)에, "天平勝寶 9세 8월 18일을 고쳐 天平寶字 원년으로 삼는다"라고 하여 改元하였다.
2) 전년도 5월 을묘에 사망하였다. 「喪葬令」17에는 "凡服紀者, 爲君父母及夫, 本主一年"이라고 하여 왕, 부모 등은 1년상으로 규정하고 있다.
3) 대승불교의 경전인 『梵網経盧舍那仏說菩薩心地戒品第十』으로 통칭 『梵網経』이라고 한다. 鳩摩羅什의 한역집이 전한다. 상하 2권으로 하권은 菩薩戒經이라고 부른다.
4) 郡司 4등관제(大領, 少領, 主政, 主帳)에서 大領, 少領을 郡領이라고 한다.
5) 군단의 大毅, 少毅.
6) 일본고대 율령제 하에서 무위, 무관으로 과역을 부담하는 공민을 말한다. 여기에 內位 6위에서 8위 관인의 서자, 外位, 初位, 잡임 등 관인의 자를 포함한다.
7) 郡領의 임용은 중앙관사에서 舍人 등에 봉사하며 근무평정을 거쳐 서위되어 실적을 쌓은 사람을 대상으로 한다.

사람을 제외하고는 (郡領, 軍毅의) 선고 시험에 포함해서는 안 된다. 군곡은 병부성이 6위부에 근무하는 자 중에서 기량이 우수하고 재능있고 건장한 자를 선발하여 후보로서 임용하고, 기타의 자들을 임의대로 찾아 구해서는 안 된다.[8] 이외의 일들은 格, 令의 규정대로 한다"라고 하였다.

을묘(6일), 전 좌대신 정1위 橘朝臣諸兄[9]이 죽었다. 종4위상 紀朝臣飯麻呂, 종5위하 石川朝臣豊人 등을 보내 장의를 감독시켰다. 장의의 물품은 관에서 지급하였다. 대신은 증 종2위 栗隈王의 손이고, 종4위하 美努王의 자이다.

무오(9일), 종5위하 石津王에게 藤原朝臣의 성을 내리고, 大納言 종2위 (藤原) 仲麻呂의 양자로 삼았다.

3월 무진(20일), 천황의 침전의 천정판 안에 '天下大平' 4자가 자연히 나타났다.

경오(22일), 칙을 내려 친왕 및 군신들을 불러 상서의 글자를 보게 하였다.

을해(27일), 칙을 내려 "지금 이후로는 藤原部의 성을 고쳐 久須波良部로 하고, 君子部를 吉美侯部로 한다"라고 하였다.[10]

정축(29일), 황태자 道祖王은 (성무천황의) 상중에 있는 몸인데도 음욕을 마음대로 하는 마음이 있어 가르쳐 경계하는 칙이 있어도 후회하고 고치는 일이 없었다. 이에 칙을 내려 군신들을 불러 선제의 遺詔[11]를 보이며 (황태자를) 폐위의 문제를 물었다. 우대신[12] 이하 하나같이 주상하기를, "감히 유지의

---

8) 「軍防令」13 「軍団大毅」조에는, "凡軍団大毅小毅, 通取部內散位, 勳位及庶人武芸可稱者充, 其校尉以下, 取庶人便於弓馬者爲之, 主帳者, 取工於書算者爲之"라고 하여, 大毅, 小毅의 경우는 산위, 훈위, 서인으로 무예가 뛰어난 자를 대상으로 선발하고 있다.

9) 敏達天皇의 5세손으로 初名은 葛城王(葛木王)이다. 臣籍으로 내려와 橘宿禰, 후에 橘朝臣의 성으로 개성하였다. 大宰帥 美努王의 子이고, 母는 橘三千代로 光明皇后와는 異父妹에 해당한다. 부인은 藤原不比等의 딸 多比能이다. 和銅 3년((710)에 종5위하, 天平 3년(731)에 參議, 동 9년에 대역병의 유행으로 藤原氏 4공경이 사망하자, 大納言, 右大臣으로 승진하였고, 당에서 돌아온 玄昉, 吉備眞備 등과 정계에서 두각을 드러냈다. 天平 말기에 藤原廣嗣의 난을 계기로 점차 쇠락하였다.

10) 특정한 氏名, 이름의 名字를 사용하지 않는 避諱 조치이다. 이것은 중국의 禮制 사상의 영향으로 군주의 실명이나 부, 조부의 이름을 사용하지 않는 경우이다. 여기에서 藤原部를 久須波良部로 고치게 한 것은 藤原氏 가문의 씨명을 사용하지 못하게 한 조치이다. 天平寶字 2년 6월 을축에는 藤原鎌足, 藤原不比等의 이름을 피할 것을 명했다. 君子 혹은 君이 들어간 씨명도 君主를 의미하는 말로서 개정하였다. 天平寶字 3년 10월 신축에는 가바네로서의 君 성을 公으로 고쳤다. 天平勝寶 9년 5월 26일 『三代類聚格』에서는 천황, 황후 등의 이름을 성명으로 사용하지 못하도록 하였다.

11) 天平勝寶 8歲 5월 을묘에 聖武太上天皇이 사망한 날, 遺詔로부터 황태자로 세웠다.

뜻을 어길 수는 없다"라고 하였다.[13] 이날, 황태자를 폐하고 왕으로 하고 사택으로 귀가시켰다.[14]

하4월 신사(4일), 천황이 군신들을 불러 묻기를, "어느 왕을 세워 황위를 잇게 해야 할 것인가"라고 하였다. 우대신 藤原朝臣豊成, 중무경 藤原朝臣永手 등은 "道祖王의 형 鹽燒王을 세워야 할 것이다"라고 말하고, 섭진대부 文室眞人珍努, 좌대변 大伴宿禰古麻呂 등은 "池田王을 세워야 할 것이다"라고 말하였다. 대납언 藤原朝臣仲麻呂는 "신하를 가장 잘 아는 것은 군주이고, 자식을 가장 잘 아는 것은 父이다.[15] 다만 천의[16]가 선택한 자에게 따를 뿐이다"라고 하였다.

(천황은) 칙을 내려, "종실 중에서 舍親王人, 新田部親王이 가장 연장자이다. 이에 따라 먼저 道祖王을 (황태자로) 세웠는데, 교칙에도 따르지 않고 끝내 음욕의 마음이 있어 멋대로 하였다. 그러한 즉 舍人親王의 子 중에서 선택해야 할 것이다. 그러나 船王은 규방을 다스리지 못하고, 池田王은 효행이 결여되어 있다. 鹽燒王은 태상천황이 무례하다고 해서 질책한 적이 있다. 다만 大炊王[17]은 아직 장년에 이르지는 않았지만, 과오를 듣지 못하였다. 이 왕을 세우고자 하는데, 경들의 뜻은 어떠한가"라고 물었다. 이에 우대신 이하가 주상하기를, "다만 칙명에 따를 뿐이다"라고 하였다. 이보다 앞서 대납언 (藤原)仲麻呂가 대취왕을 불러 자신의 사저에 거주하게 하였다. 이날, 內舍人 藤原朝臣薩雄, 中衛 20인을 보내 대취왕을 맞이하여 황태자로 세웠다.

(천황은 다음과 같이) 칙을 내렸다.[18]

"나라는 君을 주인으로 하고, 황태자를 세워 굳건히 한다. 이에 선제의

---

12) 藤原豊成. 좌대신 藤原武智麻呂의 장남.

13) 道祖王을 황태자로 세운 聖武天皇의 遺詔의 취지는 사정에 따라 황태자의 변경도 가능하다는 내용을 담고 있었고, 상기 본문대로 그 유지를 감히 배반하거나 어긋나게 할 수 없다(不敢乖違顧命之旨)라고 군신들이 답한 것이다. 이 같은 내용은 天平寶字 2년 8월 경자조의 백관의 상표와 神護慶雲 3년 10월 을미조의 宣命에서 밝혀져 있다.

14) 황태자에서 왕의 지위로 강등시키고 궁전에서 그의 집으로 돌려보냈다.

15) 중국의 고전 『春秋左傳』, 『管子』, 『韓非子』 등에 나오는 문구이다.

16) 天意는 하늘의 뜻을 말하는데 여기에서는 天皇을 가리킨다.

17) 舍人親王의 제7자. 당시 25세.

18) 이 칙은 이하 4월조 마지막 상서의 축하 문장 직전까지 모두 7개 항목에 걸쳐 있다.

遺詔로부터 道祖王을 세워 황태자로 삼았다. 그러나 왕은 상이 끝나지 않았고 陵의 풀도 마르지 않았는데 侍童[19]과 사통하고 선제에 대한 공경하는 마음이 없었다. 상중의 예의는 슬픔의 마음과는 부합하지 않고, 기밀은 모두 민간에 누설해 버리고 있다. 교칙이 자주 내려져도 여전히 후회하는 기색이 없다. 부녀자의 말을 입에 올리기를 좋아하여 도리에 반하는 일이 많았다. 돌연 春宮[20]을 나와 야밤에 혼자 사택에 돌아가기도 하고, 자신은 모자라고 우둔한 사람이라 중책을 감당하기 어렵다고 말한다. 따라서 짐은 홀로 판단해서 이 왕을 폐하고 大炊王을 세우기로 계획하고, 스스로 삼보에 묻고 신에게 기도하여 정치의 선악에 대해서 효험을 보여줄 것을 원하였다. 이에 3월 20일에 짐이 주거하는 천정판 안에 '天下太平'이라는 글자가 보였는데, 확연하고 명확하였다. 이것은 천제가 도운 바이고, 신명의 표시이다. 멀리 상고의 일을 통람하고, 지난 일들을 검토해 보아도 서적에는 실려있지 않은 전대미문의 일이다. 바야흐로 불, 법, 승 삼보가 우선 국가의 태평을 표시하고, 천지의 제신이 미리 종사[21]가 영원히 안정함을 나타내는 징표이다. 이 상서로운 표시를 떠받들고 있어 참으로 뛸듯이 기쁨 마음이다. 불효하는 자식은 사랑하는 아버지도 가엽게 여기기 어렵고, 예의가 없는 신하는 성군도 버린다고 하니, 마땅히 하늘의 뜻에 따라 폐출하고 본래의 신분으로 되돌려야 한다. 또 왕공 등이 충성을 다하고 바르게 보필하여 이 귀한 상서를 감득하게 된 것이다. 어떻게 짐 혼자 이룰 수 있겠는가. 마땅히 제왕, 공경, 관인, 백성과 함께 하늘이 내린 것을 받들고 하늘의 뜻에 답하여 구죄를 씻어버리고 두루 새로운 행복을 받아야 할 것이다.

천하에 대사면을 내린다. 天平勝寶 9歲(757, 天平寶字 元年) 4월 4일 동트기 이전의 사형죄 이하는 죄의 경중을 묻지 않고, 이미 발각되었거나 발각되지 않았거나, 이미 판결이 났거나 심리중이거나, 현재 수감 중인 자는 모두 사면한다. 다만 팔학을 범한 자, 고의 살인, 사주전, 강도와 절도는 이 (사면의) 범위에 포함하지 않는다. 천하의 백성은 成童[22]의 나이가 되면, 가벼운 노역[23]

19) 貴人 옆에서 시중을 드는 소년. 道祖王을 동성애자로 표현.
20) 東宮. 황태자의 거소.
21) 宗廟와 社稷으로 국가를 말한다.

이 부과되고, 冠[24]의 나이가 되면 正役[25]을 담당한다. (짐은) 그 노고에 연민을 느끼고 마음이 아프다. 예로부터 선제도 이 (경감의) 취지는 갖고 있었으나 시행하지 않았다. 지금 이후로는 마땅히 18세로서 中男으로 하고 22세 이상을 正丁으로 한다.[26] 옛날부터 백성을 다스리고 국가를 평안하게 하는 데에는 반드시 효로서 다스린다. 모든 행동의 근본은 이보다 우선인 것은 없다. 마땅히 천하에 명하여 집마다 孝行 1권을 소장시켜 힘써 암송하고 배우게 하여 점점 가르침을 펴나가야 할 것이다. 백성들 사이에 효행이 알려져 마을 사람들이 칭송하는 자가 있으면, 소관 장관[國司]에게 상세히 그 이름을 보고해야 한다.[27] 한편 불효, 不恭,[28] 不友,[29] 不順[30]한 자가 있으면, 陸奥國의 桃生,[31] 出羽國의 小勝[32]으로 배속시켜 풍속을 교정하고 동시에 변방을 지키도록 한다. 또 별도로 (許由가) 潁川에 살고 (巢父가) 箕山에 은둔했듯이, 은둔자가 있다면 짐의 세에 許有, 巢父[33]와 같은 인물로서 예의로서 찾아가 위문하고 원하는 대로 뜻을 이루게 할 것이다.

---

22) 成童에 대해 『禮記』 內則에는 "十有三年", 鄭玄注에는 "成童十五以上"이라고 되어 있다. 여기서는 正丁의 4분의 1의 調 및 雜徭를 부담하는 少丁으로, 養老令의 中男에 해당하는 17세이다.

23) 正役 즉 歲役에 대한 雜徭를 말한다.

24) 『禮記』에 나오는 弱冠 20세를 말하지만, 일본 율령제 하에서는 正丁이 되는 21세이다.

25) 「賦役令」4에 나오는 歲役이다. 正丁은 세역 10일이다.

26) 中男(少丁), 正丁이 되는 나이를 1년 늦추어 과역 부담을 경감하는 조치로, 즉 中男을 17세에서 18세로, 正丁을 21세에서 22세로 늦추는 것이다. 이 문장은 당 현종 天寶 3세(天平 16년) 12월 25일 천하에 대사면을 내린 敎文에 "比者, 成童之歲, 卽掛輕徭, 旣寇之年, 便當正役, 憫其苦勞, 用軫於懷, 自今以後, 天下百姓, 宜以十八以上爲中男, 二十三成丁"(『唐大詔令集』 권74)라는 내용을 차용, 시행한 것이다.

27) 「戶令」33 「國守巡行」조에 "凡國守, 每年一巡行屬郡, 觀風俗問, (中略) 部內有, 好學, 篤道, 孝悌, 忠信, 淸白, 異行, 發聞於鄕閭者, 擧而進之, 有不孝悌, 悖禮 亂常, 不率法令者, 糺而繩之"라 하여 국의 장관은 매년 관할 군을 순시하며 풍속의 교정을 살펴야 한다는 규정이 있다.

28) 남을 업신여기는 사람.

29) 연장자를 공경하지 않는 사람.

30) 도리에 따르지 않는 사람.

31) 陸奥國 桃生郡 桃生鄕 桃生柵. 현재의 宮城縣 桃生郡 및 그 주변.

32) 雄勝柵. 蝦夷 경략의 거점.

33) 許有와 巢父는 중국의 전설적인 요임금 시대의 속세 권력이나 명예에 관심이 없는 지조 높은 은자들.

승강 및 경내 승니의 復位[34] 이상에게 물품을 차등있게 내렸다. 천황의 측근에서 봉사하는 竪子,[35] 授刀舍人[36] 및 1주기 재회를 위해 종종의 물품을 만들어 바치는 제관사의 남녀들이 아침 일찍부터 밤늦게까지 태만하지 않고 성의를 다하여 근무한다면 마땅히 위계 2급을 더하고 아울러 목면, 비단을 내린다. 관에서 근무가 소홀하고 게으른 사람은 위계 1등을 감한다. 그 외에 내외 제관사의 주전 이상 및 천하의 고령자 80세 이상, 中衛府와 兵衛府의 舍人, 門部, 主帥, 雜工 및 衛士, 仕丁으로 근무한 지 30년 이상의 자는 위계 1급을 더한다. 다만 정6위 이상 및 출사하지 않은 자는 이 범위에 포함하지 않는다. 재경의 문무관으로 관직이 있는 정6위상 이상 및 月齋社[37]의 祝 등에게 차등있게 녹을 내렸다. 천하의 홀아비, 과부, 고아, 독거노인, 篤疾,[38] 癈疾[39]로 자활할 수 없는 자에게 헤아려 구휼하도록 한다.

고려, 백제, 신라의 사람들로 오래 전부터 천황의 덕화를 흠모해서 내조하여 우리 풍속에 익숙해져 성을 받기를 원하는 자는 모두 허락한다.[40] 그 호적의 기록에 姓 및 族 자가 붙은 성[41]은 도리에 맞지 않으니 마땅히 개정해야 할 것이다. 또 동대사의 匠丁, 造山陵司의 役夫 및 좌우경, 기내 4국, 伊賀, 尾張, 近江, 丹波, 丹後, 但馬, 播磨, 美作, 備前, 紀伊 등의 국의 병사와 아울러 防人,[42] 鎭兵,[43] 衛士, 火頭,[44] 仕丁, 鼓吹戶[45]의 사람, 輸車戶[46]의 호주에게는

34) 승려에게 주어지는 위계로서 僧位의 하나.
35) 조정의 제행사에 봉사하고 궁주의 일상 잡사에 종사하는 직.
36) 무기를 소지하고 禁中 경비를 담당. 元明天皇 즉위 직후인 慶雲 4년(707) 7월에 이들을 통할하는 授刀舍人寮가 설치되었다.
37) 기타 사료에는 보이지 않는다. 매월 신도 제례의 하나인 月次祭에 폐백을 나누어 주는 신사라고 추정된다.
38) 중증 장애자.
39) 중간 정도의 장애자.
40) 한반도계 이주민에 대한 대규모 賜姓정책으로 이후 5년간 그 수는 50여 씨, 2천여 명으로 추정되고 있다.
41) 예를 들면 掃守連族廣山과 같이, 連의 성 다음에 族자가 붙어 있는 씨성은 문제가 있다고 판단하여 고치도록 한 것이다.
42) 제국의 군단 병사로서 九州를 중심으로 서해도 방비를 주임무로 하였다.
43) 東北지방의 陸奧, 出國羽國의 蝦夷대책으로 설치한 鎭兵.
44) 匠丁과 衛士를 위해 취사를 담당하는 役夫.
45) 병부성 鼓吹司에 소속된 品部.
46) 聖武天皇의 장의에서 수레를 운반한 戶로 추정되지만, 기타 사료에는 보이지 않는다.

함께 금년도 전조를 면제하도록 한다". 백관들이 조당에 나아가 표문을 올리고 상서의 문자가 나타난 것을 축하하였다.

5월 기유(2일), 태상천황의 1주기가 되었다. 승 1500여 인을 초청하여 재회를 열었다.

신해(4일), 천황이 田村宮[47]으로 이주해 갔다. 대궁의 수리를 위해서이다.

을묘(8일), 칙을 내려, "요즈음 (驛路를) 왕래하는 사자는 모두 驛家를 이용하는데, 이치에 맞지 않는다. 역시 역의 인부에게 고역을 주는 일이다. 지금 이후로는 마땅히 令의 규정에 의거한다. 能登, 安房, 和泉 등의 국을 종전대로 분립하도록 한다"라고 하였다. 但馬, 肥前의 국에 介 1인, 出雲, 讚岐의 국에 目 1인을 증원하였다.

정묘(20일), 대납언 종2위 藤原朝臣仲麻呂를 紫微內相으로 삼고, 종3위 藤原朝臣永手를 중납언으로 삼았다. 조를 내려, "짐이 周禮[48]를 보니, 장군과 재상의 길은 다르고, 정치에는 문무의 구별이 있다. 또한 도리로서도 당연하다. 이에 新令[49]의 규정과는 별도로 紫微內相 1인을 두어 내외의 諸兵事[50]를 장악하도록 한다. 그 관위, 봉록, 직분전, 잡물은 모두 대신에 준하게 한다[51]"라고 하였다.

또 칙을 내려, "요즈음 관인을 選考해서 위계를 정하는 데에는 格[52]에 의거해서 그 단계를 정하고 있는데, (그 결과) 위계가 높아져 그에 상당하는 관직을 맡기가 어렵다. 지금 이후로는 마땅히 新令에 의거하도록 한다. 지난 養老 연중[53]에 짐의 외조부 고 태정대신이 칙명을 받들어 편찬한 율령이다.

---

47) 藤原仲麻呂의 저택. 天平勝寶 4년 4월 을유조에도 천황이 大納言 藤原朝臣仲麻呂의 저택을 御在所로 삼은 바가 있듯이 황실 권력은 藤原仲麻呂와 밀접하게 연결되어 있다.

48) 周官이라고도 한다. 國制의 이상형으로서 周代의 관직을 설명한 책.

49) 養老令.

50) 6衛府를 통할하고 제국의 병마권이 주어져 실질적인 중앙과 지방 전체의 병권을 장악하는 직책.

51) 대신의 상당위는 정2위, 종2위.

52) 慶雲 3년 2월 25일의 格, 율령에 규정된 근무평정 연한은 내위의 長上官 이상은 6년에서 4년으로 단축하여 승진 기간이 빨라져 그에 상당하는 관직을 맞추기가 어렵다는 것이다.

53) 「弘仁格式」序에 "養老二年, 復同大臣不比等, 奉勅更撰律令, 各爲十卷"이라고 하여 藤原不比

이를 제관사에 포고하여 조속히 시행하도록 한다"라고 하였다.

종2위 藤原朝臣豊成[54]에게 정2위를, 정4위하 鹽燒王, 종4위상 池田王에게 함께 정4위상을, 종4위상 諱[55], 종4위상 船王에게 함께 정4위하를, 종4위하 山背王에게 종4위상을, 종5위상 久勢王에게 정5위하를, 종5위하 厚見王·山村王에게 함께 종5위상을, 무위 船井王·掃守王·尾張王·奈賀王에게 함께 종5위하를, 종5위상 文室眞人大市·阿倍朝臣沙彌麻呂·高麗朝臣福信[56]에게 함께 정4위하를, 종4위하 巨勢朝臣堺麻呂에게 종4위상을, 정5위상 佐伯宿禰毛人·佐伯宿禰今毛人, 정5위하 佐味朝臣虫麻呂에게 함께 종4위하를, 정5위하 大伴宿禰稻公·大倭宿禰小東人·賀茂朝臣角足에게 함께 정5위상을, 종5위상 藤原朝臣千尋·百濟王元忠[57]·阿倍朝臣嶋麻呂·粟田朝臣奈勢麻呂·大伴宿禰犬養·中臣朝臣淸麻呂·石川朝臣名人·勤臣東人·葛木宿禰戶主에게 함께 정5위하를, 종5위하 日下部宿禰子麻呂·下毛野朝臣稻麻呂·縣犬養宿禰小山守·小野朝臣東人·多治比眞人土作·藤原朝臣宿奈麻呂·藤原朝臣魚名·石上朝臣宅嗣·大倭忌寸東人·百濟朝臣足人[58]·播美朝臣奥人에게 함께 종5위상을, 외종5위하 葛井連諸會[59]·日置造眞卯·中臣丸連張弓·上毛野君廣濱·廣野連君足, 정6위상 忌部宿禰呰麻呂·三國眞人百足·多治比眞人犬養·紀朝臣僧麻呂·大宅朝臣人成·中臣朝臣麻呂·高橋朝臣子老·阿倍朝臣御

等의 養老律令 찬수 사실이 기록되어 있다.

54) 藤原不比等의 장남인 左大臣 藤原武智麻呂의 장남. 藤原仲麻呂의 형. 藤原南家.

55) 天智의 孫 白壁王으로 후에 光仁天皇. 천황의 인명을 쓰지 않는 避諱 기사.

56) 권19, 天平勝寶 8歲 5월조 149쪽 각주 109) 참조.

57) 出雲守 百濟王孝忠의 子. 聖武朝 天平 20년(748)에 종5위하에 서임되었고, 孝謙朝에서는 治部少輔, 天平勝寶 3년(751)에 종5위상, 天平勝寶 9歲(757)에 정5위하, 淳仁朝에서는 大藏少輔, 天平寶字 8년(764)에 종4위하에 서위되었다.

58) 天平 10년(738) 鎭守判官을 시작으로 天平感寶 원년(749)에 陸奥國守로 있던 百濟王敬福이 금이 발견되어 공상했을 당시, 陸奥大掾으로 있던 余足人은 종5위하에 서위되었고, 그 후 무성에서 百濟朝臣을 받았다. 孝謙朝에서 淳仁朝에 걸쳐 陸奥介 겸 鎭守副將軍을 역임하고, 天平勝寶 9歲(757)에 종5위상, 天平寶字 4년(760)에는 雄勝城, 桃生柵을 축조한 공로로 陸奥國安察使 겸 鎭守將軍에 임명되었다. 天平寶字 5년에는 東海道節度副使가 되었고, 동 8년에는 藤原仲麻呂의 난 때 孝謙上皇 측에 선 까닭에 종4위하 右衛士督에 보임되었다.

59) 王辰爾 일족의 후예인 백제계 도래씨족. 天平 7년(735)에 太政官의 弁官局에서 문서를 담당하는 大史로 근무하였고, 그 후 山背介를 거쳐 天平 17년에 외종5위하에 서임, 天平勝寶 9歲(757)에는 종5위하에 이른다. 和銅 4년(711)『經國集』에 대책문이 남아 있고『萬葉集』(3925)에도 단가 1수를 남기고 있다.

縣·榎井朝臣小祖父·賀茂朝臣塩管·大原眞人今木·巨勢朝臣度守·石川朝臣君成·田口朝臣御直·賀茂朝臣淨名·藤原朝臣執弓·池田朝臣足繼·田中朝臣多太麻呂·大伴宿禰不破麻呂·石川朝臣人公, 無位 文室眞人波多麻呂에게 함께 종5위하를, 정6위상 食朝臣三田次·川原連凡·益田繩手·大藏忌寸家主·土師宿禰犬養·土師宿禰弟勝·河內畫師祖父麻呂·白鳥村主頭麻呂·上毛野君眞人에게 종5위하를 내렸다.

6월 을유(9일), 5개조를 제정해서 칙을 내렸다.[60] 諸氏長[61] 등은 공적인 일 이외에 자의적으로 자신의 씨족들을 모이게 한다. 지금 이후로는 이와같은 일이 있어서는 안 된다(제1). 왕족과 신하의 말 수는 格에 의거하여 제한이 있다. 이 규정 이상을 말을 사육해서는 안 된다(제2). 令에 의거하면, 소지하는 병기에 대해서는 각각 법규가 있다. 이 규정 이상을 갖고 있어서는 안 된다(제3). 무관을 제외하고는 경내에 병기를 갖고 있어서는 안 된다. 이전부터 이미 금지하고 있으나, 아직 멈추지 않고 있다. 소관 관사에 포고해서 엄중히 금단하도록 한다(제4). 경내에서 말 20기 이상의 집단행동을 해서는 안 된다(제5). (이상의 건에 대해서) 소관 관상에서는 포고해서 엄중히 금단하고 만약 위반자가 있다면 위칙의 죄로 처벌한다.

임진(16일), 종3위 石川朝臣年足을 신기백으로 삼고, 정4위하 橘朝臣奈良麻呂를 우대변으로 삼고, 정5위하 粟田朝臣奈勢麻呂에게 좌중변을 겸직시키고 越前守는 종전대로 하였다. 정5위상 大倭宿禰小東人을 紫微大忠으로 삼고, 종5위하 田口朝臣御直을 大監物로 삼고, 종3위 文屋眞人智努를 치부경으로 삼고, 종5위하 大原眞人今城을 치부소보로 삼고, 종5위상 藤原朝臣宿奈麻呂를 민부소보로 삼고, 종5위하 石川朝臣君成을 주세두로 삼고, 종3위 石川朝臣年足을 병부경으로 삼고, 신기백을 종전대로 하고, 종5위하 大伴宿禰家持를 (병부)대보로 삼고, 종5위하 藤原朝臣繩麻呂를 (병부)소보로 삼았다. 정4위상 池田王을 형부경으로 삼고, 종5위하 大伴宿禰御笠을 대판사로 삼고, 정4위상 鹽燒王을 대장경으로 삼고, 종5위하 藤原朝臣濱足을 (대장)소보로 삼고, 종5위하

60) 이 5개조의 칙은 藤原仲麻呂의 권세에 반대하는 사람들을 경계하기 위한 조치이다.

61) 씨족의 수장. 씨족의 본종가 중에서 관위가 제일 높은 사람이 임명되고, 氏神을 제사하고, 氏人을 통솔하여 조정에의 봉사, 관위 수여의 추천, 氏人의 소송을 판단하는 권한 등 일정하게 정치적인 지위를 부여받는다. 大寶令에서는 氏上, 『속일본기』에서는 氏長, 氏上 모두를 사용하였다.

巨勢朝臣淨成을 궁내소보로 삼고, 종5위하 多治比眞人犬養을 大膳亮으로 삼고, 정4위하 文室眞人大市를 彈正尹으로 삼고, 종4위상 紀朝臣飯麻呂를 右京大夫로 삼고, 종5위하 田中朝臣多太麻呂를 中衛員의 外少將으로 삼고, 종5위하 大伴宿禰不破麻呂를 衛門佐로 삼고, 종5위하 池田朝臣足繼를 左衛士佐로 삼고, 종5위상 日下部宿禰子麻呂를 左兵衛督으로 삼고, 종5위하 石川朝臣人公을 右兵衛督으로 삼고, 종5위하 下毛野朝臣多具比를 右馬頭로 삼고, 종5위하 大宅朝臣人成을 左兵庫頭로 삼고, 左大弁 정4위하 大伴宿禰古麻呂에게 陸奧鎭守將軍을 겸직시키고, 陸奧守 종5위상 佐伯宿禰全成에게 (陸奧鎭守)副將軍을 겸직시키고, 종4위하 多治比眞人國人을 攝津大夫로 삼고, 외종5위상 文忌寸馬養에게 鑄錢長官을, 종5위하 大伴宿禰御依에게 參河守를, 정5위상 賀茂朝臣角足에게 遠江守를, 종5위상 石上朝臣宅嗣에게 相摸守를, 紫微少弼 종5위상 巨勢朝臣堺麻呂에게 下總守 겸직을, 정4위하 大伴宿禰古麻呂에게 陸奧按察使를, 종4위상 山背王에게 但馬守를, 종5위하 藤原朝臣武良志에게 伯耆守를, 종3위 百濟王敬福에게 出雲守를, 종3위 藤原朝臣乙麻呂에게 美作守를, 종5위하 調連馬養에게 備前守를, 종5위하 柿本朝臣市守에게 安藝守를, 정5위하 阿倍朝臣嶋麻呂에게 伊豫守를, 종5위하 榎井朝臣子祖父에게 豊後守를 내렸다.

계사(17일), 兵部少輔 종5위하 藤原朝臣繩麻呂에 侍從를 겸직시켰다.

을미(19일), 처음으로 制를 내려, "伊勢太神宮의 幣帛使는 지금 이후로는 中臣朝臣 만을 보내고 다른 씨성의 사람은 해당되지 않는다"라고 하였다.

갑진(28일), 이보다 앞서 지난 (天平)勝寶 7歲(755) 동11월, 태상천황[聖武天皇]이 와병 중일 때 당시 좌대신 橘朝臣諸兄을 모시던 佐味宮守[62]가 보고하기를, "대신이 음주의 자리에서 (태상천황에 대해) 무례한 언사를 하였다. 모반의 기색이 있다고 생각한다"라고 하였다. 태상천황은 너그럽게 포용하며 질책하지 않았다. 대신이 이를 알고 다음 해에 사직하였다.[63] 앞서 칙을 내려 越前守 종5위하 佐伯宿禰美濃麻呂를 불러 이 말을 들은 적이 있는지를 물었다.

---

62) 橘奈良麻呂의 반란을 밀고한 공으로 종8위상에서 종5위하로 승진하고, 그 후 越前介, 左京亮, 安房守, 越前守를 역임하였다.

63) 天平勝寶 8세(756) 2월 병술조에 "左大臣正一位橘朝臣諸兄致仕, 勅依請許之"라고 하여 사직한 기사가 나온다.

美濃麻呂는 말하기를, "신은 일찍이 들은 바가 없고, 다만 생각나는 것은, 佐伯全成은 알고 있었다"라고 하였다. 이에 全成을 심문하려고 했던 바, 대후[64]는 정중히 중지할 것을 강하게 요청해서 이 일은 끝내 취소되었다. 이 사건은 田村記[65]에 상세하다. 여기에 이르러 종4위상 山背王이 또 고하기를, "橘奈良麻呂가 도리에 반해서 병기를 갖추어 田村宮[66]을 포위하는 음모를 기도하고 있다. 정4위하 大伴宿禰古麻呂도 그 사정을 알고 있다"라고 하였다.

추7월 무신(2일), (천황이) 조를 내려(宣命體), "지금 말씀하기를, 요즈음 제왕, 제신 중에 무례하고 반역의 마음이 있는 자가 일을 꾀하여 大宮[67]을 포위한다고 말하면서 사적인 병기를 준비하고 있다고 듣고 있는데, 여러차례 생각해 봐도 어떤 자가 짐의 조정을 배반하는 것인지, 그러한 사람은 1인도 없다고 생각하여 법에 따라 처벌하지 않았다. 그러나 같은 사건을 여러 사람이 거듭하여 주상하여 조사해 봐야 할 것이라고 생각한다. 자애의 정치를 행하는 것은 쉬우나, 이 일은 국가의 중대한 문제이기 때문에 광기있는 자의 마음을 자애로서 깨우쳐 바르게 해야 한다고 말씀하셨다. 이러한 상태라는 것을 깨닫고 남에게 수상하게 보이는 일은 하지 않도록 해야 한다. 이와 같이 분부하신 말씀을 따르지 않는 자는 짐 혼자서 자비를 베푼다고 해도 국법으로는 어떻게 할 수가 없다. 자신의 집과 자신의 가문의 선조들의 이름을 실추시키기 않도록 힘써 봉사해야 한다고 하신 천황의 말씀을 모두 듣도록 하라"고 분부하였다.

(천황이) 조를 마치자, 다시 우대신 이하 군신들을 불러, 황대후[68]가 조를 내려 말하기를(宣命體), "그대들은 모두 나와 근친자들이다. 또 천황의 측근에서 봉사하는 경들은 고 성무천황의 대명으로서 그대들을 자주 불러, '짐이 죽은 후에도 황태후를 잘 모시고 도와야 한다'라고 하였다. 또 大伴宿禰, 佐伯宿禰 등은 먼 천황의 어세로부터 친위대로서 봉사해 왔고, 또 大伴宿禰 등은 우리의 일족이다.[69] 모두 같은 마음으로 돕고 봉사할 때에 저러한 추문이 나올

64) 光明皇太后.
65) 藤原仲麻呂에 관한 기록.
66) 藤原仲麻呂의 사저. 田村第.
67) 藤原仲麻呂의 사저.
68) 光明皇太后.

것인가. 그대들이 잘하지 못하여 이러한 일이 일어난 것이다. 모두가 밝고 청결한 마음으로 조정을 도와 봉사해야 할 것이다"라고 분부하였다.

이날 저녁, 中衛舍人 종8위상 上道臣斐太都가 內相[70]에게 (다음과 같이) 보고하였다.

"금일 미시[71]에 備前國의 전 장관인 小野東人이 斐太都를 불러 말하기를, '왕신 중에 황자[72] 및 內相[73]을 죽이려는 음모가 있다. 너는 가담했는가'라고 물었다. 이에 斐太都가 '왕신들은 누구누구인가'라고 물었다. 東人이 대답하기를, '黃文王, 安宿王, 橘奈良麻呂, 大伴古麻呂 등이고, 동조자가 매우 많다'라고 하였다. 斐太都가 또 묻기를, '모두의 계획이라는 것은 어떻게 하려는 것인가'라고 하였다. 東人이 답하기를, '계획한 바는 2개이다. 첫 번째는 정병 400인을 이끌고 田村宮을 포위하는 것이고, 두 번째는 陸奥將軍 大伴古麻呂가 지금 임지로 향하고 있는데, 美濃關에 이를 때 병을 사칭하여 1, 2인의 친한 사람을 만나고 싶다고 청하여 관의 허가를 얻어 關所를 폐쇄하는 것이다'라고 하였다. 斐太都良久가 잠시 멈칫하다가 답하여 '감히 명을 거스르지 않겠다'고 하였다".

이보다 앞서 지난 6월, 우대변 巨勢朝臣堺麻呂가 몰래 주언하였다. "약처방을 문의하기 위해 答本忠節[74]의 집에 갔더니, 忠節이 '大伴古麻呂가 小野東人에게 고하기를, 內相에게 위해를 가하려는 자가 있다. 너는 따를 것인가'라고 말하자, 東人이 '명에 따르겠다'고 대답하였다. 忠節이 이 말을 듣고 우대신에게 알렸다. 대신이 답하여 말하기를, '대납언은 나이가 젊다. 내가 훈계하여 그를 살해하지 말도록 하겠다'라고 하였다".

이날, 內相 藤原朝臣仲麻呂는 상세한 사정을 주상한 후, 대궁 내외의 문들을 경호하였다. 이어 高麗朝臣福信 등을 보내 병을 이끌고 小野東人, 答本忠節

---

69) 藤原家와 大伴氏 가문은 혼인관계로 이어져 있다. 藤原謙足의 모친은 大伴氏이고, 大伴古慈斐의 처는 光明皇后와 자매간이며, 藤原仲麻呂의 처의 1인은 大伴太養의 딸이다.

70) 藤原仲麻呂.

71) 오후 2시 전후.

72) 大炊王. 후의 淳仁天皇.

73) 藤原仲麻呂.

74) 백제멸망 후 망명한 백제 관인 答炑春初 일족의 후손. 聖武朝인 神龜 원년(724) 答炑春初의 아들로 추정되는 答本陽春이 麻田連으로 개성한다. 答本忠節의 경우는 개성하지 않고 백제의 答本氏를 그대로 유지한 것으로 보인다.

등을 추적하여 모두 체포하고 좌위사부에 구금하였다. 또 병력을 보내 우경에 있는 道祖王의 집을 포위하였다.

기유(3일), (천황은) 우대신 藤原朝臣豊成, 중납언 藤原朝臣永手 등 8인에게 칙을 내려, 좌위사부에 가서 東人 등을 심문시켰다. 東人은 확언하며 모른다고 하였다. 당일 저녁, 內相 仲麻呂는 (천황의) 어재소에 근시하며 鹽燒王, 安宿王, 黃文王, 橘奈良麻呂, 大伴古麻呂 5인을 불러 太后의 詔를 전하여 말하기를, "鹽燒王 등 5인이 모반을 꾀하고 있다고 어느 사람이 알려 주었다. 너희들은 나와 일족의 가까운 사람으로 조금도 나를 원망할 일이 있다고는 생각하지 않았다. 너희들에게 조정은 대단히 높은 관직을 내렸는데 어떤 원한이 있어 그와 같은 일을 했는가. 있어서는 안 되는 일이라고 생각한다. 이에 너희들의 죄를 용서해 준다. 앞으로는 이와 같은 일을 해서는 안 된다"라고 하였다. (천황의) 조를 다 말하자 5인은 남문 밖으로 나가 조용히 머리숙여 은혜에 감사하였다.

경술(4일), 조를 내려, 다시 중납언 藤原朝臣永手 등을 보내 東人 등을 강하게 심문하였다. 자백하여 진술하기를, "모든 일은 사실이다. 斐太都의 말과 다름이 없다. 지난 6월 중에 시간을 약속하여 3번 일을 모의하였다. 처음에 奈良麻呂의 집이고, 다음은 도서료의 수장고 근처의 뜰에서, 마지막은 태정관 건물의 뜰에서 있었다. 모인 사람들은 安宿王, 黃文王, 橘奈良麻呂, 大伴古麻呂, 多治比犢養, 多治比礼麻呂, 大伴池主, 多治比鷹主, 大伴兄人이고 그 외의 사람들은 어두워서 그 얼굴이 보이지 않았다. 뜰 안에서 천지 사방에 예배하고, 함께 소금 즙을 마시며 맹세하기를, '오는 7월 2일의 저녁, 병사를 동원하여 內相의 저택을 포위하여 살해하고, 바로 大殿을 포위하여 황태자를 퇴위시키고, 다음에는 황후궁을 점거하여 驛鈴과 御璽를 탈취한다. 이어 우대신을 불러 지휘하게 한 연후에 제를 폐위하고 4왕 중에서 선택해 즉위시켜 천황으로 삼는다'라고 하였다". 이에 자백에서 나온 사람들을 불러 오는 순서대로 모두 구금하고 각각 다른 장소에서 하나하나 심문하였다.

처음에 安宿王에게 심문하여 자백받았다. "지난 6월 29일 해가 떨어질 무렵, 黃文王이 와서 말하기를, '奈良麻呂가 (나와) 상담하고 싶은 일이 있다'라고 하여 (나) 安宿은 따라가서 태정관 건물에 이르렀다. 이미 20여 인이와 있었다. 한사람이 다가와서 공손히 인사를 해서, 가까이서 얼굴을 보니 그는 奈良麻呂였다. 또 소복 입은 자 한사람은 자세히 얼굴을 보니 小野東人이었다. 그때 사람들이 함께 말하기를, '시간이 이미 지나고 있다. 모두 서서 예배하자'라고 하였다. 나는 '왜 예배하는지 모른다'고 물었더니, '천지에 예배하는 것 뿐이다'라고 하였다. 나는 사정도 모르는 채 사람을 따라 서서 예배하였고, 속아서 갔을 뿐이라고 하였다".

또 黃文王, 奈良麻呂, 古麻呂, 多治比犢養 등에게 심문했더니 말은 달라도 대략 모두 같았다. 칙사는 또 奈良麻呂에게 묻기를, "역모는 어떤 이유에서 일으켰는가"라고 하자, 대답하기를, "內相이 정치에 무도한 일이 많다. 이에 우선 병사를 동원하여 (천황에게) 청하여 그를 체포한 후에 사정을 진술한다는 것이다"라고 하였다. 또 묻기를, "정치에 무도라고 한 것은 어떤 일인가"라고 하자, 대답하기를, "동대사의 조영으로 백성이 고통을 받고, 또 (조정에 봉사하는) 氏人들도 또한 이를 우려하고 있다. 또 奈羅[75]에 關所를 설치하는 것도 이미 크게 걱정하고 있다"라고 하였다. (칙사가) 묻기를, "말하는 바의 氏人들은 어떤 氏들을 가리키는가. 또 동대사를 조영하기 시작한 것은 원래 너의 부친[76] 때이다. 지금 네가 백성들이 걱정하고 있다고 하는 그 말은 (아들로서) 부적합하지 않은가"라고 하였다. 이에 奈良麻呂는 말문이 막혀 굴복하였다.

또 佐伯古比奈에게 심문하였다. 대답하기를, "賀茂角足[77]이 高麗福信, 奈貴王, 坂上苅田麻呂, 巨勢苗麻呂, 牡鹿嶋足을 초대해 額田部[78]의 민가에서 술을 마셨다. 그 의도는 반란이 일어날 때에 이들이 상대측에 붙지 못하게 하기 위해서였다. 또 (賀茂)角足이 역적과 더불어 모의하여 田村宮의 지도를 만들어 이를 보이고 자신의 편으로 끌어들이기 위해서였다"라고 하였다. 심문이 끝나자 빠짐없이 모두 하옥시켰다.

---

75) 平城京에서 奈羅山을 넘어 山背의 경계에 있는 요충지.

76) 橘奈良麻呂의 父인 橘諸兄.

77) 賀茂角足은 大和의 토착호족으로 衛府 관련 관력이 있는 인물. 이하 거론된 인물들 역시 당시의 고명한 무인들이다.

78) 平城宮 남쪽 10킬로미터 지점의 佐保川과 大和川의 합류지점. 현재 大和郡山市 額田部北町 등의 지명이 있다.

또 衛府의 사람들을 나누어 보내 역적의 무리들을 체포하였다. 더욱이 出雲守 종3위 百濟王敬福, 大宰帥 정4위 船王 등 5인을 보내 衛府의 사람들을 이끌고 감옥의 죄인들을 경계하고 죄인들을 고문하고 끝까지 심문하였다. 黃文〈多夫禮로 개명〉, 道祖〈麻度比로 개명〉, 大伴古麻呂, 多治比犢養, 小野東人, 賀茂角足〈乃呂志로 개명〉 등은 모두 곤장을 맞아 사망하였다. 安宿王 및 처자는 佐渡로 유배되었다. 信濃國守 佐伯大成, 土左國守 大伴古慈斐 2인도 모두 임국으로 유배되었다. 그 반역에 가담한 일당 중에 일부는 옥중에서 사망하였다. 그 외는 모두 법에 따라 유배되었다.

또 사자를 보내 遠江守 多治比國人을 소환해 심문했더니 대답은 동일하였기 때문에 伊豆國으로 유배보냈다.

또 陸奥國에 칙을 내려 國守인 佐伯全成을 심문하였다. (그는) 대답하였다. "지난 天平 17년 선제 폐하[79]가 難波宮에 순행할 때에 건강이 좋지 않았다. 이때에 奈良麻呂가 나에게 말하기를, '폐하의 건강이 불안하다. 위독에 가까운 상태이다. 그러나 아직 皇嗣는 세우지 않았다. 아마도 변란이 일어날지도 모른다. 바라건대 多治比國人, 多治比犢養, 小野東人을 이끌고 黃文王을 천황으로 세워 백성의 바람에 답하고자 한다. 大伴, 佐伯의 일족이 이 거사에 따른다면 바로 무적이다. 요즈음 천하의 백성들은 근심과 고통을 받고 있다. 살 집은 정해지지 않고[80] 거리에는 울부짖는 소리가 끊이질 않고, 원망과 한탄이 참으로 많다. 이러한 사정이기 때문에 모의하면 일은 반드시 성공할 것이다. 함께 따를 것인가 어떤가'라고 하였다. 全成은 대답하여, '(나) 全成의 선조는 청명한 마음으로 때의 천황을 도왔다. 全成은 비록 우둔하지만, 어떻게 선조의 행적을 잃어버릴 수 있겠는가. 실제로 일이 성공한다고 해도 따르고 싶지 않다'라고 하였다. 奈良麻呂가 말하기를, '천하가 시름에 젖어있는 것을 보고 생각한 바를 말한 것 뿐이다. 다른 사람에게는 말하지 말라'고 하였다. 이야기가 끝나고 헤어져 돌아갔다. 그 후 大嘗祭[81]가 있을 때, 奈良麻呂가 말하기를,

79) 聖武天皇.
80) 聖武天皇의 반란 등 불안정한 정치상황 속에서 빈번한 遷宮, 遷都로 백성들의 주거가 혼란을 일으키고 있는 사실을 말한다.
81) 天平勝寶 원년 7월에 孝謙天皇이 즉위하고 동년 11월 을묘에 대상제가 열렸다.

'전년에 말한 일을 지금 실행하려고 하는데, 어떠한가'라고 하여, 全成이 대답하기를, '조정에서는 (나) 全成에게 높은 관작과 많은 봉록을 주었다. 어찌 감히 하늘을 배반하고 악한 반역을 할 수가 있겠는가. 이 말은 전년도에 이미 잊어버렸다. 어찌 다시 일으킬 수가 있겠는가'라고 하였다. 奈良麻呂가 말하기를, '너는 나와 같은 마음의 친구이다. 그런 까닭에 말한 것이다. 타인에게는 말하지 않기를 바란다'고 하였다".

또 (佐伯全成이 말하기를) "작년 4월에 全成이 (陸奧國의) 금을 갖고 입경했을 때, 奈良麻呂가 全成에게 말하기를, '大伴古麻呂와 만난 일이 있는가 어떤가'라고 하여, 全成은 대답하여, '아직 보지 못했다'라고 하였다. 이때 奈良麻呂가 말하기를 '당신과 함께 古麻呂를 만나고 싶다'라고 하였다. 함께 弁官의 관사에 가서 만나 얘기를 하였다. 조금 후에 奈良麻呂가 말하기를, '(성무)천황의 건강이 악화된 지 많은 세월이 흘렀다. 소식을 들어보니 하루를 넘기기 어렵다고 한다. 지금 천하는 혼란하고 인심도 불안정하다. 만약 타씨가 천황으로 세워진다면, 우리 씨족은 장차 멸망할 것이다. 바라건대 大伴宿禰, 佐伯宿禰의 사람들을 이끌고 黃文王을 천황으로 세운다면, 타씨족에 앞서 萬世의 기반이 될 것이다'라고 하였다. 古麻呂가 말하기를, '우대신[82]과 대납언[83] 이 두 사람은 기세를 타고 권력을 잡았다. 당신이 새로운 천황을 세운다고 해도 남들이 어떻게 따를 것인가. 바라건대, 이러한 말은 하지 말라'고 하였다. 이에 全成은 '이 일은 무도한 일이고 실제로 일이 성공한다고 해도 어찌 좋은 평판을 얻을 수 있겠는가'라고 말하고 이야기가 끝나자 돌아왔다. 奈良麻呂와 古麻呂는 弁官의 관사에 머물렀고, 그 후의 이야기를 듣지 못하였다"라고 하였다. 심문이 끝나자 (佐伯全成은) 자결하였다.

신해(5일), 종4위상 山背王·巨勢朝臣堺麻呂에게 종3위를 내리고, 종8위상 上道臣斐太都에게 종4위하를, 정7위하 縣犬養宿禰佐美麻呂, 종8위상 佐味朝臣宮守에게 함께 종5위하를 내렸다. 모두 이 일을 밀고한 사람들이다. 또 上道臣斐太都에게 朝臣의 성을 내렸다.

갑인(8일), 정6위상 藤原朝臣朝獵에게 종5위하를 내렸다. 종5위하 忌部宿禰

82) 藤原豊成.
83) 藤原仲麻呂.

烏麻呂를 信濃守로 삼고, 종5위하 藤原朝臣朝獵을 陸奧守로 삼았다.

(천황이) 칙을 내려, "요즈음 어리석은 자들이 몰래 반역을 기도하였다. 그러나 하늘의 신은 법망으로 굴복시켜 주살하였다. 민간에서 혹은 망자의 혼이라고 가탁하여 소문을 내고 향리의 사람들을 어지럽히는 자가 있으면 경중을 묻지 않고 모두 같은 죄로 처벌한다. 이 일은 멀고 가까운 지역을 막론하고 두루 고하여 요언의 근원을 끊도록 한다"라고 하였다. 또 칙을 내려, "백성들 사이에 만약 반역자의 일당이 있다면, 경기지역은 10일 이내에, 먼 지역은 30일 이내에 자수한다. 만약 기한 내에 자수하면 모두 그 죄를 용서한다. 그러나 기한 내에 자수하지 않아 남에게 고발당하면 반드시 본래의 죄로 처벌한다. 자수하는 사람들은 모두 관할 관사에 출두하고, 관사는 사정을 파악하여 성명을 기록하여 주상하도록 한다"라고 하였다.

을묘(9일), 중납언 藤原朝臣永手, 좌위사독 坂上忌寸犬養 등을 보내어 우대신 藤原朝臣豊成의 저택에 가서 (천황의) 칙을 고하기를, "너의 자식 (藤原)乙繩[84]이 반역에 관련되어 있다. 마땅히 구금하여 보내도록 한다"라고 하였다. 이에 팔을 묶고 칙사에게 인도하여 보냈다. 紫微少弼 종3위 巨勢朝臣堺麻呂에게 좌대변을 겸직시키고, 종4위상 紀朝臣飯麻呂를 우대변으로 삼고, 춘궁대부 종4위하 佐伯宿禰毛人에게 우경대부를 겸직시키고, 종4위하 上道朝臣斐太都를 중위소장으로 삼았다.

무오(12일), 종5위하 小野朝臣田守를 형부소보로 삼고, 정6위상 藤原朝臣乙繩을 日向國의 員外掾으로 삼고, 종5위하 奈賀王을 讚岐守로 삼았다.

(천황은) 칙을 내려, "우대신 豊成은 君을 섬기는데 충성하지 않고, 신하로서 의롭지 않고, 사사로이 적의 무리에 붙어 몰래 內相을 시기하였다. 대란의 계획을 알면서도 감히 주상하지 않았고, 일이 발각된 후에도 이를 밝히는데 힘쓰지 않았다. 만약 태만하여 날짜가 지났으면 황통은 거의 멸망되었을 것이다. 슬프도다. 재상의 임무가 어찌 이와 같은 것인가. 마땅히 우대신의 직을 중지하고 大宰員外帥[85]로 좌천한다"라고 하였다.

84) 藤原朝臣豊成의 3남. 天平神護 원년 11월 27일조 藤原朝臣豊成의 薨傳에 의하면, 橘奈良麻呂의 난에 즈음하여 橘奈良麻呂와 가까웠다는 이유로 체포된 후, 日向의 員外掾으로 좌천되었다. 그의 父 豊成도 우대신에서 해임되어 大宰員外帥로 좌천되었다.

이날, (천황이) 남원에 임하여, 제관사 및 왕경, 기내 백성으로 촌장 이상을 불러, 칙을 내렸다(宣命體).

"明神[86]으로서 대팔주를 통치하는 倭根子天皇[87]의 대명으로서 하신 말씀을 친왕, 제왕, 제신, 백관의 관인들, 천하의 공민은 모두 들으라고 분부하였다. 高天原에 신으로서 계신 천황의 遠祖인 남신, 여신이 전하신 황위 계승의 순서를 약탈하고 훔치려고 기도한 악한 역적 놈들인 久奈多夫禮[黃文王], 麻度比[道祖王], (橘)奈良麻呂, (大伴)古麻呂 등은 반역의 무리들을 이끌고, 먼저 內相家를 포위하여 그를 죽이고, 大殿을 포위하여 황태자를 폐위시키고, 다음에는 황태후의 어전을 점거하여 驛鈴과 御璽, 關契를 탈취하고, 우대신을 불러 천하에 명을 내리게 한 연후에 황제를 폐위시키고, 4인의 왕 중에서 천황을 세우려고 기도하여, 6월 29일 밤, 태정관 구역내에 들어가 소금즙을 마시며 맹세하고, 천지사방에 예배하였다. 그리고 7월 2일에 병력을 동원하려고 기도하고, 2일 미시에 小野東人이 中衛舍人 備前國 上道郡 사람 道朝臣斐太都를 불러 꾀어서 말하기를, '이 일을 함께 시작하자'고 유혹하였고, 이에 (斐太都는) 함께하기를 허락하고, 그날 해시에 상세히 진술하였다. 이로부터 (가담한 사람들을) 심문했더니, 매사가 사실이라고 진술하여 모두 처벌하였다. 이를 법에 의거하면,[88] 모두 사형죄에 해당한다. 이와 같지만, 자비를 베풀어 1등 감형하여 성명을 바꾸고 遠國으로 유형에 처하기로 하였다. 이것은 진실로 천지의 신들이 자비를 내리고 보호하고, 말하기조차 황공한 천지의 개벽 이래 대대로 다스리신 천황의 영령들이 부정한 자들을 혐오하여 버린 것이고, 또 노사나여래, 관세음보살, 불법을 수호하는 梵王,[89] 帝釋,[90] 사대천왕들의 불가사의한 신의 위력으로 이 반역의 악당들을 밝혀 모두 죄의 대가를

---

85) 大宰府의 임시장관.

86) 현세에 모습을 나타낸 신.

87) 孝謙天皇.

88) 율령법에서 모반은 팔학의 제1이고, 「盜賊律」1에 "凡謀反及大逆者, 皆斬"이라고 규정되어 있다.

89) 불교의 33天 중 初禪天의 왕이다. 원래 힌두교의 신이었으나 불교의 善神으로 수용되었다. 불교에서는 帝釋天과 더불어 불교수호의 신으로 받들어진다.

90) 불교의 세계관에 의하면 須彌山 정상에 있는 도리천에서 사천왕과 그 주변의 32천왕을 통솔하면서 불법을 옹호하며 귀의하는 사람들을 보호하는 불법의 수호신이다.

치르게 하였다고, 신으로서 생각한다고 하신 천황의 말씀을 모두 들으라고 하였다. 또 별도로 말씀하기를, 久奈多夫禮에 속아 음모에 가담한 백성들이 왕도의 흙을 밟는 것은 부정을 타기 때문에 出羽國 小勝村의 柵戶로 이주시킨다고 하신 천황의 말씀을 모두 들으라고 분부하였다".

임술(16일), 칙을 내려, "흉악한 반역의 무리가 몰래 법도에 어긋나는 일을 꾀했지만, 그 음모는 발각되어 변경지로 유배하였다. 다만 반란에 사용된 병기들은 민간에 은닉되어 아직 관사에 신고하지 않고 있다. 사정을 조사해서 책임을 물을 것이다. (좌우경)직은 이 일을 잘 인식하여 칙이 내려진 후 10일 이내에 모두 신고하도록 한다. 만약 기한까지 신고하지 않고 다른 사람이 신고하면 반역자와 동일한 죄로 처벌할 것이다"라고 하였다.

경오(24일), 궁중에서 재회를 열고 인왕경을 강설하였다.

계유(27일), 조를 내려, "鹽燒王은 다만 (반역의) 4인 왕에 들어가 있지만, 모의 장소에는 참석하지 않았고 또 통보받지도 못했지만, 道祖王과는 혈연관계[91]에 있어 유배형에 처하도록 한다. 그러나 그 아버지인 新田部親王은 청명한 마음으로 봉사해 온 친왕이다. 그 가문이 끊어지면 어떻게 할지를 고민하여 이번 죄는 용서하도록 한다. 지금부터는 밝고 곧은 마음으로 조정에 봉사하도록 하라고 조를 내린다"라고 하였다.

8월 무인(2일), 칙을 내려, 고 종5위하 山田三井宿禰比賣嶋는 (효겸천황의) 유모의 인연으로 애쓴 공로로 宿禰의 성을 받았다. 그 은혜의 여파는 크게 굽이쳐 친족에까지 미쳤다. 그러나 도리에 어긋난 남의 말을 듣고 충성을 다하여 섬기지 않고 나쁜 지인의 꾐에 빠져 속아 고의로 은폐하려고 하였다. 지금 이 사실을 듣고 나니 소름이 끼치고 마음이 심히 아프다. 도리로서 질책하지 않을 수 없다. 御母[92]의 호칭을 삭제하고 宿禰의 성을 박탈하여 원래대로 山田史로 되돌린다"라고 하였다.

경진(4일), (천황이) 조를 내려(宣命體), "지금 말씀하기를, 奈良麻呂가 거병할 때 고용된 秦氏들은 멀리 유배를 보냈고, 지금 남아있는 진씨들은 악한 마음을 없애고 청명한 마음을 갖고 봉사하도록 한다"라고 하였다.

91) 道祖王의 형.
92) 『萬葉集』(4304) 題詞에 比賣嶋의 일을 '山田御母'라고 하였다.

또 조를 내려(宣命體), “이번 일에 밝고 진심으로 봉사하여 칭찬받은 사람도 있다. 또 크게 칭찬받은 몇 사람에게는 관위를 내리고자 한다”라고 하였다. 정4위하 船王에게 정4위상을, 종4위하 紀朝臣飯麻呂·藤原朝臣八束에게 함께 정4위하를, 정5위상 大伴宿禰稻公에게 종4위하를, 정5위하 藤原朝臣千尋에게 정5위상을, 종5위하 佐伯宿禰美濃麻呂에게 종5위상을, 무위 奈紀王, 정6위상 巨曾倍朝臣難波麻呂·當麻眞人淨成·高橋朝臣人足·阿倍朝臣繼人·采女朝臣淨庭·小野朝臣石根·石川朝臣豊麻呂에게 함께 종5위하를 내렸다. 종3위 石川朝臣年足을 中納言으로 삼고, 兵部卿 神祇伯을 종전대로 하였다. 종3위 巨勢朝臣堺麻呂, 정4위하 阿倍朝臣沙彌麻呂·紀朝臣飯麻呂를 함께 參議로 삼았다.

(천황이) 칙을 내려, “중납언 多治比眞人廣足은 나이가 바야흐로 노인이 되어[93] 기력이 약한 채로 의정관의 자리에 있는데, 여러 조카들을[94] 가르쳐 인도하지도 못하여 모두 적의 무리가 되었다. 이와 같은 사람이 어떻게 재상의 자리에 있을 것인가. 마땅히 중납언을 해임하고 산위로 하여 집으로 돌려보내도록 한다”라고 하였다.

기축(13일), 駿河國 益頭郡 사람 金刺舍人麻自가 누에의 알이 자연히 문자의 형태를 새긴 물건을 바쳤다.

갑오(18일), (천황이 다음과 같이) 칙을 내렸다.

“짐은 덕이 부족한데도 황공하게도 황위를 계승하여 팔방에 군림하고 있다. 지금에 이르기를 9년이 되었지만 선정을 베풀지 못하고 밤낮으로 근심하고 있다. 위험한 연못에 있는 것과 같고, 살얼음판에 있는 것과 같이 조심스럽다. 이에 지난 3월 20일, 하늘이 나에게 주신 ‘天下大平’의 4자는 천하가 평안함을 표시하고 왕권이 영구히 굳건함을 나타낸 것이다. 그런데도 賊臣 폐황태자 道祖王 및 安宿王, 黃文王, 橘奈良麻呂, 大伴古麻呂, 大伴古慈斐, 多治比國人, 鴨角足, 多治比犢養, 佐伯全成, 小野東人, 大伴駿河麻呂, 答本忠節 등은 품성이 흉악하고 우둔하여 흑심을 품고 해악의 길로 나가고, 군신의 도리를 돌아보지 않고, 귀신의 힘도 두려워하지 않고 숨어서 역도들을 결성하

93) 『公卿補任』에 보면, 이때 多治比眞人廣足의 나이가 “天平寶字元年條 中納言 從三位 多治比眞人廣足 七十七”이라고 하여 77세로 나온다.

94) 모반사건에 관련된 多治比國人, 多治比犢養, 多治比鷹主, 多治比禮麻呂 등이다.

여 조정을 쓰러트리려는 모의를 하였다. 그러나 모두 하늘의 질책을 받아 전부 죄과를 받았다. 마치 2叔[95]의 악소문이 효과가 없었고 4凶[96]들이 변경으로 쫓겨났듯이, 왕경은 조용하고 이미 어리석은 백성은 없어졌고 조정은 소리도 없이 진정되었고, 더욱이 현명한 신하들이 보좌하고 있다. 속으로 두려운 생각이지만, 덕은 순임금과 같지 않아도 때에 난관을 만나 극복하였고, 武王은 은의 湯王보다 떨어지지만 반란의 진압에 임무를 다하였다. 밤낮없이 생각하고 침식을 잊을 정도로 백성에게 자애롭고 수명을 늘리고, 덕화를 일으켜 두루 미치고자 한다. 이때에 駿河國 益頭郡 사람 金刺舍人麻自가 누에의 알이 자연히 문자의 형태를 새긴 물건을 바쳤다. 그 글에 「五月八日開下帝釋標知天皇命百年息」이라고 하였다. 이에 국내는 이 상서를 받아 뛸 듯이 기뻐 어찌할 바를 몰라 숨이 막혀 걱정할 정도였다.

이에 군신들에게 명하여 의논한 바, 주상하기를 '이 天平勝寶 9세의 정유의 해에 돌아오는 하5월 8일은 폐하가 태상천황의 1주기를 위해 법회를 열어 회과한 마지막 날이다. 이에 제석천이 황제,[97] 황후[98]의 지성에 감응하여 천상계의 문을 열고 지상계의 훌륭한 업적을 보고 폐하의 어대가 백년의 긴 기간 계속된다는 표식이다. 일월이 비치는 곳은 모두 천자의 자손이 번영하고 천지 사이에 있는 것은 모두 폐하의 치세가 오래도록 이어진다는 것을 알고 있다. (이 상서는) 어진 마음에 의한 덕화가 두루 미치고, 국내가 안정되고 자애가 먼 지역까지 퍼져 국가 전체가 평안해진다는 표징이다'라고 하였다.

삼가 생각해 보니, 누에라는 생물은 범과 같은 모양이고, 때에 허물을 벗고, 말과 같은 입을 갖고 있으면서도 서로 다툼이 없고 실내에서 자라면서도 천하에 옷을 입힌다. 오색비단의 아름다움은 여기에서 나오고, 조복과 의례복

---

95) 周 武王의 弟인 管叔과 蔡叔으로 二叔이라고 한다. 2인은 그의 형인 周公이 어린 군주 成王의 섭정이 된 데 대해 불만을 품고 왕위를 빼앗으려 도모한다는 등의 소문을 냈지만, 周公旦은 이를 개의치 않고 지극정성으로 성왕을 받들었다고 한다. 『書經』 金騰篇에 나오는 고사.

96) 『書經』 舜典에 나오는 舜의 시대에 4인의 凶賊을 국토의 끝으로 추방했듯이 반역을 도모한 奈良麻呂 일당을 遠國으로 유배보내 국내가 안정되었다는 말이다.

97) 孝謙天皇.

98) 光明皇太后.

도 여기에서 생긴다. 따라서 신성한 누에에 문자를 만든 신이한 표시이다. 그런데 지금 반역의 기간에 영험한 글자가 나타나고 사건이 종식된 날에 조정에 주상했으니 실로 하늘이 도운 것이고, 길조이고 불리한 것이 아니다. 5·8(40) 쌍수는 천황의 불혹에 통하고, 일월(5월, 8일)은 함께 밝고 황궁의 영원한 번영을 상징한다. 짐은 삼가 이 상서로운 징표를 받았지만, 되돌아보면 덕이 부족한데 어찌 짐의 힘만으로 이룰 수 있었겠는가. 이것은 현신들의 도움으로 이룬 공이다. 마땅히 왕공과 더불어 이 물건을 감사하게 생각해야 한다. 하늘이 내린 말씀이 여기에 모이고, 융성과 축복은 여기에서 시작된다. 마땅히 天平勝寶 9세 8월 18일을 고쳐 天平寶字[99] 원년으로 삼는다. 앞서 내린 칙에 따라 천하 제국의 調, 庸은 매년 1군씩 면제해 왔는데, 나머지 군들은 금년도 모두 면제한다. 몰수된 반란자들의 자산은 관인과 백성들에게 두루 균등하게 지급한다.[100]

또 (賦役)令에 의거하여, 잡요는 60일 (이내)이다. 근년에 국사, 군사는 법의 의미를 고려하지 않고 필히 만기까지 사역시키고 있다. 백성의 고통은 대개 이로부터 나온다. 지금 이후로는 모두 반감한다. 공적 사적으로 부채를 지고 아직 변제하지 않은 것은 집이 궁핍한 탓이고 정말로 속이기 위해서가 아니다. 옛 사람이 말하기를, 여유있는 곳에서 덜어 부족한 곳에 보충한다는 것은 하늘의 도라고 한다. 天平勝寶 8세 이전에 출거한 도곡의 이자는 모두 면제한다.

또 금년의 늦벼는 가뭄 피해가 있어 천하 제국의 전조는 반으로 면제한다. 다만 사찰과 신사의 봉호는 이 범위에 들어가지 않는다. 상서를 바친 백성 金刺舍人麻自에게 종6위상을 내리고, 비단 20필, 調의 목면 40둔, 조의 삼베 80단, 정세의 벼 2천속을 지급한다. 이를 갖고 올라온 驛使[101]인 中衛舍人 소초위상 賀茂君繼手에게는 종8위하에 서위하고 비단 10필, 조의 목면 20둔, 조의 삼베 20단을 지급한다. (상서를) 주상하지 않은 국사, 군사는 이 은택의 범위에 포함되지 않는다.[102] 다만 해당 (益頭)郡의 백성에게는 과역을 1년

99) 누에 알이 새긴 16字를 寶字라는 의미로 개원한 것이다.
100) 「賊徒律」1에 "凡謀反及大逆者, 皆斬父子, 若家人資材田宅, 並沒官"이라고 규정되어 있다.
101) 역마의 이용을 허락받은 公使.

면제한다".

기해(23일), 칙을 내려, "군주를 편안하게 하고 백성을 다스리는 데에는 禮보다 좋은 것은 없다. 풍속을 교정하는 데에는 음악보다 좋은 것이 없다. 예악을 일으키는 곳은 오직 2寮[103]에 있다. 그 학도들의 고충은 衣와 食이다. 또 천문, 음양, 역산, 의침 등의 학문은 국가가 필요로 하는 학이다. 아울러 公廨田을 두고 학생들의 필요에 충당한다. 대학료는 30정, 아악료는 10정, 음양료는 10정, 내약사는 8정, 전약료는 10정을 충당한다"라고 하였다.

신축(25일), 칙을 내려, "치국의 대강은 文과 武에 있다. 어느 하나도 폐할 수는 없다. 이 말은 고전에 명확하게 나와 있다. 앞의 칙에서 文才를 권장하기 위해 관직의 업무량에 따라 헤아려 공해전을 설치하였다. 다만 무예의 장려에 대해서는 대책을 세우지 않았다. 따라서 지금 6위부에 射騎田[104]을 두고 매년 겨울철 말기에 무예의 우열을 시험하여 우수자에게 상을 내려 무예를 흥륭시키고자 한다. 中衛府에 30정, 衛門府, 左右衛士府, 左右兵衛府에 각각 10정을 충당한다"라고 하였다.

윤8월 계축(8일), 종4위상 上道朝臣斐太都를 吉備國造로 삼았다.

임술(17일), 紫微內相[105] 藤原朝臣仲麻呂 등이 아뢰기를, "신은 듣건대, 공적을 오래도록 기리는 것은 국가를 유지하는 기본이고, 효행을 잊지 않는 것은 가문을 이어가는 중요한 일이다. 오래된 고기록을 살펴보니, 淡海의 大津宮[106]에서 천하를 통치하신 황제는 하늘이 내린 성군이고 총명한 명군이다. 제도를 바르게 정비하고, 처음으로 법 조문을 제정하였다.[107] 이때에

---

102) 이 상서의 물건 주상은 郡司나 國司를 통하지 않고 직접 中圍舍人이 전한 사례이다. 「儀制令」8에 의하면, 大瑞에 해당되면 바로 상주하고, 大瑞 이하는 郡司나 國司의 현지 관할 관사에게 보고한 후 元日에 治部省에 상주한다고 되어 있다. 여기서는 大瑞에 해당하기 때문에 상기의 조치는 이례적이다.

103) 大學寮와 雅樂寮.

104) 궁술 연마에 들어가는 비용으로 충당되고, 諸衛府에 설치한 不輸租田, 射田이라고도 한다.

105) 紫微內相은 藤原仲麻呂(惠美押勝)가 紫微中台 내에 설치하여 취임한 장관으로 내외 병사권을 장악하였다.

106) 近江의 天智天皇이 천도한 大津宮.

107) 近江令의 제정 사실을 말한다. 『家傳』上에 "帝令大臣撰述禮儀, 刊定律令, 通天人之性, 作朝廷之訓. 大臣與時賢人, 損益舊章, 略爲條例"라고 하여 天智의 명을 받은 藤原鎌足이

공전 100정을 신의 증조인 藤原內大臣[108]에게 주시고, 국가의 체제를 한번에 올바르게 한 공적을 포상하여 대대로 끊이지 않고 지금까지 상속되어 왔다.[109] 이후 신들은 선조의 공훈 덕택으로 고위 관인이 많이 배출되었고, 공경에 오른 자가 대대로 이어져 왔다. 바야흐로 두려운 일은 부귀는 오래 지속하기 어렵고, 영화는 쇠락하기 쉽다는 것이다.[110] 이에 안전한 상태에서도 위험의 순간을 잊지 않고, (날이 저무는) 저녁까지 조심하며 위험에 대비하고 있다.[111] (그런데) 홀연 생각지도 않은 사이에 흉도가 반역을 일으켜 황실을 거의 위태롭게 하고, 신의 종가를 멸하려고 하였다. 선황의 은혜에 보답하지도 못했는데, 명문가인 우리 일족을 거의 패망의 위험에 빠트렸다. 바라건대 선조의 명복을 빌고, 오랫동안 영광을 현창하고자 한다. 지금 山階寺에서 행하는 維摩會[112]는 원래 내대신이 일으킨 것이다. 願主의 사후 30년간 이를 계승하여 재흥하는 사람이 없이 이 법회는 끊어졌다. 이에 藤原朝廷에 이르러 (內大臣의) 아들 태정대신[113]이 이 사찰이 추락하는 것을 상심하고 공덕을 이루지 못한 것을 탄식하며 새로 발원하여 앞서 행했던 법회를 이어가기로 하였다. 이에 매년 동10월 10일에 성대히 강설을 열고, 내대신의 기일에 이르러 강설을 종료하기로 하였다. 이것은 황실의 본종을 돕는 것이고, 불법을 유지하고 선조의 영령을 (정토의 세계로) 인도하고 학도들에게 이를 권장하기 위함이다. 이에 바라건대 이 공전을 이 사찰에 영원히 보시하여 유마회를 돕고, 점점 흥륭시켜 종국에는 내대신이 시작한 업적을 천지와 더불어 오래도록 전하고, (내대신의 손인) 황태후의 훌륭한 명성을 일월과 함께 멀리까지 비추고자 한다. 천은을 두루 내려 신의 청하는 바를 허락하여 조속히 시행해 주셨으면 한다. 보잘 것 없는 청원으로 경솔하게 폐하의 귀를 번거롭게 하여 깊은 연못의 살얼음을 걷는 것과 같아 두렵기만

때의 賢人들과 함께 율령을 편찬했음을 기록하고 있다.

108) 藤原鎌足.

109) 「田令」6 「功田」조에 "凡功田, 大功世世不絶"이라고 하여 자손 대대로 영구히 상속된다.

110) 『易經』 繫辭下에, "君子安而不忘危, 存而不忘亡"이라고 한 문장의 차용이다.

111) 『易經』 乾에 "君子終日乾乾, 夕惕若, 厲無咎"라는 문장에서 인용했다.

112) 維摩經을 강설하는 법회. 藤原鎌足 사후, 慶雲 3년(706) 10월에 藤原不比等이 재흥했지만, 그 후 일시 중단된 것을 藤原仲麻呂가 부흥시킨 것이다.

113) 藤原不比等.

하다"라고 하였다.

이에 (천황이) 칙을 내려 답하여, "상표문을 보니 보덕의 마음이 깊다. 이것은 불교가 학문을 권장하는 중요한 교두보이고, 불법을 숭상하는 사범이다. 짐은 경들과 함께 이를 육성해 가고자 한다. 마땅히 소관 관사에 명하여 시행해야 할 것이다"라고 하였다.

계해(18일), 夫人[114] 정2위 橘朝臣古那可智, 무위 橘朝臣宮子·橘朝臣麻都賀, 또 정6위상 橘朝臣綿裳·橘朝臣眞姪에게 본성을 고쳐서 廣岡朝臣을 내리고, 종5위하 出雲王·篠原王·尾張王, 무위 奄智王·猪名部王에게 豊野眞人의 성을 내렸다.

병인(21일), 칙을 내려, "듣는 바와 같이 불법을 수호하는 데에는 律[115]보다 중요한 것은 없고, 戒[116]를 권장하고 인도하는 데에는 예의를 널리 알리는 것이 중요하다. 이에 官의 大寺는 별도로 戒本師田 10정을 설치한다. 지금 이후로는 布薩[117]을 할 때마다 항상 이 (전지에서 올라오는) 이익으로 (승려에의) 보시로 사용한다. 이로부터 태만한 승려는 날마다 마음을 수양하고, 힘써 노력하는 승려는 점점 행함에 진전이 있기를 바란다. 이 일을 승강에게 고하여 짐의 뜻을 알도록 한다"라고 하였다.

임신(27일), 칙을 내려, "대재부의 防人은 근자에 관동 제국의 병사를 징발하여 파견해 왔다. 이로부터 노정에 있는 국은 모두 물자의 제공에 고통을 받으며, 방인으로 차출된 집의 생업도 또한 손실을 입는다. 지금 이후로는 서해도 7국의 병사 도합 1천인을 防人司[118]에 배속하고, 式에 의거하여 鎭戍하도록 한다. 대재부에 집합하면 바로 5敎[119]를 가르친다"라고 하였다. 이 일은 별식에 상세히 기록되어 있다.

---

114) 聖武天皇의 夫人.

115) 원문에는 木叉, 波羅提木叉의 약칭. 석가가 불도를 위해 제정했다고 하는 금지조항과 처벌규정.

116) 원문에는 尸羅. 석가가 제정했다고 하는 戒로, 벌칙은 아니고 자발적으로 지켜야 하는 교훈적인 계이다.

117) 매월 2회 지역의 승려가 모여 戒本을 읽고 참회하는 일.

118) 대재부에 설치된 防人의 명부, 戎具, 教閱, 식료를 위한 전지 등을 관장하는 관사. 防人 正 1인, 佑 1인, 令史 1인으로 구성.

119) 『管子』 병법편에 보이는 目, 耳, 足, 手, 心에 대해 교육하는 것.

9월 신사(6일), 정6위상 後部高笠麻呂[120)]에게 외종5위하를 내렸다.

계묘(28일), 외종5위하 六人部久須利에게 외종5위상을 내렸다.

동10월 경술(6일), 칙을 내려, "듣는 바로는 제국의 庸, 調를 운반하는 인부는 일을 마치고 귀향할 때에 길이 멀어 식량이 떨어진다고 한다. 또 여행지에서 병이 난 사람은 가까이 도움을 받을 수가 없어 굶어죽지 않기 위해 구걸을 하여 목숨을 이어가고 있다. 모두 여행 도중에 고통받아 끝내 횡사해 버린다고 한다. 짐은 이를 생각하면 불쌍한 마음이 깊어지고 커진다. 그래서 京職 및 제국의 관사에 명해서 식량과 의약을 주고 힘써 살펴서 고향으로 갈 수 있도록 한다.[121)] 만약 관인이 태만하여 실행하지 않는 자가 있다면, 칙명을 위반한 죄로 처벌한다"라고 하였다.

을묘(11일), 태정관이 처분하기를, "근년에 제국의 국사들이 교체의 날에, 각각 公廨稻[122)]를 탐하여 다투어 논쟁을 일으키고 있다. 상하의 질서도 잃어버리고 청렴의 풍토도 훼손되었다. 도리로서 생각해 봐도 이와 같이 해서는 안 된다. 이런 까닭에 지금 새로운 式을 세운다. 무릇 국사가 공해도를 처분하는 법은 금년도에 지출해야 할 공해도를 집계해서 우선 관물의 결손, 미납된 분에 충당하고, 그 다음에 국내에 축적해 두어야 할 수량을 확보해 놓고 그 후에 남은 공해도를 차등해서 처분한다. 그 법에는 장관 6분, 차관 4분, 판관 3분, 주전 2분, 사생 1분으로 한다. 박사와 의사는 사생의 예에

---

120) 고구려계 후예씨족으로 원 씨명인 高氏에 고구려 5부의 하나인 後部를 관칭하여 後部高를 씨명으로 삼았다. 『新撰姓氏錄』 未定雜姓의 좌경에 後部高는 고구려인 정6위상 高千金의 후손으로 나오고, 동 우경에는 고구려인 後部乙牟의 후손으로 되어 있다. 天平寶字 5년 3월조에는 고구려인 後部高吳野에게 大井連을 사성했다고 한다. 한편 天平勝寶 9歲의 문서(『大日本古文書』 13-220)에 좌경 6조 2방의 호주인 정6위상 後部高笠麻가 보이고 天平寶字年中의 生打의 經紙를 返進하는 啓狀狀(『大日本古文書』 25-347)에 나오는 高笠麻呂도 동일 인물로 추정된다.

121) 「戶令」32 「鰥寡」조에 "凡鰥寡 (中略) 如在路病患, 不能自勝者, 當界郡司, 收付村里安養, 仍加醫療 并勘問所由, 具注貫屬, 患損之日, 移送前所"라고 하여 길에서 병이 난 사람에 대해 해당 지역 군사가 거두어 촌리에 맡겨 치료하고 병이 나으면 본향으로 돌아가게 한다고 규정하고 있다.

122) 天平 17년(745)에 제국에 보관된 出擧用 官稻의 하나. 제국의 관아에서는 일정액의 관도를 농민에게 대출하고 그 이자를 租稅의 미수금 등에 충당하고, 관아의 비용, 관인인 급여 나아가 국사의 수입에도 사용하였다. 그러나 국사들이 탐하는 자가 많아 그 처분 방법을 정한 것이다.

준한다.[123] 원외관[124]은 각각 상당관에 준하도록 한다"라고 하였다.

정묘(23일), 처음으로 제국에 論定數[125]를 제정하였다. 국의 대소에 따라 각각 차이가 있었다. 자세한 내용은 별식에 기록되어 있다.

11월 계미(9일), 칙을 내려, "듣는 바로는, 근자에 제국의 박사, 의사는 재능이 없는데 청탁으로 임용되는 자가 많다고 한다. 이것은 단지 국정을 훼손시키는 것일 뿐아니라, 또한 백성에게 이익이 되지 않는다. 지금 이후로는 다시는 그렇게 해서는 안 된다. 수강해야 하는 과목은, 經生은 3經[126]이고, 傳生은 3史[127]이고, 醫生은 大素,[128] 甲乙,[129] 脉經,[130] 本草[131]이고 針生은 素問,[132] 針經, 明堂,[133] 脉決이고, 천문생은 天官書, 漢晋天文志,[134] 三色薄讚, 韓楊要集이고, 陰陽生은 周易, 新撰陰陽書, 黃帝金匱, 五行大義[135]이고, 역산생은 漢晋律暦志,[136] 大衍暦議, 九章,[137] 六章, 周髀,[138] 定天論[139]이다. 아울러 (수료 후에) 관직에 임용되는데, 임용 후에 받은 급료[140]의 1년분을 반드시 원래

---

123) 지방의 국에 설치된 國學에서 학생을 가르치는 國博士, 國醫師. 각국마다 각각 1인씩 두었다. 국학생은 郡司의 자제 중에서 國司가 선발하고 13세 이상 16세 이하의 총명하고 착한 자를 대상으로 한다. 「學令」2, 「職員令」80 참조.

124) 정원 외 설치된 관직.

125) 論定稲의 수량. 국의 비용에 충당하는 正税稲를 말한다. 국사의 수입으로 전용되는 공해전과 함께 公出擧의 주요 부분을 차지한다.

126) 「學令」7의 「禮記左伝各爲大經」조에, "凡禮記左傳各爲大經, 毛詩周禮儀禮, 各爲中經, 周易尙書, 各爲小經"이라고 규정하고 있다. 즉 禮記, 左傳을 大經, 毛詩, 周禮, 儀禮를 中經, 周易, 尙書를 小經이라 하고 大中小 각 1경을 합쳐 3경이라 부른다.

127) 『史記』, 『漢書』, 『後漢書』.

128) 중국고대 의학의 고전. 黃帝內經을 唐의 楊上善이 개편한 黃帝內經太素 30권.

129) 西晋의 皇甫謐이 편찬한 침술서.

130) 西晋의 王叔和가 편찬한 책으로 한대 이래 제파의 진맥 방법을 체계화하였다.

131) 梁의 陶弘景이 편찬한 神農本草經集注 7권.

132) 중국고대의 전설적인 黃帝와 그 신하인 명의 6인이 문답 형식으로 엮은 책.

133) 침술과 뜸을 시술하기 위해 經絡과 孔穴 부위를 표시한 인체지도를 明堂圖라고 한다.

134) 『漢書』와 『晉書』의 天文志.

135) 음양오행설을 집대성한 책. 隋 蕭吉이 편찬한 『新唐書』 藝文志의 「蕭吉五行記五卷」을 말한다.

136) 『漢書』와 『晉書』의 律曆志.

137) 9장으로 이루어진 중국고대의 수학서. 정식 명칭은 『九章算術』로, 周 이래 漢代의 수학문제를 수록하였다.

138) 고대중국에서 만든 天文算術書. 정식 명칭은 『周髀算經』이다.

139) 『隋書』 經籍志에 「定天論三卷」이 있다. 천문학.

학업을 받은 스승에게 보내야 한다. 이와 같이 하면 스승을 존경하는 도는 끝까지 행해지고 가르치는 업도 영구히 이어지게 될 것이다. 국의 좋은 정치로서 이보다 좋은 것은 없다. 마땅히 소관 관사에 알려 조속히 시행하도록 한다"라고 하였다.

임인(28일), 칙을 내려, "備前國의 간전 100정을 동대사의 唐禪院의 여러 곳에서 10만 승[141]들의 공양료로서 영구히 보시한다. 삼가 바라건대 선제 폐하[142]가 이 공덕으로 선을 수행하는 사찰의 은덕을 입어, 이 기묘한 복업으로 도움을 받아 빠르게 智의 바다를 건너는 배를 타고 드디어 연화의 보찰에서 다시 태어나 스스로 불타의 진리에 합일하기를 바라고, 황제[143]와 황태후[144]는 일월이 빛나는 것과 같이 함께 만국을 다스리고, 하늘과 땅이 만물을 떠받치고 감싸듯이, 오래도록 백성을 보살피고 마침내 출세의 좋은 인연으로 깨달음의 경지에 도달했으면 한다"라고 하였다.

12월 신해(8일), 칙을 내려, "질병과 빈곤으로 고통받는 사람을 두루 구제하기 위해서 越前國의 간전 100정을 山階寺[145] 시약원에 영구히 보시한다. 삼가 바라건대, 이 선업으로 짐은 중생과 더불어 보시로부터 생긴 행복을 미래에까지 넓히고 佛陀의 藥樹를 이 속계에 전하여 병고의 근심을 영원히 없애고 함께 장수의 행복을 갖고 마침내 깊은 진리를 깨달아 스스로 원활한 이상의 몸이 되고자 한다."라고 하였다.

임자(9일), 태정관에서 (다음과 같이) 주상하였다.

"공적을 표창하고 칙어를 내리는 일은 성전에 기록되어 있는 바이고, 선행을 기리고 封地를 내리는 일은 현명한 군주의 소임이다. 우리나라에서

---

140) 公廨稻.
141) 사방에서 모인 많은 승려.
142) 聖武天皇.
143) 孝謙天皇. 聖武天皇과 光明皇后의 사이에서 태어난 딸.
144) 光明皇太后.
145) 藤原家의 개인사찰인 氏寺. 興福寺. 藤原鎌足의 부인 鏡大王이 남편의 치유를 위해 藤原鎌足이 발원한 석가삼존상을 본존으로 하여 天智 8년(669) 山背國 山階에서 창건한 山階寺가 기원이다. 天武 원년(672) 藤原京으로 이전되었고, 지명인 高市郡의 廐坂을 붙여 廐坂寺로 칭했다. 和銅 3년(710) 平城京으로 천도할 때 藤原不比等이 平城京 左京으로 이전하여 興福寺라고 하였다.

을사년[146] 이래 많은 사람들의 공적을 세워 각각 봉지를 상으로 받았다. 大·上·中·下의 등급은 令 조문에는 기록되어 있으나,[147] 공전의 문서에는 기록되어 있지 않다. 이에 지금, 옛날부터 현재까지의 사례를 검토하여 그 등급을 정하고자 한다. 大織冠 藤原內大臣의 을사년의 공적에 의한 공전 100정은 대공으로 대대로 (상속되고) 끊기지 않는다. 贈 小紫 村國連小依의 임신년[148]의 공전 10정, 증 정4위 文忌寸禰麻呂, 증 直大壹 丸部臣君手는 동년의 공전 각 8정, 증 直大壹 文忌寸智德의 동년의 공전 4정, 증 小錦上 置始連菟의 동년의 공전 5정 등 5인은 중공으로 하고 2대에 상속한다. 정4위하 下毛野朝臣古麻呂, 증 정5위상 調忌寸老人, 종5위상 伊吉連博德, 종5위하 伊余部連馬養은 함께 大寶 2년에 율령 찬수의 공전 각각 10정으로, 이들 4인은 함께 하공으로 하고 아들 1대에 상속한다〈이상 10조는 선조에서 정한 바이다.〉. 증 大錦上 佐伯連古麻呂의 을사년의 공전 46정 6단은 타인의 지휘 하에서 간적을 주살하여 공적은 있지만 대공이라고는 할 수 없다. 令 조문에 의거하여 상공으로 하고 3대에 상속한다. 종5위상 尾治宿禰大隅는 임신년의 공전 40정, 淡海朝廷[149]의 (天智의) 사망에 즈음하여 (大海人皇子가) 의로서 거병을 결심하여 은밀히 관동을 탈출했을 당시, 大隅는 맞이하여 인도하고 사저를 청소하여 행궁으로 삼고 군자물을 제공하여 도왔다. 이 공은 실로 크다. 다만 대공에 준할 정도는 아니지만, 중공에 비해서는 중하여 令에 의거하여 상공으로 하여 3대에 상속한다. 증 大紫 星川臣麻呂는 임신년의 공전 4정, 증 大錦下 坂上直熊毛의 동년의 공전 6정, 증 정4위하 黃文連大伴[150]의 동년의 공전 8정, 증 小錦下 文直成覺의 동년의 공전 4정, 이 4인은 모두 전장을 누비며

146) 大和 원년(645), 蘇我本宗家를 타도하는 을사의 변이 일어난 이후 내린 공신들에 대한 포상.

147) 「田令」6 「功田」조, "凡功田, 大功世世不絶, 上功傳三世, 中功傳二世, 下功傳子.〈大功, 非謀叛以上 以外, 非八虐之除名, 並不收.〉"라고 규정되어 있다.

148) 임신의 난에서 大海人皇子(天武天皇) 측에 가담하여 공을 세운 공신.

149) 天智天皇의 近江朝廷.

150) 黃文氏(黃書氏)는 고구려계 씨족. 『신찬성씨록』 山城國諸蕃에 黃文連은 고구려 久斯那王의 후예라고 기록되어 있다. 黃文連大伴은 임신의 난이 발발했을 때 大海人皇子의 舍人으로 황자의 측근으로 활약하였다. 天武 12년(683) 9월 造에서 連姓을 하사받았고, 大寶 3년(703) 정5위하로 山背守에 임명되었다.

충성을 다하여 봉사하였다. 그 공적은 다르지만 공로의 성과는 동일하다. 비교한다면 村國連小依 등의 공과 같다. 영에 의거하여 중공으로 하고 2대에 상속한다. 大錦下 笠臣志太留는 吉野大兄[151]의 모반계획을 알린 공으로 받은 공전은 20정이다. 밀고한 말은 탐문하여 밝힌 것이 아니다. 중대사이지만 도리로서 그만큼 무겁다고는 할 수 없다. 영에 의거하여 중공으로 하고 2대에 상속한다. 종4위하 上道朝臣斐太都는 天平寶字 원년의 공전 40정은, 남이 모반을 기도한 사실을 알려 화근을 제거하였다. 이를 논하면 실로 중하지만, 혼자서 한 것은 아니다. 영에 의거하여 상공으로 하고 3대에 상속한다. 小錦下 坂合部宿禰石敷의 공전 6정은, 사절로서 당에 가는 도중에 적지에 표착, 횡사하여 불쌍한 일이지만, 공적으로 칭할만한 일은 아니다. 영에 의거하여 하공으로 하고, 자식 1대에 상속한다. 정5위상 大和宿禰長岡, 정5위하 陽胡史眞身은 함께 養老 2년에 율령을 찬수한 공으로 받은 공전 각 4정, 외정5위하 矢集宿禰虫麻呂, 외종5위하 鹽屋連古麻呂는 함께 동년에 받은 공전 각 5정, 정6위상 百濟人成[152]이 동년에 받은 공전 4정, 이 5인은 함께 붓과 小刀[153]를 갖고 율령의 조문을 산삭하여 정하였다. 공적은 크지만, 극히 어려운 일은 아니다. 타인과 비교한다면 下毛野朝臣古麻呂[154] 등과 동일하다. 영에 의거하여 하공으로 하고 아들 1대에 상속한다.〈이상 14개 조문은 今上天皇[孝謙天皇]이 정한 것이다.〉".

○ 天平寶字 2년(758) 춘정월 무인(5일), (천황이) 조를 내리기를, "짐은 범용하고 유약한 사람이지만, 황공하게도 황위를 이어받아 천하에 어머니와 같이 임하고 백성을 자식과 같이 보살피고 있다. 생각하건대, 현인과 함께 풍속을 교정하고 오래도록 황위를 보존하고 영구히 백성을 편안하게 하는 것이다. 어찌 가까운 신하가 도리에도 어긋나는 무도한 마음을 품고 같은 악인들이

---

151) 古人大兄.

152) 『신찬성씨록』 좌경 미정잡성에 百濟氏는 백제국 牟利加佐王의 후예라고 한다. 후에 山田白金[山田銀金]으로 개성, 개명하였다.

153) 刀는 竹簡, 木簡에 기록한 문자의 오류가 있을 경우 수정하는 도구로 사용하였다. 筆과 小刀를 잡고 율령 조문을 개정했다는 의미이다.

154) 大寶律令 찬정에 관여하였다.

서로 도와 끝내 반역을 일으킬 줄이야 생각이나 했겠는가. 선조 영령의 위력으로 한번에 모조리 섬멸하였다. 이미 이들 반역자들과 그 가까운 무리들은 속으로 함께 편치 않을 것이다. 비록 중죄를 범했지만, 오히려 가벼운 벌을 내려 그들로 하여금 평안하게 두려움 없이 잠자리에 들 수 있도록 한다. 듣는 바와 같이 백료들이 관직에 있을 때 (항시) 불안과 두려운 마음이 있다고 한다. 반드시 짐의 마음을 헤아려 의구심을 갖고 마음고생을 해서는 안 된다. 옛적 漢의 張敞은 죄를 지어 망명했지만, 다시 주색 수레를 탄 고관이 되었고,[155] 安國은 도형에 처해졌지만, 청색 印綬를 받은 고관이 되었다.[156] 모두 잘 마음을 고쳐 절조에 힘쓰고 진심으로 충성을 다하였다. 이 일은 한때의 미담이지만, 명예는 천년에 미친다. 지금에 뜻이 있는 자는 어찌 현인의 전례에 감사하지 않을 수 있겠는가. 잘못을 고쳐 스스로 노력하여 일신하도록 한다. 이제 짐이 바라는 것은, 예컨대 옥의 티는 그 아름다움을 덮는 것이 아니라, 좋은 공인이 연마하면 아름다운 옥을 만들 수 있다. 용도에 따라 이용하면 버리는 자재는 없고, 대가옥도 지을 수 있다. 무릇 백료들은 마땅히 이 말을 거울삼아 주야로 태만하지 않고 힘써 그 직무를 수행하도록 한다"라고 하였다.

또 조를 내려, "짐은 듣건대, 하늘의 법에 따라 덕화를 베푸는 것은 성군이 남긴 헌장이고, 달의 운행에 따라 교화에 힘쓰는 것은 선왕의 아름다운 규범이다. 이런 까닭에 음양의 2기가 어그러짐이 없이 사시가 조화를 이루어 좋은 기운이 국토를 감싸고 백성은 인덕을 받아 장수에 이르게 된다. 지금 봄기운을 맞이하여 만물이 맹아하는 시기에 화합하는 풍경은 날로 새로워지고, 사람도 축복받기 좋은 때이다. 이에 사자를 8도[157]에 보내 순시하여 백성의 고통을 듣고, 가난한 자와 병든 자를 구휼하고 배고픔과 추위에 고통받는 자들을 구제하도록 한다. (짐이) 바라는 것은, 백성을 보살피고 사랑하여 신의 마음과 인자의 마음이 합해지고, 양육의 자비가 하늘과 통하여 질병과 역병을 모두 물리치고, 한해의 농사가 반드시 풍년을 이루어 집에

155) 『漢書』 張敞傳에 나오는 일화.
156) 『漢書』 漢安國傳에 나오는 일화.
157) 畿內와 7道.

추위와 가난의 근심이 없어지고, 나라에 인군이 베푸는 덕으로 백성은 소생하는 기쁨이 생길 것이다. 소관 관사는 잘 숙지하여 청렴하고 공평한 인물을 사자로 뽑아 진휼에 정성을 다하여 짐의 뜻이 이루어지도록 한다"라고 하였다. 종5위하 石川朝臣豊成을 京과 畿內使의 사자로 삼고, 錄事 1인을 더하고, 정6위하 藤原朝臣淨弁을 東海道, 東山道의 사자로 삼고, 판관 1인, 녹사 2인을 더했다. 정6위상 紀朝臣廣純을 北陸道의 사자로 삼고, 정6위상 大伴宿禰潔足을 山陰道의 사자로 삼고, 정6위상 藤原朝臣倉下麻呂를 山陽道의 사자로 삼고, 종6위하 阿倍朝臣廣人을 南海道의 사자로 삼고, 정6위상 藤原朝臣楓麻呂를 西海道의 사자로 삼고, 도별로 녹사 1인으로 정하였다.

2월 신해(9일), 左大舍人 廣野王에게 池上眞人의 성을 내렸다.

임술(20일), (천황이) 조를 내리기를, "때에 따라서 제도를 세우는 것은 국가를 유지하는 법칙이고, 시대의 상황을 고려하여 법을 만들어 행하는 것은 옛 (성)왕의 가르침이다. 요즈음 민간에서 연회에 모이는 사람은 자칫하면 (상도를) 어기고 잘못을 저지르거나 혹은 나쁜 마음을 먹은 자들이 서로 모여 함부로 천황의 정치를 비난하고 술에 취해 절제를 잃어버려 곧 싸움에 이르게 된다. 사리에 따라 판단해도 심히 도리에 어긋나는 일이다. 지금 이후로는 왕족, 귀족들은 제사나 질병 치료 이외에는 음주해서는 안 된다. 친구나 동료, 원근의 친척, 지인이 여가를 내어 서로 방문할 때에는 먼저 소관 관사에 신고하고 그 후에 집회를 허락한다. 만약 위반자가 있으면 5위 이상은 1년간 봉록을 정지하고, 6위 이하는 현직에서 해임한다. 그 이외에는 즉결로 곤장 80대에 처한다. 바라는 일은, 풍속을 순화해서 사람들이 잘 선행을 이루어 모르는 사이에 예의가 몸에 배어서 혼란을 미연에 방지하는 것이다"라고 하였다.

기사(27일), (천황이) 칙을 내려, "大和國守 종4위하 大伴宿禰稻公 등이 주상하기를, 관할 城下郡 大和의 神山에 기이한 등나무가 자라고 있는데, 그 뿌리에 벌레가 새겨 만든 16자의 글자가 '王大則并天下人此內任大平臣守昊命'이라고 되어 있다. 바로 박사에게 내려보내 논의하게 했는데, 모두가 '신하가 천하를 지키고 왕이 커다란 법칙에 마음을 합하고 있다. 내정을 이와 같은 사람에게 맡긴다면 천명으로 태평할 것이다'라고 하였다. 이것으로 알 수 있는 것은, 군신이 충절을 다하여 함께 천하를 지키고, 왕은 크게 (하늘이) 감싸고 (땅이)

떠받치어 관할하지 않은 것이 없다. 성군은 현신을 발탁하여 이 사람에게 내정을 맡긴다면, 하늘은 덕으로서 보답하고, 천명으로 태평하다는 의미이다. 더하여 이 지역이 대화의 神山이고 등나무[藤]는 지금의 재상[藤原仲麻呂]에 해당한다. 이 일은 이미 효과가 있는 것이고, 새삼 무슨 의심이 있겠는가. 짐은 황공하게도 하늘의 선물을 받았으나, 돌이켜 보면 덕이 부족함을 두려워 하고 있다. 아아, 경들이여, 스스로 경계하고 삼가하여 신의 교시에 경건히 따르고 각자 맡은 직무에 충실하고, 힘써 백성을 위무하여 보살피고, 함께 좋은 정치를 수행해야 할 것이다. 그 大和國은 금년도 調를 면제하고, 해당 郡司에게는 위계 1급을 올려주고 상서를 바친 사람인 大和雜物[158]에게는 특별히 종6위하에 서임하고, 비단 20필, 목면 40둔, 정세의 벼 2천속을 내린다"라고 하였다.

3월 신사(10일), 조를 내려, "짐은 듣건대, 효자가 부모를 생각하는 것은 몸이 다하도록 잊어서는 안 된다. 이 말은 서적에 기록되어 영원히 지워지지 않는다. 지난 天平勝寶 8세 5월, 선제가 승하하였다. 짐은 흉사를 만나고 나서 상심하고 있지만, 예를 위해 참고 본의 아니게 吉事에 따랐다. 다만 단오의 절회가 올 때마다 효행을 다하지 못해 마음이 아프고, (연회의) 석상을 마련해 술잔을 드는 일도 견디기 어려운 바이다. 지금 이후로는 나라 안에 공사에 걸쳐 重陽[159]과 같이 영원히 이 절회를 정지하도록 한다"라고 하였다.

임오(11일), 伊豫國 神野郡 사람 소초위상 賀茂直馬主 등에게 賀茂伊豫朝臣의 성을 내렸다.

정해(16일), 播磨, 速鳥의 명칭을 갖는 배에 종5위하를 내렸다. 그 내린 冠은 각각 비단으로 만들었다. 견당사가 승선할 배이기 때문이다.

4월 을묘(14일), 종5위상 藤原朝臣魚名을 備中守로 삼았다.

경신(19일), 처음에 尾張連馬身은 임신년의 공으로 先朝에서 小錦下에 서위되었는데 사성은 되지 않았다. 일찍 사망했기 때문이다. 이에 馬身의 자손에게

158) 大和雜物은 이 문자가 새겨진 물건을 발견한 사람으로 大和의 씨명을 갖는 無姓의 인물이다. 『신찬성씨록』 등 다른 사료에는 보이지 않는다. 그런데 이 사건은 애초에 藤原仲麻呂에 의해 계획적으로 일어난 것으로, 大和라는 지역에 大和 씨명을 가진 인물이라는 공통점이 엿보인다.

159) 天武天皇의 기일에 해당하는 9월 9일의 節會.

모두 宿禰의 성을 내렸다.

신유(20일), 중무경 정4위하 阿倍朝臣佐美麻呂가 죽었다.

기사(28일), 內藥司佑 겸 出雲國 員外掾 정6위상 難波藥師奈良[160] 등 10인이 아뢰기를, "奈良 등의 遠祖 德來는 본래 고구려인이다. 백제국에 귀화하여, 옛 泊瀨朝倉朝廷[161]에서 백제국에 才人을 구할 것을 청하여 이에 德來를 성조에 바쳤다. 5세손 惠日[162]은 小治田朝廷[163]의 치세에 대당에 파견되어 의술을 배웠던 까닭에 藥師의 칭호를 갖게 되었고 드디어 성으로 삼았다. 지금 어리석은 자손들은 남녀 불문하고 모두 藥師의 姓을 칭하고 있다. 이것은 성과 실체에 착란이 있을까 두렵다. 삼가 바라건대, 藥師의 글자를 고쳐서 難波連[164]으로 했으면 한다"라고 말했다. (천황은) 이를 허락하였다.

하5월 병술(16일), 대재부에서 주상하기를, "앞에서 이어받은 公廨稻는 도합 1백만속인데, 그 후에 이어받은 관인들이 임의로 비용으로 사용하여 지금은 단지 10만속만이 남아있다. 관인들의 수는 늘어나고 지급해야 할 양이 적어 집을 떠나 이미 멀리 있어 생활은 어렵다. 이에 남아있는 공해도를 모두 정세에 합하고, 더욱이 제국의 정세를 분할하여 국별로 두루 (공해도를) 설치하여 원금을 없애지 않고 매년 출거해서 얻어지는 이자를 式에 의거하여 배분하고자 한다. 제국으로부터의 이자는 앞서의 태정관부에 따라 자유로이

---

160) 天平寶字 8년 11월에 常陸員外介에 보이는데, 당시 관위는 종5위하이다. 동년 8월의 官人歷名(『大日本古文書』 15-130, 131)에 內藥頭, 典藥助의 직에 있었다. 「醫疾令」2의 義解에 "藥部者, 姓稱藥師者, 卽蜂田藥師, 奈良藥師類也. 世習者, 三世習醫業相承爲名家者也"라고 기록되어 있다.

161) 雄略朝.

162) 惠日은 고구려에서 백제로 망명한 후 다시 일본으로 이주한 德來의 5세손으로 나온다. 그렇다면 원 조상의 출자는 고구려이고, 5세기대 백제계 고구려인으로서 일본에 이주한 후손이다. 推古朝에 당에 유학한 의술 유학생으로 귀국 보고에서 당의 법식을 배워야 한다고 건의하였다. 舒明 2년(630)과 孝德白雉 5년(654)에도 당에 파견되어 당의 선진문물을 수입하는 데 일조하였다.

163) 推古朝.

164) 『신찬성씨록』 右京諸蕃下의 「難波連」조에 "出自高麗國好太王也"라고 하여 난파련의 출자가 고구려 광개토왕임을 기록하고 있다. 『三代實錄』 貞觀 5년 8월 21일조에 難波連縵麻呂 등이 朝臣의 성을 받을 때에 "其先高麗國人也"라고 하였다. 일족 중에는 의술 분야에 두각을 나타낸 인물이 다수 보이는데, 『일본후기』 延曆 23년 4월조에 侍醫難波連廣名, 동 大同 3년 8월조에 內藥正 難波連廣成 등이 있다.

공해도로 하여 대재부 내부의 잡사의 비용으로 충당하고자 한다."라고 하였다.

을미(25일), 정6위상 大和宿禰弟守에게 종5위하를 내렸다.

6월 갑진(4일), 大宰府의 음양사 余益人,[165] 造法華寺 판관 종6위하 余東人[166] 등 4인에게 百濟朝臣의 성을 내리고, 越後國의 目 정7위상 高麗使主馬養,[167] 內侍司 典侍 종5위하 高麗使主淨日[168] 등 5인에게 多可連을, 산위 大屬 정6위상 狛廣足, 산위 정8위하 狛淨成 등 4인에게 長背連[169]의 성을 내렸다.

신해(11일), 陸奧國에서 언상하기를, "작년 8월 이래 귀순한 夷俘[蝦夷]의 남녀 총 1,690여 인은 고향을 떠나 천황의 덕화를 흠모하여 귀순하였고, 혹은 전장을 두루 누비며 적[170]의 원한을 산 자들이다. 이들은 모두 새로 귀순하였지만, 아직은 안정되어 있지 않았다. 또한 오랑캐의 심성이고 이리의 마음이 있어 머뭇거리고 의심이 많다. 바라건대, 天平 20년 7월 14일 칙에 의거하여 벼종자를 지급하여 경작할 수 있도록 하고 영원히 왕민으로 삼아 변경의 군으로 충당하려고 한다"라고 하였다. 이를 허락하였다.

---

165) 백제 멸망 후 일본으로 망명한 좌평 余自信(余自進)의 일족이다. 그는 天智 10년(671)의 관위수여식에서 大錦下의 관위를 받았다. 『속일본기』에는 다수의 余氏가 나오고 있으나, 余自信의 직계 후손인지, 일족인지는 판단하기 어렵다. 余益人은 天平寶字 8년 10월에 종5위하로 승진하고 동11년에 周防守가 되었다.

166) 余東人은 天平寶字 4년 12월 「經師校生等大料雜物充用帳」(『大日本古文書』 4-455)에 나오는 百濟東人과 동일인물이다.

167) 高麗使主를 씨성으로 삼은 고구려계 후예씨족. 이 인물은 기타 사료에는 보이지 않는다.

168) 高麗使主淨日은 이후 後宮에서 典侍로 근무한 것 같다. 天平神護 원년에 나오는 정5위상 多可連淨日과 동일 인물이다. 寶龜 11년 10월 사망 시의 관직도 典侍이고 최종관위는 종4위하이다.

169) 『신찬성씨록』 우경제번하에는 "長背連은 高麗國主 鄒牟〈일명 朱蒙이다〉의 후손이다. 天國排開廣庭天皇〈시호는 欽明이다〉 시대에 무리를 이끌고 투화하였다. 얼굴이 잘생기고 몸이 장대하고 키가 커서 長背王이라는 이름을 내렸다"라고 한다. 장배련의 옛 성은 고구려를 의미하는 狛이었다. 장배련의 일족으로는 천평보자 2년(758) 7월 5일부의 千手千眼并新羂索藥師經經師等筆墨直充帳(『大日本古文書』 13-357) 등 사경 관련 문서에 長背若萬呂라는 인명이 산견되고 있다. 한편 『일본삼대실록』 貞觀 18년(876) 6월조에는 흥복사 승 德操가 元 右京人 長背村主와 함께 사적으로 돈을 주조한 혐의로 유형에 처해진 기록이 보인다. 몸이 장대하다는 신체의 특징을 들어 長背王이라고 하였다는 전승은, 고구려 장수왕이 79년을 재위하고 98세까지 장수하였던 까닭에 장수왕의 시호가 된 사례와 유사하다.

170) 같은 종족인 蝦夷 편에 서지 않고 불리하게 행동한 자들.

병진(16일), 종4위상 佐伯宿禰毛人을 常陸守로 삼고, 참의 종3위 文室眞人智努를 出雲守로 삼고, 종5위상 大伴宿禰家持를 因幡守로 삼았다.

을축(25일), 大和國 葛上郡 사람 종8위상 桑原史年足 등 남녀 96인, 近江國 神埼郡 사람 정8위하 桑原史人勝 등 남녀 1,155인이 같이 말하기를, "지난 天平勝寶 9세 5월 26일 칙에 의하면, '內大臣, 太政大臣의 名字를 사용해서는 안 된다'라고 하였다. 지금 (桑原史)年足, (桑原史)人勝 등은 선조가 후한의 후손인 鄧言興과 帝利 등은 難波高津宮[171]에서 천하를 통치하던 천황의 치세에 고구려에서 이주하여 聖境[日本]에 귀화하였다. 본래는 같은 조상이지만, 지금은 여러 성으로 분파되어 있다. 바라건대, 칙에 의거하여 '史'자를 고쳐서 모두 같은 성을 받기를 청한다"라고 하였다. 이에 桑原史, 大友桑原史, 大友史, 大友部史, 桑原史戶, 史戶 6씨에게 같은 桑原直의 성을 내리고, 船史에게는 船直의 성을 내렸다.

추7월 계유(3일), 칙을 내려, "東海道, 東山道의 問民苦使[172] 정6위하 藤原朝臣淨弁 등이 주상하기를, '양도의 백성 모두가 말하기를, '지난 天平勝寶 9세 4월 4일 恩詔에 의거하여, 中男, 正丁은 함께 1세를 추가했는데, 老丁, 耆老는 모두 은혜로부터 벗어나 있다. 바라건대, 동일하게 中男, 正丁에 준해서 특별한 은택을 받고자 한다'라고 하였다. 청한 바는 도리에 합당하다. 이것은 슬픈 일이고 해야 한다. 천하 제국에 고하여 지금 이후로는 60세를 老丁으로 하고, 65세를 耆老로 한다[173]"라고 하였다.

갑술(4일), 칙을 내려, "요즈음 황태후의 건강이 악화된 10여 일이 지났다. 짐은 생각하건대, 수명을 연장하고 병을 치유하는 데에는 자애보다 좋은 것은 없다. 천하 제국에 명을 내려 금일 이후 금년 12월 30일까지 살생을

---

171) 仁德朝.

172) 問民苦使라는 명칭은 이때 처음 나오며, 天平寶字 2년 7월조, 동년 9월조, 神護慶雲 2년 8월조 등에서도 나온다. 지방 현지의 소리를 듣고 민원을 해결하려는 의도가 있었고, 이에 따라 老丁, 耆老의 하한 연령을 1세 낮추고 공민의 부담을 경감시키는 조치가 내려졌다.

173) 「戶令」의 「三歲以下」조에는 "凡男女, (中略) 十六以下爲小, 廿以下爲中, 其男廿一爲丁, 六十一爲 老, 六十六爲耆, 無夫者, 爲寡妻妾"이라고 하여, 61세를 老丁, 66세를 耆老로 규정하던 것을 이 칙명을 통해 1세씩 내려서 각각 60세, 65세로 하였다. 이에 따라 正丁도 22~60세에서 22~59세로 자동적으로 조정되었다.

금지한다. 멧돼지, 사슴 등의 육류는 영구히 천황의 식사로서 공진할 수 없다"라고 하였다. 또 칙을 내려, "생각하는 바가 있어, 관노비와 紫微中臺의 노비는 모두 다 양민으로 한다"라고 하였다. 종7위상 葛井連惠文,[174] 정6위상 味淳龍丘·難波連奈良[175]에게 함께 외종5위하를 내렸다.

병자(6일), 정6위상 阿倍朝臣乙加志에게 종5위하를, 정6위상 額田部宿禰三富·戶憶志·根連靺鞨·生江臣智麻呂·調連牛養·山田史銀[176]에게 함께 외종5위하를 내렸다. (額田部宿禰)三富의 본성은 額田部川田連이다. 이날, 額田部宿禰의 씨성을 位記에 기록하여 주었다.

무술(28일), 칙을 내려, "조정이 평안하고 천하가 태평하기 위해서는 국별로 금강반야경 30권을 서사하여 國分僧寺 20권, 國分尼寺 10권을 안치하고 항상 금광명최승왕경을 갖추어 제각기 전독하도록 한다"라고 하였다.

『속일본기』 권제20

174) 葛井連惠文은 백제계 도래씨족의 후예로 원 씨성은 白猪史이다. 養老 4년 5월에 葛城連으로 개성하고, 延曆 10년 정월에 葛井宿禰가 된다. 『신찬성씨록』 우경제번에는 葛井宿禰로 나온다.

175) 고구려계 백제인 德來의 5세손인 의술씨족 惠日의 후손으로, 難波連奈良의 직전 씨성은 難波藥師였다.

176) 백제계 도래인. 개성하기 이전의 이름은 天平寶字 원년 12월조에 보이는 百濟人成으로, 山田白金이라고도 했다. 養老律令의 찬정자의 1인이다. 山田白金은 天平寶宝字 3년 12월에 連 성을 사성받고, 동 5년 10월에 明法博士로 主計助를 겸직하였다. 동 7년 4월에는 河內介에 보임되었다. 『文德實錄』 天安 2년 6월 기유조의 大學助 山田連春城의 卒傳에 의하면, 증조부 白金은 명법박사로 율령의 뜻에 통하지 않는 바가 없었고, 후에 법률을 배우는 자는 모두 그의 학설에 의거했다고 한다.

續日本紀卷第二十

〈起天平寶字元年正月, 盡二年七月〉

從四位下行民部大輔兼左兵衛督皇太子學士臣菅野朝臣眞道奉勅撰」寶字稱德孝謙皇帝

◯ **天平寶字元年**春正月庚戌朔, 廢朝. 以諒闇故也. 勅度八百人出家. 甲寅, 勅, 始自來四月十五日, 至于五月二日, 每國令講梵網經. 其今年安居者, 宜以五月三日爲始. 又詔曰, 比者, 郡領軍毅, 任用白丁, 由此民習居家求官, 未識仕君得祿. 移孝之忠漸衰, 勸人之道實難. 自今已後, 宜令所司除有位人, 以外不得入簡試例. 其軍毅者, 省選六衛府中器量辨了, 身才勇健者, 擬任之. 他色之徒, 勿使濫訴. 自餘諸事, 猶如格令. 乙卯, 前左大臣正一位橘朝臣諸兄薨. 遣從四位上紀朝臣飯麻呂, 從五位下石川朝臣豊人等, 監護葬事, 所須官給. 大臣贈從二位栗隈王之孫, 從四位下美努王之子也. 戊午, 從五位下石津王, 賜姓藤原朝臣, 爲大納言從二位仲麻呂之子.

三月戊辰, 天皇寢殿承塵之裏天下大平四字自生焉. 庚午, 勅召親王及群臣, 令見瑞字. 乙亥, 勅, 自今以後, 改藤原部姓, 爲久須波良部, 君子部爲吉美侯部. 丁丑, 皇太子道祖王, 身居諒闇, 志在淫縱, 雖加敎勅, 曾無改悔. 於是, 勅召群臣, 以示先帝遺詔, 因問廢不之事, 右大臣已下同奏云, 不敢乖違顧命之旨. 是日, 廢皇太子以王歸第.

夏四月辛巳, 天皇召群臣問曰, 當立誰王以爲皇嗣. 右大臣藤原朝臣豊成, 中務卿藤原朝臣永手等言曰, 道祖王兄鹽燒王可立也. 攝津大夫文室眞人珍努, 左大弁大伴宿禰古麻呂等言曰, 池田王可立也. 大納言藤原朝臣仲麻呂言曰, 知臣者莫若君, 知子者莫若父. 唯奉天意所擇者耳. 勅曰, 宗室中, 舍人, 新田部兩親王, 是尤長也. 因茲, 前者立道祖王, 而不順勅敎, 遂縱淫志, 然則可擇舍人親王子中. 然船王者閨房不修, 池田王者孝行有闕, 鹽燒王者太上天皇責以無禮. 唯大炊王, 雖未長壯, 不聞過惡, 欲立此王. 於諸卿意如何. 於是, 右大臣已下奏曰, 唯勅命是聽. 先是, 大納言仲麻呂招大炊王, 居於田村第. 是日, 遣內舍人藤原朝臣薩雄, 中衛二十人, 迎大炊王, 立爲皇太子. 勅曰,國以君爲主, 以儲爲固. 是以, 先帝遺詔立道祖王, 昇爲皇太子. 而王諒闇未終, 陵草未乾, 私通侍童, 無恭先帝, 居喪之禮, 曾不合憂, 機密之事, 皆漏民間. 雖屢教勅, 猶無悔情, 好用婦言, 稍多佷戾, 忽出春宮, 夜獨歸舍. 云臣爲人拙愚, 不堪承重. 故朕竊計, 廢此立大炊王. 躬自乞三寶, 禱神明, 政之善惡, 願示徵驗. 於是, 三月二十日戊辰, 朕之住屋承塵帳裏, 現天下太平之字, 灼然昭著, 斯乃上天所祐, 神明所標, 遠覽上古, 歷檢往事, 書籍所未載, 前代所未聞. 方知, 佛法僧寶, 先記國家太平, 天地諸神, 預示宗社永固. 戴此休符, 誠嘉誠躍. 其不孝之子, 慈父難矜, 無禮之臣, 聖主猶弃. 宜從天廢却還本色. 亦由王公等盡忠匡弼, 感此貴瑞. 豈朕一人所應能致. 宜與王公士庶, 共奉天貺, 以答上玄, 洗滌舊瑕, 遍蒙新福. 可大赦天下. 其自天平勝寶九歲四月四日昧爽已前大辟罪已下, 罪無輕重, 已發覺, 未發覺, 已結正, 未結正, 繫囚見徒, 咸悉赦除. 但犯八虐, 故殺人, 私鑄錢, 强盜竊盜者, 不在此例, 其天下百姓成童之歲, 則入輕徭, 旣冠之年便當正役, 愍其勞苦, 用軫于懷. 昔者, 先帝亦有此趣猶未施行, 自今已後, 宜以十八爲中男, 二十二已上成正丁. 古者, 治民安國必以孝理. 百行之本莫先於玆. 宜令天下, 家藏孝經一本, 精勤誦習, 倍加教授. 百姓間有孝行通人, 鄕閭欽仰者. 宜令所由長官, 具以名薦. 其有不孝不恭不友不順者, 宜配陸奧國桃生, 出羽國小勝, 以淸風俗. 亦捍邊防, 別有高臥穎川, 遁跡箕山者, 宜爲朕代之巢許, 以禮巡問放令養性, 其僧綱及京內僧尼復位已上, 施物有差. 內供奉竪子, 授刀舍人, 及預周忌御齋種種作物, 而奉造諸司男女等, 夙夜不怠, 各竭乃誠, 宜加位二級弁賜綿帛, 仕官疎緩並減一等, 自餘內外諸司主典已上, 及天下高年八十已上, 中衛兵衛舍人, 門部主帥雜工, 弁衛士仕丁, 歷仕三十年已上, 加位一級. 但正六位上以上, 及不仕者不在此例. 其在京文武官職事正六位上已上, 及月齋社祝等, 賜物有差. 天下鰥寡孤獨, 篤疾癈疾, 不能自存者, 量加振恤. 其高麗, 百濟, 新羅人等, 久慕聖化, 來附我俗, 志願給姓, 悉聽許之. 其戶籍記, 無姓及族字, 於理不穩, 宜爲改正. 又東大寺匠丁, 造山陵司役夫及左右京, 四畿內, 伊賀, 尾張, 近江, 丹波, 丹後, 但馬, 播磨, 美作, 備前, 紀伊等國兵士弁防人, 鎭兵, 衛士, 火頭, 仕丁, 鼓吹戶人, 輸車戶頭, 並免今年田租. 百官詣朝堂, 上表以賀瑞字.

五月己酉, 太上天皇周忌也. 請僧千五百餘人於東大寺設齋焉. 辛亥, 天皇移御田村宮, 爲改修大宮也. 乙卯, 勅曰, 頃者, 上下諸使, 惣附驛家, 於理不穩. 亦苦驛子, 自今已後, 宜爲依令. 其能登, 安房, 和泉等國依舊分立. 但馬, 肥前加介一人, 出雲,讚岐加目一人. 丁卯, 以大納言從二位藤原朝臣仲麻呂爲紫微內相, 從三位藤原朝臣永手爲中納言. 詔曰, 朕覽周禮, 將相殊道, 政有文武, 理亦宜然. 是以, 新令之外, 別置紫微內相一人, 令掌內外諸兵事, 其官位, 祿賜, 職分, 雜物者, 皆准大臣. 又勅曰, 頃年, 選人依格結階, 人人位高不便任官, 自今以後, 宜依新令. 去養老年中, 朕外祖故太政大臣, 奉勅刊脩律令, 宜告所司早使施行. 授從二位藤原朝臣豊成正二位, 正四位下鹽燒王, 從四位上池田王並正四位上, 從四位上諱, 從四位上船王並正四位下, 從四位下山背王從四位上, 從五位上久勢王正五位下, 從五位下厚見王, 山村王並從五位上, 無位船井王, 掃守王, 尾張王, 奈賀王並從五位下, 從四位上文室眞人大市, 阿倍朝臣沙彌麻呂, 高麗朝臣福信並正四位下, 從四位下巨勢朝臣堺麻呂從四位上, 正五位上佐伯宿禰毛人, 佐伯宿禰今毛人, 正五位下佐味朝臣虫麻呂並從四位下, 正五位下大伴宿禰稻公, 大倭宿禰小東人, 賀茂朝臣角足並正五位上, 從五位上藤原朝臣千尋, 百濟王元忠, 阿倍朝臣嶋麻呂, 粟田朝臣奈勢麻呂, 大伴宿禰犬養, 中臣朝臣淸麻呂, 石川朝臣名人, 勤臣東人, 葛木宿禰戶主並正五位下, 從五位下日下部宿禰子麻呂, 下毛野朝臣稻麻呂, 縣犬養宿禰小山守, 小野朝臣東人, 多治比眞人土作, 藤原朝臣宿奈麻呂, 藤原朝臣魚名, 石上朝臣宅嗣, 大倭忌寸東人, 百濟朝臣足人, 播美朝臣奧人並從五位上, 外從五位下葛井連諸會, 日置造眞卯, 中臣丸連張弓, 上毛野君廣濱, 廣野連君足, 正六位上忌部宿禰呰麻呂, 三國眞人百足, 多治比眞人犬養, 紀朝臣僧麻呂, 大宅朝臣人成, 中臣朝臣麻呂, 高橋朝臣子老, 阿倍朝臣御縣, 榎井朝臣小祖父, 賀茂朝臣鹽管, 大原眞人今木, 巨勢朝臣度守, 石川朝臣君成, 田口朝臣御直, 賀茂朝臣淨名, 藤原朝臣執弓, 池田朝臣足繼, 田中朝臣多太麻呂, 大伴宿禰不破麻呂, 石川朝臣人公, 無位文室眞人波多麻呂並從五位下, 正六位上食朝臣三田次, 川原連凡,盆田繩手, 大藏忌寸家主, 土師宿禰犬養, 土師宿禰弟勝, 河內畫師祖父麻呂, 白鳥村主頭麻呂, 上毛野君眞人並外從五位下.

六月乙酉, 制勅五條, 諸氏長等或不預公事, 恣集已族, 自今以後, 不得更然〈其一〉. 王臣馬數, 依格有限, 過此以外, 不得蓄馬〈其二〉. 依令, 隨身之兵, 各有儲法, 過此以外, 亦不得蓄〈其三〉. 除武官以外, 不得京裏持兵, 前已禁斷, 然猶不止, 宜告所司固加禁斷〈其四〉. 京裏二十騎已上不得集行〈其五〉. 宜告所司嚴加禁斷. 若有犯者,科違勅罪. 壬辰, 以從三位石川朝臣年足爲神祇伯, 正四位下橘朝臣奈良麻呂爲右大弁, 正五位下粟田朝臣奈勢麻呂爲兼左中弁, 越前守如故. 正五位上大倭宿禰小東人爲紫微大忠, 從五位下田口朝臣御直爲大監物, 從三位文屋眞人智努爲治部卿, 從五位下大原眞人今城爲少輔, 從五位上藤原朝臣宿奈麻呂爲民部少輔, 從五位下石川朝臣君成爲主稅頭, 從三位石川朝臣年足爲兵部卿, 神祇伯如故,從五位上大伴宿禰家持爲大輔, 從五位下藤原朝臣繩麻呂爲少輔, 正四位上池田王爲刑部卿, 從五位下大伴宿禰御笠爲大判事, 正四位上鹽燒王爲大藏卿, 從五位下藤原朝臣濱足爲少輔, 從五位下巨勢朝臣淨成爲宮內少輔, 從五位下多治比眞人犬養爲大膳亮, 正四位下文室眞人大市爲彈正尹, 從四位上紀朝臣飯麻呂爲右京大夫, 從五位下田中朝臣多太麻呂爲中衛員外少將, 從五位下大伴宿禰不破麻呂爲衛門佐, 從五位下池田朝臣足繼爲左衛士佐, 從五位上日下部宿禰子麻呂爲左兵衛督, 從五位下石川朝臣人公爲右兵衛督, 從五位下下毛野朝臣多具比爲右馬頭, 從五位下大宅朝臣人成爲左兵庫頭, 左大弁正四位下大伴宿禰古麻呂爲兼陸奥鎭守將軍, 陸奥守從五位上佐伯宿禰全成爲兼副將軍, 從四位下多治比眞人國人爲攝津大夫, 外從五位上文忌寸馬養爲鑄錢長官, 從五位下大伴宿禰御依爲參河守, 正五位上賀茂朝臣角足爲遠江守, 從五位上石上朝臣宅嗣爲相摸守, 紫微少弼從四位上巨勢朝臣堺麻呂爲兼下總守, 正四位下大伴宿禰古麻呂爲陸奥按察使, 從四位上山背王爲但馬守, 從五位下藤原朝臣武良志爲伯耆守, 從三位百濟王敬福爲出雲守, 從三位藤原朝臣乙麻呂爲美作守, 從五位下調連馬養爲備前守, 從五位下柿本朝臣市守爲安藝守, 正五位下阿倍朝臣嶋麻呂爲伊豫守, 從五位下榎井朝臣子祖父爲豊後守. 癸巳, 以兵部少輔從五位下藤原朝臣繩麻呂爲兼侍從. 乙未, 始制, 伊勢太神宮幣帛使. 自今以後, 差中臣朝臣, 不得用他姓人. 甲辰, 先是, 去勝寶七歲冬十一月, 太上天皇不豫. 時左大臣橘朝臣諸兄祗承人佐味宮守告云, 大臣飮酒之庭, 言辭無禮. 稍有反狀云云, 太上天皇優容不咎, 大臣知之, 後歲致仕. 旣而勅召越前守從五位下佐伯宿禰美濃麻呂, 問識此語耶. 美濃麻呂言曰, 臣未曾聞. 但慮, 佐伯全成應知. 於是將勘問全成, 大后慇懃固請. 由是事遂寢焉. 語具田村記. 至是從四位上山背王復告, 橘奈良麻呂備兵器, 謀圍田村宮, 正四位下大伴宿禰古麻呂亦知其情.

秋七月戊申, 詔曰, 今宣〈久〉頃者王等臣等〈乃〉中〈爾〉無禮〈久〉逆在〈流〉人〈止母〉在而計〈家良久〉大宮〈乎〉將圍〈止〉云而私兵備〈布止〉聞看而加遍〈須〉加遍〈須〉所念〈止母〉, 誰奴〈加〉朕朝〈乎〉背而然爲〈流〉人〈乃〉一人〈母〉將在〈止〉所念〈波〉, 隨法不治賜, 雖然一事〈乎〉數人重奏賜〈倍波〉可問賜物〈爾夜波〉將在〈止〉

所念〈止母〉, 慈政者行〈布爾〉安爲〈弖〉此事者天下難事〈爾〉在者狂迷〈遍流〉頑〈奈留〉奴心〈乎波〉慈悟〈志〉正賜〈倍伎〉物在〈止〉所念看〈波奈母〉如此宣〈布〉. 此狀悟而人〈乃〉見可咎事和射〈奈世曾〉, 如此宣大命〈爾〉不從將在人〈波〉朕一人極而慈賜〈止母〉國法不得已成〈奈牟〉, 己家家己門門祖名不失勤仕奉〈禮止〉宣天皇大命〈乎〉衆聞食〈止〉宣. 詔畢更召入右大臣以下群臣. 皇大后詔曰, 汝〈多知〉諸者吾近姪〈奈利〉. 又竪子卿等者天皇大命以汝〈多知乎〉召而屢詔〈志久〉. 朕後〈爾〉太后〈爾〉能仕奉〈利〉助奉〈禮止〉詔〈伎〉. 又大伴佐伯宿禰等〈波〉自遠天皇御世內〈乃〉兵〈止〉爲而仕奉來. 又大伴宿禰等〈波〉吾族〈爾母〉在. 諸同心〈爾〉爲而皇朝〈乎〉助仕奉〈牟〉時〈爾〉如是醜事者聞〈曳自〉. 汝〈多知乃〉不能〈爾〉依〈氐志〉如是在〈良志〉, 諸以明清心皇朝〈乎〉助仕奉〈禮止〉宣. 是日夕, 中衛舍人從八位上上道臣斐太都告內相云, 今日未時, 備前國前守小野東人喚斐太都. 謂云, 有王臣謀殺皇子及內相, 汝能從乎. 斐太都問云, 王臣者爲誰等耶. 東人答云, 黃文王, 安宿王, 橘奈良麻呂, 大伴古麻呂等, 徒衆甚多. 斐太都又問云, 衆所謀者將若爲耶. 東人答云, 所謀有二, 一者, 駈率精兵四百, 將圍田村宮, 二者, 陸奧將軍大伴古麻呂今向任所, 行至美濃關, 詐稱病請欲相見一二親情, 蒙官聽許. 仍卽塞關. 斐太都良久答云, 不敢違命. 先是, 去六月, 右大弁巨勢朝臣堺麻呂密奏, 爲問藥方, 詣答本忠節宅. 忠節因語云, 大伴古麻呂告小野東人云, 有人欲刦內相, 汝從乎. 東人答云,從命, 忠節聞斯語, 以告右大臣. 大臣答云, 大納言年少也. 吾加敎誨宜莫殺之. 是日, 內相藤原朝臣仲麻呂具奏其狀, 警衛內外諸門, 乃遣高麗朝臣福信等, 率兵追捕小野東人, 答本忠節等, 並皆捉獲, 禁著左衛士府. 又遣兵圍道祖王於右京宅. 己酉, 勅右大臣藤原朝臣豊成, 中納言藤原朝臣永手等八人, 就左衛士府, 勘問東人等, 東人確遵無之. 卽日夕, 內相仲麻呂侍御在所, 召鹽燒王, 安宿王, 黃文王, 橘奈良麻呂, 大伴古麻呂五人. 傳太后詔宣曰, 鹽燒等五人〈乎〉人告謀反汝等爲吾近人一〈毛〉吾〈乎〉可怨事者不所念, 汝等〈乎〉皇朝者己己太久高治賜〈乎〉何〈乎〉怨〈志岐〉所〈止志弖加〉然將爲不有〈加止奈母〉所念, 是以汝等罪者免賜, 今往前然莫爲〈止〉宣, 詔訖五人退出南門外, 稽首謝恩. 庚戌, 詔, 更遣中納言藤原朝臣永手等, 窮問東人等. 款云, 每事實也. 無異斐太都語, 去六月中, 期會謀事三度, 始於奈良麻呂家, 次於圖書藏邊庭, 後於太政官院庭, 其衆者安宿王, 黃文王, 橘奈良麻呂, 大伴古麻呂, 多治比犢養, 多治比禮麻呂, 大伴池主, 多治比鷹主, 大伴兄人, 自餘衆者闇裏不見其面. 庭中禮拜天地四方, 共歃鹽汁. 誓曰, 將以七月二日闇頭, 發兵圍內相宅, 殺刦卽圍大殿, 退皇太子, 次傾皇太后宮而取鈴璽, 卽召右大臣將使號令, 然後廢帝, 簡四王中立以爲君, 於是追被告人等, 隨來悉禁著, 各置別處一一勘問. 始問安宿, 款云, 去六月二十九日黃昏, 黃文來云, 奈良麻呂欲得語言云爾, 安宿卽從往, 至太政官院內, 先有二十許人, 一人迎來禮揖, 近著看顔, 是奈良麻呂也. 又有素服者一人, 熟看此小野東人也. 登時衆人共云, 時旣應過, 宜須立拜. 安宿問云, 未知何拜耶. 答云, 拜天地而已云爾, 安宿雖不知情, 隨人立拜, 被欺徃耳. 又問黃文, 奈良麻呂, 古麻呂, 多治比犢養等, 辭雖頗異, 略皆大同. 勅使又問奈良麻呂云, 逆謀緣何而起. 款云, 內相行政甚多無道, 故先發兵, 請得其人, 後將陳狀. 又問, 政稱無道謂何等事. 款云, 造東大寺, 人民苦辛, 氏氏人等. 亦是爲憂. 又置剗奈羅爲已大憂. 問, 所稱氏氏指何等氏. 又造寺元起自汝父時, 今噵人憂, 其言不似. 於是奈良麻呂辭屈而服. 又問佐伯古比奈. 款云, 賀茂角足請高麗福信, 奈貴王, 坂上苅田麻呂, 巨勢苗麻呂, 牡鹿嶋足, 於額田部宅飮酒, 其意者爲令此等人莫會發逆之期也. 又角足與逆賊謀, 造田村宮圖, 指授入道. 於是, 一皆下獄. 又分遣諸衛, 掩捕逆黨. 更遣出雲守從三位百濟王敬福, 大宰帥正四位下船王等五人, 率諸衛人等, 防衛獄囚, 拷掠窮問, 黃文〈改名多夫禮〉, 道祖〈改名麻度比〉, 大伴古麻呂, 多治比犢養, 小野東人, 賀茂角足〈改名乃呂志〉等, 並杖下死. 安宿王及妻子配流佐度, 信濃國守佐伯大成, 土左國守大伴古慈斐二人. 並便流任國, 其與黨人等, 或死獄中. 自外悉依法配流. 又遣使追召遠江守多治比國人勘問, 所款亦同, 配流於伊豆國. 又勅陸奥國, 令勘問守佐伯全成. 款云, 去天平十七年, 先帝陛下行幸難波, 寢膳乖宜, 于時奈良麻呂謂全成曰, 陛下枕席不安, 殆至大漸, 然猶無立皇嗣, 恐有變乎. 願率多治比國人, 多治比犢養, 小野東人, 立黃文而爲君, 以答百姓之望, 大伴佐伯之族隨於此擧前將無敵, 方今天下憂苦, 居宅無定, 乘路哭叫, 怨歎實多, 緣是議謀, 事可必成, 相隨以否. 全成答曰, 全成先祖, 清明佐時, 全成雖愚, 何失先迹, 實雖事成, 不欲相從. 奈良麻呂云, 見天下愁, 而述所思耳, 莫噵他人, 言畢辭去. 厥後, 大嘗之歲. 奈良麻呂云, 前歲所語之事, 今時欲發, 如何. 全成答曰, 朝廷賜全成高爵重祿, 何敢違天發惡逆事, 是言前歲已忘, 何更發耶. 奈良麻呂云, 汝與吾同心之友也. 由此談說, 願莫噵他. 又去年四月全成齎金入京. 于時奈良麻呂語全成曰, 相見大伴古麻呂以否. 全成答云, 未得相見. 是時奈良麻呂云, 願與汝欲相見古麻呂, 共至辨官曹司, 相見語話, 良久. 奈良麻呂云, 聖體乖宜, 多經歲序, 闚看消息, 不過一日, 今天下發, 人心無定. 若有他氏立王者, 吾族徒將滅亡. 願率大伴佐伯宿禰,立黃文而爲君, 以先他氏, 爲萬世基. 古麻呂曰, 右大臣大納言是兩箇人, 乘勢握權, 汝雖立君, 人豈合從, 願勿言之. 全成曰, 此事無道, 實雖事成, 豈得明名, 言畢歸去, 奈良麻呂古麻呂便留彼曹, 不聞後語, 勘問畢而自經. 辛亥, 授從四位上山背王, 巨勢朝臣堺麻呂並三位, 從八位上上道臣斐太都從四位下, 正七位下縣犬養宿禰佐美麻呂, 從八位上佐味朝臣宮守並從五位下, 並是告密人也. 又上道臣斐太都賜姓朝臣. 甲寅, 授正六位上藤原朝臣朝獵從五位下, 以從五位下忌部宿禰鳥麻呂爲信濃守, 從五位下藤原朝臣朝獵爲陸奧守. 勅曰, 比者頑奴潛圖反逆, 皇天不遠, 羅令伏誅, 民間或有假託亡魂, 浮言紛紜, 擾發鄕邑者, 不論輕重, 皆與同罪, 普告遐邇宜絶妖源. 又勅曰, 百姓之間, 若有逆人之輩, 京畿十日內, 遠處三十日內首訖. 若限內能首, 並寬其罪, 限內不首被人告言, 必科本罪. 其首人等並首本部官司, 官司知訖. 抄其姓名奏上. 乙卯, 遣中納言藤原朝臣永手, 左衛士督坂上忌寸犬養等, 就右大臣藤原朝臣豊成第. 宣勅曰, 汝男乙繩關兇逆之事, 宜禁進者, 卽加肱禁, 寄勅使進. 以紫微少弼從三位巨勢朝臣堺麻呂爲兼左大弁, 從四位上紀朝臣飯麻呂爲右大弁, 春宮大夫從四位下佐伯宿禰毛人爲兼右京大夫, 從四位下上道朝臣斐太都爲中衛少將. 戊午, 以從五位下小野朝臣田守 爲刑部少輔, 正六位上藤原朝臣乙繩爲日向員外掾, 從五位下奈賀王爲讚岐守. 勅曰, 右大臣豊成者, 事君不忠, 爲臣不義. 私附賊黨, 潛忌內相, 知搆大發, 無敢奏上, 及事發覺, 亦不肯. 若怠延日, 殆滅天宗, 嗚乎宰輔之任, 豈合 如此. 宜停右大臣任, 左降大宰員外帥. 是日御南院, 追集諸司并京畿內百姓村長以上. 而詔曰, 明神大八洲所知倭根子天皇大命〈良麻止〉宣大命〈乎〉親王王臣百官人等天下公民衆聞宣. 高天原神積坐〈須〉皇親神魯岐神魯彌命〈乃〉定賜來〈流〉天日嗣高御座次〈乎〉加蘇〈毘〉奪將盜〈止〉爲而惡逆在奴久奈多夫禮, 麻度比, 奈良麻呂, 古麻呂等〈伊〉逆黨〈乎〉伊射奈〈比〉率而先內相家〈乎〉圍而其〈乎〉殺而卽大殿〈乎〉圍而皇太子〈乎〉退而次者皇太后朝〈乎〉傾鈴印契〈乎〉取而召右大臣而天下〈爾〉號令使爲〈牟〉. 然後廢帝四王中〈爾〉簡而爲君〈牟止〉謀而六月二十九日〈乃〉夜入太政官坊而歃鹽汁而誓禮天地四方而七月二日發兵〈牟止〉謀定而二日未時小野東人喚中衛舍人備前國上道郡人上道朝臣斐太都而誂云〈久〉. 此事俱佐左西〈止〉伊射奈〈布爾〉依而俱佐西〈牟止〉事者許而其日亥時具奏賜〈都〉, 由此勘問賜〈爾〉每事實〈止〉申而皆罪〈爾〉伏〈奴〉. 是以勘法〈爾〉皆當死罪, 在如此雖在慈賜〈止〉爲而一等輕賜而姓名易而遠流罪〈爾〉治賜〈都〉, 此誠天地神〈乃〉慈賜〈比〉護賜〈比〉挂畏開闢已來御宇天皇大御靈〈多知乃〉穢奴等〈乎〉伎良〈比〉賜弃賜〈布爾〉依〈弖〉. 又盧舍那如來觀世音菩薩護法梵王帝釋四大天王〈乃〉不可思議威神之力〈爾〉依〈弖志〉. 此逆在惡奴者顯出而悉罪〈爾〉伏〈奴良志止奈母〉神〈奈賀良母〉所念行〈須止〉宣天皇大命〈乎〉衆聞食宣. 事別宣〈久〉, 久奈多夫禮〈良爾〉所詿誤百姓〈波〉京土履〈牟〉事穢〈彌〉出羽國小勝村〈乃〉柵戶〈爾〉移賜〈久止〉宣天皇大命〈乎〉衆聞食宣. 壬戌, 勅曰, 凶逆之徒, 潛謀不軌, 其言發覺, 流配邊軍. 但所支兵仗, 藏隱民間, 未首官司, 原情可責, 職宜知悉勅出之後, 限十日內, 悉令首盡. 若限滿不首, 被人言告, 一與逆人同科. 庚午, 於宮中設齋, 講仁王經焉. 癸酉, 詔曰, 鹽燒王者唯預四王之列, 然不會謀庭. 亦不被告, 而緣道祖王者應配遠流罪. 然其父新田部親王以淸明心仕奉親王也. 可絶其家門〈夜止〉爲〈奈母〉此般罪免給, 自今往前者以明直心仕奉朝廷〈止〉詔.

八月戊寅, 勅, 故從五位下山田三井宿禰比賣嶋緣有阿孋之勞, 褒賜宿禰之姓. 恩波枉激, 餘及傍親. 而聽人悖語, 不奏丹誠, 同惡相招, 故爲蔽匿. 今聞此事, 爲豎寒毛. 凶痛已深, 理宜追責. 可除御母之名, 奪宿禰之姓, 依舊從山田史. 庚辰, 詔曰, 今宣〈久〉, 奈良麻呂〈我〉兵起〈爾〉被雇〈多利志〉秦等〈乎婆〉遠流賜〈都〉. 今遺秦等者, 惡心無而淸明心〈乎〉持而仕奉〈止〉宣. 又詔曰, 此遍〈乃〉政, 明淨〈久〉仕奉〈禮留爾〉依而治賜人〈母〉在. 又愛盛〈爾〉一二人等〈爾〉冠位上賜治賜〈久止〉宣. 授正四下船王正四位上, 從四位上紀朝臣飯麻呂, 藤原朝臣八束並正四位下, 正五位上大伴宿禰稻公從四位下, 正五位下藤原朝臣千尋正五位上, 從五位下佐伯宿禰美濃麻呂從五位上, 無位奈紀王, 正六位上巨曾倍朝臣難波麻呂, 當麻眞人淨成, 高橋朝臣人足, 阿倍朝臣繼人, 采女朝臣淨庭, 小野朝臣石根, 石川朝臣豊麻呂並從五位下. 以從三位石川朝臣年足爲中納言, 兵部卿神祇伯如故, 從三位巨勢朝臣堺麻呂, 正四位下阿倍朝臣沙彌麻呂, 紀朝臣飯麻呂並爲參議. 勅, 中納言多治比眞人廣足, 年臨將耄, 力弱就列. 不教諸姪, 悉爲賊徒. 如此之人, 何居宰輔. 宜辭中納言, 以散位歸第焉. 己丑, 駿河國益頭郡人金刺舍人麻自, 獻蚕産成字. 甲午, 勅曰, 朕以寡薄, 忝繼洪基, 君臨八方, 于茲九載, 曾無善政, 日夜憂思, 危若臨淵, 愼如履氷. 於是, 去三月二十日, 皇天賜我以天下大平四字, 表區宇之安寧, 示歷數之永固, 爾乃賊臣廢皇太子道祖, 及安宿, 黃文, 橘奈良麻呂, 大伴古麻呂, 大伴古慈斐, 多治比國人, 鴨角足, 多治比犢養, 佐伯全成, 小野東人, 大伴駿河麻呂, 答本忠節等, 禀性兇頑, 昏心轉虐, 不顧君臣之道, 不畏幽顯之資, 潛結逆徒, 謀傾宗社, 悉受天責, 咸伏罪嘖. 是以, 二叔流言, 遂翳肅墻, 四凶群類, 遠放邊裔. 京師肅肅, 已無癡民, 朝堂寥廓, 更有賢輔. 竊恐德非虞舜, 運屬時艱, 武拙殷湯, 任當撥發, 晝思夜想, 廢寢與食, 登民仁壽, 致化興平, 爰得駿河國益頭郡人金刺舍人麻自獻蚕兒成字. 其文云, 五月八日開下帝釋標知天皇命百年息, 因國內, 頂戴茲祥, 踊躍歡喜, 不知進退, 悚息交懷, 卽下群臣議, 便奏云, 維天平勝寶九歲, 歲次丁酉夏五月八日者, 是陛下奉爲太上天皇周忌, 設齋悔過之終日也. 於是, 帝釋感皇帝皇后之至誠, 開通天門, 下鑑勝業, 標陛下之御宇, 授百年之遠期, 日月所臨, 咸看聖胤繁息. 乾坤所載, 悉知寶祚延長, 仁化滂流, 宇內安息, 慈風遠洽, 國家全平之驗也. 謹案, 蚕之爲物, 虎文而有時蛻, 馬吻而不相爭, 生長室中, 衣被天下, 錦繡之麗. 於是出焉. 朝祭之服, 於是生矣. 故令神虫作字用表神異. 而今蓄息之間, 自呈靈字, 止戈之日, 已奏丹墀. 實是自天祐之. 吉無不利. 五八雙數, 應寶壽之不惑, 日月共明, 象紫宮之永配. 朕祗承嘉符, 還恐寡德. 豈朕力之所致. 是賢佐之成功. 宜與王公共辱斯貺. 但景命爰集, 隆慶伊始, 思俾惠澤被於天下. 宜改天平勝寶九歲八月十八日, 以爲天平寶字元年. 其依先勅. 天下諸國調庸, 每年免一郡者. 宜令所遺諸郡今年俱免. 其所掠取賊徒資財, 宜與士庶共遍均分. 又准令, 雜徭六十日者, 頃年之間, 國郡司等不存法意, 必滿役使, 平民之苦略由於此. 自今已後, 皆可減半. 其負公私物未備償者, 是由家道貧乏, 實非姦欺所爲. 古人有言, 損有餘補不足, 天之道也. 宜自天平勝寶八歲已前, 擧物之利, 悉應除免. 又今年晩稻稍逢亢旱, 宜免天下諸國田租之半, 寺神之封不在此例. 其獻瑞人白丁金刺舍人麻自, 宜敍從六位上, 賜絁二十疋, 調綿四十屯, 調布八十端, 正稅二千束. 執持參上驛使中衛舍人少初位上賀茂君繼手, 應敍從八位下賜絁十疋, 調綿二十屯, 調布二十端. 其不奏上國郡司等不在恩限. 但當郡百姓賜復一年. 己亥, 勅曰, 安上治民, 莫善於禮, 移風易俗, 莫善於樂, 禮樂所興, 惟在二寮, 門徒所苦. 但衣與食. 亦是天文, 陰陽, 曆算, 醫針等學, 國家所要. 並置公廨之田, 應用諸生供給. 其大學寮三十町, 雅樂寮十町, 陰陽寮十町, 內藥司八町, 典藥寮十町. 辛丑, 勅曰, 治國大綱, 在文與武. 廢一不可. 言著前經, 向來放勅爲勸文才, 隨職閑要, 量置公田. 但至備武, 未有處分. 今故六衛置射騎田, 每年季冬, 宜試優劣以給超群, 令興武藝. 其中衛府三十町, 衛門府, 左右衛士府, 左右兵衛府各十町.

閏八月癸丑, 以從四位上上道朝臣斐太都爲吉備國造. 壬戌, 紫微內相藤原朝臣仲麻呂等言, 臣聞, 旌功不朽, 有國之通規, 思孝無窮, 承家之大業, 緬尋古記, 淡海大津宮御宇皇帝, 天縱聖君, 聰明睿主, 孝正制度, 創立章程. 于時, 功田一百町賜臣曾祖藤原內大臣, 褒勵壹匡宇內之績. 世世不絶, 傳至于今. 爾來, 臣等因籍祖勳, 冠蓋連門, 公卿奕世. 方恐富貴難久, 榮華易凋, 是以, 安不忘危, 夕惕如厲, 忽有不慮之間, 兇徒作逆. 殆傾皇室. 將滅臣宗, 未報先恩, 芝蘭幾敗, 冀修冥福, 長保顯榮. 今有山階寺維摩會者, 是內大臣之所起也. 願主垂化, 三十年間, 無人紹興, 此會中廢, 乃至藤原朝廷, 胤子太政大臣, 傷構堂之將墜, 歎爲山之未成. 更發弘誓, 追繼先行. 則以每年冬十月十日, 始闢勝筵, 至於內大臣忌辰, 終爲講了. 此是奉翼皇宗, 住持佛法, 引導尊靈, 催勸學徒者也. 伏願以此功田, 永施其寺, 助維摩會, 彌令興隆, 遂使內大臣之洪業, 與天地而長傳, 皇太后之英聲, 俱日月而遠照. 天恩曲垂, 儻允臣見, 請下主者, 早令施行. 不任微願, 輕煩聖聽, 戰戰兢兢, 臨深履薄. 勅報曰, 備省來表, 報德惟深, 勸學津梁, 崇法師範, 朕與卿等共植茲因. 宜告所司令施行. 癸亥, 夫人正二位橘朝臣古那可智, 無位橘朝臣宮子, 橘朝臣麻都賀, 又正六位上橘朝臣綿裳, 橘朝臣眞姪, 改本姓賜廣岡朝臣. 從五位下出雲王, 篠原王, 尾張王, 無位奄智王, 猪名部王賜姓豊野眞人. 丙寅, 勅曰, 如聞, 護持佛法, 無尙木叉, 勸導尸羅, 實在施禮. 是以, 官大寺別永置戒本師田十町. 自今已後, 每爲布薩, 恒以此物量用布施, 庶使怠慢之徒日厲其志, 精勤之士彌進其行. 宜告僧綱, 知朕意焉. 壬申, 勅曰, 大宰府防人, 頃年差坂東諸國兵士發遣. 由是, 路次之國, 皆苦供給, 防人產業, 亦難辨濟. 自今已後, 宜差西海道七國兵士合一千人充防人司, 依式鎭戍. 其集府之日, 便習五敎. 事具別式.

九月辛巳, 授正六位上後部高笠麻呂外從五位下. 癸卯, 授外從五位下六人部久須利外從五位上.

冬十月庚戌, 勅曰, 如聞, 諸國庸調脚夫, 事畢歸鄕, 路遠粮絶. 又行旅病人無親恤養, 欲免飢死, 餬口假生. 並辛苦途中, 遂致橫斃. 朕念乎此, 深增憫矜. 宜仰京國官司, 量給粮食醫藥, 勤加檢校, 令達本鄕. 若有官人怠緩不行者, 科違勅罪. 乙卯, 太政官處分, 比年諸國司等交替之日, 各貪公廨, 競起爭論, 自失上下之序, 旣虧淸廉之風, 於理商量, 不合如此. 今故立式. 凡國司處分公廨式者, 惣計當年所出公廨, 先塡官物之欠負未納, 次割國內之儲物, 後以見殘, 作差處分. 其法者長官六分, 次官四分, 判官三分, 主典二分, 史生一分. 其博士醫師准史生例. 員外官者各准當色. 丁卯, 始制諸國論定數, 隨國大小各有差. 事具別式.

十一月癸未, 勅曰, 如聞, 頃年諸國博士醫師, 多非其才, 託請得選. 非唯損政, 亦無益民. 自今已後, 不得更然. 其須講經生者, 三經. 傳生者, 三史. 醫生者, 大素, 甲乙,脉經, 本草. 針生者, 素問, 針經, 明堂, 脉決. 天文生者, 天官書, 漢晋天文志, 三色薄讚, 韓楊要集. 陰陽生者, 周易, 新撰陰陽書, 黃帝金匱, 五行大義. 暦算生者, 漢晋律暦志, 大衍暦議, 九章, 六章, 周髀, 定天論, 並應任用. 被任之後, 所給公廨一年之分, 必應令送本受業師. 如此則有尊師之道終行, 教資之業永繼, 國家良政莫要於茲. 宜告所司早令施行. 壬寅, 勅, 以備前國墾田一百町, 永施東大寺唐禪院十方衆僧供養料. 伏願, 先帝陛下薫此芳因, 恒蔭禪林之定影, 翼茲妙福, 速乘智海之慧舟, 終生蓮華之寶刹, 自契等覺之眞如, 皇帝皇太后, 如日月之照臨並治萬國, 若天地之覆載長育兆民, 遂使爲出世之良因成菩提之妙果.

十二月辛亥, 勅, 普爲救養疾病及貧乏之徒, 以越前國墾田一百町永施山階寺施藥院. 伏願, 因此善業, 朕與衆生, 三檀福田窮於來際, 十身藥樹蔭於塵區, 永滅病苦之憂, 共保延壽之樂, 遂契眞妙之深理, 自證圓滿之妙身. 壬子, 太政官奏曰, 旌功, 錫命, 聖典攸重, 褒善行封, 明王所務, 我天下也. 乙巳以來, 人人立功, 各得封賞. 但大上中下雖載令條, 功田記文或落其品. 今故比校昔今, 議定其品. 大織藤原內大臣乙巳年功田一百町, 大功世世不絶. 贈小紫村國連小依壬申年功田一十町, 贈正四位上文忌寸禰麻呂, 贈直大壹丸部臣君手, 並同年功田各八町, 贈直大壹文忌寸智德同年功田四町, 贈小錦上置始連菟同年功田五町, 五人並中功, 合傳二世. 正四位下下毛野朝臣古麻呂, 贈正五位上調忌寸老人, 從五位上伊吉連博德, 從五位下伊余部連馬養, 並大寶二年修律令功田各十町, 四人並下功, 合傳其子〈以上十條, 先朝所定〉. 贈大錦上佐伯連古麻呂乙巳年功田四十町六段, 被他駈率, 効力誅姦. 功有所推, 不能稱大, 依令上功, 合傳三世. 從五位上尾治宿禰大隅壬申年功田四十町, 淡海朝廷諒陰之際, 義興警蹕, 潛出關東, 于時大隅參迎奉導, 掃清私第, 遂作行宮, 供助軍資, 其功實重. 准大不及, 比中有餘, 依令上功, 合傳三世. 贈大紫星川臣麻呂壬申年功田四町, 贈大錦下坂上直熊毛同年功田六町, 贈正四位下黃文連大伴同年功田八町, 贈小錦下文直成覺同年功田四町. 四人並歷涉戎場, 輸忠供事. 立功雖異, 勞効是同, 比校一同村國連小依等. 依令中功. 合傳二世. 大錦下笠臣志太留告吉野大兄密功田二十町. 所告微言尋非露驗, 雖云大事, 理合輕重. 依令中功. 合傳二世. 從四位下上道朝臣斐太都天平寶字元年功田二十町, 知人欲反, 告令芟除. 論實雖重, 本非專制. 依令上功. 合傳三世. 小錦下坂合部宿禰石敷功田六町, 奉使唐國漂著賊洲, 橫斃可矜. 稱功未愜. 依令下功. 合傳其子. 正五位上大和宿禰長岡, 從五位下陽胡史眞身, 並養老二年修律令功田各四町. 外從五位下矢集宿禰虫麻呂, 外從五位下鹽屋連古麻呂, 並同年功田各五町. 正六位上百濟人成同年功田四町. 五人並執持刀筆刪定科條. 成功雖多, 事匪匡難. 比校一同下毛野朝臣古麻呂等, 依令下功. 合傳其子〈以上一十四條當今所定〉.

◯ **二年**春正月戊寅, 詔曰, 朕以庸虛, 忝承大位. 毋臨區宇, 子育黎元. 思與賢良, 共淸風化, 長固寶曆, 久安兆民. 豈意很戾近臣, 潛懷不軌, 同惡相濟, 終起發階. 賴宗社威靈, 遽從殲殄. 旣是逆人親黨, 私懷並不自安. 雖犯深愆, 尙加微貶, 使其坦然無懼, 息其反側之心. 如聞, 百僚在位, 仍有憂惶. 宜悉朕懷, 不勞疑慮. 昔者, 張敞負釁, 更致朱軒, 安國免徒, 重紆靑組. 咸能洗心勵節, 輸款盡忠, 事美一時, 譽流千載. 今之志士, 豈謝前賢. 改滌過咎, 勉己自新. 方冀瑕不掩德, 要待良治, 用靡弃材, 以成大廈. 凡百列位, 宜鏡斯言, 夙夜無怠, 務脩爾職. 又詔曰, 朕聞, 則天施化, 聖主遺章, 順月宣風, 先王嘉令. 故能二儀無愆, 四時和協, 休氣布於率土, 仁壽致於群生. 今者三陽旣建, 萬物初萠, 和景惟新, 人宜納慶. 是以別使八道, 巡問民苦, 務恤貧病, 矜救飢寒, 所冀撫字之道, 將神合仁, 亭育之慈, 與天通事, 疾疫咸却, 年穀必成, 家無寒窶之憂, 國有來蘇之樂, 所司宜知差淸平使, 勉加賑恤, 稱朕意焉. 以從五位下石川朝臣豊成爲京畿內使, 錄事一人. 正六位下藤原朝臣淨弁爲東海, 東山道使, 判官一人, 錄事二人, 正六位上紀朝臣廣純爲北陸道使, 正六位上大伴宿禰潔足爲山陰道使, 正六位上藤原朝臣倉下麻呂爲山陽道使, 從六位下阿倍朝臣廣人爲南海道使, 正六位上藤原朝臣楓麻呂爲西海道使, 道別錄事一人.

二月辛亥, 左大舍人廣野王賜池上眞人姓. 壬戌, 詔曰, 隨時立制, 有國通規, 議代行權, 昔王彝訓. 頃者, 民間宴集, 動有違愆愆. 或同惡相聚, 濫非聖化, 或醉發無節, 便致鬪爭. 據理論之, 甚乖道理. 自今已後, 王公已下, 除供祭療患以外, 不得飮酒. 其朋友寮屬, 內外親情, 至於暇景, 應相追訪者, 先申官司, 然後聽集. 如有犯者, 五位已上停一年封祿, 六位已下解見任, 已外決杖八十. 冀將淳風俗, 能成人善, 習禮於未識, 防發於未然也. 己巳, 勅曰, 得大和國守從四位下大伴宿禰稻公等奏稱, 部下城下郡大和神山生奇藤. 其根虫彫成文十六字, 王大則并天下人此內任大平臣守昊命. 卽下博士議之, 咸云, 臣守天下, 王大則并. 內任此人, 昊命大平. 此知, 群臣盡忠, 共守天下, 王大覆載, 無不兼并. 聖上擧賢, 內任此人, 昊天報德, 命其大平者也. 加以, 地卽大和神山, 藤此當今宰輔. 事已有効. 更亦何疑. 朕恭受天貺, 還恐不德. 吁哉卿士, 戒之, 愼之, 敬順神敎, 各修爾職, 勤存撫育, 共致良治. 其大和國者宜免今年調, 當郡司者加位一級, 貢瑞人大和雜物者特敍從六位下, 賜絁二十疋, 綿四十屯, 布六十端, 正稅二千束.

三月辛巳, 詔曰, 朕聞, 孝子思親, 終身罔極. 言編竹帛, 千古不刊. 去天平勝寶八歲五月, 先帝登遐. 朕自遘凶閔, 雖懷感傷, 爲禮所防, 俯從吉事. 但每臨端五, 風樹驚心, 設席行觴, 所不忍爲也. 自今已後, 率土公私, 一准重陽, 永停此節焉. 壬午, 伊豫國神野郡人少初位上賀茂直馬主等賜賀茂伊豫朝臣姓. 丁亥, 舶名播磨, 速鳥並敍從五位下. 其冠者, 各以錦造, 入唐使所乘者也.

夏四月乙卯, 從五位上藤原朝臣魚名爲備中守. 庚申, 初尾張連馬身以壬申年功. 先朝敍小錦下, 未被賜姓, 其身早亡. 於是, 馬身子孫並賜宿禰姓. 辛酉, 中務卿正四位下阿倍朝臣佐美麻呂卒. 己巳, 內藥司佑兼出雲國員外掾正六位上難波藥師奈良等一十一人言, 奈良等遠祖德來, 本高麗人, 歸百濟國. 昔泊瀨朝倉朝廷詔百濟國, 訪求才人, 爰以德來貢進聖朝 德來五世孫惠日, 小治田朝廷御世, 被遣大唐, 學得醫術, 因號藥師, 遂以爲姓. 今愚闇子孫, 不論男女, 共蒙藥師之姓, 竊恐名實錯發. 伏願, 改藥師字, 蒙難波連. 許之.

夏五月丙戌, 大宰府言, 承前公廨稻合一百萬束. 然中間官人任意費用, 今但遺一十餘萬束. 官人數多, 所給甚少, 離家既遠, 生活尙難. 於是, 以所遺公廨, 悉合正稅, 更割諸國正稅, 國別遍置, 不失其本, 每年出擧, 以所得利, 依式班給. 其諸國地子稻者, 一依先符, 任爲公廨, 以充府中雜事. 乙未, 正六位上大和宿禰弟守授從五位下.

六月甲辰, 大宰陰陽師從六位下余益人, 造法華寺判官從六位下余東人等四人賜百濟朝臣姓, 越後目正七位上高麗使主馬養, 內侍典侍從五位下高麗使主淨日等五人多可連, 散位大屬正六位上狛廣足, 散位正八位下狛淨成等四人長背連. 辛亥, 陸奥國言, 去年八月以來, 歸降夷俘, 男女惣一千六百九十餘人, 或去離本土, 歸慕皇化, 或身涉戰場, 與賊結怨. 惣是新來, 良未安堵. 亦夷性狼心, 猶豫多疑. 望請, 准天平十年閏七月十四日勅, 量給種子, 令得佃田, 永爲王民, 以充邊軍. 許之. 丙辰, 以從四位上佐伯宿禰毛人爲常陸守, 參議從三位文室眞人智努爲出雲守, 從五位上大伴宿禰家持爲因幡守. 乙丑, 大和國葛上郡人從八位上桑原史年足等男女九十六人, 近江國神埼郡人正八位下桑原史人勝等男女一千一百五十五人同言曰, 伏奉去天平勝寶九歲五月二十六日勅書稱,內大臣, 太政大臣之名不得稱者, 今年足人勝等先祖後漢苗裔鄧言興幷帝利等, 於難波高津宮御宇天皇之世, 轉自高麗, 歸化聖境. 本是同祖. 今分數姓.

望請, 依勅一改史字, 因蒙同姓. 於是, 桑原史, 大友桑原史, 大友史, 大友部史, 桑原史戶, 史戶六氏同賜桑原直姓. 船史船直姓.

秋七月癸酉, 勅, 東海, 東山道問民苦使正六位下藤原朝臣淨弁等奏稱, 兩道百姓盡頭言曰, 依去天平勝寶九歲四月四日恩詔, 中男正丁並加一歲, 老丁耆老俱脫恩私. 望請, 一准中男正丁, 欲霑非常洪澤者, 所請當理. 仍須憫矜. 宜告天下諸國, 自今以後, 以六十爲老丁, 以六十五爲耆老. 甲戌, 勅, 比來皇太后寢膳不安, 稍經旬日. 朕思, 延年濟疾, 莫若仁慈. 宜令天下諸國, 始自今日, 迄今年十二月三十日, 禁斷殺生. 又以猪鹿之類, 永不得進御. 又勅, 緣有所思, 免官奴婢并紫微中臺奴婢, 皆悉從良. 從七位上葛井連惠文, 正六位上味淳龍丘, 難波連奈良並授外從五位下. 丙子, 正六位上阿倍朝臣乙加志授從五位下, 正六位上額田部宿禰三富, 戶憶志, 根連靺鞨, 生江臣智麻呂, 調連牛養, 山田史銀並外從五位下, 三富本姓額田部川田連也. 是日, 以額田部宿禰姓便書位記賜之. 戊戌, 勅, 爲令朝廷安寧天下太平, 國別奉寫金剛般若經三十卷, 安置國分僧寺二十卷, 尼寺十卷. 恒副金光明最勝王經, 並令轉讀焉.

續日本紀卷第二十

『속일본기』 권제21

〈天平寶字 2년(758) 8월부터 12월까지〉

우대신 종2위 겸 行皇太子傅 中衛大將[1)]
신 藤原朝臣繼繩[2)] 등이 칙을 받들어 편찬하다.

廢帝[3)]

◯ 폐제의 휘는 大炊王이다. 天渟中原瀛眞人天皇[4)]의 손이고, 1품 舍人親王의 제7자이다. 모친은 當麻氏이다. 이름은 山背이고 上總守 종5위상 (當麻眞人)老의 딸이다. 帝가 (孝謙天皇으로부터) 양위를 받는 날, 정3위를 내리고 후에는 대부인으로 존칭하게 되었다. 天平勝寶 8세(755)에 황태자 道祖王[5)]이 (聖武太上天皇의) 상중에 애도의 마음이 없었다. 동 9세 3월 29일에 高野天皇[6)]과

1) 中衛府의 장관. 元明天皇 즉위 직후 慶雲 4년(707)에 설치된 授刀舍人寮를 개편하여 만든 기구이다. 천황 측근을 경호하는 친위군 조직으로 기왕의 5위부를 능가하는 조직으로 발전하였다.

2) 『속일본기』 권제21 이하의 편집 책임자. 藤原繼繩은 菅野眞道와 함께 延曆 10년경부터 國史編纂에 들어가 淳仁朝에서 光仁朝에 이르는 20권을 보정하고 이를 14권으로 재편집하여 延曆 13년 8월에 진상하였다. 『類聚國史』 文部下·國史에도 國史 14권을 찬진했다는 기록이 있다. 延曆 15년 7월 藤原繼繩 사후에는 菅野眞道 등이 계속하여 전반부 20권 및 후반부 마지막 연력 10년까지의 6권을 증보하여 延曆 16년 2월 최종본 전 40권을 찬진하였다. 다만 藤原繼繩은 21권 이하의 대표 편자로 나오지만, 우대신의 지위라는 상징적 대표였을 뿐 실질적인 편찬은 菅野眞道가 주도하였다. 寶龜 11년 2월에 中納言, 延曆 2년 7월에 大納言에 임명되었고, 동 5년에 종2위, 동 9년에 우대신이 되고, 延曆 13년에 정2위에 올랐다. 그의 부인 백제계 씨족인 百濟王信明은 尙侍로서 桓武天皇의 총애를 받은 관계도 있어 桓武의 신임을 얻었다.

3) 淳仁天皇. 폐위된 이후의 칭호는 大炊親王, 淡路廢帝, 淡路公, 淡路親王으로 기록되었다. 淳仁天皇이란 명칭은 明治 3년에 추증된 것이다. 『新唐書』 日本傳에도 大炊, 『宋史』 日本傳에도 天炊天皇으로 되어 있다.

4) 天武天皇.

5) 天平勝寶 8세 5월 을묘에 聖武天皇이 사망한 날, 遺詔에 따라 황태자가 되었다.

황태후[7]는 우대신 종2위 藤原朝臣豊成, 대납언 종2위 藤原朝臣仲麻呂, 중납언 종3위 紀朝臣麻路·多治比眞人廣足, 섭진대부 종3위 文屋眞人智努 등과 함께 궁중에서 대책을 세워 황태자를 폐하고, (道祖)王은 사저로 돌아갔다. 이에 앞서 대납언 藤原仲麻呂는 죽은 아들 眞從의 부인 粟田諸姉를 大炊王의 처로 삼게 하고 자신의 사저에 거주하게 하였다. 4월 4일 마침내 藤原仲麻呂의 저택에서 大炊王을 맞이하여 황태자로 삼았다. 이때의 나이는 25세였다.

○ 天平寶字 2년(757) 8월 경자삭(1일), 高野天皇은 황태자에게 양위하였다.

(천황은) 조를 내려(宣命體), "現神으로서 천하를 통치하는 천황의 詔旨로서 내린 말씀을 친왕, 제왕, 제신, 백관의 관인들은 모두 들으라고 분부하였다. 高天原에 신으로 있던 천황의 遠祖인 남신, 여신이 우리 자손이 통치해야 할 천하라고 위임한 대로, 먼 황조의 어세로부터 시작하여 천황이 대대로 통치해 온 국을 다스리는 황위 계승자의 과업이라고, 신으로서 생각한다고 한 천황의 말씀을 모두 들으라고 분부하였다. 이와 같이 통치해 온 황위 계승자의 과업은 천신, 지신이 합심하여 도운 까닭에 이 황위는 평안하고 안정되게 천하를 통치할 수 있었다고 신으로서 생각한다. 그러나 천황으로서 천하의 정무를 보는 것은 대단히 힘들고 중요한 일이다. 오랜 기간 이 황위에 있으면, 무거운 짐으로 기력은 약해지고 감당하기 어려워진다. 그뿐만 아니라 말하기조차 황공한 짐의 모친인 황태후에 대해서도 자식된 도리를 다하지 못하여 짐의 마음은 밤낮으로 편할 날이 없다. 이에 이 위를 내려놓고 여유있는 몸이 되어 도리로서 봉양을 다하고자 생각하여, 후계를 정한 황태자에게 황위를 물려준다고 한 천황의 말씀을 모두 들으라"고 분부하였다.

이날, 황태자는 양위를 받아 대극전에서 천황으로 즉위하였다.

조를 내리기를(宣命體), "明神으로서 천하를 통치하는 천황의 詔旨로서 내린 말씀을 친왕, 제왕, 제신, 백관의 관인들, 천하의 공민들은 모두 들으라고 분부하였다. 말하기조차 황공한 現神이신 倭根子天皇[8]인 우리 大君이 황위

---

6) 孝謙天皇.

7) 聖武天皇의 황후인 光明皇太后. 藤原不比等의 딸인 藤原光明子.

8) 孝謙天皇.

계승자의 과업을 능력이 없고 부족한 짐에게 주어 봉사하라고 황위를 내리니, 이를 받는 것도 두려워 어떻게 해야 할지 몰라 황공하다고 한 천황의 말씀을 모두 들으라고 분부하였다. 그런데 천황으로서 천하를 통치하는 군주는 현명하고 능력있는 신하를 얻어 천하를 평안하고 안전하게 다스리는 것이라고 듣고 있다. 따라서 이것은 (천황의) 대명으로서 분부한 것으로, 짐은 능력이 없고 부족하지만, 친왕을 비롯한 제왕, 제신이 돕고 봉사하는 일이야말로 물려받은 천하의 통치를 평안하고 안전하게 수행할 수 있다고 생각한다. 이에 아첨하거나 속이는 마음이 없이 충성심을 갖고 천하의 통치에 모두가 협력해 봉사하라고 한 천황의 말씀을 들으라고 분부하였다. 말을 바꾸어 분부하기를, 봉사한 사람들 중에 그 근무상태에 따라서 1, 2인 등에게 관위를 올려주려고 한다. 백관 중의 관직을 갖고 있는 자 이상, 이세대신궁을 비롯하여 제신사의 禰宜, 祝에게 천황의 물품을 내린다. 승강을 비롯하여 제사찰의 師位의 위계를 갖는 승니들에게 보시물을 내린다. 또 제관사의 관인들, 제국의 병사, 진병,[9] 전역호[10] 등에게는 금년도의 전조를 면제한다고 하신 천황의 말씀을 모두 들으라"고 분부하였다.

종3위 石川朝臣年足에게 정3위를, 정4위상 船王·他田王·氷上眞人鹽燒에게 함께 종3위를, 정4위하 諱〈平城宮 御宇高紹天皇[11]이다.〉에게 정4위상을, 무위 菅生王에게 종5위하를, 종4위하 藤原朝臣巨勢麻呂·佐伯宿禰毛人에게 함께 종4위상을, 종5위상 藤原朝臣御楯에게 종4위하를, 정5위하 粟田朝臣奈世麻呂에게 정5위상을, 종5위하 阿倍朝臣子嶋·紀朝臣伊保·石川朝臣豊成·藤原朝臣眞光·當麻眞人淨成에게 함께 종5위상을, 외종5위상 文忌寸馬養, 정6위하 菅生朝臣嶋足·佐伯宿禰御方·笠朝臣眞足·穗積朝臣小東人·阿倍朝臣意宇麻呂·中臣朝臣毛人·縣犬養宿禰吉男·紀朝臣牛養·大伴宿禰東人·藤原朝臣楓麻呂·大野朝臣廣言, 정6위하 藤原朝臣久須麻呂, 종6위상 石川朝臣廣成에게 함께 종5위하를, 정6위상 山邊縣主男笠·宍人朝臣倭麻呂·辛小床[12]·大和宿禰斐大麻呂·宇自賀臣山道·忌部

9) 동북지방의 蝦夷 대책을 위해 설치한 鎭守府의 주둔병.

10) 傳驛戶. 驛家에 소속되어 역의 운영을 담당하는 驛戶 및 郡家에 소속되어 傳馬의 일을 담당하는 傳戶.

11) 白壁. 후의 光仁天皇. 천황의 실명을 사용하지 않는 避諱 기사.

12) 동년 9월 기묘조의 辛男床과 동일 인물. 『신찬성씨록』 좌경제번하에 백제인 辛臣君을

首黑麻呂에게 함께 외종5위하를 내렸다. 또 정4위상 河內女王에게 종3위를, 정5위상 當麻眞人山背에게 정3위를, 무위 奈貴女王에게 종4위하를, 무위 伊刀女王·垂水女王, 정6위상 內眞人絲井, 무위 粟田朝臣諸姉·藤原朝臣影에게 함께 종5위하를, 외대초위상 黃文連眞白女[13]·上道臣廣羽女, 종6위상 爪工宿禰飯足에게 함께 외종5위하를 내렸다.

이날, 백관 및 승강이 나아가 조당에서 상표하여, 上臺,[14] 中臺[15]의 존호를 올렸다. 백관이 표에서 (다음과 같이) 말하였다.

"신 (藤原)仲麻呂 등이 말씀 올린다. 신이 듣는 바로는, 별이 돌고 해가 접근하기도 하는 천체의 현상이 명백한 것을 天이라고 한다. 동방에서 나와 天으로 올라가 때의 기운을 타고 首(의 위치)로 나오는 것을 聖이라고 한다. 天은 말이 없는 것으로 德으로 삼지만, 말에 의하지 않으면 그 정신을 논할 수가 없다. 聖은 이름이 없는 상태로 도를 체현하지만, 이름이 없으면 어떻게 그 작용을 알 수가 있겠는가. 겨울에는 동굴에서, 여름에는 나무둥지에서 보내는 시대에는 아직 제도가 갖춰지지 않았는데, 雲官, 火紀의 君이 활동하던 (黃帝, 炎帝의) 시대에는 휘호를 존숭하게 되었다. 실로 이것은 공적을 밝히기도 하고 존귀한 이름을 널리 알렸다. 이름의 의의가 되는 일과 그 내력은 오래되었다. 삼가 생각하건대, 황제폐하는 천하에 군림한 지 십수년이 되었다. 국내는 평온하고 조정은 무사하고, 상서는 자주 출현하고, 길상의 문자도 빈번히 나타나고 있다. 이것은 바로 聖이고, 바로 神이고, 실로 문무를 갖추고 있지만, 정말로 칭송하는 데에는 언어가 없다. 나라에 황위 계승자가 끊어짐에 미치어[16] 사람들은 이런저런 생각을 품게 되었다. 하늘의 존귀한 은혜로 백성의 원하는 바를 새겨서 황위를 정하고 겸양의 덕을 내렸다. 여기에 하늘의 덕을 지상에 베풀고 마침내 국가의 기초를 굳건히 하였다. 정성과 공경을 다하여 선조를 추모하고 그리워하는 마음은 깊었고, 어머니에 대해 온정을 다하여 안색을 살펴 모셨다. 그런 까닭에 천하의 백성들은 마음을

선조로 하는 계보를 갖고 있다.

13) 고구려계 도래씨족의 후예. 화공 관련 인물이 다수 나온다.

14) 上臺는 천황의 御座所.

15) 中臺는 紫微中臺를 말하고 황태후 光明子를 가리킨다.

16) 天平寶字 원년 3월 道祖王이 폐위된 사실.

의탁하여 모두 구름을 바라보듯이 천자의 덕을 그리워하고 만방의 인민들은 머리숙여 함께 천자의 은덕을 그리워하고 있다.

(光明)皇太后의 밝은 덕은 위로 올라가서는 天과 나란히 하여 황후의 位는 아름답게 빛나고, 밑으로는 깊은 인애를 베풀어 지상에서 따라야 할 도를 명확히 밝히었다. 이에 일월(의 운행)은 바르고 천지의 기운이 교합해서 태평하다. 마침내 삼가 고명[17]을 받들어 황위 계승자를 정했는데, 근친자를 버리고,[18] 소원한 사람을 등용하여 공정한 마음을 나타내었다. 실로 천하의 일을 생각한 것이고 영원히 자신만을 위한 사사로움이 없었다. 이미 마음은 불교의 가르침의 세계에서 노닐고, 3空[19]의 심오한 도리를 체현하여 불타의 가르침을 배우고 유일 절대의 깨달음을 열었다. 자비심은 대단히 깊어 시약원을 세워 두루 진료하였고, 넓은 소망은 남모르게 행하여 悲田院을 세워 널리 구제하였다. 이와 같은 까닭에 연기가 궁궐 위로 떠오르고, 존귀한 예언이 축하의 상서를 나타내었고,[20] 누에가 등나무 가지에 새긴 문자는 덕을 알린 것이다.[21] 마침내 모든 神이 서로 협력해 천하를 평안하게 하는 덕화는 끝이 없고 백성들도 기뻐하며 (효겸천황, 광명황태후를) 받들고 대지를 안정시키는 덕화는 영원하게 될 것이다.

신 등은 궁에 들어가서는 알현하고 물러나서는 조정에 열석하여 허리에 패옥을 내려 장식끈을 맨 지 많은 세월이 쌓였다. 이와 같은 융성한 덕을 보고 교화를 받았는데 신하된 의리로서 어떻게 칭송하지 않을 수 있겠는가. 사람이 하고자 하면 하늘은 반드시 따르고, 상도에 어긋나는 말이라도 성인은 분별해서 내린다. 삼가 고전에 의거하여 감히 존호를 올린다. (효겸태상천황에게) 上臺寶字稱德孝謙皇帝의 존호를 올리고, (광명황태후에게) 中臺天平應眞仁正皇太后의 존호를 올려, 위로는 하늘의 칭송하는 바에 합당한 큰 이름을 만세에 전하고, 밑으로는 사람들의 원망에 따라 바른 칭호를 천추에 선양하고

---

17) 聖武太上天皇의 유지.

18) 橘奈良麻呂의 모반사건으로 광명황태후의 일족인 藤原豊成, 橘奈良麻呂, 黃文王, 安宿王 등을 제거한 것을 말한다.

19) 일체 모든 것이 空이라는 심원한 가르침. 삼공은 我空, 法空, 俱空.

20) 寶龜 원년 3월 天下太平의 상서의 문자가 출현한 일.

21) 天平寶字 2년 2월 기사조에 大和의 神山에 누에가 자연적으로 새긴 16자의 문자.

자 한다. 뛸 듯이 기쁜 마음을 어찌할 수 없어 삼가 조당에 나아가 상표문을 올려 아뢰는 바이다".

僧綱이 상표문에서 (다음과 같이) 말하였다.

"沙門菩提[22] 등이 언상하였다. 보제가 들은 바로는 '천지는 높고 장대하여 (만물을) 감싸고 떠받치어 그 공을 나타내고, 일월은 바르고 밝게 (만물을) 비추어 그로부터 효용을 명확하게 한다. (천지와 일월은) 모든 것을 혼재시켜 풍요롭게 하고 만물이 성장에 이르게 한다. (이 중에 석존만이) 홀로 10종이 존호[23]로 표현되어 4대[24]의 극치로서 존숭되고 있다'고 한다. 그 때문에 아름다움을 꾀하는 일은 세월이 지나도 썩는 일이 없고, 좋은 사적은 후세에 전해져 항상 새롭게 있게 된다. 그리하여 덕을 나타내고 공을 칭송하는 데에는 名號에 의하지 않은 것은 없다. 삼가 생각하건대, 황제폐하는 성인으로서 옛 성현을 계승하여 천지사방을 통할하여 기초를 닦고, 또 신으로서 신격을 이어받아 천하에 덕이 미치고 있다. 정치의 도는 형벌을 내리지 않고 만물에 자애를 베푸는 일이다. 선조를 추모하는 효심은 무엇보다 중요하고 효행하는 자손을 남기는 덕은 점점 두터워지고 안일함을 생각하지 않는다.

삼가 생각하는바, 겸허한 마음을 지니고 있어, 상서로운 누에가 표시한 아름다운 문자가 성상의 수명이 영원함을 나타내고, 보배로운 문자의 형상은 황실의 기반이 영원히 번영함을 여는 것이다. 황태후는 중생을 피안으로 이끄는 5개의 가르침에 생각이 미치어 불교수행의 8개의 실천법을 마음에 두고 있다. 그 지도는 應供[25]과 같고, 도는 至眞[26]과 나란히 한다. 훌륭한 감화를 발휘하여 질서정연하게 백성을 인도하였다. 바른 사려와 독자의 결단은 순임금이 강변에서 현인을 찾는데 필적하고 깊은 자애가 널리 미치는 모습은 요임금이 황하에서 河圖를 본 것과 같다. 그런 까닭에 먼 곳을 능히

---

22) 婆羅門僧 菩提僊那. 인도승으로 당에 체재하던 중에 天平 8년 일본의 견당승 등으로부터 도일을 권유받고 일본으로 갔다.

23) 석가의 10종 칭호. 如來, 應供, 正遍知, 明行足, 善逝, 世間解, 無上士, 調御丈夫, 天人師, 佛世尊 등이다.

24) 4대는 불교에서 말하는 만물을 구성하는 地, 水, 火, 風을 말한다.

25) 석가의 별호의 하나.

26) 阿羅漢의 별호. 수행자가 도달할 수 있는 최고위, 최고의 깨달음을 얻어 학문의 도를 완성하여 더 이상 배울 필요가 없기 때문에 阿羅漢果를 無學位라고 한다.

제어하고 가까운 곳을 편안하게 하여 잘 다스리는 일은 (周의) 成王과 康王보다도 아름답고, 정치안정의 공을 이루어 무위로서 다스리는 일은 黃帝 軒昊氏와 少昊 金天氏 보다도 왕성하다. 밝은 칭호를 올리고 아름다운 이름을 세워 3황 5제를 넘어 명성을 드높이고, (封禪을 행한) 72왕[27]을 넘어 영예를 칭송하는데 충분하다고 할 수 있다. 폐하는 겸허하고 (존호를) 올려도 받지 않았다. 菩提 등은 내심으로 생각하였다. 보제들은 멀리 좋은 전례를 찾아서 훨씬 지난 연월로 보면, 때의 추세에 따라 제도를 세우고 시대를 헤아려 시의에 맞도록 하는 일은 황제는 달라도 변하지 않는 사실이라고 생각하고 있다. 보제 등은 충성의 마음을 억누를 수가 없어 삼가 존호를 바친다. 폐하를 寶字稱德孝謙皇帝라고 칭하고, 황태후를 天平應眞仁正皇太后라고 칭한다. 삼가 바라건대, 폐하와 황태후는 겸양의 조그만 절조를 누르시고 승려의 직언을 받아들였으면 한다. 구불구불한 나무가 무성한 마을과 燭龍이 서식하는 지역에서 존호를 듣고 은택을 청하고, 명성을 듣고 그 빛을 받고자 하는 마음이 있기를 바라고자 한다. 무릇 생명이 있는 것은 누가 행복하지 않겠는가. 사문보제 등은 그 생각을 억제할 수 없어 삼가 상표문을 올리는 바이다".

(효겸태상천황은) 조를 내려 응답하여 말하기를, "짐은 경들이 청한 바를 보니, 크나큰 통치의 업은 참으로 험준하고 두려운 마음은 깊다. 부끄럽게도 덕이 부족한 몸인데, 어떻게 아름다운 칭호를 감당할 수 있겠는가. 그러나 천제가 도움을 내리고 천정판의 문자는 평안을 열고, 대지는 상서를 보이고, 누에가 새긴 문자는 덕을 나타내고 있다. 속으로 이 일을 생각해 보면, 하늘의 뜻을 거스를 수 없다. 모두의 소망을 받아들이고, 삼가 典禮에 따르고자 한다. 칭호는 寶字稱德孝謙皇帝로 정한다. 또 황태후에 올린 존호를 보면, 감동과 기쁨의 마음이 교차하고 날마다 새로워져 권태로운 일을 잊는다. 공경들의 상표한 바에 맡기고, 승려들이 청한 바에 따라 策名으로써 天平應眞仁正皇太后로 정한다. 새롭게 올린 존호를 받으면서 어찌 구습을 일신하는 법령이 없어서야 되겠는가. 마땅히 백관의 명칭을 고치고 관대하게 은택을

27) 원문에는 八九로 나온다. 『史記』 封禪書의 봉선을 행한 72왕을 말한다.

베풀어야 한다. 천하에 현재 구금되어 있는 죄수들은 죄의 경중을 묻지 않고 사면한다. 앞의 格에 따라 본관으로 돌려보내고 이유없이 면직된 자는 모두 원래의 관사로 복직한다. 또 天平寶字 원년 이전에 관할 지역의 감독자이면서 훔친 자, 관리하의 관물을 훔친 자, 더욱이 관물의 결손을 미납한 자도 모두 사면하도록 한다. 천하 제국의 산림에 은거하여 청정한 수행생활을 한 지 10년 이상 지난 자는 모두 득도시킨다. 中臣氏, 忌部氏는 원래부터 (이세대)신궁의 정례의 제사에 관여하여 봉사를 거듭하여 오랜 세월이 되었다. 마땅히 양씨 중에서 6위 이하의 자에게 1급을 더한다. 대학생, 의침생, 역산생, 천문생, 음양생으로 25세 이상이 된 자에게는 관위 1계를 내린다. 죄를 범하여 유배된 승려라도 계율 지키기를 소홀히 하지 않았다면 가까운 1국으로 옮기도록 한다.[28] 대승도인 鑑眞和上은 계율의 수행이 대단히 청결하여 백발이 되어도 변하지 않았다. 먼 바다 건너에서 성조에 귀화하였다. 이에 호칭을 大和上이라고 하고, 공경하여 공양하도록 한다. 또 정사의 번잡함으로 노구가 피로하지 않도록 승강의 직을 중지해야 할 것이다. 제사찰의 승니를 모아 계율을 배우고자 하는 자는 (大和上에게) 배우도록 한다"라고 하였다. 또 칙을 내려, "(紫微)內相[29]은 국가에 대해 공훈이 이미 높다. 그러나 아직 거기에 보답하는 조치는 내려지지 않았고, (공훈에 어울리는) 名字도 더해지지 않았다. 이에 참의, 8성의 경, 박사 등에게 명하여 옛 관례에 준하여 바르게 논의하고 주상하도록 한다. 말한 바가 헛되지 않게, 또 지시에 함부로 욕됨이 없도록 한다"라고 하였다.

신축(2일), 외종5위하 승 延慶은 그 모습이 속인과 다르기 때문에 작위를 사퇴하였다. 조를 내려 이를 허락하였다. 그 위록과 위전은 칙이 있어 반납시키지 않았다. 외종5위하 山口忌寸佐美麻呂에게 종5위하를, 정6위상 茨田宿禰牧野에게 외종5위하를 내렸다.

계묘(4일), 종5위하 笠朝臣眞足을 伊勢介로 삼고, 정5위하 大伴宿禰犬養을

---

28) 왕경에 가까운 畿內의 1국. 「僧尼令」25 「外國寺」조에는, "凡僧尼, 有犯百日苦使経三度, 改配外國寺 仍不得配入畿內"라고 하여 승려가 100일 고역을 3번 범했을 경우에는 지방 절로 유배 보내고 畿內지역에 들어올 수 없다고 규정하고 있다.

29) 藤原仲麻呂.

右衛士督으로 삼았다.

병오(7일), 후궁의 여관의 정원을 증원하였다. 내용은 별식에 기록되어 있다.

무신(9일), 칙을 내려, "자식이 아버지를 존숭하는 일은 유가가 칭찬하는 바이다. 사서에 이름이 기록되는 것은 옛 사람이 귀하게 여기는 바이다. 옛적 선제가 삼가 크게 발원하여 노사나불의 금동대불을 조영하였다. 만약 짐의 치세에 조영이 끝나지 않으면, 내세에 다시 태어나 조영한다고 하였다. 이미 주조는 끝냈지만 도금이 부족하였다. 하늘은 지극한 마음의 믿음에 감응하여 마침내 훌륭한 보물로서 황금을 보내주었다. 우리 국가에 이것은 초유의 진귀한 보물이고, 개벽 이래 아직 이와 같은 풍성한 덕은 듣지 못하였다. 뿐만 아니라 賊臣이 나쁜 마음을 품고 몰래 역도를 결성하여 국가를 위험에 빠트리는 모의는 실로 오래되었다.[30] 그러나 (천황의) 무위를 두려워하고 삼가 인덕에 압도되어 감히 무력으로 싸우지도 못한 채 모두 스스로 순종하여 굴복하였다. 이 신성한 무위의 덕은 옛 시대에 비해서도 능가함이 있었다. 그 커다란 업적을 선양하지 않으면 어떻게 후세에 보일 것인가. 삼가 옛 전적에 의거하여 존호를 추증하고자 한다. 策名으로는 勝寶感神聖武皇帝라고 기록하고, 시호[31]는 天璽國押開豊櫻彦尊이라고 칭한다. 이 아름다운 이름을 만대에 전하고 천지와 함께 오래도록 사용되어 훌륭한 사적을 천추에 선양하고, 일월과 함께 영구히 비추게 하고자 한다. 널리 원근의 지역에 고지하여 짐의 뜻을 알리도록 한다"라고 하였다. 또 칙을 내려, "日並知皇子命[32]은 천하에 아직 천황을 칭하지 않고 있다. 존호를 추증하는 것은 고금의 항례이다. 지금 이후로는 岡宮御宇天皇이라고 칭하여 받들어야 한다.

---

30) 橘奈良麻呂 모의사건의 시작은 天平寶字 원년(757) 7월 경술조 佐伯全成의 증언에 따르면 天平 17년(745)부터였다고 한다. 사건의 전모가 밝혀지기 이미 12년 전에 시작되었다.

31) 聖武天皇의 시호가 사망 직후 제정되지 않았던 것은 출가했기 때문이다. 天平勝寶 8세 5월 임신조에 "太上天皇出家歸佛, 更不奉謚, 所司宜知"라고 하는 칙이 내려진 바 있다.

32) 聖武天皇의 生父인 草壁皇子.

을묘(16일), 사자를 보내 천하 제국에 大秡[33]을 하게 하였다. 대상제를 거행하기 위해서이다.

정사(18일), (천황이) 칙을 내려, "大史局[34]이 주상하기를, 九宮經[35]을 조사해 보니, 내년 기해년은 3합[36]에 해당한다. 그 經에서 말하기를, '3합의 해에는 수해, 가뭄, 역병의 재앙이 있다'고 한다. 듣는 바와 같이 마하반야바라밀다경[37]은 제부처의 어머니이다. 4句의 偈[38] 등을 깨닫고 독송한다면 복덕이 모여 들어오고 가히 헤아리기 어려울 정도이다. 이를 천자가 읊조리면 병란, 재해는 국내에 들어오지 못하고, 백성이 읊조릴 때에는 질병, 역귀가 집안에 들어오지 못한다. 악을 차단하고 행복을 얻는 데에는 이보다 좋은 것은 없다고 한다. 그래서 천하 제국에 고하여 남녀노소를 막론하고 일상생활에서 한가할 때 모두 마하반야바라밀다경을 음송하도록 한다. 문무백관들은 조정에 출사할 때 노상에서도 매일 읊조려 왕래의 시간이 헛되지 않도록 한다. 바라는 바는, 풍우가 때에 따르게 되면 수해, 가뭄의 재난은 모두 없어지고, 한기와 온기가 순조로워지면 모든 질병의 재앙은 면할 수 있게 되는 것이다. 널리 원근의 지역에 포고하여 짐의 뜻을 알리도록 한다"라고 하였다.

---

33) 부정한 것을 정화하는 의식으로 궁중과 신사에서 일상적으로 행해지는데, 특히 천하 만민의 罪穢를 씻는다는 의미에서 大祓이라고 한다.

34) 陰陽寮.

35) 九宮은 중국고대의 천문학 개념에서 나왔다. 天球를 9개 구역으로 나누어 4개의 陽의 궁인 乾宮, 坎宮, 艮宮, 震宮과 4개의 陰의 궁인 巽宮, 離宮, 坤宮, 兌宮 그리고 중앙에 中宮이 위치한다. 漢代에는 九宮占, 九宮術, 九宮算 등으로 응용되었다. 『隋書』 經籍志에 黃帝九宮經, 九宮經, 九宮經解 등의 명칭이 나온다.

36) 『三代實錄』 貞觀 17년 11월 갑오조에 "陰陽寮言, 黃帝九宮經肅吉九篇云, 承天之道, 因人之情, 上占三光, 下用五行, 三神相合, 名曰三合, 所謂三神者, 大歲, 客氣, 太陰是也"라고 하여 黃帝九宮經을 인용한 陰陽寮의 주언이 나온다. 즉 曆의 3신인 太歲, 客氣, 太陰이 만나는 이른바 三合의 해는 음양도에서 말하는 厄年의 하나이다.

37) 摩訶般若波羅蜜多經, 般若經典은 대승불교의 초기부터 중기에 걸쳐 『金剛般若經』, 『八千頌般若經』에서부터 크게는 『十万頌般若經』에 이르는 다수의 경전이 있다. 대장경에 수록된 漢譯 경전은 鳩摩羅什의 『摩訶般若波羅蜜經』(403년), 玄奘의 한역인 『大般若波羅蜜多經(660~663) 등이 있다. 摩訶는 大, 般若는 지혜, 波羅蜜多는 度, 到彼岸, 위대한 지혜의 완성으로 최고의 지성의 경지에 도달한다는 의미이다. 보살이 부처가 되기 위해 수행하는 6종의 수행실천 방법 중의 하나이다.

38) 부처를 칭송하는 詩.

무오(19일), 攝津大夫 종3위 池田王을 보내 齋王[39]을 선정한 일은 이세태신궁에 고하게 하였다. 또 左大舍人頭 종5위하 河內王, 산위 종8위하 中臣朝臣池守, 대초위상 忌部宿禰人成 등을 보내 (이세)대신궁에 폐백을 바치게 하였다. 천하 제국의 신사에도 사자를 보내 봉폐하였다. 황태자의 즉위를 보고하기 위해서이다.

계해(24일), 귀화한 신라승 32인, 尼 2인, 남자 19인, 여자 21인을 武藏國의 공한지로 이주시켰다.[40] 이에 처음으로 新羅郡을 설치하였다.

갑자(25일), 紫微內相 藤原朝臣仲麻呂를 大保로 임명하였다. 칙을 내려, "선을 기리고 악을 징계하는 것은 성인인 군주의 격언이고, 공적에 상을 주고 노고에 보답하는 것은 명군의 항상의 법도이다. 藤原朝臣仲麻呂는 조석으로 태만하지 않고 근무에 충실하여 직책을 지키고, 충성을 다하여 군주를 섬기고 직무를 수행함에 사심이 없다. 우둔하고 모자라면 친족이라도 내보내고, 재능있고 어진 사람이면 원한 관계에 있더라도 발탁하였다. 반역의 무리들과 싸우기 전에 제압하여 백성들이 평안을 얻을 수 있었고, (국가의) 기반이 위험에 빠지는 것을 미연에 방지하여 황실의 통치는 오래도록 계속할 수 있었다. 국가가 혼란해지지 않은 것은 이와 같은 사람이 있었기 때문이다. 그 공로를 공평하게 평가해 보면 가히 포상해야 할 것이다. 저 伊尹은 (湯王의 妃) 有莘의 측근이었지만, 다시 탕왕을 보좌하였고, 마침내 阿衡[41]의 칭호를 갖게 되었다. 呂尙은 渭水의 강변에 살던 노인이었지만, 얼마 후 (周의) 문왕을 보필하여 (齊의) 營丘에 봉지를 내려받았다. 하물며 (藤原氏는) 선조인 近江大津宮의 內大臣[藤原鎌足] 이래 대대로 밝은 덕으로 황실을 도왔고, (모신)

---

39) 伊勢神宮, 賀茂神社에 천황 대리로 파견되어 봉사하는 직무. 미혼의 內親王 혹은 女王이 맡는다.

40) 『일본서기』 持統紀 원년 4월 무오조에 筑紫大宰가 조정에 보낸 일본에 망명해 온 신라승 등 20여 인을 武藏國으로 이주시켰고, 동 4년 2월 무오조에도 신라승 등 15여 인이 귀화한 사실이 있으며, 동 임신조에도 귀화한 신라인 12인을 무장국으로 이주시켰다. 또 天平寶字 4년 4월 무오조에도 신라인 131인을 무장국으로 보냈다. 무장국은 고구려계 씨족들이 많이 거주하고 고려군이 설치된 곳이기도 하지만, 신라인, 백제인들도 이주하여 집단적 거주지를 형성하였다. 예컨대 武藏國의 新羅郡은 入間郡 남부를 분할하여 설치하였는데, 寶龜 11년(780) 5월조에 마지막 이름이 보이고, 그 후에는 新座郡으로 나온다.

41) 군주가 의지하는 신하. 인민 중에서 최고의 지위, 재상을 말한다.

군주는 10인이고 그 햇수는 거의 100년에 이른다. (그 기간에) 조정은 무사하였고 국내는 평온하였다. 이로부터 논하자면, 과거에 준해서 보아도 필적할 만한 사람은 없고, 널리 은혜를 베푸는 미덕도 이보다 아름다운 것은 없다. 지금 이후로는 (藤原仲麻呂의) 성 중에 '惠美' 2자를 덧붙이도록 한다. 폭도를 금압하고 강적을 이기고 병란을 진압하였던 까닭에 이름을 押勝이라고 명명한다. 짐의 중신[42] 중에 그대 경은 실로 귀하다. 고로 자호를 尙舅라고 칭한다. 더욱이 功封 3천호와 功田 1백정을 내리고, 영원히 대대로 상속시켜 특별한 훈공으로 표시한다. 또 별도로 화폐의 주조,[43] 도곡의 출거에 惠美家의 인장[44]을 사용하는 것을 허락한다"라고 하였다.

이날, 大保 종2위 겸 中衛大將 藤原惠美朝臣押勝, 정3위 중납언 겸 식부경 神祇伯 石川朝臣年足, 참의 종3위 出雲守 文室眞人智努, 참의 종3위 紫微大弼, 兵部卿, 侍從, 下總守를 겸직한 巨勢朝臣關麻呂, 참의 紫微大弼 정4위하 左大弁 紀朝臣飯麻呂, 참의 정4위하 중무경 藤原朝臣眞楯 등이 칙을 받들어 官号를 개정하였다. 태정관은 법령과 규칙을 총괄하고 국가통치를 장악한다. 이것은 하늘이 덕을 베풀고 만물을 자라게 하는 것과 같다. 따라서 개정하여 乾政官으로 한다. 태정대신을 大師로 하고, 좌대신을 大傅로 하고, 우대신을 大保로 하고, 大納言을 御史大夫로 하였다. 紫微中臺는 궁중에서 칙을 받들어 제관사에 반포하고 시행한다. 이것은 대지가 天으로부터 위임받아 만물을 자라게 하는 것과 같다. 따라서 이를 고쳐서 坤宮官으로 한다. 中務省은 칙어를 선포하고 전하는 일을 하여 반드시 믿음이 있어야 한다. 따라서 고쳐서 信部省으로 한다. 式部省은 모든 문관의 考課와 祿賜를 장악하므로 고쳐서

---

42) 원문에는 舅로 되어 있다. 천자가 제후를 부를 때도 舅라고 쓴다. 실제로 藤原仲麻呂가 죽은 아들의 부인 즉 며느리를 淳仁天皇과 재혼시켰기 때문에 양자의 관계는 장인과 사위 관계가 되어 舅라고 한 표현이 맞다. 이에 후문에 나오는 자호를 尙舅라고 칭한 것이다.

43) 화폐를 주조하고 발행하는 권한. 이는 국가 이외에는 금지된 것으로 私鑄錢은 중죄로 처벌하였다. 藤原仲麻呂 즉 藤原惠美押勝은 화폐주조권을 갖게 되어 병마권과 더불어 경제권까지 장악하는 초유의 실권을 갖게 되었다.

44) 藤原惠美朝臣押勝의 私印인 「惠美家印」을 공문서 등 公印으로 날인할 수 있게 허용하는 것. 이러한 사례로는 孝謙天皇의 총애를 받은 승 道鏡이 僧尼의 도첩에 「式部省印」 대신에 「道鏡印」을 사용한 적이 있다(寶龜 2년 정월조).

文部省으로 한다. 治部省은 승니와 외국사절의 일을 담당하여 성실히 예의를 지켜야 한다. 따라서 이를 고쳐 禮部省으로 한다. 民部省은 백성에게 정치를 시행하는 직무로 仁을 귀히 여겨야 한다. 따라서 이를 고쳐서 仁部省으로 한다. 兵部省은 모든 무관의 고과와 녹사를 담당한다. 따라서 이를 고쳐서 武部省으로 한다. 刑部省은 죄인을 심문하고 죄를 결정하는데 반드시 정의를 갖고 행해야 한다. 따라서 이를 고쳐 義部省으로 한다. 大藏省은 재물의 출납을 담당하는데, 절제가 있어야 한다. 따라서 이를 고쳐서 節部省으로 한다. 宮內省은 여러 생업을 촉진, 권장하고 천황에게 바치는 물품을 모아 돌린다. 이것은 智者가 좋아하는 물[45]이 굽이쳐 흘러 생명을 살리는 것과 비슷하다. 따라서 이를 고쳐서 智部省으로 한다. 탄정대는 내외를 규찰하고 풍속을 교정한다. 따라서 이를 고쳐서 糺政臺로 한다. 도서료는 전적을 관리하고 내리에 봉사하는 직무이다. 따라서 이를 고쳐서 內史局으로 한다. 음양료는 음양, 역법은 국가가 중히 여기는 바이고 이 대사를 기록한다. 따라서 이를 고쳐서 大史局으로 한다. 中衛府는 국가를 진호하고 지키는 일을 우선으로 한다. 따라서 이를 고쳐서 鎭國衛로 한다. 또 그 직무는 중대하면서 위계는 낮다. 따라서 大將은 정3위 상당관으로 하고, 이를 고쳐서 大尉로 한다. 少將은 종4위상 관으로 하고 驍騎將軍으로 칭한다. 정원 외의 少將은 정5위하 관으로 하고 次將으로 칭한다. 衛門府는 궁중의 제문을 호위하고 출입을 감독한다. 따라서 이를 고쳐서 司門衛로 한다. 좌우의 衛士府는 제국의 병사를 이끌고 궁전을 분담하여 지킨다. 따라서 이를 고쳐 좌우의 勇士衛로 한다. 좌우의 兵衛府는 적을 물리치고 폭도를 금압하여, 호랑이가 분주하게 달려 위력을 보이는 것과 같다. 따라서 이를 고쳐 좌우의 虎賁衛로 한다.

병인(27일), 외종5위하 津史秋主 등 34인이 말하기를, "船, 葛井, 津은 본래 같은 조상이다. 나누어져 3씨가 되었다. 그 중에 2씨[46]는 連 성을 받았지만 단지 秋主 등의 津氏는 아직 개성의 은혜를 입지 못했다. 史 자를 고쳐주기를

45) 『論語』 雍也篇에 나오는 智者는 산을 좋아하고 德者는 산을 좋아한다는(智者樂水, 德者樂山) 고사에서 유래한다.

46) 船史 및 白猪史. 船史는 天武 12년 10월 船連을 사여받았고, 白猪史는 養老 4년 5월에 葛井連으로 개성하였다.

청한다"라고 하였다. 이에 津連의 성을 내렸다.

9월 임신(3일), 서해도의 問民苦使 종5위하 藤原朝臣楓麻呂 등이 백성의 고충 29건을 탐방하였다. 대재부에 칙을 내려 사정에 따라 처리하도록 하였다.

정축(8일), 이에 앞서 (신구의) 국사의 교대에 대해서 아직 그 기한이 정해져 있지 않다. 이에 명법박사에게 논의하여 정하도록 하였다.

명법 관련 관인들이 말하기를, "遷任國司[47]가 왕경으로 향하는 기한은 倉庫令에 의하면, '倉, 藏 및 공문서의 부본과 목록은 담당 관인이 교대의 날에 함께 서로 인수인계한다. 그러한 후에 (전임자가) 떠날 수 있다'고 되어 있다. 다만 令의 조문에는 인수인계한다는 내용은 있지만, 律의 내용에는 지체한 경우에 처벌규정은 없다. 이로 인해 신임국사는 사무의 인계를 받으려고 하지 않고, 교대하는 (전임) 관인도 의도적으로 시간을 끌어 마침내 해를 넘기고 근무평정의 연도도 넘겨 귀경하여 (새로운) 관직에 나가 버린다. 사정을 헤아려 보면, 심히 도리에 어긋나는 일이다. 삼가 선서령[48]을 살펴보면, '모든 직사관에 대해서는 병이 나서 120일이 지나도 치유되지 않는 자는 관직을 해임한다'고 되어 있다. 이 조문에 의거하여 논한다면, (교대를 명한) 태정관부가 도착한 후, 120일 이내에 인계를 끝내고 귀경한다. 만약 이 기한을 넘기는 경우에는 태정관에 신청해서 재가를 받아 청한다. 이를 위반하여 지체된 것이 명확하면 해임해야 한다. 특히 官倉에 납입해야 할 조세를 미납인 채로 보전하지 않고 미루어 인계하지 않는 것은 실로 이것은 범죄인이다. 사정을 알면서도 이를 허용하여 기한내에 (교대서류를) 인수하지 않으면, (후임국사는) 법에 따라 같은 죄로 한다. 왜냐하면, 職制律에는 '무릇 (법을 왜곡하여) 부탁하는 일이 있어 主司가 들어주는 경우에는 함께 같은 죄로 한다[49]'고 되어 있다. 이에 의거하며 말한다면, 전임자가 의도적으로 부탁해

47) 다른 관부로 전근하는 前任 國司.

48) 「選敍令」22 「職事官患解」조에는 "凡職事官, 患經百卄日, 及緣親患仮滿二百日, 及父母合侍者, 並解官"이라고 하여 병이 발병하고 120일 이내에 치유되지 않으면 해임한다고 되어 있다. 장기결근으로 인한 해임이다. 120일은 관인의 근무평정에 필요한 考課를 얻기 위한 기간인 240일의 반에 해당한다.

49) 「職制律」45 「有所請求」조에는 "凡有所請求子, 笞五十, 主司許者, 與同罪, 已施行者, 各杖一百"이라고 규정되어 있다.

서 교대의 기일을 지체한다면 이른바 '請求[50]'에 해당한다. 신임국사가 청탁을 받아 승낙했다면 이른바 '主司'에 상당한다. 신구 양인 모두 유죄이다. 이와 같은 자들은 함께 해임해야 합당하다. 다만 현실적으로 부족분은 없지만, 令의 규정에 저촉되어 해임된 자에 대해서는 사정을 조사하여 책임을 물어야 할 것이다. 죄가 신임 관인에게 있다면 律의 규정에 따라 고의로 사람을 죄에 빠트린 것에 해당한다. 지금 이후로는 이 예로서 시행한다"라고 하였다. 常陸國 鹿嶋(神社)의 神奴 218인을 (천민 신분으로부터 해방하여) 神戶로 하였다.

기묘(10일), 우경인 정6위상 辛男床 등 16인에게 廣田連의 성을 내렸다.[51]

정해(18일), 小野朝臣田守 등이 渤海에서 돌아왔다. 발해대사 輔國大將軍 겸 將軍行木底州刺史 겸 兵署少正開國公 揚承慶 이하 23인이 田守를 따라 내조하였다. 이에 越前國에 안치하였다.

정유(28일), 처음으로 越前, 越中, 佐渡, 出雲, 石見, 伊豫 등 6국에 飛驛의 鈴을 지급하였다. 국마다 1개씩이다.

동10월 갑자(25일), 칙을 내려, "듣는 바로는, 관리는 백성 통치의 근본이다. (관리가) 자주 전임하면 백성은 안도하기 어렵고, 오래도록 배우고 축적되면 백성은 따르게 된다. 이에 그 덕화에 감복하여 따르게 되고, 생업이 편안해져 그 명에 믿음을 갖게 된다. 근년에 국사의 교대는 모두 4년을 기한으로 하는데, 이것으로는 다만 백성을 힘들게 할 뿐이고 아직 감화시키기는 어렵다. 공자가 말하기를, '만약 내가 등용된다면 3년 안에 이룰 것이다[52]'라고 하였다. 그러한 대성인의 덕으로서도 3년은 필요한데, 하물며 보통의 사람들이야 어떻겠는가. 옛적 (중국에서는) 3년으로 성적을 평가하고 9년으로 관위의

---

50) 여기서 請求는 담당관에 대한 청탁을 말한다.

51) 『신찬성씨록』 좌경제번하에 "廣田連, 出自百濟國人辛臣君也"라고 하여 광전련씨를 백제인 辛臣君으로부터 나왔다고 하고 있다. 辛男床은 천평보자 2년 8월조에 정6위상에서 외종5위하로 승진한 辛小床과 동일 인물이다. 그는 동 천평보자 5년(761) 10월조에는 廣田連小床으로 나온다. 正倉院文書에는 개성 이전의 辛氏 인명이 다수 보인다. 天平 3년(731) 9월 「皇后宮職移案」(『대일본고문서』 24-13)의 辛由首, 천평 9년 9월 23일 「寫經校紙帳」(『대일본고문서』 7-120)의 辛國益, 천평 11년 4월 15일부 「寫經司啓」(『大日本古文書』 2-162, 163)의 辛廣浜과 辛淨足, 천평 3년 8월 10일부 「皇后宮職移」(『大日本古文書』 1-443)의 辛金福 등이 있다. 백제의 성으로 辛氏의 존재를 보여주는 사례이다.

52) 『論語』 子路篇에 "苟有用我者, 期月而已可也. 三年有成"이라고 한다.

승진과 강등을 정하고 있다.[53] 선을 표창하고 악을 분별하여, 신하의 역량을 발휘시키기 위한 까닭이다. 지금 이후로는 6년으로 기한을 삼는다. 전임자를 보내고 후임자를 맞이하는 비용을 생략한다. 매 3년에 이르면, 순찰사를 파견하여 정무의 치적을 조사하여 백성의 근심을 위문하도록 한다. 2회의 조사 결과를 보고, 사정에 따라 승진과 강등을 결정한다. 국사의 탐욕한 습성을 고쳐서 모두 청신한 기풍으로 바꾸고, 백성의 부담을 완화하고 창고는 내실있게 하기를 바란다. 널리 원근의 지역에 포고하여 짐의 뜻을 알리도록 한다"라고 하였다.

또 칙을 내려, "제국의 史生[54]의 교대는 格에 의하면, 만 6년을 채우기를 기다려 행한다. 희망하는 사람은 많은데, 임명하는 부서는 매우 적다. 이런 까닭에 흰머리가 나도록 임용되지 않아 덧없이 고향으로 돌아가 혼자서 분노하고 한탄하는 자가 있다. 지금 이후로는 4년을 기한으로 한다. 두루 많은 사람에게 기회가 미치도록 한다"라고 하였다. 陸奧國이 부랑인을 징발하여 桃生城을 조영하였다.[55] 이들은 調, 庸이 면제되었기 때문에 바로 현지에 정주시키고, 또 부랑인들을 호적에 등재하여 柵戶[56]로 하였다.

정묘(28일), 견발해대사 종5위하 小野朝臣田守에게 종5위상을, 부사 정6위상 高橋朝臣老麻呂에게 종5위하를 내리고, 그 외 66인에게 각각 차등있게 관위를 내렸다.[57] 美濃國 席田郡의 대령 외정7위상 子人, 中衛[58] 무위 吾志

53) 『論語』舜典篇에, "三載考績, 三考黜陟幽明"이라고 하여 관리의 성적을 3년마다 평정하여 9년간 3번 행하여 승진 여부를 판단한다고 한다.

54) 史生은 관사의 4등관 밑에 둔 관인으로 공문서 등을 작성하고 4등관의 서명을 받는 것을 직무로 하는 서기관이다. 교대근무를 하는 內分番과 같은 방법으로 승진하고, 거기에 기초해서 서위된다. 史生은 관사마다 정원이 정해져 있고, 庸, 調, 잡요가 면제된다. 8세기에 들어가면 관사제의 정비로 문서의 처리량이 증가해 대부분의 관사에 설치되었다.

55) 神護景雲 3년(769) 정월 기해조에 "被天平寶字三年符, 差浮浪一千人, 以配桃生柵戶"라고 하여 이때의 일을 말하고 있다. 다만 天平寶字 3년은 2년의 오기라고 생각된다.

56) 7세기에서 8세기에 걸쳐 城柵을 유지하기 위해 변경지역으로 거주시킨 사람을 말한다. 關東에서 北陸, 東北, 九州 등지에 설치된 성책에 이주시켜 토지를 개간하여 생활을 유지하고, 성책의 운용, 수리에 종사하며 전시에는 성채의 방위를 담당하였다. 이주정책은 天平寶字 원년(757) 이래 桃生城, 雄勝城 조영에 동반하여 활발해지는데, 대상은 주로 범죄인, 부랑인 등이었지만, 희망자를 모집하는 방법도 강구되었다.

57) 天平神護 원년(765) 6월 임신조에도 送渤海使使에 대해 水手 이하 총 62인에게 위를

등이 아뢰기를, "子人 등의 6세 선조인 乎留和斯知는 賀羅國[59]에서 천황의 덕화를 흠모하여 내조하였다. 당시 풍속에 물들지 않아 성을 갖지 못하였다. 국호에 따라 姓의 글자를 내려주었으면 한다[60]"라고 하였다. (언상한 대로) 賀羅造의 성을 내렸다.

11월 신묘(23일), 천황이 乾政官院[61]에 임하여 대상제의 일을 행하였다.[62] 丹波國을 由機田[63]으로 하고, 播磨國을 須岐田으로 하였다.

계사(25일), 천황이 閤門[64]에서 5위 이상에게 연회를 베풀고 신분에 따라 녹을 내렸다.

갑오(26일), 내외 제관사의 주전 이상에게 조당에서 향연을 베풀고 주전 이상의 番上官[65] 및 학생 등 6,670여 인에게 삼베, 목면을 차등있게 내렸다. 明經, 文章, 明法, 音, 算, 醫, 針, 陰陽, 天文, 曆 등에 능한 자, 公事에 힘쓴 자, 산업에 힘쓴 자, 공예, 궁술에 능한 자 등 57인에게 명주실 10구를 내렸다. 문인으로 시를 바친 자에게는 더욱이 명주실 10구를 더하였다.

각각 차등있게 내렸다고 한다.

58) 鎭國衛의 中衛. 天平寶字 2년(758) 8월 갑자조의 관호 개정 시에 中衛府를 鎭國衛로 고쳤다. 본조의 中衛는 지방관직이 아니라 중앙관직명이다. 神護 5년 8월 갑오조에 中衛府 설치 기사에 소속 관직명을 열기하고 있는데, "中衛三百人〈號曰東舍人〉"이라고 하여 中衛 300인을 東舍人이라고 하고 있다. 東舍人은 東國 출신의 舍人이라는 의미이고, 中衛舍人이다. 中衛舍人에는 타지방의 호족 자제도 채용하였다. 여기서는 美濃國 席田郡 출신의 中衛舍人으로 관위가 없는 무위 吾志란 인물이 함께 사성을 청원하고 있다.

59) 賀羅國은 加羅, 加耶를 말한다. 『속일본기』에서 가야국 출신으로 사성을 청원하는 기사는 처음이다. 『신찬성씨록』 미정잡성 右京에 "加羅氏, 百濟國人都玖君之後也"라고 하고, 동 미정잡성 河內國에는 "大賀良, 新羅國郎子王之後也"라고 하여 각각 加羅氏, 大賀良氏를 칭하고 있다. 흥미로운 점은 이들이 각각 백제국과 신라국을 본국으로 하고 있는데, 아마도 백제와 신라에 병합된 이후의 인식을 반영한 것으로 보인다. 그럼에도 불구하고 가야국에 대한 자신의 정체성을 유지하고 있음을 보여주는 사례이다.

60) 지방 호족출신의 관리들이 무성이고, 게다가 씨명도 없는 이름뿐이다. 758년 시점에서 6대조 때에 일본에 건너왔다고 하면 대체로 백제가 멸망한 시점에 가깝다. 가야계 백제인이 아닌가 생각된다.

61) 太政官院.

62) 이해 8월 경자(1일)에 즉위한 淳仁의 즉위 대상제. 통상 대상제는 조당원에서 거행되는데, 태정관원에서 거행된 것은 최초이다. 이후 光仁, 桓武 때에도 태정관원에서 거행되었다.

63) 대상제 때 사용되는 新穀, 酒料를 바치는 지역으로 지정된 국.

64) 대극전 앞의 문.

65) 舍人, 史生, 散位 등 하급관인.

을미(27일), 神祇官의 관인과 由機[丹波國], 須岐[播磨國] 양국의 국사, 군사 등에게는 함께 위계를 더하고 아울러 녹을 차등있게 내렸다. 播磨介 종5위하 上毛野公廣濱에게 종5위상을, 丹波守 외종5위하 大藏忌寸麻呂에게 종5위하를 내렸다.[66)]

12월 병오(8일), 坂東[67)]의 기병, 진병, 역부 및 귀순한 蝦夷[68)] 등을 징발하여 桃生城, 小勝柵을 조영하였다. 이 조영에는 5도의 제국이 들어가 함께 공사에 참여하였다. 종4위하 矢代女王의 位記를 파기하였다. 선제[69)]에게 총애를 받으면서도 충성의 마음을 배반했기 때문이다.

무신(10일), 견발해사 小野朝臣田守 등이 唐國의 소식을 주상하였다.

"天寶 14년,[70)] 歲次가 을미년인 11월 9일, 御史大夫 겸 范陽節度使 安祿山이 반란을 일으켰다.[71)] 거병하여 반란을 일으키고 자칭 大燕聖武皇帝라고 하고, 范陽을 靈武郡으로 고치고, 그의 저택을 潛龍宮이라고 하고, 연호를 聖武라고 제정하였다. 그의 아들 安卿緖를 (范陽郡에) 머물게 하여 知范陽郡事에 임명하고 자신은 정병 20여만기를 이끌고 남행하여 12월에 낙양에 직접 들어가 백관을 설치하였다. 천자[72)]는 安西節度使 哥舒翰을 파견하여 30만의 병력을 이끌고 潼津關을 지키게 하고, 대장군 封常淸은 15만명을 이끌고 별도로 낙양을 포위하였다. 天寶 15년 안록산은 장군 孫孝哲을 파견하여 병력 2만기로 潼津關을 공격하였다. 哥舒翰은 潼津의 방벽을 파괴하여 황하에 매몰시켜 (적군의) 통로를 끊고 돌아왔다. 孫孝哲은 산을 개삭하여 도로를 열고 병을 이끌고 新豊[73)]에 도착하였다. 6월 6일 천자는 劒南[74)]으로 피신하였다. 7월

---

66) 대상제가 끝난 후 그 공로에 따라 서위한 것이다.

67) 相模, 武藏, 上總, 下總, 安房, 常陸, 上野, 下野의 關東 8국을 坂東8국이라고 한다. 天武朝 때부터 東海道諸國을 東國이라고 부르고, 足柄峠, 碓氷峠의 坂의 東을 坂東이라고 하였다. 奈良時代에 關東이라는 말은 三關 이동을 가리키며 중부지방을 포함한다. 지금의 關東地方은 坂東, 東國으로 부르는 일이 많다.

68) 天平寶字 2년 6월에 陸奧國의 요청으로 전년도 8월 이래의 蝦夷 귀순자 1,690인에게 벼종자를 주어 농사를 짓게 하고 왕민으로 삼았다는 기록이 나온다. 이때의 귀순자를 징발한 것이다.

69) 聖武天皇.

70) 天平勝寶 7년(755).

71) 安祿山의 반란 날짜는 『舊唐書』의 기록과 일치한다.

72) 唐 玄宗.

갑자, 황태자 璵[75]는 靈武郡의 도독부에서 즉위하고, 개원하여 至德 원년으로 하였다. 기묘에 천자[76]는 益州에 이르렀다. 平盧의 留後事[留守官] 徐歸道는 果毅都尉行柳城縣 겸 四府經略 판관인 張元澗을 사자로서 발해에 보내 병마를 징발시키기 위해 말하기를, '금년 10월 안록산을 공격하려고 하는데, (발해)왕은 기병 4만을 징발하여 원군으로 적을 평정하고자 한다'라고 하였다. 발해는 그 말에 다른 마음이 있다고 의심하여 잠시 억류하고 돌려보내지 않았다. 12월 병오에 徐歸道는 과연 劉正臣을 北平에서 독살하고 몰래 안록산과 내통하였다. 이어서 유주절도사 史思明이 모반하여 천자를 공격하려고 하였다. 安東都護 王玄志는 그 모반을 알자마자 정병 6천여 인을 이끌고 柳城을 격파하고 徐歸道를 참살하여 스스로 知平盧節度로 칭하고 진군하여 北平을 평정하였다. 至德 3년 4월에 王玄志는 장군 王進義를 사자로서 발해에 보내어 또 국교를 통하려고 하면서 말하기를, '천자는 西京[長安]으로 귀환하였고, 태상천황을 蜀으로부터 맞이하여 별궁에 모시고, 드디어 적도를 토벌하려고 한다. 신하인 나를 보내 명을 알리려는 것이다'라고 하였다. 발해왕은 그 말을 믿기 어렵다고 생각하여 잠시 억류한 채, 사자를 (당에) 보내 상세한 사정을 묻도록 하였다. 보낸 사자가 아직 돌아오지 않아 사정을 알 수가 없었다".

(小野朝臣田守는) 唐王이 발해국왕에게 보낸 칙서 1권을 귀국 보고서에 첨부하여 바쳤다.

이에 천황은 대재부에 칙을 내려, "안록산은 광폭한 胡人으로 교활한 자이다. 천명을 어기고 반역을 일으켰다. (반역의) 일은 반드시 불리할 것이다. 이 西征의 계획은 불가능하고 도리어 海東을 공격해 올지도 모른다. 옛 사람이 말하기를, '벌과 전갈 조차 의연 독이 있다. 어떻게 하물며 인간에게 있어서야'[77]라고 하였다. 대재부의 장관 船王 및 大貳 吉備朝臣眞備는 모두 석학으로

73) 장안의 동쪽에 인접한 지역. 현재의 陝西省 臨潼縣 부근이다.
74) 현재의 泗川省 劍閣의 남쪽 지역.
75) 현종의 제3자. 開元 26년(738) 태자가 되고, 즉위해서 肅宗이 된다.
76) 여기서는 현종을 가리킨다.
77) 『春秋左氏傳』 僖公 22년에 "蜂蠆尙有毒, 而況國乎"라고 나온다. 벌이나 전갈 같은 미물조차 독이 있는데, 인간이야 말할 필요가 있겠는가 하는 말이다.

명성은 당대에 알려져 있고, 짐은 마음에 두고 중임을 맡기고 있다. 마땅히 이 상황을 잘 파악해서 미리 훌륭한 계책을 세워서 설사 (안록산이 침공해) 오지 않더라도 준비에 소홀함이 없도록 한다. 논의한 상책과 필요한 물자를 일일이 구체적으로 기록하여 보고하도록 한다"라고 하였다.

계축(15일), 좌경인 廣野王에게 池上眞人의 성을 내렸다.

임술(24일), 발해사 揚承慶 등이 입경하였다.

병인(28일), 式部省의 산위[78] 400인, 蔭子,[79] 位子,[80] 식부성에 근무하고 있는 資人 합계 200인, 병부성의 산위 200인을 정수로 하고, 근무평정의 대상으로 한다. 기타 정원 외로 錢[81]을 납입하고 근무한 것과 동등의 자격을 갖기를 원하는 자는 모두 앞서의 格에 따라 처분하도록 한다.

『속일본기』 권제21

78) 式部省 상하의 散位寮에 소속된 관직이 없는 사람.
79) 5위 이상의 관인의 子.
80) 6위 이하 8위 이상의 관인의 子로 출사하고 있는 자.
81) 續勞錢.

續日本紀卷第二十一

〈起天平寶字二年八月, 盡十二月〉

右大臣從二位兼行皇太子傅中衛大將臣藤原朝臣繼縄等奉勅撰 廢帝

廢帝

◯ 廢帝, 諱大炊王, 天渟中原瀛眞人天皇之孫, 一品舍人親王之第七子也. 母當麻氏, 名曰山背, 上總守從五位上老之女也. 帝受禪之日, 授正三位, 後尊曰大夫人. 天平勝寶八歲, 皇太子道祖王, 諒闇之中, 心不在慼, 九歲三月二十九日辛丑, 高野天皇, 皇太后與右大臣從二位藤原朝臣豊成, 大納言從二位藤原朝臣仲麻呂, 中納言從三位紀朝臣麻路, 多治比眞人廣足, 攝津大夫從三位文屋眞人智努等, 定策禁中, 廢皇太子, 以王還第. 先是, 大納言藤原仲麻呂, 妻大炊王, 以亡男眞從婦粟田諸姉, 居於私第, 四月四日乙巳, 遂迎大炊王於仲麻呂田村第, 立爲皇太子. 時年二十五.

◯ **天平寶字二年**八月庚子朔, 高野天皇禪位於皇太子. 詔曰, 現神御宇天皇詔旨〈良麻止〉詔勅〈乎〉親王諸王諸臣百官人等衆聞食宣. 高天原神積坐皇親神魯弃神魯美命吾孫知食國天下〈止〉事依奉〈乃〉任〈爾〉遠皇祖御世始〈弖〉天皇御世御世聞看來天日嗣高御座〈乃〉業〈止奈母〉隨神所念行〈久止〉宣天皇勅衆聞食宣. 加久聞看來天日嗣高御座〈乃〉業〈波〉天坐神地坐祇〈乃〉相宇豆奈〈比〉奉相扶奉事〈爾〉依〈弖之〉此座平安御座〈弖〉天下者所知物〈爾〉在〈良自止奈母〉隨神所念行〈須〉. 然皇〈止〉坐〈弖〉天下政〈乎〉聞看事者勞〈岐〉重〈弃〉事〈爾〉在〈家利〉. 年長〈久〉日多〈久〉此座坐〈波〉荷重力弱〈之氐〉不堪負荷, 加以掛畏朕婆婆皇太后朝〈爾母〉人子之理〈爾〉不得定省〈波〉朕情〈母〉日夜不安, 是以此位避〈弖〉間〈乃〉人〈爾〉在〈弖之〉如理婆婆〈爾波〉仕奉〈倍自止〉所念行〈弖奈母〉日嗣〈止〉定賜〈弊流〉皇太子〈爾〉授賜〈久止〉宣天皇御命衆聞食宣. 是日, 皇太子受禪卽天皇位於大極殿. 詔曰,明神大八洲所知天皇詔旨〈良麻止〉宣勅親王諸王諸臣百官人等天下公民衆聞食宣. 掛畏現神坐倭根子天皇我皇此天日嗣高御座之業〈乎〉拙劣朕〈爾〉被賜〈弖〉仕奉〈止〉仰賜〈比〉授賜〈閇波〉頂〈爾〉受賜〈利〉恐〈美〉受賜〈利〉懼進〈母〉不知〈爾〉退〈母〉不知〈爾〉恐〈美〉坐〈久止〉宣天皇勅衆聞食宣. 然皇坐〈弖〉天下治賜君者賢人〈乃〉能臣〈乎〉得〈弖之〉天下〈乎婆〉平〈久〉安〈久〉治物〈爾〉在〈良之止奈母〉聞行〈須〉. 故是以大命坐宣〈久〉, 朕雖拙弱,親王始〈弖〉王臣等〈乃〉相穴〈奈比〉奉〈利〉相扶奉〈牟〉事依〈弖之〉此之仰賜〈比〉授賜〈夫〉食國天下之政者平〈久〉安〈久〉仕奉〈倍之止奈母〉所念行〈須〉, 是以無諂欺之心以忠赤之誠食國天下之政者衆助仕奉〈止〉宣天皇勅衆聞食宣, 辭別〈氐〉宣〈久〉. 仕奉人等中〈爾〉自〈何〉仕奉狀隨〈弖〉一二人等冠位上賜〈比〉治賜〈夫〉. 百官職事已上及太神宮〈乎〉始〈弖〉諸社禰宜祝〈爾〉大御物賜〈夫〉. 僧綱始〈弖〉諸寺師位僧尼等〈爾〉物布施賜〈夫〉. 又百官司〈乃〉人等諸國兵士鎭兵傳驛戶等今年田租免賜〈久止〉宣天皇勅衆聞食宣. 授從三位石川朝臣年足正三位, 正四位上船王, 他田王, 氷上眞人鹽燒並從三位, 正四位下諱〈平城宮御宇高紹天皇〉正四位上, 無位菅生王從五位下, 從四位下藤原朝臣巨勢麻呂, 佐伯宿禰毛人並從四位上, 正五位上藤原朝臣御楯從四位下, 正五位下粟田朝臣奈世麻呂正五位上, 從五位下阿倍朝臣子嶋, 紀朝臣伊保, 石川朝臣豊成, 藤原朝臣眞光, 當麻眞人淨成並從五位上, 外從五位上文忌寸馬養, 正六位下菅生朝臣嶋足, 佐伯宿禰御方, 笠朝臣眞足, 穗積朝臣小東人, 阿倍朝臣意宇麻呂, 中臣朝臣毛人, 縣犬養宿禰吉男, 紀朝臣牛養, 大伴宿禰東人, 藤原朝臣楓麻呂, 大野朝臣廣言, 正六位下藤原朝臣久須麻呂, 從六位上石川朝臣廣成並從五位下, 正六位上山邊縣主男笠, 宍人朝臣倭麻呂, 辛小床, 大和宿禰斐大麻呂, 宇自賀臣山道, 忌部首黑麻呂並外從五位下. 又授正四位上河內女王從三位, 正五位上當麻眞人山背正三位, 無位奈貴女王從四位下, 無位伊刀女王, 垂水女王, 正六位上內眞人絲井, 無位粟田朝臣諸姉, 藤原朝臣影並從五位下, 外大初位上黃文連眞白女, 上道臣廣羽女, 從六位上爪工宿禰飯足並外從五位下. 是日, 百官及僧綱詣朝堂上表, 上上臺中臺尊號. 其百官表曰, 臣仲麻呂等言, 臣聞, 星廻日薄, 懸象著明, 之謂天. 出震登乾, 乘時首出, 之謂聖. 天以不言爲德, 非言無以暢其神. 聖以無名體道, 非名安可詮其用. 冬穴夏巢之世, 猶昧典章, 雲官火紀之君, 方崇徽號. 寔乃發揮功業, 闡揚尊名. 名之爲義, 其來尚矣. 伏惟, 皇帝陛下, 臨馭天下, 十有餘年, 海內淸平, 朝廷無事. 祥瑞頻至, 寶字荐臻. 乃聖乃神, 允文允武, 諒無得而稱焉. 暨乎國絶皇嗣, 人懷彼此, 降天尊於人願, 鳴謙克光. 損乾德於坤儀, 鴻基遂固, 展誠敬而追遠, 攀慕惟深. 勤溫淸以承顔, 因心懇至. 故有九服宅心, 咸荷望雲之慶, 萬方傾首, 倶承就日之輝. 皇太后叡德上昇, 善穆儷天之位, 深仁下濟, 爰昭法地之猷. 日月於是貞明, 乾坤以之交泰, 遂乃欽承顧命, 議定皇儲. 弃親擧踈, 心在公正. 實在志於天下, 永無私於一己. 旣而遊神惠苑, 體三空之玄宗, 降迹禪林, 開一眞之妙覺. 大慈至深, 建藥院而普濟. 弘願潛運, 設悲田而廣救. 是以煙浮震幄, 寶籙呈祥, 蟲彫藤枝, 禎文告德. 遂使百神協贊, 天平之化不窮, 黎元樂推, 地成之德逾遠. 臣等入參帷扆, 出廁周行. 鳴珮曳綸, 綿積年祀觀斯盛德, 戴斯昌化, 臣子之義, 何無稱贊. 人欲而天必從, 狂言而聖尙擇. 謹據典策, 敢上尊號. 伏乞, 奉稱上臺寶字稱德孝謙皇帝, 奉稱中臺天平應眞仁正皇太后. 上協天休, 傳鴻名於萬歲, 下從人望, 揚雅稱於千秋. 不勝至懇踊躍之甚. 謹詣朝堂, 奉表以聞. 僧綱表曰, 沙門菩提等言. 菩提聞, 乾坤高大覆載, 以之顯功. 日月貞明照臨, 由其甄用. 至於混群有而饒益, 撫萬物而曲成. 獨標十號之尊, 式崇四大之極. 故能徽猷歷前古以不朽, 妙迹流後葉而恒新. 然則表德稱功, 莫不由於名號. 伏惟, 皇帝陛下乃聖繼聖, 括六合而承基. 乃神襲神, 環四溟而光宅. 期政道於刑措, 駈懷生於仁宜. 追遠之孝尤重, 錫類之德彌厚. 不以逸遊爲念. 俯以, 謙卑在懷, 瑞蚕藻文, 薦聖壽之遐祉, 寶字結象, 開皇基之永昌. 皇太后遊心五乘, 棲襟八正. 化侔應供, 道双至眞. 發揮神化之丹靑, 抑揚陶甄之鎔範. 正慮獨斷, 捜離明於舜濱, 深仁幽覃, 浮赤文於堯渚. 故能遠安近, 至治美於成康, 治定功成, 無爲盛於軒昊. 固足以垂顯號建嘉名, 軼三五而飛英, 超八九而騰茂者也. 陛下謙讓, 推而不居. 菩提等竊疑焉. 菩提等逖察前徽, 緬鏡遐載, 隨時立制, 權代適宜, 皇王雖殊, 其揆一也. 菩提等不勝丹款之誠. 謹上尊號, 陛下稱曰寶字稱德孝謙皇帝, 皇太后稱曰天平應眞仁正皇太后. 伏願, 陛下皇太后, 抑謙光之小節, 從梵侶之讜言. 庶使蟠木之鄕, 燭龍之地, 問號仰澤, 聽聲傾光. 凡厥在生, 誰不幸甚. 沙門菩提等, 不任下情. 謹奉表以聞. 詔報曰, 朕覽卿等所請, 鴻業良峻, 祗畏允深. 忝以寡薄, 何當休名. 而上天降祐, 帳字開平, 厚地薦祥, 蚕文表德. 竊惟此事, 天意難違. 俯從衆願, 敬膺典禮. 號曰寶字稱德孝謙皇帝. 又見上皇太后之尊號, 感喜交懷, 日興忘倦, 任公卿之所表, 從耆緇之所乞, 策曰天平應眞仁正皇太后. 受此推新之號, 何無洗舊之令. 宜改百官之名, 載施寬大之澤. 其天下見禁囚徒, 罪無輕重咸 從放免. 其依先格, 放却本土, 無故不上之徒, 悉還本司. 又自天平寶字元年已前監臨自盜, 盜所監臨, 及官物欠負未納悉免. 天下諸國隱於山林淸行逸士十年已上, 皆令得度. 其中臣忌部, 元預神宮常祀, 不闕供奉久年. 宜兩氏六位已下加位一級, 其大學生, 醫針生, 暦算生, 天文生, 陰陽生, 年二十五已上授位一階. 其依犯擯出僧等戒律無闕, 移近一國. 其大僧都鑑眞和上, 戒行轉潔, 白頭不變. 遠涉滄波, 歸我聖朝, 號曰大和上, 恭敬供養, 政事躁煩, 不敢勞老. 宜停僧綱之任, 集諸寺僧尼, 欲學戒律者, 皆屬令習. 又勅曰, 內相於國, 功勳已高. 然猶報効未行, 名字未加. 宜下參議八省卿博士等, 准古正議奏聞, 不得空言所, 無濫汗聽覽. 辛丑, 外從五位下僧延慶, 以形異於俗, 辭其爵位. 詔許之. 其位祿位田者有勅不收. 授外從五位下山口忌寸佐美麻呂從五位下, 正六位上茨田宿禰牧野外從五位下. 癸卯, 以從五位下笠朝臣眞足爲伊勢介, 正五位下大伴宿禰犬養爲右衛士督. 丙午, 增宮人職員. 事在別式. 戊申, 勅曰, 子尊其考, 禮家所稱. 策書鴻名, 古人所貴. 昔者, 先帝敬發洪誓, 奉造盧舍那金銅大像. 若有朕時不得造了, 願於來世, 改身猶作. 旣而鎔銅已成, 塗金不足. 天感至心之信終出勝寶之金, 我國家於是初有奇珍. 開闢已來, 未聞若斯盛德者也. 加以, 賊臣懷惡, 潛結逆徒, 謀危社稷, 良日久矣. 而畏威武, 欽仰仁風, 不敢競鋒. 咸自馴服, 可謂聖武之德, 比古有餘也. 其不奉揚洪業, 何以示於後世. 敬依舊典, 追上尊號, 策稱勝寶感神聖武皇帝, 謚稱天璽國押開豊櫻彦尊. 欲使傳休名於萬代, 與乾坤而長施, 揚茂實於千秋, 共日月而久照. 普告遐邇, 知朕意焉. 又勅, 日並知皇子命, 天下未稱天皇. 追崇尊號, 古今恒典. 自今以後, 宜奉稱岡宮御宇天皇. 乙卯, 遣使大秡天下諸國, 欲行大嘗故也. 丁巳, 勅, 大史奏云, 案九宮經, 來年己亥, 當會三合. 其經云, 三合之歲, 有水旱疾疫之災. 如聞, 摩訶般若波羅密多者, 是諸佛之母也. 四句偈等受持讀誦, 得福德聚不可思量. 是以, 天子念, 則兵革災害不入國裏. 庶人念, 則疾疫癘鬼不入家中, 斷惡獲祥莫過於此. 宜告天下諸國, 莫論男女老少, 起坐行步口閑, 皆盡念誦摩訶般若波羅密. 其文武百官人等, 向朝赴司, 道路之上, 每日常念, 勿空往來. 庶使風雨隨時, 咸無水旱之厄, 寒溫調氣, 悉免疾疫之災. 普告遐邇, 知朕意焉. 戊午, 遣攝津大夫從三位池田王, 告齋王事于伊勢太神宮. 又遣左大舍人頭從五位下河內王, 散位從八位下中臣朝臣池守, 大初位上忌部宿禰人成等, 奉幣帛於同太神宮. 及天下諸國神社等, 遣使奉幣. 以皇太子卽位故也. 癸亥, 歸化新羅僧三十二人, 尼二人, 男十九人, 女二十一人, 移武藏國閑地. 於是, 始置新羅郡焉. 甲子, 以紫微內相藤原朝臣仲麻呂任大保, 勅曰, 褒善懲惡, 聖主格言. 賞績酬勞, 明主彝則. 其藤原朝臣仲麻呂者晨昏不怠, 恪勤守職. 事君忠赤, 施務無私. 愚拙則降其親, 賢良則擧其怨. 殄逆徒於未戰, 黎元獲安. 固危基於未然, 聖曆終長. 國家無發, 略由若人. 平章其勞, 良可嘉賞. 其伊尹有莘之勝臣. 一佐成湯, 遂荷阿衡之號. 呂尙渭濱之遺老. 且弼文王, 終得營丘之封. 況自乃祖近江大津宮內大臣已來, 世有明德, 翼輔皇室, 君歷十帝, 年殆一百, 朝廷無事, 海內淸平者哉. 因此論之, 准古無匹, 汎惠之美. 莫美於斯. 自今以後, 宜姓中加惠美二字. 禁暴勝强, 止戈靜亂. 故名曰押勝. 朕舅之中, 汝卿良尙. 故字稱尙舅. 更給功封三千戶, 功田一百町. 永爲傳世之賜, 以表不常之勳. 別聽鑄錢 擧稻及用惠美家印. 是日, 大保從二位兼中衛大將藤原惠美朝臣押勝, 正三位中納言兼式部卿神祇伯石川朝臣年足, 參議從三位出雲守文室眞人智努, 參議從三位紫微大弼兼兵部卿侍從下總守巨勢朝臣關麻呂, 參議紫微大弼正四位下兼左大弁紀朝臣飯麻呂, 參議正四位下中務卿藤原朝臣眞楯等, 奉勅改易官號. 太政官惣持綱紀, 掌治邦國. 如天施德生育萬物. 故改爲乾政官. 太政大臣曰大師, 左大臣曰大傅, 右大臣曰大保, 大納言曰御史大夫. 紫微中臺, 居中奉勅, 頒行諸司. 如地承天亭毒庶物, 故改爲坤宮官. 中務省, 宣傳勅語, 必可有信. 故改爲信部省. 式部省, 惣掌文官考賜, 故改爲文部省. 治部省, 僧尼賓客, 誠應尙禮, 故改爲禮部省. 民部省施政於民, 惟仁爲貴, 故改爲仁部省. 兵部省, 惣掌武官考賜, 故改爲武部省. 刑部省, 窮鞫定罪, 要須用義, 故改爲義部省. 大藏省, 出納財物, 應有節制, 故改爲節部省. 宮內省, 催諸産業, 廻聚供御, 智水周流, 生物相似, 故改爲智部省. 彈正臺, 糺正內外, 肅淸風俗, 故改爲糺政臺. 圖書寮, 掌持典籍, 供奉內裏, 故改爲內史局. 陰陽寮, 陰陽曆數, 國家所重, 記此大事, 故改爲大史局. 中衛府, 鎭國之衛, 但此爲先, 故改爲鎭國衛. 官重位卑, 故大將爲正三位官, 改曰大尉. 少將爲從四位上官, 曰驍騎將軍. 員外少將爲正五位下官, 曰次將. 衛門府, 禁衛諸門, 監察出入, 故改爲司門衛. 左右衛士府, 率諸國勇士, 分衛宮掖, 故改爲左右勇士衛. 左右兵衛府, 折衝禁暴, 虎奔宣威, 故改爲左右虎賁衛. 丙寅, 外從五位下津史秋主等三十四人言, 船, 葛井, 津, 本是一祖, 別爲三氏. 其二氏者蒙連姓訖. 唯秋主等未霑改姓, 請改史字. 於是賜姓津連.

九月壬申, 西海道問民苦使從五位下藤原朝臣楓麻呂等採訪民之疾苦二十九件. 勅大宰府隨事處分. 丁丑, 先是, 國司交替, 未有程期. 仍令明法博士論定, 明法曹司言, 遷任國司, 向京期限, 依倉庫令, 倉藏及文案孔目, 專當官人交替之日, 並相分付. 然後放還. 但今, 令條雖立分付之文, 律內無科淹滯之罪. 因茲, 新任國司, 不勤受領, 得替官人規延歲月, 遂使踰年隔考, 還到居官. 於事商量, 甚乖道理. 謹案選敍令云, 凡職事官. 患經百二十日不愈者解官者. 准是而論, 官符到後, 百二十日內, 付了歸京. 若應過限者, 申官請裁, 違此停留灼然合解. 就中, 欠負官倉, 留連不付者, 論實是罪人也. 知情許容, 限內無領者, 准法是同罪也. 何者, 職制律云, 凡有所請求, 主司許者與同罪. 據此而言. 舊人規求延日者, 所謂請求也. 新司受囑聽容, 所謂主司也. 新舊兩人,並皆有罪, 若此之輩, 同合解官, 但實無欠負, 拘令解官者, 原情可責. 罪在新人, 准律, 以故入人罪論者. 自茲以後, 爲例行之. 常陸國鹿嶋神奴二百十八人便爲神戶. 己卯, 右京人正六位上辛男床等一十六人賜姓廣田連. 丁亥, 小野朝臣田守等至自渤海. 渤海大使輔國大將軍兼將軍行木底州刺史兼兵署少正開國公揚承慶已下二十三人, 隨田守來朝. 便於越前國安置. 丁酉, 始頒越前, 越中, 佐渡, 出雲, 石見, 伊豫等六國飛驛鈴, 國一口.

冬十月甲子, 勅, 如聞, 吏者民之本也. 數遷易, 則民不安居, 久積習, 則民知所從. 是以, 服其德而從其化, 安其業而信其令. 頃年, 國司交替, 皆以四年爲限, 斯則適足勞民, 未可以化. 孔子曰, 如有用我, 三年有成. 夫以大聖之德, 猶須三年. 而況中人乎. 古者, 三載考績, 三考黜陟, 所以表善簡惡盡臣力者也. 自今以後, 宜以六歲爲限. 省送故迎新之費, 其每至三年, 遣巡察使, 推檢政迹, 慰問民憂. 待滿兩廻, 隨狀黜陟. 庶令移易貪俗, 悉變淸風, 黎元息肩, 倉廩有實, 普告遐邇, 知朕意焉. 又勅, 諸國史生遷易, 依格待滿六年者, 望人旣多, 任所良少. 由此, 或有至於白頭不得一任, 空歸故鄕潛抱怨歎. 自今以後, 宜以四歲爲限, 遍及群人. 發陸奧國浮浪人, 造桃生城, 旣而復其調庸, 便卽占着. 又浮宕之徒貫爲柵戶. 丁卯, 授遣渤海大使從五位下小野朝臣田守從五位上, 副使正六位下高橋朝臣老麻呂從五位下, 其餘六十六人各有差. 美濃國席田郡大領外正七位上子人, 中衛無位吾志等言, 子人等六世祖父乎留和斯知, 自賀羅國慕化來朝. 當時未練風俗, 不著姓字, 望隨國號, 蒙賜姓字. 賜姓賀羅造.

十一月辛卯, 御乾政官院, 行大嘗之事. 丹波國爲由機, 播磨國爲須岐. 癸巳, 御閤門宴於五位已上, 賜祿有差. 甲午, 饗內外諸司主典已上於朝堂, 賜主典已上番上, 及學生等六千六百七十餘人布綿有差. 其明經, 文章, 明法, 音, 算, 醫, 針, 陰陽, 天文, 曆, 勤公, 勤産, 工巧, 打射等五十七人賜絲人十絇, 文人上詩者, 更益十絇, 辛未, 神祇官人及由機須岐兩國國郡司等, 並加位階. 并賜祿有差. 授播磨介從五位下上毛野公廣濱從五位上, 丹波守外從五位下大藏忌寸麻呂從五位下.

十二月丙午, 徵發坂東騎兵, 鎭兵, 役夫, 及夷俘等, 造桃生城小勝柵, 五道俱入, 並就功役. 毁從四位下矢代女王位記. 以被幸先帝而改志也. 戊申, 遣渤海使小野朝臣田守等奏唐國消息曰, 天寶十四載歲次乙未十一月九日, 御史大夫兼范陽節度使安祿山反, 擧兵作發, 自稱大燕聖武皇帝. 改范陽作靈武郡, 其宅爲潛龍宮, 年號聖武. 留其子安卿緖, 知范陽郡事. 自將精兵二十餘萬騎, 啓行南往, 十二月, 直入洛陽, 署置百官. 天子遣安西節度使哥舒翰, 將三十萬衆, 守潼津關, 使大將軍封常淸, 將十五萬衆, 別圍洛陽. 天寶十五載, 祿山遣將軍孫孝哲等, 帥二萬騎攻潼津關, 哥舒翰壞潼津岸, 以墜黃河, 絶其通路而還. 孝哲鑿山開路, 引兵入至于新豊. 六月六日, 天子遜于劒南. 七月甲子, 皇太子璵卽皇帝位于靈武郡都督府, 改元爲至德元載. 己卯, 天子至于益州, 平盧留後事徐歸道, 遣果毅都尉行柳城縣兼四府經略判官張元澗, 來聘渤海. 且徵兵馬曰. 今載十月, 當擊祿山. 王須發騎四萬, 來援平賊. 渤海疑其有異心. 且留未歸. 十二月丙午, 徐歸道果鴆劉正臣于北平, 潛通祿山, 幽州節度使史思明謀擊天子. 安東都護王玄志仍知其謀, 帥精兵六千餘人, 打破柳城斬徐歸道. 自稱權知平盧節度, 進鎭北平. 至德三載四月, 王玄志遣將軍王進義, 來聘渤海, 且通國故曰, 天子歸于西京, 迎太上天皇于蜀, 居于別宮, 彌滅賊徒. 故遣下臣來告命矣. 渤海王爲其事難信, 且留進義遣使詳問. 行人未至, 事未至可知. 其唐王賜渤海國王勅書一卷, 亦副狀進. 於是, 勅大宰府曰, 安祿山者, 是狂胡狡竪也. 違天起逆, 事必不利, 疑是不能計西, 還更掠於海東. 古人曰, 蜂蠆猶毒. 何況人乎. 其府帥船王, 及大貳吉備朝臣眞備, 俱是碩學, 名顯當代, 簡在朕心, 委以重任. 宜知此狀, 預設奇謀, 縱使不來, 儲備無悔. 其所謀上策, 及應備雜事, 一一具錄報來. 癸丑, 左京人廣野王賜姓池上眞人. 壬戌, 渤海使揚承慶等入京. 丙寅, 以式部散位四百人, 蔭子位子留省資人共二百人, 兵部散位二百人, 爲定額與考, 自餘額外情願輸錢續勞者, 一依前格處分.

續日本紀卷第二十一

『속일본기』 권제22

〈天平寶字 3년(759) 정월부터 4년(760) 6월까지〉

우대신 종2위 겸 行皇太子傅 中衛大將
신 藤原朝臣繼縄 등이 칙을 받들어 편찬하다.

廢帝

◯ 天平寶字 3년(759) 춘정월 무진삭(1일), (천황이) 대극전에 임하여 신년하례를 받았다. 문무백관 및 高麗蕃客[1] 등이 각각 의례에 따라 배하하였다.

경오(3일), 帝[2]는 궁전에 임하였다. 고려사 揚承慶 등이 방물을 바치고 말하기를, "고려국왕 大欽茂[3]가 문안드린다. 일본에서 팔방의 세계를 비추고 군림하는 聖明한 황제[4]께서 천궁으로 승하하셨다고 들었다. 슬픔을 느끼고 추모하는 마음에 가만히 있을 수가 없었다. 이에 보국장군 揚承慶, 歸德將軍 揚泰師 등을 보내 표문과 함께 항례의 공물을 갖고 입조시켰다"라고 하였다.

(천황은) 조를 내려, "고려국왕은 멀리서 先朝가 천궁으로 승하했다는 소식을 듣고 가만히 있을 수가 없어서 사신 양승경 등을 보내 위문하게 하였다. 이를 들으니 감정이 북받쳐 (마음이) 아프고 오래도록 추모하는 정이 점점 깊어진다. 다만 세월은 이미 바뀌어[5] 국내는 평상을 회복하고 있다. 따라서 (조문사의) 예로서 응대하기는 어렵다. 또 옛 정을 잊지 않고

1) 高麗蕃客이란 발해사를 말한다. 이후 高麗의 국명, 사절명은 원문대로 명기한다.
2) 帝는 廢帝 淳仁天皇을 말한다. 이후 모두 淳仁天皇 재위 시의 칭호는 廢帝라는 의미의 帝로 나온다.
3) 발해의 제3대 文王(재위 737~793). 貞孝公主墓碑에 '大興寶曆金輪聖法大王'이라는 존호가 기록되어 있다.
4) 天平勝寶 8세(756)에 사망한 聖武天皇을 말한다.
5) 聖武天皇의 사망은 天平勝寶 8세(756) 5월이므로 발해사가 온 759년 정월에는 이미 그로부터 3년이 지난 후이다. 「喪葬令」17에 의하면, 부모의 복상기간은 1년이다.

사절을 보내 공물을 바치니 지극한 정성에 기쁨이 더할 뿐이다"라고 하였다.

갑술(7일), 節宴[6]을 중지하였다. 비가 왔기 때문이다.

무인(11일), 종5위하 豊野眞人出雲을 소납언으로 삼고, 종5위하 船井王을 內史頭[7]로 삼고, 외종5위하 宇自可臣山道를 畫工正[8]으로 삼고, 종5위하 高橋朝臣人足을 上野守로 삼고, 외종5위하 生江臣智麻呂를 佐渡守로 삼았다.

을유(18일), 帝가 궁궐에 임하여, 고려대사 揚承慶에게 정3위를, 부사 揚泰師에게 종3위를, 판관 馮方禮에게 종5위하를, 녹사 이하 19인에게 각각 차등있게 관위를 내렸다. 국왕 및 대사 이하에게 각각 차등있게 녹을 내렸다.[9] 5위 이상, 번객 및 주전 이상에게 조당에서 향응을 베풀었다. 女樂[10]을 무대에서 연주시키고, 內教坊[11]의 답가[12]를 뜰에서 시연하게 하였다. 발해사신과 주전 이상도 뒤를 이어 참가하였다. 행사가 끝나자 각각 목면을 차등있게 내렸다.

병술(19일), 內射[13]를 행하였다. 또 발해사신을 불러 같이 활을 쏘게 하였다.

갑오(27일), 大保 藤原惠美朝臣押勝이 (자신의) 田村 저택에서 번객에게 연회를 베풀었다. 칙을 내려 내리의 여악[14] 및 목면 1만둔을 보냈다. 당대의 문사들이 시를 지어 송별하였고, 부사 揚泰師도 시를 지어 화답하였다.

---

6) 白馬의 節會. 연중행사의 하나로 정월 7일에 천황이 豊樂院에 나와 白馬를 이용해 사악한 기운 등 부정을 씻는 의식으로, 左右馬寮에서 白馬를 정원으로 데리고 나와 군신들과 연회의 장에서 개최한다.
7) 전년도 8월에 圖書寮를 內史局으로 개정한 관사의 장관인 內史頭.
8) 中務省 산하의 畫工司의 장관.
9) 『延喜式』 권제30 大藏省에는, 발해와 이하 사절단에게 지급하는 祿이 규정되어 있다. "渤海王, 絹三十疋, 絁三十疋, 絲二百絇, 綿三百屯, 竝以白布裹束. 大使, 絹十疋, 絁二十疋, 絲五十絇, 綿一百屯. 副使, 絁二十疋, 絲四十絇, 綿七十屯. 判官, 各絁十五疋, 絲二十絇, 綿五十屯. 錄事, 各絁十疋, 綿三十屯. 譯語, 史生及首領, 各絁五疋, 綿二十屯".
10) 여성이 연주하는 가무. 「職員令」17 「雅樂寮」조에는 아악료에는 歌女 100인이 소속되어 있다.
11) 女樂과 踏歌를 교습하기 위해 궁중에 설치한 시설. 원래 중국 당대의 용어를 받아들인 것이다.
12) 踏歌는 여러 사람이 발로 지면을 강하게 구르면서 박자를 맞추고 행진하면서 추는 집단가무이다.
13) 內射는 매년 정월 중순에 궁중에서 행하는 궁술 행사. 大的의 과녁에 쏜다는 의미로 大射라고 하고, 후에 절도, 예의를 중시한다는 의미에서 射禮라고도 하였다. 천황의 입회 하에 5위 이상의 관인이 참가하는데, 발해사 일행도 이 행사에 참가한 것이다.
14) 이때의 女樂은 궁중 소속 무희를 大保 藤原惠美朝臣押勝의 사저로 보내 연주시킨 것이다.

정유(30일), 정6위상 高元度[15]에게 외종5위하를 내리고, 迎入唐大使使[16]로 삼았다.

2월 무진삭(1일), (천황은) 고려왕에게 내린 국서에서 말하기를, “천황이 삼가 고려국왕에게 문안드린다. 사자 揚承慶 등은 멀리서 창파를 건너 국가의 상을 조문하러 왔다. 진실로 성의를 다하니 (선제를 잃은) 비통한 마음은 더욱 깊어진다. 다만 때에 따라 예가 변하는 것은 옛 성인과 철인의 통상의 규칙이다. 吉(禮)에 따라 새로운 해를 맞이하고 있으나, 그 외의 예식은 행하지 않는다. 아울러 또 보내주신 信物은 기록한 수량대로 받았다. 이에 귀국하는 사자에 부쳐서 답례로서 土毛[17]인 명주 30필, 미농산[18] 비단 30필, 명주실 200구, 목면 300둔을 보낸다. 특히 이 정성을 기쁘게 생각하여 다시 예우를 더하여, 고급비단 4필, 양면금[19] 2필, 무늬있는 비단[20] 4필, 흰비단 10필, 채색비단[21] 40필, 백면[22] 100첩을 보낸다. 물품은 비록 보잘 것 없고 적지만, 사모하는 마음은 매우 깊다. 도착하면 모두 받아주시길 바란다. (발해의) 국사는 (일본국사가) 귀국할 때에 동행해서 왔기 때문에[23] 타고 돌아갈 배가 없다. 따라서 단사[24]를 보내 본국으로 돌아가게 하는 것이다. (일본국사는) 발해로부터 대당으로 들어가 전년도에 당에 들어간 대사 藤原朝臣河淸을 맞이하고자 한다. 잘 이해하고 도와주시길 바란다. 아직 추위가

---

15) 고구려계 후예 씨족. 高元度는 『日本紀略』 延曆 22년 3월 정사조에 이때 관직이 散位助로 나온다. 그는 藤原淸河를 맞이하기 위해 迎入唐大使使가 되어 발해에서 당으로 들어갔으나, 당 측에서는 안사의 난 등으로 인한 行路 불안정을 이유로 들어 藤原淸河의 귀국을 허락하지 않아, 蘇州에서 天平寶字 5년 8월에 귀국하였다. 동 11월에 종5위상으로 승진하고, 能登守, 參河守, 左平準署令 등을 역임하였다.

16) 당에 체재중인 일본의 入唐大使인 藤原淸河를 맞이하러 가기 위해 임명된 사자.

17) 지역 특산물.

18) 美濃國의 특산 명주실로 짠 비단. 미농산은 특히 고급품으로 인식되어 외교사절에 대한 답례품, 천황 의복 등을 만드는 데 쓰였다.

19) 兩面錦은 칠보문양으로 직조한 견직물.

20) 纈羅.

21) 채색한 견직물.

22) 白綿은 특히 眞綿을 말한다. 진면은 누에고치를 삶아 늘려서 건조시켜 만든 면이다.

23) 天平寶字 2년 2월에 출발한 小野田守를 대사로 하는 일본의 견발해사가 동 9월 18일에 귀국하였다. 이때 일본사절의 귀국선에 발해사절이 동승하여 왔기 때문에 돌아갈 배가 없어 送使하여 보낸다는 것이다.

24) 單使는 단독사절이라는 의미로, 부사가 없는 대사만 임명해서 보낸다는 것이다.

물러나지 않았다. 왕께서는 항상 변함없으시기를 바란다. 서신을 보내지만, 마음을 충분히 전하지는 못했다"라고 하였다. 종5위하 當麻眞人廣名에게 종5위상을 내렸다.

계축(16일), 揚承慶 등이 본국으로 돌아갔다. 高元度 등도 (발해사를) 따라 출발하였다.

3월 정묘삭(1일), 일식이 있었다.

경인(24일), 대재부에서 언상하기를, "대재부의 관인으로서 관내를 보면, 불안한 요소가 4개 있다. 경고식[25]에 의하면, '博多大津[26] 및 壹岐, 對馬 등은 요해의 지역으로 배 100척 이상을 두고 비상의 사태에 대비해야 한다'라고 규정되어 있다. 그러나 지금 사용할 수 있는 배가 없어, 모두 만일의 경우에 대응하기 어렵다. 이것이 제1의 불안이다. 대재부(의 관내)는 3면이 바다에 접해있고 諸蕃과 마주 대하고 있다. 그러나 동국의 防人을 폐지하고 나서 변방의 수비는 날마다 황폐해지고 있다.[27] 만약 불의의 일이 발생하고 만일의 사태가 일어난다면 어떻게 긴급히 대응하고 무엇으로 위력을 보일 것인가. 이것이 제2의 불안이다. 대재부 관내의 방인은 일단 축성[28]하는 것을 중지하고 무예의 수련에 힘쓰고, 전장에서의 진법을 연습해야 한다. 그러나 (大宰)大貳 吉備朝臣眞備는, '옛 사람은 (병사는) 경작하면서 동시에 싸우는 것이

---

25) 警固式은 외부 침공에 대비한 경계 태세의 방법. 天平 4년 절도사 藤原宇合 때에 규정된 경고식이 존재한 사실이 寶龜 11년 7월 정축조에 보인다. 이 기록에는 축자대재는 서해에 위치하여 제번이 조공해 오는 곳이니, 군사, 말의 훈련과 무장병력의 정예화를 통해 무위를 과시하여 비상사태에 대비하도록 경고식이 내려지고 있다. 6개조에 달하는 이 경고식은 北陸道에 대한 것인데, 대재부의 경고식에 준하여 대비할 것을 명하고 있다. 적선의 발견과 행동지침, 전투태세에 이르는 구체적인 대응방안을 제시하고 있다.

26) 현재의 九州 福岡市 博多灣. 『일본서기』 宣化紀 원년 5월조의 大宰府의 전신기관이자 대외교섭, 군사적 역할을 담당하는 那津官家가 설치된 곳이다. 동 齊明紀 7년 3월조에는 娜大津으로 나오고, 天平 10년도 筑紫國 正稅帳(『大日本古文書』 2-147)에는 筑紫大津으로, 天平寶字 8년 7월 갑인조에는 大宰博多津으로 기록되어 있다.

27) 대재부 관내의 防人은 天平寶字 원년(757) 윤8월 27일에 東國의 방인을 중지한 후, 서해도 7국의 병사를 대재부 방인으로 대치하였다.

28) 吉備眞備의 건의에 의해 축성된 怡土城, 天平勝寶 8세(756) 6월부터 神護景雲 2년(768)에 걸쳐 축성되었다. 축성 목적은 당의 안록산의 난에 대한 대비 및 신라에 대한 군사적 대응이었다고 생각된다.

좋다고 한다. (방인은) 50일간 교습하고 10일간 성을 쌓는 일을 하도록 한다'라고 논하고 있다. 청한 바대로 행해야 하지만, 대재부의 관인 중에는 찬동하지 않는 자도 있다. 이것이 제3의 불안이다. 天平 4년 8월 22일에 칙이 있어, (서해도 제국에 있는) 병사는 調, 庸을 모두 면제하고, (동 지역의) 白丁[29)]에게는 조는 면제하지만 용을 바친다고 되어 있다. 당시에는 백성은 여유가 있었고 병사는 강하여 가히 변경의 鎭이라고 할만 하였다. 지금 관내의 백성들은 극히 궁핍한 자가 많다. 조세와 과역 부담을 면제하지 않으면 스스로 자립하기 어렵다. 이것이 제4의 불안이다"라고 하였다.

(천황은) 칙을 내려 "배의 건조에는 공용의 식료를 지급하고, 잡요로서 만들도록 한다. 동국의 방인은 중론에 따라 윤허하기 어렵다. 따라서 (대재부의) 요청은 허락할 수 없다. 관내의 방인은 10일간 노역에 종사하는 일은 吉備眞備의 건의에 따르도록 한다. 조세와 과역의 면제에 대해서는 정치가 도리에 맞게 시행된다면, 백성은 스스로 부강해질 것이다. (관인들은) 마땅히 직무에 충실하여 조정의 위임에 따르도록 한다"라고 하였다.

하4월 신해(16일), 외종5위하 陽胡史玲璆[30)]을 越後守로 삼았다.

5월 갑술(9일), (천황은) 칙을 내려, "짐은 고독하고 부족한 몸이지만, 삼가 선조의 과업을 이어서 천하의 어머니로서 임하고 백성들을 자식과 같이 보살피고 있다. (도리에) 어긋나는 것을 하나라도 본다면, 요임금과 같은 마음이 미치지 못함을 안타깝게 생각하고, 천하에 범죄가 있는 것을 들으면 탕왕이 (스스로를) 질책한 것을 생각하며 많이 부끄러워하고 있다. 그러나 지금 대란[31)]은 이미 평정되었고, 역신은 멀리 감춰버렸다. 그러나 천재는 여전히 빈번히 보이고, 수해도 자주 일어나고 있다. 남몰래 두려운 것은, 백성과 떨어져 있어 듣는 것을 안이하게 하여 억울함을 품고 있는

---

29) 白丁은 無位, 無官의 公民, 백성을 말하며, 庸, 調을 부담하는 正丁, 老丁의 남자를 가리킨다.

30) 陽胡는 陽侯, 楊候, 楊胡, 陽候라고도 표기하고 陽胡史, 陽胡忌寸으로의 씨성 변화가 있다. 『신찬성씨록』 좌경제번상에 수양제의 자손인 達率 楊候阿子王으로부터 나왔다고 출자를 밝히고 있다. 수양제의 후손이라는 전승은 후에 시조전승이 개변된 것이고 실제는 백제계 도래씨족이다.

31) 天平寶字 원년의 橘奈良麻呂의 난.

사람들, 천하를 두루 보기도 어려워 집에서 시름하고 있는 사람들의 일이다. 널리 좋은 건의를 채택하고 두루 묘책을 꾀하고, 중지를 모아 국가에 도움이 되고, 많은 현명한 의견에 의거하여 백성들이 이롭게 되기를 바라고 있다. 백관의 5위 이상, 승려 師位 이상 자는 모두 의견을 작성하여 밀봉해서 표문으로 올리도록 한다. 정면으로 직언하여 숨기거나 꺼리는 일이 있어서는 안 된다. 짐은 재상과 더불어 소상히 조사하여 가부를 정할 것이다. 거짓으로 짐을 성덕(의 군)이라고 말하고, 구차한 아첨으로 천거하게 하고, 겉으로는 선뜻 진술하지 못하면서 물러나서는 뒤에서 비방하는 일이 있어서는 안 된다. 두루 원근의 지역에 포고하여 짐의 뜻을 알리도록 한다"라고 하였다.

또 (천황은) 칙을 내려, "요즈음 듣는 바로는, 겨울철 3개월 기간이 되면 저잣거리에서 굶는 자가 많다고 한다. 그 사유를 물으니, 모두가 말하기를, '제국에서 調를 운반한 후에 고향으로 돌아가지 못하고 있다. 어떤 자는 병으로 근심하고 고통받고 있고, 혹은 식량이 떨어져 기아와 추위에 놓여있다'고 한다. 짐은 마음속으로 이를 생각하면 깊은 연민의 정을 느낀다. 이에 국의 대소에 따라 公廨稻의 일정량을 차출하여 상평창[32]을 설치하여, 때의 미곡 가격의 고저에 따라 미곡을 매매하여 이윤을 얻어, 귀향하는 인부의 기아와 고통을 두루 구제하고자 한다. 이것은 단지 기외의 제국의 백성에게만 베푸는 것이 아니라 아울러 경내의 미곡의 가격을 조정하는 역할도 있다. 동해, 동산, 북륙의 3도는 左平準署[33]가 이를 담당하고, 산음, 산양, 남해, 서해 4도는 右平準署가 이를 담당하도록 한다"라고 하였다.

경진(15일), 이에 앞서, 승 善神은 마음 내키는 대로 사악한 일을 자행하고 있고, 승 專住는 함부로 말을 하여 덕을 쌓은 고승을 매도하고 있다. 이에 함께 佐渡로 쫓아내 회과를 시켰다. 그러나 비뚤어진 성격은 고쳐지지 않았고, 나쁜 평판은 명백히 드러나 이에 이르러 환속시켜서 (공민과 같이) 조세와 과역을 부과하게 하였다.

---

32) 常平倉. 미곡 가격을 항상 평준한다는 의미로 곡가가 쌀 때 관에서 높은 가격으로 매수해들여 창고에 저장해 두고, 곡가가 비쌀 때 싼 가격으로 팔아 곡가 안정을 유지하고 백성들을 구제하는 정책.

33) 平準署는 물가안정을 위한 상평창의 운용을 원활히 추진하기 위해 7도를 좌우로 나누어 설치하였다.

임오(17일), 정5위하 大伴宿禰犬養을 左中弁으로 삼고, 종5위하 布勢朝臣人主를 右少弁으로 삼고, 종5위하 阿部朝臣毛人을 文部少輔로 삼고, 종5위하 大伴宿禰御依를 仁部少輔로 삼고, 종5위하 石川朝臣人成을 節部少輔로 삼고, 외종5위하 馬史夷麻呂[34]를 典藥頭로 삼고, 정5위상 大和宿禰長岡을 左京大夫로 삼고, 종5위하 佐味朝臣宮守를 (左京)亮으로 삼고, 정5위상 粟田朝臣奈勢麻呂를 右京大夫로 삼고, 종5위하 阿部朝臣三縣을 (右京)亮으로 삼고, 외종5위하 山邊縣主小笠을 大和介로 삼고, 종5위상 當麻眞人廣名을 河內介로 삼고, 종5위하 大野朝臣廣主를 和泉守로 삼고, 종5위상 石上朝臣宅嗣를 參河守로 삼고, 종5위하 巨曾倍朝臣難波麻呂를 近江介로 삼고, 종5위하 藤原惠美朝臣久須麻呂를 美濃守로 삼고, 종4위상 藤原朝臣巨勢麻呂를 播磨守로 삼고, 종5위하 縣犬養宿禰沙彌麻呂를 美作介로 삼고, 종5위하 阿倍朝臣繼人을 備前介로 삼고, 외종5위하 茨田宿禰牧野를 備中介로 삼고, 종5위하 穗積朝臣小東人을 周防守로 삼고, 종5위상 山村王을 紀伊守로 삼고, 종5위하 縣犬養宿禰吉男을 肥前守로 삼았다.

6월 경술(16일), 帝가 내안전[35]에 임하여 제관사의 주전 이상을 불러 조를 내렸다(宣命體).

“現神으로서 천하를 통치하는 倭根子天皇[36]이 詔旨로서 내린 말씀을 친왕, 제왕, 제신, 백관의 관인들, 천하의 공민들은 모두 들으라고 분부하였다. 요즈음 태황태후[37]의 말씀으로 짐에게 내리기를, ‘국정을 시작할 즈음에는 아직 인심이 안정되지 않아 나의 아들[38]을 황태자로 정하였고, 황위에 오르고 인심이 진정된 후에 기타의 일에 대해서 말씀드리려고 생각하여 참고 있었다. 그러나 지금은 군주의 자리에서 천하를 통치하기를 일월을 거듭해 왔다. 이에 (淳仁의) 선친[39]에게 천황의 호를 추증하고, 친모를 대부인으로 하고,

34) 天平 13년(741) 2월에 甲斐守에, 天平寶字 4년(759) 정월에는 南海道巡察使로 근무하였다. 馬史는 馬毗登으로도 표기한다. 河內國을 본관으로 하고 문필을 직무로 하는 백제계 씨족이다.

35) 內安殿. 궁중의 내리 안에 있는 殿舍.

36) 淳仁天皇.

37) 光明太皇太后.

38) 光明太皇太后의 친자는 아니지만 친근하게 부르는 호칭으로 淳仁에 대해 ‘吾子’라는 표현을 사용하였다.

39) 淳仁天皇의 친부인 舍人親王.

형제자매를 친왕으로 하라'고 하였다. 이 귀한 말씀을 받아서 기쁘고 두려워 말하기조차 황공한 태상천황[孝謙]의 어전에 이 일을 주상한 바 (다음과 같이 광명태황태후에게) 주상하라고 가르침을 주었다. '짐 한사람을 황위에 올려주신 두터운 은혜를 짐의 세에 보답하는 것으로는 곤란하여 자손 대대로 봉사하여 보은할 것이라고 주야로 생각하고 있었는데, 더욱이 짐의 친부모와 형제자매에 이르기까지, 천황의 친형제와 같은 상태로 올려주는 일은 심히 황공하여 받아들일 수가 없다'라고 말씀하였다. 짐은 또 생각하기를, '앞서 성무천황의 황태자로 정해지고 황위에 올랐는데 어떻게 짐의 부모형제에까지 미칠 수 있겠는가. 참으로 황공스러운 일이다. 어찌할 바를 모르겠다'라고 하였다.

그러나 거듭해서 (광명황태후가) 말씀하기를, '내가 이와 같이 말하지 않으면 감히 말할 사람이 있을 것인가. 무릇 사람의 자식으로서 화를 없애고 복을 추구하려는 것은 부모를 위한 일이다. 천황으로서의 이 대복을 모두 가져다 (부친인) 舍人親王에게 바치도록 하라'고 한 말씀을 받들어 다음과 같이 호칭한다. '이에 지금 이후로 사인친왕을 추존해서 崇道盡敬皇帝로 칭하고, 當麻夫人[40]을 大夫人으로 칭하고, 형제자매를 모두 친왕으로 칭한다'라고 한 천황의 말씀을 모두 들으라고 하였다. (천황은) 별도로 다음과 같이 말씀하였다. '짐 한사람만이 축하의 말씀을 받아도 좋을 것인가. 경들도 함께 기뻐할 수 있도록 1, 2인 대우할 만한 가문의 사람들에게 관위를 올려준다고 한 천황의 말씀을 모두 들으라고 분부하였다.

또 (천황은 다음과 같이) 말씀하기를, '大保[41]는 보통의 공경이라고는 생각하지 않는다. 짐의 아버지라고 생각하고, 또 藤原伊良豆賣[42]를 어머니라고 생각한다. 이에 상응하는 예우를 하려고 했지만, 거듭 사양하여 그대로 두려고 했으나 가만히 있을 수가 없었다. 이 가문의 자식들은 짐의 형제가 되는데, (짐의 형제인 舍人親王의 자식들이) 친왕으로 있는 지금, 어떻게

---

40) 淳仁天皇의 생모 當麻山背.

41) 藤原惠美押勝. 개명 전의 이름은 藤原仲麻呂.

42) 藤原惠美押勝의 부인 藤原袁比良女. 伊良豆賣는 이름이 아니고 귀족의 딸에게 붙이는 존칭.

예우하지 않을 수 있는 것인가를 생각하여, 그대들에게 관위를 올리려고 한다. 또 이 (押勝의) 가문과 동등하게 (일족인) 藤原氏의 공경들은 말하기조차 황공한 많은 성스러운 천황 대대로 누대에 걸쳐 중요한 인물을 배출한 가문으로 명예로운 위계를 받아 온 집안이다. 지금 또 (押勝의) 가문과 같이 과오없이 봉사해 온 사람들에게 은혜를 베풀어 우대하고 잊지 않을 것이다'라고 하신 천황의 말씀을 모두 들으라고 분부하였다".

종3위 船王·池田王에게 함께 3품을, 정4위상 諱[43]에게 종3위를, 종5위하 御方王·御使王, 무위 林王·笠王·宗形王에게 함께 종4위하를, 종5위하 河內王에게 종5위상을, 정4위하 紀朝臣飯麻呂·藤原朝臣眞楯에게 함께 정4위상을, 종4위상 藤原朝臣巨勢麻呂에게 정4위하를, 종4위하 藤原朝臣御楯에게 종4위상을, 정5위하 阿倍朝臣嶋麻呂·大伴宿禰犬養·石川朝臣名人에게 정6위상을, 종5위하 仲眞人石伴, 종5위상 藤原惠美朝臣眞光, 종5위하 藤原惠美朝臣久須麻呂에게 함께 종4위하를, 정5위하 中臣朝臣淸麻呂, 종5위상 藤原朝臣魚名에게 함께 정5위상을, 종5위하 藤原惠美朝臣朝狩에게 정5위하를, 종5위하 都努朝臣道守·阿倍朝臣毛人·大伴宿禰御依·豊野眞人出雲에게 함께 종5위상을, 정6위상 三嶋眞人廬原·阿倍朝臣許智·藤原朝臣雄田麻呂·藤原惠美朝臣小弓麻呂·藤原惠美朝臣薩雄·橘宿禰綿裳에게 함께 종5위하를, 종4위하 室女王·飛鳥田女王에게 4품을, 종5위하 弓削女王, 무위 川邊女王·加豆良女王, 종5위하 藤原惠美朝臣兒從에게 종4위하를 내렸다. 종4위상 藤原朝臣御楯을 참의에 임명하였다.[44]

임자(18일), 대재부에 명하여 行軍式[45]을 만들게 하였다. 장차 신라를 정벌하기 위해서이다.

병진(22일), (천황이) 칙을 내려, "듣는 바로는, 치국의 요체는 사람을 선택하는 것이고, 인재를 뽑아 그 능력에 맡긴다면 백성은 안심하고 국가는 부강해질 것이다"라고 한다. 남모르게 내외의 관인[46]들의 행적을 보면, 이전

43) 白壁王. 후의 光仁天皇. 편찬 당시의 천황의 실명을 피하기 위한 避諱 기사.

44) 본문의 서위기사는 舍人親王에 대한 천황호 추존에 동반하여 사인친왕의 아들 船王, 池田王, 室(女)王·飛鳥田(女)王에게는 위계가 아닌 품계를 내렸고, 孫에게는 「選敍令」에 親王子는 종4위하, 제왕자는 종5위하의 규정에 따라 서임되었다.

45) 군사행동 계획에 관한 규정. 중국병법에 밝은 大宰大貳 吉備眞備가 주도했을 것이다.

46) 「公式令」53에 "凡在京諸司, 爲京官, 自餘皆爲外官"이라고 하여 왕경의 관인을 내관,

부터 수치심이 없고 탐욕과 절도의 마음을 갖고 있다. 이것은 재상[47]들이 가르쳐 인도하는 일에 태만했기 때문이지, 사람들 모두가 어리석은 품성으로 생기는 것은 아니다. 잘 가르쳐 인도하고 제각기 좋은 평판을 세우도록 해야 할 것이다. 『유성전훈』[48]은 정치를 위한 규범을 설명하고 있고, 수신을 위한 모범적인 습관을 밝히고 있다. 율령격식[49]은 현재의 중요한 직무를 기록하고 있고 일반 관인의 법령과 규정을 구비하고 있다. 아울러 이것은 조정을 안정시키고 백성을 다스리는 도를 추구하고, 세상을 구제하고 교화를 돕는 데에 지극함이 있다. 대저 함부로 살생하지 않고 빈궁하여 고통받는 백성을 성심껏 긍휼하는 것이 仁이고, 여러 사악한 것을 끊고 많은 선을 행하는 것이 義다. 위로는 섬기고 충성을 다하며 밑으로는 위무하고 자애가 있는 것을 禮라고 한다. 두루 많은 일을 알고 옳고 그름을 가려 결정하는 것을 智라고 하고, 사물에 관여하여 마음에 흔들림이 없고 모두 바르게 대응하는 것을 信이라고 한다. (이에 대해) 분수에 맞지 않는 복을 추구하여 의롭지 않게 물건에 욕심을 내는 것을 貪이라고 하고, 마음에 분별없이 억지로 핍박하여 남을 괴롭히는 것을 嗔이라고 하고, 사리에 맞지 않는 것을 즐거워하며 스스로 어리석은 일을 행하면서 옳다고 하는 것을 癡라고 하고, 자신의 처는 사랑하지 않으면서 남의 여자를 범하고 좋아하는 것을 婬이라고 하고, 남이 주지 않는데 공공연히 빼앗고 몰래 훔치는 것을 盜라고 한다. 父兄이 성실하지 않으면, 어떻게 子弟를 인도할 수 있겠는가. 관리가 행하지 않으면, 어떻게 그 밑의 관리와 백성들을 가르칠 수 있겠는가. 만약 仁, 義, 禮, 智, 信의 선을 배우며 수행하고, 貪, 嗔, 癡, 淫, 盜의 악을 경계하고 삼가며, 아울러 앞의 2책을 읽은 자이면, 추천하여 관찰한 후에 정도에 따라 승진시키도록 한다. 지금 이후로는 이러한 자 이외에는 史生 이상으로 임용해서는 안 된다. 바라는 것은 악을 징계하고 선을 권장하고, 명예를 중시하고 물욕을 경시하는 것이다. 천하에 두루 고지하여 짐의 뜻을 알리도록

그 외는 모두 외관으로 칭한다.

47) 議政官의 공경들.

48) 『維城典訓』. 당의 측천무후가 유가에게 명하여 황태자, 제왕의 훈계를 위해 편찬한 교훈서.

49) 天平寶字 원년(757)에 大寶律令에 대신하여 養老律令을 시행하고 있다.

한다"라고 하였다.

이날, 백관 및 師位[50]의 승들이 지난 5월 9일의 칙에 따라 각각 封事[51]를 올리고 그 득실을 진술하였다.

정3위 중납언 및 문부경, 신기백을 겸직한 훈12등 石川朝臣年足이 주상하기를, "신은 관의 조직을 관장하는 근본은 반드시 율령에 의거해야 하고, 정치를 행함에 으뜸은 모름지기 격, 식에 있다고 듣고 있다. 현재 율령에서 금하는 것은 편목되어 있지만, 별식의 조문은 아직 제정되어 있지 않다. 삼가 바라건대 별식을 만들어 율령과 함께 시행해야 한다"라고 하였다.

참의 종3위 出雲守 文室眞人智努 및 소승도 慈訓이 주상하기를, "삼가 보는 바에 의하면, 천하의 제사찰은 매년 정월의 회과[52] 의식은 점차 천황의 발원과는 어긋나 결국에는 공덕이 되지 못하고 있다. 왜냐하면 호국(의법)을 수행하는 일은 승니의 도이기 때문이다. 그런데 지금에는 절에 들어간 적도 없는 자가 7일간이나 관에서 제공하는 공물을 얻으려고 하고, 혹은 2중으로 얻고자 탐욕을 부리고, 허위 명부를 2개의 사찰에 등록하고 있다. 이러한 일로 인해 비난이 삼보에 미치고 시주[53]에게도 무익한 일이 되고 있다. 삼가 바라건대, 지금 이후로는 관의 보시를 정지하여 이들 탐욕스런 승들의 희망하는 바를 없애도록 해야 한다[54]"라고 하였다.

참의 3위 氷上眞人鹽燒가 주상하기를, "신이 삼가 보는 바로는, 3세왕 이하에게 지급하는 춘추의 녹은 왕친을 우대하기 위한 것이다.[55] 그러나 현재의

---

50) 師位는 수계를 받고 수행, 덕행을 쌓은 자에게 주는 僧位.

51) 「公式令」65 「陳意見」조에 "凡有事陳意見欲, 封進者, 卽任封上, 少納言受得奏聞, 不須開看"이라고 하여 조정에 의견을 진술할 경우에는 의견을 밀봉된 상태의 서면으로 올리고 개봉해서는 안 된다고 규정하고 있다. 封事는 이를 말한다.

52) 悔過. 스스로의 죄과를 참회하고 부처의 가호를 빌어 구원을 기원하는 의식.

53) 이때의 시주는 국가, 즉 천황을 가리킨다.

54) 『類聚三代格』에는 이때 주상된 승려의 진술에 다음 4개의 관부가 실려 있다. 첫째, 파손된 사원을 수리해야 한다는 興福寺 玄基의 의견, 둘째, 私度僧을 금단해야 한다는 元興寺 教玄의 의견, 셋째 驛路의 양측에 과일수를 심어야 한다는 東大寺 普照의 의견, 살생금단을 위해 제국에 放生池를 세워야 한다는 唐僧 曇靜의 의견 등이다.

55) 皇親의 때에 따라 지급하는 時服料에 대해서는, 「祿令」11에, "凡皇親, 年十三以上, 皆給時服料, 春二疋, 糸二, 布四端, 鍬十口. 秋絁二疋, 綿二屯, 布六端, 鐵四廷〈其給乳母王者, 絁四疋, 糸八絇, 布十二端〉"이라고 규정되어 있다. 본래 無位, 無品의 관직이 없는 황친에게 춘추로 지급하는 것을 王祿이라고 칭했다. 天平 17년 5월 무위의 황친 중에 上日

상일[56]을 계산하고 있는데, 이것은 신하와 다른 바가 없다. 삼가 바라건대 令에 의거하여 우대하여 지급하고 상일은 요구하지 않았으면 한다"라고 하였다.

播磨大掾 정6위상 山田連古麻呂[57]가 주상하기를, "신이 생각하기에는, 正丁의 백성 혹은 5인 이상의 아들을 출생했다면, 그 연령이 20세 이상이 되면 용, 조를 바치게 되어, 부자가 함께 과역을 부담하게 된다. 신이 보기에는 긍휼하여 베풀어야 한다고 생각한다. 삼가 바라건대, 백성이 丁男 5인 이상을 낳는 경우에는 그 과역을 면제받도록 했으면 한다[58]"라고 하였다. 모두 소관 관사에 알려서 시행하도록 하였다. 승려의 의견은 중국식 풍속에 의거하고 있어 우리 습속에 시행하는 데에는 적합하지 않은 것이 많다. 태정관의 관부가 내려가도 사회에서는 행해지지 않는다. 따라서 자세히는 기록하지 않았다.

추7월 정묘(3일), 칙을 내려, "令에 따르면,[59] 彈正尹은 종4위상의 관으로 되어 있다. 관위가 너무 가벼워 사람들이 어떻게 경외할 수 있겠는가. 지금 이후로는 고쳐서 종3위의 관으로 한다"라고 하였다.

종4위하 阿倍朝臣嶋麻呂를 좌대변으로 삼고, 종4위하 大伴宿禰犬養을 우대변으로 삼고, 종5위하 石川朝臣豊成을 좌중변으로 삼고, 종4위하 佐味朝臣虫麻呂를 중궁대부로 삼고, 備前守는 그대로 하였다. 종5위하 佐佐貴山君親人을 (中宮)亮으로 삼고, 종5위하 橘宿禰綿裳을 左大舍人助로 삼고, 종4위하 岡眞人和

140일 미만인 자를 제외하고 5세왕의 적자에게 지급하는 것도 정지하였다. 상기 본조는 氷上鹽燒의 건의로 上日 계산을 폐지하였다.

56) 上日은 출근일수를 말한다.

57) 山田連은 원래 도래계 씨족으로 그 이전의 씨성은 山田史이다. 『和名類聚抄』에 河內國交野郡 山田鄕(현재의 大阪府 枚方市의 山田池)를 본거지로 한다. 天平寶字 3년(759) 12월에 山田史白金 등에게 連 성을 내리고, 寶龜 원년(770) 11월에는 山田連公足 등 30인에게 宿禰의 성을 내렸다. 『신찬성씨록』 우경제번상에 山田宿禰의 출자는 周靈王의 태자 晋으로부터 나왔다고 한다. 주유왕은 東周(BC.571~545)의 10대왕으로 나오고 있다. 이 조상의 계보는 출자개변으로 생각된다. 동 河內諸蕃에도 山田宿禰는 魏의 司空王 昶으로부터 출자를 구하고 있고, 山田連은 山田宿禰와 同祖인 忠意의 후예라고 한다.

58) 『延喜式』 22 「民部省」上에는 "凡人生五男皆成正丁, 免父課役, 雖一人闕, 猶從免除"라고 규정되어 있다.

59) 「職員令」9 「從四位」條, "彈正尹, 左右大弁, 以前上階, 神祇伯, 中宮大夫, 春宮大夫, 勳四等".

氣를 內匠頭[60]로 삼고, 종4위하 御方王을 木工頭로 삼고, 3품 池田親王을 糺政尹[61]으로 삼고, 외종5위하 食朝臣三田次를 西市正[62]으로 삼고, 종5위하 阿倍朝臣許智를 山背介로 삼고, 외종5위하 陽侯史玲璆[63]를 伊賀守로 삼고, 鎭國衛次將 종5위하 田中朝臣多太麻呂에게 上總員外介를 겸직시켰다. 종5위하 三嶋眞人廬原을 武藏介로 삼고, 종3위 百濟王敬福을 伊豫守로 삼았다.

기사(5일), 夫人[64] 정2위 廣岡朝臣古那可智가 죽었다. 정4위상 橘宿禰佐爲의 딸이다. 天平勝寶 9세(757) 8월 18일 칙이 있어 廣岡朝臣의 성을 내렸다.

정축(13일), 內藥佐 종7위하 粟田臣道麻呂에게 朝臣의 성을 내렸다.

경진(16일), 좌경인 中臣朝臣楫取가 칙서를 위조하여 서민을 속여 어지럽게 하였기 때문에 出羽國의 柵戶로 이주시켰다. 종7위상 川上忌寸宮主에게 외종5위하를 내렸다.

8월 기해(6일), 大宰帥 3품 船親王을 香椎廟에 보내 신라 정벌의 상황을 주상하게 하였다.

9월 정묘(4일), 대재부에 칙을 내려, "근년에 신라에서 귀화해 오는 사람들의 배가 끊이질 않는다. 부역의 고통을 피해서 멀리 분묘가 있는 고향을 버리고 왔다. 그 마음속을 헤아려 보면, 어떻게 (고향을) 그리워하는 마음이 없겠는가. 재삼 질문해서 돌아가기를 원하는 마음이 있는 자는 식량을 지급하여 돌려보내도록 한다"라고 하였다.

병자(13일), 대재부에서 언상하기를, "지난 8월 29일에 남풍이 크게 불었다. 관사 및 백성들의 가옥이 무너졌다"라고 하였다.

무인(15일), 乾政官[65]에서 주상하기를, "백성들이 바치는 調는 그 가치가

---

60) 中務省 소속의 令外官인 內匠寮의 장관. 직무는 천황가에의 調度品, 의식용구 등의 제작에 종사한다.

61) 개칭하기 전의 彈正台의 장관.

62) 율령제 하에서 왕경의 京職에 속한 기관으로 동서에 각각 市를 설치하여 東市司는 左京職에, 西市司는 右京職에 속하게 하고, 동서의 시에 장관인 正이 각각 임명되었다.

63) 陽侯氏는 陽侯史에서 陽侯忌寸으로 개성한 도래계 씨족. 楊候, 楊胡, 陽候, 陽胡라고도 표기한다. 『신찬성씨록』 좌경제번상에 따르면 "楊侯忌寸은 隋煬帝의 후손인 達率 楊侯阿子王으로부터 나왔다"고 한다. 원래는 백제계 씨족이지만, 후에 중국계로 출자를 개변한 것으로 추정된다.

64) 聖武天皇의 夫人.

65) 개칭 전의 太政官.

동일하지 않다. 이치에 맞게 고저의 중간의 가치를 정하여 과세를 균등하게 해야 한다. 또 품부는 폐지하고 公戶로 편입해야 한다. 다만 대대로 가업으로 이어받은 자는 이 범위에 포함하지 않는다. 삼가 천황의 재가를 받았으면 한다"라고 하였다. 이 주상을 재가하고, 그 내용은 별식에 기록해 두었다.

임오(19일), 배 500척을 만들게 하였다. 北陸道 제국에 89척, 山陰道 제국에 145척, 山陽道 제국에 161척, 南海道 제국에 105척으로 함께 농한기를 이용하여 조영하고 3년 안에 완성하게 하였다. 신라를 정벌하기 위해서이다.

기축(26일), 칙을 내려, "陸奧國의 桃生城, 出羽國의 雄勝城을 축조하고 있는데, 공사에 사역하고 있는 郡司, 軍毅, 鎭兵, 馬子 등 합계 8,180인은 지난 봄부터 가을에 이르기까지 이미 고향을 떠나 있어 생업을 돌볼 수가 없다. 짐은 이를 생각할 때마다 깊은 연민의 정을 느낀다. 마땅히 금년도 부담해야 할 사람마다 출거의 이자를 면제하도록 한다"라고 하였다. 처음으로 出羽國에 雄勝, 平鹿 2군에 玉野, 避翼, 平戈, 橫河, 雄勝, 助河를 두고 아울러 陸奧國에 嶺基 등의 驛家를 설치하였다.

경인(27일), 坂東八國 및 越前, 越中, 能登, 越後 등 4국의 부랑인 2천인을 이주시켜 雄勝의 柵戶로 삼았다. 또 相摸, 上總, 下總, 常陸, 上野, 武藏, 下野 등 7국으로부터 보내온 병사의 무기의 일부를 나누어 雄勝, 桃生의 2성에 비치하였다.

동10월 신축(8일), 천하의 姓 중에서 '君'자를 붙이고 있는 자는 '公'자로 바꾸고,[66] 伊美吉은 忌寸으로 고치도록 하였다.[67]

임인(9일), 종5위하 丈部大麻呂를 齋宮頭로 삼았다.

무인(15일), 지난 天平勝寶 5년에 좌대변 종4위상 紀朝臣飯麻呂를 보내 이세대신궁의 경계를 정하고 표식을 세우도록 하였다. 그러나 伊勢, 志摩 양국은 (그 경계를 두고) 다투고 있었다.[68] 이에 尾垂의 剗[69]을 葦淵으로

66) 천자의 칭호로 인식되던 君 성을 백성의 성으로 삼는 것을 피하는 유교적 사상에 기인한다. 성으로서의 公은 황권과 연결되는 특수성은 상실했다고 보인다.

67) 忌寸은 天武朝의 8姓의 하나이지만, 伊美吉로도 종종 쓰였다. 忌寸의 忌가 꺼리다는 의미여서 기피한 것으로 보인다. 이때 와서 伊美吉을 忌寸으로 쓰도록 한 것은, 藤原惠美押勝[藤原仲麻呂]의 '美'자를 忌諱하기 위해서였다.

68) 伊勢大神宮의 경역이 伊勢와 志摩 양국의 경계상에 있었던 것 같다.

옮기고 武部卿[兵部卿] 종3위 巨勢朝臣關麻呂, 신기대부 종5위하 中臣朝臣毛人, 신기소부 종5위하를 보내 신궁에 폐백을 올리도록 하였다.

신해(18일), 藤原河淸을 맞이하기 위해 파견된 사신인 판관 內藏忌寸全成[70]이 발해를 돌아 귀국하는 도중에 해상에서 폭풍을 만나 대마에 표착하였다. 발해사 보국대장군 겸 장군 玄菟州刺史 겸 押衙官開國公 高南申이 함께 따라서 내조하였다. 그 中臺省牒[71]에서 말하기를, "藤原河淸을 맞이하러 간 사신은 총 99인이다. 대당의 안록산은 앞서 천자의 명에 반역하였고, 뒤에 史思明도 난을 일으켜 내외가 혼란해졌고, 아직 평정되지 않았다. 그래서 (이들 사자를 당으로) 보내려고 해도 살해당할까 두렵고, 무리하게 (일본으로) 돌려보내려고 하니 인국의 뜻에 어긋나는 일이라고 생각되어, (迎入唐大使使의) 장관 高元度[72] 등 11인을 大唐에 藤原河淸을 맞이하러 가게 하고, 발해의 사신을 함께 보냈다. (일본의) 판관 內藏全成 등을 모두 귀국시키고, 또 발해의 사자를 보내 (일본사절을) 따라 가도록 하였다. 상세한 사정을 (일본에) 통보한다"라고 하였다.

임자(19일), 中宮大夫 종4위하 佐味朝臣虫麻呂가 죽었다.

병진(23일), 高麗使를 (대마에서) 대재부로 불렀다.

11월 갑자(2일), 조를 내려, "듣는 바로는, 지난 10월중에 대풍이 불어 백성의 가옥이 모두 무너졌다고 한다. 이에 그 가옥을 수리하기 위해 금년의 전조는 면제한다"라고 하였다.

---

69) 剗은 국과 국의 경계에 설치한 關所와 같은 것으로, 양국의 경계를 해결하기 위해 이동시킨 것으로 보인다.

70) 內藏氏는 坂上氏와 동족으로 阿知使主의 손 爾波木直의 후예라는 전승을 갖는 백제계 씨족이다. 씨명은 황실 재무를 담당하는 內藏의 직무에 기인한다. 天平寶字 3년(759) 2월에 당에 체류중이던 견당대사 藤原淸河를 귀국시키기 위해 발해를 통해 들어갔으나 안사의 난으로 입당하지 못하고 귀국하였다. 寶龜 2년 외종5위하, 동 8년에 종5위하, 동 10년에 정5위하에 서위되었다. 寶龜 5년과 동 10년에 일본에 온 신라사 일행의 입국 사유를 알기 위해 대재부에 파견되기도 하였다. 이후 陸奧守, 鎭守副將軍, 大藏大輔, 內藏頭, 讚岐守를 역임하고, 蝦夷 정토의 공로로 정5위상으로 승서되었다. 延曆 4년(785)에는 동족인 坂上苅田麻呂의 상주에 의해 坂上氏와 함께 忌寸에서 宿禰로 개성되었다.

71) 발해 中臺省이 일본 太政官 앞으로 보낸 서신. 일본사절의 귀국길에 함께 대마에 표착한 발해사신의 서신은 對馬嶋司가 개봉한 후, 상급관부인 대재부를 거쳐 태정관에 전달되었다고 보인다.

72) 앞의 정월조 245쪽 각주 15) 참조.

병인(4일), 조를 내려 大保 이하 백관의 관인에 이르기까지 비단, 목면을 각각 차등있게 내렸다. 대풍으로 (관인들의) 가옥이 무너졌기 때문이다.

정묘(5일), 종5위상 藤原朝臣宿奈麻呂를 右中弁으로 삼고, 종5위하 菅生王을 大監物로 삼고, 종5위하 文室眞人波多麻呂를 右大舍人助로 삼고, 종5위하 藤原朝臣楓麻呂를 文部少輔로 삼고, 종3위 氷上眞人塩燒를 禮部卿으로 삼고, 종5위상 阿倍朝臣毛人을 仁部大輔로 삼고, 종3위 藤原朝臣乙麻呂를 武部卿으로 삼고, 종5위상 阿倍朝臣子嶋를 (武部)大輔로 삼고, 정4위상 紀朝臣飯麻呂를 義部卿으로 삼고, 河內守는 종전대로 하였다. 정4위하 文室眞人大市를 節部卿으로 삼고, 종4위하 御使王을 大膳大夫로 삼고, 종5위하 和王을 正親正으로 삼고, 종5위하 高橋朝臣子老를 內膳奉膳으로 삼고, 외종5위하 小田臣枚床을 采女正으로 삼고, 종4위하 佐伯宿禰今毛人을 攝津大夫로 삼고, 종5위상 大伴宿禰御依를 遠江守로 삼고, 정5위상 藤原朝臣魚名을 上總守로 삼고, 종5위하 池田朝臣足繼를 下總介로 삼고, 종5위하 藤原惠美朝臣薩雄을 越前守로 삼고, 종5위하 藤原朝臣武良自를 丹後守로 삼고, 右勇士督 종4위하 上道朝臣正道에게 備前守를 겸직시키고, 종5위하 藤原朝臣繩麻呂를 備中守로 삼고, 정5위하 久勢王을 備後守로 삼고, 종5위하 田口朝臣水直을 土左守로 삼았다.

신미(9일), 坂東의 8국에 칙을 내려, "陸奧國이 만일 긴급한 일이 생겨 원군을 요청한다면, 국별로 2천 이하의 병을 징발하고, 국사 중에서 바르고 뛰어난 자 1인을 선발하여 부대를 통솔시켜 신속히 구원하도록 한다"라고 하였다. 국분사, 국분니사의 (가람배치) 도면을 천하 제국에 내려보냈다.

계유(11일), 4품 室內親王이 죽었다. 1품 舍人親王의 딸이다.

을해(13일), 造東大寺 판관 외종5위하 河內畫師祖足[73] 등 17인에게 御杖連의

73) 河內畫師에 대해서는 『신찬성씨록』 하내국제번에 "하내화사는 上村主와 동조이고 陳思王植의 후손이다"라고 기록되어 있다. 하내화사의 선조라고 하는 진사왕직이란 인물은 중국 魏 태조 무제의 아들인 曹植(192~232)을 가리키지만, 만들어진 계보일 가능성이 높다. 하내화사와 조상이 같은 上村主에 대해 『일본서기』 지통기 5년(691) 4월조에는 "大學博士 上村主百濟에게 학업을 장려하기 위해 전조 1천 속을 내렸다"는 기록이 보인다. 또 동 지통 7년(693) 3월에는 대학박사 상촌주백제에게 유학에 재능이 뛰어나다 하여 식봉 30호를 내렸다. 상촌주백제는 국명을 씨명으로 하고 있는 씨족이다. 하내지역에는 일찍부터 백제계 씨족들이 거주하였고, 백제왕·왕족을 시조로 하는 많은 씨족들이 거주하고 있었다. 河內畫師는 백제계 씨족으로 추정된다.

성을 내렸다.

무인(16일), 造宮輔 종5위하 中臣丸連張弓, 越前員外介 종5위하 長野連君足을 보내어 保良宮[74]을 조영하게 하였다. 그 외에 6위 이하의 관인은 5인이었다.

경진(18일), 외종5위하 津連秋主[75]에게 종5위하를 내렸다.

임진(30일), 칙을 내려 大保 종2위 藤原惠美朝臣押勝에게 帶刀資人 20인을 증원시키도록 하였다. 이전과 합쳐서 40인이 되었다.

12월 갑오(2일), 授刀衛[76]를 설치하였다. 그 관원 督 1인 종4위상의 관이고, 佐 1인 정5위상의 관이고, 大尉 1인 종6위상의 관이고, 少尉 1인 정7위상의 관이고, 大志 2인 종7위하의 관이고 少志 2인 정8위하의 관이다.

병신(4일), 武藏國의 隱沒田[77]이 900정, 備中國이 200정이다. 그래서 그 도의 순찰사에게 명하여 조사하게 하였다. 그 외의 諸道에도 순찰사에게 조사하도록 한 것도 또한 이 때문이었다. 순찰사가 국경에 도착하기 전에 미리 자수한 자는 면죄하였다.

기해(7일), 산위 종4위하 大伴宿禰麻呂가 죽었다.

임인(10일), 외종5위하 山田史白金,[78] 외종5위하 忌部首黑麻呂 등 74인에게

---

74) 近江國에 설치된 宮都. 保良宮은 平城京의 陪都로 의식하고 조영하였다. 保良京의 조영은 藤原惠美押勝이 父 武智麻呂 이래 관계가 깊었던 近江 지역에 陪都를 조영하여 권력의 강화를 꾀했던 것으로 보인다.

75) 백제계 도래씨족의 후예. 右兵衛府 少直을 거쳐 天平 20년(748)에 외종5위하에 서위되었고, 天平寶字 2년(758)에 일족 34인과 함께 史에서 連 성으로 개성하였다. 天平寶字 7년(763)에 尾張介에 임명되었고, 동 8년에 정5위하로 승진되었다. 이어 尾張守에 서임되었고, 天平神護 2년(766)에 종4위하에 이르렀다. 寶龜 4년(773) 造西大寺 차관에 임명되었다.

76) 授刀舍人을 통솔하는 衛府. 후의 近衛府의 전신기관. 授刀舍人은 慶雲 4년 7월에 창설되었는데 天平 18년 2월 騎舍人으로 개칭하여 재창설된 것이다. 聖武天皇의 사망 직후인 天平勝寶 8세 7월에 中衛府의 관리 하에 들어갔다. 관위상당의 위계는 5위부보다 높고 中衛府 다음에 위치한다.

77) 隱沒田은 사적으로 개간하여 관의 도적에 등록되지 않고 전조를 납입하지 않는 전이다. 적발되면 관에서 몰수한다는 의미에서 隱沒田이라고 하였다.

78) 養老 6년 2월 무술조의 百濟人成. 山田史銀으로도 나온다. 天長 3년(826) 10월 5일의 太政官符(令義解 수록)에 인용된 額田今足의 解文에는, 「養老年中」에 藤原不比等이 율령을 편찬할 때 5인의 박사 이름을 거론하였는데, 百濟人成은 山田連白金으로 개성, 개명하여 나온다. 天平寶字 원년 12월 이후에는 山田史銀(후에 山田連으로 개성)이 나오는 동 2년 7월까지 山田白金은 天平寶字 2년 7월에 정6위상에서 외종5위하로 승서되고, 동 3년 12월에 連으로 개성한다. 동 5년 10월에는 명법박사로 主計助를

連 성을 내리고, 山田史廣名, 忌部首虫麻呂, 壹岐史山守 등 403인에게 造 성을 내렸다.

신해(19일), 고려사 高南申과 우리[日本]의 판관 內藏忌寸全成 등이 難波의 강구에 도착하였다.

병진(24일), 고남신이 입경하였다.

○ 天平寶字 4년(760), 춘정월 기해삭(1일), 천황이 대극전에서 신년하례를 받았다. 문무백관 및 발해번객이 각각 예에 의거하여 배하하였다. 이날, 5위 이상에게 내리에서 연회를 베풀고, 각각 차등있게 녹을 내렸다.

갑자(2일), 천황이 大保[79]의 저택에 행차하였다. 節部省[80]의 비단, 목면을 5위 이상 및 행차에 수행한 주전 이상에게 각각 차등있게 내렸다.

계미(21일)[81], 文部省 소보 종5위하 藤原朝臣楓麻呂를 동해도순찰사로 삼고, 仁部省 소보 종5위하 石川朝臣公成을 동산도순찰사로 삼고, 河內少掾 종6위상 石上朝臣奧繼를 북륙도순찰사로 삼고, 尾張介 정6위상 淡海眞人三船[82]을 산음도순찰사로 삼고, 우소변 종5위하 布勢朝臣人主를 산양도순찰사로 삼고, 전약두 외종5위하 馬史夷麻呂[83]를 남해도순찰사로 삼고, 武部省 소보 종5위하 紀朝臣牛養을 서해도순찰사로 삼고, 道마다 녹사 1인을 두었다. 백성의 풍속을

겸직하고, 동 7년 4월에 河內介에 임명되었다. 『文德實錄』 天安 2년 6월 기유조의 大學助 山田連春城의 졸년기사에는 그의 증조부인 白金이 明法博士로 율령의 뜻을 통달하였고, 후에 법률을 배우는 자가 모두 그 학설을 준거로 삼았다고 한다. 『신찬성씨록』 逸文에는 "百濟氏는 백제국의 牟利加佐王의 후손"으로 나온다.

79) 藤原惠美押勝.

80) 개칭 이전의 大藏省. 絁, 綿은 제국으로부터 調, 庸으로 공상된 것으로 순행이나 연회 등에 지급되었다.

81) 계미(21일)조 기사는 일부 순서의 오류로 기묘(17일)조 뒤로 가야 한다.

82) 天智天皇의 현손, 大友皇子의 증손, 式部卿 葛野王의 손, 內匠頭 池邊辺王의 子이다. 天平 연간에 출가하여 元開라는 법명을 받았다. 天平勝寶 3년(751)에 眞人 성을 받아 臣籍으로 降下되었으나 칙명으로 환속하여 御船王으로 되돌아간 후, 다시 淡海眞人의 성을 받고 淡海三船이라고 명명하였다. 天平寶字 5년에 駿河守, 동 8년에 美作守, 近江介, 天平神護 2년(766)에 東山道巡察使, 神護景雲 원년(767)에 大宰少貳, 寶龜 2년(771)에 刑部大輔, 이후에 大學頭, 文章博士, 大判事, 刑部卿 등을 역임하였다.

83) 天平 13년 12월 병술조에 외종5위하 馬史比奈麻呂는 甲斐守로 나온다. 天平寶字 3년(759) 5월에 典藥頭에 임명되었다. 馬史는 馬毗登으로도 표기한다. 河內國을 본관으로 하고 문필을 직무로 하는 백제계 씨족이다.

관찰하고, 전지의 실태를 조사하도록 하였다. 산위 종3위 多治比眞人廣足이 죽었다. 父는 志麻[84]이고 藤原朝[85] 정1위 좌대신이다. 廣足은 平城朝에서 내외의 관을 역임하고 중납언에 이르렀다. 天平勝寶 9세에 반역한[86] 아들, 조카에 연좌되어 산위로서 여생을 마쳤다.

병인(4일), 高野天皇[87] 및 帝[88]가 內安殿에 임하였다. 大保 종2위 藤原惠美朝臣押勝에게 종1위를, 정4위상 藤原朝臣眞楯, 정4위하 藤原朝臣巨勢麻呂에게 함께 종3위를, 종5위상 下毛野朝臣稻麻呂에게 정5위상을, 종5위상 日下部宿禰古麻呂·石川朝臣豊成에게 함께 정5위하를, 종5위하 田中朝臣多太麻呂·日置造眞卯에게 함께 종5위상을, 외종5위하 食朝臣三田次, 정6위상 田口朝臣大戶, 정6위하 大原眞人繼麻呂에게 함께 종5위하를, 정6위상 下道朝臣黑麻呂에게 외종5위하를, 종5위상 粟田朝臣深見에게 정5위하를, 女孺 정6위상 大伴宿禰眞身·雀部朝臣東女, 종6위하 布勢朝臣小野, 정7위상 大神朝臣妹, 무위 藤原朝臣藥子에게 함께 종5위하를 내렸다.

일을 마치고 高野天皇은 구두로 칙을 내렸다.

"乾政官[89]인 (태정)대신은 굳이 봉사할 만한 사람이 없을 때에는 공석으로 두는 관이다. 그러나 지금의 大保[90]는 반드시 봉사할 수 있다고 생각했던 바, 여러 번 거듭하여 칙을 내렸지만, 도저히 감당할 수 없다고 사양하고, 또 '(그 일을) 맡아야 할 사람이 있다면, 조부[91]가 봉사해야 하는데, (조부조차 사양한) 그러한 직을 아는 것도 없고 마음도 약하고 부족한 押勝이

84) 多治比眞人廣足의 父 多治比眞人志麻는 大寶 원년 7월에 좌대신으로서 정2위로 사망한다. 따라서 본문의 정1위는 오기라고 생각된다.

85) 持統朝, 文武朝 兩朝.

86) 橘奈良麻呂의 반역 음모사건.

87) 孝謙上皇.

88) 淳仁天皇을 帝로 표기한 것은 천황 지위에서 폐위되어 廢帝라고 칭했기 때문이고, 상대적으로 淳仁에게 양위한 孝謙上皇을 高野天皇으로 표현하였다. 이후 淳仁天皇의 재위 시 표기는 모두 '帝'라고 하였다.

89) 태정대신. 「職員令」2, 「太政官」조에, "太政大臣一人, 右師範一人, 儀形四海, 經邦論道, 燮理陰陽, 無其人則闕"이라고 하여 1인에게 사범이 되고, 사해의 모범이 되어 국가를 다스리고 도를 논하며 음양을 고르게 다스리고, 적임자가 없으면 궐원으로 한다고 규정하고 있다. 통상 좌대신이 태정관의 장을 맡는다.

90) 藤原惠美押勝.

91) 藤原不比等.

봉사해야 할 관직이 아니어서 황공하다'고 하였다. 이와 같이 말했다고 해서 모든 사람에게도 '사양했다고 해서 주지 않는다'고 알릴 수는 없다. 또 조부인 대신이 밝고 깨끗한 마음으로 누대에 걸쳐 천황을 보좌하고 조정을 도와 봉사한 사실은 기쁘고 감사한 일이라고 생각하고, 말하기조차 황송하고 성스러운 (원명)천황이 태정대신으로 봉사할 것을 명했지만, 수차례나 사양하고 받아들이지 않았던 일도 유감으로 생각하고 있어,[92] 지금 藤原惠美朝臣大保를 大師[太政大臣]의 관에 봉사하도록 내려 주려는 천황의 말씀을 모두들 들으라고 하였다." 이에 大師를 불러 身契[93]를 내렸다. 또 중납언 정3위 石川朝臣年足을 御史大夫로 삼고, 종3위 文室眞人智努를 중납언으로 삼고, 3품 船親王을 信部卿[94]으로 삼고, 종3위 藤原朝臣眞楯을 大宰師로 삼았다.

칙을 내리기를, "목숨을 다하여 군주를 섬기는 것은 충신의 절조이고, 공로에 따라 상을 내려 보상하는 것은 성군의 격언이다. 옛적 선제가 수차례 명확한 조를 내려 雄勝城을 조영시켰다. 그 일은 이루기 어려워 전임 장군은 이미 힘들어 하였다. 그러나 지금 陸奧國按察使 겸 鎭守將軍 정5위하 藤原惠美朝臣朝獵 등이 거친 蝦夷를 가르치고 인도하여 皇化에 순종하게 하여 한번도 싸우는 수고없이 축성을 완료하였다. 또 陸奧國 牡鹿郡에서는 大河를 건너 험준한 산봉우리를 넘어 桃生柵을 만들고 적의 급소를 탈취하였다. 되돌아보고 그 공적을 생각하면, 포상하여 위계를 올려주는 것이 도리이다. 마땅히 (藤原惠美朝臣)朝獵에게 특별히 종4위하를 내리고, 陸奧介 겸 鎭守副將軍 종4위상 百濟朝臣足人,[95] 出羽守 종5위하 小野朝臣竹良, 出羽介 정6위상 百濟王三忠[96]에게 함께 관위 1계를 올린다. 鎭守軍監 정6위상 葛井連立足,[97] 出羽掾 정6위상

92) 『公卿補任』 養老 2년조, "右大臣正二位藤原朝臣不比等, 月日雖被任太政大臣, 固辭不受".

93) 「公式令」45 「給隨身符」조에는 "凡親王及大納言以上, 并中務少輔, 五衛佐以上, 並給 隨身符, 左右, 右符隨身, 左符進內.〈其隨身者, 仍以袋盛.〉, 若在家非時, 別勅追喚者, 勘符同, 然後承用, 其左符勘訖, 封印付使, 若使至無符, 及勘有, 參差不得, 承用, 其本司自相追喚, 不在此例"라고 하는 규정이 있다. 隨身符는 당의 隨身魚符제도를 모방한 것으로, 일종의 割符로, 친왕 및 대납언 이상, 中務少輔, 五衛의 佐 이상에게 주어지며, 별칙으로부터 비상시에 지참하여 內裏에 있는 符와 대조하여 진본임을 확인하였다.

94) 개칭 전의 中務卿.

95) 개성 후의 余足人. 권20, 天平寶字 원년 5월조 172쪽 각주 58) 참조.

96) 天平 9년 出羽守에 보임되고, 天平神護 2년 5월 民部少輔를 거쳐 이해에 兵部少輔가 되었다. 父는 종5위하 出雲守 百濟王孝忠.

玉作金弓[98]에게 함께 외종5위하를, 鎭守軍監 종6위상 大伴宿禰益立은 어려움을 불사하고 스스로 2번의 정토의 노고가 있었고, 鎭守軍曹 종8위상 韓袁哲[99]은 자신이 죽음의 위험을 무릅쓰고 선두에 서서 뛰어든 용기가 있었기 때문에 함께 3계를 올린다. 그 외에 종군한 국사, 군사, 軍毅에게 함께 2계를 올린다. 다만 정6위상의 관인에게는 별도로 정세의 벼 2천속을 지급하도록 한다. 또 군사와 蝦夷의 浮囚[100]로 공이 있는 자는 안찰사가 선정하여 주상하도록 한다"라고 하였다.

정묘(5일), 천황이 궁전에 임하였다. 발해국사 高南申 등이 방물을 바치며 주상하기를, "국왕 大欽茂가 문안드린다. 일본조정의 견당대사 特進 겸 秘書監 藤原朝臣河淸의 표문 및 항례의 공물을 바치기 위해 보국대장군 高南申 등을 선발해 사신으로 임명해서 입조시킨다"라고 하였다. (천황은) 조를 내려, "견당대사 등원하청이 오래도록 돌아오지 않아 걱정하는 마음이 있었다. 그런데 고려왕이 고남신을 보내 등원하청의 표문을 갖고 입조하였다. 왕의 성의에 진실로 기쁨을 느낀다"라고 하였다.

이날, 高野天皇 및 帝가 太師[101]의 저택에 행차하였다. 정6위상 巨勢朝臣廣足에게 종5위하를, 종3위 藤原朝臣袁比良에게 정3위를, 종5위상 池上女王에게 정5위상을, 종5위상 賀茂朝臣小鮒·飯高公笠目에게 함께 정5위하를 내리고, 수행한 5위 이상에게 동전을 지급하였다.

무진(6일), 무위 藤原朝臣久米刀自에게 종5위하를 내렸다.

기사(7일), 高野天皇 및 帝가 閤門으로 임하였다. 5위 이상 및 고려사가 의례에 따라 자리하였다. 조를 내려 고려국 대사 高南申에게 정3위를, 부사

---

97) 백제계 도래씨족의 후예. 白猪史에서 후에 葛井連으로 개성하였다. 陸奧國의 鎭守軍監을 거쳐 天平寶字 8년(764) 정월에 主計助에, 藤原仲麻呂의 난 후에는 종5위하 播磨介가 되었고, 稱德朝 神護景雲 2년(768)에는 若狹守에 보임되었다.

98) 玉作氏는 出羽國의 재지인으로 보인다.

99) 韓氏는 도래계 씨족으로 일찍이 『일본서기』 孝德朝 白雉 5년(654) 2월조에 견당사로 파견된 韓智興이 있고, 이후 天平寶字 4년 정월 병인조의 鎭守軍曹 종8위상 韓袁哲, 동 5년 3월조에 韓遠知, 寶龜 11년 5월에 韓男造 등이 나온다. 韓袁哲, 韓遠知는 이때 각각 中山連, 廣海造로 개성하는데, 이 시기까지 도래계 씨족의 성을 갖고 있었던 것으로 미루어 7세기 후반 이후에 망명, 이주한 것으로 보인다.

100) 중앙의 지배 하에 들어온 蝦夷의 주민, 귀순자, 포로 등을 말한다.

101) 藤原惠美押勝.

高興福에게 정4위하를, 판관 李能本, 解臂鷹,[102] 安貴寶에게 함께 종5위하를 내리고, 녹사 이하에게 지위에 따라 각각 관위를 내렸다. (발해)국왕에게 비단 30필, 미농산 비단 30필, 명주실 200구, 대사 이하에게 지위에 따라 차이가 있었다. 5위 이상 및 발해사에게 연회를 베풀고 차등있게 녹을 내렸다.

무인[103](16일), 종5위하 大野朝臣廣立을 소납언으로 삼고, 종3위 藤原朝臣弟貞을 坤宮大弼로 삼고 但馬守는 종전대로 하였고, 종5위하 大原眞人繼麻呂를 坤官少忠으로 삼았다. 정4위하 高麗朝臣福信을 信部大輔로 삼고, 종5위하 阿陪朝臣許知를 신부소보로 삼고, 종5위하 阿倍朝臣意宇麻呂를 內藏助로 삼고, 종5위하 奈癸王을 內禮正으로 삼고, 종5위하 路眞人野上을 兵馬正으로 삼고, 종5위상 河內王을 義部大輔로 삼고, 종4위하 石川朝臣名人을 造宮卿으로 삼고, 종4위하 仲眞人石伴을 河內守로 삼고, 종5위하 紀朝臣小楫을 和泉守로 삼고, 외종5위하 高元度를 能登守로 삼고, 정4위상 紀朝臣飯麻呂를 美作守로 삼고, 종5위하 多治比眞人木人을 薩摩守로 삼았다.

정축(15일), 정6위상 蜜奚野[104]에게 외종5위하를, 무위 藤原朝臣姉에게 종5위하를 내렸다.

기묘(17일), 문무백관의 주전 이상에게 조당에서 향연을 베풀었다. 이날, 內射[105]가 있었다. 발해사를 불러 射禮를 관람하게 하였다.

신묘(29일), 종2위 藤原夫人[106]이 죽었다. 증 종1위 태정대신 藤原房前의 딸이다.

2월 임인(11일), 종5위하 石川朝臣廣成에게 高圓朝臣의 성을 내렸다.

신해(20일), 종4위하 笠王을 左大舍人頭로 삼고, 종5위하 豊野眞人尾張을 內藏頭로 삼고, 在唐大使 정4위하 藤原朝臣河淸을 文部卿으로 삼고,[107] 종5위하 高圓朝臣廣成을 (文部)少輔로 삼고, 종5위하 石川朝臣人成을 仁部少輔로 삼고,

---

102) 발해인 중에 解氏는 처음 나온다.

103) 무인조는 정축(15일)조와 순서가 바뀌었다.

104) 密氏는 최초로 나오고 기타 사료에는 보이지 않는다.

105) 大射를 내리에서 행할 경우에 內射라고 칭했을 것으로 보인다.

106) 聖武天皇의 부인. 천황의 배우자로 皇后, 妃, 夫人, 嬪 등 4개의 서열이 있다.

107) 당에 체재중인 藤原河清에게 내린 文部卿[式部卿]이라는 장관직은 일종의 명예직으로, 실제는 天平寶字 3년 6월에 石川年足이 문부경에 임명되었다.

종5위하 巨勢朝臣廣足을 節部少輔로 삼고, 종5위상 當麻眞人廣名을 遠江員外介로 삼고, 종5위하 藤原朝臣楓麻呂를 但馬介로 삼았다. 이날, 발해사 高南申 등이 귀국하였다.

경신(29일), 궁중 및 동대사에서 인왕회[108]를 개최하였다.

3월 계해(2일), 산위 종4위하 多治比眞人家主가 죽었다.

신미(10일), 몰관[109]된 官奴 233인, 官婢 277인을 해방시켜 雄勝柵으로 이주시키고 모두 양인으로 하였다.

갑술(13일), 조를 내려, "요즈음, 황태후의 몸상태가 고르지 않다. 천신지기에 제사를 올리고, 諸祝部 등은 각각 신사에서 기도하고, 성체의 평안과 회복을 기원하고자 한다. 이에 (이세)태신궁의 禰宜, 內人, 物忌로부터 제신사의 祝部에 이르기까지 위계 1급을 내린다. 두루 이를 고지하도록 한다"라고 하였다. 외종5위상 神主首名에게 외정5위상을, 외정6위상 神主枚人에게 외종5위하를 내렸다.

정축(16일), 칙을 내려, "錢貨를 사용하고 유통된 지가 오래되었다. 공사에 걸쳐 이보다 필요하고 편리한 것은 없다. 요즈음 사주전이 많아져서 위조화폐가 이미 반이 넘었다. 이를 갑자기 금지시키면 혼란이 생길까 우려된다. 마땅히 신화폐를 만들어 이전 것과 함께 사용하도록 한다. 백성들에게 손해가 없고, 국가에는 이익이 되도록 하고자 한다. 신전의 문자는 萬年通寶로 하고, 1매에 구전[110] 10매에 상당시키고, 銀錢文은 大平元寶로 하고, (은전) 1매에 신전 10매에 상당시키고, 金錢文은 開基勝寶로 하고, 1매에 은전 10매에 상당시키도록 한다"라고 하였다.

경진(19일), 외종5위하 漆部直伊波를 佐渡守로 삼았다.

정해(26일), 上野國에 기근이 들어 진휼하였다. 伊勢, 近江, 美濃, 若狹, 伯耆, 石見, 播磨, 備中, 備後, 安藝, 周防, 紀伊, 淡路, 讚岐, 伊豫 등 15국에 역병이 생겨 이를 진휼하였다.

---

108) 인왕반야경의 강설을 행하는 법회.

109) 반역, 범죄로 관의 소유가 된 노비를 말하는데, 여기서는 橘奈良麻呂의 역모사건에 연루되어 관노비가 된 자들로 생각된다.

110) 和銅開珍.

하4월 정사(27일), 志摩國에 역병이 생겨 이를 진휼하였다.

무오(28일), 귀화한 신라인 131인을 武藏國에 안치하였다.

윤4월 임오(23일), 궁중에서 대반야경을 전독시켰다.

정해(28일), 仁正皇大后[111]는 사자를 5대사[112]에 보내 절마다 여러 가지 약물 2상자, 꿀단지 1개를 보시하였다. 황태후의 건강이 편치 못하기 때문이다.

5월 임진(3일), 종3위 河內王에게 정3위를, 종5위하 岡田王에게 종5위상을, 종5위상 氣太公十千代에게 정5위상을, 종5위하 石上朝臣國守에게 종5위상을 내렸다.

병신(7일), 종5위하 巨勢朝臣廣足을 安房守로 삼았다. 大膳大夫 종4위하 御使王, 命婦 종4위하 縣犬養宿禰八重이 함께 죽었다.

무술(9일), 右大舍人大允 정6위하 大伴宿禰上足이 災事 10개조[113]를 기록하여 행인들에게 퍼트렸기 때문에 多褹嶋掾으로 좌천시켰다. 고발한 上足의 동생 矢代를 但馬目으로 임명하였다.

정미(18일), 京內 6대사에 경전을 독송시켰다.

무신(19일), 칙을 내려, "듣는 바로는, 요즈음 역병이 유행하여 백성들이 굶주리고 고통받고 있다고 한다. 마땅히 천하의 고령자, 홀아비, 과부, 고아, 독거노인, 중증환자, 역병으로 누워있는 자들은 헤아려 진휼하도록 한다. 해당 도의 순찰사와 국사는 방문하여 병고를 묻고 구휼하고, 만약 순찰사가 이미 지나간 곳은 국사가 구휼을 전담하여 힘써 천황의 은지를 따라야 한다"라고 하였다.

6월 을축(7일), 天平應眞仁正皇太后[114]가 죽었다. 성은 藤原氏이고 近江朝 大織冠 內大臣 鎌足[115]의 손이고, 平城朝 증 정1위 태정대신 不比等의 딸이고,

---

111) 光明皇太后. 天平寶字 2년 8월에 '天平應眞仁正皇太后'라는 존호를 올렸다.

112) 東大寺, 興福寺, 元興寺, 大安寺, 藥師寺.

113) 재앙을 일으키는 요인 10개를 기록하여 세상에 알린 것인데, 아마도 정치의 실정 등 조정의 뜻에 반하는 내용으로 짐작된다. 조정에서 보면 이는 민심을 흔드는 일종의 요설이었다. 「盜賊律」21에는 "凡造妖書及妖言遠流, …傳用以惑衆者, 亦如之"라고 규정되어 있다.

114) 光明皇太后의 존호. 天平寶字 2년 8월에 中臺天平應眞仁正皇太后라는 존호가 내려졌다.

115) 天智朝廷 때에 藤原鎌足은 동 8년 사망 시에 大織冠과 大臣의 위를 받아 藤原大內臣으로 칭해졌다.

모친은 증 정1위 縣犬養橘宿禰三千代이다. 황태후는 어려서부터 총명하고 은혜로웠고, 일찍부터 좋은 평판이 자자하였다. 勝寶感神聖武皇帝가 황태자 시절에 맞아들여 비로 삼았다. 때의 나이는 16세였다. 많은 사람을 맞이하여 인도하였고, 모두 기뻐하며 만족하였다. 예의 가르침에 익숙하였고 불도를 돈독히 숭상하였다. 神龜 원년 聖武皇帝가 즉위하자 정1위를 수여받았고, 대부인이 되었다. 高野天皇 및 황태자를 낳았다. 그 황태자는 생후 3개월만에 황태자로 세워졌는데, 神龜 5년에 요절하였다. 당시 2살이었다. 天平 원년에 大夫人을 높여 황후로 삼았다. 湯沐[116] 외에 더욱이 별도로 봉호 1천호를 추가하였다. 동궁인 高野天皇에게는 봉호 1천호를 내렸다. 태후는 인자하였고, 물품을 베풀어 구제하려는 뜻을 갖고 있었다. 동대사 및 천하의 국분사를 창건한 것도 본래 황태후가 (聖武天皇에게) 권유했기 때문이다. 또 悲田, 施藥의 양원을 설치하여 천하에 굶주리고 병으로 고생하는 자들을 치료하고 보살폈다. (天平)勝寶 원년 高野天皇이 양위했을 때, 황후궁직을 고쳐 紫微中臺라고 하였다. 공훈있는 사람과 현명한 사람을 적절하게 발탁하여 紫微中台의 관인으로 소속시켰다. (天平)寶字 2년(757)에 존호를 올려 天平應眞仁正皇太后라고 하고, 中臺를 개칭하여 坤宮官으로 하였다. 사망시의 나이는 60세였다.

3품 船親王, 종3위 藤原朝臣永手·藤原朝臣弟貞, 종4위상 藤原朝臣御楯, 종4위하 安倍朝臣嶋麻呂·藤原惠美朝臣久須麻呂 등 12인을 裝束司로 삼고, 그 외 6위 이하의 관인은 13인이었다. 3품 池田親王, 종3위 諱[117]·文室眞人智努·氷上眞人鹽燒, 정5위하 市原王, 정4위상 坂上忌寸犬養, 종4위하 佐伯宿禰今毛人·岡眞人和氣 등 12인을 山作司로 삼고, 그 외 6위 이하의 관인은 13인이었다. 종5위하 大藏忌寸麻呂, 외종5위하 上毛野公眞人을 養民司로 삼고, 그 외 6위 이하의 관인은 5인이었다. 종3위 氷上眞人塩燒, 종3위 諱,[118] 정5위하 石川朝臣豊成, 종5위하 大原眞人繼麻呂 등을 前後次第司[119]로 삼고, 판관, 주전은 각 2인이었다. 천하 제국에 3일간 곡하며 애도를 표하게 하고, 3일간 상복을 입게

116) 목욕을 위한 양육비. 황후에게 지급되는 湯沐의 봉호는 「祿令」10에는 "中宮湯沐二千戶"라고 규정되어 있다.
117) 白壁王. 후의 光仁天皇.
118) 白壁王으로 山作司를 겸직하였다.
119) 시신을 태운 수레의 앞뒤에서 장송 행렬을 정비하는 직무.

하였다.

계묘,[120] 仁正皇太后를 大和國 添上郡 佐保山에 매장하였다. 武部卿 종3위 藤原朝臣弟麻呂가 죽었다. 平城朝의 증 정1위 태정대신 武智麻呂의 제4자이다.

『속일본기』 권제22

120) 이달에 癸卯 일간지는 없다. 『扶桑略記』에는 乙亥(17일)로 나온다.

續日本紀卷第二十二

〈起天平寶字三年正月, 盡四年六月〉

右大臣從二位兼行皇太子傅中衛大將臣藤原朝臣繼繩等奉勅撰」

廢帝

○ **天平寶字三年**正月戊辰朔, 御大極殿受朝. 文武百官, 及高麗蕃客等, 各依儀拜賀, 庚午, 帝臨軒. 高麗使揚承慶等貢方物. 奏曰, 高麗國王大欽茂言, 承聞, 在於日本照臨八方聖明皇帝, 登遐天宮, 攀號感慕, 不能默止. 是以, 差輔國將軍揚承慶, 歸德將軍揚泰師等, 令齎表文并常貢物入朝. 詔曰, 高麗國王遙聞先朝登遐天宮, 不能默止. 使揚承慶等來慰. 聞之感痛, 永慕益深. 但歲月旣改, 海內從吉, 故不以其禮相待也. 又不忘舊心, 遣使來貢, 勤誠之至, 深有嘉尙. 甲戌, 停節宴. 雨也. 戊寅, 以從五位下豊野眞人出雲爲少納言, 從五位下船井王爲內史頭, 外從五位下宇自可臣山道爲畫工正, 從五位下高橋朝臣人足爲上野守, 外從五位下生江臣智麻呂爲佐渡守. 乙酉, 帝臨軒, 授高麗大使揚承慶正三位副使揚泰師從三位, 判官馮方禮從五位下, 錄事已下十九人各有差. 賜國王及大使已下祿有差. 饗五位已上, 及蕃客. 并主典已上於朝堂. 作女樂於舞臺, 奏內敎坊踏歌於庭, 客主典殿已上次之. 事畢賜綿各有差. 丙戌, 內射, 喚客, 亦令同射. 甲午, 大保藤原惠美朝臣押勝宴蕃客於田村第, 勅賜內裏女樂并綿一萬屯. 當代文士賦詩送別, 副使揚泰師作詩和之. 丁酉, 授正六位上高元度外從五位下, 爲迎入唐大使使.

二月戊辰朔, 賜高麗王書曰, 天皇敬問高麗國王, 使揚承慶等遠涉滄海, 來弔國憂, 誠表慇懃, 深增酷痛. 但隨時變禮, 聖哲通規, 從吉履新. 更無餘事. 兼復所貽信物. 依數領之. 卽因還使, 相酬土毛絹四十疋, 美濃絁三十疋, 絲二百絇, 綿三百屯, 殊嘉爾忠. 更加優, 賜錦四疋, 兩面二疋, 纈羅四疋, 白羅十疋, 彩帛四十疋, 白綿一百帖. 物雖輕尠, 寄思良深, 至宜並納, 國使附來. 無船駕去. 仍差單使送還本蕃. 便從彼鄕達於大唐, 欲迎前年入唐大使藤原朝臣河清. 宜知相資. 餘寒未退. 想王如常. 遣書指不多及. 授從五位下當麻眞人廣名從五位上. 癸丑, 揚承慶等歸蕃, 高元度等亦相隨而去.
三月丁卯朔, 日有蝕之. 庚寅, 大宰府言, 府官所見, 方有不安者四. 據警固式, 於博多大津, 及壹岐, 對馬等要害之處. 可置船一百隻以上以備不虞. 而今無船可用, 交闕機要, 不安一也. 大宰府者, 三面帶海, 諸蕃是待. 而自罷東國防人, 邊戍日以荒散. 如不慮之表, 萬一有變, 何以應卒, 何以示威. 不安二也. 管內防人, 一停作城, 勤赴武藝, 習其戰陳. 而大貳吉備朝臣眞備論曰, 且耕且戰古人稱善. 乞五十日敎習而十日役于築城. 所請雖可行, 府僚或不同. 不安三也. 天平四年八月二十二日有勅, 所有兵士全免調庸, 其白丁者免調輸庸. 當時民息兵强, 可謂邊鎭. 今管內百姓乏絶者衆, 不有優復無以自贍. 不安四也. 勅, 船者宜給公糧, 以雜徭造. 東國防人者衆議不允. 仍不依請. 管內防人十日役者, 依眞備之議, 優復者, 政得其理民自富强. 宜勉所職以副朝委. 夏四月辛亥, 以外從五位下陽胡史玲璆爲越後守.
五月甲戌, 勅曰, 朕以煢昧, 欽承聖烈. 母臨六合, 子育兆民. 見一物之或違, 恨堯心之未洽. 聞萬方之有罪, 想湯責而多愧. 而今大發已平, 逆臣遠竄. 然猶天災屢見, 水異頻臻. 竊恐, 聽易隔於黎元, 人含寃枉, 鑑難周於宇宙, 家懷鬱憂. 庶欲博採嘉言, 傍詢妙畧, 憑衆智而益國, 據群明以利人. 宜令百官五位已上, 緇徒師位已上, 悉書意見, 密封奉表, 直言正對, 勿有隱諱. 朕與宰相, 審簡可否. 不須詐稱聖德, 苟媚取容, 面弗肯陳, 退遺後毁. 普告遐邇, 知朕意焉. 又勅曰, 頃聞, 至于三冬間, 市邊多餓人. 尋問其由, 皆云, 諸國調脚不得還鄕. 或因病憂苦, 或無粮飢寒. 朕竊念茲, 情深矜愍. 宜隨國大小, 割出公廨, 以爲常平倉, 逐時貴賤, 糴糶取利. 普救還脚飢苦. 非直霑外國民, 兼調京中穀價. 其東海, 東山, 北陸三道, 左平準署掌之. 山陰, 山陽, 南海, 西海四道, 右平準署掌之. 庚辰, 先是, 僧善神殉心以縱姦惡. 僧專住極口而詈宿德. 並擯佐渡, 令其悔過. 而戾性不悛, 醜聲滋彰. 至是, 還俗從之差科. 壬午, 以正五位下大伴宿禰犬養爲左中弁, 從五位下布勢朝臣人主爲右少弁, 從五位下阿部朝臣毛人爲文部少輔, 從五位下大伴宿禰御依爲仁部少輔, 從五位下石川朝臣人成爲節部少輔, 外從五位下馬史夷麻呂爲典藥頭, 正五位上大和宿禰長岡爲左京大夫, 從五位下佐味朝臣宮守爲亮, 正五位上粟田朝臣奈勢麻呂爲右京大夫, 從五位下阿部朝臣三縣爲亮, 外從五位下山邊縣主小笠爲大和介, 從五位上當麻眞人廣名爲河內介, 從五位下大野朝臣廣主爲和泉守, 從五位上石上朝臣宅嗣爲參河守, 從五位下巨曾倍朝臣難波麻呂爲近江介, 從五位下藤原惠美朝臣久須麻呂爲美濃守, 從四位上藤原朝臣巨勢麻呂爲播磨守, 從五位下縣犬養宿禰沙彌麻呂爲美作介, 從五位下阿倍朝臣繼人爲備前介, 外從五位下茨田宿禰牧野爲備中介, 從五位下穗積朝臣小東人爲周防守, 從五位上山村王爲紀伊守, 從五位下縣犬養宿禰吉男爲肥前守.

六月庚戌, 帝御內安殿, 喚諸司主典已上. 詔曰, 現神大八洲所知倭根子天皇詔旨〈止〉宣詔〈乎〉, 親王王臣百官人等天下公民衆聞食宣. 比來太皇大后御命以〈氐〉朕〈爾〉語宣〈久〉. 太政之始〈波〉人心未定在〈可波〉吾子爲〈氐〉皇太子〈止〉定〈氐〉先奉昇於君位畢〈氐〉諸意靜了〈奈牟〉後〈爾〉傍上〈乎波〉宣〈牟止〉爲〈氐奈母〉抑〈閇氐〉在〈ツ流〉. 然今〈波〉君坐〈氐〉御宇事日月重〈奴〉. 是以先考追皇〈止〉爲, 親母大夫人〈止〉爲, 兄弟姉妹親王〈止〉爲〈與止〉仰給〈夫〉貴〈岐〉御命〈乎〉頂受給〈利〉歡〈備〉貴〈美〉懼〈知〉恐〈利氐〉掛畏我皇聖太上天皇御所〈爾〉奏給〈倍波〉奏〈世止〉敎宣〈久〉. 朕一人〈乎〉昇賜〈比〉治賜〈部流〉厚恩〈乎母〉朕世〈爾波〉酬盡奉事難〈之〉. 生子〈乃〉八十都岐〈爾自〉仕奉報〈倍久〉在〈良之止〉夜晝恐〈麻里〉侍〈乎〉, 伊夜益〈須〉益〈爾〉朕私父母波良何良〈爾〉至〈麻氐爾〉可在狀任〈止〉上賜〈比〉治賜〈夫〉事甚恐〈自〉. 受賜事不得〈止〉奏〈世止〉宣〈夫〉. 朕又念〈久〉, 前聖武天皇〈乃〉皇太子定賜〈比氐〉天日嗣高御座〈乃〉坐〈爾〉昇賜物〈乎〉伊何〈爾可〉恐〈久〉私父母兄弟〈爾〉及事得〈牟〉甚恐〈自〉, 進〈母〉不知退〈母〉不知〈止〉伊奈〈備〉奏, 雖然多比重〈氐〉宣〈久〉. 吾加久不申成〈奈波〉敢〈氐〉申人者不在. 凡人子〈乃〉去禍蒙福〈麻久〉欲爲〈流〉事〈波〉爲親〈爾止奈利〉. 此大福〈乎〉取摠持〈氐〉親王〈爾〉送奉〈止〉敎〈部〉宣〈夫〉御命〈乎〉受給〈利氐奈母〉加久爲〈流〉. 故是以自今以後追皇舍人親王宜稱崇道盡敬皇帝當麻夫人稱大夫人兄弟姉妹悉稱親王〈止〉宣天皇御命衆聞食宣. 辭別宣〈久〉, 朕一人〈乃未也〉慶〈之岐〉貴〈岐〉御命受賜〈牟〉. 卿等庶〈母〉共喜〈牟止〉爲〈弖奈母〉一二治賜〈倍岐〉家家門門人等〈爾〉冠位上賜〈比〉治賜〈久止〉宣天皇御命衆聞食宣. 又御命坐〈世〉宣〈久〉. 大保〈乎波〉多他〈仁〉卿〈止能味波〉不念. 朕父〈止〉復藤原伊良豆賣〈乎波〉婆婆〈止奈母〉念. 是以治賜〈武等〉勅〈倍止〉遍重〈天〉辭〈備〉申〈爾〉依〈天〉默在〈牟止〉爲〈禮止毛〉止事不得然此家〈乃〉子〈止毛波〉朕波良何良〈仁〉在物〈乎夜〉親王〈多知〉治賜〈夫〉日〈仁〉治不賜在〈牟止〉爲〈弖奈母〉汝〈仁〉冠位上賜治賜〈夫〉. 又此家自〈久母〉藤原〈乃〉卿等〈乎波〉掛畏聖天皇御世重〈弖〉於母自〈岐〉人〈乃〉自門〈波〉慈賜〈比〉上賜來〈流〉家〈奈利〉. 今又無過仕奉人〈乎波〉慈賜〈比〉治賜〈比〉不忘賜〈之止〉宣天皇御命衆聞食宣. 從三位船王, 池田王並授三品, 正四位上諱從三位, 從五位下御方王, 御使王, 無位林王, 笠王, 宗形王並從四位下, 從五位下河內王從五位上, 正四位下紀朝臣飯麻呂, 藤原朝臣眞楯並正四位上, 從四位上藤原朝臣巨勢麻呂正四位下, 從四位下藤原朝臣御楯從四位上, 正五位下阿倍朝臣嶋麻呂, 大伴宿禰犬養, 石川朝臣名人, 正六位上岡眞人和氣, 從五位下仲眞人石伴, 從五位上藤原惠美朝臣眞光, 從五位下藤原惠美朝臣久須麻呂並從四位下, 正五位下中臣朝臣清麻呂, 從五位上藤原朝臣魚名並正五位上, 從五位下藤原惠美朝臣朝狩正五位下, 從五位下都努朝臣道守, 阿倍朝臣毛人, 大伴宿禰御依, 豊野眞人出雲並從五位上, 正六位上三嶋眞人廬原, 阿倍朝臣許智, 藤原朝臣雄田麻呂, 藤原惠美朝臣小弓麻呂, 藤原惠美朝臣薩雄, 橘宿禰綿裳並從五位下, 從四位下室女王, 飛鳥田女王並四品, 從五位下弓削女王, 無位川邊女王, 加豆良女王, 從五位下藤原惠美朝臣兒從並從四位下. 以從四位上藤原朝臣御楯任參議. 壬子, 令大宰府造行軍式. 以將伐新羅也. 丙辰, 勅, 如聞, 治國之要, 不如簡人. 簡人任能, 民安國富. 竊見內外官人景迹, 曾無廉恥, 志在貪盜. 是宰相訓導之怠. 非爲人皆禀愚性, 宜加誘誨各立令名. 其維城典訓者, 敍爲政之規模, 著修身之檢括. 律令格式者, 錄當今之要務, 具庶官之紀綱. 並是窮安上治民之道, 盡濟世弼化之宜. 其濫不殺生, 能矜貧苦爲仁. 斷諸邪惡修諸善行爲義. 事上盡忠撫下有慈爲禮. 遍知庶事斷決是非爲智. 與物不妄觸事皆正爲信. 非分希福不義欲物爲貪. 心無辨了强逼惱人爲嗔, 事不合理好是自愚爲癡. 不愛己妻喜犯他女爲婬. 人所不與公取竊取爲盜. 父兄不誠, 斯何以導子弟. 官吏不行, 此何以敎士民. 若有修習仁義禮智信之善, 戒愼貪嗔癡淫盜之惡, 兼讀前二色書者, 擧而察之, 隨品昇進. 自今以後, 除此色外, 不得任用, 史生已上. 庶令懲惡勸善重名輕物. 普告天下, 知朕意焉. 是日, 百官及師位僧等, 奉去五月九日勅, 各上封事, 以陳得失. 正三位中納言兼文部卿神祇伯勳十二等石川朝臣年足奏曰, 臣聞治官之本, 要據律令, 爲政之宗. 則須格式. 方今科條之禁, 雖著篇簡, 別式之文, 未有制作. 伏乞作別式, 與律令並行. 參議從三位出雲守文室眞人智努及少僧都慈訓奏, 伏見, 天下諸寺, 每年正月悔過, 稍乖聖願, 終非功德. 何者, 修行護國僧尼之道. 而今或僧不入寺, 計官供於七日, 或貪規兼得, 着空名於兩處. 由斯, 譏及三寶, 無益施主. 伏願, 自今以後, 停官布施, 令彼貪僧無所希望. 參議從三位氷上眞人鹽燒奏, 臣伏見三世王已下給春秋祿者, 是矜王親. 而今計上日, 不異臣姓. 伏乞, 依令優給勿求上日. 播磨大掾正六位上山田連古麻呂奏, 臣竊見, 正丁百姓或生五男已上, 其年並登二十已上, 乃輸庸調父子俱從課役. 臣謂, 合有優矜. 伏乞, 庶民生丁男五口已上者, 免其課役. 並付所司施行. 其緇侶意見, 略據漢風, 施於我俗, 事多不穩. 雖下官符, 不行於世, 故不具載.

秋七月丁卯, 勅, 准令, 彈正尹者從四位上官, 官位已輕, 人豈能畏. 自今以後, 改爲從三位官. 以從四位下阿倍朝臣嶋麻呂爲左大弁, 從四位下大伴宿禰犬養爲右大弁, 從五位上石川朝臣豊成爲左中弁, 從四位下佐味朝臣虫麻呂爲中宮大夫, 備前守如故. 從五位下佐佐貴山君親人爲亮, 從五位下橘宿禰綿裳爲左大舍人助, 從四位下岡眞人和氣爲內匠頭, 從四位下御方王爲木工頭, 三品池田親王爲糺政尹, 外從五位下食朝臣三田次爲西市正, 從五位下阿倍朝臣許智爲山背介, 外從五位下陽侯史玲珍爲伊賀守, 鎭國衛次將從五位下田中朝臣多太麻呂爲兼上總員外介, 從五位下三嶋眞人廬原爲武藏介, 從三位百濟王敬福爲伊豫守. 己巳, 夫人正二位廣岡朝臣古那可智薨. 正四位上橘宿禰佐爲之女也. 天平勝寶九歲閏八月十八日, 有勅賜姓廣岡朝臣. 丁丑, 內藥佐從七位下粟田臣道麻呂賜姓朝臣. 庚辰, 左京人中臣朝臣楫取詐造勅書, 詿誤民庶, 配出羽國柵戶. 授從七位上川上忌寸宮主外從五位下.

八月己亥, 遣大宰帥三品船親王於香椎廟, 奏應伐新羅之狀.

九月丁卯, 勅大宰府, 頃年新羅歸化舳艫不絶. 規避賦役之苦, 遠弃墳墓之鄉. 言念其意. 豈無顧變. 宜再三引問, 情願還者, 給粮放却. 丙子, 大宰府言, 去八月二十九日南風大吹, 壞官舍及百姓廬舍. 戊寅, 乾政官奏, 百姓輸調, 其價不同. 理須折中以均賦役. 又停廢品部, 混入公戶. 其世業相傳者, 不在此限. 伏聽天裁. 奏可. 事在別式. 壬午, 造船五百艘, 北陸道諸國八十九艘, 山陰道諸國一百四十五艘, 山陽道諸國一百六十一艘, 南海道諸國一百五艘. 並逐閑月營造, 三年之內成功. 爲征新羅也. 己丑, 勅, 造陸奧國桃生城, 出羽國雄勝城, 所役郡司, 軍毅, 鎭兵, 馬子, 合八千一百八十人, 從去春月至于秋季, 既離鄉土, 不顧產業. 朕每念茲, 情深矜憫. 宜免今年所負人身擧稅. 始置出羽國雄勝, 平鹿二郡, 玉野, 避翼, 平戈, 横河, 雄勝, 助河, 幷陸奧國嶺基等驛家. 庚寅, 遷坂東八國, 幷越前, 越中, 能登, 越後等四國浮浪人二千人, 以爲雄勝柵戶. 及割留相摸, 上總, 下總, 常陸, 上野, 武藏, 下野等七國所送軍士器仗, 以貯雄勝桃生二城.

冬十月辛丑, 天下諸姓著君字者, 換以公字, 伊美吉以忌寸. 壬寅, 以從五位下丈部大麻呂爲齋宮頭. 戊申, 去天平勝寶五年, 遣左大弁從四位上紀朝臣飯麻呂, 限伊勢大神宮之界, 樹標已畢. 而伊勢志摩兩國相爭. 於是, 遷尾垂剗於葦淵, 遣武部卿從三位巨勢朝臣關麻呂, 神祇大副從五位下中臣朝臣毛人, 少副從五位下忌部宿禰呰麻呂等, 奉幣帛於神宮. 辛亥, 迎藤原河淸使判官內藏忌寸全成, 自渤海却廻. 海中遭風, 漂着對馬, 渤海使輔國大將軍兼將軍玄菟州刺史兼押衙官開國公高南申相隨來朝. 其中臺牒曰, 迎藤原河淸使惣九十九人, 大唐祿山先爲逆命, 思明後作發常, 內外騷荒, 未有平殄. 卽欲放還, 恐被害殘. 又欲勒還, 慮違隣意. 仍放頭首高元度等十一人, 往大唐迎河淸. 卽差此使, 同爲發遣. 其判官全成等並放歸鄕. 亦差此使隨往, 通報委曲. 壬子, 中宮大夫從四位下佐味朝臣虫麻呂卒. 丙辰, 徵高麗使於大宰.

十一月甲子, 詔曰, 如聞, 去十月中大風, 百姓廬舍並被破壞. 是以, 爲修其舍, 免今年田租. 丙寅, 詔賜大保已下至于百官官人, 絁綿各有差. 以被風害屋舍毁壞也. 丁卯, 以從五位上藤原朝臣宿奈麻呂爲右中弁, 從五位下菅生王爲大監物, 從五位下文室眞人波多麻呂爲右大舍人助, 從五位下藤原朝臣楓麻呂爲文部少輔, 從三位氷上眞人鹽燒爲禮部卿, 從五位上阿倍朝臣毛人爲仁部大輔, 從三位藤原朝臣乙麻呂爲武部卿, 從五位上阿倍朝臣子嶋爲大輔, 正四位上紀朝臣飯麻呂爲義部卿, 河內守如故. 正四位下文室眞人大市爲節部卿, 從四位下御使王爲大膳大夫, 從五位下和王爲正親正, 從五位下高橋朝臣子老爲內膳奉膳, 外從五位下小田臣枚床爲采女正, 從四位下佐伯宿禰今毛人爲攝津大夫, 從五位上大伴宿禰御依爲遠江守, 正五位上藤原朝臣魚名爲上總守, 從五位下池田朝臣足繼爲下總介, 從五位下藤原惠美朝臣薩雄爲越前守, 從五位下藤原朝臣武良自爲丹後守, 右勇士督從四位下上道朝臣正道爲兼備前守, 從五位下藤原朝臣繩麻呂爲備中守, 正五位下久勢王爲備後守, 從五位下田口朝臣水直爲土左守. 辛未, 勅坂東八國, 陸奧國若有急速索援軍者, 國別差發二千已下兵, 擇國司精幹者一人, 押領速相救援. 頒下國分二寺圖於天下諸國. 癸酉, 四品室內親王薨, 一品舍人親王之女也. 乙亥, 造東大寺判官外從五位下河內畫師祖足等十七人賜姓御杖連. 戊寅, 遣造宮輔從五位下中臣丸連張弓, 越前員外介從五位下長野連君足, 造保良宮. 六位已下官五人. 庚辰, 授外從五位下津連秋主從五位下. 壬辰, 勅益大保從二位藤原惠美朝臣押勝帶刀資人二十人, 通前四十人.

十二月甲午, 置授刀衛,其官員, 督一人從四位上官, 佐一人正五位上官, 大尉一人從六位上官, 少尉一人正七位上官, 大志二人從七位下官, 少志二人正八位下官. 丙申,武藏國隱沒田九百町, 備中國二百町. 便仰本道巡察使勘檢, 自餘諸道巡察使檢田者亦由此也. 其使未至國界, 而豫自首者免罪. 己亥, 散位從四位下大伴宿禰麻呂卒. 壬寅, 外從五位下山田史白金, 外從五位下忌部首黑麻呂等七十四人賜姓連, 山田史廣名, 忌部首虫麻呂, 壹岐史山守等四百三人賜姓造. 辛亥, 高麗使高南申, 我判官內藏忌寸全成等到着難波江口. 丙辰, 高南申入京.

◯ **四年**春正月癸亥朔, 御大極殿受朝. 文武百官及渤海蕃客, 各依儀拜賀. 是日, 宴五位已上於內裏, 賜祿有差. 甲子, 幸大保第, 以節部省絁綿, 賜五位已上及從官主典已上各有差. 癸未, 以文部少輔從五位下藤原朝臣楓麻呂爲東海道巡察使, 仁部少輔從五位下石川朝臣公成爲東山道使, 河內少掾從六位上石上朝臣奧繼爲北陸道使, 尾張介正六位上淡海眞人三船爲山陰道使, 右少弁從五位下布勢朝臣人主爲山陽道使, 典藥頭外從五位下馬史夷麻呂爲南海道使, 武部少輔從五位下紀朝臣牛養爲西海道使, 每道錄事一人. 觀察民俗, 便即校田. 散位從三位多治比眞人廣足薨. 父志麻, 藤原朝正二位左大臣, 廣足平城朝歷任內外, 至中納言. 勝寶九歲坐子姪黨逆, 而免職歸第, 以散位終焉. 丙寅, 高野天皇及帝御內安殿. 授大保從二位藤原惠美朝臣押勝從一位, 正四位上藤原朝臣眞楯, 正四位下藤原朝臣巨勢麻呂並從三位, 從五位上下毛野朝臣稻麻呂正五位上, 從五位上日下部宿禰古麻呂, 石川朝臣豊成並正五位下, 從五位下田中朝臣多太麻呂, 日置造眞卯並從五位上, 外從五位下食朝臣三田次, 正六位上田口朝臣大戶, 正六位下大原眞人繼麻呂並從五位下, 正六位上下道朝臣黑麻呂外從五位下, 從五位上粟田朝臣深見正五位下, 女孺正六位上大伴宿禰眞身, 雀部朝臣東女, 從六位下布勢朝臣小野, 正七位上大神朝臣妹, 無位藤原朝臣藥子並從五位下. 事畢, 高野天皇口勅曰, 乾政官大臣〈仁方〉敢〈天〉仕奉〈倍伎〉人無時〈波〉空〈久〉置〈弖〉在官〈爾阿利〉. 然今大保〈方〉必可仕奉〈之止〉所念坐〈世〉. 多〈能〉遍重〈天〉勅〈止毛〉敢〈未之時止〉爲〈弖〉辭〈備〉申〈豆良久〉可受賜物〈奈利世波〉祖父仕奉〈天麻自〉. 然有物〈乎〉知所〈毛〉無〈久〉怯〈久〉劣〈岐〉押勝〈我〉得仕奉〈倍岐〉官〈爾波〉不在恐〈止〉申. 可久申〈須乎〉皆人〈仁之毛〉辭〈止〉申〈仁〉依〈弖〉此官〈乎婆〉授不給〈止〉令知〈流〉事不得. 又祖父大臣〈乃〉明〈久〉明〈久〉淨〈岐〉心以〈弖〉御世累〈弖〉天下申給〈比〉朝廷助仕奉〈利多夫〉事〈乎〉宇牟我自〈彌〉辱〈彌〉念行〈弖〉挂〈久毛〉畏〈岐〉聖天皇朝太政大臣〈止之弖〉仕奉〈止〉勅〈部禮止〉, 數數辭〈備〉申

〈多夫仁〉依〈弖〉受賜〈多婆受〉成〈爾志〉事〈毛〉悔〈止〉念〈賀〉故〈仁〉. 今此藤原惠美朝臣〈能〉大保〈乎〉大師〈乃〉官〈仁〉上奉〈止〉授賜〈夫〉天皇御命衆聞食宣, 卽召大師賜隨身契. 又以中納言正三位石川朝臣年足爲御史大夫, 從三位文室眞人智努爲中納言, 三品船親王爲信部卿, 從三位藤原朝臣眞楯爲大宰師. 勅曰, 盡命事君, 忠臣至節, 隨勞酬賞, 聖主格言. 昔先帝數降明詔, 造雄勝城, 其事難成, 前將旣. 然今陸奥國按察使兼鎭守將軍正五位下藤原惠美朝臣朝獦等, 教導荒夷, 馴從皇化, 不勞一戰, 造成旣畢. 又於陸奥國牡鹿郡, 跨大河凌峻嶺, 作桃生柵, 奪賊肝膽. 眷言惟績. 理應褒昇. 宜擢朝獦, 特授從四位下. 陸奥介兼鎭守副將軍從五位上百濟朝臣足人, 出羽守從五位下小野朝臣竹良, 出羽介正六位上百濟王三忠, 並進一階. 鎭守軍監正六位上葛井連立足, 出羽掾正六位上玉作金弓並授外從五位下, 鎭守軍監從六位上大伴宿禰益立, 不辭艱苦, 自有再征之勞, 鎭守軍曹從八位上韓袁哲弗難殺身, 已有先入之勇, 並進三階. 自餘從軍國郡司軍毅並進二階. 但正六位上別給正稅貳仟束, 其軍士蝦夷俘囚有功者, 按察使簡定奏聞. 丁卯, 帝臨軒. 渤海國使高南申等貢方物. 奏曰, 國王大欽茂言, 爲獻日本朝遣唐大使特進兼秘書監藤原朝臣河淸上表幷恒貢物, 差輔國大將軍高南申等, 充使入朝. 詔曰, 遣唐大使藤原河淸久不來歸, 所鬱念也. 而高麗王差南申令竇河淸表文入朝, 王之款誠, 實有嘉焉. 是日, 高野天皇及帝幸太師第. 授正六位上巨勢朝臣廣足從五位下, 從三位藤原朝臣袁比良正三位, 從五位上池上女王正五位上, 從五位上賀茂朝臣小鮒, 飯高公笠目並正五位下, 賜陪從五位已上錢. 戊辰, 授無位藤原朝臣久米刀自從五位下. 己巳, 高野天皇及帝御閤門, 五位已上及高麗使依儀陳列. 詔授高麗國大使高南申正三位, 副使高興福正四位下, 判官李能本, 解臂鷹, 安貴寶並從五位下, 錄事已下各有差. 賜國王絁三十疋, 美濃絁三十疋, 絲二百絇, 調綿三百屯, 大使已下各有差. 賜宴於五位已上及蕃客, 賜祿有差. 戊寅, 以從五位下大野朝臣廣立爲少納言, 從三位藤原朝臣弟貞爲坤宮大弼, 但馬守如故. 從五位下大原眞人繼麻呂爲少忠, 正四位下高麗朝臣福信爲信部大輔, 從五位下阿陪朝臣許知爲少輔, 從五位下阿倍朝臣意宇麻呂爲內藏助, 從五位下奈癸王爲內禮正, 從五位下路眞人野上爲兵馬正, 從五位上河內王爲義部大輔, 從四位下石川朝臣名人爲造宮卿, 從四位下仲眞人石伴爲河內守, 從五位下紀朝臣小楫爲和泉守, 外從五位下高元度爲能登守, 正四位上紀朝臣飯麻呂爲美作守, 從五位下多治比眞人木人爲薩摩守. 丁丑, 授正六位上蜜奚野外從五位下, 無位藤原朝臣姉從五位下. 己卯, 饗文武百官主典已上於朝堂. 是日內射. 因召蕃客令觀射禮. 辛卯, 從二位藤原夫人薨. 贈正一位太政大臣房前之女也.

二月壬寅, 從五位下石川朝臣廣成賜姓高圓朝臣. 辛亥, 以從四位下笠王爲左大舍人頭, 從五位下豊野眞人尾張爲內藏頭, 在唐大使正四位下藤原朝臣河淸爲文部卿, 從五位下高圓朝臣廣成爲少輔, 從五位下石川朝臣人成爲仁部少輔, 從五位下巨勢朝臣廣足爲節部少輔, 從五位上當麻眞人廣名爲遠江員外介, 從五位下藤原朝臣楓麻呂爲但馬介. 是日, 渤海使高南申等歸蕃. 庚申, 設仁王會於宮中及東大寺.

三月癸亥, 散位從四位下多治比眞人家主卒. 辛未, 沒官奴二百三十三人, 婢二百七十七人, 配雄勝柵, 並從良人. 甲戌, 詔曰, 比來, 皇太后御體不豫. 宜祭天神地祇, 諸祝部等各禱其社, 欲令聖體安穩平復. 是以, 自太神宮禰宜內人物忌, 至諸社祝部, 賜爵一級. 普告令知之. 授外從五位上神主首名外正五位下, 外正六位上神主枚人外從五位下. 丁丑, 勅, 錢之爲用, 行之已久. 公私要便莫甚於斯. 頃者, 私鑄稍多, 僞濫旣半. 頓將禁斷, 恐有騷擾. 宜造新樣與舊並行, 庶使無損於民有益於國. 其新錢文曰萬年通寶, 以一當舊錢之十. 銀錢文曰大平元寶, 以一當新錢之十. 金錢文曰開基勝寶, 以一當銀錢之十. 庚辰, 以外從五位下漆部直伊波爲佐渡守. 丁亥, 上野國飢, 賑給之. 伊勢, 近江, 美濃, 若狹, 伯耆, 石見, 播磨, 備中, 備後, 安藝, 周防, 紀伊, 淡路, 讚岐, 伊豫等一十五國疫, 賑給之.

夏四月丁巳, 志摩國疫, 賑給之. 戊午, 置歸化新羅一百三十一人於武藏國.

閏四月壬午, 轉讀大般若經於宮中. 丁亥, 仁正皇大后遣使於五大寺, 每寺施雜藥二櫃, 蜜缶一缶, 以皇太后寢膳乖和也.

五月壬辰, 授從三位河內王正三位, 從五位下岡田王從五位上, 從五位上氣太公十千代正五位上, 從五位下石上朝臣國守從五位上. 丙申, 以從五位下巨勢朝臣廣足爲安房守. 大膳大夫從四位下御使王, 命婦從四位下縣犬養宿禰八重並卒. 戊戌, 右大舍人大允正六位下大伴宿禰上足坐記災事十條傳行人間, 左遷多褹嶋掾. 告人上足弟矢代任但馬目. 丁未, 於京內六大寺誦經. 戊申, 勅, 如聞. 頃者, 疾疫流行, 黎元飢苦. 宜天下高年, 鰥寡孤獨, 癈疾及臥疫病者, 量加賑恤. 當道巡察使與國司, 視問患苦, 賑給. 若巡察使已過之處者, 國司專當賑給, 務從恩旨.

六月乙丑, 天平應眞仁正皇太后崩. 姓藤原氏, 近江朝大織冠內大臣鎌足之孫, 平城朝贈正一位太政大臣不比等之女也. 母曰贈正一位縣犬養橘宿禰三千代, 皇太后幼而聰惠, 早播聲譽. 勝寶感神聖武皇帝儲貳之日, 納以爲妃, 時年十六. 接引衆御, 皆盡其歡, 雅閑禮訓, 敦崇佛道. 神龜元年, 聖武皇帝卽位, 授正一位, 爲大夫人. 生高野天皇及皇太子. 其皇太子者, 誕而三月立爲皇太子. 神龜五年夭而薨焉. 時年二. 天平元年, 尊大夫人爲皇后, 湯沐之外更加別封一千戶, 及高野天皇東宮封一千戶. 太后仁慈, 志在救物, 創建東大寺及天下國分寺者, 本太后之所勸也. 又設悲田施藥兩院, 以療養天下飢病之徒也. 勝寶元年高野天皇受禪, 改皇后宮職曰紫微中臺, 妙選勳賢並列臺司. 寶字二年, 上尊號曰天平應眞仁正皇太后, 改中臺曰坤宮官. 崩時春秋六十. 以三品船親王, 從三位藤原朝臣永手, 藤原朝臣弟貞, 從四位上藤原朝臣御楯, 從四位下安倍朝臣嶋麻呂, 藤原惠美朝臣久須麻呂等十二人, 爲裝束司. 六位已下官十三人. 以三品池田親王, 從三位諱, 文室眞人智努, 氷上眞人鹽燒, 正五位下市原王, 正四位上坂上忌寸犬養, 從四位下佐伯宿禰今毛人, 岡眞人和氣等十二人, 爲山作司. 六位已下官十三人. 以從五位下大藏忌寸麻呂, 外從五位下上毛野公眞人, 爲養民司. 六位已下官五人, 以從三位氷上眞人鹽燒, 從三位諱, 正五位下石川朝臣豊成, 從五位下大原眞人繼麻呂等, 爲前後次第司. 判官主典各二人. 天下諸國擧哀三日, 服期三日. 癸卯, 葬仁正皇太后於大和國添上郡佐保山. 武部卿從三位藤原朝臣弟麻呂薨. 平城朝贈正一位太政大臣武智麻呂之第四子也.

續日本紀卷第二十二

『속일본기』 권제23

〈天平寶字 4년(760) 7월부터 5년(761) 12월까지〉

우대신 종2위 겸 行皇太子傅 中衛大將
신 藤原朝臣繼繩 등이 칙을 받들어 편찬하다.

廢帝

◯ 天平寶字 4년(760), 추7월 무자삭,[1] 일식이 있었다.

경술(23일), 대승도 良弁,[2] 소승도 慈訓, 율사 法進 등이 (다음과 같이) 주상하였다.

"良弁 등이 듣는 바로는, '불법의 세계가 혼돈 상태에 있을 때에는 범부와 성자의 차이가 아직 드러나지 않았다. (상념을) 끊고 깨달음을 얻은 이래 行住[3]의 구별이 처음으로 생겼다. 이 때문에 3賢,[4] 10地[5]의 단계에 있는 보살은 중생을 깨달음으로 인도하고 前佛과 後佛은 깨달음을 위해 3乘[6]에 힘쓰기를 권장하고 있다'고 한다. 잘 아는 일이지만, 훈공이 있는데 보답함이 없다면, 참된 깨달음을 얻은 名僧을 등용할 수 없고, 行, 住의 단계에 따라 차이를 두지 않으면 어떻게 유랑하는 승들에게 (수행을) 권장할 수 있겠는가.

---

1) 7월 월삭 간지는 己丑이고, 戊子는 오류이다.
2) 天平勝寶 8세 5월에 大僧都에 임명하였다. 이하 少僧都 慈訓, 律師 法進도 같은 날 임명되었다.
3) 十行十住. 行은 보살이 수행해야 할 52단계 중 아래에서부터 세어 제21위에서 30위까지로 歡喜行, 饒益行, 無違逆行, 善法行, 眞實行 등이다. 10住는 53단계 중 아래에서부터 세어 제11위부터 20위까지로 發心住, 治地住, 修行住, 生貴住, 方便住, 正心住 등이다.
4) 보살의 階位 중에서 十住, 十行, 十回向.
5) 보살이 수행해야 할 52단계 중 아래에서부터 세어 제41위에서 50위까지로 歡喜地, 離垢地, 發光地, 焰慧地, 難勝地 등 10단계를 말한다.
6) 사람을 태워서 깨달음에 이르게 한다는 3개의 수레. 聲聞乘, 緣覺乘, 菩薩乘.

지금의 상법[7]의 세가 말법이 되려고 하는 시기인데, 승려들은 점점 (수행을) 태만히 하고 있다. 만약 포상과 질책이 없다면 어떻게 선악을 드러낼 수가 있겠는가. 바라건대, 4위 13계를 정하고, 3학[8]을 터득하고 6종[9] 중에서 우수한 자를 발탁하여 13계 중에 나아가게 하고, 3종류의 師位 및 大法師位의 位記는 천황이 수여하는 서식으로 하고, 그 외의 위계는 천황에게 주상하고 재가를 받는 位記式에 준하여 시행하고자 한다. 그렇게 한다면, 戒, 定, 惠의 수행은 단지 옛 시기 만이 아니고, 經, 論, 律의 본뜻은 바야흐로 지금에 있어서도 성하게 된다. 또 영원히 僭位를 남발한다는 비난을 없애고 돈독한 선행이 한층 융성해지기를 바라고 있다. 良弁 등은 학문을 섭렵하지도 못했고 수행의 깊이도 얕다. 좁은 소견으로서 대략의 사안을 채택하였다. (승려에) 서위하는 조목은 별지에 상세하게 열거하였다".

(천황은) 답해서 말하기를, "주상한 표문을 보고 구체적으로 제시된 안건을 알았다. 승려의 선을 권장하고 악을 경계하는 일은 실로 이익이 되는 것이지만, (法位를) 4급으로 나누면 아마도 번잡해질 것이다. 따라서 修行位, 誦持位는 오로지 1종류로 하고, 여러 이름으로 하지 않도록 한다. 만약 암송해야 할 경을 잊어버리고 계를 어기는 자가 있으면, (그 일이) 많은 사람들에게 알려지기를 기다린 연후에 개정한다. 다만 師位의 등급은 주상한 바와 같이 해도 좋다"라고 하였다.

또 칙을 내려, "동대사의 봉호 5천호는 평성궁에서 천하를 다스리던 태상천황,[10] 황제,[11] 황태후[12]가 지난 天平勝寶 2년(750) 2월 23일에 스스로 동대사에 나아가 이 봉호를 寺家에 영원히 시입한 것이다. 그러나 동대사의 조영이

---

7) 釋迦가 입적 후 5백년에서 1천년(혹은 1천년에서 2천년)의 시기를 말하고, 앞의 시기를 正法, 뒤의 시기를 末法이라고 한다. 正法, 像法, 末法의 시대관의 중간에 해당한다. 像法의 시대에는 불법의 수행자는 존재하지만, 깨달음을 얻은 자는 존재하지 않는다고 되어 있다.

8) 악을 멈추게 하고 선을 수행하는 戒, 심신을 맑게 하고 잡념을 씻어 흐트러짐이 없도록 하는 定, 청정한 마음으로 바르게 진실을 보는 慧.

9) 三論宗, 成實宗, 法相宗, 俱舍宗, 華嚴宗, 律宗 등 6宗.

10) 聖武太上天皇.

11) 孝謙天皇.

12) 光明皇太后.

끝난 후, 각종 용도는 아직 명확하게 정해지지 않았다. 이에 지금 추가 심의해서 탑, 사찰, 승방의 조영, 수리의 용도로 1천호, 삼보와 절에 상주하는 승에게 공양하는 용도로 2천호, 조정에서 각종 불사를 행하는 용도로 2천호로 정하도록 한다"라고 하였다.

계축(26일), 황태후는 7·7(49일) 재회를 동대사 및 왕경의 여러 작은 절에서 행했다. 천하 제국에서는 국마다 아미타정토화상[13]을 만들게 하고, 현재 국내에 있는 승니의 인원을 조사하여 『稱讚淨土經』[14]을 서사시켜 각각의 국분금광명사에 비치해 두고 예배, 공양을 하게 하였다.

8월 갑자(7일), (천황이) 칙을 내렸다.

"자손은 선조에 의해 존귀하게 되고, 선조 역시 자손에 의해 귀하게 된다.[15] 이것은 변하지 않는 법칙이고, 성군의 선행이다. 선대 조정의 태정대신 藤原朝臣(不比等)은 단지 그 공적이 천하에 높았을 뿐 아니라 황실의 외척이기도 하다. 이에 선조[16]에서 정1위 태정대신의 지위를 받았다. 이것은 실로 우리나라 令에 의거하여 이미 최고의 관위에 섰다. 그러나 『周禮』에 의거하면, 여전히 부족함이 있다. 가만히 생각해 보니, 훈적은 우주를 덮을 정도이고 조정에서의 은상은 아직 사람들이 바라는 바에 미치지 못하고 있다. 마땅히 齊의 太公의 고사[17]에 견주어 近江國 12군에 봉하여 淡海公으로 하고 나머지 관직은 종전대로 한다. 후실인 종1위 縣狗養橘宿禰에게 정1위로 내리고 大夫人으로 한다.

또 大師의 주상에 의하면, '고 臣의 부 및 숙부는 서로 聖代로부터 동량으로서 함께 밝은 시대를 보좌해 왔다. 관위는 이미 최고위에 있으나, 관직은 여전히 족하지 않다. 삼가 바라건대, 신이 받은 바 太師의 직을 돌려서 남북의 양좌대신에게 양보하고자 한다'라고 하였다. 이 청원에 따르기로 한다. 南卿에

13) 극락정토를 그린 화상.
14) 아미타경 異譯本의 하나.
15) 『春秋公羊傳』 隱公 원년 정월조에, "母貴則子何以貴, 子以母貴, 母以子貴"라는 내용이 나온다.
16) 養老 4년 10월에 태정대신 정1위를 추증받았다.
17) 『史記』 齊太公 世家에 周의 文王, 武王을 섬기면서 殷을 멸망시킨 대공이 있고, 훈공으로서 齊 營邱에 봉했다는 太公望呂尙의 故事.

태정대신을 내리고, 北卿에 바꾸어 태정대신을 추증한다.[18] (짐이) 바라는 바는, 공적에 보답하는 전거로서 사적을 장래에 나타내고, 군주를 섬기는 신하로 후대에도 충성을 다하도록 하는 일이다. 두루 모든 지역에 고지하여 짐의 뜻을 알리도록 한다".

또 칙을 내려, "大隅, 薩摩, 壹岐, 對馬, 多褹 등의 관인은 몸은 변경의 요지에 있으면서 점점 배고픔과 추위에 고통받고 있다. 출거하려고 해도 官稻가 부족하여 일찍부터 이자를 얻을 수가 없다. 사물을 운반하려고 해도 도로가 험하여 통행하기가 어렵다. 도리로서 헤아려 보면 참으로 불쌍히 여겨야 한다. 마땅히 대재부 관할 제국의 (公田에서 나오는) 수확물 이자를 분할하여 각각 지급한다. 守는 1만속, 掾은 7천속, 目은 5천속, 史生은 2천 5백속이다. 이것으로써 변경을 지키는 노고를 돕고 타향에 있는 마음을 위로하고자 한다"라고 하였다. 종4위하 阿倍朝臣嶋麻呂를 참의로 삼았다.

신미(14일), 播磨國의 糒[19] 1천석, 備前國 5백석, 備中國 5백석, 讃岐國 1천석을 小治田宮에 보내 저징해 두었다.

을해(18일), 천황이 소치전궁[20]으로 순행하였다. 천하 제국의 당해년의 調, 庸을 그대로 (小治田宮에) 수납하게 하였다.

기묘(22일), 新京의 여러 대소의 사찰 및 僧綱, 大尼,[21] 諸神主, 백관의 주전 이상에게 지위에 따라 新錢[22]을 지급하였다.

계미(26일), 신경의 고령의 승니, 曜藏,[23] 延秀[24] 등 34인에게 비단, 목면을 내렸다.

---

18) 藤原氏 南家의 藤原武智麻呂[南卿], 北家의 藤原房前[北卿]의 2인은 각각 藤原惠美押勝의 父, 叔父에 해당한다. 藤原房前은 이미 사후에 左大臣을 추증한 바 있어, 관직을 바꾸어 재차 태정대신으로 추증한 것이다.

19) 쌀을 쪄서 건조시킨 밥. 「倉庫令」7 逸文에 "凡倉貯積者…糒支二十年"이라고 하여 말린 밥의 보존기간을 20년이라고 하고 있는 데서 알 수 있듯이 비축용 식량이다.

20) 淳仁朝, 稱德朝의 천황 行宮으로 조영하였다. 飛鳥時代 推古朝의 궁이기도 하다. 소재지는 근년의 발굴조사로 奈良縣 明日香村의 雷丘 주변으로 추정되고 있다.

21) 문자 그대로 큰스님으로 생각된다.

22) 이해 3월에 발행된 銅錢인 萬年通寶, 銀錢인 大平元寶, 金錢인 開基勝寶를 말한다.

23) 승려의 역할에 따른 칭호라고 생각되는데, 겉으로 드러나지 않는 빛나는 승려라는 의미이지만 실태는 불명이다.

24) 글자 그대로 해석하면 수행한 지 오래되고 뛰어난 승려라는 의미이다.

9월 계묘(16일), 신라국이 급찬 金貞卷을 보내 조공하였다. 陸奧按察使 종4위하 藤原惠美朝臣朝獦[25] 등이 그 내조의 사유를 물었다. 貞卷이 말하기를, "조공을 하지 않은 지 오랜 연월이 지났다. 이에 본국의 왕이 調를 공진하게 하였다. 또 성조의 풍속과 언어에 무지하여 學語 2인을 보낸다"라고 하였다. (다시) 물어 말하기를, "무릇 옥과 예물을 갖고 조빙하는 일은 본래 성실과 신의에 따르고 예의에 통하는 것이다. 신라는 이미 말에 신의가 없고 또 예의를 결하고 있다. 근본을 버리고 지엽적인 것을 행하고 있다. (이것은) 우리나라가 천하게 여기는 바이다. 또 왕자 泰廉이 입조하는 날[26]에 말하기를, '매사 옛 방식에 따라 받들겠다'고 하였다. 그 후 (일본에서) 小野田守를 파견할 때에 그 나라에서는 예를 결하였다.[27] 따라서 小野田守는 사자의 임무를 수행하지 못하고 귀국하였다. 왕자조차도 신의가 없는데 하물며 신분이 낮은 사자인데 어떻게 믿을 수 있겠는가"라고 하였다. 貞卷이 말하기를, "田守가 (신라에) 왔던 날에는 貞卷은 外官으로 나가 있었다. 또 신분이 낮은 사람으로서는 상세한 사정을 알지 못한다"라고 하였다. 이에 貞卷에게 고하여 말하기를, "사인은 신분이 낮아 빈객으로 응대하기에는 족하지 않다. 이로부터 돌아가 그대의 본국에 (사정을) 보고하도록 한다. 책임을 질 수 있는 사람, 성실하고 신의있는 예의, 구례대로의 調, 명확하게 근거있는

---

25) 藤原南家의 大師 藤原仲麻呂의 4남. 天平寶字 원년(757)에 大炊王이 황태자가 되면서 藤原仲麻呂가 紫微內相에 임명되고 藤原惠美朝臣朝獦은 종5위하 陸奧守에 서임되었다. 그 후 大炊王이 즉위하여 淳仁天皇이 되면서 藤原仲麻呂는 太保에 임명되고 惠美押勝이라는 이름을 받았으며 그의 아들도 藤原惠美朝臣으로 개성하였다. 天平寶字 3년 정5위하로 승진되었고, 동 4년에는 雄勝城, 桃生城을 완성시킨 공로로 종4위하가 되었고, 仁部卿, 東海道節度使도 겸직하였다. 동 6년에 藤原仲麻呂가 정1위가 되면서 다른 형제 3인과 함께 참의가 되어 공경의 반열에 들어서게 되었다. 이해에 多賀城에 대한 개수작업이 행해지고 그 기념비로서 多賀城碑가 세워졌는데 책임자로서의 그의 이름이 새겨졌다(天平寶字六年歲次壬寅參議東海東山節度使從四位上仁部省卿兼按察使鎭守將軍藤原惠美朝臣朝獦修造). 陸奧按察使의 직위에 있던 藤原惠美朝臣朝獦이 그 직무에 어울리지 않게 외국사에 대해 질의를 한 것은 藤原仲麻呂의 위세에 의거한 바가 크며, 내정뿐 아니라 외교에서도 큰 영향력을 발휘하였음을 알 수 있다.

26) 天平勝寶 4년(752) 윤3월에 大宰府에 도착하고, 동년 6월에 조정에 들어와 천황을 배견하였다.

27) 『삼국사기』 신라본기 경덕왕 12년(753)조에, "秋七月, 日本國使至, 慢而無禮, 王不見之, 乃廻"라고 기록되어 있다.

말, 이 4개의 조건을 갖추어 내조하도록 한다"라고 하였다.

동10월 계유(17일), 陸奧國 柵戶의 백성들이 말하기를, "멀리 고향을 떠나 있어 가까이에 친족이 없다. 길흉을 서로 물을 수도 없고 위급할 때에 서로 도울 수가 없다. 삼가 바라건대, 본관지에 있는 부모, 형제, 처자를 동 책호로 호적을 옮겨 안도할 수 있었으면 한다[28]"라고 하였다. 이를 허락하였다.

11월 임진(6일), (천황이) 칙을 내렸다. "지난 해에 역도들 때문에 여러 가문이 법망에 걸렸고, 금년에는 순찰사를 파견하여 사람들이 법률을 두려워하고 있다. 옛 사람이 말하기를, '도적이 재물을 엿보는 것은 주인으로부터 초래한다'고 한다. 자신을 지키기 위해 소송을 거는 것은 군주에게 책임이 있다. 가만히 이 말을 생각해 보면, 근심하는 마음은 몸을 사르는 것과 같다. 『서경』에 '덕은 선정을 베풀게 하고, 정치는 백성을 보살피는 일이다'라고 하지 않았던가. 지금 양기의 맹아가 시작되고 태양은 가장 남쪽에 이르렀다. 대지는 생물을 자라나게 하고, 하늘의 도리가 다시 나타나고 있다. (짐은) 생각하건대, 대지의 기운을 받아 인을 베풀고 하늘에 순종하여 은혜를 내리고, 이 백성에게는 때와 더불어 새로운 기운을 갖게 하고자 한다. 天平寶字 4년(752) 11월 6일 동트기 전에 일어난 천하의 죄는 경중을 묻지 않고, 이미 발각되었거나 발각되지 않았거나, 현재 수감 중인 자, 아울러 租, 調, 관물의 미납으로 신고된 자는 모두 사면한다. 다만, 팔학, 고의 살인, 사주전, 반역의 무리로 숨어서 자수하지 않는 자는 이 사면의 범위에 포함하지 않는다. 전년에 이미 사면을 했는데, 금년에도 시행하면, 사람들이 관용에 익숙해져 끝내 뉘우치거나 고치지 않은 것을 마음속으로 걱정하고 있다. 이전의 모든 악을 정지시키고, 앞으로는 모두 선에 따르게 하고자 한다. 7도 순찰사가 적발한 田[29]은 관할 관사에 명하여 토지의 대소에 따라 조세를 正丁에게 부과하고, 만약 (경작해야 할 正丁이) 부족한 국이 있다면, 乘田[30]으로 삼아서

---

28) 神龜 원년(724) 2월 을묘조에, "陸奧國鎭守軍卒等, 願除己本籍, 便貫比部, 率父母妻子共同生業, 許之"라고 하여 鎭兵의 경우에는 부모, 처자들이 본관지를 옮겨 동거할 수 있게 하였다.

29) 사적으로 개간한 田으로, 관에도 등록되지 않았고 전조도 납입하지 않았다. 전년도 천평보자 4년 12월 병신조에 보이는 隱沒田이 그것이다.

30) 율령제 하에서 位田, 職田, 口分田, 賜田, 墾田 등을 지급한 후에 남은 잉여의 전지.

빈궁한 집에 경작시켜 생업을 잇게 하고, 근심하고 있는 사람들의 부담을 경감시키고자 한다. 한다. 두루 모든 지역에 고지하여 짐의 뜻을 알리도록 한다".

병신(10일), 授刀舍人 春日部三關, 中衛舍人 土師宿禰關成 등 6인을 大宰府에 보내어, (大宰)大貳 吉備朝臣眞備에게 제갈량의 8陳,[31] 손자의 9地[32] 및 結營向背[33]를 배우게 하였다.

정유(11일), 高南申을 보내는 送使 외종5위하 陽侯史玲璆[34]가 발해에서 돌아왔다. 그 공으로 종5위하를 내리고, 그 외는 지위에 따라 관위를 내렸다.

병오(10일), 대신 이하 참의 이상에게 여름, 겨울의 의복은 등급을 만들어 차이를 두게 하였다.

12월 무진(12일), 칙을 내려, "令의 규정에 의하면, 봉호를 지급하는 경우에 여자는 모두 반감하게 되어 있다.[35] 그러나 尙侍,[36] 尙藏[37]은 직무가 중요하고, 다른 사람과는 달라 헤아려 전부 지급해야 한다. 그 位田[38]과 資人[39]도 아울러 이와 같이 한다"라고 하였다. 또 칙을 내려, "태황태후궁,[40] 황태후[41] 묘는 지금 이후로는 모두 산릉으로 칭한다. 그 기일은 또한 國忌의 예에

청원한 경작자에게 이를 대여하고 수확의 5분의 1을 태정관에 납입시켰다.

31) 제갈량이 만들었다는 8개의 軍陣 형식.

32) 병법 상으로 利, 不利에 따라 구별한 9종류의 토지.

33) 軍營을 만드는 방법.

34) 도래계 씨족의 후예인 陽侯氏. 후에 陽侯史, 陽侯忌寸으로 씨성의 변천이 있다. 『신찬성씨록』 좌경제번상에, 陽侯忌寸은 隋 양제의 자손인 達率 楊候阿子王의 후손이라고 출자를 밝히고 있다. 아마도 백제계 씨족일 가능성이 높으며 후에 중국계로 출자개변이 있었다고 추정된다. 楊侯, 楊胡, 陽候, 陽胡로도 표기한다.

35) 「祿令」10 「食封」조에는 "女減半"이라고 하여 여자는 반으로 규정되어 있다.

36) 후궁 內侍司의 장관.

37) 후궁 藏司의 장관.

38) 「田令」4에 位田은 정3위 40정, 종5위 8정이고 여자는 그 3분의 1이며, 잡역에 종사하는 資人은 3위에게는 60인, 종5위에게는 20인이고, 여자에게는 각각 그 2분의 1이 지급된다. 이것을 남자와 동등하게 한 것이다.

39) 친왕 및 고위귀족에게 주어지며 주인의 경호, 잡무에 종사하는 하급관인. 5위 이상의 제왕, 제신에게 주어지는 位分資人, 中納言 이상에게 관직에 따라 지급하는 職分資人, 친왕, 내친왕에게 지급하는 帳內 등이 있다.

40) 藤原宮子. 草壁皇子의 비. 聖武天皇의 친모.

41) 藤原光明子. 聖武天皇의 황후.

준하고, 式[42]에 따라 재회를 개최한다"라고 하였다.

무인(22일), 약사사 승 華達의 속명은 山村臣伎婆都이다. 같은 절의 승 範曜와 더불어 도박을 하여 싸우다 끝내 범요를 살해하였다. 환속시켜 陸奧國 桃生의 柵戶로 배속하였다.

○ 天平寶字 5년(761), 춘정월 정해삭(1일), 신년하례를 중지하였다. 新宮[43]이 아직 완성되지 않았기 때문이다.

무자(2일), 천황이 궁전에 임하자 문무백관의 주전 이상은 의례에 따라 열석하였다.[44] 종3위 文室眞人淨三에게 정3위를, 종5위하 林王에게 종5위상을, 무위 高嶋王·布勢王·忍坂王에게 함께 종5위하를, 종4위하 阿倍朝臣嶋麻呂에게 종4위상을, 정5위상 藤原朝臣魚名에게 종4위하를, 종5위하 粟田朝臣人成·藤原朝臣繩麻呂에게 함께 종5위상을, 정6위상 藤原惠美朝臣辛加知·安曇宿禰石成·粟田朝臣足人·石川朝臣弟人·佐味朝臣伊与麻呂·阿倍朝臣廣人·當麻眞人高庭·淡海眞人御船·藤原朝臣田麻呂·藤原朝臣黑麻呂·石川朝臣名足에게 함께 종5위하를, 정6위상 坂上忌寸老人·村國連虫麻呂·山田連古麻呂에게 함께 외종5위하를 내렸다. 정4위하 小長谷女王에게 정4위상을, 정5위상 池上女王, 무위 置始女王·小葛女王에게 함께 종4위하를, 무위 川上女王에게 종5위하를, 종5위상 阿倍朝臣石井에게 정5위하를, 무위 藤原惠美朝臣東子에게 종5위상을, 무위 藤原惠美朝臣額·橘宿禰眞都我에게 함께 종5위하를, 정6위상 御間名人黑女, 정7위하 壬生直小家主女, 종7위상 稻蜂間連仲村女에게 함께 외종5위하를 내렸다.

계사(7일), 조를 내려, "大史局[45]이 주상해 온 일이 있어, 잠시 小治田岡本宮으로 옮기기로 한다. 이에 大和國의 國司, 史生 이상, 힘써 봉사한 자에게 관위 1계를 내리고, 郡司에게는 물품을 지급한다. 백성에게는 금년의 調를

42) 『延喜式』 권제21 諸陵寮에 藤原宮子의 묘는 "佐保山西陵.〈平城朝太皇大后藤原氏. 在大和國添上郡, 兆域東西十二町, 南北十二町, 守戶五烟.〉"이라고 기록하고 있고, 藤原光明子의 묘는 "佐保山東陵.〈平城朝皇大后藤原氏. 在大和國添上郡, 兆域東三町. 西四段. 南北七町, 守戶五烟.〉"이라고 되어 있다.

43) 淳仁朝, 稱德朝에 천황 行宮으로 조영된 별궁. 藤原京 발굴조사로 "小治田宮"이라 명기된 墨書土器 파편이 발견되었고, 그 부근에 小治田이라는 지명이 있다.

44) 의식에 즈음하여 관인이 위계에 따라 열석하는 위치를 나타낸 표식.

45) 天平寶字 2년 8월 갑자에 관호 개칭에 따라 陰陽寮를 大史局으로 한 것이다.

면제한다"라고 하였다. 大和守 종4위하 藤原惠美朝臣眞光에게 종4위상을, 大和介 외종5위하 山邊縣主男笠에게 외종5위상을, 大掾 정6위하 布勢朝臣淸道 이하 史生 이상에게 사람마다 작위 1급씩 내리고, 郡司, 軍毅에게 비단, 목면을 각각 차등있게 지급하였다.

을미(9일), 美濃, 武藏 2국의 소년 중에서 국마다 20인씩 신라어를 학습시키게 하였다. 신라를 정벌하기 위해서였다.

정유(11일), (천황이 탄) 수레가 小治田宮에서 (平城宮으로) 돌아왔다. 武部省[46]의 관사를 어재소로 삼았다.

임인(16일), 종5위하 粟田朝臣足人을 齋宮長官으로 삼고, 종5위하 藤原朝臣濱足을 大判事로 삼고, 외종5위하 茨田宿禰枚野를 鑄錢次官으로 삼고, 종4위하 藤原惠美朝臣久須麻呂를 大和守로 삼고, 종5위하 淡海眞人御船을 參河守로 삼고, 외종5위하 御杖連祖足을 相摸介로 삼고, 종5위상 石上朝臣宅嗣를 上總守로 삼고, 외종5위하 上毛野公牛養을 美濃介로 삼고, 종5위하 紀朝臣僧麻呂를 信濃介로 삼고, 종5위상 藤原朝臣宿奈麻呂를 上野守로 삼고, 종5위하 石川朝臣名足을 下野守로 삼고, 종5위하 高橋朝臣人足을 若狹守로 삼고, 외종5위하 高丘連比枝麻呂[47]를 越前介로 삼고, 종5위하 阿倍朝臣廣人을 越中守로 삼고, 외종5위하 高松連笠麻呂를 備後介로 삼고, 종5위하 大伴宿禰益立을 陸奥鎭守副將軍·鎭國驍騎將軍으로 삼고, 종4위상 藤原惠美朝臣眞光에게 美濃·飛驒·信濃按察使를 겸직시키고, 授刀督[48] 종4위상 藤原朝臣御楯에게 伊賀·近江·若狹按察使를 겸직시켰다.

계묘(17일), 종5위하 參河王을 和泉守로 삼고, 종5위하 賀茂朝臣塩管을 土左

---

46) 개칭 전의 兵部省.

47) 백제멸망 직후 망명한 沙門詠의 孫이고 高丘連河內[樂浪河內]의 子이다. 高丘比良麻呂, 高丘枚麻呂로도 나온다. 大學頭였던 그의 父의 영향으로 어려서부터 대학료에서 공부하였고, 많은 서적을 탐독하였다. 孝謙朝에서 淳仁朝에 紫微少疏, 大疏, 大外記를 역임하고 天平寶字 5년(761) 외종5위하 越前介에 서임되었고, 藤原仲麻呂의 난 때 孝謙上皇에게 밀고한 공으로 종4위하로 특진되었다. 그 후 遠江守를 겸직하였고, 天平神護 3년(767) 法王宮職이 신설되자 차관인 法王宮亮도 겸직하였다. 이후 씨성도 高丘連에서 高丘宿禰로 개성되었다.

48) 授刀衛의 장관. 授刀衛는 授刀舍人寮의 후신으로 天平寶字 3년(759)에 설치되어 궁중경호를 담당하였다. 天平神護 원년(765)에 近衛府로 개칭되었다.

守로 삼았다.

정미(21일), 司門衛督[49] 정5위상 粟田朝臣奈勢麻呂, 禮部少輔 종5위하 藤原朝臣田麻呂 등 6위 이하의 관인 7인을 保良京[50]에 보내 제관사의 史生 이상에게 택지를 나눠주게 하였다.[51]

2월 병진삭(1일), 칙을 내려, "짐은 여가 시간에 전대의 사서[52]를 통람해 보면, 친왕에 대한 예는 모두 3公[53]의 밑에 두고 있다. 이에 별도로 의정관이 되어 있는 친왕에 대해서는 月料, 馬料. 춘추의 계록, 하동의 의복 등은 1품, 2품은 御史大夫에 준하고, 3품, 4품은 중납언에 준해서 지급하도록 한다" 라고 하였다.

또 칙을 내려, "중납언은 격에 의하면 정4위상이다. 이는 직장이 이미 무거운데, 계록은 여전히 적다. 지금 이후로는 종3위 상당관으로 고치도록 한다. 좌우경을 관장하기 위해 1인의 장관을 임명하는 경우에는, 직명을 尹으로 하고, 관위는 정4위하 관에 준하도록 한다"라고 하였다.

무오(3일), 越前國 加賀郡의 소령 道公勝石은 사새 벼 6만속을 출서하여 칙을 위반했기 때문에 이자로 받은 도곡 3만속을 몰수하였다.[54]

3월 병술삭(1일), 乾政官[55]이 주상하기를, "외6위 이하는 음위의 범위에 들어가지 않는다. 이 때문에 제국의 郡司의 가업을 잇는 자는 이미 관인의 길이 없이 속으로 근심하고 탄식하는 마음을 품고 있다. 조정에서 심의한 결과, 특별히 소령 이상의 적자 출신은 (관인으로 출사하는 것을) 허락하여 선조의 가업을 잃어버리는 일이 없이 영원히 종가를 이을 수 있도록 한다. 다만 兵衛를 출사시키고 있는 경우에는 또한 거듭해서는 안 된다"라고 하였다.

---

49) 개칭 전의 衛門府. 司門衛督은 司門衛의 장관.

50) 淳仁天皇이 近江國에 조영한 궁으로 平城京의 북쪽 都라는 의미로 北京으로 간주되었고, 保良京, 保良離宮이라고도 불렸다.

51) 택지의 班給에 대해서는 持統紀 5년 12월조의 藤原京에서의 반급, 天平 6년 9월 신미조의 難波京, 天平 13년 9월 을미조의 恭仁京에서의 사례가 나온다.

52) 중국의 사서.

53) 태정대신, 좌대신, 우대신.

54) 天平 9년 9월 계사조의 詔에서 "如有違者, 以違勅論, 其物沒官, 國郡官人, 卽解見任"이라고 나와 있는데, 이때의 사출거로 인해 이자만 몰수되고 해임은 되지 않았다.

55) 天平寶字 2년 9월 계사조에 太政官에서 개칭하였다.

(천황은) 주상한 대로 허락하였다.

을미(10일), 참의 정4위하 安倍朝臣嶋麻呂가 죽었다. 藤原朝의 우대신 종2위 (安倍朝臣)御主人의 손이고, 奈良朝의 중납언 종3위 廣庭의 자이다.

경자(15일), 백제인 余民善女[56] 등 4인에게 百濟公[57]의 성을 내리고, 韓遠智[58] 등 4인에게 中山連을, 王國嶋 등 5인에게 楊津連[59]을, 甘良東人[60] 등 3인에게 淸篠連을, 刀利甲斐麻呂[61] 등 7인에게 丘上連을, 戶淨道 등 4인에게 松井連을, 憶賴子老[62] 등 41인에게 石野連을, 竹志麻呂[63] 등 4인에게 坂原連을,

---

56) 백제 멸망 시 망명한 백제 왕족 출신의 후예. 의자왕의 직계자손인 百濟王氏와는 동족이다. 天智 7년 정월에 大錦下의 관위를 받은 좌평 余自信의 직계 후손일 가능성이 있으나 명확하지 않다.

57) 『신찬성씨록』 좌경제번하에는 "百濟公, 出自百濟國都慕王卄四世孫汶淵王也"라고 하여 百濟公이 백제국 都慕王의 24세손인 汶淵王으로부터 나왔다고 되어 있다. 『신찬성씨록』 우경제번하 「백제공」조는 천평보자 3년(759)에 鬼室氏가 백제공으로 개성한 사실을 전하고 있다. 백제공으로 개성한 경우는 백제 왕족인 余氏뿐 아니라 다른 씨족도 있으므로 백제공의 씨성을 받은 인물들이 어느 계통인지 명확하지 않다. 다만 鬼室集斯는 백제 멸망 후 망명한 인물이고 그의 父인 鬼室福信이 『삼국사기』와 『구당서』 등에 무왕의 조카로 나와 있어 혈통상 왕족에 속하는 인물이다. 백제공의 출자와 관련해서는 개별 사례들에 대한 분석을 통해 구분해야 한다.

58) 韓氏는 도래계 씨족으로 天平寶字 4년 정월조에 韓袁哲, 寶龜 11년 5월조에 韓男成, 동 7월조에 韓眞成 등이 나온다.

59) 『신찬성씨록』 우경제번상에 "楊津連, 八淸水連同祖. 王文度之後也"라고 하여. 王文度의 후예로 나오고 있다. 왕문도는 당이 백제를 점령한 후 설치한 웅진도독부의 도독으로 나오며 현지에서 객사한 것으로 되어 있다. 그의 후예가 일본으로 갔을 가능성은 희박한데, 후에 왕문도를 자신의 선조로 가탁한 것으로 보인다.

60) 甘良東人은 백제계 씨족으로 甘良은 백제의 복성으로 보인다. 天平寶字 2년 9월 15일부 금강반야경 필사에 종사한 인물로 甘良辰長이 나온다(『大日本古文書』 14-67).

61) 和銅 3년(710) 정월 갑자조에 刀利康嗣, 養老 5년(721) 춘정월 임자조에 刀利宣令 등 刀利氏가 보인다.

62) 『일본서기』 天智紀 4년 8월조에 大野城, 椽城을 축성했다는 백제망명 관인 달솔 憶禮福留라는 인물이 나오는데, 憶禮와 憶賴는 모두 '오쿠라이'라고 읽으며 동족 씨명이다. 『신찬성씨록』 좌경제번하에, "石野連, 出自百濟國人近速古王孫憶賴福留也"라고 하여 石野連이 백제국 사람 近速古王의 孫인 憶賴福留로부터 나왔다고 출자를 밝히고 있다.

63) 竹志麻呂는 正倉院文書 天平寶字 元年 4月日에, "職百齊郡南部郷戶主正六位下竹志麻呂戶口"(『大日本古文書』 13-220)라고 하여 攝津國 百濟郡 南部鄕의 호주 정6위하 竹志麻呂라고 나온다. 또 天平寶字 2년 2월의 "畵工司移東大寺佑竹志麻呂畵部"(『大日本古文書』 4-259)에도 화공사의 관인으로 그의 이름이 기록되어 있다. 이 밖에도 동족인 竹志의 씨명을 가진 자로는 竹志淨道(『大日本古文書』 13-220), 사경사인 竹志嶋足(『大日本古文書』 13-361), 竹志豊野(『大日本古文書』 24-166), 竹志眞咋麻呂(『大日本古文書』 4-356) 등이 있다.

生河内 등 2인에게 淸湍連을, 面得敬[64] 등 4인에게 春野連을, 高牛養[65] 등 8인에게 淨野造을, 卓杲智[66] 등 2인에게 御池造를, 延爾豊成 등 4인에게 長沼造를, 伊志麻呂에게 福地造를, 陽麻呂에게 高代造를, 烏那龍神에게 水雄造를, 科野友麻呂[67] 등 2인에게 淸田造를, 斯﨟國足[68] 등 2인에게 淸海造를, 佐魯牛養[69] 등 3인에게 小川造를, 王寶受 등 4인에게 楊津造를, 答他伊奈麻呂[70] 등 5인에게 中野造를, 調阿氣麻呂[71] 등 20인에게 豊田造를, 高麗人 達沙,[72] 仁德 등 2인에게

---

64) 面氏도 백제계 후예씨족으로 面德鏡으로도 나온다. 정창원문서에 사경사로 이름이 산견된다. 天平 5년 정월 皇后宮寫經所(『大日本古文書』 7-34), 天平 11년 4월 寫經司(『大日本古文書』 2-162), 天平 15년 7월(『大日本古文書』 8-226)에 寫官一切經에서 사경에 종사한 기록이 나온다. 『신찬성씨록』 우경제번하에 面得敬이 사성받은 春野連은 百濟 速古王의 孫 比流王으로부터 출자를 구하고 있다.

65) 高氏는 고구려계 씨족에 산견되는데 高牛養은 백제계 도래씨족이다. 天平神護 2년(766) 12월 무신조에 淸野連으로 개성한다.

66) 卓杲智는 백제계 卓氏. 『古事記』 應神天皇段에 手人韓鍛으로서 卓素라는 인물이 나온다. 『신찬성씨록』 우경제번하에 御池造의 출자는 백제국 扶餘地 卓斤國主 施比王으로부터 나왔다고 한다. 卓斤은 『삼국사기』 지리지3 「남원소경」조에 "德殷郡은 본래 백제 德近郡인데, 경덕왕 때 개명하였다. 지금의 德恩郡이다"라고 하고, 동 지리지4 「도독부 13현」조에 "得安縣은 본래 德近支"라고 기록하고 있다. 卓斤(德近)은 지금의 충청남도 은진으로 추정된다. 따라서 卓氏도 지명에 근거한 씨명으로 생각된다. 한편 가야의 1국인 卓淳國의 卓과 관련이 있는지에 대해서는 알 수 없다.

67) 科野友麻呂의 科野氏는 倭系百濟官人으로 일본에 파견된 바 있다. 科野氏는 『일본서기』 欽明紀 14년 정월조의 科野次酒, 동 8월조의 科野新羅 등이 있으며, 이들은 백제 멸망기에 망명하여 다시 본향으로 귀속하였다.

68) 斯﨟氏는 백제의 복성으로 추정되는 최초의 사례이다.

69) 佐魯牛養의 佐魯氏에 대해서는 『일본서기』 顯宗紀 3년 시세조에 任那의 左魯那奇他甲背, 동 欽明紀 2년 7월조에 이른바 임나일본부의 관인으로 나오는 佐魯麻都라는 인물이 있다. 佐魯라는 씨명이 이들 인물과 관련성이 있다고 생각되지만, 실태는 불명이다.

70) 答他氏에 대해서는, 『신찬성씨록』 우경제번하에 中野造의 출자가 백제국인 杵率 答他斯智의 후예라고 기록되어 있다. 答他氏는 정창원문서에도 나온다. 天平感寶 원년(749) 윤5월 10일부의 「千部法華經充本帳」(『大日本古文書』 3-223)과 天平感寶 원년 6월 7일부 「寫經檢定帳」(『大日本古文書』 3-249)에 答他乙萬呂가 사경소에서 근무한 상황이 기록되어 있다. 또 神護慶雲 4년(770) 6월 13일부 「奉寫一切經墨紙筆用帳」(『大日本古文書』 6-21) 등 사경소 문서에 答他虫萬呂라는 동족의 인명이 산견되고 있다. 答他氏와 씨명이 유사한 씨족으로는 백제망명자 答本氏가 있다. 『일본서기』 天智 4년(665) 8월조에 달솔 答本春初가 보이고, 『속일본기』 神龜 원년(724) 5월 신미조에 정8위상 答本陽春이 마전련의 씨성을 받았다고 기록되어 있다.

71) 調氏는 백제의 씨명으로 생각되는데, 『삼국사기』 등 국내 사서나 기타의 일본 정사에도 나오지 않는다. 정창원문서에는 調大山(『大日本古文書』 24-556), 調乙万呂(『大日本古文書』 15-158), 調玉造(『大日本古文書』 15-441), 調乙麻呂(『大日本古文書』 24-556) 등이

朝日連을, 上部王虫麻呂[73]에게 豊原連을, 前部高文信[74]에게 福當連을, 前部白公[75] 등 6인에게 御坂連을, 後部王安成 등 2인에게 高里連을, 後部高吳野에게 大井連을, 上部王彌夜大理 등 10인에게 豊原造를, 前部選理 등 3인에게 柿井造를, 上部君足 등 2인에게 雄坂造를, 前部安人에게 御坂造를, 신라인 新良木舍姓縣麻呂[76] 등 7인에게 淸住造를, 須布呂比滿麻呂 등 13인에게 狩高造를, 漢人 伯德廣足 등 6인에게 雲梯連[77]을, 伯德諸足 등 2인에게 雲梯造의 씨성을 내렸다.

갑진(19일), 京戶의 백성이 과역을 기피하기 위해 (왕경) 이외의 국으로 부랑하여 상습화되어 있고 그 수가 실로 많다. (그들을) 각각의 소재지에 정착시켜 구분전을 지급하였다.

정미(22일), 외종5위하 宍人朝臣和麻呂를 佐渡守로 삼았다.

무신(23일), 종6위하 大神東女 등 16인에게 播磨國의 稻를 사람마다 6백속을 지급하였다. 고령자를 우대하기 위해서이다.

나온다.

72) 達沙는 씨명으로 이해 5월 병신조에 左兵衛 河内國 志紀郡 사람 정8위상 達沙仁德, 산위 정6위하 達沙牛養 등의 인명이 나온다. 다만 達沙仁德이라는 인물은 씨명이 達沙이고 仁德이 인명인데, 상기 본문에서는 達沙, 仁德 모두 씨명으로 되어 있어 혼란을 일으키고 있다.

73) 上部王虫麻呂는 上部王이 씨명으로, 일본에 이주후에 원래의 씨명인 '王'에다가 部名인 上部를 관칭한 것이다. 『신찬성씨록』 좌경제번하에 豊原連은 高麗國 사람 上部王虫麻呂로부터 나왔다고 하는 출자를 밝히고 있다.

74) 원래의 高氏에 고구려 5부의 하나인 前部를 관칭한 前部高를 씨명으로 한 것이다. 이 시기에 와서 福當連으로 개성한 것인데, 『신찬성씨록』 좌경제번하에는 복당련의 선조가 고구려 사람 前部能婁로부터 나왔다는 출자를 밝히고 있다. 『일본서기』 天智 5년(666) 정월조에 고구려가 前部能婁 등을 파견한 기사가 나오고, 동 5년 6월조에는 귀국 기사가 있다. 고구려 멸망 이후 재차 망명한 것으로 보인다. 前部能婁의 원래 성이 高氏였음을 알 수 있다.

75) 고구려계 씨족으로 『신찬성씨록』에는 출자가 나오지 않는다. 이하 後部王安成, 上部王彌夜大理, 前部選理, 上部君足, 前部安人 등도 고구려 5부명을 관칭한 씨족으로 개성한 씨성을 가진 인물들은 『신찬성씨록』에 보이지 않는다.

76) 新良木舍姓縣麻呂는 新良木舍姓이 씨명이고 縣麻呂가 인명으로 보이는데, 혹은 新良木舍의 성이라고도 이해할 수 있다. 新良木은 신라의 일본식 발음 '시라기'로 신라계 씨족이다.

77) 『신찬성씨록』 우경제번하에, "雲梯連은 高向村主와 同祖이며, 宗寶德公의 후손이다"라고 나온다. 雲梯의 씨명은 大和國 高市郡 雲梯鄕의 지명에서 유래한다. 高向村主는 백제계 도래씨족의 후예씨족이다. 이에 대해서는 권18, 天平勝寶 2년(750) 하4월조 112쪽 각주 19) 참조.

기유(24일), 葦原王이 예리한 칼로 살인을 하여 龍田眞人의 성을 내리고 多褹嶋로 유배보냈다. (왕의) 아들 딸 6인도 따라가게 하였다. 葦原王은 3품 忍壁親王의 손이고, 종4위하 山前王의 아들이다. 천성이 흉악하고 술집에서 노는 것을 좋아하였다. 때에 御使連麻呂와 도박을 하고 술을 마시면서 갑자기 화를 내며 찔러 죽이고 넓적다리 살을 베어 가슴위에 놓고 잘게 썰었다. 다른 죄상도 명백히 드러나 소관 관사에서 천황에게 그 죄를 주청하였다. 천황은 종실인 까닭에 법에 따라 용서하지 않고, 왕명을 삭제하고 유형에 처했다.

하4월 계해(9일), 산위 종3위 巨勢朝臣關麻呂가 죽었다. 難破長柄豊崎朝[78] 대신 大繡[79] 德太古의 증손이고, 종5위상 小邑治의 자이다. 그 백부 中納言 정3위 邑治가 양자로 삼고, 그 뒤를 이었다. 여러 관직을 역임하고 드디어 참의에 서임되었다. 병으로 휴직했지만, 휴가기간이 만료되어 해임되었다.

을해(21일), 외종5위하 稻蜂間連仲村賣의 친족인 稻蜂間首醜麻呂 등 8인에게 稻蜂間連의 성을 내렸다.

신사(27일), 정5위하 石川朝臣豊成에게 정5위상을 내렸다.

5월 임진(9일), 종5위하 高圓朝臣廣世를 攝津亮으로 삼고, 종5위하 紀朝臣伊保를 相摸守로 삼았다.

병신(13일), 左兵衛 河內國 志紀郡 사람 정8위상 達沙仁德, 산위 정6위하 達沙牛養 2인에게 朝日連의 성을 내렸는데, 후에 嶋野連으로 개성하였다.

병오(23일), 산위 외종5위하 物部山背, 정6위하 日佐若麻呂[80]에게 기내의 저수지, 보, 제방, 용수로에 적합한 곳을 시찰하게 하였다.

6월 경신(7일), 황태후의 1주기 재회를 아미타정토원에서 열었다. 그 정토

---

78) 孝德朝.

79) 大化 3년 13계 관위 및 大化 5년 19계 관위의 제3등.

80) 日佐氏는 『新撰姓氏錄』 山城國皇別에 紀朝臣과 同祖이고 武內宿禰의 후손으로 나온다. 欽明天皇 치세에 동족 4인과 국민 35인을 이끌고 도래하니 이를 가상히 여겨 이들 39인을 통역으로 삼고, 또 通譯의 직장을 맡은 까닭에 당시 사람들이 譯氏라고 칭했다고 한다. 일족으로는 日佐膳夫(『大日本古文書』 4-15), 日佐眞月(『大日本古文書』 5-261), 日佐方麻呂, 日佐人上(『日本後紀』 延曆 24년 2월 경술조) 등이 있다. 『일본서기』 흠명기 15년(554) 정월조에서 백제가 前部施德日佐分屋 등을 축자에 보낸 기사는 日佐氏가 백제계 이주민 집단이었음을 보여주는 기록이다.

원은 법화사 경내의 서남쪽에 있고, 1주기 재회를 위해 조영한 것이다. 천하 제국의 각 국분니사에 아미타장육상 1구, 협시보살상 2구를 만들게 하였다.

신유(8일), 山階寺[81]에 매년 황태후 기일에 梵網經을 강설하게 하였다. 평성경 남쪽의 전지 40정을 희사하여 그 비용에 충당하게 하였다. 또 10정의 전지를 법화사에 희사하고, 매년 기일로부터 17일간 승 10인을 청하여 아미타불을 예배하게 하였다.

경오(17일), 종5위하 大野朝臣廣立을 若狹守로 삼았다. 大和介 종5위상 日置造眞卯에게 관에서 몰수한 벼 1천속을 내렸다. 청렴하고 성실한 근무에 포상한 것이다.

기묘(26일), 정4위하 文室眞人大市, 종5위상 國中連公麻呂,[82] 종5위하 長野連公足에게 각각 위계 1계를 내렸다. 종3위 粟田女王, 정4위상 小長谷女王에게 함께 관의 1계를 올려 주었다. 종4위하 紀女王에게 종3위를, 정5위하 粟田朝臣深見에게 종4위하를, 정5위하 飯高公笠目·藏毘登於須美, 종5위상 熊野直廣濱·多氣宿禰弟女·多可連淨日[83]에게 함께 관위 1계를 올려 주었다. 외종5위상 錦部連河內,[84] 외종5위하 忍海連致·尾張宿禰若刀自에게 함께 종5위하를, 종7위상 大鹿臣子虫에게 외종5위하를 내렸다. 황태후 1주기의 재회에 봉사했기 때문이다.

신사(28일), 조를 내려, "재회 때에 봉사한 각종 공인의 將領[85] 등에게

81) 후에 興福寺. 藤原家의 氏寺.

82) 寶龜 5년 10월 기사조의 國中連公麻呂 卒年 기사에 그의 선조는 백제 멸망 이후 天智 2년(663)에 망명한 백제인 國骨富의 손자로 나온다. 改姓되기 이전의 이름은 國君麻呂이다. 동대사 조영에 큰 공을 세운 인물로 알려져 있다.

83) 天平寶字 2년 6월 갑진조에 나오는 改賜姓된 관인 중에서 고구려계 씨족인 高麗使主淨日과 동일 인물. 이때 高麗使主淨日은 內侍司의 典侍로 종4위하의 女官이었고, 동족 5인과 함께 多可連으로 개성하였다.

84) 天平 8년 8월에 「內侍司牒」(『大日本古文書』 2-8)에 錦部連川內라고 서명하고 있고, 天平勝寶에서 天平寶字 연간에 內侍, 命婦로서 사경의 일에 관여하였다(『大日本古文書』 3-599). 錦部連은 錦織連이라고도 하며, 天武 10년, 동 23년에 造에서 連으로 사성받았다. 『신찬성씨록』 河內國諸蕃, 和泉國諸蕃에 백제국 速古大王의 후예인 백제계 씨족으로 나온다.

85) 공인들을 이끌고 공사를 담당하는 일종의 십장.

그 노고에 따라 위계 혹은 근무평정의 대상으로 하였다. 아직 관인으로 출사하지 않은 자는 해당 관사에서 근무평정을 받을 수 있도록 하였다.

추7월 계미삭(1일), 일식이 있었다.

갑신(2일), 서해도순찰사 武部省 少輔 종5위하 紀朝臣牛養 등이 주언하기를, "무기류의 준비는 제국이 동일하게 하도록 되어 있다. 지금 서해제국은 연간 정해진 무기를 만들지 않고 있다. 이미 (이들 지역은) 변경의 요충지라고 한다. 불의의 사태에 대비해야 한다"라고 하였다. 이에 筑前, 筑後, 肥前, 肥後, 豊前, 豊後, 日向 등의 제국에 명해서, 갑옷, 도검, 활, 화살을 만들어 각각 소정의 수량을 갖추게 하고, 매년 그 견본을 대재부에 보고하도록 하였다.

신축(19일), 遠江國 荒玉河의 제방이 300여장에 걸쳐 유실되었다. 연인원 33,700여 인을 사역시켜서 식량을 지급하고 수축하였다.

8월 계축삭(1일), (천황은 다음과 같이) 칙을 내렸다.

"요즈음 7도 순찰사가 올린 주상을 보면, 이제까지 1국의 國守도 공평하게 정치를 행하는 자가 없다. 가만히 생각해 보니, 탐욕하고 혼탁한 사람이 많고 청렴결백한 관리는 적다. 짐이 듣는 바로는, 현명하고 사리에 밝은 사람에게 관직을 주지 않으면 모든 일은 전부 치우치게 되고, 인재를 얻어 맡기면 많은 정무는 모두 잘 다스려진다고 한다. 국사라고 하는 직은 오로지 백성의 호적을 스스로 관리하고 그 풍속을 잘 이끌어 장려하고 백성을 보살피는 일이다. 특히 엄정하게 인선하여 반드시 직무에 적합하게 임명해야 한다. 집에서도 효행이 없고, 나라에 대해서도 충심이 없고, 이익을 위해서는 비리를 행하고, 재물 앞에서 부끄러움을 잊고, 윗사람을 대함에 예의에 어긋나게 하고 아래 사람을 접해서는 부당한 일이 많다. 정치를 행함에 자애심이 없고 백성에게 심한 고통을 주고, 변경의 요지에 보내려고 하면 거짓으로 중병을 빙자하고, 권세있는 관을 임명하려는 경우에는 앞다투어 자신이 선택받으려고 하고, (성인의) 가르침을 들으려고 하지 않고, 법령을 따르려고 하지 않고, 오직 정성을 다해 마음을 기울이는 것은 단지 이익을 보는 것 만이다. 교묘하게 국가의 법을 농단하여 점차 천황의 덕화를 더럽히고 있다. 이와 같은 행위는 풍속을 해치고 혼란시키는 것이다. 비록 周公과 같은 재능이 있다고 해도 짐은 주목하지 않는다. 지금 이후로 (이러한 자들은) 다시는 임명하지 말아야 한다. (그들을) 향리로 돌려보내 경작에 종사하도록 한다. 만약 과오를 뉘우치고 마음을 새롭게 한다면, 반드시 상을 내려야 할 것이다. 잘못된 길로 들어서 돌아오지 않는다면 영구히 해임하여 물러나게 한다. 두루 모든 지역에 고지하여 사람들에게 가르쳐 깨우치도록 한다".

美作介 종5위하 縣犬養宿禰沙彌麻呂는 장관을 거치지 않고 국정을 멋대로 행하고 홀로 관사에서 공문에 날인하고 아울러 시가에 의하지 않고 백성의 물품을 강제적으로 사들였다.[86] 장관 정4위상 紀朝臣飯麻呂에게 고발당하여 관직을 상실하였다.[87]

갑자,[88] 高野天皇[89] 및 帝[90]가 약사사에 행차하여 예불을 올렸다. 정원에서 吳樂을 연주시키고 목면 1천둔을 시주하였다. 이어 授刀督[91] 정4위상 藤原朝臣御楯의 사저에 가서 주연을 열고, 御楯에게 정4위상을, 그의 처 종4위하 藤原惠美朝臣兒從에게 정54위하를 내렸다.

갑자(12일), 藤原河淸을 맞이하러 간 사절 高元度 등이 당에서 돌아왔다. 처음에 고원도가 사명을 받들고 발해도를 취하여 (발해의) 하정사 揚方慶 등을 따라 당에 들어가 일을 마치고 돌아오려고 했는데, 병기의 견본인 갑주 1벌, 도검 1개, 창 1개, 화살 2개를 고원도에게 지급하였다. 또 (황제의) 內使가 칙을 내리며 말하기를, "특진한 비서감 등원하청은 지금 사신이 주상한 바에 따라 귀국시키려고 한다. 다만 (반란을 일으킨) 여적들이 아직 평정되지 않아 도로가 위험이 많다. 고원도는 남로를 취해 먼저 귀국시키고 보고하도록 한다"라고 하였다. 그리고 中謁者[92] 謝時和에게 명하여 元度 등을 데리고

86) 「職制律」52에는 監臨官이 "强市者, 笞五十〈謂, 以威力若力强買物者, 雖復當價, 猶笞五十〉"이라고 규정되어 있다. 아마도 관리 관독관이 강제적으로 백성들로부터 시가보다 싸게 물건을 사들여 고가에 되팔아 이익을 남기는 행위를 가리키는 듯하다.

87) 이해 10월 임자조에는 大膳亮으로 관직에 복귀하고 있다.

88) 이달의 甲子는 다음에 나오는 12일이고, 이 조문은 甲寅(2일)의 오류로 보인다.

89) 孝謙太上天皇.

90) 淳仁天皇.

91) 授刀衛의 장관. 천황 및 황태자에게 근시하며 경호를 담당하였다. 5위부를 보완할 목적으로 授刀舍人寮를 개편하여 天平寶字 3년(759)에 설치한 令外官으로, 天平神護 원년(765)에 近衛府가 되고, 大同 2년(807)에 左近衛府로 개편하였다.

92) 內侍省 소속의 환관.

蘇州로 가게하고, 刺史 李岵와 平章에게 8장 크기의 배 1척을 만들어 아울러 押水手官[93])으로서 越州浦陽府의 무관인 賞紫金魚袋[94]) 沈惟岳[95]) 등 9인과 水夫 越州浦陽府의 별장인 賜緑[96]) 陸張什 등 30인을 보내 고원도 등을 귀국시키게 하였다. (일행을) 大宰府에 안치하였다.

기묘(27일), 今良[97]) 366인을 左右京, 大和, 山背, 伊勢, 參河, 下總 등 京職과 諸國의 호적에 편입시켰다.

신사(29일), 그믐의 大秡을 행하였다. 내친왕을 이세신궁의 齋王으로 출발시키기 위해서였다.

9월 을유(4일), 命婦 종3위 曾禰連伊賀牟志가 죽었다.

동10월 임자삭(1일), 종5위하 菅生王을 少納言으로 삼고, 종5위하 紀朝臣牛養을 信部少輔로 삼고, 종5위하 尾張王을 大監物로 삼고, 종5위하 石川朝臣弟人을 玄番頭로 삼고, 종5위상 粟田朝臣人成을 仁部大輔로 삼고, 종5위하 榎井朝臣小祖父를 少輔로 삼고, 종5위하 柿本朝臣市守를 主計頭로 삼고, 明法博士 외종5위하 山田連銀[98])에게 主計助를 겸식시키고, 종5위하 大伴宿禰東人을 武部少輔로

---

93) 선원들을 감독하는 관.

94) 지위를 표시하는 朝服의 장식.

95) 唐 사절 沈惟岳 일행은 일본 견당사 일행의 귀국길에 동행했다가 돌아가지 못하고 전원 일본에 귀화, 정주하였다. 寶龜 11년(780) 심유악은 종5위하에 서위되고 清海宿禰의 시성을 받아 左京에 편호되었다. 延暦 8년(789) 美作權掾에 임명되었다.

96) 관품 6, 7품의 조복의 색. 신분을 나타낸다.

97) 官戶. 官奴婢에서 해방되어 제 관사에서 잡역에 종사하는 자들을 공민으로서 왕경과 제국 호적에 등록시키게 한 것이다. 『신찬성씨록』 좌경제번상에, "清海宿禰, 出自唐人從五位下沈惟岳也"라고 하여 清海宿禰는 당인 종5위하 沈惟岳으로부터 나왔다고 출자를 밝히고 있다. 화천국신별 「清海忌寸」조에는 심유악과 같은 시기에 온 沈庭勗의 후예씨족으로 清海忌寸이 나온다. 또 『속일본기』 天平寶字 5년(761) 3월조에 백제인 斯臈國足 등 2인에게 清海造의 성을 주었다고 하여 백제인 청해조씨도 보인다.

98) 개성하기 전의 百濟人成. 山田連白金으로도 표기한다. 天長 3년(826) 10월 5일의 太政官符(令義解 수록)에 인용된 額田今足의 解文에는, 「養老年中」에 藤原不比等이 율령을 편찬할 때 5인의 박사 이름을 거론하고 있는데, 百濟人成은 山田連白金으로 개성, 개명하여 나온다. 白金은 銀으로도 쓴다. 天平寶字 원년 12월 이후에는 山田史銀(후에 山田連으로 개성)이 나오는 동 2년 7월까지 山田白金은 天平寶字 2년 7월에 정6위상에서 외종5위하로 승서되고, 동 3년 12월에 連으로 개성하였다. 동 5년 10월에는 명법박사로 主計助를 겸직하고, 동 7년 4월에 河內介에 임명되었다. 『文德實錄』 天安 2년 6월 기유조 大學助 山田連春城의 졸년 기사에 따르면, 그의 증조부인 白金은 明法博士로 율령의 뜻을 통달하였고, 후에 법률을 배우는 자는 모두 그 학설을 준거로 삼았다고

삼고, 종5위하 石川朝臣人成을 節部大輔로 삼고, 외종5위하 陽侯毘登玲珍을 漆部正으로 삼고, 종5위하 縣犬養宿禰沙彌麻呂를 大膳亮으로 삼고, 종5위하 忌部宿禰鳥麻呂를 木工助로 삼고, 종5위하 阿倍朝臣意宇麻呂를 大炊頭로 삼고, 종5위하 大坂王을 正親正으로 삼고, 종5위하 布施王을 內染正으로 삼고, 정5위하 國中連公麻呂[99]를 造東大寺 차관으로 삼고, 종5위하 高圓朝臣廣世를 尾張守로 삼고, 종5위하 山口忌寸沙彌麻呂를 甲斐守로 삼고, 종5위하 高麗朝臣大山[100]을 武藏介로 삼고, 외종5위하 上毛野公牛養을 能登守로 삼고, 외종5위하 蜜奚野를 越中員外介로 삼고, 종5위상 長野連公足을 丹後守로 삼고, 정4위상 文室眞人大市를 出雲守로 삼고, 종5위상 甘南備眞人伊香을 美作介로 삼고, 종5위상 豊野眞人出雲을 安藝守로 삼고, 종5위상 縣犬養宿禰古麻呂를 筑後守로 삼고, 종5위하 池田朝臣足繼를 豊後守로 삼았다.

신유(10일), 종5위상 上毛野公廣濱, 외종5위하 廣田連小床,[101] 6위 이하의 관 6인을 보내 견당사선 4척을 安藝國에 만들도록 하였다. 東海, 東山, 北陸, 山陰, 山陽, 南海 등 제도, 제국에 우각 7,800개를 공상시켰다. 처음에 고원도가 당에서 돌아오는 날, 당황제가 말하기를, "안록산의 난으로 병기가 많이 손실되었다. 지금 활궁을 만들려고 교대로 우각을 구하고 있다. 들은 바로는 일본에 우각이 많이 있다고 한다. 경이 귀국하면, (짐을) 위해 구해서 파견한 사자 편에 보내도록 하라"고 하였다. 이에 (우각을) 비축하게 되었다.

임술(11일), 內舍人 정8위상 御方廣名 등 3인에게 御方宿禰의 성을 내렸다. 또 大師[102]에게 벼 1백만속을, 3품 船親王·池田親王에게 각각 10만속을, 정3위

한다. 『신찬성씨록』 逸文에는 "百濟氏는 백제국의 牟利加佐王의 후손"으로 나온다.

99) 天智 2년(663)에 망명한 백제인 國骨富의 손자.

100) 고구려계 도래씨족의 후예. 背奈福德의 孫이고, 大學助 背奈行文의 子이다. 天平勝寶 2년(750)에 일족과 함께 高麗朝臣으로 개성하고, 동 4년에 遣唐使 判官으로 파견되었다가 동 6년에 귀국하여 종5위하로 승진되었다. 『신찬성씨록』 좌경제번 「고려」조에는 "高麗朝臣은 고구려왕 好台 7세손 延典王으로부터 나왔다"라고 기록되어 있다. 호태왕은 광개토왕으로 그 7세손에 해당한다.

101) 天平寶字 2년 9월 을묘조에는 "右京人正六位上辛男床等一十六人賜姓廣田連"이라고 하여 辛男床 등 일족에게 廣田連의 씨성을 내렸다고 한다. 辛男床은 동년 8월조에 나오는 외종5위하로 승진한 辛小床과 동일 인물로, 바로 廣田連小床이다. 한편 『신찬성씨록』 좌경제번하에 廣田連은 "出自百濟國人辛臣君也", 즉 백제인 辛臣君으로부터 나왔다고 하여 백제계 도래씨족의 후예임을 알 수 있다.

石川朝臣年足·文室眞人淨三에게 각각 4만속을, 2품 井上內親王에게 10만속을, 4품 飛鳥田內親王, 정3위 縣犬養夫人·粟田女王·陽侯女王에게 각각 4만속을 내렸다. 왕도를 保良으로 옮기기 위해서이다.

갑자(13일), (천황이) 保良宮[103)]으로 순행하였다.

경오(19일), (천황이) 近江按察使 藤原御楯의 저택에 행차하였다. 이후 이동해서 大師에 가서 주연을 베풀고 관물을 차등있게 내렸다. 연회는 즐거움을 만끽하고 마쳤다.

계유(22일), 右虎賁衛督 종4위하 仲眞人石伴을 견당대사로 삼고, 上總守 종5위상 石上朝臣宅嗣를 부사로 삼고, 武藏介 종5위하 高麗朝臣大山을 遣高麗使로 삼았다. 또 종4위하 藤原惠美朝臣朝獵을 仁部卿으로 삼고, 陸奧出羽按察使는 종전대로 하였다. 종4위하 和氣王을 節部卿으로 삼고, 종5위하 藤原惠美朝臣辛加知를 左虎賁衛督으로 삼고, 종4위하 仲眞人石伴을 播磨守로 삼았다.

기묘(28일), 조를 내려, "평성궁을 개조하기 위해 (천황은) 잠시 近江國保良宮으로 이주하였다. 이에 국사, 史生 이상의 봉사자와 아울러 造宮使 藤原朝臣田麻呂 등에게 위계를 내리고, 郡司에게는 물품을 지급하고, 해당국의 백성 및 좌우경, 大和, 和泉, 山背 등 제국의 금년도 전조를 면제하였다. 또 天平寶字 5년 10월 16일 동트기 이전에 일어난 近江國의 각종 범죄로서 사형죄 이하는 모두 다 사면한다"라고 하였다. 정4위하 藤原朝臣御楯에게 종3위를, 종5위하 藤原朝臣田麻呂·巨曾倍朝臣難波麻呂·中臣丸連張弓에게 함께 종5위상을, 정6위상 椋垣忌寸吉麻呂·葛井連根主[104)]에게 함께 외종5위하를 내렸다.

이날, 칙을 내려, "짐이 생각하는 바가 있어, 北京[105)]을 조영하려고 한다. 그 때문에 잠시 옮겨서 이 지역을 살펴보니, 백성이 심히 과역의 징발로 고생하고 있다. 자애심을 갖고 어떻게 이를 불쌍히 여기지 않을 수가 있겠는

---

102) 藤原惠美押勝. 개명 전의 藤原仲麻呂.

103) 保良宮은 近江國에 조영된 궁으로 平城京의 북쪽 都라고 하여 北京라고 하였다.

104) 葛井連은 백제계 도래씨족. 天平寶字 8년 備中介, 阿波守를 역임하였다. 寶龜 2년(771)에 종5위하에 오르고, 延曆 원년(782)에 木工頭에 임명되었다. 동 2년에 종5위상에 서위되었고, 동 4년에 伊豫守, 동 9년에 大膳亮이 되고, 동 10년에는 정5위하에 이르렀다.

105) 北都라는 뜻의 北京은 중국 당이 설치한 5경 중 하나로 지금의 太原이다. 일본에서는 近江의 保良宮을 중심으로 한 왕경을 가리키며, 天寶 원년(742)에 北京으로 개칭되었다.

가. 都[北京]에 가까운 2군[106]을 영구히 畿縣으로 하고 庸을 정지하고 調는 납입하도록 한다. 調의 수량은 京에 준하도록 한다[107]"라고 하였다.

11월 계미(3일), 迎藤原河清使[108] 외종5위하 高元度에게 종5위하를 내렸다. 그 錄事 羽栗翔은 藤原河淸이 있는 곳에 머물고 돌아오지 않았다.

정유(17일), 종4위하 藤原惠美朝臣朝狩를 東海道節度使로 삼고, 정5위하 百濟朝臣足人,[109] 종5위상 田中朝臣多太麻呂를 부사로 삼고, 그 외에 판관 4인, 녹사 4인으로 구성하였다 그 관할 지역은 遠江, 駿河, 伊豆, 甲斐, 相摸, 安房, 上總, 下總, 常陸, 上野, 武藏, 下野 등 12국이고, 선박 152척, 병사 15,700인, (郡司의) 자제[110] 78인, 水手 7,520인을 검열하고 통제한다. (징발된) 인수 중에 2,400인은 肥前國에서, 200인은 對馬嶋에서 징발한다.

종3위 百濟王敬福을 南海道使로 삼고, 종5위상 藤原朝臣田麻呂, 종5위하 小野朝臣石根을 부사로 삼았다. 그 외 판관 4인, 녹사 4인으로 구성하였다. (관할 지역은) 紀伊, 阿波, 讚岐, 伊豫, 土左, 播磨, 美作, 備前, 備中, 備後, 安藝, 周防 등 12국으로 선박 121척, 병사 12,500인, 자제 62인, 수부 4,920인이다.

정4위하 吉備朝臣眞備를 西海道使로 삼고, 종5위상 多治比眞人土作·佐伯宿禰美濃麻呂를 부사로 삼고, 그 외 판관 4인, 녹사 4인으로 구성하였다. (관할 지역은) 筑前, 筑後, 肥後, 豊前, 豊後, 日向, 大隅, 薩摩 등 8국으로 선박 121척, 병사 12,500인, 자제 62인, 水手 4,920인이다. 모두 3년간 전조를 면제하고, 궁마의 훈련을 시키고 아울러 5행의 진법을 훈련하여 배우게 하였다. 그 외의 남은 병사는 병기의 제조에 사역시켰다.

12월 무오(8일), 정5위상 藤原朝臣家兒에게 종4위하를, 무위 大伴宿禰諸刀自

---

106) 滋賀郡과 栗太郡.

107) 「賦役令」4에는 "中男及京畿內, 不在收庸之例"라는 규정으로부터 京畿 지역의 백성은 庸을 면제받고, 「賦役令」1에는 "京及畿內, 皆正丁一人, 調布一杖三尺"으로부터 調의 2분의 1만 납부한다.

108) 藤原淸河를 중국식으로 藤原河淸이라고 표기한 것이다. 寶龜 10년 2월 을해조에 따르면 그는 藤原房前의 제4자이며, 天平勝寶 2년 9월에 견당대사로 임명되어 大伴古麻呂, 吉備眞備와 함께 당에 건너간 후 이름을 河淸으로 고쳤다.

109) 권20, 天平寶字 원년(757) 5월 기유조 해당 각주 참조.

110) 郡司의 子弟는 國學 입학(「學令」2), 兵衛 出仕(「軍防令」38)라는 특권을 갖고, 율령관인으로 나아가는 등 郡領 씨족의 재생산 계층이다.

에게 종5위하를 내렸다.

병인(16일), 당인 외종5위하 李元環[111]에게 李忌寸의 성을 내렸다.

『속일본기』 권제23

111) 『신찬성씨록』 좌경제번상에 "清宗宿禰, 唐人正五位下李元環之後也"라고 하여 清宗宿禰는 唐人 정5위하 李元環의 후손이라고 하는 출자가 기록되어 있다. 천평보자 7년(763) 정월조에 외종5위하 李忌寸元環을 織部正으로 삼고 出雲介는 그대로 유지하였다고 한다. 직부정은 율령제 하에서 대장성에 소속되어 錦, 綾 등의 직물과 염색 등을 담당하던 관부이다. 天平神護 2년(766) 10월조에는 종5위하에서 종5위상으로 진급하였고, 사리 봉안식에서 당악을 연주하였다. 寶龜 2년(771) 11월에는 정5위하로 진급하였다.

續日本紀卷第二十三

〈起天平寶字四年七月, 盡五年十二月.〉

右大臣從二位兼行皇太子傅中衛大將臣藤原朝臣繼繩等奉勅撰

廢帝

◯ **天平寶字四**年秋七月戊子朔, 日有蝕之, 庚戌, 大僧都良弁, 少僧都慈訓, 律師法進等奏曰, 良弁等聞, 法界混一. 凡聖之差未著. 斷證以降, 行住之科始異, 三賢十地, 所以開化衆生, 前佛後佛, 由之勸勉三乘. 良知, 非酬勳庸, 無用證眞之識, 不差行住, 詎勸流浪之徒. 今者, 像教將季, 緇侶稍怠. 若無褒貶, 何顯善惡. 望請, 制四位十三階, 以拔三學六宗, 就其十三階中. 三色師位并大法師位. 准勅授位記式. 自外之階, 准奏授位記式. 然則戒定惠行非獨昔時, 經論律旨方盛當今. 庶亦永息濫位之譏, 以興敦善之隆. 良弁等, 學非涉獵, 業惟淺近, 輒以管見, 略事採擇. 敍位節目, 具列別紙. 勅報曰, 省來表知具示, 勸誡緇徒, 實應利益, 分置四級, 恐致勞煩. 故其修行位, 誦持位, 唯用一色, 不爲數名. 若有誦經忘却, 戒行過失者, 待衆人知, 然後改正. 但師位等級, 宜如奏狀. 又勅曰, 東大寺封五千戶者, 平城宮御宇後太上天皇皇帝皇太后, 以去天平勝寶二年二月二十三日, 專自參向於東大寺, 永用件封入寺家訖. 而造寺了後, 種種用事未宜分明. 因茲, 今追議定營造修理塔寺精舍分一千戶, 供養三寶并常住僧分二千戶, 官家修行諸佛事分二千戶. 癸丑, 設皇太后七七齋於東大寺并京師諸小寺. 其天下諸國, 每國奉造阿彌陀淨土畫像. 仍計國內見僧尼, 寫稱讚淨土經, 各於國分金光明寺禮拜供養.

八月甲子, 勅曰, 子以祖爲尊, 祖以子亦貴. 此則不易之彝式, 聖主之善行也. 其先朝太政大臣藤原朝臣者, 非唯功高於天下, 是復皇家之外戚. 是以, 先朝贈正一位太政大臣, 斯實雖依我令, 已極官位. 而准周禮, 猶有不足, 竊思勳績蓋於宇宙, 朝賞未允人望. 宜依齊太公故事, 追以近江國十二郡, 封爲淡海公, 餘官如故. 繼室從一位縣狗養橘宿禰贈正一位, 以爲大夫人. 又得大師奏狀稱, 故臣父及叔者, 並爲聖代之棟梁, 共作明時之羽翼. 位已窮高, 官尙未足. 伏願, 廻臣所給太師之任, 欲讓南北兩左大臣者. 宜依所請. 南卿贈太政大臣, 北卿轉贈太政大臣. 庶使酬庸之典垂跡於將來, 事君之臣盡忠於後葉. 普告遐邇, 知朕意焉. 又勅, 大隅, 薩摩, 壹岐, 對馬, 多褹等司, 身居邊要, 稍苦飢寒, 擧乏官稻, 曾不得利. 欲運私物, 路險難通. 於理商量, 良須矜愍. 宜割大宰所管諸國地子各給. 守一萬束, 掾七千五百束, 目五千束, 史生二千五百束. 以資遠戍, 稍慰羈情. 以從四位下阿倍朝臣嶋麻呂爲參議. 辛未, 轉播磨國糒一千斛, 備前國五百斛, 備中國五百斛, 讚岐國一千斛, 以貯小治田宮. 乙亥, 幸小治田宮, 天下諸國當年調庸, 便卽收納. 己卯, 賜新京諸大小寺, 及僧綱大尼, 諸神主, 百官主典已上新錢, 各有差. 癸未, 施新京高年僧尼曜藏, 延秀等三十四人絁綿.

九月癸卯, 新羅國遣級飡金貞卷朝貢, 使陸奧按察使從四位下藤原惠美朝臣朝獵等問其來朝之由. 貞卷言曰, 不脩職貢, 久積年月. 是以, 本國王令齎御調貢進. 又無知聖朝風俗言語者, 仍進學語二人. 問曰, 凡是執玉帛行朝聘, 本以副忠信通禮義也. 新羅旣無言信. 又闕禮義, 弃本行末, 我國所賤. 又王子泰廉入朝之日. 申云, 每事遵古迹, 將供奉, 其後遣小野田守時, 彼國闕禮. 故田守不行使事而還歸. 王子尙猶無信, 況復輕使, 豈足爲據. 貞卷曰, 田守來日, 貞卷出爲外官. 亦復賤人不知細旨. 於是, 告貞卷曰, 使人輕微不足賓待. 宜從此却廻, 報汝本國, 以專對之人, 忠信之禮, 仍舊之調, 明驗之言, 四者備具, 乃宜來朝.

冬十月癸酉, 陸奧柵戶百姓等言, 遠離鄕關, 傍無親情, 吉凶不相問, 緩急不相救. 伏乞, 本居父母兄弟妻子, 同貫柵戶, 庶蒙安堵. 許之.

十一月壬辰, 勅, 先歲逆徒, 家挂羅網, 今年巡察, 人畏憲章. 古人有言, 盜窺財主有自來焉, 撫躬自訟, 責歸元首, 靜言興念, 憂心如灼. 書不云乎, 德惟善政, 政在養民. 今陽氣初萌, 日南旣至. 地惟育物, 天道更生. 思承地施仁, 順天降惠. 俾玆黔庶與時競新. 其自天平寶字四年十一月六日昧爽已前天下罪無輕重, 已發覺, 未發覺, 繫囚見徒, 幷逋租調官物未納已言上者悉赦除之. 但犯八虐, 故殺人, 私鑄錢, 叛徒隱不首者, 不在免限. 前年已赦, 今歲亦除. 竊恐, 人習寬容, 終無懲改. 冀令悉停前惡, 皆從後善. 其七道巡察使所勘出田者, 宜仰所司隨地多少, 量加全輸正丁, 若有不足國者, 以爲乘田, 遂使貧家繼業, 憂人息肩. 普告遐邇, 知朕意焉. 丙申, 遣授刀舍人春日部三關, 中衛舍人土師宿禰關成等六人於大宰府, 就大貳吉備朝臣眞備, 令習諸葛亮八陳, 孫子九地及結營向背, 丁酉, 送高南申使外從五位下陽侯史玲璆至自渤海, 授從五位下, 餘各有差. 丙午, 大臣已下參議已上, 夏冬衣服, 節級作差.

十二月戊辰, 勅, 准令給封戶事, 女悉減半者. 今尙侍尙藏, 職掌旣重. 宜異諸人, 量須全給, 其位田資人. 並亦如此. 又勅, 太皇太后宮, 皇太后御墓者, 自今以後, 並稱山陵. 其忌日者亦入國忌例, 設齋如式. 戊寅, 藥師寺僧華達, 俗名山村臣伎婆都. 與同寺僧範曜, 博戲爭道, 遂殺範曜. 還俗配陸奧國桃生柵戶.

◯ **五年**正春月丁亥朔, 廢朝. 以新宮未就也. 戊子, 帝臨軒. 文武百官主典已上依儀陪位. 授從三位文室眞人淨三正三位, 從五位下林王從五位上, 無位高嶋王, 布勢王, 忍坂王並從五位下, 從四位下阿倍朝臣嶋麻呂從四位上, 正五位上藤原朝臣魚名從四位下, 從五位下粟田朝臣人成, 藤原朝臣繩麻呂並從五位上, 正六位上藤原惠美朝臣辛加知, 安曇宿禰石成, 粟田朝臣足人, 石川朝臣弟人, 佐味朝臣伊與麻呂, 阿倍朝臣廣人, 當麻眞人高庭, 淡海眞人御船, 藤原朝臣田麻呂, 藤原朝臣黑麻呂, 石川朝臣名足並從五位下, 正六位上坂上忌寸老人, 村國連虫麻呂, 山田連古麻呂並外從五位下. 正四位下小長谷女王正四位上, 正五位上池上女王, 無位置始女王, 小葛女王並從四位下, 無位川上女王從五位下, 從五位上阿倍朝臣石井正五位下, 無位藤原惠美朝臣東子從五位上, 無位藤原惠美朝臣額, 橘宿禰眞都我並從五位下, 正六位上御間名人黑女, 正七位下壬生直小家主女, 從七位上稻蜂間連仲村女並外從五位下. 癸巳, 詔曰, 依有大史局奏事, 暫移而御小治田岡本宮. 是以, 大和國國司史生已上, 恪勤供奉者, 賜爵一階, 郡司者賜物. 百姓者免今年之調. 授守從四位下藤原惠美朝臣眞光從四位上, 介外從五位下山邊縣主男笠外從五位上, 大掾正六位下布勢朝臣淸道已下, 史生已上, 爵人一級. 賜郡司軍毅絁綿各有差. 乙未, 令美濃, 武藏二國少年, 每國二十人習新羅語. 爲征新羅也. 丁酉, 車駕至自小治田宮, 以武部曹司爲御在. 壬寅, 以從五位下粟田朝臣足人爲齋宮長官, 從五位下藤原朝臣濱足爲大判事, 外從五位下茨田宿禰枚野爲鑄錢次官, 從四位下藤原惠美朝臣久須麻呂爲大和守, 從五位下淡海眞人御船爲參河守, 外從五位下御杖連祖足爲相摸介, 從五位上石上朝臣宅嗣爲上總守, 外從五位下上毛野公牛養爲美濃介, 從五位下紀朝臣僧麻呂爲信濃介, 從五位上藤原朝臣宿奈麻呂爲上野守, 從五位下石川朝臣名足爲下野守, 從五位下高橋朝臣人足爲若狹守, 外從五位下高丘連比枝麻呂爲越前介, 從五位下阿倍朝臣廣人爲越中守, 外從五位下高松連笠麻呂爲備後介, 從五位下大伴宿禰益立爲陸奥鎭守副將軍鎭國驍騎將軍, 從四位上藤原惠美朝臣眞光爲兼美濃, 飛驒, 信濃按察使, 授刀督從四位上藤原朝臣御楯爲兼伊賀, 近江, 若狹按察. 癸卯, 以從五位下參河王爲和泉守, 從五位下賀茂朝臣鹽管爲土左守. 丁未, 使司門衛督正五位上粟田朝臣奈勢麻呂, 禮部少輔從五位下藤原朝臣田麻呂等, 六位已下官七人於保良京, 班給諸司史生已上宅地.

二月丙辰朔, 勅, 朕以餘閑歷覽前史, 皆降親王之禮, 並在三公之下. 是以別預議政者, 月料馬料, 春秋季祿, 夏冬衣服等, 其一品二品准御史大夫, 三品四品准中納言給之. 又勅, 中納言, 准格正四位上, 此則職掌旣重, 季祿尙少. 自今以後, 宜改爲從三位官, 其管左右京. 並任一人長官者, 名以爲尹, 官位准正四位下官. 戊午, 越前國加賀郡少領道公勝石, 出擧私稻六萬束, 以其違勅, 沒利稻三萬束.

三月丙戌朔, 乾政官奏曰, 外六位已下, 不在蔭親之限. 由此, 諸國郡司承家者, 已無官路, 潛抱憂嗟, 朝議平章, 別許少領已上嫡子出身. 遂使堂構無墜, 永世繼宗. 但貢兵衛者更不得重. 奏可. 乙未, 參議正四位下安倍朝臣嶋麻呂卒. 藤原朝右大臣從二位御主人之孫, 奈良朝中納言從三位廣庭之子也. 庚子, 百濟人余民善女等四人賜姓百濟公, 韓遠智等四人中山連, 王國嶋等五人楊津連, 甘良東人等三人淸篠連, 刀利甲斐麻呂等七人丘上連, 戶淨道等四人松井連, 憶賴子老等四十一人石野連, 竹志麻呂等四人坂原連, 生河內等二人淸湍連, 面得敬等四人春野連, 高牛養等八人淨野造, 卓杲智等二人御池造, 延爾豊成等四人長沼造, 伊志麻呂福地造, 陽麻呂高代造, 烏那龍神水雄造, 科野友麻呂等二人淸田造, 斯﨟國足二人淸海造, 佐魯牛養等三人小川造, 王寶受等四人楊津造, 荅他伊奈麻呂等五人中野造, 調阿氣麻呂等二十人豊田造. 高麗人達沙仁德等二人朝日連, 上部王虫麻呂豊原連, 前部高文信福當連, 前部白公等六人御坂連, 後部王安成等二人高里連, 後部高吳野大井連, 上部王彌夜大理等十人豊原造, 前部選理等三人柿井造, 上部君足等二人雄坂造, 前部安人御坂造. 新羅人新良木舍姓縣麻呂等七人淸住造, 須布呂比滿麻呂等十三人狩高造, 漢人伯德廣足等六人雲梯連, 伯德諸足等二人雲梯造. 甲辰, 京戶百姓規避課役, 浮宕外國, 習而爲常, 其數實繁, 各在所占著, 給其口田. 丁未, 以外從五位下宍人朝臣和麻呂爲佐渡守. 戊申, 賜從六位下大神東女等十六人播磨國稻人六百束. 優高年也. 己酉, 葦原王坐以刃殺人, 賜姓龍田眞人, 流多褹嶋, 男女六人復令相隨, 葦原王者, 三品忍壁親王之孫, 從四位下山前王之男. 天性凶惡, 喜遊酒肆, 時與御使連麻呂, 博飮忽發怒, 刺殺屠其股完, 便置胸上而膾之. 及他罪狀明白, 有司奏請其罪. 帝以宗室之故, 不忍致法. 仍除王名配流.

夏四月癸亥, 散位從三位巨勢朝臣關麻呂薨. 難破長柄豊崎朝大臣大繡德太古曾孫, 從五位上小邑治之子也. 其伯父中納言正三位邑治養之爲子. 遂承其後, 頻歷顯職, 遂拜參議. 以病歸休, 假滿解任. 乙亥, 外從五位下稻蜂間連仲村賣, 親族稻蜂間首醜麻呂等八人, 賜姓稻蜂間連. 辛巳, 授正五位下石川朝臣豊成正五位上.

五月壬辰, 從五位下高圓朝臣廣世爲攝津亮, 從五位下紀朝臣伊保爲相摸守. 丙申, 左兵衛河內國志紀郡人正八位上達沙仁德, 散位正六位下達沙牛養二人賜姓朝日連. 後改爲嶋野連. 丙午, 使散位外從五位下物部山背, 正六位下日佐若麻呂, 行視畿內陂池堰堤溝洫之所宜.

六月庚申, 設皇太后周忌齋於阿彌陀淨土院. 其院者在法華寺內西南隅, 爲設忌齋所造也. 其天下諸國, 各於國分尼寺, 奉造阿彌陀丈六像一驅, 脇侍菩薩像二驅. 辛酉, 於山階寺, 每年皇太后忌日, 講梵網經, 捨京南田四十町以供其用. 又捨田十町, 於法華寺. 每年始自忌日, 一七日間請僧十人, 禮拜阿彌陀佛. 庚午, 以從五位下大野朝臣廣立爲若狹守. 賜大和介從五位上日置造眞卯沒官稻一千束. 賞廉勤也. 己卯, 賜正四位下文室眞人大市, 從五位上國中連公麻呂, 從五位下長野連公足爵人一級. 從三位粟田女王, 正四位上小長谷女王並進一階. 從四位下紀女王授從三位, 正五位下粟田朝臣深見從四位下, 正五位下飯高公笠目, 藏毘登於須美, 從五位上熊野直廣濱, 多氣宿禰弟女, 多可連淨日並進一階. 外從五位上錦部連河內, 外從五位下忍海連致, 尾張宿禰若刀自並從五位下, 從七位上大鹿臣子虫外從五位下. 以供奉皇太后周忌御齋也. 辛巳, 詔, 供奉御齋雜工將領等, 隨其勞效, 賜爵與考各有差. 其未出身者, 聽預當官得考之例.

秋七月癸未朔, 日有蝕之. 甲申, 西海道巡察使武部少輔從五位下紀朝臣牛養等言, 戎器之設, 諸國所同, 今西海諸國, 不造年料器仗. 旣曰邊要,當備不虞. 於是, 仰筑前, 筑後, 肥前, 肥後, 豊前, 豊後, 日向等國, 造備甲刀弓箭. 各有數, 每年送其樣於大宰府. 辛丑, 遠江國荒玉河堤決三百餘丈, 役單功三十萬三千七百餘人, 充粮修築.

八月癸丑朔, 勅曰, 頃見七道巡察使奏狀, 曾無一國守領政合公平. 竊思貪濁人多, 淸白吏少. 朕聞, 授非賢哲, 萬事咸邪. 任得其材, 千務悉理. 上如國司, 一色親管百姓籍, 其獎導風俗字撫黎民. 特須精簡, 必合稱職. 其居家無孝, 在國無忠. 見利行非, 臨財忘恥. 上交違禮, 下接多諂, 施政不仁, 爲民苦酷, 差遣邊要, 許稱病重, 任使勢官, 競欲自拜, 匪聞教義, 靡率典章. 措意屬心. 唯利是視. 巧弄憲法, 漸汚皇化. 如此之流, 傷風發俗. 雖有周公之才. 朕不足觀也. 自今已後, 更亦莫任, 還却田園, 令勤耕作. 若有悔過自新, 必加褒賞, 迷塗不返, 永須貶黜. 普告遐邇教喩衆諸. 美作介從五位下縣犬養宿禰沙彌麻呂, 不經官長, 恣行國政, 獨自在舘, 以印公文, 兼復不據時價, 抑買民物, 爲守正四位上紀朝臣飯麻呂所告失官. 甲子, 高野天皇及帝幸藥師寺禮佛, 奏吳樂於庭. 施綿一千屯, 還幸授刀督從四位上藤原朝臣御楯第宴飮. 授御楯正四位上, 其室從四位下, 藤原惠美朝臣兒從正四位下. 甲子, 迎藤原河淸使高元度等至自唐國. 初元度奉使之日, 取渤海道, 隨賀正使揚方慶等, 往於唐國. 事畢欲歸, 兵仗樣, 甲冑一具, 伐刀一口, 槍一竿, 矢二隻分付元度. 又有內使, 宣勅曰, 特進秘書監藤原河淸, 今依使奏, 欲遣歸朝. 唯恐殘賊未平, 道路多難, 元度宜取南路先歸復命. 卽令中謁者謝時和押領元度等向蘇州, 與刺史李岵平章, 造船一隻長八丈. 并差押水手官越州浦陽府折衝賞紫金魚袋沈惟岳等九人水手, 越州浦陽府別將賜綠陸張什等三十人送元度等歸朝. 於大宰府安置. 己卯, 以今良三百六十六人, 編附左右京, 大和, 山背, 伊勢, 參河, 下總等職國. 辛巳晦, 大秡, 以齋內親王將向伊勢也.

九月乙酉, 命婦從三位曾禰連伊賀牟志薨.

冬十月壬子朔, 以從五位下菅生王爲少納言, 從五位下紀朝臣牛養爲信部少輔, 從五位下尾張王爲大監物, 從五位下石川朝臣弟人爲玄番頭, 從五位上粟田朝臣人成爲仁部大輔, 從五位下榎井朝臣小祖父爲少輔, 從五位下柿本朝臣市守爲主計頭, 明法博士外從五位下山田連銀爲兼助. 從五位下大伴宿禰東人爲武部少輔, 從五位下石川朝臣人成爲節部大輔, 外從五位下陽侯毘登玲珍爲漆部正, 從五位下縣犬養宿禰沙彌麻呂爲大膳亮, 從五位下忌部宿禰鳥麻呂爲木工助, 從五位下阿倍朝臣意宇麻呂爲大炊頭, 從五位下大坂王爲正親正, 從五位下布施王爲內染正, 正五位下國中連公麻呂爲造東大寺次官, 從五位下高圓朝臣廣世爲尾張守, 從五位下山口忌寸沙彌麻呂爲甲斐守, 從五位下高麗朝臣大山爲武藏介, 外從五位下上毛野公牛養爲能登守, 外從五位下蜜奚野爲越中員外介, 從五位上長野連公足爲丹後守, 正四位上文室眞人大市爲出雲守, 從五位上甘南備眞人伊香爲美作介, 從五位上豊野眞人出雲爲安藝守, 從五位上縣犬養宿禰古麻呂爲筑後守, 從五位下池田朝臣足繼爲豊後守. 辛酉, 遣從五位上上毛野公廣濱, 外從五位下廣田連小床, 六位已下官六人, 造遣唐使船四隻於安藝國. 仰東海, 東山, 北陸, 山陰, 山陽, 南海等道諸國, 貢牛角七千八百隻. 初高元度自唐歸日, 唐帝語之曰, 屬祿山發離, 兵器多亡. 今欲作弓, 交要牛角, 聞道, 本國多有牛角, 卿歸國, 爲求使次相贈. 故有此儲焉. 壬戌, 內舍人正八位上御方廣名等三人賜姓御方宿禰. 又賜大師稻一百萬束, 三品船親王, 池田親王各十萬束, 正三位石川朝臣年足, 文室眞人淨三各四萬束, 二品井上內親王十萬束, 四品飛鳥田內親王, 正三位縣犬養夫人, 粟田女王, 陽侯女王各四萬束, 以遷都保良也. 甲子, 行幸保良宮. 庚午, 幸近江按察使御楯第. 轉幸大師第. 宴飮賜從官物有差. 極歡而罷. 癸酉, 以右虎賁衛督從四位下仲眞人石伴爲遣唐大使, 上總守從五位上石上朝臣宅嗣爲副使, 以武藏介從五位下高麗朝臣大山爲遣高麗使. 又以從四位下藤原惠美朝臣朝獵爲仁部卿, 陸奥出羽按察使如故. 從四位下和氣王爲節部卿, 從五位下藤原惠美朝臣辛加知爲左虎賁衛督, 從四位下仲眞人石伴爲播磨守. 己卯, 詔曰, 爲改作平城宮, 暫移而御近江國保良宮. 是以, 國司史生已上供事者, 并造宮使藤原朝臣田麻呂等, 加賜位階. 郡司者賜物, 免當國百姓, 及左右京, 大和, 和泉, 山背等國今年田租. 又自天平寶字五年十月六日昧爽已前近江國雜犯死罪已下, 咸悉赦除. 授正四位上藤原朝臣御楯從三位, 從五位下藤原朝臣田麻呂, 巨曾倍朝臣難波麻呂, 中臣丸連張弓並從五位上, 正六位上椋垣忌寸吉麻呂, 葛井連根主並外從五位下. 是日, 勅曰, 朕有所思, 議造北京. 緣時事由, 暫移遊覽此土, 百姓頗勞差科. 仁恕之襟, 何無矜愍. 宜割近都兩郡, 永爲畿縣, 停庸輸調. 其數准京.

十一月癸未, 授迎藤原河淸使外從五位下高元度從五位上. 其錄事羽栗翔者, 留河淸所而不歸. 丁酉, 以從四位下藤原惠美朝臣朝狩爲東海道節度使, 正五位下百濟朝臣足人, 從五位上田中朝臣多太麻呂爲副, 判官四人, 錄事四人. 其所管遠江, 駿河, 伊豆, 甲斐, 相摸, 安房, 上總, 下總, 常陸, 上野, 武藏, 下野等十二國, 檢定船一百五十二隻, 兵士一萬五千七百人, 子弟七十八人, 水手七千五百二十人. 數內二千四百人肥前國, 二百人對馬嶋. 從三位百濟王敬福爲南海道使, 從五位上藤原朝臣田麻呂, 從五位下小野朝臣石根爲副, 判官四人, 錄事四人. 紀伊, 阿波, 讚岐, 伊豫, 土左, 播磨, 美作, 備前, 備中, 備後, 安藝, 周防等十二國, 檢定船一百二十一隻, 兵士一萬二千五百人, 子弟六十二人, 水手四千九百二十人. 正四位下吉備朝臣眞備爲西海道使, 從五位上多治比眞人土作, 佐伯宿禰美濃麻呂爲副, 判官四人, 錄事四人. 筑前, 筑後, 肥後, 豊前, 豊後, 日向, 大隅, 薩摩等八國, 檢定船一百二十一隻, 兵士一萬二千五百人, 子弟六十二人, 水手四千九百二十人. 皆免三年田租. 悉赴弓馬, 兼調習五行之陳, 其所遺兵士者, 便役造兵器.

十二月戊午, 授正五位上藤原朝臣家兒從四位下, 無位大伴宿禰諸刀自從五位下. 丙寅, 唐人外從五位下李元環賜姓李忌寸.

續日本紀卷第二十三

『속일본기』 권제24

〈天平寶字 6년(762) 정월부터 7년(763) 12월까지〉

우대신 종2위 겸 行皇太子傅 中衛大將
신 藤原朝臣繼繩 등이 칙을 받들어 편찬하다.

폐제

◯ 天平寶字 6년(762) 춘정월 경진삭(1일), 신년하례를 중지하였다. 新宮[1]이 아직 완성되지 않았기 때문이다.

신사(2일), 일식이 있었다.

계미(4일), 천황이 궁전의 한편에 임하였다.[2] 3품 船親王에게 2품을, 정4위상 紀朝臣飯麻呂에게 종3위를, 무위 榎本王에게 종4위하를, 荻田王에게 종5위하를, 정5위상 粟田朝臣奈勢麻呂·中臣朝臣清麻呂·石川朝臣豊成에게 함께 종4위하를, 종5위상 阿倍朝臣子嶋에게 정5위하를, 종5위하 石川朝臣人成·巨勢朝臣淨成에게 함께 종5위상을, 정6위상 息長丹生眞人國嶋·路眞人鷹養·中臣朝臣伊加麻呂·阿倍朝臣小路·阿倍朝臣息道·石上朝臣奥繼·大伴宿禰田麻呂에게 함께 종5위하를, 정6위상 守部垣麻呂·船連小楫[3]에게 함께 외종5위하를 내렸다. 中納言 정3위 文室眞人淨三을 御史大夫로 삼고, 信部卿 종3위 氷上眞人塩燒, 鎭國衛驍騎將軍 겸 美濃飛驒信濃按察使 종4위상 藤原惠美朝臣眞光을 함께 참의로 삼았

1) 近江의 保良宮.
2) 궁전이 미완성이었기 때문에 가건물 형태의 장소에서 관위수여식을 행한 것으로 보인다.
3) 백제계 씨족인 王辰爾 후예. 船氏는 행정문서를 담당하여 처음에 船史氏를 사성받았고, 天武 2년(683)에 8색의 성 개편 시에 船連으로, 이후 다시 葛井連으로 개성되었다. 天平 17년 10월 22일 「右京職移」(『大日本古文書』 2-478)에 정7위상 大屬 船連小楫의 이름이 보인다. 天平寶字 8년 정월에 主稅助에 임명되었다.

다. 종4위상 氷上眞人陽侯에게 정4위하를, 정6위상 紀朝臣眞艫, 종6위상 安曇宿禰夷女, 종7위하 車持朝臣鹽清, 무위 當麻眞人多玖比禮에게 함께 종5위하를 내렸다.

을유(6일), 참의 종4위상 藤原惠美朝臣眞光이 대재부에서 당인 沈惟岳[4] 등에게 향응을 베풀고, 대사 이하에게 각각 차등있게 녹을 지급하였다.

무자(9일), 信部少輔 종5위하 紀朝臣牛養에게 少納言을 겸직시키고, 종5위상 阿倍朝臣毛人을 左中弁으로 삼고, 종4위하 石川朝臣豊成을 右大弁으로 삼고, 종5위상 大伴宿禰家持를 信部大輔로 삼고, 외종5위하 忌部連黑麻呂를 內史局助로 삼고, 종4위하 宗形王을 右大舍人頭로 삼고, 종5위하 淡海眞人三船[5]을 文部少輔로 삼고, 종5위하 中臣朝臣伊加麻呂를 禮部少輔로 삼고, 종4위하 林王을 木工頭로 삼고, 종5위상 上毛野公廣濱을 左京亮으로 삼고, 외종5위하 茨田宿禰枚野를 東市正으로 삼고, 종5위하 阿倍朝臣許智를 攝津亮으로 삼고, 종5위상 巨曾倍朝臣難破麻呂를 造宮大輔로 삼고, 외종5위하 椋垣忌寸吉麻呂를 右平準令으로 삼고, 종5위하 笠朝臣眞足을 右勇士翼으로 삼고, 종5위상 高元度[6]를 參河守로 삼고, 종5위하 阿倍朝臣小路를 近江介로 삼고, 종5위하 阿倍朝臣息道를 若狹守로 삼고, 외종5위하 日置造蓑麻呂를 丹波介로 삼고, 종5위상 河內王을 丹後守로 삼고, 종5위상 長野連公足을 因幡守로 삼고, 종5위하 石上朝臣奧繼를 播磨介로 삼고, 종5위하 大野朝臣廣立을 肥前守로 삼고, 종5위하 百濟王理伯[7]을 肥後守로 삼고, 종5위하 田口朝臣大戶를 日向守로 삼았다.

정미(28일), 동해, 남해, 서해 등 3도의 절도사가 이용하는 진면이 들어간 상의와 갑옷을 각각 20,250벌을 대재부에서 만들게 하였다. 그 제작법은

---

4) 권23, 天平寶字 5년 8월조 296쪽 각주 95) 참조.

5) 권22, 天平寶字 4년 춘정월조 260쪽 각주 82) 참조.

6) 고구려 멸망 시에 망명한 씨족의 후예. 天平寶字 3년(759) 정월에 외종5위하로 견당대사로 파견된 藤原請河를 데려오기 위한 迎入唐大使使에 임명되었다. 동 4년에 能登守에 임명되고 동 5년에 종5위상에 서위되었다. 동 6년에 三河守에, 동 7년에 左平準令에 임명되었다.

7) 百濟王敬福의 子. 天平勝寶 6년(754)에 종5위하 攝津亮, 天平寶字 6년(762)에 肥後守, 天平神護 2년(766)에 종5위상, 天平神護 3년(767)에 정5위하 攝津大夫에 임명되었고, 神護景雲 4년(770)에 종4위하로 승진되었다. 이후 寶龜 2년(771)에 伊勢守, 동 5년에 右京大夫를 역임하였다.

모두 당의 신양식에 따랐다. 5행의 색[8]으로 나누고 모두 갑판 모양으로 그리게 하였다. 청색 바탕에는 붉은색으로, 적색 바탕에는 황색으로, 황색 바탕에는 붉은 색으로 백색 바탕에는 흑색으로, 흑색 바탕에는 백색으로 그려넣고, 4,050벌씩 1행의 색으로 하였다.

2월 신해(2일), 종1위 藤原惠美朝臣押勝에게 정1위를 내렸다.

을묘(6일), 진면이 들어간 갑주 1천벌을 만들어 鎭國衛[9]의 府庫에 쌓아 두었다.

신유(12일), 伊勢, 近江, 美濃, 越前 등 4국의 郡司의 자제 및 백성 중에서 나이 40세 이하 20세 이상으로 궁마의 훈련을 할 수 있는 자를 선발하여 健兒로 삼았다. (건아 중에) 사망으로 인한 결원, 노인, 병자가 있다면, 바로 충원하고 교체시켰다. 天平 6년 4월 21일의 칙에 준거하여 (건아가 바치는) 전조 및 잡요의 반을 면제하고, 그 명부 및 서열은 매년 朝集使[10]를 통해 武部省[11]에 보내도록 하였다.

갑술(25일), 大師 藤原惠美朝臣押勝에게 근강국의 淺井, 高嶋 2군의 철광산을 각각 1곳씩 주었다.[12]

3월 병진삭(1일), 견당부사 종5위상 石上朝臣宅嗣를 해임시키고, 左虎賁衛督 종5위상 藤原朝臣田麻呂를 부사로 삼았다.

임오(3일), 왕궁 서남에 새로이 못과 정자를 조영하고 曲水의 宴[13]을 개최하

8) 만물을 생성하는 木, 火, 土, 金, 水에 青, 赤(朱), 黃, 白, 黑 5개의 색으로 구분하였다. 이것은 권23 天平寶字 5년 11월조에 절도사를 임명할 때 병사들에게 훈련을 명한 五行의 陳法에 대응시킨 것이다.

9) 개칭 전의 中衛府.

10) 율령제 하에서 大宰府. 제국으로부터 근무평정, 고과에 필요한 자료 등 행정문서를 제출하고 보고하기 위해 매년 중앙에 파견되는 관인. 국사 중에서 유능한 인물이 선발, 파견되었다.

11) 개칭 전의 兵部省.

12) 철광산의 확보는 藤原惠美朝臣押勝의 무기제조 등 군사력 증강과의 관련성이 추정되고 있다.

13) 曲水의 宴은 물이 곡류하는 시설을 만들어 관인들이 각각 자리에 앉아 물에 띄운 술잔이 자신에게 돌아오면 마시고 별당에서 시가를 읊는 행사로, 流觴이라고도 하고, 간단히 曲水, 曲宴이라고도 한다. 奈良時代에는 매년 3월 3일에 행해졌고, 후반기에 성행하였다. 궁정에서 개최될 때에는 천황이 주최자가 되었다. 경주의 포석정도 동일한 행사의 시설물이다.

고, 5위 이상에게 각각 차등있게 녹을 내렸다.

갑진(25일), 保良宮의 여러 전각 및 담장을 제국에 분담하여 일시에 완성시켰다.

무신(29일), 參河, 尾張, 遠江, 下總, 美濃, 能登, 備中, 備後, 讃岐 등 9국에 가뭄이 있었다.

하4월 경술삭(1일), 외종5위하 山田連古麻呂를 主稅助로 삼고, 종5위상 大伴宿禰御依를 義部大輔로 삼고, 외종5위하 漆部直伊波를 贓贖正[14]으로 삼고, 종5위상 巨勢朝臣淨成을 智部大輔로 삼고, 종5위하 紀朝臣廣名을 (智部)少輔로 삼고, 종5위하 高橋朝臣子老를 大膳亮으로 삼고, 종5위하 高橋朝臣老麻呂를 內膳奉膳으로 삼고, 종5위하 高圓朝臣廣世를 山背守로 삼고, 외종5위하 坂上忌寸老人을 (山背)介로 삼고, 右大弁 종4위하 石河朝臣豊成에게 尾張守를 겸직시키고, 종5위하 粟田朝臣奈勢麻呂를 遠江守로 삼고, 종5위상 田中朝臣多太麻呂를 陸奧守로 삼고, 鎭守副將軍 종5위하 大伴宿禰益立에게 (陸奧)介로 삼고, 외종5위하 下道朝臣黑麻呂를 隱岐守로 삼고, 信部卿 종3위 氷上眞人鹽燒에게 美作守를 겸직시키고, 외종5위하 中臣酒人宿禰虫麻呂를 豊前員外介로 삼았다.

정사(8일), 河內國 狹山池의 제방이 유실되어, 연인원 83,000인을 동원하여 수리하였다.

무오(9일), 遠江國에 기근이 들어 구휼하였다.

계해(14일), 尾張國에 기근이 들어 구휼하였다.

병인(17일), 견당사가 승선할 배 1척이 安藝國에서 (건조하여) 難波 강구에 도착할 때 강안으로 밀려와 뜨지 못했다. 그 키도 작동하지 않아 파도에 흔들리고 선미도 파손되었다. 이 때문에 사절의 인원을 줄이고 배 2척으로 제한하였다. 판관 정6위상 中臣朝臣鷹主에게 종5위하를 내려 대사로 삼고 節刀를 주었다. 정6위상 高麗朝臣廣山[15]을 부사로 삼았다.

신미(22일), 처음으로 대재부에 弩師[16]를 두었다.

---

14) 刑部省의 산하기관으로 贓贖司의 장관. 도난품, 몰수품 등을 관리하는 관부.

15) 평양성이 함락되고 고구려가 멸망한 직후 망명한 背奈福德의 孫으로 大學助 背奈行文의 아들이다. 天平 19년(747)에 종형제인 背奈福信, 兄 背奈大山과 함께 背奈公에서 背奈王으로, 天平勝寶 2년(750)에는 일족과 함께 高麗朝臣으로 개성되었다. 天平寶字 8년(764)에 외종5위하 右虎賁衛佐에 임명되었다.

임신(23일), 칙을 내려, 越前國 江沼郡의 山背郷戶 50호를 (봉호로서) 岡寺[17]에 시입하였다.

5월 임오(4일), 京師 및 畿內, 伊勢, 近江, 美濃, 若狹, 越前 등의 제국에 기근이 들어 사자를 보내 구휼하였다.

정해(9일), 美濃, 飛驒, 信濃 등 제국에 지진이 있었다. 피해를 입은 집집마다 곡물 2곡을 지급하였다. 石見國에 기근이 들어 구휼하였다.

기축(11일), 備前國에 기근이 들어 구휼하였다.

정유(19일), 대재부에서 언상하기를, "唐客 부사 紀喬容 이하 38인이 주상하여, '대사 沈惟岳이 뇌물을 받은 부정이 이미 발각되어 휘하를 통솔하기 부적합하다. 부사 紀喬容, 司兵[18] 晏子欽은 충분히 통솔을 감당할 수 있다. 삼가 판단을 내려주기를 바란다'라고 하였다. 이에 대재부의 관인들과 협의한 결과 말한 바가 사실이다"라고 하였다. 이에 대해 (조정에서) 답하기를, "대사, 부사는 모두 칙사이다. 謝時和[19]와 蘇州刺史가 협의해서 정하도록 한다. 이를 바꿀 수는 없다. 그들이 귀국할 때의 祿도 관례에 따라 지급한다"라고 하였다.

신축(23일), 高野天皇[20]과 帝[21]가 사이가 벌어졌다. 이에 고야천황은 (保良宮에서) 平城宮으로 돌아왔다. 帝는 中宮院으로 들어갔고, 고야천황은 법화사로 나아갔다.

병오(28일), 大師 정1위 藤原惠美朝臣押勝에게 帶刀資人[22] 60인을 내렸다.

---

16) 弩師는 弩弓의 교관. 弩弓은 『일본서기』 推古紀 26년 8월조에 고구려에서 전래되었다고 한다. 쇠뇌라고도 하는 이 활궁은 일종의 기계장치를 이용하여 강력한 위력을 발휘한다. 그 제작에는 연인원 633인이 소요되고(『延喜式』 兵庫寮), 취급에도 교습이 필요하다(「軍防令」9). 『軍防令』 10에 의하면 1隊 50명으로 2명의 弩手가 배치된다. 弩弓은 9세기 말까지 東北, 北陸, 山陰, 九州 지역에 설치되는데, 蝦夷와 신라에 대한 대비책으로 보인다. 弩師는 弩弓의 제작, 수리, 사용방법과 병법의 교습, 실전의 지휘 등을 행한다.

17) 奈良縣 高市郡 明日鄉村 大字岡 소재의 사찰.

18) 당의 州, 縣에 설치된 軍事官.

19) 唐 內侍省 소속의 환관.

20) 孝謙上皇.

21) 淳仁天皇. 廢帝가 된 까닭에 帝로 표기하고 상대적으로 효겸상황은 天皇으로 표기한다.

22) 大臣, 大納言 등 고위 관인, 귀족에게 사적으로 소속되어 경호 등의 임무를 맡는 하급관인.

모두 100인이 되었다. 이들의 여름, 겨울의 의복은 관비에서 지급하였다.

6월 경술(3일), 5위 이상을 조당에 불러 (孝謙上皇이) 조를 내리기를(宣命體), "태상천황의 말씀으로 경들에게 전하도록 명하였다. 짐의 모친 대황후[23]의 말씀으로 짐에게 고하기를, '岡宮에서 천하를 통치하신 천황[24]의 황통이 이대로 단절되려고 한다. 여자로의 후계이지만 잇도록 하라'고 하여, (이를 받들어) 정치를 행하게 되었다. 이리하여 (짐은) 지금의 帝[25]를 세워 세월이 지나온 바, 공손히 따르지 않고 비천한 사람이 원수에게 하듯이, 해서는 안 되는 말과 해서는 안 될 일을 해 왔다.[26] 이와 같은 말을 해야 할 정도의 짐이 아니다. (짐과 帝가) 별도의 궁에 거주하고 있다면,[27] 그러한 말이 나올 수가 있을 것인가. 이것은 짐이 부족하기 때문에 이와 같이 말하는 것 같아 부끄럽고 흉한 일이라고 생각한다. 또 하나는 짐에게 보리심[28]을 일으키는 부처와의 인연이라고 생각한다. 이에 출가하여 불제자가 되고자 한다. 다만 정사에 대해 제사 등의 소사는 지금의 帝가 행하고, 국가의 대사와 상벌[29] 등 2개의 근본은 짐이 행한다. 이와 같은 사정을 듣고 이해하라고 하신 말씀을, 모두 듣도록 하라"고 분부하였다. 尾張國에 기근이 들어 구휼하였다.

무진(21일), 河内國의 長瀨川의 제방이 무너졌다. 연인원 22,200여 인을 징발하여 수리하였다. 산위 종4위하 榎本王이 죽었다.

경오(23일), 尙藏 겸 尙侍 정3위 藤原朝臣宇比良古[30]가 죽었다. 증 태정대신 藤原房前의 딸이다. 부의물로서 비단 400필, 삼베 100단, 철 100정을 보냈다.

추7월 병신(19일), 산위 종3위 紀朝臣飯麻呂가 죽었다. 淡海朝[31] 대납언

---

23) 光明皇后.

24) 天武천황의 황태자인 草壁皇子. 생모인 持統天皇 3년 황태자 신분으로 사망하여 天平寶字 2년 8월 무신에 岡宮御宇天皇의 존호를 추증하였다.

25) 淳仁天皇.

26) 孝謙이 총애한 道鏡의 사적인 행각에 대한 淳仁의 부정적인 반응을 말하고 있다고 생각된다.

27) 保良宮 자체가 미완성된 채로 정무를 수행하고 있어 孝謙上皇과 淳仁天皇은 같은 궁에서 거주한 것 같고 사적인 일들을 서로 알고 있었다고 생각된다.

28) 菩提心. 불도의 깨달음을 얻어 널리 중생을 교화하려는 마음.

29) 관위 수여와 사면.

30) 藤原惠美押勝(藤原仲麻呂)의 妻.

증 정3위 紀大人의 손이고, 평성조 식부대보 정5위하 古麻呂의 장자이다. 출사하여 정4위하 좌대변에 이르러 참의에 임명되고 종3위에 서위되었다. 병이 오래되어 치유되지 않아 표를 올려 사직을 청하였다. 조를 내려 이를 허락하였다.

이달, 唐人 (沈惟岳 등을) 송사하는 종5위하 中臣朝臣鷹主가 죽었다. 풍파의 좋은 조건을 만나지 못해 도해할 수 없었다.[32)]

8월 을묘(9일), 칙을 내려, "당인 沈惟岳 등을 대재부에 도착시켜 선례에 따라 안치하고 물품을 공급한다. (당 사절을) 보내는 사자는 육로, 해로 중에서 편의에 따라 살펴서 모두 입경시킨다. 수부들은 현지에서 고향으로 돌아가게 한다"라고 하였다.[33)]

정사(11일), 左右京尹[34)] 종4위하 藤原惠美朝臣訓儒麻呂, 文部大輔[35)] 종4위하 中臣朝臣淸麻呂, 右勇士 率[36)] 종4위하 上道朝臣正道, 授刀大尉[37)] 종5위하 佐味朝臣伊与麻呂 등을 中宮院에 근시시키고 칙지를 선포하고 전달하게 하였다.

을축(19일), 陸奥國에 역병이 생겨 구휼하였다.

병인(20일), 御史大夫 文室眞人淨三이 연로하여 체력이 쇠해지자 우대의 조를 내려, 궁중에서 부채와 지팡이를 지참하는 것을 허락하였다.

9월 을사(30일), 어사대부 정3위 겸 문부경 겸 신기백 훈12등 石川朝臣年足이 죽었다. 때의 나이 75세이다. 조를 내려, 섭진대부 종4위하 佐伯宿禰今毛人, 신부대보[38)] 종5위상 大伴宿禰家持[39)]를 보내 조문하였다. 年足은 後岡本朝[40)]의

---

31) 天智朝.

32) 天平寶字 5년(761) 8월에 高元度 등을 데리고 대재부에 도착한 당 사절 沈惟岳 일행을 다시 본국으로 귀국시키기 위해 견당사 선을 건조했으나 難波 강안에서 좌초되어 2척으로 축소하여 출발할 예정이었다. 그러나 끝내 해상조건이 나빠 출발하지 못한 채 사망하였고, 당 사절 일행은 그대로 일본에 귀화, 정주하게 되었다.

33) 당 사절과 이들을 보내는 일본의 송사는 해상 조건이 나빠 출발하지 못하고 출항지인 那津 해안에서 다시 대재부로 돌아와 안치한 후, 육로나 해로 중에서 편리한 쪽을 택해 입경하라는 칙이다.

34) 개칭 전의 左右京職의 장관인 尹[大夫].

35) 개칭 전의 式部省 차관인 大輔.

36) 궁성 경비를 담당하는 개칭 전의 右衛士府의 장관인 率[督].

37) 5衛府를 보완할 목적으로 개편된 授刀舍人寮의 3등관 大尉.

38) 信部大輔. 개칭 전의 中務省 차관인 大輔.

39) 奈良時代 공경, 歌人으로 유명하다. 원래 大伴氏는 大和朝廷 이래 武家로서 크게 활약하

대신 大紫 蘇我臣牟羅志의 증손이고, 평성조의 좌대변 종3위 石川石足의 장자이다. 천성이 청렴근면하고 통치방법을 숙지하고 있었다. 소판사로서 시작하고 나서 두루 지방관을 역임하였다. 天平 7년(735)에 종5위하에 서임되고 出雲守에 임명되었다. 정무를 본 지 수년 만에 백성들이 평안하게 되어 성무천황은 이를 훌륭히 여겨 비단 30필, 삼베 60단, 해당국 벼 3만속을 내렸다. 동 19년(747) 종4위하 춘궁대부 겸 좌중변에 이르고, 참의에 보임되었다. 天平勝寶 5년(753)에 종3위에 서위되었고, 두루 관직을 역임하고 중납언 겸 문부경 및 신기백에 임명되었고 공무가 한가할 때에는 오직 독서로서 즐거움을 삼았다. 天平寶字 2년(758)에 종3위에 서위되고 어사대부로 옮겼다. 때에 (淳仁天皇이) 칙을 공경들에게 내려 각각 의견을 물었다. 이에 (石川朝臣年足은 정무에) 도움이 되는 것을 상주하고 별식 20권을 만들어 제각기 그 정무의 내용에 따라 관사별로 분류하였다. 비록 시행은 되지 않았지만, 자못 준거로서 이용되는 일이 많았다.

동10월 병오삭(1일), 정6위상 伊吉連益麻呂[41] 등이 발해에서 돌아왔다. (발해의) 국사 紫綬大夫 行政堂左允 開國男인 王新福 이하 23인이 수행하여 내조하였다. 越前國 加賀郡에 안치하고 물품을 지원하였다. 我[日本] 대사 종5위하 高麗朝臣大山[42]은 며칠전 선상에서 병이나 佐利翼津에 이르러 사망하였다.

였고 많은 고위관인을 배출하였다. 大伴宿禰家持의 관력을 보면, 天平勝寶 3년(751)에 少納言, 동 6년에 兵部少輔, 동 9년에 兵部大輔, 天平寶字 2년(758)에 因幡守를 역임하였다. 天平寶字 8년에는 藤原奈良麻呂의 난에 연루되어 薩摩守로 좌천되었고, 神護景雲 원년(767)에 大宰少貳에 임명된 후 주로 九州地方의 지방관으로 근무하였다. 이 시기에 九州 防人과의 만남이 있었고 『만엽집』에 관련 단가를 남기고 있다. 神護景雲 4년에 中務大輔에 보임되었고, 光仁朝에서는 式部大輔, 左京大夫, 衛門督 등의 요직을 거쳐 寶龜 9년(778)에 정4위하, 동 11년에 참의가 되어 공경의 반열에 올랐고, 天應 원년(781)에 종3위가 되었다. 延曆 2년(783)에 中納言으로 승진하였고, 이듬해에는 持節征東將軍에 임명되었다. 『만엽집』에 長歌, 短歌 등 모두 473수가 실려있다.

40) 齊明朝.

41) 伊吉連은 중국계 도래씨족으로, 『신찬성씨록』 좌경제번상에 "伊吉連, 出自長安人劉家揚雍也"라고 하여 장안인 劉家揚雍의 후예라고 나와 있다. 『속일본후기』 承和 2년(835) 9월조에는 伊吉史豐宗 및 동족 12인이 滋生宿禰의 씨성을 받았고, 唐人 양옹의 7세손인 貴仁의 후예라고 기록하고 있다. 상기 원문에 보이는 伊吉連은 장안인 유양옹으로부터 나왔다는 기록과 대응한다.

42) 권23, 天平寶字 5년 10월조 297쪽 각주 100) 참조.

갑인(9일), 讚岐守 종4위하 大伴宿禰犬養이 죽었다.

기미(14일), 夫人[43] 정3위 縣犬養宿禰廣刀自가 죽었다. 부의물로서 비단 100필, 명주실 300둔, 삼베 300단, 쌀 90석을 내렸다. 夫人은 讚岐守 종5위하 縣犬養唐의 딸이다. 聖武皇帝가 황태자 시절에 入內하여 부인이 되었다. 安積親王을 낳았으나 나이 약관도 되지 않아 天平 16년(744)에 죽었다. 또 井上內親王과 不破內親王을 낳았다.

11월 을해삭(1일), 정6위상 借緋多治比眞人小耳를 발해사절의 송사로 삼았다.

정축(3일), 御史大夫 정3위 文室眞人淨三, 左勇士佐 종5위하 藤原朝臣黑麻呂, 신기대부 종5위하 中臣朝臣毛人, 신기소부 종5위하 忌部宿禰呰麻呂 등 4인을 이세태신궁에 보내 폐백을 바쳤다.

경인(16일), 참의 종3위 武部卿 藤原朝臣巨勢麻呂, 산위 외종5위하 土師宿禰犬養을 香椎廟[44]에 보내 폐백을 바쳤다. 신라를 정토하기 위해 군대를 훈련시키기 위해서이다.

경자(26일), 천하의 神祇에 폐백과 궁시를 바쳤다.

임인(28일), 사자를 보내 천하의 신사에 폐백을 바쳤다.

12월 을사삭(1일), 종4위상 藤原惠美朝臣眞光에게 정4위상을 내리고, 어사대부 정3위 文室眞人淨三에게 신기백을 겸직시키고, 종3위 氷上眞人塩燒, 종3위 諱,[45] 종3위 藤原朝臣眞楯을 중납언 겸 신부경으로 삼고, 정4위상 藤原惠美朝臣眞을 大宰帥로 삼았다. 또 종3위 藤原朝臣弟貞, 종4위하 藤原惠美朝臣訓儒麻呂·藤原惠美朝臣朝獵·中臣朝臣淸麻呂·石川朝臣豊成을 참의로 삼았다.

을묘(11일), 遣高麗大使 종5위하 高麗朝臣大山을 정5위하로 추증하고, 부사 정6위상 伊吉連益麻呂에게 외종5위하를, 판관 이하 水夫 이상에게는 각각 지위에 따라 관위를 내렸다.

---

43) 聖武天皇의 夫人. 천황의 배우자로는 皇后, 妃, 夫人, 嬪이 있다. 「後宮職員令」에는 妃 2인에 4품 이상, 夫人 3인에 3위 이상, 嬪 4인에 5위 이상으로 규정되어 있다.

44) 福岡市에 소재하고, 香椎廟, 樫日廟 등으로도 칭한다. 仲哀天皇, 神功皇后의 神靈을 제사지낸다. 香椎宮의 社記인 『香椎宮編年記』에는 養老 7년(723)에 神功皇后의 神託으로 조영이 시작되어 神龜 원년(724)에 廟로서 창건되었다고 전한다. 신라와의 긴장관계 시에 봉폐하고 참배하는 등 신공황후 전설과 깊이 연관되어 있다.

45) 光仁天皇으로 즉위하는 白壁王. 천황의 실명을 거론하지 않는 忌諱 기사이다.

윤12월 병자(2일), 중납언 종3위 氷上眞人塩燒에게 다시 美作守를 겸직시켰다.

정해(13일), 乞索兒[46] 100인을 陸奧國에 배속하고 바로 토지를 주어 정주시켰다.

계사(19일), 高麗使 王新福 등이 입경하였다.

기해(25일), 종5위상 田中朝臣多太麻呂를 陸奧守 겸 鎭守副將軍으로 삼았다.

◯ 天平寶字 7년(763), 춘정월 갑진삭(1일), (천황이) 대극전에서 신년하례를 하였다. 문무백료 및 고려번객이 각각 예에 따라 배하하였다. 의식이 끝나자 命婦 정4위하 氷上眞人陽侯에게 정4위상을 내렸다.

병오(3일), 고려사 왕신복이 방물을 바쳤다.

경술(7일), 帝가 閤門에 임하여 고려대사 왕신복에게 정3위를, 부사 李能本에게 정4위상을, 판관 楊懷珍에게 정5위상을, 품관 着緋[47]의 達能信에게 종5위하를 내리고, 그 외는 지위에 따라 각각 관위를 내렸다. 국왕 및 사절의 종자 이상에게도 차등있게 녹을 내렸다. 5위 이상 및 번객에게 연회를 베풀고 정원에서 당악을 연주하였다. 客主[48] 5위 이상에게 지위에 따라 녹을 내렸다.

임자(9일), 종5위하 道守王에게 종5위상을, 무위 桑原王·田上王에게 함께 종5위하를, 정5위상 大和宿禰長岡에게 종5위하를, 정5위하 日下部宿禰子麻呂에게 정5위상을, 종5위상 阿倍朝臣毛人·多治比眞人土作에게 함께 정5위하를, 종5위하 阿倍朝臣御縣·布勢朝臣人主에게 종5위상을, 종6위상 波多朝臣男足, 정6위상 當麻眞人吉嶋, 종6위상 中臣朝臣宅守, 정6위상 大伴宿禰小薩·笠朝臣不破麻呂·藤原朝臣繼繩·紀朝臣廣純·藤原朝臣藏下麻呂·藤原惠美朝臣執棹에게 함께 종5위하를, 정6위상 坂合部宿禰斐太麻呂·大友村主廣公·村國連子老·淨岡連廣嶋·贅土師連沙彌麻呂에게 함께 외종5위하를, 무품 不破內親王에게 4품을, 종4위상 圓方女王에게 정4위상을, 종4위하 秦女王에게 종4위상을, 무위 掃部女王에게 종4위하를, 무위 廣河女王·石上朝臣絲手·藤原朝臣乙刀自·藤原朝臣今兒

---

46) 乞索兒는 乞食者를 말한다. 걸식자로는 농촌에서 도망, 유랑하는 걸식자, 예능 보유자로 권력을 비판, 풍자하며 걸식을 생업으로 하는 자 등이 있다.

47) 緋色 관복을 입은 관인이라는 의미.

48) 客과 主. 발해사와 일본의 관인.

·藤原朝臣人數, 종6위하 大野朝臣中千·縣犬養宿禰姉女, 외종5위하 稻蜂間連仲村女에게 함께 종5위하를 내렸다.

종5위하 大伴宿禰東人·藤原朝臣藏下麻呂를 함께 소납언으로 삼고, 외종5위하 伊吉連益麻呂를 대외기로 삼고, 종4위하 中臣朝臣淸麻呂를 좌대변으로 삼고, 종5위상 小野朝臣都久良을 좌중변으로 삼고, 종5위하 大原眞人今城을 좌소변으로 삼고, 종5위상 粟田朝臣人成을 右中弁으로 삼고, 종5위하 紀朝臣牛養을 우소변으로 삼고, 종5위하 忌部宿禰鳥麻呂를 신부소보로 삼고, 종5위하 縣犬養宿禰沙彌麻呂를 大監物로 삼고, 종4위하 上道朝臣正道를 중궁대부로 삼고 播磨守는 종전대로 하였다. 종5위하 小野朝臣小贄를 內藏助로 삼고, 종5위하 伊刀王을 縫殿頭로 삼고, 종5위하 陽胡毘登玲璆를 內匠助로 삼고, 종5위하 文室眞人高嶋를 內禮正으로 삼고, 종5위상 石上朝臣宅嗣를 문부대보로 삼고 시종은 종전대로 하였다. 종5위상 藤原朝臣綱麻呂를 예부대보로 삼고 시종은 종전대로 하였다. 종5위하 大藏忌寸麻呂를 현번두로 삼고, 종5위하 豊國眞人秋篠를 아악두로 삼고, 종5위상 巨曾倍朝臣難破麻呂를 인부대보로 삼고, 종5위하 阿倍朝臣繼人을 주세두로 삼고, 종3위 藤原朝臣永手를 武部卿으로 삼고, 종5위하 大伴宿禰小薩을 (武部)少輔로 삼고, 종5위하 田口朝臣大万戶를 兵馬正으로 삼고, 외종5위하 村國連子老를 主船正으로 삼고, 종5위하 藤原朝臣楓麻呂를 대판사로 삼고, 외종5위하 李忌寸元環[49]을 織部正으로 삼고 出雲介는 종전대로 하였다. 외종5위하 廣田連小床[50]을 木工助로 삼고, 종5위하 奈紀王을 大炊頭로 삼고, 종5위하 荻田王을 正親正으로 삼고, 종5위하 當麻眞人吉嶋를 主油正으로 삼고, 종5위하 豊野眞人尾張을 糺政弼로 삼고, 종5위상 布勢朝臣人主를 우경량으로 삼고, 정5위하 市原王을 섭진대부로 삼고, 종4위하 佐伯宿禰今毛人을 造東大寺 장관으로 삼고, 종5위상 藤原朝臣宿奈麻呂를 造宮大輔로 삼고 上野守는 종전대로 하였다. 종5위하 石川朝臣豊人을 (造宮)少輔로 삼고, 종5위하 石川朝臣豊麻呂를 鑄錢司의 장관으로 삼고, 정4위상 坂上忌寸犬養을 大和守

49) 『신찬성씨록』 좌경제번상에 "淸宗宿禰, 唐人正五位下李元環之後也"라고 하여 淸宗宿禰는 唐人 정5위하 李元環의 후예라고 나온다. 天平勝寶 2년(750)에 정6위하에서 외종5위하로 승서되었고, 天平寶字 5년(761)에 忌寸의 성을 받아 李忌寸이 씨성이 되었다. 동 8년에 종5위하 出雲員外介에 임명되었고, 寶龜 2년(771) 정5위상으로 승서되었다.

50) 권23, 天平寶字 5년 10월조 297쪽 각주 101) 참조.

로 삼고, 종5위하 阿倍朝臣息道를 (大和)介로 삼고, 정5위하 阿倍朝臣毛人을 河內守로 삼고, 종5위하 石川朝臣名足을 伊勢守로 삼고, 종5위하 佐味朝臣宮守를 安房守로 삼고, 在唐大使 仁部卿 정4위하 藤原朝臣淸河에게 常陸守를 겸직시키고, 종5위상 佐伯宿禰美乃麻呂를 (常陸)介로 삼고, 종5위상 藤原朝臣田麻呂를 美濃守로 삼고, 정5위상 日下部宿禰子麻呂를 上野守로 삼고, 종5위하 百濟王三忠[51]을 出羽守로 삼고, 종5위하 高橋朝臣子老를 若狹守로 삼고, 종5위하 石川朝臣弟人을 越後守로 삼고, 정4위하 高麗朝臣福信[52]을 但馬守로 삼고, 종5위하 巨勢朝臣廣足을 (但馬)介로 삼고, 종5위하 大原眞人繼麻呂를 伯耆守로 삼고, 종5위하 阿倍朝臣意宇麻呂를 出雲介로 삼고, 외종5위하 上毛野公眞人을 美作介로 삼고, 종5위상 甘南備眞人伊香을 備前守로 삼고, 종5위상 道守王을 備中守로 삼고, 종5위하 小野朝臣石根을 長門守로 삼고, 종3위 百濟王敬福을 讚岐守로 삼고, 외종5위하 池原公禾守를 (讚岐)介로 삼고, 종4위하 和氣王을 伊豫守로 삼고, 종5위상 中臣丸連張弓을 (伊豫)介로 삼고, 종5위하 紀朝臣廣純을 大宰府員外少貳로 삼고, 종5위하 中臣朝臣鷹主를 肥前守로 삼고, 종5위하 笠朝臣不破麻呂를 日向守로 삼았다.

무오(15일), 조를 내려, "듣는 바로는, 지난 天平寶字 5년(761) 오곡이 익지 않아 기근으로 쓰러져 죽는 자가 많았다. 이에 5년 이전의 공출거, 사출거의

---

51) 백제계 도래씨족의 후예. 白猪史에서 후에 葛井連으로 개성하였다. 陸奧國의 鎭守軍監을 거쳐 天平寶字 8년(764) 정월에 主計助에, 藤原仲麻呂의 난 후에는 종5위하 播磨介가 되었고, 稱德朝 神護景雲 2년(768)에는 若狹守에 보임되었다.

52) 延曆 8년(789)조의 그의 薨傳 기사에 무장국 고려군 사람으로 본성은 背奈이고 조부인 福德이 당나라 장군 이세적이 평양성을 함락했을 때 일본에 귀화하여 무장에 살게 되었다고 한다. 이 씨족의 본성은 背奈로 되어 있는데, 고구려 5부의 消奴部에서 유래한 '肖奈'에서 나온 것으로 고구려의 소노부 출신으로 생각된다. 背奈氏는 양로 5년(721)을 하한으로 하는 시기에 背奈公으로 바뀌었고, 천평 19년(747)에 背奈王으로 개성되고, 천평승보 2년(750)에 高麗朝臣으로, 寶龜 10년(779)에는 다시 高倉朝臣으로 개성되었다. 『신찬성씨록』 좌경제번 「고려」조에는 "高麗朝臣은 고구려왕 好台의 7세손 延典王으로부터 나왔다"라고 기록되어 있다. 동 薨傳에 그는 백부 背奈公行文의 도움을 받아 궁중의 內竪所에서 정8위에 상당하는 右衛士大志로 출발하여 天平 연간에는 외종5위하를 받고 春宮亮에 임명되었다. 성무천황의 총애를 받아 天平勝寶(749~ 757) 초에는 종4위 紫微少弼에 이르렀고, 神護 원년(765)에 종3위 造宮卿에 임명되어 武藏守, 近江守를 겸임하였다. 또한 천평승보 8세(756), 寶龜 원년(770), 延曆 2년(783) 등 3번에 걸쳐 무장국 장관인 무장수를 겸임하였다.

채무에 대해서는, 빈궁자가 공출거를 변제를 감당할 수 없는 자는 원금, 이자 모두 면제하고, 사출거는 이자는 면제하고 원금은 납부한다. 또 궁전의 조영사업에 사역하는 좌우경, 기내 5국 및 근강국 병사 등은 天平寶字 6년도의 전조를 함께 면제한다"라고 하였다.

경신(17일), 帝가 閤門[53]에 임하여, 5위 이상 및 번객, 문무백관의 주전 이상에게 조당에서 향응을 베풀었다. 唐·吐羅[54]·林邑[55]·東國·隼人 등의 음악을 연주하고, 內敎坊의 踏歌[56]를 행하였는데, 번객, (일본)관인의 주전 이상이 이어서 참여하였다. 답가에 참여한 백관의 관인 및 고려번객에게 차등있게 목면을 내렸다. 高麗大使 王新福이 말하기를, "李家[57]의 太上皇[58]과 少帝[59]가 함께 죽어 廣平王[60]이 섭정하였다. 곡물이 익지 않아 인민이 서로 잡아먹고, 史家의 朝議[61]는 聖武皇帝[62]라고 칭했는데, 성품이 인자하고 배려하는 마음이 있어 많은 인물들이 모여들었다. 군세가 대단히 강해 감히 당해낼 자가 없었다. 鄧州, 襄陽는 이미 史家의 수중에 들어갔고, 李家는 단지 蘇州만을 장악하고 있다. 조빙의 길은 매우 통하기 어렵다.

이에 (천황은) 대재부에 칙을 내려, "唐國은 극히 혼란하고 양가가 자웅을 겨루고 있어, 아직 평온을 기대할 수 없어 사절을 통하기는 어렵다. 이 때문에 沈惟岳 등은 잠시 (대재부에) 안치하여 후히 물품을 지급하고, 계절의 의복은 모두 대재부 창고의 물품을 지급한다. 의연 고국을 그리워하는 마음이 깊어 귀향을 바라는 자는 배와 수부를 제공하여 상황을 헤아려 출발시키도록

53) 대극전의 남쪽 문.
54) 중앙아시아 지역의 吐火羅의 음악.
55) 남부 베트남에 있던 林邑의 음악.
56) 연중 정월에 천황이 참석한 가운데 5위 이상 관인을 불러 연회를 베풀고 남자 踏歌는 정월 14일 혹은 15일에, 여자 踏歌는 정월에 열었다. 형식은 다수의 사람들이 열을 지어 행진하면서, 지면을 발로 강하게 구르면서 박자를 맞추어 춤을 추는 집단가무로, 선두의 움직임에 따라 함께 진행한다.
57) 唐王朝의 李氏 家門.
58) 唐 玄宗.
59) 唐 肅宗. 현종의 사후 4일 만에 사망.
60) 唐 8대 황제 代宗. 父는 숙종. 開元 28년(740)에 廣平王에 봉해지고, 乾元 원년(758)에 입태자, 上元 3년(762)에 숙종이 사망하자 즉위하였다.
61) 史思明의 아들 史朝議. 父를 죽이고 황제가 되었다.
62) 史思明은 『구당서』에는 大聖燕王帝. 聖武의 칭호는 安祿山이 세운 연호이다.

한다"라고 하였다.

갑자(21일), 內射 의식이 있었다. 번객으로 활쏘기를 할 수 있는 자는 또한 참석시켰다.

2월 정축(4일), 太師 藤原惠美朝臣押勝이 高麗客에게 연회를 베풀었다. 칙을 내려 사자를 보내 다양한 색상의 의복을 담은 30개 함을 지급하였다.

계미(10일), 신라국 급찬 金體信 이하 211인을 보내 조공하였다. 左少弁 종5위하 大原眞人今城, 讚岐介 외종5위하 池原公禾守 등을 보내 앞서 (신라사신) 金貞卷[63]에게 약속한 취지를 물었다. 金體信이 말하기를, "국왕의 교지를 받아 단지 조를 바칠 뿐이다. 그 외의 일에 대해서는 전혀 알지 못한다"라고 하였다. 이에 (大原眞人)今城이 (다음과 같이) 알렸다. "乾政官이 처분하기를, 이번의 사인은 경도[64]로 불러들이고, 통상과 같이 대우한다. 그러나 사인들은 金貞卷에게 약속한 취지에 대해 전혀 언급한 바가 없다. '단지 통상의 공물을 갖고 입조하였고, 그 외의 일은 아는 바가 없다'고 말할 뿐이다. 이것은 사자로서 임명된 자가 할 말이 아니다. 지금 이후로는 왕자가 아니면 집정대부 등이 입조해야 한다. 이 상황을 그대의 국왕에게 고하여 알려야 할 것이다"라고 하였다.

계사(20일), 고려사 王新福 등이 귀국하였다.

임인(29일), 出羽國에 기근이 들어 구휼하였다.

3월 정묘(24일), 천하 제국에게 不動倉[65]의 열쇠를 진상하게 하였다. 국사의 빈번한 교체로 번거로움이 많기 때문이다. (국사가) 수시로 수리하기도 하고 습기로 인해 손실이 발생하는 경우에는 임시로 (열쇠를) 청구하도록 한다.

---

63) 天平寶字 4년(760) 9월 일본에 온 金貞卷에 대해 4가지 조건을 충족한 신라 사신을 보내라고 한 내용을 말한다.

64) 平城京.

65) 不動倉은 수납된 도곡이 정창에 만재될 경우, 국사, 군사의 검사를 거쳐 봉인되는 창고를 말하며, 이 곡물을 不動穀이라고 한다. 和銅 원년 윤8월 태정관부에서 부동창 설치가 장려되고, 매년 비축되어 30년 후인 天平 연간에는 전조 수입의 30년분이 저장되었다고 한다. 부동창의 열쇠는 태정관에 진상하여 관리하는데, 개봉이 필요할 때에는 태정관의 허가 하에 열쇠를 송부받는다. 상기 본문은 국사의 교체로 인수인계가 이루어질 때 분쟁이 일어나 부동창을 개봉하여 부동곡의 상태를 확인하는 것이다. 다만 율령제의 붕괴에 따라 부동곡의 전용, 유출이 이어져 9세기 말이 되면 유명무실해진다.

하4월 갑술삭(1일), 信濃國에 기근이 일어나 구휼하였다. 경사에 미가가 폭등하여 좌우경의 미곡을 출하해서 미가를 안정시켰다.

계미(10일), 壹岐嶋에 역병이 발생하여 구휼하였다.

병술(13일), 陸奧國에 기근이 일어나 구휼하였다.

정해(14일), 종5위하 石上朝臣奧繼를 소납언으로 삼고, 종5위하 池田朝臣足繼를 좌소변으로 삼고, 종5위상 石川朝臣人成을 信部大輔로 삼고, 종5위상 布勢朝臣人主를 文部大輔로 삼고, 종5위하 榎井朝臣小祖父를 仁部少輔로 삼고, 종5위상 阿倍朝臣御縣을 武部大輔로 삼고, 종5위하 當麻眞人高庭을 鼓吹正으로 삼고, 종5위하 藤原朝臣濱足을 節部大輔로 삼고, 종5위하 藤原朝臣雄田麻呂를 智部少輔로 삼고, 종5위하 豊野眞人篠原을 大膳亮으로 삼고, 좌대변 종4위하 中臣朝臣淸麻呂에게 섭진대부를 겸직시키고, 종5위하 石川朝臣豊人을 造宮大輔로 삼고, 종5위하 小野朝臣小贄를 (造宮)少輔로 삼고, 정5위하 市原王을 造東大寺 장관으로 삼고, 외종5위하 山田連銀[66]을 河內介로 삼고, 종5위하 津連秋主[67]를 尾張介로 삼고, 정5위하 阿倍朝臣子嶋를 上總守로 삼고, 종5위하 大原眞人今城을 上野守로 삼고, 참의 종4위하 藤原惠美朝臣久須麻呂에게 丹波守를 겸직시키고, 左右京職의 尹[68]은 종전대로 하였다. 외종5위하 村國連武志麻呂를 播磨介로 삼고, 종5위하 菅生王을 阿波守로 삼고, 종5위하 笠朝臣不破麻呂를 豊後守로 삼고, 외종5위하 陽胡毘登玲珍을 日向守로 삼았다.

5월 무신(6일), 大和尙 鑑眞이 죽었다. 화상은 楊州 龍興寺의 고승이었다. 경론을 두루 섭렵하였고, 계율에 매우 정통하였고, 長江과 淮水 사이에서 유일한 고승이었다. 天寶 2년(743, 天平 15년)에 유학승 榮叡, 業行 등이 화상에게 말하기를, "불법은 동으로 퍼져 본국에 이르렀다. 비록 그 가르침은 있지만, 전수할 사람은 없다. 화상께서 동방으로 오셔서 교화를 일으켜 주시기를

66) 권23, 天平寶字 5년 10월조 296쪽 각주 98) 참조.

67) 백제계 도래씨족의 후예. 右兵衛府 少直을 거쳐 天平 20년(748)에 외종5위하에 서임되었고, 天平寶字 2년(758)에 일족 34인과 함께 史에서 連 성으로 개성하였다. 동년 11월에 종5위하로 승서되었다. 天平寶字 8년에 정5위하로 승진되었고, 이어 尾張守에 서임되고, 天平神護 2년(766)에 종4위하에 이른다. 寶龜 4년(773)에는 造西大寺 차관에 임명되었다.

68) 左右京職의 장관. 원래 명칭은 大夫이지만, 일시적으로 중국식으로 개칭하였다.

원한다"라고 하였다. 말의 취지는 정성을 다했고, 쉴 새 없이 간곡하게 청하였다. 이에 楊州에서 배를 사서 바다로 나갔다. 그러나 도중에 풍랑을 만나 표류하였고 배는 파손되었다. 화상은 일심으로 염불하여 사람들은 모두 이에 의지하여 죽음을 면할 수 있었다. 天寶 7년(748)[69]에 이르러 다시 도해하였으나, 또 풍랑을 만나 日南[70]에 표착하였다. 이때 榮叡는 사망하였고, 화상은 슬피 울어 실명하였다. 天平勝寶 4년(752), 본국사절이 당에 조빙하러 갔을 때, 業行이 속마음을 털어놓았다. 드디어 제자 24인과 더불어 견당부사 大伴宿禰古麻呂의 배로 귀조하였다. (조정에서는 鑑眞和尙 등을) 동대사에 주지시키고 공양하였다. 때에 칙이 내려져 일체경론을 교정하였다. 곳곳에 틀린 글자가 있었지만, 제사본이 모두 동일하게 되어 있어 정정할 수 없게 되었다. 이에 화상은 암송하였고 많은 자구를 수정하였다. 또 여러 약물에 대해서도 명칭의 진위를 분별했는데, 화상은 일일이 냄새를 맡고 하나도 실수가 없었다. 聖武皇帝가 (감진을) 스승으로 삼아 수계를 받았다. 황태후가 병이 났을 때에도 진상한 의약이 효험이 있었다. 대승정의 위를 내렸는데, 갑작스런 승강의 직무가 번잡하여 다시 大和上[71]의 칭호를 내렸다. 備前國의 논 100정을 시입하고 또 新田部親王[72]의 구저택을 시입해서 戒院으로 삼았다. 금일의 (唐)招提寺가 이것이다. 화상은 자신의 죽음을 예기하고 기일에 이르자 단좌한 채로 편안히 세상을 떠났다. 때의 나이는 77세였다.

계축(11일), 伊賀國에 역병이 발생하여 구휼하였다.

무오(16일), 河內國에 기근이 일어나 구휼하였다.

기사(27일), 義部卿 종4위하 安都王이 죽었다.

경오(28일), 기내 4국의 제신사에 폐백을 바쳤다. 丹生河上神[73]에게는 흑모마[74]를 더하여 바쳤다. 가뭄 때문이었다.

---

69) 天寶 7년은 당 玄宗 시대의 연호로 일본의 天平 20년에 해당한다.
70) 漢代에 설치된 郡으로 현재의 베트남 북부이다.
71) 계율승에 대한 최고의 존칭.
72) 天武天皇의 황자. 天平 7년 9월 30일에 사망하였다.
73) 丹生河上神社. 예로부터 祈雨, 止雨의 신으로서 명성이 높다. 大和國 吉野郡에 鎭坐.
74) 『延喜式』 권제3, 神祇3 臨時祭, "丹生川上社, 貴布禰社, 各加黑毛馬一疋. 自餘社加庸布一段. 其霖雨不止祭料亦同, 但馬用白毛"라고 나온다. 이 규정에 따르면 기우에는 黑毛馬를 사용하고, 止雨에는 白毛馬를 바치며, 말을 봉헌할 때는 도살하지 않고 살아있는

6월 무인(7일), 尾張國에 기근이 들어 구휼하였다.

병술(15일), 越前國에 기근이 들어 구휼하였다.

임진(21일), 能登國에 기근이 들어 구휼하였다.

병신(25일), 大和國에 기근이 들어 구휼하였다.

무술(27일), 美濃國에 기근이 들어, 攝津, 山背 2국에 역병이 발생해 함께 구휼하였다.

추7월 을묘(14일), 종5위하 大伴宿禰田麻呂를 參河守로 삼고, 종5위상 高元度[75]를 左平準令으로 삼고, 종5위상 藤原朝臣田麻呂를 陸奧出羽按察使로 삼고, 외종5위하 高松連笠麻呂를 日向守로 삼고, 종5위하 忌部宿禰呰麻呂를 齋宮頭로 삼았다.

정묘(26일), 備前, 阿波 2국에 기근이 들어 함께 구휼하였다.

8월 신미삭(1일), 칙을 내려. "듣는 바와 같이 작년에는 장마였고, 금년에는 가뭄으로 오곡이 여물지 않아 미곡의 가격이 폭등하였다. 이로 인해 백성은 이미 고통받고 있다. 여기에 더하여 역병이 유행하여 사망자 수가 많다. 짐은 이를 생각할 때마다 마음이 매우 아프고 측은하다. 마땅히 좌우경, 기내 5국, 7도 제국의 금년조 전조를 면제한다"라고 하였다.

임신(2일), 近江, 備中, 備後 3국에 기근이 발생해 함께 구휼하였다.

임오(12일), 처음으로 高麗國에 보내는 배의 이름을 能登이라고 하였다.[76] 귀국의 날에 풍파가 거칠어 해상에서 표류하였다. 기도하여 말하기를, "다행히 船靈[77]에 의지하여 평안하게 국에 도착한다면, 반드시 조정에 청하여 錦冠으로 보답할 것이다"라고 하였다. 이에 이르러 간절한 기도의 연으로 (도착하게 되어 能登船에게) 종5위하를 내리고, 그 冠은 표면은 錦으로 안쪽은 絁를 사용하여 만들고 (관의 뒷부분을) 자색끈으로 늘어뜨려 장식하였다.

말을 쓴다. 불교의 살해금지 사상이 국가사상으로 수렴되면서 도살 우마의 봉헌이 금지되었다고 보인다. 한편, 우마의 도살에 대해서는 『일본서기』 皇極紀 원년(642) 7월 무인조에 "우마를 잡아 제 신사의 신에게 바쳤다"라는 기록이 나온다.

75) 권22, 天平寶字 3년(759) 춘정월조 245쪽 각주 15) 참조.

76) 『일본서기』 應神紀 5년 10월조에 枯野, 天平寶字 2년 3월조에 速鳥라는 船名이 나온다. 이것은 배의 기능을 고려한 명칭인데, 慶雲 3년 2월조의 佐伯, 天平寶字 2년 3월조의 播磨 등과 같이 제작지의 이름을 딴 사례도 있다.

77) 배를 수호하는 신령.

갑신(14일), 丹波, 伊豫 2국에 기근이 들어 함께 구휼하였다.

무자(18일), 山陽, 南海 등 제국에 가뭄이 들어 양도 절도사를 정지하였다.[78] 儀鳳暦[79]을 폐지하고 처음으로 大衍暦[80]을 사용하였다. 丹後國에 기근이 들어 구휼하였다.

기축(19일), 糺政臺尹 3품 池田親王[81]이 상표하여 말하기를, "신의 아들과 딸 5인은 그 모친이 흉족[82]으로부터 나왔다. 신은 그 역당을 증오하여 王籍[83]으로부터 삭제하였다. 그러나 지금 연월도 점차 지나 천자의 은택이 두루 미치고 있다. 이 시기에 이르러 처리해 두지 않으면, 아마도 천하의 덕화 안에 있으면서 소속을 잃어버린 백성이 되어 버린다. 삼가 바라건대, 御長眞人의 성을 받아 영원히 海內의 일족이 되었으면 한다"라고 하였다. 조를 내려 이를 허락하였다.

계사(23일), 사자를 보내 阿波, 讃岐 양국의 피해를 조사시키고, 바로 굶주린 백성들을 구휼하였다.

갑오(24일), 신라인 中衛[84] 소초위하 新良木舍姓前麻呂[85] 등 6인에게 淸住造의 성을 내리고, 漢人 伯德廣道에게 雲梯連[86]의 성을 내렸다.

9월 경자삭(1일), 칙을 내려, "역병으로 사망자가 다수에 이르고, 홍수와

---

78) 가뭄으로 병사들의 동원과 물자의 공급 등에 어려움을 겪었을 것이다.

79) 儀鳳暦은 唐의 천문학자 李淳風이 편찬한 역법으로 당에서는 麟德暦이라고 칭했으며, 麟德 2년(665)에서 開元 16년(728)까지 사용되었다. 일본에 수용된 시기는 儀鳳 연간(676~679)인데, 실제로는 신라에서 수입되었다고 보인다. 신라에서는 문무왕 4년(674)에 당의 인덕력을 채용하여 의봉력이라고 불렀고, 이 시기에 일본은 당과의 관계가 단절되어 있었고 오직 신라와만 교류하고 있었다. 의봉력은 持統 4년(690)부터 元嘉暦과 병행되다가, 文武 원년(697)부터 단독으로 사용되었다.

80) 大衍暦은 唐 승려인 一行이 玄宗의 칙명으로 편찬한 역법으로 開元 17년(729)부터 上元 2년(761)까지 33년간 사용되었다. 일본에서는 吉備眞備가 天平 7년(735)에 唐에서 갖고 들어왔다. 天平寶字 8년(764)에서 貞觀 3년(861)까지 98년간 사용되었다. 貞觀 4년(862)에 宣明暦이 도입되었다.

81) 舍人親王의 子.

82) 妻家인 橘奈良麻呂의 반역 음모사건을 말한다.

83) 「職員令」45에 나오는 궁내성 산하의 正親司가 작성하는 皇親名籍.

84) 中衛部의 舍人

85) 新良木舍姓前麻呂는 新良木舍姓+前麻呂로 추정되나, 新良木舍의 姓을 가진 前麻呂라고도 이해할 수 있다. 天平寶字 5년 3월 경자조에 新羅人 新良木舍姓縣麻呂에게 淸住造의 성을 내렸다고 하는 도래인 사성 기사가 나온다. 일족인 근친으로 보인다.

86) 권23, 天平寶字 5년(761) 3월조 291쪽 각주 77) 참조.

가뭄이 때도 없이 일어나고 있다. 神火[87]가 자주 발생하여 헛되이 관물에 피해를 주고 있다. 이것은 국사, 군사 등이 國神을 공손히 모시지 않았기 때문에 생긴 천벌이다. 또 10일이나 가뭄이 계속되고 물이 없어 고통받다가 며칠이나 비가 내려 토지가 유실되어 탄식하는 자도 있다. 이것은 국사, 군사들이 백성을 사역하는 시기를 잃어버려 제방과 보를 수리하지 않았기 때문에 생긴 과실이다. 지금 이후로는 만약 이러한 사례가 있다면, 目 이상의 국사는 모두 교체한다. 오랫동안 (임지에) 머물러 백성들을 힘들게 해서는 안 된다. 더욱이 좋은 인재를 선발해서 조속히 등용시켜야 한다. 쓸모없는 자는 고향으로 돌려보내고 현명한 자를 관인으로 있게 하여 각자 그 직무에 힘써 백성의 근심을 없애도록 한다"라고 하였다.

계묘(4일), 사자를 山階寺에 보내, (천황의) 칙을 내리기를, "소승도 慈訓法師[88]는 정무를 행할 때에 도리에 맞지 않는 일을 하고 있어 僧綱의 직무를 감당하기 어렵다. 마땅히 그 임무를 정지시키고, 중론에 따라 道鏡法師를 소승도로 한다"라고 하였다.

갑인(15일), 종5위하 奈紀王을 石見守로 삼고, 종5위하 采女朝臣淨庭을 豊後守로 삼았다.

경신(21일), 尾張, 美濃, 但馬, 伯耆, 出雲, 石見 등 6국의 곡물이 여물지 않았다. 함께 사자를 보내 손실을 조사시켰다. 河內國 丹比郡 사람 尋來津公關麻呂[89]가 모친을 살해한 죄로 出羽國 小勝의 柵戶로 유배되었다.

병인(27일), 종5위상 山村王에게 정5위하를, 종4위하 池上女王에게 정4위하를 내렸다.

---

87) 神火는 神罰, 天災라는 인식이 있었고, 낙뢰나 미확인 화재 등을 말하기도 한다. 그러나 실제로는 국아, 군아의 正倉, 國分寺 등 공적 시설의 피해가 많았고, 정세, 관물 화재로 재정적 타격이 컸다는 점에서 상대를 모함에 빠트리려는 정치적 사건과도 연계된 방화사건인 경우가 많다. 이에 대한 대책을 말한 것이다.

88) 河內國 丹比郡(현 大阪府 羽曳野市)의 백제계 도래씨족인 船氏의 후예. 권19, 天平勝寶 8歲(756) 5월조 151쪽 각주 122) 참조.

89) 『신찬성씨록』 大和皇別, 河內皇別에 동일 氏인 廣來津公이 나온다. 尋來津(廣來津)은 『일본서기』 雄略紀 7년 是歲條에 "倭國吾礪廣津 〈廣津, 此云比慮岐頭〉邑"으로 나오고 있어 難波津 남부의 古稱으로 추정된다. 한편 이 지역은 백제로부터의 도래인을 안치한 장소로 전해지고 있어 尋來津公氏는 도래계 씨족으로 보는 견해도 있다.

동10월 계유(4일), (천황이) 山背國에 순행하여 (山背國) 介 외종5위하 坂上忌寸老人에게 외종5위상을, 종5위하 稻蜂間連仲村女에게 종5위상을 내렸다.

을해(6일), 左兵衛 정7위하 板振鎌束이 발해에서 돌아올 때에, 사람을 바다에 던져넣었다. 이 때문에 조사를 받아 하옥되었다. (天平寶字) 8년의 난으로 감옥에 죄수들이 가득차서 그로 인해 近江國으로 이주시켰다. 처음에 王新福이 본국으로 귀국할 때에 승선할 배가 취약해 발해사를 보내는 판관 平群虫麻呂 등이 불안정함을 우려하여 태정관에 말하여 (일본에) 머무를 것을 청하였다. 史生 이상이 모두 도항을 중지하고 배를 수리하여 (板振)鎌束을 바로 船師로 임명하여 왕신복 등을 보냈다. 일을 마치고 귀국할 때에 우리 유학생 高內弓[90]과 그 처 高氏 및 아들 廣成, 유아 1인, 유모 1인, 아울러 입당학문승 戒融, 우바새 1인이 (당에서) 발해를 경유하여 (일행을) 따라 귀국하였다. (그러나) 해상에서 폭풍을 만나 나아갈 방향을 잃고 柂師,[91] 수부가 파도에 휩쓸려 들어갔다. 이때에 鎌束이 논의하여 말하기를, "異邦의 婦女[92]가 지금 배 안에 있다. 또 이 우바새는 보통 사람들과는 다르다. 한 끼에 쌀 몇알만 먹어도 날이 지나도 주리지 않는다. 바람에 표류하는 재난은 반드시 이것이 원인임에 틀림없다"라고 하였다. 이에 수부로 하여금 高內弓의 처 및 유아,[93] 유모, 우바새 4인을 붙잡아 바다에 던져넣었다. (그러나) 바람의 기세는 의연 맹렬하였고, 표류한 지 10여 일 만에 隱岐國에 도착하였다.

병술(17일), 참의 禮部卿 종3위 藤原朝臣弟貞이 죽었다. 弟貞은 平城朝 좌대신

---

90) 寶龜 4년(773) 6월 병진조에 발해국에서 音聲을 배웠다고 하는 日本使 內雄과 동일인물이다. 동조에 의하면 高內弓(高內雄)은 발해에서 音聲學을 배우고 귀국했는데, 발해에서는 10년이 지나도록 소식이 없어 사신을 파견하여 그 소식을 물었다고 한다. 音聲이란 일본에서는 악기를 연주하는 것을 가리키는데, 특히 笛을 중심으로 한 발해악의 악기주법으로 생각된다.

91) 배의 운항 책임자, 선장. 『延喜式』 권제30 大藏省, 「入諸蕃」 항목에, 「入唐使」에는 柂師, 挾杪, 水手長, 水手, 「入新羅使」에는 柂師, 水手長, 挾杪, 水手, 「入渤海使」에는 挾杪, 水手 등의 명칭이 나온다. 배열 순서는 신분 서열이고, 柂師는 柂師에 해당하며 배를 운항을 총괄하는 책임자, 挾杪는 배를 조종하는 조타수에 해당한다고 보인다.

92) 高內弓은 발해 유학중에 고구려계 발해인 高氏와 결혼하여 그 사이에 아들, 딸 2인을 두었다.

93) 본문에는 綠兒라고 되어 있다. 綠兒는 大寶令制에서는 3세 이하의 남자아이를 말한다. 그러나 본문에서는 '異邦婦女'라는 발언으로 보건대 女兒를 가리킨다.

정2위 長屋王의 아들이고, 천평 원년에 長屋王은 죄가 있어 자결하였다. 그 아들 종4위하 膳夫王, 무위 桑田王, 葛木王, 鉤取王도 모두 목을 매어 자살하였다. 이때에 安宿王, 黃文王, 山背王 및 딸 敎勝도 역시 연좌되어야 했지만, 藤原太政大臣[94]의 딸의 소생이었기 때문에 특별히 죽음을 면하였다. 天平勝寶 8세(756)에 安宿王, 黃文王이 모반을 기도할 때[95] 山背王이 몰래 그 변을 알렸다. 高野天皇이 이를 가상히 여겨 藤原의 성을 내리고, 이름을 弟貞이라고 하였다.

을미(26일), 淡路國에 기근이 들어 구휼하였다.

정유(28일), 전 監物主典 종7위상 高田毘登足人의 조부는 예전에 美濃國의 主稻[96]이었다. 임신의 난이 일어날 때, 개인 말을 바쳐 천황[97]이 美濃國, 尾張國으로 갈 수 있었다. 천무천황은 이를 가상히 여겨 봉호를 아들에게 상속하게 하였다. 이에 이르러 高田寺[98]의 승려를 살해한 죄로 하옥되고 봉호를 박탈당하였다.

12월 기축(21일), 攝津, 播磨, 備前 3국에 기근이 들어 함께 구휼하였다.

정유(29일), 禮部少輔 종5위하 中臣朝臣伊加麻呂, 造東大寺 판관 정6위상 葛井連根道,[99] 伊加麻呂男眞助 3인은 술을 마시고 당시 금기해야 할 말을 하여,[100] 伊加麻呂는 大隅守로 좌천되었고, 根道는 隱岐로, 眞助는 土左로 유배되었다. 그 고발인 酒波長歲는 종8위하를 받아 近江國 史生에 임명되었고, 中臣眞麻伎는 종7위하를 받아 但馬國의 員外史生[101]에 임명되었다.

『속일본기』 권제24

---

94) 藤原不比等.
95) 橘奈良麻呂의 모반기도사건.
96) 美濃國에 있던 大海人皇子의 식봉 관리인으로 추정된다.
97) 大海人皇子.
98) 高田氏의 氏寺.
99) 葛井連의 이전 씨성은 白猪史이고, 백제계 도래씨족인 王辰爾 일족이다. 葛井連根道는 孝謙朝에서 淳仁朝에 걸쳐 造東大寺主典 및 判官을 역임하였고, 寶龜 10년(779)에 외종5위하에 서임되고, 이듬해에는 伊豆守로 임명되었다.
100) 발설해서는 안 되는 금기사항이란 孝謙上皇과 궁전에 드나드는 승려 道鏡과의 은밀한 사통 소문에 관한 것으로 보인다.
101) 정원 외의 員外官. 員外國司의 경우는 부재 관인인 경우가 많고 정원 내의 국사와 동일한 대우를 받는다. 막대한 양의 公廨田을 지급받기 때문에 수익을 목적으로 하는 관이 되었는데, 이 경우도 특별예우라고 보인다.

續日本紀卷第二十四

〈起天平寶字六年正月, 盡七年十二月〉

右大臣從二位兼行皇太子傅中衛大將臣藤原朝臣繼繩等奉勅撰

廢帝

◯ **天平寶字六年**春正月庚辰朔, 廢朝. 以宮室未成也. 辛巳, 日有蝕之. 癸未, 帝臨軒. 授三品船親王二品, 正四位上紀朝臣飯麻呂從三位, 無位榎本王從四位下, 荻田王從五位下, 正五位上粟田朝臣奈勢麻呂, 中臣朝臣淸麻呂, 石川朝臣豊成並從四位下, 從五位上阿倍朝臣了嶋正五位下, 從五位下石川朝臣人成, 巨勢朝臣淨成並從五位上, 正六位上息長丹生眞人國嶋, 路眞人鷹養, 中臣朝臣伊加麻呂, 阿倍朝臣小路, 阿倍朝臣息道, 石上朝臣奧繼, 大伴宿禰田麻呂並從五位下, 正六位上守部垣麻呂, 船連小楫並外從五位下. 以中納言正三位文室眞人淨三爲御史大夫, 信部卿從三位氷上眞人鹽燒, 鎭國衛驍騎將軍兼美濃飛驒信濃按察使從四位上藤原惠美朝臣眞光並爲參議. 授從四位上氷上眞人陽侯正四位下, 正六位上紀朝臣眞艫, 從六位上安曇宿禰夷女, 從七位下車持朝臣鹽淸, 無位當麻眞人多玖比禮並從五位下. 乙酉, 遣參議從四位上藤原惠美朝臣眞光, 饗唐人沈惟岳等於大宰府, 賜大使以下祿有差. 戊子, 以信部少輔從五位下紀朝臣牛養爲兼少納言, 從五位上阿倍朝臣毛人爲左中弁, 從四位下石川朝臣豊成爲右大弁, 從五位上大伴宿禰家持爲信部大輔, 外從五位下忌部連黑麻呂爲內史局助, 從四位下宗形王爲右大舍人頭, 從五位下淡海眞人三船爲文部少輔, 從五位下中臣朝臣伊加麻呂爲禮部少輔, 從四位下林王爲木工頭, 從五位上上毛野公廣濱爲左京亮, 外從五位下茨田宿禰枚野爲東市正, 從五位下阿倍朝臣許智爲攝津亮, 從五位上巨曾倍朝臣難破麻呂爲造宮大輔, 外從五位下椋垣忌寸吉麻呂爲右平準令, 從五位下笠朝臣眞足爲右勇士翼, 從五位上高元度爲參河守, 從五位下阿倍朝臣小路爲近江介, 從五位下阿倍朝臣息道爲若狹守, 外從五位下日置造蓑麻呂爲丹波介, 從五位上河內王爲丹後守, 從五位上長野連公足爲因幡守, 從五位下石上朝臣奥繼爲播磨介, 從五位下大野朝臣廣立爲肥前守, 從五位下百濟王理伯爲肥後守, 從五位下田口朝臣大戶爲日向. 丁未, 造東海·南海·西海等道節度使料綿襖冑各二萬二百五十具於大宰府, 其製一如唐國新樣. 仍象五行之色, 皆畫甲板之形. 碧地者以朱, 赤地者以黃, 黃地者以朱, 白地者以黑, 黑地者以白, 每四千五十具成一行之色.

二月辛亥, 授從一位藤原惠美朝臣押勝正一位. 乙卯, 造綿甲冑一千領以貯鎭國衛府. 辛酉, 簡點伊勢, 近江, 美濃, 越前等四國郡司子弟及百姓, 年四十已下二十已上練習弓馬者, 以爲健兒. 其有死闕及老病者, 卽以與替. 仍准天平六年四月二十一日勅, 除其身田租及雜徭之半, 其歷名等第, 每年附朝集使送武部省. 甲戌, 賜大師藤原惠美朝臣押勝近江國淺井高嶋二郡鐵穴各一處.

三月庚辰朔, 遣唐副使從五位上石上朝臣宅嗣罷. 以左虎賁衛督從五位上藤原朝臣田麻呂爲副使. 壬午, 於宮西南, 新造池亭. 設曲水之宴, 賜五位已上祿有差. 甲辰, 保良宮諸殿及屋垣, 分配諸國, 一時就功. 戊申, 參河, 尾張, 遠江, 下總, 美濃, 能登, 備中, 備後, 讚岐等九國旱.

夏四月庚戌朔, 以外從五位下山田連古麻呂爲主稅助, 從五位上大伴宿禰御依爲義部大輔, 外從五位下漆部直伊波爲贓贖正, 從五位上巨勢朝臣淨成爲智部大輔, 從五位下紀朝臣廣名爲少輔, 從五位下高橋朝臣子老爲大膳亮, 從五位下高橋朝臣老麻呂爲內膳奉膳, 從五位下高圓朝臣廣世爲山背守, 外從五位下坂上忌寸老人爲介, 右大弁從四位下石河朝臣豊成爲兼尾張守, 從四位下粟田朝臣奈勢麻呂爲遠江守, 從五位上田中朝臣多太麻呂爲陸奥守, 鎭守副將軍從五位下大伴宿禰益立爲兼介, 外從五位下道朝臣黑麻呂爲隱岐守, 信部卿從三位氷上眞人鹽燒爲兼美作守, 外從五位下中臣酒人宿禰虫麻呂爲豊前員外介. 丁巳, 河內國狹山池堤決, 以單功八萬三千人修造. 戊午, 遠江國飢, 賑給之. 癸亥, 尾張國飢,賑給之. 丙寅, 遣唐使駕船一隻自安藝國到于難波江口. 著灘不浮. 其柁亦復不得發出. 爲浪所搖, 船尾破裂. 於是, 撙節使人限以兩船, 授判官正六位上中臣朝臣鷹主從五位下爲使, 賜節刀, 正六位上高麗朝臣廣山爲副. 辛未, 始置大宰弩師. 壬申, 勅越前國江沼郡山背鄉戶五十烟施入岡寺.

五月壬午, 京師及畿內, 伊勢, 近江, 美濃, 若狹, 越前等國飢. 遣使賑給之. 丁亥, 美濃, 飛驒, 信濃等國地震, 賜被損者穀家二斛. 石見國飢, 賑給之. 己丑, 備前國飢, 賑給之. 丁酉, 大宰府言, 唐客副使紀喬容已下三十八人狀云, 大使沈惟岳, 贓汚已露,不足率下. 副使紀喬容, 司兵晏子欽堪充押領. 伏垂進止. 府官商量, 所申有實. 報曰, 大使副使並是勅使, 謝時和與蘇州刺史, 相量所定, 不可改張. 其還鄕之祿亦依舊給. 辛丑, 高野天皇與帝有隙. 於是, 車駕還平城宮. 帝御于中宮院. 高野天皇御于法華寺. 丙午, 賜大師正一位藤原惠美朝臣押勝帶刀資人六十人, 通前一百人. 其夏冬衣服者官給之

六月庚戌, 喚集五位已上於朝堂. 詔曰, 太上天皇御命以〈弖〉卿等諸語〈部止〉宣〈久〉, 朕御祖大皇后〈乃〉御命以〈弖〉朕〈爾〉告〈之久〉岡宮御宇天皇〈乃〉日繼〈波〉加久〈弖〉絶〈奈牟止〉爲. 女子〈能〉繼〈爾 波〉在〈止母〉欲令嗣〈止〉宣〈弖〉此政行給〈岐〉. 加久爲〈弖〉今帝〈止〉立〈弖〉須麻〈比〉久〈流〉間〈爾〉宇夜宇也〈自久〉相從事〈波〉無〈之弖〉斗卑等〈乃〉仇〈能〉在言〈期等久〉不言〈岐〉辭〈母〉言〈奴〉. 不爲〈岐〉行〈母〉爲〈奴〉. 凡加久伊波〈流倍枳〉朕〈爾波〉不在. 別宮〈爾〉御坐坐〈牟〉時自加得言〈也〉. 此〈波〉朕劣〈爾〉依〈弖之〉加久言〈良之止〉念召〈波〉愧〈自彌〉伊等保〈自彌奈母〉念〈須〉. 又一〈爾波〉朕應發菩提心緣〈爾〉在〈良之止母奈母〉念〈須〉. 是以出家〈弖〉佛弟子〈止〉成〈奴〉. 但政事〈波〉常祀〈利〉小事〈波〉今帝行給〈部〉. 國家大事賞罰二柄〈波〉朕行〈牟〉. 加久〈能〉狀聞食悟〈止〉宣御命衆聞食宣. 尾張國飢, 賑給之. 戊辰, 河內國長瀨堤決. 發單功二萬二千二百餘人修造焉. 散位從四位下榎本王卒. 庚午, 尙藏兼尙侍正三位藤原朝臣宇比良古薨. 贈太政大臣房前之女也. 賻絁百疋, 布百端, 鐵百廷.

秋七月丙申, 散位從三位紀朝臣飯麻呂薨. 淡海朝大納言贈正三位大人之孫, 平城朝式部大輔正五位下古麻呂之長子也. 仕至正四位下左大弁, 拜參議, 授從三位. 病久不損, 上表乞骸骨. 詔許之. 是月, 送唐人使從五位下中臣朝臣鷹主等, 風波無便不得渡海.

八月乙卯, 勅, 唐人沈惟岳等着府. 依先例安置供給. 其送使者, 海陸二路量便咸令入京. 其水手者, 自彼放還本鄕. 丁巳, 令左右京尹從四位下藤原惠美朝臣訓儒麻呂, 文部大輔從四位下中臣朝臣淸麻呂, 右勇士率從四位下上道朝臣正道, 授刀大尉從五位下佐味朝臣伊與麻呂等, 侍于中宮院. 宣傳勅旨. 乙丑, 陸奧國疫, 賑給之. 丙寅, 御史大夫文室眞人淨三, 以年老力衰, 優詔特聽宮中持扇策杖. 乙巳, 御史大夫正三位兼文部卿神祇伯勳十二等石川朝臣年足薨. 時年七十五. 詔遣攝津大夫從四位下佐伯宿禰今毛人, 信部大輔從五位上大伴宿禰家持, 弔賻之. 年足者, 後岡本朝大臣大紫蘇我

臣牟羅志曾孫, 平城朝左大弁從三位石足之長子也. 率性廉勤, 習於治體, 起家補少判事, 頻歷外任. 天平七年, 授從五位下, 任出雲守, 視事數年, 百姓安之. 聖武皇帝善之. 賜絁三十疋, 布六十端, 當國稻三萬束. 十九年, 至從四位下春宮大夫兼左中弁, 拜參議. 勝寶五年授從三位, 累遷至中納言兼文部卿神祇伯. 公務之閑, 唯書是悅. 寶字二年授正三位, 轉御史大夫, 時勅公卿各言意見. 仍上便宜, 作別式二十卷. 各以其政繫於本司. 雖未施行, 頗有據用焉.

冬十月丙午朔, 正六位上伊吉連益麻呂等, 至自渤海. 其國使紫綬大夫行政堂左允開國男王新福已下二十三人相隨來朝. 於越前國加賀郡安置供給. 我大使從五位下高麗朝臣大山, 去日船上臥病, 到佐利翼津卒. 甲寅, 讃岐守從四位下大伴宿禰犬養卒. 己未, 夫人正三位縣犬養宿禰廣刀自薨. 賻絁百疋, 絲三百約, 布三百端, 米九十石, 夫人者讃岐守從五位下唐之女也. 聖武皇帝儲貳之日, 納爲夫人. 生安積親王. 年未弱冠, 天平十六年薨. 又生井上內親王, 不破內親王.

十一月乙亥朔, 以正六位上借緋多治比眞人小耳, 爲送高麗人使. 丁丑, 遣御史大夫正三位文室眞人淨三, 左勇士佐從五位下藤原朝臣黑麻呂, 神祇大副從五位下中臣朝臣毛人, 少副從五位下忌部宿禰呰麻呂等四人, 奉幣於伊勢太神宮. 庚寅, 遣參議從三位武部卿藤原朝臣巨勢麻呂, 散位外從五位下土師宿禰犬養, 奉幣于香椎廟. 以爲征新羅調習軍旅也. 庚子, 奉幣及弓矢於天下神祇. 壬寅, 遣使奉幣於天下群神.

十二月乙巳朔, 授從四位上藤原惠美朝臣眞光正四位上, 以御史大夫正三位文室眞人淨三爲兼神祇伯, 從三位氷上眞人鹽燒, 從三位諱, 從三位藤原朝臣眞楯爲中納言, 眞楯爲兼信部卿, 正四位上藤原惠美朝臣眞爲大宰帥. 又以從三位藤原朝臣弟貞, 從四位下藤原惠美朝臣訓儒麻呂, 藤原惠美朝臣朝獵, 中臣朝臣淸麻呂, 石川朝臣豊成爲參議. 乙卯, 遣高麗大使從五位下高麗朝臣大山贈正五位下, 授副使正六位上伊吉連益麻呂外從五位下, 判官已下水手已上各有差.

閏十二月丙子, 以中納言從三位氷上眞人鹽燒, 復爲兼美作守. 丁亥, 配乞索兒一百人於陸奧國. 便卽占着. 癸巳, 高麗使王新福等入京. 己亥, 以從五位上田中朝臣多太麻呂, 爲陸奧守兼鎭守副將軍.

◯ **七年**春正月甲辰朔, 御大極殿受朝, 文武百寮, 及高麗蕃客, 各依儀拜賀. 事畢, 授命婦正四位下氷上眞人陽侯正四位上. 丙午, 高麗使王新福貢方物. 庚戌, 帝御閤門, 授高麗大使王新福正三位, 副使李能本正四位上, 判官楊懷珍正五位上, 品官着緋達能信從五位下, 餘各有差. 賜國王及使四傔人已上祿亦有差. 宴五位已上及蕃客. 奏唐樂於庭, 賜客主五位已上祿各有差. 壬子, 授從五位下道守王從五位上, 無位桑原王, 田上王並從五位下, 正五位上大和宿禰長岡從四位下, 正五位下日下部宿禰子麻呂正五位上, 從五位上阿倍朝臣毛人, 多治比眞人土作並正五位下, 從五位下阿倍朝臣御縣, 布勢朝臣人主並從五位上, 從六位上波多朝臣男足, 正六位上當麻眞人吉嶋, 從六位上中臣朝臣宅守, 正六位上大伴宿禰小薩, 笠朝臣不破麻呂, 藤原朝臣繼繩, 紀朝臣廣純, 藤原朝臣藏下麻呂, 藤原惠美朝臣執棹並從五位下, 正六位上坂合部宿禰斐太麻呂, 大友村主廣公, 村國連子老, 淨岡連廣嶋, 贄土師連沙彌麻呂並外從五位下, 無品不破內親王四品, 從四位上圓方女王正四位上, 從四位下秦女王從四位上, 無位掃部女王從四位下, 無位廣河女王, 石上朝臣絲手, 藤原朝臣乙刀自, 藤原朝臣今兒, 藤原朝臣人數, 從六位下大野朝臣中千, 縣犬養宿禰姉女, 外從五位下稻蜂間連仲村女並從五位下. 以從五位下大伴宿禰東人, 藤原朝臣藏下麻呂, 並爲少納言. 外從五位下伊吉連益麻呂爲大外記, 從四位下中臣朝臣清麻呂爲左大弁, 從五位上小野朝臣都久良爲左中弁, 從五位下大原眞人今城爲左少弁, 從五位上粟田朝臣人成爲右中弁, 從五位下紀朝臣牛養爲右少弁, 從五位下忌部宿禰鳥麻呂爲信部少輔, 從五位下縣犬養宿禰沙彌麻呂爲大監物, 從四位下上道朝臣正道爲中宮大夫, 播磨守如故, 從五位下小野朝臣小贄爲內藏助, 從五位下伊刀王爲縫殿頭, 從五位下陽胡毘登玲璆爲內匠助, 從五位下文室眞人高嶋爲內禮正, 從五位上石上朝臣宅嗣爲文部大輔, 侍從如故, 從五位上藤原朝臣網麻呂爲禮部大輔, 侍從如故. 從五位下大藏忌寸麻呂爲玄蕃頭, 從五位下豊國眞人秋篠爲雅樂頭, 從五位上巨曾倍朝臣難破麻呂爲仁部大輔, 從五位下阿倍朝臣繼人爲主稅頭, 從三位藤原朝臣永手爲武部卿, 從五位下大伴宿禰小薩爲少輔, 從五位下田口朝臣大萬戶爲兵馬正, 外從五位下村國連子老爲主船正, 從五位下藤原朝臣楓麻呂爲大判事, 外從五位下李忌寸元環爲織部正, 出雲介如故. 外從五位下廣田連小床爲木工助, 從五位下奈紀王爲大炊頭, 從五位下荻田王爲正親正, 從五位下當麻眞人吉嶋爲主油正, 從五位下豊野眞人尾張爲糺政弼, 從五位上布勢朝臣人主爲右京亮, 正五位下市原王爲攝津大夫, 從四位下佐伯宿禰今毛人爲造東大寺長官, 從五位上藤原朝臣宿奈麻呂爲造宮大輔, 上野守如故. 從五位下石川朝臣豊人爲少輔, 從五位下石川朝臣豊麻呂爲鑄錢長官, 正四位上坂上忌寸犬養爲大和守, 從五位下阿倍朝臣息道爲介, 正五位下阿倍朝臣毛人爲河內守, 從五位下石川朝臣名足爲伊勢守, 從五位下佐味朝臣宮守爲安房守, 在唐大使仁部卿正四位下藤原朝臣清河爲兼常陸守, 從五位上佐伯宿禰美乃麻呂爲介, 從五位上藤原朝臣田麻呂爲美濃守, 正五位上日下部宿禰子麻呂爲上野守, 從五位下百濟王三忠爲出羽守, 從五位下高橋朝臣子老爲若狹守, 從五位下石川朝臣弟人爲越後守, 正四位下高麗朝臣福信爲但馬守, 從五位下巨勢朝臣廣足爲介, 從五位下大原眞人繼麻呂爲伯耆守, 從五位下阿倍朝臣意宇麻呂爲出雲介, 外從五位下上毛野公眞人爲美作介, 從五位上甘南備眞人伊香爲備前守, 從五位上道守王爲備中守, 從五位下小野朝臣石根爲長門守, 從三位百濟王敬福爲讚岐守, 外從五位下池原公禾守爲介, 從四位下和氣王爲伊豫守, 從五位上中臣丸連張弓爲介, 從五位下紀朝臣廣純爲大宰員外少貳, 從五位下中臣朝臣鷹主爲肥前守, 從五位下笠朝臣不破麻呂爲日向守. 戊午, 詔曰, 如聞, 去天平寶字五年, 五穀不登, 飢斃者衆. 宜其五年以前公私債負, 貧窮不堪備償公物者. 咸從原免. 私物者除利收本. 又役使造宮, 左右京, 五畿內及近江國兵士等, 寶字六年田租並免之. 庚申, 帝御閤門, 饗五位已上及蕃客, 文武百官主典已上於朝堂. 作唐吐羅, 林邑, 東國, 隼人等樂, 奏內敎坊踏歌. 客主主典已上次之. 賜供奉踏歌百官人及高麗蕃客綿有差. 高麗大使王新福言, 李家太上皇少帝並崩, 廣平王攝政. 年穀不登, 人民相食. 史家朝議, 稱聖武皇帝, 性有仁恕, 人物多附, 兵鋒甚强, 無敢當者. 鄧州襄陽已屬史家, 李家獨有蘇州. 朝聘之路, 固未易通. 於是, 勑大宰府曰, 唐國荒亂, 兩家爭雄. 平殄未期, 使命難通. 其沈惟岳等, 宜往往安置優厚供給, 其時服者並以府庫物給. 如懷土情深, 猶願歸鄕者, 宜給駕船水手, 量事發遣. 甲子, 內射. 蕃客堪射者亦預於列.

二月丁丑, 太師藤原惠美朝臣押勝設宴於高麗客. 詔遣使賜以雜色袷衣三十櫃. 癸未, 新羅國遣級飡金體信已下二百十一人朝貢. 遣左少弁從五位下大原眞人今城, 讚岐介外從五位下池原公禾守等. 問以約束貞卷之旨. 體信言曰, 承國王之敎, 唯調是貢. 至于餘事非敢所知. 於是, 今城告曰, 乾政官處分, 此行使人者喚入京都, 如常可遇. 而使等約束貞卷之旨, 曾無所申, 仍稱. 但齎常貢入朝, 自外非所知者, 是乃爲使之人非所宜言. 自今以後, 非王子者, 令執政大夫等入朝. 宜以此狀告汝國王知. 癸巳, 高麗使王新福等歸蕃. 壬寅, 出羽國飢, 賑給之.

三月丁卯, 令天下諸國進不動倉鉤匙. 以國司交替因茲多煩也. 其隨事修造. 及似欲濕損, 臨時請受.

夏四月甲戌朔, 信濃國飢, 賑給之. 京師米貴, 糶左右京穀, 以平穀價. 癸未, 壹岐嶋疫, 賑給之. 丙戌, 陸奥國飢, 賑給之. 丁亥, 以從五位下石上朝臣奥繼爲少納言, 從五位下池田朝臣足繼爲左少弁, 從五位上石川朝臣人成爲信部大輔, 從五位上布勢朝臣人主爲文部大輔, 從五位下榎井朝臣小祖父爲仁部少輔, 從五位上阿倍朝臣御縣爲武部大輔, 從五位下當麻眞人高庭爲鼓吹正, 從五位下藤原朝臣濱足爲節部大輔, 從五位下藤原朝臣雄田麻呂爲智部少輔, 從五位下豊野眞人篠原爲大膳亮, 左大弁從四位下中臣朝臣淸麻呂爲兼攝津大夫, 從五位下石川朝臣豊人爲造宮大輔, 從五位下小野朝臣小贊爲少輔, 正五位下市原王爲造東大寺長官, 外從五位下山田連銀爲河內介, 從五位下津連秋主爲尾張介, 正五位下阿倍朝臣子嶋爲上總守, 從五位下大原眞人今城爲上野守, 參議從四位下藤原惠美朝臣久須麻呂爲兼丹波守, 左右京尹如故. 外從五位下村國連武志麻呂爲播磨介, 從五位下菅生王爲阿波守, 從五位下笠朝臣不破麻呂爲豊後守, 外從五位下陽胡毘登玲珍爲日向守.

五月戊申, 大和上鑑眞物化, 和上者楊州龍興寺之大德也. 博涉經論, 尤精戒律. 江淮之間獨爲化主. 天寶二載, 留學僧榮叡業行等白和上曰, 佛法東流至於本國. 雖有其教無人傳授. 幸願, 和上東遊興化. 辭旨懇至, 諮請不息. 乃於楊州買船入海. 而中途風漂, 船被打破, 和上一心念佛. 人皆頼之免死. 至於七載更復渡海. 亦遭風浪漂着日南, 時榮叡物故. 和上悲泣失明. 勝寶四年, 本國使適聘于唐, 業行乃說以宿心. 遂與弟子二十四人, 寄乘副使大伴宿禰古麻呂船歸朝. 於東大寺安置供養. 于時有勅, 校正一切經論, 往往誤字諸本皆同, 莫之能正. 和上諳誦多下雌黃. 又以諸藥物令名眞僞, 和上一一以鼻別之. 一無錯失. 聖武皇帝師之受戒焉. 及皇太后不悆, 所進醫藥有驗, 授位大僧正. 俄以綱務煩雜, 改授大和上之號. 施以備前國水田一百町. 又施新田部親王之舊宅以爲戒院. 今招提寺是也. 和上預記終日, 至期端坐, 怡然遷化. 時年七十有七. 癸丑, 伊賀國疫, 賑給之. 戊午, 河內國飢, 賑給之. 己巳, 義部卿從四位下安都王卒. 庚午, 奉幣帛于四畿內群神, 其丹生河上神者加黑毛馬. 旱也.

六月戊寅, 尾張國飢, 賑給之. 丙戌, 越前國飢, 賑給之. 壬辰, 能登國飢, 賑給之. 丙申, 大和國飢, 賑給之. 戊戌, 美濃國飢, 攝津, 山背二國疫, 並賑給之.

秋七月乙卯, 以從五位下大伴宿禰田麻呂爲參河守, 從五位上高元度爲左平準令, 從五位上藤原朝臣田麻呂爲陸奥出羽按察使, 外從五位下高松連笠麻呂爲日向守, 從五位下忌部宿禰呰麻呂爲齋宮頭. 丁卯, 備前, 阿波二國飢, 並賑給之.

八月辛未朔, 勅曰, 如聞, 去歲霖雨, 今年亢旱. 五穀不熟, 米價踊貴. 由是百姓稍苦飢饉. 加以疾疫, 死亡數多. 朕每念茲, 情深傷惻. 宜免左右京, 五畿內, 七道諸國今年田租. 壬申, 近江, 備中, 備後三國飢, 並賑給之. 壬午, 初遣高麗國船, 名曰能登. 歸朝之日, 風波暴急, 漂蕩海中, 祈曰, 幸賴船靈, 平安到國, 必請朝庭, 酬以錦冠. 至是緣於宿禱, 授從五位下, 其冠製錦表絁裏, 以紫組爲纓. 甲申, 丹波, 伊豫二國飢, 並賑給之. 戊子, 山陽, 南海等道諸國旱, 停兩道節度使. 廢儀鳳曆始用大衍曆. 丹後國飢, 賑給之. 己丑, 糺政臺尹三品池田親王上表曰, 臣男女五人, 其母出自凶族, 臣惡其逆黨不預王籍, 然今日月稍邁, 聖澤頻流, 當是時也. 不爲處置, 恐聖化之內, 有失所之民. 伏乞, 賜姓御長眞人, 永爲海內一族. 詔許之. 癸巳, 遣使覆損於阿波, 讚岐兩國, 便卽賑給飢民. 甲午, 新羅人中衛少初位下新良木舍姓前麻呂等六人賜姓淸住造, 漢人伯德廣道姓雲梯連.

九月庚子朔, 勅曰, 疫死多數, 水旱不時, 神火屢至, 徒損官物. 此者, 國郡司等不恭於國神之咎也. 又一旬亢旱, 致無水苦, 數日霖雨, 抱流亡嗟. 此者國郡司等使民失時, 不修堤堰之過也. 自今以後, 若有此色, 自目已上宜悉遷替. 不須久居勞擾百姓, 更簡良材速可登用. 遂使拙者歸田, 賢者在官, 各修其職務無民憂. 癸卯, 遣使於山階寺, 宣詔曰, 少僧都慈訓法師, 行政乖理, 不堪爲綱. 宜停其任, 依衆所議, 以道鏡法師爲少僧都. 甲寅, 以從五位下奈紀王爲石見守, 從五位下采女朝臣淨庭爲豊後守. 庚申, 尾張, 美濃, 但馬, 伯耆, 出雲, 石見等六國年穀不稔. 並遣使覆損. 河內國丹比郡人尋來津公關麻呂坐殺母, 配出羽國小勝柵戶. 丙寅, 授從五位上山村王正五位下, 從四位下池上女王正四位下.

冬十月癸酉, 幸山背國授介外從五位下坂上忌寸老人外從五位上, 從五位下稻蜂間連仲村女從五位上. 乙亥, 左兵衛正七位下板振鎌束至自渤海, 以擲人於海, 勘當下獄. 八年之發, 獄囚充滿, 因其居住移於近江. 初王新福之歸本蕃也. 駕船爛脆, 送使判官平群虫麻呂等慮其不完, 申官求留. 於是, 史生已上皆停其行, 以修理船, 使鎌束便爲船師. 送新福等發遣, 事畢歸日. 我學生高內弓, 其妻高氏, 及男廣成, 綠兒一人, 乳母一人, 并入唐學問僧戒融, 優婆塞一人, 轉自渤海相隨歸朝.海中遭風所向迷方, 柁師水手爲波所沒. 于時鎌束議曰, 異方婦女今在船上. 又此優婆塞異於衆人, 一食數粒, 經日不飢. 風漂之災未必不由此也. 乃使水手撮內弓妻并綠兒乳母優婆塞四人, 擧而擲海. 風勢猶猛, 漂流十餘日, 着隱岐國. 丙戌, 參議禮部卿從三位藤原朝臣弟貞薨.

弟貞者平城朝左大臣正二位長屋王子也. 天平元年長屋王有罪自盡. 其男從四位下膳夫王, 無位桑田王, 葛木王, 鉤取王亦皆自經. 時安宿王, 黃文王, 山背王, 并女敎勝, 復合從坐. 以藤原太政大臣之女所生, 特賜不死. 勝寶八歲, 安宿, 黃文謀反, 山背王陰上其變. 高野天皇嘉之, 賜姓藤原, 名曰弟貞. 乙未, 淡路國飢, 賑給之. 丁酉, 前監物主典從七位上高田毘登足人之祖父嘗任美濃國主稻, 屬壬申兵發, 以私馬奉皇駕申美濃尾張國. 天武天皇嘉之. 賜封戶傳于子. 至是坐殺高田寺僧, 下獄奪封.

十二月己丑, 攝津, 播磨, 備前三國飢, 並賑給之. 丁酉, 禮部少輔從五位下中臣朝臣伊加麻呂, 造東大寺判官正六位上葛井連根道, 伊加麻呂男眞助三人坐飮酒言語涉時忌諱, 伊加麻呂左遷大隅守, 根道流於隱岐, 眞助於土左, 其告人酒波長歲授從八位下, 任近江史生, 中臣眞麻伎從七位下, 但馬員外史生.

續日本紀卷第二十四

『속일본기』 권제25

〈天平寶字 8년(764) 정월에서 12월까지〉

우대신 종2위 겸 行皇太子傅 中衛大將
신 藤原朝臣繼繩 등이 칙을 받들어 편찬하다

廢帝

◯ 天平寶字 8년(764) 춘정월 을사(7일), 정3위 文室眞人淨三에게 종2위를, 在唐大使 정4위하 藤原朝臣淸河[1]에게 종3위를, 종4위하 和氣王에게 종4위상을, 무위 猿福貴王에게 종4위하를, 종5위하 奈貴王에게 종5위상을, 종4위하 中臣朝臣淸麻呂·石川朝臣豊成에게 함께 종4위상을, 정5위하 阿倍朝臣子嶋·百濟王元忠[2]에게 함께 종4위하를, 종5위상 紀朝臣伊保·藤原朝臣田麻呂·藤原朝臣繩麻呂에게 함께 정5위하를, 종5위하 柿本朝臣市守·多治比眞人木人·忌部宿禰鳥麻呂·中臣朝臣毛人·下毛野朝臣多具比·大原眞人今城·石川朝臣豊人·高圓朝臣廣世·藤原惠美朝臣小湯麻呂에게 함께 종5위상을, 정6위상 小治田朝臣臣水內·巨勢朝臣古麻呂·高橋朝臣廣人·菅生朝臣忍人·石川朝臣氏人·粟田朝臣黑麻呂·坂本朝臣男足·大原眞人宿奈麻呂·上毛野朝臣馬長·大伴宿禰潔足·佐伯宿禰木節, 정

1) 藤原北家의 祖인 참의 藤原房前의 4남. 天平 12년(740)에 종5위하에, 동 18년에 종4위하에 서위되고 天平勝寶 원년(749)에 孝謙天皇의 즉위에 동반하여 참의에 임명되어 공경의 반열에 올랐다. 이듬해 견당대사가 되어 당 현종을 알현하였다. 그러나 귀국 도중 표류하여 다시 장안으로 돌아가 당의 고관이 되었다. 그 후 일본으로 귀국하고자 했고, 일본조정에서도 그의 귀국을 위해 노력했으나 결국 이루어지지 못한 채 당에서 사망하였다. 『속일본기』에 寶龜 10년(779)조에 그의 졸년 기사를 남기고 있다. 본문의 관위 수여는 그가 부재중임에도 불구하고 관위를 내려 예우하고 있는 것이다.

2) 出雲守 百濟王孝忠의 아들로 天平 20년(748)에 종5위하에 서위되었고, 孝謙朝에서는 治部少輔에 임명되었다. 天平勝寶 3년(751)에 종5위상, 동 9년에 정5위하로 승서되었다. 淳仁朝에서는 大藏少輔에 보임되었고, 天平寶字 8년(764)에 종4위하에 이른다. 寶龜 4년(773)에 사망하였다.

6위하 大神朝臣奧守에게 함께 종5위하를, 정6위상 六人部連鯖麻呂·麻田連金生[3]·息長丹生眞人大國·粟田朝臣道麻呂·高麗朝臣廣山[4]에게 함께 외종5위하를, 女孺 무위 橘宿禰御笠, 종6위하 阿倍朝臣豆余理에게 함께 종5위하를 내렸다.

신해(13일) 정4위상 氷上眞人陽侯에게 종3위를 내렸다.

갑인(16일), 播磨, 備前 양국에 기근이 들어 함께 구휼하였다.

병진(18일), 大隅·薩摩 등의 隼人을 서로 교체하였다.[5] 외종5위상 前公乎佐에게 외정5위하를, 외정6위상 薩摩公鷹白·薩摩公宇志에게 함께 외정5위하를 내렸다.

무오(20일), 외종7위하 出雲臣益方을 國造로 삼았다.

기미(21일), 정5위하 山村王을 少納言으로 삼고, 종5위하 阿倍朝臣子路를 左少弁으로 삼고, 內藏助 외종5위하 高丘連比良麻呂[6]에게 大外記를 겸직시키고, 외종5위하 麻田連金生을 左大史로 삼고, 종5위하 大伴宿禰潔足을 禮部少輔로 삼고, 정5위하 紀朝臣伊保를 仁部大輔로 삼고, 종5위상 多治比眞人木人을 主計頭로 삼고, 외종5위하 葛井連立足[7]을 (主計)助로 삼고, 종5위하 甘南備眞人伊香을 主稅頭로 삼고, 외종5위하 船連男楫[8]을 (主稅)助로 삼고, 종5위하 路眞人鷹甘을 兵馬正으로 삼고, 종5위하 小治田朝臣水內를 大炊頭로 삼고, 정5위하

---

3) 백제멸망 직후 망명한 荅炑春初의 후예씨족. 荅炑氏는 聖武朝 神龜 원년(724)에 麻田連으로 개성하였다.

4) 고구려계 도래씨족의 후예로 背奈福德의 孫이고, 大學助 背奈行文의 子이다. 씨성은 背奈公에서 背奈王으로 그리고 天平勝寶 2년(750)에 일족과 함께 高麗朝臣으로 개성하였다. 天平寶字 8년(764) 외종5위하 右虎賁衛佐에 서임되었다.

5) 隼人의 정기조공과 교체. 養老 원년 이후 6년마다 교체되었으나 본조는 15년 전인 天平勝寶 원년(750) 8월 임오조에 보이는 조공 이후의 일이다. 조공을 위해 상경한 隼人이 일정기간 체재하고 다음 조공에 상경하는 준인과 교체하는 제도.

6) 권23, 天平寶字 5년(761) 춘정월조 287쪽 각주 47) 참조.

7) 백제계 도래씨족의 후예로 白猪史에서 후에 葛井連으로 개성하였다. 天平寶字 4년(760)에 陸奧國에 雄勝城, 桃生城을 완성시킨 공로로 鎭守軍監이었던 葛井連立足은 외종5위하에 서임되었다. 그 후 天平寶字 8년(764) 정월에 主計助에, 藤原仲麻呂의 난 후에는 종5위하 播磨介가 되었고, 稱德朝 神護景雲 2년(768)에 若狹守에 보임되었다.

8) 백제계 도래씨족인 王辰爾의 후예씨족. 행정문서를 담당한 船史氏에서 天武 12년(683)에 船連으로 사성되었다. 『新撰姓氏錄』 右京諸蕃下에는 "船連은 菅野朝臣과 同祖이고, 大阿郎王의 3세손 智仁君의 후손"이라고 나오고 있다. 『일본삼대실록』 元慶 원년(877) 12월에 船連副使麻呂는 菅野朝臣의 씨성을 받았고, 그의 선조는 백제인이라고 기록하고 있다.

久世王을 木工頭로 삼고, 종5위하 穗積朝臣小東人을 (木工)助로 삼고, 종5위하 掃守王을 典藥頭로 삼고, 종5위하 粟田朝臣黑麻呂를 左京亮으로 삼고, 외종5위하 蜜奚野를 西市正으로 삼고, 정4위하 吉備朝臣眞備를 造東大寺 장관으로 삼고, 정5위하 百濟朝臣足人[9]을 授刀佐로 삼고, 종4위하 仲眞人石伴을 左勇士率로 삼고, 종5위하 大原眞人宿奈麻呂를 左虎賁翼으로 삼고, 종5위하 藤原惠美朝臣薩雄을 右虎賁率로 삼고, 정5위상 日下部宿禰子麻呂를 山背守로 삼고, 종5위하 大伴宿禰伯麻呂를 伊豆守로 삼고, 종5위상 粟田朝臣人成을 相摸守로 삼고, 종5위상 上毛野公廣濱을 近江介로 삼고, 종5위하 藤原惠美朝臣執棹를 美濃守로 삼고, 외종5위하 池原公禾守를 (美濃)介로 삼고, 종5위하 藤原朝臣繼繩을 信濃守로 삼고, 종5위하 田口朝臣大万戶를 上野介로 삼고, 종5위하 上毛野朝臣馬長을 出羽介로 삼고, 종5위하 藤原惠美朝臣辛加知를 越前守로 삼고, 외종5위하 村國連虫麻呂를 (越前)介로 삼고, 종5위상 高圓朝臣廣世를 播磨守로 삼고, 종5위하 藤原朝臣藏下麻呂를 備前守로 삼고, 외종5위하 葛井連根主[10]를 備中介로 삼고, 종4위하 上道朝臣正道를 備後守로 삼고, 종5위하 石川朝臣氏人을 周防守로 삼고, 종5위하 小野朝臣小贄를 紀伊守로 삼고, 종4위상 佐伯宿禰毛人을 大宰大貳로 삼고, 종5위상 石上朝臣宅嗣를 少貳로 삼고, 종4위하 佐伯宿禰今毛人을 營城監으로 삼고, 종5위하 佐味朝臣伊与麻呂를 豊前守로 삼고, 종5위상 大伴宿禰家持를 薩摩守로 삼았다.

임술(24일), 上總守 종4위하 阿倍朝臣子嶋가 죽었다.

병인(28일), 備中, 備後 2국에 기근이 들어 함께 구휼하였다.

2월 신사(14일), 女孺 무위 箭口朝臣眞弟에게 종5위하를 내렸다.

병신(29일), 石見國에 기근이 들어 구휼하였다.

3월 계묘(6일), 志摩國에 역병이 생겨 구휼하였다.

---

9) 백제계 도래씨족이자 왕족인 余氏의 후예. 天平 10년(738)에 鎭守判官으로 재임하고, 天平感寶 원년(749) 陸奥國에서 금이 발견되었을 때 陸奥大掾이었던 그는 종5위하에 서위되었다. 그 후 余에서 百濟朝臣으로 개성하였다. 天平勝寶 9세(757)에 종5위상, 天平寶字 4년(760)에 정5이하에 서임되었다. 神護景雲 2년(768) 右京大夫가 되었고, 동 4년에 사망하였다.

10) 葛井連은 백제계 도래씨족. 天平寶字 8년에 阿波守에 임명되었고, 寶龜 2년(771)에 종5위하에 오르고, 延曆 원년(782)에 木工頭에 임명되었다. 동 2년에 종5위상에 서위되었고, 동 4년에 伊豫守, 동 9년에 大膳亮이 되고, 동 10년에는 정5위하에 이르렀다.

병오(9일), 武藏守 종4위하 石川朝臣名人이 죽었다.

신해(14일), 攝津, 播磨, 備前, 備中, 備後 등 5국에 기근이 발생하여 구휼하였다.

병진(19일), 淡路國이 근년 가뭄이 계속되어 파종해야 할 종자가 없어 紀伊國의 적당한 郡의 稻를 전용하여 종자에 충당시켰다. 出雲國에 기근이 생겨 구휼하였다.

기미(22일), 칙을 내어, "위급할 때의 말은[11] 이미 그 의의가 옛 성인에 의해 나타나 있고, 굶주림을 구제하는 은혜는 그 방법이 옛 현인에 의해 활발하게 행해지고 있다. 근년 홍수와 가뭄으로 백성들이 점점 굶주리고 궁핍해지고 있다. 동서의 시 주변에 걸식자가 많다. 이러한 상황을 (그냥) 넘어간다고 생각하면, (짐의) 마음은 수렁에 빠진듯이 아프다. 그런데 듣는 바에 따르면, 糺政臺[12] 少疏 정8위상 土師宿禰嶋村은 자신이 모아두고 있던 식량을 내어서 궁핍한 10여 인을 도와주었다고 한다. 그 행한 바는 비록 적지만, 도리의 마음은 칭찬할 만하다. 이에 관위 1계를 수여한다.[13] 지금 이후로는 만약 이와 같은 일이 있다면, 소관 관사에서는 조사하여 그 사실을 기록하여 (태정)관에 신고하도록 한다. 1년 이내에 20인 이상을 돕는 자는 관위 1계를 더하고, 50인 이상에게는 관위 2계를 더한다. 다만 정6위 이상의 자는 예에 들어가지 않는다"라고 하였다.

하4월 신미(4일), 美作國에 기근이 들었고, 淡路國에 역병이 발생하여 함께 구휼하였다.

무인(11일), 정5위하 多治比眞人土作을 文部大輔로 삼고, 종5위상 布勢朝臣人主를 上總守로 삼고, 정5위상 石川朝臣人成을 武藏守로 삼고, 종5위상 田中朝臣多太麻呂를 陸奧守로 삼고, 종5위하 巨勢朝臣廣足을 但馬介로 삼았다.

계미(16일), 사자를 기내의 여러 신사에 보내 폐백을 바쳤다. 가뭄 때문이었

11) 상기 본문의 "急之言"은 위급한 처지에 빠졌을 때 구제하는 말이라는 뜻이다. 天平 9년도 和泉監正稅帳에 보이는 "急戶"(『大日本古文書』 2-76)의 의미 역시 곤궁한 戶를 말한다.

12) 개칭 전의 탄정대.

13) 빈궁한 자를 돕는 선행에 대해서는 天平 6년 6월 계묘조에도 나온다. 이번의 칙은 법제화된 사례라고 할 수 있다. 이후 寶龜 11년 7월 갑신조, 天平神護 2년 6월 정유조에도 법제화에 따른 선행자에 대한 관위 수여 사례를 볼 수 있다.

다. 阿波, 讚岐, 伊豫 3국에 기근이 들어 함께 구휼하였다.

5월 경자(4일), 정3위 粟田女王이 죽었다.

6월 을해(9일), 종3위 授刀督[14] 겸 伊賀·近江按察使 藤原朝臣御楯이 죽었다. 平城朝 贈[15] 정1위 태정대신 藤原房前의 제6자이다.

추7월 신축(6일), 授刀 少志[16] 종8위상 弓削連淨人에게 弓削宿禰의 성을 내렸다.

정미(12일), 이보다 앞서 종2위 文室眞人淨三 등이 (다음과 같이) 주상하였다. "삼가 작년 12월 10일의 칙을 보건대, 紀寺의 奴 (弓削連)益人 등이 호소하기를, '紀袁祁臣의 딸 粳賣는 本國[17] 氷高評[18] 사람 內原直牟羅에게 시집가서 身賣, 狛賣 2인을 낳았다. 급한 사정이 있어 臣이 寺家[19]에 거주시키고 그 절의 工人들이 먹을 음식을 만들었다. 그 후 경인년[20]의 호적을 만드는 해에 3강[21]이 사람 수를 조사할 때에 노비로 분류해 놓았다. 이로 인해 오랜 기간 하소연해 왔으나 바로잡을 방도가 없이 헛되이 많은 해가 지나, 지금에 이르러서도 고쳐지지 않았다. 다행히 지금의 천자의 조정이 천하를 다스리는 시대가 되어 마음속의 편치 않았던 생각을 피력하게 되었다. 삼가 이름을 바르게 하기를 원한다'고 말한다. 천민이 되고 양민이 되는 것은 원인이 있고 결과가 있는 것이다.[22] 신분이 오르고 내려가는 것을 도리에 맡기면, 그 보답은 반드시 상응하여 나타난다. (소관 관사는) 그 사정을 알고 자세히 그 (신분의) 등락의 경위를 파악하여 판단해서 보고하도록

14) 授刀衛의 장관. 授刀衛는 5위부를 보완할 목적으로 授刀舍人寮를 개편하여 天平寶字 3년(759)에 설치한 令外官이다.

15) 추증된 관위. 사망 후에 나오는 贈은 모두 추증된 관위를 나타낸다.

16) 授刀衛의 3등관.

17) 紀伊國의 옛 표기.

18) 紀伊國의 日高郷. 大寶令制 이전의 郡.

19) 飛鳥의 紀寺.

20) 庚寅年籍은 持統 3년 윤8월에서 만들기 시작하여 동 4년(690)에 완성하였다. 이는 양민과 노비의 구별을 명확히 한 기점이 된 호적으로, 良賤身分의 확립에 중요한 의미를 갖는다.

21) 3綱은 사찰을 관리하는 上座, 寺主, 都維那의 僧職. 寶龜 3년 東大寺奴婢帳籍에도 3綱이 奴婢籍을 조사해서 상신하고 있다.

22) 양민과 천민의 구별은 불교의 인과응보 사상을 말한 것이다. 즉 貴賤은 前世의 因緣과 果報에 의한 것이라는 생각이 존재하고 있다.

하라고 하였다.

(文室眞人淨三 등은) 삼가 엄숙히 칙을 받들어 고기록을 살펴보니, 僧綱所에 보존되어 있는 경오년의 호적에 사찰의 천민 이름 중에 奴 太者와 딸 粳賣 및 粳賣의 자식 身賣와 狛賣가 있다. 천민 중에 부모의 어느 한쪽이 노비이면 모두 (노비로) 편입되는 것은 그 이유가 드러나는데, 太者와 자식은 그 이유가 기록되어 있지 않다. 그래서 어느 사람이 말하기를, '戶令[23]에 모든 호적은 항상 5比[24]를 보존하고 오래된 연도의 것은 순차적으로 폐기한다. 다만 近江大津宮[25]의 경오년의 호적은 폐기하지 않는다고 한다. 이것은 씨성의 근본이기 때문이고, 거짓으로 속여 진실을 혼란시키는 것을 막기 위해서이다. 이에 의거해서 말하면 역시 사찰의 천민으로 해야 한다'라고 하였다. 어느 사람은 말하기를, '상을 내릴 때에 의심스러운 경우에는 무거움을 따르고, 형벌을 내릴 때에는 가벼움을 따른다고 하는 것은 고전에 명기되어 있다. 어떻게 이를 취하지 않을 수 있겠는가. 이에 따라 다시 심의한다면, 혹은 신분을 올리는 것이 좋을 것이다'라고 하였다. 2개의 발언이 대립하고 있고 각각 장점을 다투고 있다. 淨三 등은 우둔하여 어느 것이 옳은지 판단하기 어렵다. 가볍지만 좁은 소견을 진술하여 천황의 재가를 받고자 한다".

(천황의) 칙을 받은 바로는, "뒤의 판단에 의거하라"는 것이었다. 이에 益麻呂[26] 등 12인에게 紀朝臣의 성을 내리고, 眞玉女 등 59인에게 內原直의 성을 주고, 그대로 益麻呂는 호주가 되고 왕경의 호적에 편입하였다. 그런데 紀朝臣[27] 등은 의연 천황의 칙이 아니라고 의심하였다. 이에 이르러 어사대부 종2위 文室眞人淨三, 참의 仁部卿 종4위하 藤原惠美朝臣朝獦이 내리 안으로 소환되어, 高野天皇[28]이 구두로 칙을 내리기를, "앞서 경들이 헤아려 정해서

---

23) 「戶令」22 「戶籍」조, "凡戶籍, 恒留五比, 其遠年者. 依次除.〈近江大津宮庚午年籍, 不除.〉".

24) 五比는 6년마다 작성되는 5회분으로 30년간이고, 호적의 보존기간은 30년이다.

25) 天智天皇.

26) 益人이 益麻呂로 개명한 것이다. 天平神護 원년 4월에 종6위상에서 종5위하로 승서되고, 神護慶雲 원년에는 상서의 출현을 주상한 공로로 정5위하에 서위되었으며, 陰陽頭에 임명되었다. 寶龜 원년 7월에는 종4위하까지 승진되었으나, 동년 7월에 면직되어 田後部로 개성되었고 이름도 益人으로 되돌아갔다.

27) 紀朝臣은 이해 정월 기미조에 나오는 仁部大輔 紀朝臣伊保이다.

28) 孝謙天皇.

주상하기를, '경오년 호적에 의거하면, 신분을 내리는 것이다'라고 하였다. 이것이 하나의 도리이다. '또 紀寺의 오래된 資財帳을 조사해 보면, 異腹의 노비는 모두 (천민에) 들어가는 이유를 기록하고 있는데, 粳賣가 낳은 자식만은 그 이유가 보이지 않는다. 이를 근거로 해서 말한다면, 혹은 신분을 올려야 한다'라고 하였다. 이 역시 하나의 도리이다. 죄가 의심스러우면 가벼운 쪽으로 나가는 것은 옛 성인이 전하는 바이다. 이것으로서 가벼운 쪽을 따라야 한다는 것은 이미 언급한 바 있다. 그런데 紀朝臣 등이 의연 천황의 칙이 아니라고 의심하여, 믿고 받아들이지 않았다. 따라서 어사대부 文室眞人(淨三)을 불러 면전에서 그 취지를 알렸다. 또 (藤原惠美朝臣)朝獵을 불러 옆에 두고 서로 듣도록 하라"고 하였다. 大學大允 종6위상 殖栗占連咋麻呂가 (殖栗占連의) 姓으로부터 '占'[29]자를 빼달라고 신청하여 이를 허락하였다.

무신(13일), 사자를 보내 (천황의) 조를 전하여, 紀寺의 노비 益人 등 76인을 해방시켜 양인으로 하였다.

기유(14일), 伊豫國 周敷郡 사람 多治比連眞國 등 10인에게 周敷連의 성을 내렸다.

임자(17일), 동해도절도사를 폐지하였다.

갑인(19일), 신라사 대내마 金才伯 등 91인이 大宰博多津에 도착하였다. 우소변 종5위하 紀朝臣牛養, 授刀大尉 외종5위하 粟田朝臣道麻呂 등을 보내 내조의 이유를 물었다. 金才伯 등이 말하기를, "唐國의 칙사 韓朝彩가 발해로부터 (신라에) 와서, '일본국 승 戒融[30]을 보내 이미 본향에 도착시켰다. 만약 무사히 고향에 도착했다면 당연히 회신이 있을 것인데, 금일에 이르기까지 아무런 소식이 없다. 따라서 이 (신라)사신을 보내 그 소식을 천자[唐 玄宗]에게 주상하고자 하는 것이다'라고 하였다. 이에 집사성첩을 갖고 대재부에 보내는 것이다. 한조채는 출발해서 신라의 西津[31]에 있다. 본국의 사은사 蘇判 金容[32]

---

29) 占은 卜占의 직업명에 따른 것으로 추정된다. 殖栗連은 『신찬성씨록』 좌경신별에 제사씨족인 大中臣(朝臣)氏와 同祖라고 하는 출자를 주장하고 있다.

30) 입당 학문승으로 天平寶字 7년 10월 을해조에 발해에서 귀국하는 일본사절의 배를 타고 귀국하였다. 당에서는 그의 안부를 묻기 위해 신라를 통해 사자를 보냈다고 한다. 戒融의 사적에 대해서는 알려진 바 없다.

31) 신라의 대당교통로인 서해안의 경기만 일대로 추정된다.

은 대재부의 답신 첩장을 받아 한조채에게 전해주기 위해 왕경에 있고 아직 출발하지 않고 있다"라고 하였다. (일본측이) 묻기를, "요즈음 그 나라에서 투화해 온 백성이 말하기를, 본국에서는 병을 징발하여 경비하고 있다. 이것은 아마도 일본국이 와서 죄를 묻기 때문일 것이라고 한다. 이 일의 허실은 무엇인가."라고 하였다. 대답하기를, "당국이 혼란하고 해적이 매우 많다. 이런 이유로 무장병을 징발하여 연해를 지키고 있는 것이다. 이는 바로 국가의 방위를 위한 준비이고, 사실에는 거짓이 없다"라고 하였다.

(신라사가) 돌아가는 날에 대재부는 신라의 집사부[33]에 답신 첩장을 내어 말하기를, "문안을 검토해 보니, 乾政官[34]의 문서에는, 「대재부로부터의 상신 문서에 의하면, (대재부가) 받은 신라국의 첩장에는 '內常侍[35] 한조채의 요청에 따라, 승 戒融이 도착했는지 어떤지를 알고 싶다'고 하고, 대재부는 사정을 구비해서 상신한다고 하였다. 이에 작년 10월 고려국[발해]에서 성조[일본]에 귀환하였고, 대재부에서는 잘 숙지해서 바로 답신하여 (신라 집사부에) 알려야 한다」"라고 하였다.

8월 무진(3일), 節部省[36]에서 관리하는 北列의 동에서 2번째 쌍창에서 화재가 발생하였다.

기사(4일), 중납언 종3위 氷上眞人鹽燒에게 文部卿을 겸직시켰다. 종5위하 中臣朝臣鷹主를 武部少輔로 삼고, 종5위하 橘宿禰綿裳을 上野員外介로 삼고, 외종5위하 村國連子老를 能登守로 삼고, 종5위하 淡海眞人三船을 美作守로 삼고, 營城監 종4위하 佐伯宿禰今毛人에게 肥前守를 겸직시켰다.

갑술(9일), 節部省 쌍창의 화재 진화에 힘쓴 잡색 이상에게 지위에 따라 명주실, 목면을 지급하였다. 山陽, 南海 2도의 제국에 가뭄과 역병이 발생하였

---

32) 권33, 寶龜 5년(774) 3월 계묘조에 신라 上宰 金順貞의 孫으로 나오는 金邕과 동일 인물로 보인다. 『삼국사기』 경덕왕 19년(760)에 이찬 金邕을 侍中으로 삼았다고 하고, 大曆 6년(771)에 주조된 〈聖德大王神鍾銘〉에 주조 책임자로 大角干 金邕의 이름이 나온다.

33) 執事部는 진덕여왕 5년(651)에 稟主를 개편하여 설치하였고, 흥덕왕 4년(829)에 執事省으로 개칭되어 신라 말까지 존속하였다. 王政의 기밀사무를 관장한다.

34) 개칭 전의 太政官.

35) 唐 內侍省 소속의 내시를 보좌하는 정5품하의 관으로 환관이 임명된다.

36) 개칭 전의 大藏省.

다.

병자(11일), 石見國에 역병이 생겨 구휼하였다.

기묘(14일), 사자를 大和, 河內, 山背, 近江, 丹波, 播磨, 讚岐 등 제국에 보내 못을 축조시켰다.[37]

신사(16일), 多褹嶋에 기근이 생겨 구휼하였다.

9월 병신(2일), 太師 정1위 藤原惠美朝臣押勝을 都督, 기내 4국, 3관,[38] 近江, 丹波, 播磨 등 제국의 兵事使로 삼았다.[39]

무술(4일), 어사대부 종2위 文室眞人淨三이 관직에서 물러났다.[40] (천황이) 조를 내려, "지금 그대 경은 어제 조정에 (사직) 인사하고 귀가한 것을 들었다. 나이가 차서[41] 예에 따라 사직하는 것을 알았다. 가만히 이 일을 생각해 보니, 걱정과 기쁜 마음이 교차한다. 하나는 공을 이루고 물러나서 바른 길을 잘 지켰다는 기쁨이고, 하나는 기력이 쇠약해져 전지가 있는 사저로 돌아간다는 걱정이다.[42] 古人이 말하기를, '그칠 줄 알면 위태롭지 않고, 만족할 줄 알면 욕되지 않는다'[43]라고 했는데, 이는 경을 일컫는 말일 것이다. 진심을 담은 간청은 어긋나는 일이 없기 때문에 그 청한 바에 따르게 한다. 이에 등받이,[44] 지팡이 및 새로 주조한 동전 10만문을 내려 뛰어난 인물에게

---

37) 가뭄에 대한 대책으로 목적은 관개용 저수지의 조영이다.

38) 3關은 畿內 주변에 설치된 3개의 關所. 천황 교체 등의 정치적 불안 시에 교통을 차단할 목적으로 설치되었다. 여기에는 병기류가 상설 배치되어 있었고, 반드시 복수의 4등관 국사가 상주하며 비상사태에 대비하였다. 위치는 不破關(美濃國, 岐阜縣 不破郡 關ヶ原町), 鈴鹿關(伊勢國, 三重縣 龜山市), 愛發關(越前國, 福井縣 敦賀市內) 3곳이다.

39) 藤原惠美押勝이 畿內, 3關, 畿內 주변 3국의 병권을 갖게 된 것으로, 사실상 일본조정의 군사권이 그의 휘하에 들어갔다고 할 수 있다.

40) 「選敍令」21 「官人致仕」조에는 "凡官人年七十以上, 聽 致仕, 五位以上上表, 六位以下申牒官, 奏聞"이라고 하여 5위 이상 관인은 70세 이상이 되면 상표하여 관직을 사임할 수 있다.

41) 본문에는 "年滿懸車"라고 되어 있는데, 나이가 차서 수레를 걸어 놓는다는 의미이다. 중국 前漢의 薛廣德이 관직을 사임할 때 천자로부터 받은 수레를 사용하지 않고 보관하여 자손에게 영예로운 일을 전했다고 하는 『漢書』 薛廣德傳에 나오는 고사에 기초한 것이다. 사직 연령인 70세를 달리 표현한 말이다.

42) 권31 寶龜 원년 10월 정유조의 文室眞人淨三 홍전에 "年老致仕, 退居私第"라고 기록되어 있다.

43) 老子 『道德經』 44에 나오는 문장이다.

도움이 되게 하고, 널리 세속의 사람들을 격려하고자 한다. 서면으로 말하여 짐의 뜻을 충분히 전할 수는 없다"라고 하였다.

을사(11일), 太師 藤原惠美朝臣押勝이 역모를 기도했는데, 상당히 새어나갔다. 高野天皇은 소납언 山村王을 보내 中宮院[45]의 鈴印[46]을 회수시켰다. 押勝이 이 사실을 듣고 그 아들 訓儒麻呂 등에게 명하여 오는 것을 기다려 이를 탈취하였다. 천황은 授刀少尉 坂上苅田麻呂, (授刀)將曹 牡鹿嶋足 등을 보내 활을 쏘아 죽였다. 이에 押勝은 또 中衛將監 矢田部老를 보냈다. 그는 갑옷을 입고 기마를 타고 또 詔使[47]를 위협하였다. (천황측의) 授刀(舍人) 紀船守는 또한 (矢田部老를) 쏘아 죽였다.

(천황이) 칙을 내려 "太師 정1위 藤原惠美朝臣押勝 및 자손이 병을 일으켜 역모를 꾀했다. 이에 그의 관위를 박탈하고 아울러 '藤原' 성의 글자를 삭제하여 이미 마쳤다. 그 職分,[48] 功封으로부터 징수되는 잡물은 마땅히 모두 몰수한다"라고 하였다. 즉시 사자를 보내 3관을 엄중히 지키게 하였다. 종3위 藤原朝臣永手에게 정3위를, 정4위하 吉備朝臣眞備에게 종3위를, 정5위하 藤原朝臣繩麻呂에게 종4위하를, 정7위상 大津連大浦[49]에게 종4위상을, 종7위상 牡鹿連嶋足, 정6위상 坂上忌寸苅田麻呂, 외종5위하 粟田朝臣道麻呂, 종6위하 中臣伊勢連老人, 종8위상 弓削宿禰淨人, 외종5위하 高丘連比良麻呂,[50] 정5위상 日下部宿禰子麻呂에게 함께 종4위하를, 종7위하 紀朝臣船守에게 종5위하를, 정7위상 民忌寸總麻呂에게 외종5위하를 내렸다. 弓削宿禰淨人에게 弓削御淨朝臣의 성을 내리고, 中臣伊勢連老人에게 中臣伊勢朝臣을, 大津連大浦에게 大津宿禰를, 牡鹿連嶋足에게 牡鹿宿禰를, 坂上忌寸苅田麻呂에게 坂上大忌寸의 성을

---

44) 几. 앉을 때 벽에 세우고 몸을 뒤로 기대는 데 쓰는 등받이.

45) 淳仁天皇의 御所.

46) 驛鈴과 천황의 內印(御璽).

47) 천황의 측근인 少納言 직에 있던 山村王을 가리킨다. 延曆 2년 정월 牡鹿嶋足의 졸년 기사에 勅使로 나온다.

48) 職分田과 食封.

49) 藤原惠美押勝의 모반을 밀고한 陰陽師. 이 공으로 정7위상에서 종4위상이라는 무려 10단계를 뛰어넘는 승진을 하였고, 宿禰 성을 하사받았다. 권33, 寶龜 6년 5월 기유조 卒年記事 참조.

50) 권23 287쪽 각주 47) 참조.

각각 내렸다.

이날 밤, 押勝이 近江으로 도주하였다. 관군이 추격하여 토벌하였다.

병오(12일), 高野天皇이 칙을 내려, "지금 들은 바로는, 역신 惠美仲麻呂가 관인을 훔쳐 도주하였다고 들었다. 부끄럽게도 신하된 사람으로서 이 이상 없는 두터운 총애를 받아 은총은 극에 달하여, 끝내 화를 재촉하고 스스로 엄한 형벌에 빠지게 되었다. 그리고 또한 어리석은 백성을 겁박하여 요행을 바라고 있다. 만약 용사가 있어 스스로 계략을 세워 바로 토벌하여 제거하는 자는 즉시 후한 상을 내릴 것이다. 또 北陸道 제국은 태정관인이 있는 문서를 받아 통용시켜서는 안 된다"라고 하였다. 또 칙을 내려, "전 대납언 文室眞人淨三은 앞서 사직으로 職分 등 잡물을 반감했는데, 앞의 칙을 고쳐 종래대로 전액 지급하도록 한다"라고 하였다.

종3위 諱,[51] 藤原朝臣眞楯에게 함께 정3위를, 종4위상 中臣朝臣淸麻呂에게 정4위하를, 종5위상 藤原朝臣宿奈麻呂, 종5위하 藤原朝臣楓麻呂, 정5위하 田中朝臣多太麻呂에게 함께 종4위하를, 종5위하 淡海眞人三船[52]에게 종5위상을, 종5위하 豊野眞人尾張에게 정5위하를, 정6위상 佐伯宿禰三野에게 종5위상을, 정6위상 佐伯宿禰國益·佐伯宿禰伊多治·田口朝臣牛養·大野朝臣眞本, 정6위하 平群朝臣虫麻呂, 종6위하 下毛野朝臣足麻呂에게 함께 종5위하를, 정6위상 刑部息麻呂에게 외종5위하를 내렸다.

정미(13일), 무위 眞立王에게 종5위하를, 종4위상 石川朝臣豊成에게 정4위하를, 종5위하 安倍朝臣息道에게 정5위상을, 종5위하 津連秋主,[53] 정6위상 石川朝臣垣守에게 함께 종5위상을, 정6위상 船連腰佩[54]·社吉志酒人에게 함께 외종5위하를 내렸다. 正親正 종5위하 荻田王, (中務省의) 少主鈴 中臣朝臣竹成, (神祇官의) 神部 鴨田連嶋人을 이세태신궁에 보내 폐백을 바쳤다.

---

51) 白壁王. 후에 光仁天皇으로 즉위한다. 천황의 실명을 거론하지 않은 忌諱 기사.

52) 권22, 天平寶字 4년(760), 춘정월조 260쪽 각주 82) 참조.

53) 권22, 天平寶字 3년 11월조 259쪽 각주 75) 참조.

54) 이해 동월 기미조에 越後介에 임명되었다. 船連氏는 백제 도래씨족인 王辰爾를 파견하여 선박 관련 일을 기록하게 하였다. 이때 왕진이는 船司로서 船史의 씨성을 받았다. 天武 12년(683)에 連을 하사받아 船連氏가 되었다. 본거지는 河內國 丹比郡 野中鄕, 현재의 大阪府 藤井寺市 野中 및 羽曳野市이다. 野中寺는 이 씨족의 氏寺이다.

무신(14일), 大宰員外帥 정2위 藤原朝臣豊成을 다시 우대신으로 삼고, 帶刀資人 40인을 지급하였다.

신해(17일), 종5위하 藤原朝臣繼縄을 越前守로 삼고, 정6위상 佐伯宿禰助에게 종5위하를 내렸다.

임자(18일), 軍士 石村村主石楯은 押勝의 머리를 베어 京師에 전달하였다. 近江朝의 내대신 藤原朝臣鎌足의 증손이고, 平城朝의 증 태정대신 武智麻呂의 제2자이다. 그의 사람됨은 총명하고 書記를 거의 섭렵하였다. 대납언 阿倍少麻呂에게 산술을 배워 특히 그 분야에 정통하였다. 內舍人에서 大學少允으로 옮기고 天平 6년(734)에 종5위하를 받아 차례로 요직을 역임하였다. 天平勝寶 원년(749)에 정3위 대납언으로 紫微令의 中衛大將을 겸직하였으며, 중요한 정무는 홀로 장악하여 내렸다. 이런 까닭에 다른 호족과 명문가들은 모두 그 세력을 시기하였다. 天平寶字 원년(757), 橘奈良麻呂 등이 모의하여 押勝을 제거하려고 하였다. 그러나 일이 (천황의) 폐위까지 기도하여 도리어 멸망해 버렸다.[55] 그해 紫微內相에 임명되었고, 동 2년에 大保[56]에 보임되었다. 천황의 두터운 칙이 있어 성 중에 '惠美' 2자를 더하고, 이름을 押勝이라고 하고, 공봉 3천호와 전지 1백정을 내렸다. 특히 화폐의 주조, 稻의 私出擧 및 惠美家印의 사용을 허락받았다. 동 4년에 太師로 전임되고, 그 아들 정4위하 眞光, 종4위하 訓儒麻呂·朝獵은 함께 참의가 되었다. 종5위상 小湯麻呂, 종5위하 薩雄·辛加知·執棹는 모두 衛府와 關이 있는 국의 국사에 임명되었다. 그 외의 현관, 요직도 인척이 아닌 자가 없었다. 홀로 권세를 독단하고 사람을 의심하여 대비하는 일이 날로 심해졌다. 때에 道鏡이 언제나 궁중에 근시하며 (천황에게) 특별한 총애를 받게 되었다. 압승은 이를 근심하여 스스로 마음이 편치가 않았다. 그래서 고야천황에게 넌지시 알려, 都督使가 되어 병사를 장악해서 자위하고, 제국의 병력을 관할하는 법에 의거하여, 관내의 병사를 국마다 20인씩 5일마다 교대하여 都督衙[57]에 모여 무예를 수련하게 하였다.

---

55) 橘奈良麻呂의 모반사건에서 藤原惠美押勝을 제거하고, 孝謙天皇 및 황태자 大炊王을 폐한 후 鹽燒王, 道祖王, 安宿王, 黃文王 중에서 천황을 옹립하려고 하였다. 그러나 이 모의는 밀고에 의해 알려지고 신문 결과 사실로 드러나면서 주모자들은 고문을 받고 죽음을 당하였다.

56) 좌대신의 위치.

(천황에게) 주언이 끝난 이후에 사적으로 병사의 수를 증가시키고, 태정관인을 이용하여 그 하부에 내려보냈다. 大外記[58] 高丘比良麻呂[59]는 화가 자신에게 미칠 것을 두려워하여 은밀히 그 일을 주언하였다. 中宮院[60]의 驛鈴과 內印을 (高野天皇이) 회수하기에 이르자,[61] 마침내 거병하여 반란을 일으켰다. 그날 밤, 측근들을 불러 宇治를 거쳐 近江으로 도주하여 여기에 의거하려고 하였다.[62] (그러나) 山背守 日下部子麻呂, 衛門少尉 佐伯伊多智 등은 바로 田原道를 거쳐 먼저 近江에 들어가 勢多橋를 불태웠다. 압승은 이를 보고 안색이 변하여 즉시 高嶋郡으로 도주하고 전 (高嶋郡의) 소령 角家足의 집에 머물렀다. 이날 밤, 압승이 묵고 있는 집 위에 별이 떨어졌다. 그 크기는 옹기만 하였다. (佐伯)伊多智 등은 말을 타고 越前國에 도착하여 (越前)守 辛加知[63]를 베었다. 압승은 그 사실을 모른 채, 鹽燒王[64]을 거짓으로 옹립하여 「今帝」로 삼고, (押勝의 아들) 眞光, 朝獵 등을 모두 3품으로 하였다. 그 외의 지위는 각각 차등이 있었다. 그리고 정병 수십인을 보내 愛發關으로 들어가려고 하였다. (그러나) 授刀 物部廣成 등이 막고 이를 퇴각시켰다. 압승은 진퇴의 거점을 잃어버리고 바로 배를 타고 淺井郡의 鹽津으로 향하려고 했는데, 돌연 역풍을 만나 배가 표류해 침몰하려고 하였다. 이에 다시 山道를 취해 직접 愛發關으로 향하자, (佐伯)伊多智 등이 이를 막았다. 8, 9인이 화살에 맞아 죽었다. 압승은 즉시 다시 돌아와 高嶋郡의 三尾埼에 도착하여 佐伯三野, 大野眞本 등과 서로 싸웠고, 정오에서 신시[65]에 이르러 관군은 심히 피로해졌다. 이때에 종5위하

---

57) 도독부의 관아.

58) 太政官을 구성하는 관직으로 少外記와 함께 外記局을 구성하여 문서 작성과 인사관계 사무를 담당하였다. 당시 太師[太政大臣]였던 藤原惠美押勝의 군사 관련 문서를 작성하여 상황을 모두 파악하고 있었다.

59) 권23, 天平寶字 5년(761), 춘정월조 287쪽 각주 47) 참조.

60) 淳仁天皇의 御所.

61) 동년 9월 1일조.

62) 延曆 4년 7월 경술조의 淡海三船 졸년 기사에도 "惠美仲麻呂道自宇治, 走居近江"라고 하였다.

63) 藤原惠美朝臣辛加知. 藤原仲麻呂의 8남.

64) 臣籍으로 내려가 氷上眞人의 씨성을 받은 氷上眞人鹽燒. 天武천황의 황자 新田 部親王의 子.

65) 오후 5시 전후.

藤原朝臣藏下麻呂가 병을 이끌고 갑자기 도착하였다. 眞光은 무리를 이끌고 퇴각하였다. (佐伯)三野 등은 이를 틈타 다수 살상하였다. 압승은 멀리서 무리의 패색을 바라보고 배를 타고 도망갔다. (관군의) 여러 장수들은 수륙 양도로 공격하였고, 압승은 勝野의 鬼江에 의지하여 정예병력을 다하여 저지하며 싸웠다. 관군은 이를 공격하였고, 압승의 무리는 궤멸당하여 홀로 처자 3, 4인과 함께 배를 鬼江으로 띄었다. (石村村主)石楯이 붙잡아 참하였다. 그 처자, 종자 34인도 모두 강가에서 베었다. 다만 6子인 刷雄은 홀로 수도수행을 하고 있었다는 이유로 그 죽음을 면하고 隱岐國으로 유배되었다.

갑인(20일), 美濃少掾 정6위상 村國連嶋主가 역당에 가담한 죄로 주살되었다.[66] 이날, 토적장군 종5위하 藤原朝臣藏下麻呂 등이 (平城京으로) 개선하여 노획품을 헌상하였다.

(高野天皇)은 조를 내렸다(宣命體).

“도리에 반하고 부정한 자 仲末呂[67]는 간사한 마음으로 거병하여 조정을 전복시키려고 하여 驛鈴과 內印을 탈취하고, 또 황위를 빼앗아 앞서 배척당한 道祖王의 형 鹽燒王을 황위로 정한다고 하고, 태정관인을 날인하여 천하의 제국에 문서를 뿌려 고지시켰다. 또 말하기를 ‘지금부터 내리는 칙을 받들어 통용하도록 하고, 앞서 허위로 칙명이라고 한 것을 받아 이용해서는 안 된다’라고 하고, 여러 사람의 마음을 혼란시켜 3관에 사자를 보내 몰래 관을 폐쇄하고 1, 2국에 병사의 차출을 구하여 징발시켰다. 이것을 보면, 仲末呂의 역심을 품은 악의 모습을 알 수 있다. 따라서 그가 앞서 주상한 일에는 매사 거짓이 있다. 이것을 생각하면, 단지 자신 홀로 조정의 세력을 얻어 상벌을 오로지 자신의 욕망대로 행하려고 하여, 형 豊成朝臣을 거짓으로 참언하여 주상했기 때문에 그 위가 박탈되어 수년째 그대로 되어 있다. 그러나 지금 명백하게 仲末呂가 속인 것이 밝혀져 본래의 대신의 자리로 출사시키는 것을 모두 들으라고 분부하였다.

또 말씀하기를, 사악한 자가 정치의 근본을 장악하고 주상하여 제씨의 氏人들의 관위를 올리는 방법이 도리에 맞지 않았다. 이에 지금 이후로는

66) 天平神護 2년(766)에 무죄를 인정받아 종5위하로 추증되었다.
67) 藤原仲麻呂의 이름을 仲末呂라고 하여 ‘末’자를 붙인 것은 멸시의 의미로 생각된다.

봉사하는 모습에 따라 진행하고 사여하도록 한다. 그런데 (仲末呂가) 주상한 '이 禪師[68]가 주야로 조정에 비호받아 봉사하고 있는 모습을 보면, 선조[69]가 대신으로 봉사하는 지위와 이름을 계승한다고 생각하고 있는 인물이다'라고 말하며, 물러나도록 주상했지만, 이 선사가 행하는 모습을 보면, 청정하고 불법을 이어 널리 알리려고 생각하고 있어, 짐도 인도하고 호위해 준 우리 선사를 어떻게 간단히 물러나라고 (그렇게는 할 수 없다고) 생각하고 있다. 그런데 짐이 머리를 깎고 부처의 가사를 입고는 있지만, 국가의 정치를 행하지 않을 수는 없다. 부처도 경전에서 말하기를, '국왕이 왕위에 있을 때에는 보살이 지켜야 할 맑은 계를 받으라[70]'고 말하였다. 이에 따라 생각하면, 출가를 해도 정치를 행하는 데에는 어떠한 장애가 되는 것은 없다. 그런 까닭에 천황이 출가를 하고 있는 시기에는 출가를 하고 있는 대신이 있어도 좋다고 생각하여, (도경 자신이) 원하는 바는 아니지만, 이 도경선사를 大臣禪師라고 하는 위를 내리는 것을 모두 받들라고 하였다.

또 칙을 내리기를, 천하의 사람으로 누가 군주의 신하가 아닌 자가 있는가. 마음을 맑게 하고 봉사하면 이것이 실로 짐의 신하이다. 무릇 사람으로서 선조의 이름으로, 이를 이어받아 넓혀나가려는 생각을 하지 않는 자는 없다. 이러한 이유로 밝고 깨끗한 마음으로 봉사한다면, 가문은 끊어지지 않고 위계를 받을 것이라고 하신 말씀을 모두 듣도록 하라고 분부하였다".

또 칙을 내리기를, "도경선사를 대신선사로 임명한다. 관할 관사는 이 사정을 알도록 한다. 職分의 봉호는 대신에 준해서 시행한다"라고 하였다. 정2위 藤原朝臣豊成에게 종1위를, 종4위상 和氣王, 정5위하 山村王에게 함께 종3위를, 종5위상 藤原朝臣濱足·津連秋主에게 함께 정5위하를, 정4위하 池上女王, 정5위상 藤原朝臣百能에게 함께 종3위를, 무위 藤原朝臣玄信에게 종5위하를 내렸다.

---

68) 道鏡.

69) 道鏡의 俗姓은 弓削氏이다. 도경의 선조대신이란 6세기 후반 大和朝廷에서 유력호족이었던 物部大連守屋을 말한다. 이 인물은 物部弓削大連守屋이라고도 하는데, '弓削'은 모계인 弓削氏에서 연유한다.

70) 『梵網經』下에, "若佛子, 欲受國王位時, 受轉輪王位時, 百官受位時, 應先受菩薩戒"라고 되어 있다.

을묘(21일), 종5위하 藤原朝臣藏下麻呂에게 종3위를 내렸다.

병진(22일), 칙을 내려 "반역인 仲麻呂가 집정할 때 주상해서 관명을 개칭했는데,[71] 마땅히 복구하도록 한다"라고 하였다.

정사(23일), 종5위상 稻蜂間連仲村女, 종8위하 醜麻呂 등 2인에게 宿禰의 성을 내리고, 內舍人 정7위하 縣犬養宿禰內麻呂 등 15인에게 縣犬養大宿禰의 성을 내렸다. 정6위상 阿倍朝臣淨目·美和眞人土生에게 함께 종5위하를, 종5위하 吉備朝臣由利, 종5위상 稻蜂間宿禰仲村女에게 함께 정5위상을 내렸다. 종5위하 阿倍朝臣淨目을 越前介로 삼았다.

기미(25일), 정4위상 文室眞人大市를 民部卿으로 삼고, 종4위하 藤原朝臣魚名을 宮內卿으로 삼고, 종4위상 大津宿禰大浦를 左兵衛佐로 삼고, 종5위하 平群朝臣虫麻呂를 能登守로 삼고, 외종5위하 船連腰佩를 越後介로 삼았다.

경신(26일), 정6위상 上毛野公石瀧에게 외종5위하를 내렸다.

임술(28일), (高野天皇은) 칙을 내려, "금월 28일에 (道鏡이) 大臣禪師의 위를 사퇴하는 상표문을 보니, 자세히 그 뜻을 알았다. 단지 마음을 비우고 (불심을) 지키기를 바라며, 강하게 사의를 표명하였다. 그러나 불교를 융성시키고자 한다면, 높은 위가 아니면 사람들을 따르게 할 수 없다. 승려를 격려하고자 하는데 우월한 지위에 있지 않으면 신속히 일을 진행시키기가 어렵다. 지금 이 위를 내리는 것이 어떻게 선사를 번거롭게 하는 속된 일인가. 마땅히 이 취지를 밝혀 즉시 상표를 사절하고 관할 관사에서는 오로지 앞의 칙에 따라 시행하도록 한다"라고 하였다.

계해(29일), (高野天皇은) 칙을 내려, "역적 惠美仲麻呂는 성질이 흉악하고 도리에 어긋나 있고, (권력의) 위세와 은혜를 베풀어 길들이기를 오랫동안 (계속)하고 있다. 그럼에도 불구하고 (짐은) 참고 허락해서 스스로 고치기를 원했다. 그런데 총애가 극에 달하고 권세는 치솟아 마침내 헛된 욕망을 품고, 금월 11일에 거병하여 반역하였고, 驛鈴과 內印을 탈취하여 몰래 氷上鹽燒王을 세워 지금의 천황으로 삼았다. 乾政官符를 위조하여 3關이 있는 제국에 병을 징발하였고, 또 근강국으로 도주하여 의거하다가 越前의 關으로 도망쳐

71) 天平寶字 2년 8월 갑자조.

들어가려고 하였다. 관군은 격분해서 길을 나누어 추격하여 토벌하였다. 동월 18일에, 이미 仲麻呂 및 자손, 같은 악에 따랐던 氷上鹽燒, 惠美巨勢麻呂, 仲石伴, 石川氏人, 大伴古薩, 阿倍小路 등을 베었다. 역적을 제거하니 하늘도 사람도 함께 기뻐하였다. 마땅히 원근의 지역에 포고하여 모두 이 사실을 알리도록 한다"라고 하였다. 또 칙을 내려, "역신 仲麻呂가 우대신 藤原朝臣豊成의 불충을 주상했기 때문에 바로 좌천되었다. 지금 이미 중상이고 거짓임을 알았으니 그 관위를 복원한다. 마땅히 앞서 내린 칙서, 태정관부 등의 문서는 모두 다 소각하도록 한다"라고 하였다. 이날, (宇佐)八幡의 대신에게 神戶 25호를 충당시켰다. 陸奧守 종4위하 田中朝臣多太麻呂에게 진수장군을 겸직시켰다.

동10월 을축(2일), 放鷹司를 폐지하고 放生司를 두었다.

병인(3일), 종4위하 藤原朝臣宿奈麻呂에게 정4위상을, 종5위상 石上朝臣宅嗣에게 정5위상을 내렸다. 정5위상 石上朝臣宅嗣를 常陸守로 삼고, 종5위하 三川王을 信濃守로 삼고, 종5위상 佐伯宿禰美濃麻呂를 出羽員外守로 삼고, 정4위상 藤原朝臣宿奈麻呂를 大宰帥로 삼고, 종5위하 采女朝臣淨庭을 少貳로 삼았다.

기사(6일), 종4위하 藤原朝臣楓麻呂를 美濃守로 삼았다.

경오(7일), (高野天皇은) 조를 내려, 친왕, 대신의 자손 및 역도 토벌에 관여했던 제씨의 사람들에게 위계를 승서하였다. 무위 諱[72]〈今上〉·矢口王·三關王·大宅王·若江王·當麻王·坂上王에게 함께 종5위하를, 정5위하 藤原朝臣濱足에게 종4위하를, 종5위상 縣犬養宿禰古麻呂·小野朝臣竹良에게 함께 정5위하를 내렸다. 종5위하 佐伯宿禰伊太智에게 종5위상을, 외종5위하 葛井連立足[73]·漆部直伊波, 정6위상 守山眞人綿麻呂·海上眞人淨水·岸田朝臣繼手·大伴宿禰形見·八多朝臣百嶋·宇治眞人宇治麻呂·忌部宿禰比良夫·三野眞人馬甘·安曇宿禰三國·紀朝臣鯖麻呂·久米朝臣子虫·百濟朝臣益人[74]·山田三井宿禰廣人·笠朝臣道引·佐伯宿禰久良麻呂·巨勢朝臣津麻呂·多治比眞人小耳·高向朝臣家主·中臣朝臣常·佐伯宿禰眞守·阿倍朝臣淨成·賀茂朝臣大川·石上朝臣家成·紀朝臣廣庭·豊野眞

72) 白壁王. 후의 光仁天皇. 천황 실명을 거론하는 것을 기피하는 避諱 기사.
73) 백제계 도래씨족의 후예. 白猪史에서 후에 葛井連으로 개성하였다.
74) 개성 전의 余益人. 백제 멸망 후에 망명한 백제왕족의 후예로 余泰勝의 아들. 天平寶字 2년(758) 종6위하 大宰陰陽師로 재임하였으며 造法華寺 판관 余東人 등과 함께 百濟朝臣으로 개성하였다. 天平寶字 8년(764) 周防守에 임명되었다.

人奄智·文室眞人水通·國見眞人阿曇·藤原朝臣乙縄·藤原朝臣小黑麻呂·石川朝臣永年·若櫻部朝臣上麻呂·弓削宿禰薩摩·當麻眞人得足·阿倍朝臣東人, 종6위상 雀部朝臣道奥·大伴宿禰浄麻呂, 종6위하 賀茂朝臣田守, 종7위하 佐伯宿禰家繼, 대초위하 石村村主石楯에게 함께 종5위하를, 정6위상 張祿滿·漆部宿禰道麻呂·道守臣多祁留·土師宿禰樽·弓削連耳高·田部宿禰男足·秦忌寸智麻呂·靭負宿禰嶋麻呂·內藏忌寸若人·美努連奥麻呂·中臣片岡連五百千麻呂·矢集宿禰大唐·秦忌寸伊波太氣, 종6위하 掃部宿禰廣足, 정6위상 大原連家主·津連眞麻呂[75]·尾張宿禰東人·雀部直兄子·丈部直不破麻呂·高志毘登若子麻呂·建部公人上·桑原連足床에게 함께 외종5위하를, 정4위상 廣瀨女王·圓方女王·神社女王에게 함께 종3위를 내렸다.

신미(8일), 종5위하 高橋朝臣廣人에게 종5위상을, 종6위상 百濟王武鏡[76]에게 종5위하를, 외종5위하 日置造蓑麻呂에게 외정5위하를, 무위 弓削宿禰美努久女·美努久女·刀自女에게 함께 종5위하를 내렸다. 中務少丞 정6위상 大原眞人都良麻呂에게 淨原眞人의 성을 내리고, 이름을 淨貞이라고 하였다.

임신(9일), 高野天皇은 병부경 和氣王, 左兵衛督 山村王, 外衛大將 百濟王敬福[77] 등을 보내 병력 수백인을 인솔하여 中宮院을 포위하였다. 이때에 帝[78]는 갑작스런 일이라 의복과 신발도 갖추지 않은 상태였는데, 사자는 재촉하였다. 몇 사람의 근시하는 호위자들은 흩어져 도망가고 따르는 사람도 없었다. 겨우 母家의 2, 3인과 함께 걸어서 도서료의 서북쪽에 도착하였다.

山村王은 (高野天皇의) 조를 말하기를(宣命體), "말하기조차 황공한 先帝[79]의 어명으로 짐에게 말씀하기를, '천하는 짐의 자식에게 내린다. 그 일을 말한다면, 왕을 신하로 삼더라도, 신하를 왕으로 삼더라도 네가 하고 싶은 대로 하고, 가령 (너의) 뒤를 이어 帝가 된 사람이라도 세운 후에 너에 대해 예의가

---

75) 津連氏는 백제계 도래씨족의 후예.

76) 刑部卿 百濟王敬福의 子. 神護景雲 원년(767)에 但馬介, 寶龜 2년(771)에 主計頭, 동 5년에 出羽守를 역임하고, 동 7년에 종5위상에 서위되었다. 이어 天應 2년(782)에 大膳亮에 임명되고, 延曆 2년(783)에 정5위하에 올랐고, 동 3년에는 周防守로서 근무하였다.

77) 권15, 天平 15년 6월조 24쪽 각주 35) 참조.

78) 廢帝 淳仁天皇.

79) 聖武天皇.

없고 따르지 않는 의리에 부적합한 사람을 제위에 두어서는 안 된다. 또 군신의 도리에 따라 바르고 청정한 마음으로 도와 봉사하는 사람이야말로 帝로서 존재할 수 있는 것이다'라고 하였다. 이러한 말을 짐은 또 1, 2인의 豎子[80] 등과 근시하며 들은 적이 있다. 그러나 지금의 帝가 되어 있는 사람을 이 해까지의 수년간을 보면, 그 位를 감당할 능력도 없다. 뿐만 아니라 지금 듣는 바에 의하면, 仲麻呂와 같은 마음으로 몰래 짐을 제거하려고 모의하였다. 또 은밀히 6천의 병을 징발하여 이끌고, 또 7인만이 關에 들어가려고 모의하였다. 게다가 정병으로 압박하여 혼란시키고 (짐을) 토멸하려고 하였다. 이러한 이유로 (淳仁을) 제위로부터 퇴위시키고 친왕의 위를 주어 淡路國의 公으로 물러나게 하라고 한 천황의 말씀을 듣도록 하라"고 하였다.

일이 끝나자 (淡路)公 및 그 모친은 小子門에 이르러 도로에 있는 안장있는 말을 타고 右兵衛督 藤原朝臣藏下麻呂가 유배 장소로 호위하여 하나의 院[81]에 유폐하였다. (高野天皇은) 칙을 내려, "淡路國을 大炊親王에게 준다. (담로)국내에 있는 관물, 調, 庸의 물류는 임의대로 사용해도 좋다. 다만 출거의 官稻는 모두 상례에 따른다"라고 하였다. 또 조를 내려, "船親王은 9월 5일에 仲麻呂와 2인이 공모하여 서장을 만들어 잘못을 열거해서 상신하자고 모의하였다. 또 仲麻呂家의 물품을 집계한 바, 서류 중에서 仲麻呂와 통신했던 음모의 글이 있었다. 이에 친황의 명을 격하하여 諸王으로 하고, 隱岐國으로 유형에 처한다. 또 池田親王은 이해 여름 말을 많이 모아 일을 모의했다고 들었다. 이와 같은 말은 몇 번이나 상주가 있었다. 이에 친왕의 이름을 격하하여 제왕으로 하고, 土左國으로 유형에 처한다고 하신 말씀을 모두 받들라고 분부하였다".

정5위상 阿倍朝臣息道를 攝津大夫로 삼고, 종5위하 美和眞人土生을 (攝津)亮으로 삼고, 종5위하 坂本朝臣男足을 隱岐守로 삼고, 종5위하 藤原朝臣黑麻呂를 播磨守로 삼고, 종5위하 葛井連立足[82]을 (播磨)介로 삼고, 종5위하 佐伯宿禰助

80) 궁중에서 천황의 측근에서 봉사하는 소년.

81) 담장을 두른 건물. 1년 후인 天平神護 원년 10월 경진조에, 淳仁은 담을 넘어 도망을 치려다가 붙잡혀 죽었다고 한다.

82) 백제계 도래씨족의 후예. 白猪史에서 후에 葛井連으로 개성하였다. 天平寶字 4년(760)에 陸奧國에 雄勝城, 桃生城을 완성시킨 공로로 鎭守軍監이던 葛井連立足은 외종5위하에

를 淡路守로 삼았다.

계유(10일), 종5위하 紀朝臣佐婆麻呂를 和泉守로 삼았다.

갑술(11일), (천황은) 칙을 내려, "천하 제국은 매, 개 및 두견새를 사육하고 사냥이나 어로를 해서는 안 된다. 또 제국이 조정에 진상품으로 보내는 여러 육류, 어류 등은 모두 중지한다. 또 中男作物[83]의 어류, 육류, 마늘[84] 등도 모두 중지하고 다른 물건으로 교체한다. 다만 神戶에 대해서는 이 범위에 포함되지 않는다"라고 하였다. 종5위하 荻田王을 丹後守로 삼고, 외종5위하 葛井連根主를 阿波守로 삼았다.

정축(14일), (高野天皇이) 조를 내리기를(宣命體), "(조정에) 봉사하는 여러 직위의 사람들이 생각하기를, '국가를 진호하는 데에는 황태자를 정하는 일이 인심을 안정시키게 된다'라고 늘상 사람들이 생각하고 말하는 바이다. 그런데 지금 잠시 황태자를 정하지 않는 이유는 사람들이 좋다고 생각하여 정해도 결코 좋다고는 할 수 없고, 하늘이 주지 않았는데, (그 위를) 얻은 사람은 받아도 온전히 유지되지 않고 후에 파탄되어 버린다. 따라서 이를 생각하면, 사람이 주는 것도 아니고, 힘으로 싸워 얻는 것도 아니다. 역시 하늘이 허락하여 주어야 할 사람이 존재하기 때문에 정하지 않는 것이다. 이 황위를 짐이 탐해서 후계자를 정하지 않는 것은 아니다. 지금 잠시 신중히 생각하고 있으면 하늘이 내려주는 사람은 점차 나타날 것이라고 하신 말씀을 모두 들으라고 하였다. 또 말씀하기를, 사람들이 자신이 편애하는 사람을 세워 자신의 공적으로 삼으려 하고, 군주의 위를 모의하고 몰래 타인과 마음을 통해 남을 유혹해 끌어들여서는 안 된다. 자신이 이룰 수 없는 일은 모의한다고 하면, 선조의 가문도 멸망하고 후계도 단절되어 버린다. 지금 이후로는 밝고 올바른 마음으로 이런저런 근심없이 가르친 대로 봉사하라고

서위되었다. 그 후 天平寶字 8년(764) 정월에 主計助에, 藤原仲麻呂의 난 후에는 종5위하 播磨介가 되었고, 稱德朝 神護景雲 2년(768)에 若狹守에 보임되었다.

83) 中男은 17~20세의 남자. 중앙관청이 필요로 하는 물품을 國司, 郡司가 中男을 사역하여 공진하였다. 중남이 부족할 경우에는 正丁의 잡요로 보충하였다.

84) 본문에서는 '蒜'으로 마늘을 말한다. 「僧尼令」7에서는 "凡僧尼, 飮酒, 食肉, 服五辛者, 三十日苦使"라고 하듯이 5辛의 하나로서 육식과 함께 승니에게 금지 품목이다. 「令義解」 주석에 의하면 5辛은 마늘, 달래, 파, 부추, 회향이다. 『梵網經』 第4輕戒의 「食五辛戒」에도 5辛戒가 나온다.

하신 말씀을 모두 듣도록 하라"고 분부하였다. 정6위상 丈部路忌寸並倉에게 외종5위하를 내리고, 무위 紀朝臣益女에게 종5위하를 내렸다.

기묘(16일), 칙을 내리기를, "짐은 황공하게도 만방에 군림하여 하나의 일만을 걱정하고 있다. 동틀 무렵부터 정치를 생각하고, 저녁에까지 마음을 쓰고 있다. 賊臣 仲麻呂는 어리석고 흉악한 미치광이로 도리에 어긋난 자로 반역해서 도주하다 멸망하였다. 하늘의 그물망은 높이 펼쳐져 모두 주살되었다. 짐은 백성들이 구악을 씻고 새롭고 아름답게 선한 쪽으로 나아가기를 염원하고 있다. 마땅히 천하에 대사면을 내린다. 금월 16일 동트기 이전의 사형죄 이하는, 죄의 경중을 묻지 않고, 발각되지 않았거나, 이미 발각되었거나, 심리중이거나, 현재 판결을 받은 자도 모두 다 사면한다. 다만 仲麻呂와 일당 및 통상의 사면에서 면제되지 않는 자는 이 사면에 포함되지 않는다. 또 근년에 홍수와 가뭄으로 곡물이 여물지 않아 백성들이 기근에 궁핍해져 있고, 게다가 전란이 일어났다.[85] 마땅히 천하의 금년도 전조를 면제한다. 원근의 지역에 포고하여 짐의 뜻을 알리도록 한다'라고 하였다.

계미(20일), 정5위하 藤原朝臣田麻呂를 右中弁으로 삼고, 정4위하 石川朝臣豊成을 大藏卿으로 삼고 右大弁은 종전대로 하였다. 종5위하 小野朝臣石根을 造宮大輔로 삼고, 종5위하 大伴宿禰伯麻呂를 左衛士佐로 삼고, 정5위하 藤原朝臣田麻呂를 外衛中將으로 삼고 右中弁은 종전대로 하였다. 종5위하 藤原朝臣小黑麻呂를 伊勢守로 삼고, 정5위하 津連秋主를 尾張守로 삼고, 종4위하 中臣伊勢朝臣老人을 參河守로 삼고, 종5위하 山田御井宿禰廣人을 (參河)介로 삼고, 종5위상 下毛野朝臣多具比를 遠江守로 삼고, 종5위하 眞立王을 伊豆守로 삼고, 中衛少將 종4위하 坂上大忌寸苅田麻呂에게 甲斐守를 겸직시키고, 授刀少將 종4위하 牡鹿宿禰嶋足에게 相摸守를 겸직시키고, 종5위하 文室眞人水通을 (相模)介로 삼고, 衛門督 종4위하 弓削御淨朝臣淨人에게 上總守를 겸직시키고, 종5위하 紀朝臣廣庭을 (上總)介로 삼고, 종5위하 上毛野朝臣馬長을 上野守로 삼고, 兵部卿 종3위 和氣王에게 丹波守를 겸직시키고, 정4위하 高麗朝臣福信을 但馬守로 삼고, 式部大輔 勅旨員外大輔 授刀中將 종4위하 粟田朝臣道麻呂에게 因幡守를 겸직시

85) 藤原惠美押勝의 난.

키고, 左兵衛佐 종4위상 大津宿禰大浦에게 美作守를 겸직시키고, 종5위상 中臣丸連張弓을 伊豫守로 삼았다.

갑신(21일), 칙을 내려, “왕경에 수감되어 있는 죄인들은 사형죄 이하는 모두 사면한다. 다만 역신 仲麻呂 및 淡路公, 船王, 池田王 등의 일당은 사면의 범위에 들어가지 않는다”라고 하였다.

병술(23일), 외종5위하 息長丹生眞人大國을 大和介로 삼았다.

정해(24일), 종6위상 葛木宿禰大床에게 외종5위하를 내렸다.

기축(26일), 무위 嶋野王·淨上王·大田王·神前王·和王·甲賀王·東方王에게 함께 종5위하를, 종5위하 石川朝臣名足에게 종5위상을, 정6위상 賀茂朝臣伊刀理麻呂·紀朝臣古佐美, 종8위상 池田朝臣眞枚에게 함께 종5위하를, 종6위상 馬毘登國人에게 외종5위하를 내렸다. 종5위하 久米朝臣子虫을 伊賀守로 삼고, 종5위하 縣犬養宿禰吉男을 伊豫介로 삼고, 伊豫國 사람 대초위하 周敷連眞國 등 21인에게 周敷伊佐世利宿禰의 성을 내렸다.

임진[86](29일), 정5위하 百濟朝臣足人[87]을 授刀佐로 삼고, 정6위상 文室眞人眞老에게 종5위하를 내렸다. 정5위하 縣犬養宿禰古麻呂를 中務大輔로 삼고, 종5위하 石川朝臣永年을 式部少輔로 삼았다.

신묘(28일), 외종5위하 掃守宿禰廣足을 山背介로 삼고, 종5위하 雀部朝臣陸奧를 常陸介로 삼고, 종5위하 弓削宿禰薩摩를 下野員外介로 삼고, 因幡掾 외종5위하 健部公人上 등 15인에게 朝臣의 성을 내렸다.

계사(30일), 칙을 내려, “정원 및 정원외의 산위 등은 續勞錢[88]을 내는 일은 정지한다. 지금 이후로는 오로지 令文에 의거한다”라고 하였다. 이날, 조를 내려, 東海, 東山 등 제국에 명하여 騎女[89]를 공상하게 하였다.

---

86) 다음의 辛未條와 일부 순서가 바뀌었다.

87) 개성하기 전의 余足人. 권20, 天平寶字 원년 5월조 172쪽 각주 58) 참조.

88) 재화를 바치고 계속 근무하는 것을 續勞라고 하며, 이렇게 바치는 전화를 續勞錢이라고 한다. 散位 및 무위의 훈위자가 散位寮 혹은 國衙, 軍團 등에 근무한다.

89) 기마에 능숙한 여성. 여성의 騎馬에 대해서는 『일본서기』 天武紀 11년 4월조에 “婦女乘馬, 如男夫其起, 于是日”이라고 나오고 있다. 상기 본문에서 東海, 東山 2도가 대상지역으로 등장하는 것은 이 두 곳이 말의 산지이기도 하고 상대적으로 기마에 능숙한 여성이 많았기 때문으로 보인다. 특히 稱德이라는 여성천황의 존재가 여성 기마병을 고려하게 만들었을 것으로 추측된다.

11월 무술(5일), 외종5위하 益田連繩手·李忌寸元環[90]에게 함께 종5위하를 내렸다. 종5위하 藤原朝臣黑麻呂를 山背守로 삼고, 종5위하 多治比眞人小耳를 伯耆守로 삼고, 종5위하 李忌寸元環을 出雲員外介로 삼고, 종4위상 日下部宿禰子麻呂를 播磨守로 삼았다.

경자(7일), 또 高鴨神을 大和國 葛上郡에 제사지냈다. 高鴨神은, 法臣圓興[91]과 그 동생 中衛將監 종5위하 賀茂朝臣田守 등이 아뢰기를, "옛적 大泊瀨天皇[92]이 葛城山에서 사냥을 하였다. 이때에 老夫들이 천황과 서로 경쟁하며 잡았다. 천황은 이를 분개하며 그 사람들을 土左國으로 유배보냈다. 이것은 (우리의) 선조가 제사지내던 신이 化身이 되어 老夫가 된 것인데, 이에 추방되었다.〈지금 이전의 기록을 검토해 보니, 이 일은 보이지 않는다.〉."라고 하였다. 이에 천황이 田守를 보내 (土左國에서) 이 신을 맞이하여 본래의 장소에 제사지내게 하였다.

계묘(10일), 종5위하 難波連奈良[93]을 常陸員外介로 삼았다.

을사(12일), 종5위하 石上朝臣息繼에게 정5위하를 내렸다. 서해도절도사를 폐지하였다.[94]

기유(16일), 종5위하 百濟朝臣益人[95]을 周防守로 삼았다.

임자(19일), 종5위하 笠朝臣道引을 但馬介로 삼았다.

---

90) 중국계 唐 도래씨족인 李元環. 天平勝寶 2년 2월에 외종5위하에 서위되고, 寶龜 2년(771)에 정5위상으로 승서하였다. 『新撰姓氏錄』 左京諸蕃에, "淸宗宿禰는 唐人 정5위하 李元環의 후손이다"라는 선조 계보가 있다.

91) 天平神護 2년(766) 10월 20일조에 円興禪師에게 法臣의 位를 주었다고 기록이 보인다. 본문의 法臣은 추기.

92) 雄略天皇.

93) 고구려에서 백제로 망명하였다가 5세기 후반 일본으로 이주한 德來의 후예인 藥師惠日의 자손. 天平寶字 2년(758)에 內藥司佑 겸 出雲國 員外掾으로 재직할 때 藥師의 성에서 難波連으로 개성하였다. 이후 內藥頭, 典藥助, 常陸國 員外介 등을 역임하였다.

94) 이른바 절도사는 신라정토계획의 일환으로 天平寶字 5년 11월에 설치했지만, 이를 주도한 藤原仲麻呂의 실각과 죽음으로 폐지되고 신라정토계획도 무산되었다. 그러나 이 정토계획은 실행에 옮기기 위한 계획이 아니라, 그 일련의 과정이 국내정치 안정, 집권세력의 권력집중을 위한 조치였던 까닭에 그 주도자의 죽음으로 더 이상 군사계획은 나올 수 없었다.

95) 백제멸망 후 망명왕족의 후예인 余益人. 淳仁朝 天平寶字 2년(758)에 종6위하 大宰陰陽師를 역임하였다. 이 시기 造法華寺 判官 余東人 등 3인과 함께 百濟朝臣으로 개성하였다.

계축(20일), 사자를 보내 近江國의 유명 신사에 봉폐하였다. 이보다 앞서 仲麻呂의 무리들이 近江에 의거할 때, 조정은 멀리서 바라보고 (近江의) 國神에게 기원하였다. 이 때문에 경내를 벗어나지 못하고 즉시 주살되어 굴복하였다. 이에 앞서 행한 기도에 예를 표한 까닭이다.

신유(28일), 칙을 내려, "令에 의하면, 長上官(의 근무평정)은 6년을 기한으로 하고, 직종에 따라 2년을 더한다. 외산위는 12년을 서위의 조건으로 근무평정의 기한으로 하고 있다. 이에 慶雲 연중에 은혜를 베풀어 기한을 고쳐서 장상관은 4년을 기한으로 하고, 외산위는 10년을 서위의 평정을 하도록 하였다. 그런데 근년 令의 조문으로 되돌아갔는데, 실제로는 온당하지 않다. 지금 이후로는 格[96]에 따라 기한을 정하기로 한다. 즉 출사를 길을 열어 백관이 바라는 바를 답하여 안심시키도록 한다"라고 하였다.

12월 계해삭(1일), 종5위상 石川朝臣名足을 備前守로 삼았다.

무진(6일), 정7위상 縣犬養大宿禰內麻呂에게 종5위하를 내렸다.

을해(13일), 大和守 정4위상 坂上忌寸犬養이 죽었다. 右衛士大尉 외종5위하 大國의 아들이다. 젊어서부터 무예의 재능으로 칭송받았다. 聖武皇帝가 즉위하고 나서 그를 후히 총애하였다. 天平 8년에 외종위하를 내렸다. 동 20년에 종4위하 左衛士督이 되었고, 天平勝寶 8세(756)에 성무황제가 죽었을 때, 오래도록 은예를 입었다고 하여 산릉을 지키기를 청하였다. (孝謙)천황은 이를 가상히 여겨 정4위상을 내리고, 원래의 관직은 그대로 하였다. 천평승보 9세에 造東大寺 장관을 겸직하고, 특별히 식봉 1백호를 지급하였다. 天平寶字 원년(757)에 播磨守를 역임하였고, 이어 大和守로 전임하였다. 사망시의 나이는 83세였다.

경인(28일), 칙을 내려, "짐은 덕이 부족한데도 만민에 군림하고 있는데, 좋은 덕화를 베풀지 못하고 형벌을 받은 자도 아직 많이 있다. 마땅히 천하에 대사면을 내린다. 天平寶字 8년 12월 28일 동트기 이전에 사형죄 이하의 죄는 경중을 묻지않고, 이미 발각되거나, 발각되지 않았거나, 이미 판결이 났거나 심리중이거나, 현재 수감되어 있는 자, 강도와 절도 모두 다 사면한다.

96) 慶雲 3년(706) 2월 16일 格.

다만 팔학, 고의 살인, 통상의 사면에서 면제되지 않는 자는 이 사면의 범위에 포함되지 않는다. 만약 사형을 받은 자는 모두 1등을 감한다. 두루 원근의 지역에 고지하여 짐의 뜻을 알리도록 한다"라고 하였다.

이달, 서방에서 소리가 났는데, 천둥같기도 하지만, 천둥은 아니다. 때에 大隅와 薩摩 양국의 경계지역에서 연기와 같은 구름이 하늘을 덮어 어두워지고, 전광이 이따금 나타났다. 7일 후에 하늘이 개었는데, 鹿兒嶋 信爾村의 바다에 토사와 돌이 자연히 쌓여 3개의 섬을 이루었다. 화기가 노출된 모습은 마치 금속을 녹인 것과 같은 상태였고, 형세가 서로 이어진 모습을 보면 4방향으로 경사진 지붕과 비슷하였다. 섬 때문에 매몰된 민가는 62구역이고, 사람은 80여 인이었다.

이해에 병란과 가뭄이 계속되어 쌀 1석이 1천전이나 하였다.

『속일본기』 권제25

續日本紀卷第二十五

〈起天平寶字八年正月, 盡十二月〉

右大臣從二位兼行皇太子傅中衛大將臣藤原朝臣繼繩等奉勅撰

廢帝

◯ **天平寶字八年**春正月乙巳, 授正三位文室眞人淨三從二位, 在唐大使正四位下藤原朝臣清河從三位, 從四位下和氣王從四位上, 無位猿福貴王從四位下, 從五位下奈貴王從五位上, 從四位下中臣朝臣清麻呂, 石川朝臣豊成並從四位上, 正五位下阿倍朝臣子嶋, 百濟王元忠並從四位下, 從五位上紀朝臣伊保, 藤原朝臣田麻呂, 藤原朝臣繩麻呂並正五位下, 從五位下柿本朝臣市守, 多治比眞人木人, 忌部宿禰鳥麻呂, 中臣朝臣毛人, 下毛野朝臣多具比, 大原眞人今城, 石川朝臣豊人, 高圓朝臣廣世, 藤原惠美朝臣小湯麻呂並從五位上, 正六位上小治田朝臣臣水內, 巨勢朝臣古麻呂, 高橋朝臣廣人, 菅生朝臣忍人, 石川朝臣氏人, 粟田朝臣黑麻呂, 坂本朝臣男足, 大原眞人宿奈麻呂, 上毛野朝臣馬長, 大伴宿禰潔足, 佐伯宿禰木節, 正六位下大神朝臣奥守並從五位下, 正六位上六人部連鯖麻呂, 麻田連金生, 息長丹生眞人大國, 粟田朝臣道麻呂, 高麗朝臣廣山並外從五位下, 女孺無位橘宿禰御笠, 從六位下阿倍朝臣豆余理並從五位下. 辛亥, 授正四位上氷上眞人陽侯從三位. 甲寅, 播磨, 備前兩國飢. 並賑給之. 丙辰, 大隅, 薩摩等隼人相替, 授外從五位上前公乎佐外正五位下, 外正六位上薩摩公鷹白, 薩摩公宇志並外從五位下. 戊午, 以外從七位下出雲臣益方爲國造. 己未, 以正五位下山村王爲少納言, 從五位下阿倍朝臣子路爲左少弁, 內藏助外從五位下高丘連比良麻呂爲兼大外記, 外從五位下麻田連金生爲左大史, 從五位下大伴宿禰潔足爲禮部少輔, 正五位下紀朝臣伊保爲仁部大輔, 從五位上多治比眞人木人爲主計頭, 外從五位下葛井連立足爲助, 從五位下甘南備眞人伊香爲主稅頭, 外從五位下船連男楫爲助, 從五位下路眞人鷹甘爲兵馬正, 從五位下小治田朝臣水內爲大炊頭, 正五位下久世王爲木工頭, 從五位下穗積朝臣小東人爲助, 從五位下掃守王爲典藥頭, 從五位下粟田朝臣黑麻呂爲左京亮, 外從五位下蜜奚野爲西市正, 正四位下吉備朝臣眞備爲造東大寺長官, 正五位下百濟朝臣足人爲授刀佐, 從四位下仲眞人石伴爲左勇士率, 從五位下大原眞人宿奈麻呂爲左虎賁翼, 從五位下藤原惠美朝臣薩雄爲右虎賁率, 正五位上日下部宿禰子麻呂爲山背守, 從五位下大伴宿禰伯麻呂爲伊豆守, 從五位上粟田朝臣人成爲相摸守, 從五位上上毛野公廣濱爲近江介, 從五位下藤原惠美朝臣執棹爲美濃守, 外從五位下池原公禾守爲介, 從五位下藤原朝臣繼繩爲信濃守, 從五位下田口朝臣大萬戶爲上野介, 從五位下上毛野朝臣馬長爲出羽介, 從五位下藤原惠美朝臣辛加知爲越前守, 外從五位下村國連虫麻呂爲介, 從五位上高圓朝臣廣世爲播磨守, 從五位下藤原朝臣藏下麻呂爲備前守, 外從五位下葛井連根主爲備中介, 從四位下上道朝臣正道爲備後守, 從五位下石川朝臣氏人爲周防守, 從五位下小野朝臣小贄爲紀伊守, 從四位上佐伯宿禰毛人爲大宰大貳, 從五位上石上朝臣宅嗣爲少貳, 從四位下佐伯宿禰今毛人爲營城監, 從五位下佐味朝臣伊豫麻呂爲豊前守, 從五位上大伴宿禰家持爲薩摩守. 壬戌, 上總守從四位下阿倍朝臣子嶋卒. 丙寅, 備中, 備後二國飢, 並賑給之.

二月辛巳, 授女孺無位箭口朝臣眞弟從五位下. 丙申, 石見國飢, 賑給之.

三月癸卯, 志摩國疫, 賑給之. 丙午, 武藏守從四位下石川朝臣名人卒. 辛亥, 攝津, 播磨, 備前, 備中, 備後等五國飢. 賑給之. 丙辰, 淡路國, 比年亢旱, 無種可播. 轉紀伊國便郡稻, 以充種子. 出雲國飢, 賑給之. 己未, 勅曰, 周急之言, 義著曩聖, 救飢之惠, 道茂先脩. 頃年水旱, 民稍餧乏. 東西市頭, 乞丐者衆. 念斯失所, 情軫納隍. 而聞, 糺政臺少疏正八位上土師宿禰嶋村, 出己蓄粮資養窮弊者壹拾餘人. 其所行雖小, 有義可褎. 仍授位一階. 自今已後, 若有如此色者, 所司檢察, 錄實申官. 其一年之內, 貳拾人已上加位一階. 五十人已上加位二階. 但正六位上不在此例.

夏四月辛未, 美作國飢, 淡路國疫, 並賑給之. 戊寅, 以正五位下多治比眞人土作爲文部大輔, 從五位上布勢朝臣人主爲上總守, 正五位上石川朝臣人成爲武藏守, 從五位上田中朝臣多太麻呂爲陸奥守, 從五位下巨勢朝臣廣足爲但馬介. 癸未, 遣使奉幣帛於畿內群神, 旱也. 阿波, 讚岐, 伊豫三國飢, 並賑給之.

五月庚子, 正三位粟田女王薨.

六月乙亥, 從三位授刀督兼伊賀近江按察使藤原朝臣御楯薨. 平城朝贈正一位太政大臣房前之第六子也.

秋七月辛丑, 授刀少志從八位上弓削連淨人賜姓弓削宿禰. 丁未, 先是, 從二位文室眞人淨三等奏曰, 伏奉去年十二月十日勅, 紀寺奴益人等訴云, 紀袁祁臣之女粳賣, 嫁本國氷高評人內原直牟羅, 生兒身賣, 狛賣二人, 蒙急則臣處分居住寺家, 造工等食. 後至庚寅編戶之歲, 三綱校數名爲奴婢. 因斯久時告愬, 分雪無由. 空歷多年. 于今屈滯. 幸屬天朝照臨宇內, 披陳鬱結. 伏望正名者, 爲賤爲良. 有因有果, 浮沈任理, 其報必應. 宜存此情, 子細推勘浮沈所適, 剖判申聞者. 謹奉嚴勅搜古記文有僧綱所庚午籍, 書寺賤名中. 有奴太者并女粳賣及粳賣兒身賣狛賣. 就中異腹奴婢皆顯入由, 太者并兒入由不見. 或曰, 戶令曰, 凡戶籍恒留五比. 其遠年者依次除. 但近江大津宮庚午年籍不除, 蓋爲氏姓之根本, 遏姦欺之發眞歟. 據此而言, 猶爲寺賤. 或曰, 賞疑從重, 刑疑從輕, 典冊明文. 何其不取, 因斯覆審. 或可從浮. 雙疑聳立, 各自爭長. 淨三等庸愚, 心迷孰是, 輕陳管見, 伏聽天裁. 奉勅, 依後判. 於是益麻呂等十二人賜姓紀朝臣. 眞玉女等五十九人內原直. 卽以益麻呂爲戶頭, 編附京戶. 而紀朝臣伊保等, 猶疑非勅. 至是, 召御史大夫從二位文室眞人淨三, 參議仁部卿從四位下藤原惠美朝臣朝獵, 入於禁內, 高野天皇口勅曰, 前者, 卿等勘定而奏, 依庚午籍勘者可從沈. 是一理也. 又檢紀寺遠年資財帳, 異腹奴婢皆顯入由. 粳賣一腹不見入由, 據此而言. 或可從浮, 是亦一理也. 罪疑就輕, 先聖所傳, 是以, 從輕之狀, 報宣已訖. 而紀朝臣等猶疑非勅, 不肯信受. 故今召御史大夫文室眞人面告其旨. 復召朝獵,副令相聽. 大學大允從六位上殖栗占連咋麻呂訴請除占字. 許之. 戊申, 遣使宣詔, 放紀寺奴益人等七十六人從良. 己酉, 伊豫國周敷郡人多治比連眞國等十人賜姓周敷連. 壬子, 罷東海道節度使. 甲寅, 新羅使大奈麻金才伯等九十一人到着大宰博多津. 遣右少弁從五位下紀朝臣牛養, 授刀大尉外從五位下粟田朝臣道麻呂等, 問其由緖. 金才伯等言曰, 唐國勅使韓朝彩自渤海來云, 送日本國僧戒融, 令達本鄕已畢. 若平安歸鄕者, 當有報信. 而至于今日, 寂無來音. 宜差此使其消息欲奏天子, 仍賫執事牒, 參大宰府, 其朝彩者, 上道在於新羅西津. 本國謝恩使蘇判金容爲取大宰報牒寄附朝彩, 在京未發. 問曰, 比來彼國投化百姓言, 本國發兵警備. 是疑日本國之來問罪也. 其事虛實如何. 對曰, 唐國擾亂, 海賊寔繁, 是以徵發甲兵, 防守緣邊. 乃是國家之設, 事旣不虛. 及其歸日, 大宰府報牒新羅執事曰, 檢案內, 被乾政官符稱, 得大宰府解稱, 得新羅國牒稱依韓內常侍請欲知僧戒融達不. 府具狀申上者, 以去年十月, 從高麗國, 還歸聖朝, 府宜承知卽令報知.

八月戊辰, 節部省北行東第二雙倉災, 己巳, 以中納言從三位氷上眞人鹽燒爲兼文部卿, 從五位下中臣朝臣鷹主爲武部少輔, 從五位下橘宿禰綿裳爲上野員外介, 外從五位下村國連子老爲能登守, 從五位下淡海眞人三船爲美作守, 營城監從四位下佐伯宿禰今毛人爲兼肥前守, 甲戌, 賜救節部省火雜色已上絲綿有差, 山陽南海二道諸國旱疫, 丙子, 石見國疫, 賑給之, 己卯, 遣使築池於大和, 河內, 山背, 近江, 丹波, 播磨, 讚岐等國, 辛巳, 多褹嶋飢, 賑給之.

九月丙申, 以太師正一位藤原惠美朝臣押勝, 爲都督使, 四畿內, 三關, 近江, 丹波, 播磨等國習兵事使. 戊戌, 御史大夫從二位文室眞人淨三致仕, 詔報曰, 今聞, 汝卿一昨拜朝歸家. 乃知, 年滿懸車, 依禮致仕. 竊思此事, 憂喜交懷. 一喜功遂身退能守善道, 一憂氣衰力弱返就田家. 古人云, 知止不殆, 知足不辱, 卿之謂也. 丹懇難違. 依其所請. 仍賜几杖并新錢十萬文, 將以弘益勝流廣勵浮俗. 因書遣意指不多云. 乙巳, 太師藤原惠美朝臣押勝逆謀頗泄, 高野天皇遣少納言山村王, 收中宮院鈴印. 押勝聞之, 令其男訓儒麻呂等邀而奪之. 天皇遣授刀少尉坂上苅田麻呂, 將曹牡鹿嶋足等, 射而殺之. 押勝又遣中衛將監矢田部老, 被甲騎馬, 且刦詔使. 授刀紀船守亦射殺之. 勅曰, 太師正一位藤原惠美朝臣押勝弁子孫, 起兵作逆, 仍解免官位, 并除藤原姓字已畢. 其職分功封等雜物, 宜悉收之. 卽遣使固守三關. 授從三位藤原朝臣永手正三位, 正四位下吉備朝臣眞備從三位, 正五位下藤原朝臣縄麻呂從四位下, 正七位上大津連大浦從四位上, 從七位上牡鹿連嶋足, 正六位上坂上忌寸苅田麻呂, 外從五位下粟田朝臣道麻呂, 從六位下中臣伊勢連老人, 從八位上弓削宿禰淨人, 外從五位下高丘連比良麻呂, 正五位上日下部宿禰子麻呂並從四位下, 從七位下紀朝臣船守從五位下, 正七位上民忌寸總麻呂外從五位下. 弓削宿禰淨人賜姓弓削御淨朝臣, 中臣伊勢連老人中臣伊勢朝臣, 大津連大浦大津宿禰, 牡鹿連嶋足牡鹿宿禰, 坂上忌寸苅田麻呂坂上大忌寸. 是夜, 押勝走近江, 官軍追討. 丙午, 高野天皇勅, 今聞, 逆臣惠美仲麻呂, 盜取官印逃去者. 忝爲人臣, 飽承厚寵, 寵極禍滿, 自溺深刑. 仍復刦略愚民, 欲爲僥倖. 若有勇士, 自能謀計, 急爲剪除者, 卽當重賞. 又北陸道諸國不須承用太政官印. 又勅, 前大納言文室眞人淨三, 先緣致仕, 職分等雜物減半者. 宜改先勅, 依舊全賜之. 從三位諱, 藤原朝臣眞楯並授正三位, 從四位上中臣朝臣淸麻呂正四位下, 從五位上藤原朝臣宿奈麻呂, 從五位下藤原朝臣楓麻呂, 正五位下田中朝臣多太麻呂並從四位下, 從五位下淡海眞人三船正五位上, 從五位下豊野眞人尾張正五位下, 正六位上佐伯宿禰三野從五位上, 正六位上佐伯宿禰國益, 佐伯宿禰伊多治, 田口朝臣牛養, 大野朝臣眞本, 正六位下平群朝臣虫麻呂, 從六位下下毛野朝臣足麻呂並從五位下. 正六位上刑部息麻呂外從五位下. 丁未, 授無位眞立王從五位下, 從四位上石川朝臣豊成正四位下, 從五位下安倍朝臣息道正五位上, 從五位下津連秋主, 正六位上石川朝臣垣守並從五位上. 正六位上船連腰佩, 社吉志酒人並外從五位下. 遣正親正從五位下荻田王, 少主鈴中臣朝臣竹成, 神部鴨田連嶋人, 奉幣帛於伊勢太神宮. 戊申, 以大宰員外帥正二位藤原朝臣豊成, 復爲右大臣, 賜帶刀四十人. 辛亥, 以從五位下藤原朝臣繼繩爲越前守, 授正六位上佐伯宿禰助從五位下. 壬子, 軍士石村村主石楯斬押勝傳首京師. 押勝者, 近江朝內大臣藤原朝臣鎌足曾孫, 平城朝贈太政大臣武智麻呂之第二子也. 率性聰敏, 略涉書記. 從大納言阿倍少麻呂, 學算尤精其術. 自內舍人遷大學少允. 天平六年, 授從五位下, 歷任通顯. 勝寶元年, 至正三位大納言兼紫微令中衛大將, 軍樞機之政獨出掌握. 由是豪宗右族皆妬其勢. 寶字元年, 橘奈良麻呂等謀欲除之. 事涉廢立, 反爲所滅. 其年任紫微內相. 二年拜大保. 優勅加姓中惠美二字, 名曰押勝. 賜功封三千戶, 田一百町, 特聽鑄錢, 擧稻, 及用惠美家印. 四年轉太師, 其男正四位上眞光, 從四位下訓儒麻呂, 朝獵並爲參議, 從五位上小湯麻呂, 從五位下薩雄, 辛加知, 執棹皆任衛府關國司. 其餘顯要之官莫不姻戚. 獨擅權威. 猜防日甚. 時道鏡常侍禁掖, 甚被寵愛. 押勝患之, 懷不自安. 乃諷高野天皇, 爲都督使, 掌兵自衛. 准據諸國試兵之法, 管內兵士每國二十人, 五日爲番, 集都督衛, 簡閱武藝. 奏聞畢後, 私益其數, 用太政官印而行下之. 大外記高丘比良麻呂懼禍及己, 密奏其事. 及收中宮院鈴印, 遂起兵反. 其夜, 相招黨與, 遁自宇治, 奔據近江. 山背守日下部子麻呂, 衛門少尉佐伯伊多智等, 直取田原道, 先至近江, 燒勢多橋. 押勝見之失色, 卽便走高嶋郡, 而宿前少領角家足之宅. 是夜有星, 落于押勝臥屋之上. 其大如甕. 伊多智等馳到越前國, 斬守辛加知. 押勝不知而僞立鹽燒, 爲今帝, 眞光朝獵等皆爲三品. 餘各有差. 遣精兵數十而入愛發關, 授刀物部廣成等拒而却之. 押勝進退失據, 卽乘船向淺井郡鹽津, 忽有逆風, 船欲漂沒. 於是更取山道, 直指愛發, 伊多智等拒之. 八九人中箭而亡. 押勝卽又還, 到高嶋郡三尾埼, 與佐伯三野, 大野眞本等, 相戰從午及申. 官軍疲頓. 于時, 從五位下藤原朝臣藏下麻呂將兵忽至. 眞光引衆而退, 三野等乘之, 殺傷稍多. 押勝遙望衆敗, 乘船而亡. 諸將水陸兩道攻之. 押勝阻勝野鬼江, 盡銳拒戰, 官軍攻擊之, 押勝衆潰. 獨與妻子三四人乘船浮江, 石楯獲而斬之. 及其妻子從黨三十四人, 皆斬之於江頭. 獨第六子刷雄以少修禪行, 免其死而流隱岐國. 甲寅美濃少掾正六位上村國連嶋主坐逆黨被誅.

是日, 討賊將軍從五位下藤原朝臣藏下麻呂等凱旋獻捷. 詔曰, 逆〈仁〉穢〈岐〉奴仲末呂〈伊〉詐姦〈流〉心〈乎〉以〈天〉兵〈乎〉發朝庭〈乎〉傾動〈武止之天〉鈴印〈乎〉奪復皇位〈乎〉掠〈天〉先〈仁〉捨岐良〈比〉賜〈天之〉道祖〈我〉兄鹽燒〈乎〉皇位〈仁方〉定〈止〉云〈天〉官印〈乎〉押〈天〉天下〈乃〉諸國〈仁〉書〈乎〉散〈天〉告知〈之米〉. 復云〈久〉今〈乃〉勅〈乎〉承用〈與〉, 先〈仁〉詐〈天〉勅〈止〉稱〈天〉在事〈乎〉承用〈流己止〉不得〈止〉云〈天〉, 諸人〈乃〉心〈乎〉惑發, 三關〈仁〉使〈乎〉遣〈天〉竊〈仁〉關〈乎〉閇一二〈乃〉國〈仁〉軍丁〈乎〉乞兵發〈之武〉. 此〈乎〉見〈流仁〉仲末呂〈可〉心〈乃〉逆〈仁〉悪狀〈方〉知〈奴〉. 然先〈仁〉之〈我〉奏〈之〉事〈方〉每事〈仁〉姦〈美〉諂〈天〉在〈家利〉. 此〈乎〉念〈方〉唯己獨〈乃未〉朝庭〈乃〉勢力〈乎〉得〈天〉賞罰事〈乎〉一〈仁〉己〈可〉欲〈未仁未仁〉行〈止〉念〈天〉兄豊成朝臣〈乎〉詐〈天〉讒〈治〉奏賜〈流爾〉依〈天〉位〈乎〉退〈多末比天〉是〈乃〉年〈乃〉年己呂在〈都〉. 然今〈方〉明〈仁〉仲末呂〈可〉詐〈仁〉在〈家利止〉知〈天〉本〈乃〉大臣〈乃〉位〈仁〉仕奉〈之武流〉事〈乎〉諸聞食〈止〉宣. 復勅〈久〉, 悪〈久〉姦〈岐〉奴〈乃〉政〈乃〉柄〈乎〉執〈天〉奏〈多末不〉事〈乎〉以〈天〉諸氏氏人等〈乎毛〉進都可方〈須己止〉理〈乃〉如〈毛〉不在〈阿利都〉. 是以〈天〉今〈與利〉後〈方〉仕奉〈良武〉相〈乃末仁末仁〉進用賜〈武〉. 然之〈我〉奏〈之久〉此禪師〈乃〉晝夜朝庭〈乎〉護仕奉〈乎〉見〈流仁〉先祖〈之〉大臣〈止之天〉仕奉〈之〉位名〈乎〉繼〈止〉念〈天〉在人〈奈利止〉云〈天〉退賜〈止〉奏〈之可止毛〉此禪師〈乃〉行〈乎〉見〈爾〉至〈天〉淨〈久〉佛〈乃〉御法〈乎〉繼隆〈武止〉念行〈末之〉朕〈乎毛〉導護〈末須〉己師〈乎夜〉多夜須〈久〉退〈末都良武止〉念〈天〉在〈都〉. 然朕〈方〉髮〈乎〉曾利〈天〉佛〈乃〉御袈裟〈乎〉服〈天〉在〈止毛〉國家〈乃〉政〈乎〉不行〈阿流己止〉不得. 佛〈毛〉經〈仁〉勅〈久〉國王〈伊〉王位〈仁〉坐時〈方〉菩薩〈乃〉淨戒〈乎〉受〈與止〉勅〈天〉在, 此〈仁〉依〈天〉念〈倍方〉出家〈天毛〉政〈乎〉行〈仁〉豈障〈倍岐〉物〈仁方〉不在. 故是以〈天〉帝〈乃〉出家〈之天〉伊末〈須〉世〈仁方〉出家〈之天〉在大臣〈毛〉在〈倍之止〉念〈天〉樂〈末須〉位〈仁方〉阿良禰〈止毛〉此道鏡禪師〈乎〉大臣禪師〈止〉位〈方〉授〈末都流〉事〈乎〉諸聞食〈止〉宣. 復勅〈久〉天下〈乃〉人誰〈曾〉君〈乃〉臣〈仁〉不在〈安良武〉. 心淨〈久之天〉仕奉〈良武〉此〈之〉實〈能〉朕臣〈仁方〉在〈武〉. 夫人〈止之天〉己〈我〉先祖〈乃〉名〈乎〉興繼比呂〈米武止〉不念〈阿流方〉不在. 是以〈天〉明〈久〉淨〈岐〉心以〈天〉仕奉〈乎方〉氏氏門〈方〉絶〈多末方須〉治賜〈止〉勅御命〈乎〉諸聞食〈止〉勅. 又宣〈久〉, 仕奉狀〈爾〉隨〈天〉冠位阿氣賜治賜〈久止〉宣. 又勅, 以道鏡禪師, 爲大臣禪師. 所司宜知此狀. 職分封戶准大臣施行. 授正二位藤原朝臣豊成從一位, 從四位上和氣王, 正五位下山村王並從三位, 從五位上藤原朝臣濱足, 津連秋主並正五位下, 正四位下池上女王, 正五位上藤原朝臣百能並從三位, 無位藤原朝臣玄信從五位下. 乙卯, 授從五位下藤原朝臣藏下麻呂從三位. 丙辰, 勅, 逆人仲麻呂執政, 奏改官名. 宜復舊焉. 丁巳, 從五位上稻蜂間連仲村女, 從八位下醜麻呂等二人賜姓宿禰, 內舍人正七位下縣犬養宿禰內麻呂等十五人縣犬養大宿禰. 正六位上阿倍朝臣淨目, 美和眞人土生並授從五位下, 從五位下吉備朝臣由利, 從五位上稻蜂間宿禰仲村女並授正五位上. 以從五位下阿倍朝臣淨目爲越前介. 己未, 以正四位上文室眞人大市爲民部卿, 從四位下藤原朝臣魚名爲宮內卿, 從四位上大津宿禰大浦爲左兵衛佐, 從五位下平群朝臣虫麻呂爲能登守, 外從五位下船連腰佩爲越後介. 庚申, 授正六位上上毛野公石瀧外從五位下. 壬戌, 勅曰, 今月二十八日覽大臣禪師讓位表, 具知來意. 唯守沖虛, 確陳退讓. 然欲隆佛教, 無高位則不得服衆. 勸奬緇徒, 非顯榮, 則難令速進. 今施此位者, 豈煩禪師以俗務哉. 宜昭斯意, 卽斷來表, 所司一依前勅施行. 癸亥, 勅, 逆賊惠美仲麻呂, 爲性凶悖, 威福日久. 然猶含容冀其自悛. 而寵極勢凌. 遂窺非望, 乃以今月十一日, 起兵作逆, 掠奪鈴印, 竊立氷上鹽燒爲今皇. 造僞乾政官符, 發兵三關諸國, 奔據近江國, 亡入越前關. 官軍賁赫, 分道追討. 同月十八日, 旣斬仲麻呂幷子孫, 同惡相從氷上鹽燒, 惠美巨勢麻呂, 仲石伴, 石川氏人, 大伴古薩, 阿倍小路等, 剪除逆賊, 天人同慶. 宜布告遐邇, 咸令聞知. 又勅曰, 逆臣仲麻呂奏右大臣藤原朝臣豊成不忠. 故卽左降. 今旣知讒詐. 復其官位. 宜先日所下勅書官符等類悉皆燒却. 是日, 充八幡大神戶二十五烟. 以陸奥守從四位下田中朝臣多太麻呂爲兼鎭守將軍.

冬十月乙丑, 廢放鷹司置放生司. 丙寅, 授從四位下藤原朝臣宿奈麻呂正四位上, 從五位上石上朝臣宅嗣正五位上. 以正五位上石上朝臣宅嗣爲常陸守, 從五位下三川王爲信濃守, 從五位上佐伯宿禰美濃麻呂爲出羽員外守, 正四位上藤原朝臣宿奈麻呂爲大宰帥, 從五位下采女朝臣淨庭爲少貳. 己巳, 以從四位下藤原朝臣楓麻呂爲美濃守. 庚午, 詔加賜親王大臣之胤, 及預討逆徒諸氏人等位階. 無位諱〈今上〉, 矢口王, 三關王, 大宅王, 若江王, 當麻王, 坂上王並授從五位下. 正五位下藤原朝臣濱足從四位下,從五位上縣犬養宿禰古麻呂, 小野朝臣竹良並正五位下, 從五位下佐伯宿禰伊太智從五位上, 外從五位下葛井連立足, 漆部直伊波, 正六位上守山眞人綿麻呂, 海上眞人淨水, 岸田朝臣繼手, 大伴宿禰形見, 八多朝臣百嶋, 宇治眞人宇治麻呂, 忌部宿禰比良夫, 三野眞人馬甘, 安曇宿禰三國, 紀朝臣鯖麻呂, 久米朝臣子虫, 百濟朝臣益人, 山田三井宿禰廣人, 笠朝臣道引, 佐伯宿禰久良麻呂, 巨勢朝臣津麻呂, 多治比眞人小耳, 高向朝臣家主, 中臣朝臣常, 佐伯宿禰眞守, 阿倍朝臣淨成, 賀茂朝臣大川, 石上朝臣家成, 紀朝臣廣庭, 豊野眞人奄智, 文室眞人水通, 國見眞人阿曇, 藤原朝臣乙繩, 藤原朝臣小黑麻呂, 石川朝臣永年, 若櫻部朝臣上麻呂, 弓削宿禰薩摩, 當麻眞人得足, 阿倍朝臣東人, 從六位上雀部朝臣道奥, 大伴宿禰淨麻呂, 從六位下賀茂朝臣田守, 從七位下佐伯宿禰家繼, 大初位下石村村主石楯並從五位下, 正六位上張祿滿, 漆部宿禰道麻呂, 道守臣多祁留, 土師宿禰樽, 弓削連耳高, 田部宿禰男足, 秦忌寸智麻呂, 靭負宿禰嶋麻呂, 內藏忌寸若人, 美努連奥麻呂, 中臣片岡連五百千麻呂, 矢集宿禰大唐, 秦忌寸伊波太氣, 從六位下掃部宿禰廣足, 正六位上大原連家主, 津連眞麻呂, 尾張宿禰東人, 雀部直兄子, 丈部直不破麻呂, 高志毘登若子麻呂, 建部公人上, 桑原連足床並外從五位下, 正四位上廣瀬女王, 圓方女王, 神社女王並從三位. 辛未, 授從五位下高橋朝臣廣人從五位上, 從六位上百濟王武鏡從五位下, 外從五位下日置造蓑麻呂外正五位下, 無位弓削宿禰美努久女, 乙美努久女, 刀自女並從五位下. 中務少丞正六位上大原眞人都良麻呂賜姓淨原眞人, 名淨貞. 壬申, 高野天皇遣兵部卿和氣王, 左兵衛督山村王, 外衛大將百濟王敬福等, 率兵數百圍中宮院 時帝遽而未及衣履, 使者促之, 數輩侍衛奔散無人可從, 僅與母家三兩人, 步到圖書寮西北之地. 山村王宣詔曰, 挂〈末久毛〉畏朕〈我〉天先帝〈乃〉御命以〈天〉朕〈仁〉勅〈之久〉天下〈方〉朕子伊末之〈仁〉授給事〈乎之〉云〈方〉王〈乎〉奴〈止〉成〈止毛〉奴〈乎〉王〈止〉云〈止毛〉汝〈乃〉爲〈牟末仁末爾〉假令後〈仁〉帝〈止〉立〈天〉在人〈伊〉立〈乃〉後〈爾〉汝〈乃多米仁〉無禮〈之弖〉不從奈賣〈久〉在〈牟〉人〈乎方〉帝〈乃〉位〈仁〉置〈許止方〉不得. 又君臣〈乃〉理〈仁〉從〈天〉貞〈久〉淨〈岐〉心〈乎〉以〈天〉助奉侍〈牟之〉帝〈止〉在〈己止方〉得〈止〉勅〈岐〉. 可久在御命〈乎〉朕又一二〈乃〉豎子等〈止〉侍〈天〉聞食〈天〉在, 然今帝〈止之天〉侍人〈乎〉此年己呂見〈仁〉其位〈仁毛〉不堪, 是〈乃味仁〉不在. 今聞〈仁〉仲麻呂〈止〉同心〈之天〉竊朕〈乎〉掃〈止〉謀〈家利〉. 又竊六千〈乃〉兵〈乎〉發〈之〉等等乃〈比〉又七人〈乃味之天〉關〈仁〉入〈牟止毛〉謀〈家利〉. 精兵〈乎之天〉押

〈之非天〉壞亂〈天〉罰滅〈止〉云〈家利〉. 故是以帝位〈乎方〉退賜〈天〉親王〈乃〉位賜〈天〉淡路國〈乃〉公〈止〉退賜〈止〉勅御命〈乎〉聞食〈止〉宣. 事畢, 將公及其母, 到小子門, 庸道路鞍馬騎之. 右兵衛督藤原朝臣藏下麻呂, 衛送配所, 幽于一院. 勅曰, 以淡路國賜大炊親王, 國內所有官物調庸等類, 任其所用. 但出擧官稻一依常例. 又詔曰, 船親王〈波〉九月五日〈爾〉仲麻呂〈止〉二人謀〈家良久〉書作〈弖〉朝庭〈乃〉咎計〈弖〉將進〈等〉謀〈家利〉. 又仲麻呂〈何〉家物計〈夫流爾〉書中〈爾〉仲麻呂〈等〉通〈家流〉謀〈乃〉文有. 是以親王〈乃〉名〈波〉下〈弖〉諸王〈等〉成〈弖〉隱岐國〈爾〉流賜〈布〉. 又池田親王〈波〉此夏馬多集〈天〉事謀〈止〉所聞〈支〉. 如是在事阿麻多太比所奏. 是以親王〈乃〉名〈波〉下賜〈天〉諸王〈等志弖〉土左國〈爾〉流賜〈布等〉詔大命〈乎〉聞食〈止〉宣. 以正五位上阿倍朝臣息道爲攝津大夫, 從五位下美和眞人土生爲亮, 從五位下坂本朝臣男足爲隱岐守, 從五位下藤原朝臣黑麻呂爲播磨守, 從五位下葛井連立足爲介, 從五位下佐伯宿禰助爲淡路守. 癸酉, 以從五位下紀朝臣佐婆麻呂爲和泉守. 甲戌, 勅曰, 天下諸國, 不得養鷹狗及鵜以畋獵. 又諸國進御贄雜完魚等類悉停. 又中男作物, 魚完蒜等類悉停, 以他物替充. 但神戶不在此限. 以從五位下荻田王爲丹後守, 外從五位下葛井連根主爲阿波守. 丁丑, 詔曰, 諸奉侍上中下〈乃〉人等〈乃〉念〈良末久〉. 國〈乃〉鎭〈止方〉皇太子〈乎〉置定〈天之〉心〈毛〉安〈久〉於多比〈仁〉在〈止〉常人〈乃〉念云所〈仁〉在. 然今〈乃〉間此太子〈乎〉定不賜在故〈方〉人〈乃〉能〈家武止〉念〈天〉定〈流毛〉必能〈之毛〉不在. 天〈乃〉不授所〈乎〉得〈天〉在人〈方〉受〈天毛〉全〈久〉坐物〈仁毛〉不在後〈仁〉壞. 故是以〈天〉念〈方〉人〈乃〉授〈流爾〉依〈毛〉不得. 力〈乎〉以〈天〉競〈倍伎〉物〈仁毛〉不在. 猶天〈乃〉由流〈之天〉授〈倍伎〉人〈方〉在〈良牟止〉念〈天〉定不賜〈奴仁己曾阿禮〉. 此天津日嗣位〈乎〉朕一〈利〉貪〈天〉後〈乃〉繼〈乎〉不定〈止仁方〉不在. 今〈之紀乃〉間〈方〉念見定〈牟仁〉天〈乃〉授賜〈方牟〉所〈方〉漸漸現〈奈武止〉念〈天奈毛〉定不賜勅御命〈乎〉諸聞食〈止〉勅. 復勅〈久〉, 人人己比岐比岐此人〈乎〉立〈天〉我功成〈止〉念〈天〉君位〈乎〉謀竊〈仁〉心〈乎〉通〈天〉人〈乎〉伊佐奈〈比〉須須〈牟己止〉莫. 己〈可衣之〉不成事〈乎〉謀〈止曾〉先祖〈乃〉門〈毛〉滅繼〈毛〉絶, 自今以後〈仁方〉明〈仁〉貞〈岐〉心〈乎〉以〈天〉可仁可久〈仁止〉念〈佐末多久〉事奈〈久之天〉教賜〈乃末仁末〉奉侍〈止〉勅御命〈乎〉諸聞食〈止〉勅. 授正六位上丈部路忌寸並倉外從五位下, 無位紀朝臣益女從五位下. 己卯, 勅曰, 朕忝臨萬邦, 軫慮一物, 昧旦思治, 夕惕兢兢. 而賊臣仲麻呂, 昏凶狂悖, 作逆逋亡. 天網高張, 咸伏誅戮. 朕念黎庶洗滌舊惡, 遷善新美. 宜大赦天下,自今月十六日昧爽已前大辟已下, 罪無輕重, 未發覺, 已發覺, 未結正, 已結正, 皆赦除之. 但仲麻呂與黨及常赦所不免者, 不在赦限. 亦頃年水旱, 荐失豊稔, 民或飢乏. 仍以軍興. 宜免天下今年租. 布告遐邇, 知朕意焉. 癸未, 以正五位下藤原朝臣田麻呂爲右中弁, 正四位下石川朝臣豊成爲大藏卿, 右大弁如故. 從五位下小野朝臣石根爲造宮大輔, 從五位下大伴宿禰伯麻呂爲左衛士佐, 正五位下藤原朝臣田麻呂爲外衛中將, 右中弁如故. 從五位下藤原朝臣小黑麻呂爲伊勢守, 正五位下津連秋主爲尾張守, 從四位下中臣伊勢朝臣老人爲參河守, 從五位下山田御井宿禰廣人爲介, 從五位上下毛野朝臣多具比爲遠江守, 從五位下眞立王爲伊豆守, 中衛少將從四位下坂上大忌寸苅田麻呂爲兼甲斐守, 授刀少將從四位下牡鹿宿禰嶋足爲兼相摸守, 從五位下文室眞人水通爲介, 衛門督從四位下弓削御淨朝臣淨人爲兼上總守, 從五位下紀朝臣廣庭爲介, 從五位下上毛野朝臣馬長爲上野守, 兵部卿從三位和氣王爲兼丹波守, 正四位下高麗朝臣福信爲但馬守, 式部大輔勅旨員外大輔授刀中將從四位下粟田朝臣道麻呂爲兼因幡守, 左兵衛佐從四位上大津宿禰大浦爲兼美作守, 從五位上中臣丸連張弓爲伊豫守. 甲申, 勅曰, 在京見禁囚徒, 大辟已下, 悉皆赦除. 但逆賊仲麻呂及淡路公, 船王, 池田王等與黨, 不在赦限. 丙戌, 外從五位下息長丹生眞人大國爲大和介. 丁亥, 授從六位上葛木宿禰大床外從五位下. 己丑, 無位嶋野王, 淨上王, 大田王, 神前王, 和王, 甲賀王, 東方王並授從五位下, 從五位下石川朝臣名足從五位上, 正六位上賀茂朝臣伊刀理麻呂, 紀朝臣古佐美, 從八位上池田朝臣眞枚並從五位下, 從六位上馬毘登國人外從五位下. 以從五位下久米朝臣子虫爲伊賀守, 從五位下縣犬養宿禰吉男爲伊豫介, 伊豫國人大初位下周敷連眞國等二十一人賜姓周敷伊佐世利宿禰. 壬辰, 正五位下百濟朝臣足人爲授刀佐, 正六位上文室眞人眞老從五位下. 以正五位下縣犬養宿禰古麻呂爲中務大輔, 從五位下石川朝臣永年爲式部少輔. 辛卯, 以外從五位下掃守宿禰廣足爲山背介, 從五位下雀部朝臣陸奥爲常陸介, 從五位下弓削宿禰薩摩爲下野員外介, 因幡掾外從五位下健部公人上等十五人賜姓朝臣. 癸巳, 勅曰, 定額及額外散位等, 輸續勞錢宜停. 自今以後, 一依令文. 是日, 詔令東海, 東山等國貢騎女.

十一月戊戌, 外從五位下益田連繩手, 李忌寸元環並授從五位下, 從五位下藤原朝臣黑麻呂爲山背守, 從五位下多治比眞人小耳爲伯耆守, 從五位下李忌寸元環爲出雲員外介, 從四位上日下部宿禰子麻呂爲播磨守. 庚子, 復祠高鴨神於大和國葛上郡, 高鴨神者法臣圓興, 其弟中衛將監從五位下賀茂朝臣田守等言, 昔大泊瀨天皇獵于葛城山, 時有老夫, 每與天皇相逐爭獲, 天皇怒之流其人於土左國. 先祖所主之神化成老夫, 爰被放逐.〈今兼前記不見此事〉. 於是, 天皇乃遣田守, 迎之令祠本處. 癸卯, 從五位下難波連奈良爲常陸員外介. 乙巳, 授從五位下石上朝臣息繼正五位下, 罷西海道節度使. 己酉, 以從五位下百濟朝臣益人爲周防守. 壬子, 以從五位下笠朝臣道引爲但馬介. 癸丑, 遣使奉幣於近江國名神社. 先是, 仲麻呂之走據近江也. 朝庭遙望禱請國神. 而莫出境內. 卽伏其誅. 所以賽宿禱也. 辛酉, 勅曰, 依令, 長上官以六考爲限. 色別加二考, 外散位以十二考成選. 因茲慶雲年中, 降恩改限. 長上官以四考爲限. 外散位以十考成選. 然頃者, 還依令條, 於事不穩. 宜自今已後依格立限. 便開進仕之途, 用慰百官之望.

十二月癸亥朔, 以從五位上石川朝臣名足爲備前守. 戊辰, 授正七位上縣犬養大宿禰內麻呂從五位下. 乙亥, 大和守正四位上坂上忌寸犬養卒. 右衛士大尉外從五位下大國之子也. 少以武才見稱, 聖武皇帝登祚, 寵之厚焉. 天平八年授外從五位下. 二十年, 至從四位下左衛士督. 勝寶八歲, 聖武皇帝崩, 以久沐恩渥, 乞守山陵. 天皇嘉之, 授正四位上, 本官如故. 九歲, 爲兼造東大寺長官, 特賜食封百戶. 寶字元年, 任播磨守, 尋遷大和守, 卒時年八十三. 庚寅, 勅曰, 朕以寡德, 君臨萬民, 善化未宣, 刑辟猶衆. 宜可大赦天下, 自天平寶字八年十二月二十八日昧爽已前大辟已下罪無輕重, 已發覺, 未發覺, 已結正, 未結正, 繫囚見徒, 强竊二盜, 咸悉赦之. 但八虐, 故殺人, 常赦所不原者, 不在赦限. 若入死者, 皆減一等. 普告遐邇, 知朕意焉. 是月, 西方有聲, 似雷非雷. 時當大隅薩摩兩國之堺, 烟雲晦冥, 奔電去來. 七日之後乃天晴. 於麑嶋信爾 村之海, 沙石自聚, 化成三嶋. 炎氣露見, 有如冶鑄之爲. 形勢相連望似四阿之屋. 爲嶋被埋者, 民家六十二區, 口八十餘人. 是年, 兵旱相仍, 米石千錢.

續日本紀卷第二十五

『속일본기』 권제26

〈天平神護 원년(765) 정월에서 12월까지〉

우대신 종2위 겸 行皇太子傅 中衛大將
신 藤原朝臣繼繩 등이 칙을 받들어 편찬하다.

高野天皇[1)]

◯ 天平神護 원년(765) 정월 계사삭(1일), (천황이) 남궁의 앞 전각에서 신년하례를 받았다.

무술(6일), 大宰大貳 종4위상 佐伯宿禰毛人이 반역의 무리[2)]에 연루되어 多褹嶋守로 좌천되었다.

기해(7일), 天平神護[3)]로 개원하였다.

(천황이) 칙을 내려(宣命體), "짐은 작은 몸으로 황공하게도 황위를 계승하였다. 덕화를 행한다는 말은 듣지 못했고, 여러 차례 사악한 일들을 보아왔다. 또 역병도 자주 일어나고 매년과 같이 곡물은 여물지 않았고 백성들의 재물은 손실되어 주거할 곳을 잃어버려서 그 모습은 깊은 수렁에 빠진 것 같았다. 賊臣 仲麻呂는 외척의 근신[4)]으로 앞의 조정에서 등용되어 직무를 맡이 잘

---

1) 稱德天皇으로 孝謙天皇의 重祚. 권제18~20에서는 존호인 寶字稱德孝謙皇帝라고 기록하고, 퇴위 후인 孝謙上皇 및 重祚 후의 稱德天皇에 대해서는 高野天皇으로 기록하고 있다. 『속일본기』에는 효겸상황이 정식으로 중조하여 稱德天皇으로 즉위했다는 기록이 없다. 다음 문장에 "忝承寶祚" 동11월 계유조에 "天皇重臨萬機"라고 하여 중임 사실을 밝히고 있지만, 여타의 천황 즉위에 보이는 즉위의례 등의 기록은 나오지 않는다. 이것은 효겸상황이 藤原仲麻呂의 난 이후 淳仁에 대신해서 사실상 집권하고 있는 상태였기 때문으로 보인다. 高野라는 명칭은 권30 寶龜 원년 8월 병오조의 "葬高野天皇於大和國添下郡佐貴鄕高野山陵"이라고 하는 지명에서 유래한 것이다.

2) 藤原仲麻呂의 반역.

3) 神護라는 말은 다음에 나오는 藤原仲麻呂의 난을 극복한 "神靈護國"에서 나왔다.

4) 稱德天皇의 모친인 광명황후의 종형제.

수행하여 새삼 의심한 바 없었다. 어떻게 사악한 반역의 마음을 품고 짐새의 독을 몰래 세상에 침투시키고 사람과 신의 마음을 분노하게 하여, 그 원망하는 마음이 하늘도 감응시키리라고는 생각이나 했겠는가. 다행히 신령이 나라를 보호하고 풍우도 우리 군세를 도와 10일이 지나지 않아 모두 주살되었다. 지금 악의 원흉은 이미 제거되었기 때문에 한 마음으로 선으로 돌아가 옛 부정을 씻고 만물과 함께 일신하고자 한다. 연호를 개원하여 天平寶字 9년을 天平神護[5] 원년으로 한다. 제국의 神祝에게는 각각 위계 1급을 올린다. 지난 9월 11일부터 18일에 이르는 사이에 직사관 및 제관사의 番上[6]으로 6위 이하의 지위에서 (仲麻呂의 정토에) 봉사한 자에게도 또한 1계를 더한다. 다만 6위 이상에게는 항례에 따라 물품을 내린다. 왕경 내의 70세 이상에게도 관위 1계를 내린다. (이상을 사실을) 원근의 지역에 포고하여 짐의 뜻을 알리도록 하라"고 하였다.

또 칙을 내리기를(宣命體), "천황의 어명으로 내리신 말씀을 모두 들으라고 분부하였나. 봉사하는 사람 중에는 출사하는 상태에 따라서 서위되는 일도 있고, 또 종군하여 봉사한 공로로 지위가 올라가는 일도 있다. 그러나 이번에 내리는 관위는 평상과는 다르다. 이와 같이 특별히 내리는 이유는, 평온한 시기에 봉사하는 일은 누구도 그렇게 할 수는 있지만, 위급할 때에 몸을 가리지 않고 곧고 밝게 깨끗한 마음으로 조정을 보위하고 봉사하는 사람이야 말로 지위를 올려 표시해야 한다고 생각한다. 이러한 까닭에 금후에는 태만하지 않고 어리석은 사람들을 가르쳐 인도하여 나아가게 하고, 또 평상보다도 더욱 힘써 봉사하도록 위계를 올려주는 것이다 라고 하신 말씀을 모두 듣도록 하라"고 하였다.

정4위상 文室眞人大市, 정4위하 高麗朝臣福信[7]에게 함께 종3위를, 정5위하

---

5) 天平 4자 연호의 네 번째. 神護는 藤原仲麻呂의 난이 신의 가호에 의해 진압되었다는 의미이다. 당시 이 난으로 孝謙天皇이 받은 충격이 얼마나 컸는지를 잘 보여주고 있다.

6) 상근 형태의 長上에 대해 비상근의 교대근무 형태를 番上이라고 하고, 分番 혹은 番上官이라고도 한다. 長上官에 비해 대우나 승진이 낮고 5위 이상으로 승진하는 것은 극히 어렵다. 각 관사의 잡역 등 하급관인으로 근무한다.

7) 권24, 天平寶字 7년(763) 춘정월조 320쪽 각주 52) 참조.

久世王에게 정5위상을, 종5위하 船井王에게 종5위상을, 종4위하 藤原朝臣魚名에게 정4위하를, 정5위상 石上朝臣宅嗣에게 종4위하를, 정5위하 藤原朝臣田麻呂·安倍朝臣毛人, 종5위상 大伴宿禰御依에게 함께 정5위상을, 종5위상 當麻眞人廣名·中臣丸連張弓에게 함께 정5위하를, 종5위하 藤原朝臣繼縄·藤原朝臣黑麻呂·大伴宿禰伯麻呂·佐伯宿禰三方·穗積朝臣小東人·榎井朝臣小祖·小野朝臣小贄, 무위 調連馬養〈본위는 종5위하〉에게 함께 종5위상을, 외정5위하 日置造蓑麻呂, 정6위상 佐伯宿禰高岳·多治比眞人長野·多治比眞人乙麻呂·中臣習宜朝臣山守·下道朝臣色夫多, 종6위하 大伴宿禰呰麻呂·弓削御淸朝臣秋麻呂·弓削宿禰牛養에게 함께 종5위하를, 외종5위하 大原連家主에게 외정5위하를, 무위 調連牛養에게 외종5위상〈본위는 외종5위하〉을, 외정6위상 鳥取部與曾布에게 외정5위하를, 무위 上村主五十公[8]〈律師 善榮의 父, 때의 나이는 84세이다.〉에게 외종5위상을, 정6위상 若湯坐宿禰子人·高尾連賀比·千代連玉足·佐佐貴山公人足·長谷部木麻呂·田部宿禰足嶋·佐太忌寸味村·民忌寸古麻呂·鳥取連大分·國覓連高足[9]·文忌寸光庭[10]·美奴連智麻呂·土師宿禰冠·秦忌寸公足·長瀨連廣足[11]·

---

8) 上村主는 『신찬성씨록』 좌경제번상, 동 섭진국제번에, 廣階連과 同祖이고, 陳思王 植의 후손이라고 나온다. 陳思王 植은 중국 삼국시대 魏 태조인 무제의 아들이고 이름은 曹植이다. 중국계로 되어 있는 이 계보는 후의 개변일 가능성이 있고, 백제계 씨족으로 보인다. 이해 윤10월에 외종5위상에 서위되었다. 神護景雲 원년 8월에 讚岐員外介에 임명되었고, 동 2년 10월에 종5위하로 승진되었으며, 동 3년 8월에 上連의 성을 받았다.

9) 國覓連은 新日本古典文學大系本에는 國看連으로 표기되어 있다. 神龜 원년 5월 신미조의 도래계 씨족에 대한 사성기사 중에 종6위상 金宅良, 金元吉에게 國看連의 성을 내렸다는 내용에서 보듯 신라계 도래씨족임을 알 수 있다.

10) 여기에만 보이는 인물이다. 文忌寸은 백제계 씨족인 東漢氏[倭漢氏]계의 文直[書直]과 西文氏계의 西文[西書]首가 있다. 天武 12년에 連, 天武 14년에 忌寸으로 개성하였다. 『속일본기』 延曆 4년 6월 계유조에 후예씨족인 坂上苅田麻呂의 씨족 출자의 유래 및 높은 씨성으로의 개성을 청원하는 상표문이 나온다. 『新撰姓氏錄』 우경제번에 坂上大宿禰와 同祖이고 都賀直의 후손이라고 주장하는 文忌寸과 동 좌경제번의 文宿禰와 同祖이고 宇爾古首의 후손이라고 주장하는 文忌寸이 있다.

11) 天平寶字 2년(758) 6월에 狛廣足, 狛淨成 등 일족과 함께 狛連으로부터 長背連[長瀨連]으로 개성한 고구려계 씨족이다. 『신찬성씨록』 우경제번하에, "長背連은 高麗國主 鄒牟〈일명 朱蒙이다.〉의 후손이다. 天國排開廣庭天皇〈시호는 欽明이다.〉의 시대에 무리를 이끌고 투화하였다. 얼굴이 잘생기고 몸이 장대하고 키가 커서 長背王이라는 이름을 내렸다"라는 시조전승이 나온다. 天平寶字 2년에 長瀨連廣足은 少初位上 秦常陸을 經師로서 공진하였다. 藤原仲麻呂의 난에 공로가 있는 것 같고, 天平神護 원년(765)에

維成潤[12]·香山連賀是麻呂·百濟安宿公奈登麻呂[13]·金刺舍人八麻呂, 정7위상 葛井連河守,[14] 정6위상 檜前舍人直建麻呂·葛井連道依[15]에게 함께 외종5위하를 내렸다.

정3위 諱,[16] 종3위 和氣王·山村王, 정3위 藤原朝臣永手·藤原朝臣眞楯, 종3위 吉備朝臣眞備·藤原朝臣藏下麻呂, 종4위상 日下部宿禰子麻呂, 종4위하 佐伯宿禰伊多智·坂上大忌寸苅田麻呂[17]·牡鹿宿禰嶋足에게 함께 훈2등을, 종4위하 藤原朝臣繩麻呂·粟田朝臣道麻呂·弓削御淸朝臣淨人에게 함께 훈3등을, 정4위하 中臣朝臣淸麻呂, 종4위하 藤原朝臣濱足·藤原朝臣楓麻呂·高丘連比良麻呂,[18] 정5위하 小野朝臣竹良, 종5위하 石村村主石楯에게 함께 훈4등을, 종4위하 安倍朝臣彌夫人에게 훈5등을, 종5위하 坂上王, 정5위상 阿倍朝臣息道, 정5위하 津連秋主,[19]

외종5위하로 승서되고, 寶龜 7년(776)에는 園池正이 된 후 다시 西市正으로 전임되었다.

12) 여기에만 보이는 인물이다. 維가 씨명이고 成潤이 이름인데, 일본의 씨명에는 없고, 도래계 씨족의 인명으로 생각된다. 延曆 5년 4월에 長井忌寸의 성을 받은 維敬宗과는 동족으로 보인다.

13) 百濟安宿公은 河內國 安宿郡에 거주하는 백제계 도래씨족. 이 씨족은 安宿公, 飛鳥戶造, 安宿戶造라고도 한다. 東大寺 寫經所 經師로 安宿公廣成 등의 인명이 나온다. 百濟安宿公奈登麿에 대해서는, 『만엽집』(4472, 4473)에 天平勝寶 8세 11월 8일에 讚岐守 安宿王 등이 出雲掾 安宿奈杼麿의 집에 모여 베푼 연회에서 지은 단가가 남아 있다.

14) 葛井連은 백제계 王辰爾의 일족으로 씨성은 養老 4년(720)에 白猪史에서 葛井連으로 개성하였다. 葛井連河守의 관력을 보면, 右衛士少尉, 伊賀守, 遠江介, 木工助를 역임하고 寶龜 11년에는 외종5위하 參河介가 되었다.

15) 天平神護 원년(765)에 藤原仲麻呂의 난 때 세운 공로로 종5위하에 서위되고, 동 2년에 종5위하, 이어서 종5위상으로 승진되고, 神護景雲 3년(769)에는 정5위하에 오른다. 관력을 보면, 勅旨少丞, 近江員外介, 勅旨大丞, 法王宮大進, 勅旨員外少輔, 同少輔, 內匠頭, 右兵衛佐, 中衛少將, 甲斐守, 中宮亮, 越後守를 역임하였다. 延曆 10년 개성을 청원하여 葛井連道依道 등 일족 8인이 宿禰 성을 사성받았다.

16) 白壁王. 후의 光仁天皇. 천황의 실명을 거론하지 않는 忌諱 기사.

17) 坂上氏는 백제계 東漢氏의 阿知使主를 시조로 하는 도래씨족의 후예이다. 이 씨족은 대대로 궁마의 도를 세습한 무예에 능한 일족으로 조정 경비 등을 담당하였다. 판상씨는 寶龜 3년 5월에 상표하여 자신의 선조가 高市郡에 많이 거주하고 있다고 하면서 일족을 郡司로 임명해줄 것을 청원하였고, 延曆 4년(785) 6월에는 後漢 영제의 자손이라는 출자를 밝히고 개성을 청원하여 일족 11姓 16명이 忌寸에서 宿禰의 성으로 개성하였다. 후에 백제계에서 중국계로 출자를 개변하였다. 坂上大忌寸苅田麻呂는 天平寶字 연간에 授刀少尉, 동 8년에 종4위하로 忌寸에서 大忌寸으로 개성하였다. 神護景雲 4년(770)에 정4위하, 陸奧鎭守將軍이 되고, 寶龜 2년(771)에 中衛中將 겸 安藝守, 天應 원년(78)에 정4위상 右衛士督, 延曆 3년(784)에 伊予守 겸 備前守가 되었다.

18) 권23, 天平寶字 5년(761) 춘정월조 287쪽 각주 47) 참조.

종5위상 石川朝臣垣守, 종5위하 漆部直伊波, 외종5위하 金刺舍人八麻呂, 종6위상 藤野別眞人淸麻呂에게 함께 훈6등을 내렸다.

무위 櫻井女王·淨原女王·高向女王·小垂水女王·高岡女王에게 함께 종5위하를, 정5위하 藤原朝臣乙刀自·竹宿禰乙女에게 함께 종4위하를, 정5위하 當麻眞人比礼·大野朝臣仲智·安倍朝臣都與利·多可連淨日·熊野直廣濱, 종5위하 古仁虫名에게 함께 정5위상을, 종5위하 石川朝臣奈保에게 정5위하를, 종5위하 錦部連河內[20]·大神朝臣伊毛·忌部毘登隅·橘宿禰眞束·縣犬養大宿禰姉女에게 함께 종5위상을, 외종5위상 葦屋村主刀自女[21]·長谷部公眞子·壬生連子家主女, 종7위하 藤野別眞人虫女, 무위 藤原朝臣伊久治, 정6위하 息長眞人廣庭·巨勢朝臣魚女, 종6위하 大宅朝臣宅女, 정7위상 三始朝臣奴可女, 정6위상 李小娘,[22] 무위 巨勢朝臣宮人, 무위 私朝臣長女, 종6위하 若櫻部朝臣伊毛에게 함께 종5위하를, 정7위상 丈部細目, 종6위하 久須原部連淨日, 종7위하 山田御井宿禰公足, 종6위하 私家原·草鹿酒人宿禰水女·桑原毘登宅持·水海連淨成,[23] 종7위상 許平等[24]·賀陽臣小玉女·桑原連嶋主, 종7위하 田邊公吉女에게 함께 외종5위하를 내렸다.

종3위 池上女王에게 훈2등을, 종5위상 紀朝臣益女에게 훈3등을, 종4위하 竹宿禰乙女, 정6위상 吉備朝臣由利·稻蜂間宿禰仲村女·大野朝臣仲智·安倍朝臣都與利, 종5위하 藤原朝臣玄信에게 함께 훈4등을, 종5위하 壬生直小家主女에게 훈5등을, 종5위하 藤野別眞人廣虫女·巨勢朝臣魚女, 외종5위하 賀陽臣小玉女·桑原連嶋主·草鹿酒人宿禰水女·田邊公吉女에게 훈6등을 내렸다. 이날, 5위 이상에

---

19) 권22, 天平寶字 3년(759) 11월조 259쪽 각주 75) 참조.

20) 河內國을 본거로 하는 백제계 도래씨족의 후예.

21) 『신찬성씨록』 和泉國諸蕃에 葦屋村主는 백제의 意寶荷羅支王으로부터 나왔다고 되어 있다. 村主는 고대 한국의 족장을 의미하는 호칭인 촌주에서 유래한 것으로 추정된다. 위옥촌주 일족으로는 天平 7년(735) 天平七年山背國綴喜郡計帳(『大日本古文書』 1-648)에 기재된 외손녀 葦屋村主寸淨賣 등이 확인된다. 意寶荷羅支王의 意寶荷羅는 『일본서기』 垂仁紀 2년 시세조에 보이는 국명 意富加羅와 관련이 있다고 보인다. 『삼국유사』 「가락국기」에 大駕洛이라고 기록하고 있듯이 김해의 금관국에 해당한다.

22) 중국계 唐人의 도래씨족으로 보인다.

23) 天平神護 2년 2월에 命婦 水海毗登淸成 등 5인에게 水海連의 성을 내렸다. 『신찬성씨록』 河內諸蕃에 水海連은 백제국인 努理使主로부터 나왔다는 출자를 기록하고 있다.

24) 許氏는 백제계 도래씨족의 후예. 『일본서기』 天智 10년 정월조에 백제 망명인에게 내린 관위 수여에서 오경에 밝은 小山下의 관위를 받은 許率母가 나온다. 아마도 이 인물의 후예일 가능성이 있다.

게 연회를 베풀고 차등있게 녹을 각각 지급하였다.

경자(8일), 칙을 내려, (藤原仲麻呂 토벌에) 관군이 통과한 近江國 高嶋郡의 조, 용을 2년간 면제하였고, 滋賀, 淺井 2군에는 각각 1년씩 면제하였다. 아울러 (반란측으로부터) 관에서 몰수한 물자는 헤아려 진휼하는 데 사용하였다.

2월 계해(2일), 종4위하 弓削御淨朝臣淨人에게 종4위상을, 정6위상 吉彌侯根麻呂에게 외종5위하를 내렸다.

갑자(3일), 大和國 添下郡 사람 左大舍人 대초위하 縣主石前에게 添縣主의 성을 내렸다. 授刀衛를 고쳐서 近衛府[25]로 하고, 관원의 구성은 대장 1인으로 정3위 관으로 하고, 중장 1인으로 종4위 관으로 하고, 소장 1인으로 정5위하 관으로 한다. 將監은 4인으로 종6위상 관으로 하였다. 또 外衛府 관원을 정하여, 대장 1인으로 종4위상 관으로 하고, 중장 1인으로 정5위상 관으로 하고, 소장 1인으로 종5위상 관으로 하고, 將監은 4인으로 종6위상 관으로 하고, 將曹는 4인으로 종7위하 관으로 한다. 또 처음으로 內廐寮를 설치하고, 頭 1인으로 종5위상 관으로 하고, 助 1인으로 정6위하 관으로 하고, 大允 1인으로 정7위하 관으로 하고, 少允 1인으로 종7위상 관으로 하고, 大屬 1인으로 종8위상 관으로 하고, 少屬 1인으로 종8위하 관으로 하였다.

을축(4일), 和泉, 山背, 石見, 美作, 紀伊, 讚岐, 淡路, 壹岐, 多褹 등의 국에 기근이 생겨 함께 구휼하였다. 이날, 적과 서로 싸우고 내리를 호위한 檜前忌寸[26] 236인, 북문을 지킨 秦忌寸 31인에게 각각 작위 1급을 승서하였다.

병인(5일), 종4위하 牡鹿宿禰嶋足을 近衛員外中將으로 삼고, 종5위하 弓削宿禰牛養을 少將으로 삼고, 정5위상 藤原朝臣田麻呂를 外衛大將으로 삼고, 종5위하 豊野眞人篠原을 中將으로 삼고, 종5위상 佐伯宿禰三野를 右衛士佐로 삼고, 大宰少貳 종5위하 紀朝臣廣純을 薩摩守로 좌천시켰다.

---

25) 中衛府, 外衛府와 함께 율령제 五衛府의 상위에 위치.

26) 大和國 高市郡을 중심으로 세력을 펼친 백제계 東漢氏의 일족. 7세기까지 坂上, 書, 民, 池辺, 荒田井 등 많은 지족으로 분파되었다. 天武朝 8색의 성에서 忌寸으로 개성하고 坂上氏를 중심으로 많은 관인을 배출하였으며, 宿禰, 大宿禰를 성을 받은 씨도 나왔다. 재지에서는 주로 檜前忌寸으로 총칭되었다. 高市郡內 타성은 10 중에 1, 2밖에 안 된다고 하여 집단정주성이 강한 씨족이다. 檜前寺를 氏寺로 하고 高市郡의 郡司를 역임하는 등 세력을 유지하였다.

기사(8일), 종3위 藤原朝臣藏下麻呂를 近衛大將으로 삼고, 종4위하 石上朝臣宅嗣를 中衛中將으로 삼고, 常陸守는 종전대로 하였다. 종5위상 藤原朝臣黑麻呂를 左兵衛佐로 삼고, 종5위하 弓削御淨朝臣秋麻呂를 右兵衛佐로 삼고, 종5위상 阿倍朝臣息道를 左衛士督으로 삼고, 종5위상 小野朝臣小贄를 右衛士督으로 삼고, 외종5위하 葛井連河守를 少尉로 삼고, 종3위 山村王을 大和守로 삼았다.

신미(10일), 攝津職 嶋下郡 사람 右大舍人 采女臣家麻呂, 采女司 采部 采女臣家足 등 4인에게 朝臣의 성을 내렸다.

을해(14일), (천황은) 淡路國守 종5위하 佐伯宿禰助에게 칙을 내려, "풍문에 의하면, 淡路國에 유배된 죄인은 이미 도망갔다고 한다. 그것이 사실이라고 하면, 무슨 까닭으로 주상하지 않았는가. 그대는 짐의 마음에 선택되어 (그 지역에) 가서 그의 일상의 동정을 감독하고, 반드시 조속히 주상하도록 한다. 또 듣는 바에 의하면, 많은 사람들이 상인을 사칭하여 그 지역에 들어간다고 하는데,[27] 국사가 규찰하지 않으면 마침내 무리를 이루게 된다. 지금 이후로는 일체 금지한다"라고 하였다.

병자(15일), 相摸, 下野, 伊豫, 隱伎 등의 국에 기근이 일어나 진휼하였다.

신사(20일), 종6위하 津守宿禰眞前에게 외종5위하를 내렸다.

경인(29일), 左右京에 각각 벼 2천석을 동서의 市에 매각하였는데, 가격은 벼 1두에 1백전이었다.

신묘(30일), 安房國 平群郡 사람 壬生美與曾, 廣主 2인에게 平群壬生朝臣의 성을 내렸다.

이달, 京師에 쌀값이 폭등하여 서해도 제국에 명하여 사재 쌀을 자유로이 배로 (왕경에) 운송하도록 하였다.

3월 계사(2일), 칙을 내려, "근년에 가뭄이 발생하여 곡물이 여물지 않는 해가 계속되고 있다. 짐은 이를 생각하면, 매우 걱정되어 마음이 아프다. 작년에 흉작이었던 국은 금년에는 풍작이라면 처음으로 조세를 징수하도록 한다. 만약 금년에도 흉작이라면 가을 추수 때까지 기다려 처분하도록 한다. 備前, 備中, 備後 3국은 다년간 가뭄이 계속되어 매우 황폐해져 있다. 이로

27) 폐위된 淳仁天皇이 유배되어 있던 淡路國에서 그를 지지하는 세력이 은밀히 정치적 모의를 하고 있다는 정황을 말한다.

인해 차입한 정세의 도곡은 납입할 수가 없다.[28] 天平寶字 8년(764) 이전에 官稻의 미납분은 모두 면제하도록 한다. 伯耆國에 기근이 들어 진휼하였다. 近江國 坂田郡 사람 粟田臣乙瀨, 眞瀨, 斐太人, 池守 등 4인에게 朝臣의 성을 내렸다. 좌경인 산위 대초위하 尾張須受岐, 周防國 佐波郡 사람 尾張豊國 등 2인에게 尾張益城宿禰의 성을 내렸다.

을미(4일), 參河, 下總, 常陸, 上野, 下野 등 5국에 가뭄이 들어, 조를 내려 금년도 調, 庸의 10분의 7, 8을 면제하였다.

병신(5일), 칙을 내려, "지금 듣는 바로는, 간전은 天平 15년 格에 의해, '지금 이후로는 임의로 사유재산으로 하고, 3세에 걸쳐 상속한다는 규정을 논하지 말고 모두 다 영구히 (조세를) 거두어서는 안 된다'라고 하였다. 이로 인해 천하의 많은 사람들이 다투어 간전을 하게 되었는데, 세력가의 집안에서는 백성들을 사역시켜 빈궁한 사람들은 스스로 생존할 여유도 없어졌다. 지금 이후로는 일체 금지하고, 더 이상 개간하지 않도록 한다. 다만 사원이 이미 토지를 징해서 개간을 진행 중인 경우에는 금지조항에 포함되지 않는다. 또 해당 지역의 백성이 1, 2정을 개간하는 경우에는 이를 허락한다"라고 하였다.

또 조를 내려, "제왕과 제신 중에서 곧고 깨끗한 마음을 가진 자는 자택에 무기를 보관해 두어서는 안 된다. 그 소유하고 있는 무기는 관에 바치도록 한다. 또 伊勢, 美濃, 越前은 關所를 지키는 국이다. 따라서 그 關國의 백성 및 그 외의 국에서 유력한 사람은 王臣의 資人으로 채용해서는 안 된다. 만약 위칙이 있으면 국사는 資人과 함께 동일한 위칙죄로 처벌한다"라고 하였다.

또 조를 내려(宣命體), "천하의 정치는 천황의 칙에 의한 것인데, (사람들이) 자신의 욕망대로 태자를 세우려고 생각하지만, (이를 통해) 공을 추구하는 것이 아니다. 이 (황태자의) 위는 천지가 정해놓고 주는 것이다. 그런 까닭에 짐도 천지가 분명하게 영묘한 징후를 보여주는 사람이 나타나는 것이라고 생각한다. (그때까지) 잠시 동안 밝고 깨끗한 마음으로 남에게 유혹받는

---

28) 正稅의 出擧 원금인 本稻와 이자인 利稻.

일이 없이, 남을 유혹하는 일도 하지 않고 각자 밝고 깨끗한 마음으로 봉사하라고 하신 말씀을 모두 들으라고 하였다.

또 어떤 사람은 淡路에 있는 사람을 데리고 와서 다시 帝로 세워 천하를 통치하려고 하는 사람도 있다고 생각한다. 그러나 그 사람은 천지가 좋다고 인정해서 위를 수여한 사람이 아니다. 어떻게 그것을 알 수 있는가 하면, 뜻이 우둔하고 심지가 좋지 않아 천하를 다스리는 데 족하지 않다. 그뿐 아니라 나쁜 반역자 仲末呂와 마음을 같이하여 조정을 동요시키고 전도시키려는 음모를 꾸민 인물이기 때문이다. 어떻게 이러한 사람을 다시 세우려고 생각하는가. 지금 이후로는 이와 같은 일을 모의하는 것을 중지하라고 하신 대명을 모두 듣도록 하라"고 하였다.

경자(9일), 伊賀國, 出雲國에 기근이 들어 구휼하였다.

신축(10일), 종3위 和氣王에게 功田 50정, 종4위상 大津宿禰大浦에게 15정을 내렸다. 좌우경에 기근이 들어 구휼하였다. 大宰大貳 종4위하 佐伯宿禰今毛人을 築怡土城專知官[29]으로 삼았다. (大宰)少貳 종5위하 采女朝臣淨庭을 水城을 수리하는 專知官으로 삼았다.

갑진(13일), 備前國 藤野郡 사람 정6위하 藤野別眞人廣虫女, 右兵衛 少尉 종6위상 藤野別眞人淸麻呂 등 3인에게 吉備藤野和氣眞人의 성을 내리고, 藤野郡 대령 藤野別公子麻呂 등 12인에게 吉備藤野別宿禰의 성을 내리고, 近衛 종8위하 別公薗守 등 9인에게 吉備石成別宿禰의 성을 내렸다. 上野國에 기근이 들어 구휼하였다.

정미(16일), 종6위하 多朝臣犬養에게 종5위하를 내렸다. 尾張, 參河, 播磨, 石見, 紀伊, 阿波 등 제국에 기근이 들어 구휼하였다. 越前國 足羽郡 사람 종5위하 益田繩手에게 益田連의 성을 내리고, 외종5위하 吉彌侯根麻呂 등 4인에게 下毛野公을, 외종5위하 葛木毘登大床 등 7인에게 葛木宿禰의 성을 내렸다.

하4월 을축(4일), 종6위상 紀朝臣益麻呂에게 종5위하를 내렸다. 美濃, 越中,

29) 怡土城 조영의 專知官. 天平勝寶 8년(756) 6월 22일에 大宰大貳 吉備眞備가 이 토성의 조영을 전담했다고 전한다. 佐伯宿禰今毛人도 大宰大貳 직에 있으면서 그 일을 계승한 것이다.

能登 등 제국에 기근이 들어 구휼하였다.

계유(12일), 좌경인 종7위하 手人造石勝에게 雄儀連의 성을 내렸다.

갑술(13일), 常陸, 武藏 2국에 기근이 들어 구휼하였다.

병자(15일), 우대신 종1위 藤原朝臣豊成 등이 상표하여 아뢰기를, "신 등의 증조인 大織冠 내대신[30]은 의로운 길을 걷고 충심으로 몸을 바쳐 국가에 봉사해 왔다. 황조는 유례없는 공훈에 대해 무궁한 은상을 내렸다.[31] 뒤를 이은 아들 정1위 태정대신[32]은 명확하게 충성의 진심을 말하고 상표하여 고사하였다. (이에 대해서) 천조는 바로 2천호를 나누어 자손에게 상속하기로 하였다. 신들은 누대에 걸쳐 가문이 오래도록 영달과 은총을 받고 있다. 그런데 역적 仲麻呂가 최근 신의 일족으로부터 나와 흉악을 극에 달하고 반역을 자행하였다. 이와 같이 심할지 어찌 생각이나 했겠는가. 지금 신들은 흉악한 역적의 죄인의 일족이면서, 여전히 충성을 다한 (선조가 받은) 봉록의 덕을 보고 있다. 무슨 면목으로 각별한 후의를 함부로 받을 수 있겠는가. 삼가 바라건대, 선대에 받은 공봉을 반납하여 조금이라도 천하의 질책을 누그러뜨리고 싶다. 황공하기 이를 데가 없어 상표문을 바쳐 주상하는 바이다"라고 하였다.[33] (천황은) 조를 내려 이를 허락하였다.

정축(16일), 좌우경 곡물 각각 1천석을 동서의 시에 매각하였다. 미가가 폭등했기 때문이다.[34]

계미(22일), 駿河國에 기근이 들어 구휼하였다.

정해(26일), 좌경인 外衛將監 종5위하 石村村主石楯 등 3인, 參河國 碧海郡 사람 종8위상 石村村主押繩 등 9인에게 坂上忌寸의 성을 내렸다.

무자(27일), 丹波國에 기근이 들어 진휼하였다.

---

30) 藤原鎌足.

31) 慶雲 4년(706) 4월 藤原不比等에 대해 父 藤原鎌足의 공으로 식봉 5천호를 받아 영구히 상속하라고 한 사실을 말한다.

32) 藤原不比等.

33) 이때 반납된 식봉은 寶龜 원년(770) 12월에 다시 藤原氏에게 지급되었다. 『日本後紀』 弘仁 6년(815) 6월 병인조에 藤原園人의 상표에는, "天平神護元年, 從一位右大臣抗表奉返, 寶龜 元年勅更還賜"라고 기록되어 있다.

34) 왕경인에 대한 구제조치로 관에서 보유하고 있던 곡물을 싼 가격에 시장에 판매하여 백성들이 저가에 구매하도록 한 것이다.

5월 정유(7일), 외종8위상 敦賀直嶋麻呂에게 외종5위하를 내렸다. (藤原仲麻呂의 난에) 관군을 도왔기 때문이다.

경술(20일), 播磨守 종4위상 日下部宿禰子麻呂 등이 주상하기를, "관할 하의 賀古郡 사람 외종7위하 馬養造人上이 상신해서 아뢰기를, '(馬養造)人上의 선조 吉備都彦의 후예인 上道臣의 일족인 息長借鎌은 難波高津朝庭[35]에서 播磨國 賀古郡의 印南野에 살고 있었다. 그 6세손인 牟射志는 上宮太子[36]에게 봉사하며 馬司[37]에 근무하고 있었다. 이로 인해 경오년[38] 호적을 작성한 날에, 잘못하여 馬養造[39]로 편입되었다. 삼가 바라건대, 거주지의 명을 취하여 印南野臣의 성을 받고자 한다'라고 하였다. 국사가 재심사해보니, 상신한 것이 사실이다"라고 하였다. 이를 허락하였다.

병진(26일), 좌우경 벼 각각 1,000석을 빈민에게 (저가로) 매각하였다.

6월 신유삭(1일), 備中國 賀陽郡 사람 외종5위하 賀陽臣小玉女 등 12인에게 朝臣의 성을 내렸다. 甲斐國에 기근이 들어 구휼하였다.

병인(6일), 좌경인 大原眞人魚福 등 2인에게 波登理眞人의 성을 내렸다.

무진(8일), 備後國에 기근이 들어 구휼하였다.

기사(9일), 山背國 宇治郡 少領 외종5위하 笠臣氣多麻呂에게 朝臣의 성을 내렸다.

경오(10일), 좌우경의 벼 각각 1,000석, 大膳職 소금 100석을 빈민에게 (저가로) 매각하였다.

계유(13일), 칙을 내려, "천하 제국의 郡司로 6위 이상 및 (無位인) 백정에 이르기까지 쌀 300석을 매각한다면 관위 1계를 올려주고, 200석을 더할 때마다 1계씩 올린다. 또 비단 600필, 명주실 1,600근, 調庸의 목면 6천둔, 調의 삼베 1,200단, 商布[40] 3,500단을 매각하면 역시 상기에 준하여 위계를

35) 仁德朝.
36) 推古朝의 聖德太子.
37) 궁정의 말을 관리하는 관인. 『일본서기』 推古 元年 6월조에 馬官이라는 관명이 보인다.
38) 天智 9년(670)의 호적. 庚寅年籍. 이때의 호적이 기준이 되어 후의 씨성의 옳고 그름을 판단하게 된다.
39) 馬養造는 馬飼部의 伴造로 倭馬飼造, 河內馬飼造 등이 있었다. 播磨의 馬飼는 초견.
40) 調, 庸 이외의 교역용 삼베.

내린다. 또 제관사의 6위 이하 잡임 이상인 자는 쌀 200석 매각에 1계를 서위하고, 150석을 추가할 때마다 1계를 서위한다. 그 외의 물품도 또한 여기에 준한다. 이상은 모두 7월 29일 기한으로 하고, 동서의 시에 매각한다. 다만 5위 이상 및 정6위상은 별도로 그 이름을 주상한다"라고 하였다.

추7월 무술(8일), 우경인 內匠寮 史生 정8위상 息長連淸繼에게 眞人의 성을 내렸다.

갑진(14일), 좌경인 甲斐國의 員外目 丸部臣宗人 등 2인에게 宿禰의 성을 내렸다. 좌우경 벼 3,300석을 제관사의 관인에게 매각하였다.

경술(20일), 종4위하 藤原朝臣楓麻呂를 우병위독으로 삼았다.

8월 경신삭(1일), 종3위 和氣王이 모반죄에 연루되어 주살되었다.

(천황은) 조를 내려, "지금 和氣에게 칙을 내려, 앞서 橘奈良麻呂 등이 모반을 일으킬 때에는 (藤原)仲麻呂는 충신으로 근시하고 있었다. 그러나 후에 역심을 품고 흔들어 전도시키려고 병기를 준비하고 있을 때에 화기는 이를 상신하였다. 이에 따라 관위를 승진시켰다. 이와 같았는데, 仲麻呂도 화기도 뒤에는 역시 반역의 마음을 품고 있었다. 또 그의 선조의 영령에 기원하는 문서를 보면, (거기에서) 말하기를, '자신의 마음에 생각하여 구하는 바를 이룬다면,[41] 존경하는 선조의 자손으로 먼 지역으로 유배되어 있는 분들을,[42] 평성의 都로 불러들여서 (천황의) 신하로 삼을 것이다'라고 하였다. 또 '자신이 원한을 품은 남녀 2인[43]이 있다. 이들을 죽여달라'라고 하였다. 이 문서를 보면, (和氣에게) 모반의 마음이 있는 것은 명확하게 보인다. 이에 법대로 처분하도록 한다"라고 하였다.

和氣는 1품 舍人親王의 손이고, 정3위 御原王의 자이다. 天平勝寶 7세에 岡眞人의 성을 받고 因幡掾에 임명되었다. 寶字 3년(759) 舍人親王을 추존하여 崇道盡敬皇帝라고 하였다.[44] 이에 이르러 황족의 적을 회복하여 종4위하를

---

41) 자신이 천황의 위에 오른다는 것을 말한다.

42) 유형에 처해진 舍人親王의 자손들을 왕경으로 불러 관직에 복귀시킨다는 것. 藤原仲麻呂의 난으로 天平寶字 8년 10월 사인친왕의 아들인 船王은 隱岐에, 池田王은 土左에 유배되었고, 寶龜 2년 7월 을미조에 의하면, 船王의 아들 葦田王, 孫 他田王, 津守王, 豊浦王, 宮子王도 天平寶字 8년 丹後國으로 유배되었다.

43) 稱德[孝謙]天皇과 道鏡.

받았다. (寶字) 8년에 참의 종3위 병부경에 이르고 때에 황통의 후사가 없어, 아직 황태자를 정하지 못하였다. 그런데 紀朝臣益女는 무속에 뛰어나 和氣의 총애를 얻고 있었는데, 심중에 은밀히 황위를 엿보면서 후한 폐물을 보내고 있었다. 참의 종4위하 近衛員外中將 겸 勅旨員外大輔 式部大輔 因幡守 粟田朝臣道麻呂, 병부대보 겸 美作守 종4위상 大津宿禰大浦, 式部員外少輔 종5위하 石川朝臣永年 등은 和氣와 좋은 사이로 자주 그 집에 가서 식사를 하였다. 道麻呂는 때에 화기와 더불어 밀담을 나눈 일이 있다. 그런데 道麻呂가 찬 칼이 문에 끼어 부러졌다. 화기는 즉시 장식칼을 보냈다. 이에 사람들은 의심하게 되고 자못 그 일이 세상에 누설되었다. 화기는 이 사실을 알고 그날 밤에 도망가 숨었다. (조정에서는) 率河社 안을 수색하여 체포한 후 伊豆國으로 유배보냈다. (도중에) 山背國 相樂郡에 이르렀을 때, 교수하여 狛野에 묻었다. 또 (紀朝臣)益女는 綴喜郡 松井村에서 교수하였다.

이날, 또 (천황이) 조를 내려(宣命體), "粟田道麻呂, 大津大浦, 石川長年 등에게 명하기를, 짐의 스승인 大臣禪師가 말하기를, '어리석은 자들은 사리분별도 없이 남이 부당하고 무례하다고 책망하는 줄도 모르고 악우에 이끌리고 있다'라고 하였다. 이런 까닭에 이 자들도 이와 같이 반역의 나쁜 마음을 일으키고 있었던 것은 이미 명백하게 알고 있다. 이에 따라 도리로서 법에 정한 바에 따라 처벌해야 한다. 그러나 이때 道鏡이 은혜를 베풀어 미혹된 마음을 교도하여 바르고 깨끗한 마음으로 조정의 신하로서 봉사시키라'고 했기 때문에 너희들의 죄는 용서한다. 다만 관직은 해임하고 산위로서 봉사하도록 하라고 하신 말씀을 들으라고 분부하였다. 또 말씀하기를, '금후에는 작은 과오라도 있는 사람에게 이끌렸다는 말을 듣게 된다면, 반드시 법대로 처벌하고 추방할 것이다'라고 하신 말씀을 듣도록 하라"고 하였다.

10여 일 만에 道麻呂를 飛驒員外介로 삼고, (道麻呂에게) 원한을 품고 있던 종4위하 上道朝臣斐太都를 飛驒守로 삼았다. 斐太都는 임지에 도착하자 즉시 道麻呂 부부를 담장이 있는 관사에 유폐시키고 외부와의 연락을 차단하였다. 수개월이 지나자 모두 그 안에서 죽었다. 종4위상 大津連大浦를 日向守로

---

44) 天平寶字 3년 6월 16일조.

삼았고, 그 위봉은 박탈하였다. 종5위하 石川朝臣永年을 隱岐員外介로 삼았는데, 임지에 도착하여 수년이 지나 목을 매어 자살하였다.

임오(23일),[45] 정4위하 石川朝臣豊成을 大宰帥로 삼았다.

갑신(25일), 讚岐國 사람 외대초위하 日置毘登乙虫이 1백만 전을 헌상하여 외종5위하를 내렸다.

9월 임진(3일), 정4위하 石川朝臣豊成에게 종3위를 내렸다.

정유(8일), 다시 신전을 주조하였다. 명칭은 神功開寶[46]라고 하고, 앞의 신전[47]과 더불어 병행해서 유통시켰다.

정미(18일), 河內國 古市郡 사람 정7위하 馬毘登夷人,[48] 우경인 정8위하 馬毘登中成 등에게 厚見連의 성을 내렸다.

무신(19일), 종5위상 藤原朝臣是公〈본명은 黑麻呂〉을 左衛士督으로 삼았다.

경술(21일), 사자를 大和, 河內, 和泉 등의 제국에 보내 行宮을 조영하게 하였다. 紀伊國에 순행하기 위해서이다.

계축(24일), 종2위 藤原朝臣永手, 정3위 吉備朝臣眞備를 御裝束司 장관으로 삼고, 종4위하 高丘連比良麻呂,[49] 종5위상 豊野眞人出雲·大伴宿禰伯麻呂를 차관으로 삼았다. 그 외에 판관 4인, 주전 4인을 임명하였다.

동10월 기미삭(1일), 일식이 있었다.

경신(2일), 사자를 보내 3關을 견고하게 지키게 하였다.[50]

신미(12일), (천황은) 紀伊國에 순행하였다. 정3위 諱[51]를 御前次第司 장관

---

45) 新古典文學大系本에서는 庚午(11일)로 나온다.

46) 神功開寶는 天平寶字 4년 3월의 萬年通寶 발행으로부터 5년 만인 天平神護 원년(756)에 주조된 皇朝 12錢 중의 하나이다. 만년통보의 발행은 藤原仲麻呂가 추진한 정책이기 때문에 신공개보 발행을 통해 稱德天皇, 道鏡의 의도를 엿볼 수 있다. 신전인 神功開寶는 구전에 비해 10배의 가치를 가졌고, 당시 구전으로는 萬年通寶와 함께 和同開珍이 유통되고 있었다.

47) 萬年通寶.

48) 馬毗登은 馬史이다. 馬史氏는 河內國 古市郡을 본관으로 하는 王仁의 후예씨족인 西文氏 일족으로 백제계 도래씨족이다. 天平勝寶 9세(757)에 藤原不比等의 諱를 피해 史 성을 '毗登'으로 변경하였다.

49) 권23, 天平寶字 5년(761) 춘정월조 287쪽 각주 47) 참조.

50) 3關의 수비 강화는 천황이나 상황의 사망 등 국가 대사 때 행해졌는데, 이 경우는 淡路國에 유폐되어 있는 폐제 淳仁天皇에 대한 관인층의 불온한 움직임을 억압하기 위한 조치라고 보인다.

으로 삼고, 多治比眞人乙麻呂를 차관으로 삼고, 정4위하 ₩中臣朝臣清麻呂를 御後次第司 장관으로 삼고, 종5위하 藤原朝臣小黑麻呂를 차관으로 삼고, 각각 판관 2인, 주전 2인을 임명하였다. 정4위하 藤原朝臣繩麻呂를 어전기병장군으로 삼고, 정5위상 阿陪朝臣毛人을 부장관으로 삼고, 종3위 百濟王敬福을 어후기병장군으로 삼고, 종5위하 大藏忌寸麻呂를 부장군으로 삼고, 각각 軍監 3인, 軍曹 3인을 임명하였다. 이날, 大和國 高市郡의 小治田宮[52]에 도착하였다.

임신(14일), 천황은 大原, 長岡을 살피고, 明日香川에 임한 후에 (小治田宮으로) 돌아왔다.

계유(15일), (천황은) 檀山陵을 지날 때 수행한 백관들에게 조를 내려, 모두 말에서 내리도록 하고, 의장병에게는 기를 내려 접어두라고 하였다.[53] 이날, 宇智郡에 도착하였다.

갑술(16일), (천황은) 진행하다가 紀伊國 伊都郡[54]에 도착하였다.

을해(17일), (천황은) 那賀郡의 鎌垣行宮에 도착하였다. 밤새 비가 내렸다.

병자(18일), 하늘이 맑게 개었다. (천황은) 나아가 玉津嶋[55]에 도착하였다.

정축(19일), (천황이) 남변의 望海樓에 임하자, 아악 및 다양한 유희가 펼쳐졌다. 임시로 시를 열어 수행자 및 해당국의 백성들이 자유로이 교역하게 하였다. 산위 정8위상 民忌寸礒麻呂가 동전 1백만문, 벼 1만속을 헌상하여 종5위하를 내렸다.

기묘(21일), 전 名草郡 소령 榎本連千嶋가 벼 2만속을 헌상하였다.

경진(22일), 淡路公[56]이 유폐되어 있는 분을 참지 못하고 담을 넘어 도망갔다. (淡路)守 佐伯宿禰助, (淡路)掾 高屋連並木 등이 병을 이끌고 이를 저지하였다. (淡路)公은 다음날 돌아와 유폐된 숙사에서 죽었다.

조를 내려, "紀伊國의 금년도 조, 용을 모두 면제한다. 관내의 名草, 海部 2군에는 조, 용, 전조를 모두 면제한다. 또 행궁의 주변에 사는 70세 이상의

51) 白壁王. 후의 光仁天皇. 천황의 실명을 거론하지 않는 忌諱 기사.
52) 奈良縣 高市郡 明日香村雷.
53) 의장대 깃발을 내리고 접어두라고 한 것은 천황릉에 대한 예의를 표시한 것.
54) 和歌山縣 橋本市, 伊都郡 부근.
55) 和歌山市 和歌浦 부근의 해안. 紀伊國 海部郡에 속한다.
56) 廢帝 淳仁天皇.

고령자에게 물품을 내리고, 사형죄 이하를 범한 자는 모두 사면한다. 다만 10악 및 절도는 이 사면의 범위에 포함되지 않는다. 또 국사, 군조, 군령 및 봉사자들에게는 신분에 따라 작위와 물품을 내리도록 한다"라고 하였다.

(紀伊國)守 종5위상 小野朝臣小贄에게 정5위하를, 掾 정6위상 佐伯宿禰國守, 산위 정6위상 大伴宿禰人成에게 함께 종5위하를, 기병 出雲大目 정6위상 坂上忌寸子老에게 외종5위하를, 名草郡 대령 정7위상 紀直國栖 등 5인에게는 각각 위계 4급을 승서하였다. 그 외 53인에게는 신분에 따라 위계를 내렸다. (紀伊國) 牟婁郡 (출신의) 采女 정5위상 熊野直廣濱에게 종4위하를, 女孺 酒部公家刀自 등 5인에게 각각 차등있게 관위를 내렸다. 이날, 종3위 廣瀨女王이 죽었다. 2품 那我親王의 딸이다.

계미(25일), (천황이) 海部郡 岸村行宮에 도착하였다.

갑신(26일), (천황이) 和泉國 日根郡의 深日行宮에 도착하였다. 이때 서쪽 하늘이 어두워지며 평소와 다른 비바람이 몰아쳤다. 紀伊國守 小野朝臣小贄가 따라왔는데, 여기에 이르러 돌아갔다. 조를 내려 (紀伊國守에게) 비단 30필을 내렸다.

을유(27일), (천황이) 同郡 新治行宮에 도착하였다.

병술(28일), (천황이) 河內國 丹比郡에 도착하였다.

정해(29일), (천황이) 弓削行宮에 도착하였다. 5위 이상에게 御衣를 하사하였다.

무자(30일), (천황이) 弓削寺에 가서 예불하였다. 정원에서 당, 고려악을 연주하였다. 형부경 종3위 百濟王敬福[57] 등도 또한 본국의 악[58]을 연주하였다.

---

57) 백제 의자왕의 동생인 百濟王善光의 후손. 天平 15년(743)에 陸奧守가 되고, 天平 21년(749)에는 陸奧國 小田郡에서 산출한 황금 900량을 헌상하여 東大寺 대불을 완성하는 데 공헌하였다. 이 공로로 종5위상에서 7단계를 뛰어넘는 종3위에 서위되었다. 天平勝寶 2년(750)에 宮內卿이 되었고, 같은 시기 河內國 交野郡에 百濟寺를 건립하였다. 天平勝寶 4년에 常陸守, 左大弁을 거쳐 동 9년에 出雲守에 보임되었다. 天平寶字 3년(759)에 伊予守에 보임되고, 동 5년에는 南海道節度使에 임명되어 紀伊, 阿波, 讚岐, 伊予, 土佐, 播磨, 美作, 備前, 備中, 備後, 安藝, 周防 등 12국의 군사권을 장악하는 직무를 맡았다. 天平神護 원년(765)에 刑部卿을 끝으로 이듬해 사망하였다. 권27, 天平神護 2년 6월 임자조 薨年에 상세하다.

58) 백제의 舞樂. 天平 12년 2월, 동 16년 2월 聖武天皇의 難波 순행, 延曆 10년 10월 桓武天皇의 交野 순행 시에도 백제왕씨가 백제악을 연주한 일이 있다.

윤10월 기축삭(1일), 弓削寺[59]에 식봉 200호를, 智識寺에 50호를 시입하였다.

경인(2일), (천황은) 조를 내려(宣命體), "지금 (천황이) 말씀하기를, 태정관의 대신은 봉사할 수 있는 사람이 있을 때에는 반드시 그 관을 내리는 것이다. 이에 짐의 스승인 大臣禪師가 짐을 지켜주고 있고, 돕고 있는 것을 보면, (출가와 재가의) 2종류의 사람들에게 도리에 따라 자애로서 과오없이 봉사할 수 있는 사람이라고 생각되고, (사람들에게) 권유하고 말하는 것을 들으면, 이 태정대신의 관을 내려도 감당할 수 있을 것이라고 생각한다. 그런 까닭에 태정대신선사의 위를 내린다고 하신 말씀을 모두 들으라고 분부하였다. 또 말씀하기를, 이 위를 내린다고 하면, 반드시 '(道鏡은) 감당할 수 없으니 사퇴한다'고 말할 것으로 생각하기 때문에, (그에게 이 일을) 말하지 말고 이 태정대신선사[60]의 위를 내린다고 하신 말씀을 모두 들도록 하라"고 분부하였다.

(천황은) 문무백관들에게 조를 내려, 태정대신선사를 拜賀[61]하도록 하였다. 이 일이 끝나자 弓削寺에 행차하여 예불을 올리고, 당악, 고려악 및 黑山企師部[62]의 악무를 연주시켰다. 태정대신선사에게 목면 1천둔을 내렸다. 승강 및 백관의 교체근무 관인 이상, 물품을 운송하는 인부에 이르기까지 각각 지위에 따라 물품을 내렸다. 內豎,[63] 衛府에게는 특별히 新錢을 차등있게 지급하였다.

신묘(3일), 조를 내려, 河內, 和泉의 금년도의 조를 모두 면제하였다. 河內國

---

59) 道鏡의 속성인 弓削連氏의 氏寺로 추정된다.

60) 태정대신선사는 태정대신에 필적하는 지위이다. 「職員令」2, 「太政官」조에는 태정대신의 역할에 대해, "右師範一人, 儀形四海, 經邦論道, 燮理陰陽, 無其人則闕"이라고 하여, 한 사람에게는 사범이 되고, 사해의 모범이 되며, 나라를 경영하고, 도를 논하며 음양을 고르게 다스리고, 적임자가 없으면 비워둔다고 규정하고 있다.

61) 拜賀는 천황에게 인사하는 예이지만, 道鏡에게도 천황에 준하는 예의를 갖추도록 문무백관들에게 명한 것이다.

62) 黑山儛는 河內國 丹比郡 黑山鄕 지역에 전승되어 온 樂舞이다. 이 지역은 현재의 大阪府 南河內郡 美原町 黑山 일대이다. 黑山企師部의 企師部는 도래계 씨족인 吉士氏에 예속하는 部인데 黑山이라는 지역명을 따서 黑山企師部 즉 黑山吉士部가 된 것으로 생각된다. 難波吉師, 三宅吉師와 같은 성격이다.

63) 內裏에서 천황 등에 근시하며 칙명의 전달, 잡사 등의 일을 담당하는 令外官으로 內豎所의 감독 하에 설치되었다.

大縣, 若江 2군, 和泉國 3군의 전조도 면제하였다. 또 (천황이 머문) 行宮의 주변에 거주하는 70세 이상의 고령자에게 물품을 내리고, 사형죄 이하는 모두 사면하였다. 다만 10악 및 절도는 사면의 범위에 포함하지 않았다. 또 군사 및 봉사자에게는 지위에 따라 관위와 물품을 내렸다. (河內)守 정5위하 石上朝臣息嗣에게 정5위상을, (河內)介 정6위상 石川朝臣望足에게 종5위하를, 和泉守 종5위하 紀朝臣鯖麻呂에게 종5위상을 내렸다. 양국의 (군단의) 軍毅[64] 4인에게는 각각 위계 1계를 승서하였다. 이날, (천황은) 귀로에 因幡宮에 도착하였다.

갑오(6일), 정6위상 百濟王利善[65]·百濟王信上[66]·百濟王文鏡[67]에게 함께 종5위하를 내렸다. 종6위상 百濟王文貞[68] 등 3인에게 각각 관위를 차등있게 내렸다.[69]

을미(7일), 정6위하 賀茂朝臣諸雄에게 종5위하를 내렸다.

병신(8일), (평성경에) 留守하고 있는 백관이 太政大臣禪師에게 배하하였다. 5위 이상에게 각각 목면 30둔을 내렸다.

정유(9일), (순행에 수행한) 기병 1등 232인에게 관위 2급을, 2등의 48인, 3등 28인에게 각각 1급을 승서하고,[70] 아울러 지위에 따라 목면을 내렸다. 大和國, 河內國의 군사 14인에게 각각 관위 2급을, 87인에게는 1급을 내렸다. (천황의 순행시에) 물품을 바친 사람에게는 목면을 차등있게 지급하였다.

계묘(15일), 정5위상 阿倍朝臣毛人에게 종4위하를, 종5위하 大藏忌寸麻呂[71]

---

64) 율령국가의 군단을 통솔하는 관직으로 大毅, 少毅, 毅의 총칭이다. 1군단에 軍毅가 복수로 있을 경우에는 1명의 장관을 大毅, 1명 혹은 2명의 차관을 少毅라고 하였다. 軍毅가 1인만 있을 경우에는 毅이라고 하였다. 養老律令의 軍防令에는 군단병사 1천명에 大毅 1인, 少毅 2인을 두었다. 郡司와 같은 현지 유력자의 자제들을 임명하였고, 國司의 지휘 하에 두었다.

65) 刑部卿 百濟王敬福의 子. 寶龜 2년(771)에 讚岐員外介에 서임되고, 동 7년에 정5위하, 天應 원년(781)에 정5위상, 延曆 2년(783)에 정4위하에 이르렀다.

66) 여기에만 보이는 인물이다.

67) 天平神護 2년(766) 5월 갑자에 出羽守에 임명되었다.

68) 여기에만 보이는 인물이다.

69) 이때의 관위 수여는 10월 무자(30일)조에 百濟王敬福 등이 본국의 악을 연주한 것에 대한 은상으로 보인다.

70) 기병에 등급을 매긴 사례는 초견이다. 아마도 有位者, 蔭子孫, 位子, 白丁 등 기병의 출신 성분에 따른 구별일 가능성이 있다.

에게 종5위상을, 외종5위하 上村主五十公[72]에게 외종5위상을, 대초위하 桑原公足嶋에게 외종5위하를 내렸다.

기유(21일), 河內國의 천황의 의복을 직조하는 戶, 造餠戶[73]를 폐지하였다.[74]

임자(24일), 이전에는 병고의 무기는 중무성의 監物[75]과 本司의 입회하에 출납했으나, 이에 이르러 (무기를 출납하는) 제관사도 입회하여 출납하도록 하였다.

11월 무오삭(1일), 上野國 甘樂郡 사람 中衛[76] 物部蜷淵 등 5인에게 物部公의 성을 내렸다.

임술(5일), 사자를 보내 천하 제국에 신사를 수리하게 하였다.

계유(16일), 이보다 앞서 폐제는 淡路로 유배되었고, 천황은 다시 천하를 통치하게 되었다. 이에 다시 대상제[77]를 행하기 위해 美濃國을 由機로 삼고, 越前國을 須伎로 삼았다.[78]

경진(23일), 조를 내려, "神祇伯 정4위하 中臣朝臣淸麻呂는 그 마음이 이름과 같이 청렴하며, (몸을) 근신하고 (직무에) 근면하여 누차 신기관의 관직을

---

71) 大藏忌寸麻呂는 백제계 도래인 東漢氏의 일 지족이다. 天平勝寶 3년(751) 11월에 정6위상 造東大寺司 判官으로 나오고(『大日本古文書』 12-175), 天平勝寶7 년 3월에는 造東大寺司 차관으로 造寺司解에 서명하였다(『大日本古文書』 4-51). 天平勝寶 6년 정월에 외종5위하가 되었고, 동 천평승보 8년 5월에는 造方相司에 임명되었다. 동 天平寶字 2년(758) 정월에 丹波守 외종5위하 大藏忌寸麻呂가 종5위하로 승진되었다는 기록이 나오고, 동 4년 6월에는 養民司에, 동 7년 정월에는 玄蕃頭에, 天平神護 원년(765) 10월에는 御後騎兵副將軍이 되었고, 寶龜 3년(772) 정월에는 정5위하로 승진하였다. 『萬葉集』(3703)에도 단가 1수를 남기고 있다.

72) 백제계 도래씨족의 후예. 앞의 天平神護 원년 정월 기해조 해당 각주 참조.

73) 조정의 음식을 만들고 공진하는 戶. 宮內省 大膳職 관할 하의 雜供戶의 하나.

74) 천황의 의복 재료로서 견사를 직조하는 戶. 大藏省 織部司에 소속된 品部. 『令集解』「職員令」38에 「古記」에 인용된 官員令 別記에 "川內國廣絹織人等三百五十戶, 機五十枝, 一機七疋令織, 取調免傜役"이라고 나온다. 絹戶, 造餠戶의 폐지는 일을 일반 戶로 전환하여 시행한다는 의미로 보인다.

75) 중무성의 監物은 물품 출납의 감찰, 무기고의 자물쇠 관리, 大物監, 中監物, 少監物이 있고, 本司는 무기를 관리하는 左右兵庫, 內兵庫를 말한다.

76) 中衛舍人.

77) 대상제는 7월 이전에 즉위하면 해당년에, 8월 이후에 즉위하면 이듬해 11월에 행한다. 稱德天皇은 重祚 이전의 孝謙天皇 때 대상제를 행한 바 있다.

78) 由機, 須伎는 대상제 때 사용하는 첫 수확한 벼를 바치는 국. 이것은 神祇官에서 정한다.

역임하였다. 짐은 이를 보건대, 참으로 기쁘게 생각한다. 이에 정3위를 내린다[79]"라고 하였다.

또 (천황은) 조를 내리기를(宣命體), "由紀, 須伎 2국의 國守 등에게 말씀하기를, 그대들은 곧고 밝은 마음으로 조정을 지키는 關所에 봉사하고 있기 때문에, 국은 많지만 美濃과 越前이 神意에 따른 대상제의 정무를 담당하여 봉사하는 것이라고 생각하여, 이에 위계를 내린다"라고 하였다. 美濃守 정5위하 小野朝臣竹良에게 종4위하를, (美濃)介 정6위상 藤原朝臣家依에게 종5위하를, 越前守 종5위상 藤原朝臣繼繩에게 종4위하를, (越前)介 종5위하 弓削宿禰牛養에게 종5위상을 내렸다.

또 (천황은) 조를 내리기를(宣命體), 지금 (천황이) 말씀하기를, "금일은 대상제의 直會[80]의 豊明節[81]을 행하는 날이다. 그러나 이번이 평상과 다른 것은 짐이 불제자로서 보살계를 받는다는 것이다. 이에 따라 위로는 삼보에 봉사하고, 다음으로는 天社, 國社의 신들을 받들고, 다음으로는 봉사해 온 친왕, 제신, 백관의 사람들 및 천하의 인민들 모든 사람들에게 연민과 자애를 베풀고자 생각하여, (황위에) 돌아와 다시 천하를 다스리는 것이다. 그런 까닭에 그대들은 안심하고 평온하게 근시하고, 由紀, 須伎 2국이 바친 黑酒, 白酒[82]의 어주를 얼굴이 붉어지도록 마시고 마음껏 즐기고 항례의 하사품을 받아 돌아가도록 물품을 내린다고 분부하였다.

또 칙을 내리기를, '사람들은 神들을 佛로부터 떨어져 접촉해서는 안 되는 것이라고 생각하고 있다. 그러나 경전에 보면, 불법을 수호하고 존경하여 받들고 있는 것은 여러 신들이다. 그런 까닭에 출가한 사람도 속세에 있는 사람도 섞여서 신을 섬기는 데에 어떤 지장도 없을 것으로 생각한다. 원래 (승려가 대상제의 일을) 꺼려왔는데, 기피하지 말고 대상의 의식을 행하도록 하라'[83]는 어명을 모두 듣도록 하라"고 하였다.

---

79) 본문의 "天皇嘉曰其心如名特" 9자는 중복된 衍文으로 해석하지 않았다. 원문에서는 그대로 두었다.

80) 直會는 신에 대한 제사기간 동안 금기로부터 평상 상태로 회복하는 것. 대상제는 11월의 卯日에서 巳日에 걸쳐 행해지고, 辰日에서 午日까지 3일간은 주연이 열린다.

81) 천황이 新穀을 먹고 군신과 함께 행하는 연회.

82) 白酒는 탁주, 黑酒는 숙성한 술에 목탄 회가루를 넣어 검게 만든 것.

신사(24일), (천황은) 조를 내리기를(宣命體), "반드시 사람은 부친과 모친의 친족이 있어야 태어나는 것이다. 따라서 왕과 藤原朝臣들은 짐의 친족이기 때문에 흑주, 백주의 어주를 하사하고 직접 물품을 내리도록 한다"라고 하였다.

갑신(27일), 우대신 종1위 藤原朝臣豊成이 죽었다. 平城朝 정1위 증 태정대신 武智麻呂의 장자이다. 養老 7년(723)에 內舍人 겸 兵部大丞이 되고, 神龜 원년(724)에 종5위하를 받아 병부소보에 임명되었다. 점차 요직을 역임하고 天平 14년(742)에는 종3위 중무경 겸 중위대장이 되었다. 천평 20년에 중납언에서 대납언으로 전임되었고, 天平感寶 원년(749)에 우대신에 보임되었다. 이때에 동생 대납언 仲滿[84]은 전권을 집정하여 권세는 대신을 능가하였다. 대신은 천성의 자질이 넓고 두터움이 있었고, 때의 신망을 받고 있는 바였다. 중만은 매사 중상하려 했지만, 그 틈을 얻지 못했다. 대신의 제3자 乙繩은 평생 橘奈良麻呂와 좋은 관계였는데, 이 일로 奈良麻呂 등의 사건이 발각된 날, 仲滿에게 반역자의 일당으로 무고되어 日向掾으로 좌천되었다. (仲滿은) 재촉하여 임지로 향하게 하였다. 더욱이 (豊成도) 대신으로부터 끌어내려 大宰員外帥로 보냈다. 대신이 (부임 길에) 難波의 별장에 도착했을 때, 병을 칭하여 가지 못하고 머물기를 8년째 되는 해에, 중만은 모반을 일으켜 주살되었다. 당일 본래의 관[85]으로 복귀되었다.[86] 사망시의 나이는 62세였다.

12월 신묘(5일), 우경인 외종5위하 馬毘登國人, 河內國 古市郡 사람 정6위상 馬毘登益人 등 44인에게 武生連[87]의 성을 내렸다.

---

83) 대상제가 행해지는 11월 散齋 기간 중에 태정관부에 의하면, 백관 및 제국에 佛法을 개최하는 일을 금지하고 있다. 따라서 승려가 제사에 관여한 이 경우는 이례적이다. 아마도 稱德天皇이 스승으로 모시고 있던 道鏡 태정대신선사를 의식해서가 아닌가 생각된다.

84) 藤原仲麻呂.

85) 右大臣.

86) 『속일본기』에 따르면 藤原豊成의 복위가 이루어진 것은 9월 14일이고, 藤原仲麻呂의 사망이 전해진 것은 9월 18일이다.

87) 河內國을 본거로 하는 백제계 도래씨족. 개성 이전의 성은 馬史(馬毘登)이다. 王仁의 후예 씨족인 西文氏의 일족이다. 寶龜 원년(770) 3월에 칭덕천황의 由義宮으로 순행시에 葛井, 船, 津, 文, 藏 등 제씨와 함께 武生氏의 남녀가 歌垣에 봉사했다고 한다. 延曆 14년(795) 4월 武生連眞象 등의 주언으로 宿禰의 성을 받았다. 『신찬성씨록』

기해(13일), 종6위하 道嶋宿禰三山에게 외종5위하를 내렸다.

을사(19일), 河內國 錦部郡 사람 종8위상 錦部毘登石次, 정8위하 錦部毘登大嶋, 대초위하 錦部毘登眞公·錦部毘登高麻呂 등 26인에게 錦部連[88]의 성을 내렸다.

신해(25일), 외종5위하 民忌寸總麻呂를 左衛士佐로 삼고, 종5위하 漆部直伊波를 右兵衛佐로 삼았다.

『속일본기』 권제26

左京諸蕃上에는 武生宿禰를 文宿禰와 同祖이고 王仁의 손인 阿浪古首의 후예라고 기록하고 있다.

88) 天武 10년에 錦織造에서 連 성을 받아 錦織連이 되었다. 錦織의 일에 종사한 백제계 도래씨족이다. 『신찬성씨록』 좌경제번하에 三善宿禰, 동 河內國諸蕃, 和泉國諸蕃의 錦部連의 출자가 백제국 速古大王의 후예라고 나온다.

續日本紀卷第二十六

〈起天平神護元年正月, 盡十二月〉

右大臣從二位兼行皇太子傅中衛大將臣藤原朝臣繼繩等奉勅撰

高野天皇

◯ **天平神護元年**正月癸巳朔, 御南宮前殿受朝. 戊戌, 大宰大貳從四位上佐伯宿禰毛人, 坐逆黨左遷多褹嶋守. 己亥, 改元天平神護. 勅曰, 朕以眇身, 忝承寶祚, 無聞德化, 屢見姦曲. 又疫癘荐臻. 頃年不稔, 傷物失所, 如納深隍. 其賊臣仲麻呂外戚近臣, 先朝所用, 得堪委寄, 更不猜疑. 何期包藏禍逆之意. 而鴆毒潛行於天下, 犯怒人神之心. 而怨氣感動於上玄, 幸賴神靈護國風雨助軍, 不盈旬日, 咸伏誅戮. 今元惡已除, 同歸遷善, 洗滌舊穢, 與物更新. 宜改年號, 以天平寶字九年, 爲天平神護元年. 其諸國神祝宜各加位一階. 其從去九月十一日至十八日, 職事及諸司番上, 六位已下供事者, 宜亦加一階. 唯正六位上依例賜物. 其京中年七十已上者賜階一級. 布告遐邇, 知朕意焉. 又詔曰, 天皇〈何〉大御命〈良麻止〉勅大御命〈乎〉衆聞食〈止〉勅. 仕奉人等中〈爾〉其仕奉隨狀治給人〈毛〉在, 又御軍〈爾〉仕奉〈禮留爾〉依〈弖〉治給人〈毛〉在, 然此多比賜位冠〈方〉常〈與利方〉異〈仁〉在. 可久賜故〈方〉平〈伎〉時〈仁〉奉侍〈己止方〉誰人〈可〉不奉在侍〈牟〉. 如此〈久〉宇治方夜〈伎〉時〈仁〉身命〈乎〉不惜〈之天〉貞〈久〉明〈久〉淨心〈乎〉以〈天〉朝庭〈乎〉護奉侍〈流〉人等〈乎己曾〉治賜〈比〉哀賜〈倍伎〉物〈爾〉在〈止奈毛〉念. 故是以今由久前〈仁毛〉緩怠事無〈之天〉諸〈能〉劣〈家牟〉人等〈乎毛〉教伊佐奈〈比〉進常〈與利毛〉益〈須〉益〈須〉勤結〈理〉奉侍〈止之天奈毛〉冠位上給治給〈久止〉宣御命〈乎〉諸聞食〈止〉宣. 正四位上文室眞人大市, 正四位下高麗朝臣福信並授從三位, 正五位下久世王正五位上, 從五位下船井王從五位上, 從四位下藤原朝臣魚名正四位下, 正五位上石上朝臣宅嗣從四位下, 正五位下藤原朝臣田麻呂, 安倍朝臣毛人, 從五位上大伴宿禰御依並正五位上, 從五位上當麻眞人廣名, 中臣丸連張弓並正五位下，從五位下藤原朝臣繼繩，藤原朝臣黑麻呂，大伴宿禰伯麻呂，佐伯宿禰三方，穗積朝臣小東人，榎井朝臣小祖，小野朝臣小贊，無位調連馬養〈本位從五位下〉，並從五位上，外正五位下日置造蓑麻呂，正六位上佐伯宿禰高岳，多治比眞人長野，多治比眞人乙麻呂，中臣習宜朝臣山守，下道朝臣色夫多，從六位下大伴宿禰呰麻呂，弓削御淸朝臣秋麻呂，弓削宿禰牛養並從五位下，外從五位下大原連家主外正五位下，無位調連牛養外從五位上〈本位外從五位下〉，外正六位上鳥取部與曾布外正五位下，無位上村主五十公〈律師善榮之父，時年八十四也〉，外從五位上，正六位上若湯坐宿禰子人，高尾連賀比，千代連玉足，佐佐貴山公人足，長谷部木麻呂，田部宿禰足嶋，佐太忌寸味村，民忌寸古麻呂，鳥取連大分，國覓連高足，文忌寸光庭，美奴連智麻呂，土師宿禰冠，秦忌寸公足，長瀨連廣足，維成潤，香山連賀是麻呂，百濟安宿公奈登麻呂，金刺舍人八麻呂，正七位上葛井連河守，正六位上檜前舍人直建麻呂，葛井連道依並外從五位下. 正三位諱，從三位和氣王，山村王，正三位藤原朝臣永手，藤原朝臣眞楯，從三位吉備朝臣眞備，藤原朝臣藏下麻呂，從四位上日下部宿禰子麻呂，從四位下佐伯宿禰伊多智，坂上大忌寸苅田麻呂，牡鹿宿禰嶋足並授勳二等，從四位下藤原朝臣繩麻呂，粟田朝臣道麻呂，弓削御淸朝臣淨人並勳三等，正四位下中臣朝臣淸麻呂，從四位下藤原朝臣濱足，藤原朝臣楓麻呂，高丘連比良麻呂，正五位下小野朝臣竹良，從五位下石村村主石楯並勳四等，從四位下安倍朝臣彌夫人勳五等，從五位下坂上王，正五位上阿倍朝臣息道，正五位下津連秋主，從五位上石川朝臣垣守，從五位下漆部直伊波，外從五位下金刺舍人八麻呂，從六位上藤野別眞人淸麻呂並勳六等. 無位櫻井女王，淨原女王，高向女王，小垂水女王，高岡女王並授從五位下，正五位下藤原朝臣乙刀自，竹宿禰乙女並從四位下，正五位下當麻眞人比禮，大野朝臣仲智，安倍朝臣都與利，多可連淨日，熊野直廣濱，從五位下古仁虫名並正五位上，從五位下石川朝臣奈保正五位下，從五位下錦部連河內，大神朝臣伊毛，忌部毘登隅，橘宿禰眞束，縣犬養大宿禰姉女並從五位上，外從五位上葦屋村主刀自女，長谷部公眞子，壬生連子家主女，從七位下藤野別眞人虫女，無位藤原朝臣伊久治，正六位下息長眞人廣庭，巨勢朝臣魚女，從六位下大宅朝臣宅女，正七位上三始朝臣奴可女，正六位上李小娘，無位巨勢朝臣宮人，無位私朝臣長女，從六位下若櫻部朝臣伊毛並從五位下，正七位上丈部細目，從六位下久須原部連淨日，從七位下山田御井宿禰公足，從六位下私家原，草鹿酒人宿禰水女，桑原毘登宅持，水海連淨成，從七位上許平等，賀陽臣小玉女, 桑原連嶋主, 從七位下田邊公吉女並外從五位下. 授從三位池上女王勳二等, 從五位上紀朝臣益女勳三等, 從四位下竹宿禰乙女, 正五位上吉備朝臣由利, 稻蜂間宿禰仲村女, 大野朝臣仲智, 安倍朝臣都與利, 從五位下藤原朝臣玄信並勳四等, 從五位下壬生直小家主女勳五等, 從五位下藤野別眞人廣虫女, 巨勢朝臣魚女, 外從五位下賀陽臣小玉女, 桑原連嶋主, 草鹿酒人宿禰水女, 田邊公吉女勳六等. 是日, 宴於五位已上, 賜祿有差. 庚子, 勅復官軍所經近江國高嶋郡調庸二年, 滋賀淺井二郡各一年, 並以沒官物量加賑恤. 癸亥, 授從四位下弓削御淨朝臣淨人從四位上, 正六位上吉彌侯根麻呂外從五位下.

二月甲子, 大和國添下郡人左大舍人大初位下縣主石前賜姓添縣主. 改授刀衛爲近衛府. 其官員, 大將一人爲正三位官, 中將一人爲從四位下官, 少將一人爲正五位下官, 將監四人爲從六位上官, 將曹四人爲從七位下官. 又定外衛府官員, 大將一人爲從四位上官, 中將一人爲正五位上官, 少將一人爲從五位上官, 將監四人爲從六位上官, 將曹四人爲從七位下官. 又始置內廐寮, 頭一人爲從五位上官, 助一人爲正六位下官, 大允一人爲正七位下官, 少允一人爲從七位上官, 大屬一人爲從八位上官, 少屬一人爲從八位下官. 乙丑, 和泉, 山背, 石見, 美作, 紀伊, 讚岐, 淡路, 壹岐, 多褹等國飢, 並加賑恤. 是日, 賜與賊相戰及宿衛內裏檜前忌寸二百三十六人, 守衛北門秦忌寸三十一人, 爵人一級. 丙寅, 以從四位下牡鹿宿禰嶋足爲近衛員外中將, 從五位下弓削宿禰牛養爲少將, 正五位上藤原朝臣田麻呂爲外衛大將, 從五位下豊野眞人篠原爲中將, 從五位上佐伯宿禰三野爲右衛士佐, 大宰少貳從五位下紀朝臣廣純左遷薩摩守. 己巳, 以從三位藤原朝臣藏下麻呂爲近衛大將, 從四位下石上朝臣宅嗣爲中衛中將, 常陸守如故, 從五位上藤原朝臣黑麻呂爲左兵衛佐, 從五位下弓削御淨朝臣秋麻呂爲右兵衛佐, 正五位上阿倍朝臣息道爲左衛士督, 從五位上小野朝臣小贄爲右衛士督, 外從五位下葛井連河守爲少尉, 從三位山村王爲大和守. 辛未, 攝津職嶋下郡人右大舍人采女臣家麻呂, 采女司采部采女臣家足等四人賜姓朝臣. 乙亥, 勅淡路國守從五位下佐伯宿禰助. 風聞, 配流彼國罪人, 稍致逃亡, 事如有實. 何以不奏. 汝簡朕心, 往監於彼, 事之動靜, 必須早奏. 又聞, 諸人等詐稱商人, 多向彼部, 國司不察, 遂以成群. 自今以後, 一切禁斷. 丙子, 相摸, 下野, 伊豫, 隱伎等國飢, 賑給之. 辛巳, 授從六位下津守宿禰眞前外從五位下. 庚寅, 左右京糭各二千斛, 糶於東西市, 糭斗百錢. 辛卯, 安房國平群郡人壬生美與曾, 廣主二人賜姓平群壬生朝臣. 是月, 京師米貴, 令西海道諸國恣漕私米.

三月癸巳, 勅, 比年遭旱, 歲穀不登. 朕念於茲, 情甚愍惻. 其去年不熟之國, 今年得稔, 始須徵納. 若有今年又不熟者, 至於秋時待勅處分. 其備前, 備中, 備後三國, 多年亢旱, 荒弊尤深. 因茲所負正稅不得進納, 宜天平寶字八年以前官稻未納咸悉免之. 伯耆國飢, 賑給之. 近江國坂田郡人粟田臣乙瀨, 眞瀨, 斐太人, 池守等四人賜姓朝臣. 左京人散位大初位下尾張須受岐, 周防國佐波郡人尾張豊國等二人尾張益城宿禰. 乙未, 參河, 下總, 常陸, 上野, 下野等五國旱. 詔復今年調庸十分之七八. 丙申, 勅, 今聞, 墾田緣天平十六年格, 自今以後, 任爲私財. 無論三世一身, 咸悉永年莫取. 由是, 天下諸人競爲墾田, 勢力之家駈役百姓, 貧窮百姓無暇自存. 自今以後, 一切禁斷, 勿令加墾. 但寺先來定地開墾之次不在禁限. 又當土百姓一二町者亦宜許之. 又詔, 王臣之中執心貞淨者, 私家之內不可貯兵器, 其所有者皆以進官. 又伊勢, 美濃, 越前者, 是守關之國也. 宜其關國百姓及餘國有力之人, 不可以充王臣資人, 如有違犯, 國司資人同科違勅之罪. 復詔曰, 天下政〈方〉君〈乃〉勅〈仁〉在〈乎〉己〈可〉心〈乃〉比岐比岐太子〈乎〉立〈止〉念〈天〉功〈乎〉欲〈須流〉物〈仁方〉不在. 然此位〈方〉天地〈乃〉置賜〈比〉授賜〈布〉位〈仁〉在. 故是以朕〈毛〉天地〈乃〉明〈伎〉奇〈伎〉徵〈乃〉授賜人〈方〉出〈奈牟止〉念〈天〉在. 猶今〈乃〉間〈方〉明〈仁〉淨〈岐〉心〈乎〉以〈天〉人〈仁毛〉伊佐奈〈方禮須〉人〈乎毛〉止毛奈〈方須之天〉於乃〈毛〉於乃〈毛〉貞〈仁〉能〈久〉淨〈伎〉心〈乎〉以〈天〉奉仕〈止〉詔〈己止乎〉諸聞食〈倍止〉詔. 復有人〈方〉淡路〈仁〉侍坐〈須〉人〈乎〉率來〈天〉佐良〈仁〉帝〈止〉立〈天〉天下〈乎〉治〈之米無等〉念〈天〉在人〈毛〉在〈良之止奈毛〉念. 然其人〈方〉天地〈乃〉宇倍奈〈彌〉由流〈之天〉授賜〈流〉人〈仁毛〉不在, 何〈乎〉以〈天可〉知〈止奈良方〉志愚〈仁〉心不善〈之天〉天下〈乎〉治〈仁〉不足, 然〈乃味仁〉不在. 逆惡〈伎〉仲末呂〈止〉同心〈之天〉朝廷〈乎〉動〈之〉傾〈無止〉謀〈天〉在人〈仁〉在. 何〈曾〉此人〈乎〉復立〈無止〉念〈無〉. 自今以後〈仁方〉如此〈久〉念〈天〉謀〈己止〉止〈止〉詔大命〈乎〉聞食〈倍止〉宣. 庚子, 伊賀, 出雲國飢, 賑給之. 辛丑, 賜從三位和氣王功田五十町, 從四位上大津宿禰大浦十五町. 左右京飢, 賑給之. 大宰大貳從四位下佐伯宿禰今毛人爲築怡土城專知官, 少貳從五位下采女朝臣淨庭爲修理水城專知官. 甲辰, 備前國藤野郡人正六位下藤野別眞人廣虫女, 右兵衛少尉從六位上藤野別眞人清麻呂等三人賜姓吉備藤野和氣眞人, 藤野郡大領藤野別公子麻呂等十二人吉備藤野別宿禰, 近衛從八位下別公薗守等九人吉備石成別宿禰.

上野國飢, 賑給之. 丁未, 授從六位下多朝臣犬養從五位下. 尾張, 參河, 播磨, 石見, 紀伊, 阿波等國飢, 賑給之. 越前國足羽郡人從五位下益田繩手賜姓益田連, 外從五位下吉彌侯根麻呂等四人下毛野公, 外從五位下葛木毘登大床等七人葛木宿禰.

夏四月乙丑, 授從六位上紀朝臣益麻呂從五位下. 美濃, 越中, 能登等國飢, 賑給之. 癸酉, 左京人從七位下手人造石勝賜姓雄儀連. 甲戌, 常陸, 武藏二國飢, 賑給之. 丙子, 右大臣從一位藤原朝臣豊成等上表言, 臣等曾祖大織冠內大臣踏義懷忠, 許身奉國. 皇朝藉其不世之勳, 錫以無窮之賞, 胤子正一位太政大臣, 確陳丹誠, 抗表固辭. 天朝卽割賜二千戶, 傳及子孫. 臣等以, 累世家門久沐榮寵. 豈悟, 逆賊仲麻呂近出臣族, 極凶肆逆, 若斯之甚. 今臣等既以凶逆之囚族, 猶霑忠概之餘封. 以何面目叨近殊厚. 伏願, 奉納先代所賜功封, 少塞天下之責. 無任兢惶之至, 奉表以聞. 詔許之. 丁丑, 左右京穀各一千石糶於東西市, 以米價踊貴也. 癸未, 駿河國飢, 賑給之. 丁亥, 左京人外衛將監從五位下石村村主石楯等三人, 參河國碧海郡人從八位上石村村主押繩等九人, 賜姓坂上忌寸. 戊子, 丹波國飢, 賑給之.

五月丁酉, 授外從八位上敦賀直嶋麻呂外從五位下, 以助官軍也. 庚戌, 播磨守從四位上日下部宿禰子麻呂等言, 部下賀古郡人外從七位下馬養造人上款云, 人上先祖吉備都彦之苗裔, 上道臣息長借鎌, 於難波高津朝庭, 家居播磨國賀古郡印南野焉. 其六世之孫牟射志, 以能養馬仕上宮太子被任馬司. 因斯, 庚午年造籍之日, 誤編馬養造. 伏願, 取居地之名. 賜印南野臣之姓, 國司覆審, 所申有實. 許之. 丙辰, 左右京糯各一千石糶於貧民.

六月辛酉朔, 備中國賀陽郡人外從五位下賀陽臣小玉女等十二人賜姓朝臣. 甲斐國飢, 賑給之. 丙寅, 左京人大原眞人魚福等二人賜姓波登理眞人. 戊辰, 備後國飢, 賑給之. 己巳, 山背國宇治郡少領外從五位下笠臣氣多麻呂賜姓朝臣. 庚午, 左右京糯各一千石, 大膳職鹽一百石, 糶於貧民. 癸酉, 勅, 天下諸國郡司六位已下及白丁, 糶米三百石敍位一階, 每加二百石進一階敍, 其絁六百疋, 商絲一千六百斤, 調庸綿六千屯, 調布一千二百端, 商布三千五百段, 亦各敍階准上. 又令諸司六位已下雜任已上者糶米二百斛, 敍位一階, 每加一百五十石進一階敍, 他物亦准此. 皆限七月二十九日, 於東西市出賣. 唯五位以上及正六位上. 別奏其名.

秋七月戊戌, 右京人內匠寮史生正八位上息長連淸繼賜姓眞人. 甲辰, 左京人甲斐員外目丸部臣宗人等二人賜姓宿禰. 糶左右京糯三千三百餘石於諸司官人. 庚戌, 從四位下藤原朝臣楓麻呂爲右兵衛督.

八月庚申朔, 從三位和氣王坐謀反誅. 詔曰, 今和氣〈仁〉勅〈久〉, 先〈爾〉奈良麻呂等〈我〉謀反〈乃〉事起〈天〉在〈之〉時〈仁方〉仲麻呂〈伊〉忠臣〈止之天〉侍〈都〉. 然後〈仁〉逆心〈乎〉以〈天〉朝庭〈乎〉動傾〈止之天〉兵〈乎〉備〈流〉時〈仁〉和氣〈伊〉申〈天〉在. 此〈爾〉依〈天〉官位〈乎〉昇賜治賜〈都〉. 可久〈方阿禮止毛〉仲麻呂〈毛〉和氣〈毛〉後〈仁方〉猶逆心以〈天〉在〈家利〉. 復己〈毛〉先靈〈仁〉祈願〈幣流〉書〈乎〉見〈流仁〉云〈天〉在〈良久〉己〈我〉心〈仁〉念求〈流〉事〈乎之〉成給〈天波〉尊靈〈乃〉子孫〈乃〉遠流〈天〉在〈乎方〉京都〈仁〉召上〈天〉臣〈止〉成〈無止〉云〈利〉. 復己怨男女二人在, 此〈乎〉殺賜〈幣止〉云〈天〉在. 是書〈乎〉見〈流仁〉謀反〈乃〉心〈阿利止方〉明〈爾〉見〈都〉. 是以〈天〉法〈乃末爾 末爾〉治賜〈止〉宣. 和氣者, 一品舍人親王之孫, 正三位御原王之子也. 勝寶七歲賜姓岡眞人, 任因幡掾. 寶字三年, 追尊舍人親王, 曰崇道盡敬皇帝. 至是, 復屬籍授從四位下. 八年至參議從三位兵部卿. 于時皇統無嗣, 未有其人. 而紀朝臣益女以巫鬼著, 得幸和氣, 心挾窺窬, 厚賂幣物. 參議從四位下近衛員外中將兼勅旨員外大輔式部大輔因幡守粟田朝臣道麻呂, 兵部大輔兼美作守從四位上大津宿禰大浦, 式部員外少輔從五位下石川朝臣永年等, 與和氣善, 數飮其宅, 道麻呂時與和氣密語. 而道麻呂佩刀觸門屏折, 和氣卽遺以裝刀. 於是, 人等心疑, 頗泄其事. 和氣知之, 其夜逃竄, 索獲於率河社中, 流伊豆國. 到于山背國相樂郡, 絞之埋于狛野. 又絞益女於綴喜郡松井村. 是日, 又下詔曰, 粟田道麻呂大津大浦石川長年等〈爾〉勅〈久〉. 朕師大臣禪師〈乃〉宣〈久〉, 愚痴〈仁〉在奴〈方〉思和久事〈毛〉無〈之天〉人〈乃〉不當無禮〈止〉見咎〈牟流乎毛〉不知〈之天〉惡友〈爾〉所引率〈流〉物在. 是以此奴等〈毛〉如是〈久〉逆穢心〈乎〉發〈天〉在〈計利止方〉既明〈仁〉知〈奴〉, 由此〈天〉理〈波〉法〈乃末爾末爾〉治給〈倍久〉在. 然此遍〈方〉猶道鏡〈伊〉所賜〈天〉彼等〈我〉惑心〈乎方〉教導〈天〉貞〈久〉淨〈伎〉心〈乎〉以〈天〉朝庭〈乃〉御奴〈止〉奉仕〈之米無止〉宣〈爾〉依〈天〉汝等〈我〉罪〈方〉免給. 但官〈方〉解給〈不〉, 散位〈止之天〉奉仕〈止〉勅御命〈乎〉聞食〈倍止〉宣. 又勅〈久〉從今往前〈爾〉小過〈毛〉在人〈仁〉所率〈流止之〉所聞〈波〉必法〈乃末爾末仁〉罪〈奈比〉給岐良〈比〉給〈止〉勅御命〈乎〉聞食〈倍止〉宣. 居十餘日, 以道麻呂爲飛驒員外介, 以其怨家從四位下上道朝臣斐太都爲守, 斐太都到任. 卽幽道麻呂夫婦於一院, 不通往來. 積月餘日. 並死院中, 從四位上大津連大浦爲日向守, 奪其位封. 從五位下石川朝臣永年爲隱岐員外介. 到任數年自縊而死. 壬午, 以正四位下石川朝臣豊成爲大宰帥. 甲申, 讚岐國人外大初位下日置毘登乙虫獻錢百萬, 授外從五位下.

九月壬辰, 授正四位下石川朝臣豊成從三位. 丁酉, 更鑄新錢, 文曰神功開寶, 與前新錢, 並行於世. 丁未, 河內國古市郡人正七位下馬毘登夷人, 右京人正八位下馬毘登中成等賜姓厚見連. 戊申, 從五位上藤原朝臣是公〈本名黑麻呂〉爲左衛士督. 庚戌, 遣使造行宮於大和, 河內, 和泉等國. 以欲幸紀伊國也. 癸丑, 以從二位藤原朝臣永手, 正三位吉備朝臣眞備, 爲御裝束司長官. 從四位下高丘連比良麻呂, 從五位上豊野眞人出雲, 大伴宿禰伯麻呂爲次官. 判官四人, 主典四人.

冬十月己未朔, 日有蝕之. 庚申, 遣使固守三關. 辛未, 行幸紀伊國. 以正三位諱爲御前次第司長官, 從五位下多治比眞人乙麻呂爲次官, 正四位下中臣朝臣淸麻呂爲御後次第司長官, 從五位下藤原朝臣小黑麻呂爲次官. 各判官二人, 主典二人. 正四位下藤原朝臣繩麻呂爲御前騎兵將軍, 正五位上阿陪朝臣毛人爲副將軍, 從三位百濟王敬福爲御後騎兵將軍, 從五位下大藏忌寸麻呂爲副將軍. 各軍監三人, 軍曹三人. 是日, 到大和國高市郡小治田宮. 壬申, 車駕巡歷大原長岡, 臨明日香川而還. 癸酉, 過檀山陵. 詔陪從百官, 悉令下馬, 儀衛卷其旗幟. 是日, 到宇智郡. 甲戌, 進到紀伊國伊都郡. 乙亥, 到那賀郡鎌垣行宮. 通夜雨墮. 丙子, 天晴. 進到玉津嶋. 丁丑, 御南濱望海樓, 奏雅樂及雜伎. 權置市廛, 令陪從及當國百姓等任爲交關. 散位正八位上民忌寸礒麻呂獻錢百萬, 稻一萬束, 授從五位下. 己卯, 前名草郡少領榎本連千嶋獻稻二萬束. 庚辰, 淡路公不勝幽憤, 踰垣而逃. 守佐伯宿禰助, 掾高屋連並木等率兵邀之. 公還明日薨於院中. 詔曰, 紀伊國今年調庸, 皆從原免. 其名草, 海部二郡者, 調庸田租並免. 又行宮側近高年七十以上者賜物, 犯死罪以下皆赦除. 但十惡及盜人不在赦限. 又國司, 國造, 郡領及供奉人等, 賜爵幷物有差. 授守從五位上小野朝臣小贄正五位下, 掾正六位上佐伯宿禰國守, 散位正六位上大伴宿禰人成並從五位下, 騎兵出雲大目正六位上坂上忌寸子老外從五位下, 名草郡大領正七位上紀直國栖等五人, 賜爵人四級. 自餘五十三人各有差. 紋牟婁采女正五位上熊野直廣濱從四位下, 女孺酒部公家刀自等五人各有差. 是日, 從三位廣瀨女王薨. 二品那我親王之女也. 癸未, 還到海部郡岸村行宮. 甲申, 到和泉國日根郡深日行宮. 于時西方暗暝, 異常風雨. 紀伊國守小野朝臣小贄從此而還. 詔賜絁三十疋, 綿二百屯. 乙酉, 到同郡新治行宮. 丙戌, 到河內國丹比郡. 丁亥, 到弓削行宮, 賜五位已上御衣. 戊子, 幸弓削寺禮佛. 奏唐高麗樂於庭,刑部卿從三位百濟王敬福等亦奏本國舞.

閏十月己丑朔, 捨弓削寺食封二百戶, 智識寺五十戶. 庚寅, 詔曰, 今勅〈久〉, 太政官〈乃〉大臣〈方〉奉仕〈倍伎〉人〈乃〉侍坐時〈仁方〉必其官〈乎〉授賜物〈仁〉在. 是以朕師大臣禪師〈能〉朕〈乎〉守〈多比〉助賜〈乎〉見〈禮方〉內外二種〈乃〉人等〈仁〉置〈天〉其理〈仁〉慈哀〈天〉過無〈久毛〉奉仕〈之米天志可等〉念〈保之米之天〉可多良〈比〉能利〈多布〉言〈乎〉聞〈久仁〉是〈能〉太政太臣〈乃〉官〈乎〉授〈末都流仁方〉敢〈多比奈牟可等奈毛〉念. 故是以太政大臣禪師〈能〉位〈乎〉授〈末都留止〉勅御命〈乎〉諸聞食〈止〉宣. 復勅〈久〉是位〈乎〉授〈末都良牟等〉申〈佐方〉必不敢伊奈〈等〉宣〈多方牟止〉念〈之天奈毛〉不申〈之天〉是〈能〉太政大臣禪師〈乃〉御位授〈末都流等〉勅御命〈乎〉諸聞食〈等〉宣. 詔文武百官令拜賀太政大臣禪師, 事畢幸弓削寺禮佛, 奏唐高麗樂. 及黑山企師部儛. 施太政大臣禪師綿一千屯, 僧綱及百官番上已上, 至直丁擔夫各有差. 內竪衛府特賜新錢亦有差. 辛卯, 詔, 河內, 和泉今年之調皆從原免. 其河內國大縣若江二郡, 和泉國三郡田租亦免. 又行宮側近高年七十已上者賜物, 犯死罪已下皆赦除. 但十惡及盜不在赦限. 又郡司供奉人等賜爵幷物有差. 授守正五位下石上朝臣息嗣正五位上, 介正六位上石川朝臣望足從五位下, 和泉守從五位下紀朝臣鯖麻呂從五位上, 兩國軍毅四人各進一階. 是日, 還到因幡宮. 甲午, 正六位上百濟王利善, 百濟王信上, 百濟王文鏡並授從五位下. 從六位上百濟王文貞等三人賜爵人有差. 乙未, 授正六位下賀茂朝臣諸雄從五位下. 丙申, 留守百官拜賀太政大臣禪師. 賜五位已上綿人三十屯. 丁酉, 騎兵一等二百三十二人賜爵人二級, 二等四十八人, 三等二十八人一級, 並賜綿有差. 大和, 河內國郡司十四人賜爵人二級, 八十七人一級, 其獻物人等賜綿有差. 癸卯, 授正五位上阿倍朝臣毛人從四位下, 從五位下大藏忌寸麻呂從五位上, 外從五位下上村主五十公外從五位上, 大初位下桑原公足嶋外從五位下. 己酉, 停河內國織御服絹戶, 造餠戶. 壬子. 先是, 兵庫器仗者, 中務監物與本司相對出納. 至是諸司相知出納.

十一月戊午朔, 上野國甘樂郡人中衛物部蜷淵等五人賜姓物部公. 壬戌, 遣使修造神社於天下諸國. 癸酉, 先是, 廢帝旣遷淡路. 天皇重臨萬機. 於是, 更行大嘗之事. 以美濃國爲由機, 越前國爲須伎. 庚辰, 詔曰, 神祇伯正四位下中臣朝臣淸麻呂, 其心如名, 淸愼勤勞, 累奉神祇官. 朕見之, 誠有嘉焉. 是以, 天皇嘉曰其心如名特授從三位. 又詔曰, 由紀須伎二國守等〈仁〉命〈久〉. 汝〈多知方〉貞〈仁〉明〈伎〉心〈乎〉以〈天〉朝庭

〈能〉護〈等之天〉關〈仁〉奉供〈禮方己曾〉國〈方〉多〈久〉在〈止毛〉美濃〈止〉越前〈止〉御占〈仁〉合〈天〉大嘗〈乃〉政事〈乎〉取以〈天〉奉供〈良之止〉念行〈天奈毛〉位冠賜〈久止〉宣. 授美濃守正五位下小野朝臣竹良從四位下, 介正六位上藤原朝臣家依從五位下, 越前守從五位上藤原朝臣繼繩從四位下, 介從五位下弓削宿禰牛養從五位上. 又詔曰, 今勅〈久〉, 今日〈方〉大新嘗〈乃〉猶良比〈乃〉豊明聞行日〈仁〉在. 然此遍〈能〉常〈余利〉別〈仁〉在故〈方〉朕〈方〉佛〈能〉御弟子〈等之天〉菩薩〈乃〉戒〈乎〉受賜〈天〉在. 此〈仁〉依〈天〉上〈都〉方〈波〉三寶〈仁〉供奉. 次〈仁方〉天社國社〈乃〉神等〈乎毛〉爲夜〈備末都利〉次〈仁方〉供奉〈留〉親王〈多知〉臣〈多知〉百官〈能〉人等天下〈能〉人民諸〈乎〉愍賜慈賜〈牟等〉念〈天奈毛〉還〈天〉復天下〈乎〉治賜. 故汝等〈毛〉安〈久〉於多比〈仁〉侍〈天〉由紀須伎二國〈乃〉獻〈禮留〉黑紀白紀〈乃〉御酒〈乎〉赤丹〈乃〉保〈仁〉多末倍惠良〈伎〉常〈毛〉賜酒幣〈乃〉物〈乎〉賜〈方利〉以〈天〉退〈止〉爲〈天奈毛〉御物賜〈方久止〉宣. 復勅〈久〉神等〈乎方〉三寶〈余利〉離〈天〉不觸物〈曾止奈毛〉人〈能〉念〈天〉在. 然經〈乎〉見〈末都禮方〉佛〈能〉御法〈乎〉護〈末都利〉尊〈末都流方〉諸〈乃〉神〈多知仁〉伊末〈志家利〉. 故是以出家人〈毛〉白衣〈毛〉相雜〈天〉供奉〈仁〉豈障事〈波〉不在〈止〉念〈天奈毛〉本忌〈之可〉如〈久方〉不忌〈之天〉此〈乃〉大嘗〈方〉聞行〈止〉宣御命〈乎〉諸聞食〈止〉宣. 辛巳, 詔曰, 必人〈方〉父〈我〉可多母〈我〉可多〈能〉親在〈天〉成物〈仁〉在. 然王〈多知止〉藤原朝臣等〈止方〉朕親〈仁〉在〈我〉故〈仁〉黑紀白紀〈乃〉御酒賜御手物賜〈方久止〉宣. 甲申, 右大臣從一位藤原朝臣豊成薨. 平城朝正一位贈太政大臣武智麻呂之長子也. 養老七年, 以內舍人兼兵部大丞, 神龜元年授從五位下, 任兵部少輔. 頻歷顯要, 天平十四年, 至從三位中務卿兼中衛大將. 二十年, 自中納言轉大納言. 感寶元年拜右大臣. 時其弟大納言仲滿, 執政專權, 勢傾大臣, 大臣天資弘厚, 時望攸歸. 仲滿每欲中傷, 未得其隙. 大臣第三子乙繩, 平生與橘奈良麻呂相善. 由是奈良麻呂等事覺之日, 仲滿誣以黨逆, 左遷日向掾, 促令之官. 而左降大臣爲大宰員外帥, 大臣到難波別業, 稱病不去. 居八歲. 仲滿謀反伏誅. 卽日復本官. 薨時年六十二.

十二月 辛卯, 右京人外從五位下馬毘登國人, 河內國古市郡人正六位上馬毘登益人等四十四人, 賜姓武生連. 己亥, 授從六位下道嶋宿禰三山外從五位下. 乙巳, 河內國錦部郡人從八位上錦部毘登石次, 正八位下錦部毘登大嶋, 大初位下錦部毘登眞公, 錦部毘登高麻呂等二十六人, 賜姓錦部連. 辛亥, 外從五位下民忌寸總麻呂爲左衛士佐,從五位下漆部直伊波爲右兵衛佐.

續日本紀卷第二十六

『속일본기』 권제27

〈天平神護 2년(766) 정월부터 12월까지〉

우대신 종2위 겸 行皇太子傅 中衛大將
신 藤原朝臣繼繩 등이 칙을 받들어 편찬하다.

高野天皇[1]

○ 天平神護 2년(766), 춘정월 갑자(8일), (천황이) 조를 내려(宣命體), "지금 말씀하기를, 말하기조차 황송한 近江의 大津宮에서 천하를 통치하던 (천지)천황의 시대에 봉사한 藤原大臣[2]과 또 後의 藤原大臣[3]에게 내린 書[4]에 '(藤原大臣의) 자손으로 맑고 밝은 마음으로 조정에 봉사한다면 반드시 (상응하는) 예우를 한다. 그 (가문의) 계승은 단절되어서는 안 된다'라고 칙을 내렸기 때문에 지금 藤原永手朝臣에게 우대신의 관을 내린다고 하신 천황의 말씀을 모두 듣도록 하라"고 하였다.

대납언 종2위 藤原朝臣永手를 우대신으로 삼고, 중납언 정3위 諱,[5] 藤原朝臣眞楯을 함께 대납언으로 삼고, 참의 정3위 吉備朝臣眞備를 중납언으로 삼고, 우대변 종4위상 石上朝臣宅嗣를 참의로 삼았다.

경오(14일), 정6위상 伊吉連眞次[6]가 동전 1백만문을 헌상하여 외종5위하를

1) 稱德天皇, 孝謙의 重祚.
2) 藤原鎌足. 天智 8년 10월 사망 직전에 대신의 위를 내렸다.
3) 藤原不比等. 和銅 원년 3월에 우대신, 사망 두 달 후인 養老 4년 10월에 태정대신으로 추증되었다.
4) 여기서 書는 死者의 영전에서 추모하고 조의를 표하는 弔詞인 誄이다. 『家傳』上(『寧樂遺文』)에 天智가 藤原鎌足이 사망하기 직전, 大海人皇子를 보내 "後嗣帝王, 實惠汝子孫, 不忘不遺, 廣厚酬答"이라고 조를 내렸다고 한다.
5) 白壁王. 후의 光仁天皇. 천황 실명을 거론하지 않는 忌諱 기사.
6) 『신찬성씨록』 좌경제번상에 "伊吉連은 長安人 劉家揚雍으로부터 나왔다"라고 하듯이

내렸다.

계유(17일), (천황은) 우대신의 저택에 행차해서 정2위를 내리고, 그 처 정5위상 大野朝臣仲智에게 종4위하를 내렸다.

정축(21일), 종5위하 息長丹生眞人大國에게 종5위상을, 외종5위하 葛井連道依[7]에게 종5위하를 내렸다.

기묘(23일), 외종6위상 桑原毘登安麻呂에게 외종5위하를 내렸다.

2월 경인(4일), 외종8위하 橘戶高志麻呂가 동전 1백만문을 헌상하여 외종5위하를 내렸다.

갑오(8일), 정6위상 白猪與呂志女[8]에게 종5위하를 내렸다. 입당 학문승 普照[9]의 모친이다.

기해(13일), 종4위하 道嶋宿禰嶋足에게 정4위하를 내렸다.

임인(16일), 종5위상 藤原朝臣是公에게 종4위하를 내렸다. 외정6위상 山背忌寸諸上에게 외종5위하를 내렸다.

병오(20일), 칙을 내려, "무릇 저축은 국가를 위한 근본이다. 近江國의 가까운 郡의 벼 5만속을 모아 운송해서 松原倉에 저장하도록 명하였다. 白丁[10]이 500석을 운반하면, 1급을 올려 서위하고, 350석 운송할 때마다 1급을 더한다. 관위가 있는 자는 300석마다 서위 1계를 더한다. 아울러 정6위상을 넘지 못한다"라고 하였다.

정미(21일), 命婦 외종5위하 水海毘登淸成 등 5인에게 水海連[11]의 성을

중국계 도래씨족이다. 일족으로는 伊吉連博德이 있다. 그는 齊明 5년(659)에서 동 7년에 걸쳐 견당사 일원으로서 파견되었고, 持統 9년(695)에는 신라에 사절로 파견되었다. 文武 4년(700) 대보율령의 편찬에 참여하였다. 그가 남긴 기록으로 『伊吉博德書』가 있으며 이는 伊吉博德이 견당사로 파견되었을 때의 수행 기록이다.

7) 天平神護 원년(765)에 藤原仲麻呂의 난의 공로로 외종5위하에 서위되었고, 동 2년에 종5위하, 이어서 종5위상, 神護景雲 3년(769)에 정5위하에 올랐다. 관력을 보면, 勅旨省의 勅旨少丞, 少輔를 거쳐 神護景雲 4년(770)에 御裝束司에 보임되었다. 이후 光仁朝에 들어 內匠頭, 右兵衛佐, 中衛少將을 역임하고, 桓武朝에서는 다시 內匠頭, 中宮亮, 越後守, 春宮亮에 임명되었다.

8) 백제계 도래씨족인 白猪史와 동족으로 보인다.

9) 法相宗 僧. 일본에 戒壇이 정비되지 않아 天平 5년(733) 칙명으로 榮叡와 함께 당으로 건너가 수계를 받고 楊州 大明寺에서 鑑眞에게 일본에 갈 것을 청했다. 귀국 후에는 東大寺에서 律을 강의하였다.

10) 無位의 백성.

내렸다. 종3위 山村王에게 공전 50정을 내리고, 종4위상 日下部宿禰子麻呂, 종4위하 坂上大忌寸苅田麻呂[12]·佐伯宿禰伊多知, 종5위상 淡海眞人三船,[13] 종5위상 佐伯宿禰三野 등 5인에게는 각각 20정을, 종5위하 紀朝臣船守, 외종5위하 民忌寸總麻呂 2인에게는 각각 8정을 내렸다. 아울러 그 자식에게 상속시켰다.

계축(27일), 우경인 종6위하 私眞繩, 河內國 사람 소초위상 私吉備人 등 6인에게 會賀臣의 성을 내렸다.

을묘(29일), 좌경인 종8위하 桑原連眞嶋, 우경인 외종5위하 桑原村主足床,[14] 대화국인 소초위상 桑原村主岡麻呂 등 40인에게 桑原公의 성을 내렸다.

3월 무오(3일), 伊豫國 사람 종7위상 秦毘登淨足 등 11인에게 阿陪小殿朝臣을 내렸다. 淨足은 스스로 말하기를, "難破長柄朝廷[15]에서 大山上 安倍小殿小鎌을 伊豫國에 보내 朱砂[16]를 채취하게 하였다. 거기에서 小鎌은 秦首[17]의 딸을 취하여 아들 伊豫麻呂를 낳았는데, 伊豫麻呂는 父祖의 성을 붙이지 않고 母의 성을 따랐다. 淨足은 그 자손이다"라고 하였다.

정묘(12일), 대납언 정3위 藤原朝臣眞楯이 죽었다. 平城朝 증 정1위 태정대신 房前의 제3자이다. 眞楯은 도량이 넓고 깊으며 재상으로서의 재능을 갖추었다. 최초 春宮大進으로 임관하고 점차 전임하여 정5위상 式部大輔 겸 左衛士督에 이르렀다. 관직에 있을 때 공정, 청렴하였고, 사사로움에 미치지 않았다. 感神聖武皇帝[18]는 총신으로서 후하게 예우하고, 조를 내려 특별히 천황에의 주상과 조칙의 전달을 맡게 하였다. 명민하였고 당시에 칭찬이 높았다.

---

11) 백제계 도래씨족. 『신찬성씨록』 河內諸蕃에 "水海連은 백제국인 努理使主로부터 나왔다"는 출자를 기록하고 있다.

12) 권26, 天平神護 원년 정월조 378쪽 각주 17) 참조.

13) 권22, 天平寶字 4년(760), 춘정월조 260쪽 각주 82) 참조.

14) 桑原村主는 『신찬성씨록』 좌경제번상에 "桑原村主는 漢 高祖의 7세손인 萬德使主로부터 나왔다"고 한다. 〈판상계도〉에 인용된 『신찬성씨록』 일문에는 阿智王[阿智使主]이 고구려, 백제, 신라에 산재해 있는 본국의 인민을 데려오기를 청하는데, 仁德 대에 따라온 사람들의 후손 중에 상원촌주가 보인다. 아지사주 전승은 『일본서기』 응신기 20년 9월조에 관련 기록이 보인다. 출자의 경우, 한 고조의 후예라는 주장은 가탁이고, 한반도계 중에서도 백제, 가야 지역으로부터 도래했을 가능성이 높다고 생각된다.

15) 孝德朝.

16) 朱色의 안료인 辰砂.

17) 秦首의 首는 天平勝寶 9세에 毗登으로 개성하였다.

18) 天平寶字 2년 8월 무신조에 聖武天皇에게 '勝寶感神聖武皇帝'라는 존호를 추증하였다.

종형제 仲滿[19]이 마음 속으로 그의 재능을 시기하고 있었다. 眞楯은 이를 알고, 병을 칭하여 집에 은둔하여 오로지 서적을 친구삼아 지냈다. 天平 말에 大和守가 되고, 天平勝寶에 종4위상을 받아 참의에 임명되었고, 이어 信部卿[20] 겸 大宰帥가 되었다. 이때에 발해사 楊承慶이 조정에 의례를 마치고,[21] 본국으로 귀국하려고 하자 眞楯은 전별의 연회를 열었다. 承慶은 이를 대단히 감동하여 칭찬하였다. 天平寶字 4년(760)에 종3위에 서위되었고, 眞楯이라는 이름을 받았다. 본명은 八束이다. 동 8년에 정3위 훈2등 겸 授刀大將이 되고, 天平神護 2년(766)에 대납언 겸 식부경에 보임되었다. 사망시의 나이는 52세였다. 대신의 예로 장의를 하였다. 민부경 정4위하, 勅旨大輔[22] 겸 시종인 훈3등 藤原朝臣繩麻呂, 우소변 종5위상 大伴宿禰伯麻呂를 보내 조문하였다. 이날, 중납언 정3위 吉備朝臣眞備를 대납언으로 삼았다.

임신(17일), 우경인 정7위상 四比河守[23]에게 椎野連의 성을 내리고, 정7위상 科野石弓[24]에게 石橋連을, 대초위상 支母末吉足[25] 등 5인에게 城篠連의 성을 내렸다.

을해(20일), 좌경인 종7위하 春日藏毘登常麻呂 등 27인에게 春日朝臣의 성을

19) 藤原仲麻呂.

20) 中務卿.

21) 天平寶字 2년 12월 24일에 입경.

22) 勅旨省의 차관. 令外官으로 天皇, 上皇에 근시하며 勅旨를 받드는 일을 담당하였다. 孝謙天皇은 병으로 淳仁天皇에게 양위했으나 762년 上皇이 勅旨省을 설치하였다. 이 기구는 상황의 관방기관으로 기능하고 태정관을 개입시키지 않는 행정명령을 취했다. 관제는 卿, 大輔가 각 1인, 少輔, 大丞, 少丞, 大錄, 少錄 각 2인으로 구성되었다.

23) 天智 4년(665) 추8월조에 달솔 四比福夫, 달솔 憶禮福留를 筑紫國에 보내 大野, 椽 2성을 쌓게 하였다는 기록이 나온다. 이때의 달솔관 四比福夫는 축성 기술 등 군사지식에 능한 인물로 백제부흥운동이 실패하자 망명하였다. 이후 그의 일족으로 보이는 인물 중에는 和銅 7년(714)에 四比信紗가 亡夫의 부모에 대한 효양을 칭송받아 과역을 면제받은 사실이 있고, 神龜 원년(724)에는 四比忠勇이 椎野連으로 개성한 기록이 보인다. 상기 四比河守도 그 일족으로 직계 자손일 가능성도 있다.

24) 『일본서기』 欽明紀 14년(553) 정월조의 上部 德率 科野次酒, 동년 8월조의 上部 奈率 科野新羅 등 왜계 백제관료가 나온다. 상기 본문의 해당 조문도 백제계 씨족에게 일본식 성을 사성하는 내용이므로 科野石弓도 망명 백제계 씨족의 후예로 보인다.

25) 『신찬성씨록』 우경제번하에 "城篠連은 百濟國人 달솔 支母末惠遠으로부터 나왔다"라고 한다. 본문의 대초위상 支母末吉足은 달솔 支母末惠遠의 후손이고, 백제 멸망 직후 망명한 관인이다. 支母末은 백제의 씨명으로 보이는데, 3자 씨명은 최초의 사례이다.

내렸다.

신사(26일), 종5위하 佐伯宿禰助를 山背介로 삼고, 近衛將監 종5위하 賀茂朝臣諸雄에게 伊勢員外介를 겸직시키고, 左衛士佐 외종5위하 民忌寸總麻呂에게 參河掾을 겸직시키고, 외종5위하 高屋連並木을 遠江大掾으로 삼고, 종5위하 巨勢朝臣公成을 武藏守로 삼고, 종5위하 大野朝臣眞本을 下總介로 삼고, 참의 民部卿 정4위하 勅旨大輔[26] 및 시종인 藤原朝臣繩麻呂에게 近江守를 겸직시키고, 종5위하 太朝臣犬養을 (近江)介로 삼고, 勅旨少丞[27] 종5위하 葛井連道依에게 員外介를 겸직시키고, 종5위하 百濟王利善[28]을 飛彈守로 삼고, 외정5위하 大原連家主를 但馬員外介로 삼고, 종5위상 海上眞人淸水를 豊前守로 삼았다.

을유(30일), 좌경인 정5위하 中臣丸連張弓 등 26인에게 朝臣의 성을 내렸다.

하4월 임진(7일), 대재부에서 언상하기를, "적을 방어하고 변경을 지키는 일은 본래 동국의 군대에 의지하고 있었고, 민중을 지키고 무위를 보이는 것은 筑紫의 병사의 일이 아니다. 지금 筑前 등 6국의 병사를 나누어 防人으로 삼고, 그 나머지 병사를 상하로 분번하여 방위를 맡기고 있는데,[29] 사람이 용감하고 강건하지 않으면 방위를 담당하기는 어렵다. 바라건대, 동국의 방인을 종전과 같이 수비에 배치하도록 청한다"라고 하였다. 이에 (천황은) 칙을 내려, "陸奥의 성채를 수리하는 데에 많은 동국의 노역이 징집되고 있다. 일은 피차 융통해서 각각 사안에 맞도록 꾀해야 한다. 지금 듣건대, 동국의 방인이 많이 축자에 머물러 있다고 한다. 조사하여 수비에 배치해야 한다. 즉시 그 수에 따라 (筑前 등의) 6국에서 징발하는 방인을 줄이고, 그 상황을 상세히 기록하여 주상하도록 한다. 그 부족한 수를 계산하여 동국의 사람을 차출해서 3천명을 채우도록 한다.[30]

26) 勅旨省 上次官.

27) 勅旨省 下次官.

28) 刑部卿 百濟王敬福의 子. 寶龜 2년(771)에 讚岐員外介에 서임되고, 동 7년에 정5위하, 天應 원년(781)에 정5위상, 延曆 2년(783)에 정4위하에 이른다.

29) 防人으로 충당되는 이외의 병사는 순서를 정하여 군단에 교체로 근무하게 한다는 것.

30) 防人의 정원은 율령 규정에는 없지만, 3천명으로 추정된다.

이렇게 하면 동국의 노역은 경감되고 서쪽의 국에서도 병력이 충족될 것이다" 라고 하였다.

병신(11일), (宇佐)八幡의 比咩神에게 봉호 600호를 바쳤다. 신의 청원에 의한 것이다. 淡路, 石見 2국에 기근이 들어 구휼하였다.

기해(14일), 和泉國에 기근이 들어 구휼하였다.

갑진(19일), 伊豫國 神野郡의 伊曾乃神, 越智郡의 大山積神에게 함께 종4위하를 내리고, 神戶를 각각 5호씩 지급하였다. 久米郡의 伊豫神, 野間郡의 野間神에게 함께 종5위하를 내리고 신호를 각각 2호씩 지급하였다.

정미(22일), (천황이) 칙을 내려, "요즈음 생각하는 바가 있어, 불교에 귀의하여 불도를 행하고 참회하고 있다. 죄를 슬퍼하고 법망을 풀어주는 것은 옛 성인의 자비의 행적이다. 은혜와 용서를 베풀고 모든 허물과 부정을 씻어주고자 한다. 천하에 대사면을 내린다. 天平神護 2년 4월 28일[31] 동트기 이전 사형죄 이하는 죄의 경중을 묻지 않고, 이미 발각되었거나, 발각되지 않았거나, 판결이 났거나 심리중이거나, 현재 수감중인 자, 사주전 및 팔학, 뇌물을 받아 법을 왜곡한 자, 보관 책임자이면서 스스로 훔친 자, 관할하에 있는 (백성의) 물건을 훔친 자, 강도와 절도, 통상의 사면에서 면제되지 않는 자는 모두 사면한다. 다만 선과 후의 반역의 무리들은[32] 사면의 범위에 포함되지 않는다"라고 하였다. 攝津國 사람 정7위하 甘尾雪麻呂에게 井於連의 성을 내렸다.

갑인(29일), 한 남자가 나타나 스스로를 성무황제의 황자라고 하고, 石上朝臣志斐의 소생이라고 칭하였다. 신문해 보니, 이것은 과연 사기였다. 조를 내려, 遠流[33]에 처했다.[34] 大和國 사람 高志毘登久美咩 등 17인은 諸陵寮[35]에

---

31) 사면을 내렸다는 28일은 해당 날짜가 정미(22일)조에 기록되어 있어 22일의 오기로 생각된다. 기타 사례에서도 동일하다.

32) 先은 天平寶字 원년 7월의 橘奈良麻呂의 반역 음모사건, 後는 藤原惠美押勝 즉 藤原仲麻呂의 반란사건을 말한다. 寶龜 원년 6월 임진조 등에 "前後逆黨"이라는 표현이 나온다.

33) 유형 중에서 가장 무거운 벌로 遠流, 中流, 近流의 3종류가 있고, 이는 왕경으로부터의 거리에 의거한다. 『延喜式』에는 伊豆, 安房, 常陸, 佐渡, 隱岐, 土佐 등지가 遠流에 해당한다.

34) 「賊盜律」21에는 "凡造妖書及妖言, 遠流, 傳用以惑衆者, 亦如之"라고 한다. 이 경우는 妖言에 해당한다.

의해 잘못 판단이 내려져 공민의 신분을 잃어버리고 陵戶가 되었다. 이에 이르러 억울한 호소가 받아들여져 능호의 호적으로부터 삭제되었다.

5월 정사(3일), 정5위하 津連秋主[36]에게 종4위하를 내렸다. 처음으로 7도 제국에 명하여 采女의 부양물자[37]는 그 생사를 논하지 않고 모두 采女司[38]에 납입시켰다.

무오(4일), 대납언 정3위 吉備朝臣眞備의 주상으로 2개의 기둥을 中壬生門[39] 서쪽에 세웠다. 하나에는, "관사로부터 압박받고 있는 자는 이 기둥 밑에 와서 호소하라"고 기록하고, 다른 하나에는, "백성 중에서 억울함이 있는 자는 이 기둥 밑에 와서 호소하라"고 하여, 모두 탄정대에 그 호소를 받아 처리하게 하였다.

임술(8일), 上野國에 있는 신라인 子午足[40] 등 193인에게 吉井連의 성을 내렸다.

계해(9일), 主殿助 종5위하 下道臣色夫多에게 朝臣의 성을 내렸다.

갑자(10일), 종5위하 百濟王三忠[41]을 民部少輔로 삼고, 종5위하 百濟王文鏡을 出羽守로 삼고, 종5위하 坂上忌寸石楯[42]을 (出羽)介로 삼고, 종5위상 佐伯宿

---

35) 治部省 산하기관으로 천평 원년(729) 諸陵司를 확장, 개편하였다. 陵墓의 관리, 봉폐, 陵戶의 호적, 계장의 작성 등을 담당하였다.

36) 백제계 도래씨족의 후예. 右兵衛府 少直을 거쳐 天平 20년(748) 외종5위하에 서위되었고, 天平寶字 2년(758)에 秋主 등 일족 34인과 함께 청원하여 史에서 連 성으로 개성하였다. 동년 11월 종5위하로 승서되었다. 天平寶字 7년(763)에 尾張介, 이어 尾張守에 서임되었다. 寶龜 4년(773)에는 造西大寺 차관에 임명되었다.

37) 채녀는 천황, 황후에 근시하며 신변의 잡사 등에 봉사하는 女官. 이들에게 들어가는 비용은 제국에서 보내는 庸으로 충당하고, 별도의 肩巾田이라는 전지에서 나오는 수확물이 있었다. 채녀의 생사를 묻지 않는다는 것은, 채녀의 정원에 맞춰 액수 전량을 공진하라는 의미이다. 지방 국사에 의한 채녀의 자양물이 공납되지 않는 사례가 많았기 때문이다.

38) 궁내성 산하기관으로 채녀의 인사 등을 관리.

39) 壬生門은 평성경의 남면한 동문으로 남면 중앙의 주작대로에 필적하는 문이다. 中壬生門이란 임생문 안측에 또 하나의 문이 존재한다는 의미로 보인다.

40) 신라인 子午足은 성이 子이고 이름이 午足으로 보인다. 『속일본기』 인명표기에 이름만 명기된 경우는 거의 없는데, 신라의 성씨 가운데 子氏는 첫 사례이다.

41) 天平 9년에 出羽守에 보임되었고, 天平神護 2년에 民部少輔를 거쳐 兵部少輔가 되었다. 父는 종5위하 出雲守 百濟王孝忠이다.

42) 坂上忌寸은 阿知使主를 조상으로 하는 백제계 東漢氏의 지족으로 天武 11년(682)에 坂上直으로부터 坂上連으로 개성하였고, 동 14년에 坂上忌寸의 성을 받았다. 坂上忌寸石

禰美濃麻呂를 能登員外介로 삼았다.

을축(11일), 태정관에서 주상하기를, "令에 의거하면, 제국의 史生, 박사, 의사는 국의 대소에 관계없이 오로지 정수를 정하고 있다. 다만 神龜 5년(728) 8월 9일 격에 의하면, 史生의 정원은 국의 대소에 따라 각각 차등이 있고, 박사는 3, 4국에 1인이고, 의사는 국마다 1인이다. 지금 박사와 의술의 도는 학업을 성취한 자가 부족하기 때문에 헛되이 직원의 정원을 설정해 놓고 선발하고 있는데 채용할 사람은 부족하다. 문서를 정리하고 서사할 수 있는 재능에 대해서는, 임무를 감당할 수 있는 자는 많기 때문에, 사람은 많고 관직은 적어 두루 채용할 수가 없다. 이에 조정회의에서 심의한바, 박사가 수개 국을 관할하는 방식은 오로지 앞의 격에 의한 것이고,[43] 의사가 (몇개 국을) 겸임하는 것은, 새로 신례를 세웠다. 職田, 事力,[44] 公廨[45] 등은 모두 正任의 국에서만 지급하고, 겸임의 국은 지급하지 않는다. 봉록을 지급하는 국은 정임(의 국)이라고 부르고, 봉록을 지급하지 않는 국은 겸임(의 국)이라고 부른다. 史生(의 정원)은 박사, 의사가 겸임하고 있는 격의 정원 외에 2인을 증원한다. (이와 같이 해서) 유학과 의술에 능한 자를 두루 천하에 널리 알리고, 공로가 있는 사람은 모두 (천황의) 은택을 받을 수 있도록 하고자 한다"라고 하였다. (천황은) 주상한 바를 재가하였다.

신미(17일), 大和國 丹生川上神 및 기내 5국의 신들에게 폐백을 바쳤다. 비가 내리기를 기원하기 위해서이다.

갑술(20일), 上野國 甘樂郡 사람 외대초위하 礒部牛麻呂 등 4인에게 物部公의 성을 내렸다.

병자(22일), 大和國 사람 종7위하 寺間臣大虫 등 4인에게 大屋朝臣의 성을

楯은 天平寶字 8년(764)에 藤原仲麻呂의 난 때 藤原仲麻呂의 머리를 벤 공적으로 일개 병사 신분인 大初位下에서 16단계를 승진한 종5위하에 서위되었다. 이듬해 天平神護 원년(765)에 훈4등을 받았고, 寶龜 5년(774)에 中衛將監에 임명되었다. 동 10년에는 그의 처 紀朝臣多繼 등이 그해 고인이 된 부친을 위해 대반야바라밀다경 1부 600권을 사경해서 바쳤다.

43) 國博士는 神龜 5년 8월 9일 격에 3, 4국에 1인을 두고, 寶龜 10년 윤5월에 制가 내려져 국마다 1인으로 복구되었다.

44) 大宰府의 관인 및 國司에게 지급되는 職田의 경작에 종사하는 丁男.

45) 公廨稻.

내렸다.

정축(23일), 태정관이 주상하기를, "備前國守 종5위상 石川朝臣名足 등이 상신한 문서에, '藤野郡은 토지가 척박하고 더욱이 사람도 빈한한데, 공적인 노역의 징발이 부과되어 바쁘고 힘들다. 또 山陽道의 역로를 담당하고 있다. 사자가 끊이질 않고, 서해도로 길이 통하고 있기 때문에 (사자를) 보내고 맞이하는 일이 이어지고 있다. 말은 지쳐있고 사람도 고통에 빠져 있어 어느 쪽도 버티기 어렵다. 이에 더하여 빈번히 가뭄과 질병이 유행하고, 호수도 불과 3개향이고, 사람은 적은데 노역이 많다. 어떻게 능히 감당할 수 있겠는가. 삼가 邑久郡의 香登鄕, 赤坂郡의 珂磨, 佐伯 2군, 上道郡의 物理, 肩背, 沙石 3향을 분할하여 藤野郡에 편입해 주었으면 한다'라고 하였다. 또 美作國守 종5위상 巨勢朝臣淨成 등이 상신한 문서에서 '勝田郡 鹽田村의 백성은 군의 치소로부터 멀리 떨어져 있고, 다른 군에 가까이 있다. 노역이 징발되거나 과세를 납입하는 일이 극히 어려움이 있다. 바라건대 거주지에 따라 편의대로 備前國의 藤野郡으로 편입했으면 한다'라고 하였다". (천황은) 주상한 대로 허가하였다.

6월 을유삭(1일), 정6위상 中臣習宜朝臣阿曾麻呂[46]에게 종5위하를 내렸다.

정해(3일), 日向, 大隅, 薩摩 3국에 대풍이 불어 뽕나무, 삼농사가 모두 피해를 입었다. 조를 내려, 柵戶[47]로부터 調, 庸을 수납하지 않도록 하였다.

기축(5일), 大隅國의 신이 新嶋[48]를 만들어 진동이 멈추지 않았다. 따라서 많은 백성들이 떠돌아다니게 되어 이에 구휼하였다.

을미(11일), 하내국에 기근이 들어 구휼하였다.

병신(12일), 칙을 내려, "지난 2월 20일, 近江國의 가까운 군으로부터 벼 5만석을 모아 운반하여 松原倉에 수납하기로 하였다. 그 운반량에 따라 서위하는 법에 대해서는 이미 칙을 내렸다.[49] 그런데 1달 10일이 지났는데도

---

46) 神護慶雲 원년 9월에 豊前介, 이후 大宰主神으로 있을 때에 道鏡을 위해 거짓을 꾸며 八幡의 神敎를 전했던 이유로 寶龜 원년 8월 도경의 실각과 함께 多褹嶋守로 좌천되었다. 다시 동 3년 6월에 大隅守가 되었다.

47) 城柵에 배속된 백성. 大寶 2년 10월 정유조에 薩摩國에 柵을 세운 기록이 있다.

48) 天平寶字 8년 12월 是月條의 화산 폭발로 해중에서 출현한 섬으로, 이를 신이 만든 섬으로 인식하였다. 이 폭발로 당시 민가 62가구와 80여 명이 매몰되었다.

아직 운송하는 자가 1인도 보이지 않았다. 참으로 이 위계가 낮기 때문에 사람들의 마음을 움직이지 못한 것이다. 이에 1만석을 운송하는 자에게는 외종5위하를 내리도록 한다[50]"라고 하였다.

정유(13일), 丹波國 사람 家部人足은 사물을 내어 기근에 있는 57인의 백성을 도왔기 때문에 위계 2급을 서위하였다.[51]

경술(26일), (천황이) 칙을 내려, "듣는 바로는, 좌우경 및 대화국의 天平神護 원년의 전조는 아직 전부 납입이 끝나지 않았다. 실로 해마다 빈번히 곡물이 여물지 않아 백성들의 궁핍이 끊이지 않고 있다. 납입이 끝난 전조를 제외하고 모두 면제한다"라고 하였다.

임자(28일), 형부경 종3위 百濟王敬福이 죽었다. 그 선조의 출자는 백제국의 의자왕이다. 高市岡本宮馭宇天皇[52]의 치세에 의자왕이 그 아들 豊璋王 및 禪廣王을 보내 (천황에게) 근시하게 하였다. 後岡本朝廷[53]에 이르러 의자왕은 전쟁에 패해 당에 항복하였다. 그 신하 좌평 福信은 사직을 재건하고, 멀리 豊璋을 맞이하여 끊어진 왕통을 이어 흥륭시켰다. 풍장은 왕위에 오른 후, 참언에 의해 복신을 무참하게 죽였다. 당병은 이를 듣고 또 주류성을 공격하였다. 풍장은 일본의 원병과 함께 방어했지만, 원군은 불리해져 풍장은 배를 타고 고구려로 숨어들었다. 禪廣은 이로 인해 귀국하지 않았다. 藤原朝廷[54]은 (선광에게) 백제왕이라는 칭호를 주고, 사망시에 正廣參[55]의 관위를 내렸다. 아들 百濟王昌成은 유년기에 아버지를 따라 입조하였으나, 아버지보다 앞서 죽었다. 飛鳥淨御原[56]의 치세에 小紫[57]를 받았다. 그 아들 郎虞는 奈良朝廷에서

---

49) 天平神護 2년 2월 병오조.

50) 이해 2월 병오조에서 정6위상을 한도로 위계를 내린다는 칙을 1만석에 한하여 외종5위하를 내린다고 변경한 것이다.

51) 無位의 백성에게 2계 서위하면 소초위상의 위계를 갖게 된다.

52) 舒明朝. 『일본서기』 舒明 3년(631) 3월조에 의자왕이 풍장을 보낸 기사가 나온다. 의자왕의 즉위는 서명 13년의 일이고, 연대적으로 맞지 않는다. 皇極紀 초년에 보이는 翹岐와 풍장은 동일 인물이고 도왜 연대는 의자왕 2년(642)으로 보는 것이 온당하다.

53) 齊明朝. 齊明 6년(660), 당 顯慶 5년에 당의 소정방 군대에게 패망한 사실.

54) 持統朝.

55) 禪廣[善光]은 持統 7년(693)에 사망하였다. 이때 추증된 正廣參은 淨御原令制의 48계 관위의 제6위, 정3위에 상당한다.

56) 天武朝.

정4위하 攝津亮이 되었다. 敬福은 그 제3자이다. (그의 성격은) 자유분방하여 구애됨이 없고 자못 주색을 즐겼다. 感神聖武皇帝[58]는 특히 총애하여 우대하고 은상을 후하게 내렸다. 당시에 관인이나 백성들이 와서 청빈함을 알릴 때에는 언제나 타인의 물건을 빌려 생각지도 않은 것을 주었다. 이런 까닭에 자주 지방관을 역임해도 집안에는 여분의 재산이 없었다. 그러나 성격은 이해력이 좋고 정사에 도량이 있었다. 天平 연중, 출사하여 종5위상 陸奧守에 이르렀다. 이때 聖武皇帝는 노사나불의 동상을 만들고 있었는데, 주조는 끝났는데 도금할 금이 부족하였다. 그런데 陸奧國에서 역마로 달려 小田郡에서 산출한 황금 9백량을 바쳤다.[59] 우리나라에서 황금이 나는 것은 이로부터 시작되었다. 聖武皇帝는 대단히 기뻐하고 칭찬하여 종3위를 내리고, 궁내경으로 전임시키고 바로 河內守를 겸직시켰다. 天平勝寶 4년(753)에 常陸守에 보임되고 左大弁으로 전임되었다. 차례로 出雲, 讚岐, 伊豫 등의 국수를 역임하고, 天平神護 초에 刑部卿에 임명되었다. 사망시의 나이는 69세였다.

추7월 을축(12일), 中律師[60] 圓興을 대승도로 삼았다.

을해(22일), 출운국 안찰사 종3위 文室眞人大市, 外衛大將 겸 丹波守 종4위하 藤原朝臣田麻呂, 右大弁 겸 越前守 종4위하 藤原朝臣繼繩을 함께 참의로 삼았다. 종5위하 菅生王에게 종5위상을, 정6위상 石川朝臣眞守에게 종5위하를 내리고 近江介로 삼았다. 종5위하 太朝臣犬養을 信濃守로 삼고, 종5위하 國見眞人安曇을 越中介로 삼고, 종5위하 賀茂朝臣淨名을 紀伊守로 삼았다.

병자(23일), 사자를 伊勢大神宮寺에 보내 장육불상을 만들게 하였다.

기묘(26일), 近江國 志賀團[61]의 大毅 소초위상 建部公伊賀麻呂[62]에게 朝臣의 성을 내렸다. 산위 종7위상 昆解宮成이 白鑞[63]과 유사한 광물을 바쳤다.

---

57) 天智 3년(664) 제정의 관위 26계 중 제6위, 종3위 상당.

58) 天平寶字 2년(758) 8월에 聖武天皇에게 勝寶感神聖武皇帝라는 존호를 추증하였다.

59) 天平勝寶 원년(750) 4월 을묘조에 나온다.

60) 律師는 僧正, 僧都에 이은 승직으로 율사 중에는 大律師, 中律師가 설치되었다.

61) 志賀團은 近江國 滋賀郡에 설치된 군단. 大毅은 그 장관.

62) 建部公은 大化前代 大和政權에서 봉사하던 武勇者 집단.

63) 文武 2년(698) 7월조에 伊豫國이, 동년 11월에 伊勢國이 白鑞을 바친 기사가 있다. 주석의 일종으로 동과 합금하여 銅錢, 銅鏡, 銅印 등을 만든다. 동대사 대불 조영에도 1만 근 이상의 白鑞이 사용되었다고 한다.

(宮成이) 아뢰기를, "이것은 丹波國 天田郡의 華浪山에서 산출한 것이다. 여러 기물을 주조해보니, 당의 주석에 떨어지지 않았다"라고 하였다. 그래서 진짜 백랍으로 주조한 경을 증정하였다. 그 후 외종5위하의 관위를 내리고, 또 노역을 동원해서 이를 채굴시켜 연 수백인으로 10여근을 얻었다. 어느 사람은 말하기를, "이것은 납과 비슷하나 납이 아니다. 어떤 이름인지 알지 못한다"라고 하였다. 이때 여러 주공들을 불러 宮成과 함께 이를 정련시켰지만, 방도가 궁하여 간책을 부릴 수가 없었다. 그러나 그것이 백랍과 유사하다는 것을 근거로 강하게 주장하여 굴복하지 않았다. 寶龜 8년(777) 入唐 준판관 羽栗臣翼이 이를 가져와서 楊州[64]의 鑄工을 시연하였다. 모두가 말하기를 "이것은 鈍隱[65]이다. 요즈음 사사로이 위조전을 주조하는 자는 때로는 이것을 사용한다"라고 하였다.

경진(27일), 조를 내려, "3衛[66]의 위사와 제관사의 直丁[67]으로 본사에 20년 이상 근무한 자에게 위계를 사람마다 1계를 준다"라고 하였다. 多褹嶋에 기근이 들어 구휼하었다.

8월 임인(19일), 종5위상 石川朝臣名足에게 정5위하를 내렸다.

을사(22일), 散事[68] 종3위 神社女王이 죽었다.

경술(27일), 좌경인 종5위상 桑內連乙虫女 등 3인에게 桑內朝臣의 성을 내렸다.

9월 임오(5일), (천황이) 칙을 내려, "요즈음 伊勢, 美濃 등의 제국이 상주한 바를 보니, 태풍으로 피해를 입은 관사가 많고, 단지 (가옥이) 훼손된 것만 아니고 또한 인명을 앗아갔다. 옛 적에 말의 일을 묻지 않았다고 하는데,[69] 선인들의 깊은 자애이다. 지금 사람을 다치게 하여 짐의 마음이 심히 아프다.

---

64) 楊州[揚州]는 견당사의 왕복로에 위치한 교통상의 요지이고, 당대에는 鑄銅 공예의 중심지였다.

65) 아연의 일종으로 보인다.

66) 衛門府, 左右衛士府.

67) 율령제 하 50호마다 2인씩 징발된 仕丁 중에서 중앙관사의 잡역에 복무하는 자.

68) 職掌을 갖지 않고 후궁에서 봉사하는 여성.

69) 『論語』 鄕黨篇에, "廐焚子退朝曰, 傷人乎, 不問馬"라고 하여 마구간에 불이 나 조정에서 퇴근한 공자가 말씀하길, "사람은 다치지 않았느냐"고 하고 말에 대해서는 묻지 않았다고 한 고사를 말한다.

듣는 바로는 국사들은 조정의 위임에 보답하지 않고, 사리를 추구하는 일이 현저히 나타나고, 창고는 비어있고, 도곡은 부패해서 적색으로 변했다고 한다. (사람들은) 이미 잠시의 고통으로 영구히 즐거움을 누릴 수 있다는 마음을 잊어버리고 마침내 (미곡을) 참새나 쥐, 풍우에 주어버리는 모양이 되어 있다. 좋은 국사가 그 직무에 있다면, 어떻게 이와 같이 될 수 있겠는가. 지금 이후로는 영구히 이 폐해를 고치지 않으면 안 된다. 제국에 명해서 그해 중에 수리한 관사의 수를 빠짐없이 기록하여 朝集使에게 부쳐서 매년 주상하도록 한다. 국분사, 국분니사도 역시 이에 준한다. (이러한 피해를) 神異 때문이라고 하여[70] 사람들의 이목을 놀라게 해서는 안 된다"라고 하였다.

기미(6일), 관군[71]을 도운 近江國의 승, 사미 및 錦部, 蒿園 2寺의 檀越[72]과 諸寺의 奴들에게 지위에 따라서 물품을 내렸다. 山背國 사람 堅井公三立 등 11인에게 諸井公의 성을 내렸다.

병인(13일), 伊豫國 사람 大直足山은 개인 벼 77,800속, 가래 2,440구, 간전 10정을 해당국 국분사에 바쳤다. 그 자식인 외소초위하 (大直)氏山에게 외종5위하를 내렸다.

정묘(14일), 종5위하 佐伯宿禰家繼를 防人正[73]으로 삼았다.

경오(17일), 志摩國에 기근이 들어 구휼하였다.

임신(19일), 종6위하 息長眞人淨繼에게 외종5위하를 내렸다. 修行進守[74] 대선사 基眞에게 정5위상을 내렸다. 攝津國 武庫郡 대령 종6위상 日下部宿禰淨方이 동전 1백만문, 榍榑[75] 1천매를 바쳐, 외종5위하를 내렸다.

병자(23일), 종4위하 阿倍朝臣毛人을 5기내순찰사로 삼고, 종5위하 紀朝臣廣

---

70) 인명 피해와 건물 파손을 신의 노여움에 가탁해서 사람들을 놀라고 두렵게 해서는 안 된다는 것이다. 이 시기에 神火라고 위장하여 正倉에 방화하는 사건이 일어나고 있었다.

71) 天平寶字 8년(764) 9월에 반란을 일으켜 近江으로 진군한 藤原惠美押勝의 정토군.

72) 일종의 시주로, 절을 세우고 경영에 참여하는 속인.

73) 防人司의 장관.

74) 修行은 僧位, 進守는 수행에 정진하고 계율을 지킨다는 의미로 보이지만, 상세한 것은 알 수 없다.

75) 지붕을 잇는 건축 판자.

名을 동해도순찰사로 삼고, 정5위상 淡海眞人三船을 동산도순찰사로 삼고, 종5위상 豊野眞人出雲을 북륙도순찰사로 삼고, 종5위상 安倍朝臣御縣을 산음도순찰사로 삼고, 정5위하 藤原朝臣雄田麻呂를 산양도순찰사로 삼고, 종5위하 高向朝臣家主를 남해도순찰사로 삼았다. 백성의 근심과 고통을 묻고 전후[76] (국사의) 교체 시에 분쟁을 판단하고, 아울러 전지의 수확물의 득실의 상황을 조사시켰다. 서해도에 대해서는 대재부에서 조사하게 하였다.

동10월 계미삭(1일), 일식이 있었다.

갑신(2일), 무위 大神朝臣田麻呂에게 외종5위하를 내리고, 豊後員外掾으로 삼았다. 田麻呂는 본래 八幡大神宮의 禰宜 大神朝臣毛理賣의 때에 5위를 받아 神宮司에 임명되었는데, 毛理賣의 거짓[77]이 발각되어 함께 日向으로 좌천되었다. 이에 이르러 본위를 회복하였다.

을유(3일), 무위 笠朝臣始에게 종5위하를 내렸다.

병술(4일), 정원외 국사의 부임을 일체 금지하였다.

정해(5일), 좌경인 종8위상 壹難乙麻呂에게 淨上連의 성을 내렸다.

경인(8일), 정5위상 大伴宿禰御依를 出雲守로 삼았다.

신축(19일), 정4위하 藤原朝臣繩麻呂에게 정4위상을, 종4위하 藤原朝臣是公에게 종4위상을, 종5위하 葛井連道依[78]에게 종5위상을, 정6위상 弓削御淨朝臣塩麻呂에게 종5위하를 내렸다. 河內國 사람 대초위하 昆登戶東人 등 94인에게 高安造[79]의 성을 내렸다.

임인(20일), 隅寺[80]의 毘沙門像에서 발견된 사리를 法華寺[81]에 옮겨 봉안하

---

76) 新舊 국사의 교체 때 인수인계 등을 둘러싸고 일어나는 분쟁을 말한다.

77) 승려의 주술 행각을 말한다. 天平勝寶 6년 11월 갑신조, 정해조 참조.

78) 권26, 天平神護 원년 정월조 378쪽 각주 15) 참조.

79) 『신찬성씨록』 河內國諸蕃에 高安造는 "八戶史와 조상이 같으며, 盡達王의 후손이다"라고 하고, 동 하내국 제번의 八戶史에 대해서는 後漢 光武帝의 손자 章帝로부터 나왔다고 하였다. 八戶의 씨명은 하내국 高安郡에 거주하던 도래인 집단인 八戶의 관리자에서 유래한다. 『속일본후기』 承和 3년(836) 3월 임인조에는 木工寮 筭師인 八戶史礒益 등 20인이 常澄宿禰의 씨성을 받았고, "其先高麗人也"라고 하듯이 고구려 출신임을 주장하고 있다. 이들 씨족은 하내국 고안군을 본관으로 하던 고구려계 씨족일 가능성이 높다.

80) 海龍王寺. 隅院이라고도 한다. 藤原不比等 저택의 東北隅에 소재하여 隅寺라고 불렸으며, 후에 法華寺가 되었다.

였다. (그 의식에는) 諸氏 중에서 장년으로 용모가 반듯한 자를 선발하고, 5위 이상의 관인 23인, 6위 이하의 관인 177인이 종종의 幡, 蓋을 들고 (사리의) 전후로 행렬하였다. 그 입은 의복에 금은(의 장식), 주색 및 자색을 원하는 대로 (이용하는 것을) 허용하였다. 조를 내려, 백관의 주전 이상에게 예배를 하게 하였다.

(천황이) 조를 내려(宣命體), "지금 (천황이) 말씀하기를, 이 이상 없는 불법은 지성의 마음으로 예배하고 존숭한다면, 반드시 기이한 효험이 나타나 내릴 것이다. 그런데 지금 출현한 여래의 존엄한 대사리는 늘상 보아 온 것보다도 색깔과 광채가 빛나 대단히 아름답고 형태도 둥글고 가득차 있어 특히 훌륭하기 때문에, 각별하게 신비하고 영묘하여, (그 이유를) 생각하는 것도 극히 어려울 정도이다. 이에 마음속으로 밤이고 낮이고 권태하지 않고 힘써 예배를 올리고 있다. 이것은 실로 (佛이) 化身이 되어 이 세상에 나타나는 것은 인연에 따라 인도해 주는데, 때를 놓치지 않고 행함에 따라 자비를 베풀고 구원해 준다고 생각하고 있다. (그렇지만) 역시 불법을 흥륭시키는 데에는 사람에 의해 이어지고 넓혀가는 것이다. 따라서 여러 대법사들을 이끌고 그 위에 있는 태정대신선사가 도리에 따라 정치를 행하고 가르쳐 인도함으로써 이러한 영묘한 효험이 나타나는 것이다. 그런데 이와 같은 존귀하고 좋은 일을 짐 홀로 기뻐할 수 있겠는가를 생각하여, 태정대신인 짐의 대사에게 法王의 지위를 내리고자 하는 천황의 말씀을 모두 들으라고 하였다.

또 말씀하기를, (道鏡은) 속세의 位를 바라고 구하는 일은 지금까지 없었고, 오직 불도에 뜻을 두고 보살에 이르기 위해 수행하고 사람을 가르쳐 인도하고자 하는 마음을 정하고 있다. 이와 같은데 짐 또한 공경하고 보답하고자 하여 이 位冠을 내린다고 하신 말씀을 모두 들으라고 하였다. 다음으로 여러 대법사 중에 이 2인의 선사들은 (도경과) 같은 마음으로 불도에 뜻을

81) 法華寺는 藤原不比等의 저택 터에 소재하며, 그의 사후 딸 光明皇后가 이를 상속받아 皇后宮으로 삼았다. 天平 17년(745) 5월 皇后宮을 宮寺로 한 것이 法華寺의 시작이다. 동대사가 전국 國分寺의 본산인 것에 대해 법화사는 國分尼寺의 본산으로 자리매김하였다.

두고 세속의 位冠을 바라지 않는데, 역시 아무 것도 하지 않을 수 없어 圓興禪師에게 法臣의 위를 내리고, 基眞禪師에게는 法參議 대율사로 하고 관위는 정4위상을 내리고, 또 物部淨의 朝臣이라는 성을 내린다고 하신 말씀을 모두 들으라고 하였다.

또 말씀하기를, 이 (法華)寺는 짐의 외조부인 앞의 태정대신 藤原大臣[82]의 家이다. 지금 그 家의 이름을 이어 밝고 깨끗한 마음으로 조정에 봉사하고 있는 우대신 藤原朝臣[83]에게 좌대신의 위를 내려 예우한다. 또 吉備朝臣은 짐의 황태자 때부터 스승으로 가르쳐 깨닫게 하고 많은 해가 지났다. 지금은 몸도 감당하지 못하는 상태인데, 밤낮으로 물러나지 않고 (짐을) 지키고 도와 봉사하고 있는 것을 보면, 감사한 마음이 든다. 그런데 사람으로서 은혜를 모르고 은혜에 보답하지 않는 것은 성인의 법에도 금하고 있는 것이다. 이에 吉備朝臣에게 우대신의 위를 내린다고 하신 말씀을 모두 듣도록 하라"고 분부하였다. 참의 종3위 弓削御淨朝臣淨人[84]에게 정3위를 내리고 중납언으로 삼고, 정4위하 道嶋宿禰嶋足에게 정4위상을 내렸다.

계묘(21일), (천황이) 칙을 내려, "지난 6월 생각하는 바가 있어, 깨달음을 얻고자 하는 마음이 일어나 이 이상 없는 불도에 귀의하였다. 영험한 계시가 있어 밀봉한 용기를 정성껏 살펴보니, 마침내 사리 3개가 밀봉한 용기에 보였다. 감탄하여 수개월이 지났으나 어떻게 할 바를 몰랐다. 짐은 기린, 봉황 등 다섯 영물[85]은 王者의 상서로운 표시라고 듣고 있다. 至德의 세에는 사서에 그 기록이 끊이질 않는다. 全身 사리가 이와 같은 모습으로 나타나는 것은 본 적이 없다. 감응하면 통한다는 것은 실로 까닭이 있다. 짐은 재능과 덕이 부족한데도 삼가 송구스런 세월을 거쳐 왔다. 백성을 보살피는 방책은 어긋나 있고, 살얼음을 밟고 깊은 계곡에 있는 마음이다. 지극한 불도가 숙연하게 응축되고, 빈한한 심정에 따라 (불도의) 진수를 표시하고, 원만한 佛性이 조용히 충족되고, 영묘한 빛을 발하여 본질을 나타내리라고는 생각하

82) 藤原不比等.

83) 藤原朝臣永手.

84) 道鏡의 弟.

85) 五靈은 기린, 봉황, 거북, 용, 백호를 가리킨다. 『春秋左傳』의 杜預의 序에 "麟鳳五靈, 王者之嘉瑞也"라고 하고 있다.

지도 못했다. (석가가 설법한) 孤園[86]의 족적이 끊어지고 나서 오랜만에 마음을 놀라게 한 일이다. 雙樹[87]의 숲에서 석가인멸 이래 눈부시게 (사리를) 눈앞에서 보았다. (상서인) 검은 옥과 녹색 문자가 어떻게 같은 해에 나타나는가. 서방의 불법이 동으로 전해진 것은 이날이라는 것을 알았다. 갑자기 세상에 드문 영묘한 보물을 지니게 되니, 많은 백성과 함께 기뻐해야 한다. 문무 백관의 6위 이하 및 내외 유위자에게 관위 1계를 올린다. 다만 정6위상에게는 그 아들에게 내린다. 5위 이상의 자손으로 20세 이상인 자는 또한 음위에 상당하는 위계를 내린다. 두루 원근의 지역에 고지하여 짐의 뜻을 알리도록 하라"고 하였다.

종5위하 李忌寸元環[88]에게 종5위상을, 정6위상 袁晋卿[89]에게 종6위상을, 皇甫東朝[90]와 皇甫昇女에게 함께 종5위하를 내렸다. (法華寺에서의) 사리의 법회에 당악을 연주하였다.

을사(23일), 조를 내려, 법왕의 月料[91]는 (천황의) 供御[92]에 준하고 法臣 대승도 第一修行進守인 대선사 圓興은 대납언에 준하고, 法參議 대율사 修行進守인 대선사 정4위상 基眞은 참의에 준하게 하였다.

정미(25일), 종4위상 石上朝臣宅嗣에게 정4위하를 내렸다. 備前國人 외소초위하 三財部毘登方麻呂 등 9戶에 笠臣의 성을 내렸다.

---

86) 給孤獨園의 준말. 석가의 수도와 설법을 위해 세운 절. 祗園精舍.

87) 석가가 열반할 당시 사방에 서식했다는 뿌리가 같은 2그루의 娑羅樹.

88) 『신찬성씨록』 좌경제번상에 "淸宗宿禰, 唐人正五位下李元環之後也"라고 하여 淸宗宿禰는 唐人 정5위하 李元環의 후손이라고 하는 출자가 기록되어 있다. 천평보자 4년 12월에 唐人 외종5위하 李元環에게 李忌寸의 성을 내렸다. 동 7년 정월조에 외종5위하 李忌寸元環을 織部正으로 삼고 出雲介는 그대로 유지하였다. 寶龜 2년(771) 11월에는 정5위하로 진급하였다.

89) 寶龜 9년(778) 12월 경인조에 따르면, 唐人으로 天平 7년(735)의 견당사를 따라 일본에 왔다. 文選, 爾雅의 音을 습득하고 대학의 音博士가 되었다. 이후 大學頭, 日向守, 玄蕃頭, 安房守 등을 역임하였고, 寶龜 9년 12월에 淸村宿禰로 개성하였다.

90) 天平 8년(736) 일본의 견당사와 함께 온 唐人 3인 가운데 1인이다. 병기되어 있는 皇甫昇女는 일족으로 생각되지만, 구체적인 관계는 미상이다. 神護景雲 원년(767)에 雅樂員外助 겸 花苑司正에 임명되어 당의 음악을 전수하였다. 寶龜 원년(770) 12월에 越中介에 임명되었다. 개성되었다는 기록이 없어 당의 씨명인 皇甫를 그대로 갖고 있었던 것으로 보인다.

91) 매월 지급되는 食料.

92) 천황에게 바치는 食料.

11월 정사(5일), 정4위상 藤原朝臣宿奈麻呂, 정4위하 藤原朝臣魚名에게 함께 종3위를 내리고, 종5위하 諱[93]에게 정5위상을, 무위 山邊王·石城王·若江王에게 함께 종5위하를, 정5위상 安倍朝臣息道, 정5위하 多治比眞人土作에게 함께 종4위하를, 종5위상 大伴宿禰伯麻呂에게 정5위하를, 종5위하 大原眞人嗣麻呂·百濟王理伯[94]에게 함께 종5위상을, 정6위상 田口朝臣安麻呂·淸原眞人淸貞·息長眞人道足·粟田朝臣鷹守·輔治能眞人淸麻呂, 종6위상 藤原朝臣種繼에게 함께 종5위하를, 정6위상 中臣伊勢朝臣子老에게 외종5위하를, 무위 小治田女王, 정6위상 伴田朝臣仲刀自, 종6위하 平群朝臣眞繼·大神朝臣東方, 무위 巨勢朝臣巨勢野·小野朝臣田刀自에게 함께 종5위하를, 종6위하 平野阿佐美, 종7위상 八坂造吉日에게 함께 외종5위하를 내렸다.

기미(7일), 陸奥國의 磐城, 宮城 2군의 벼 16,400여 석을 빈민에게 주어 구제하였다.

임술(10일), 정6위상 村國連嶋主에게 종5위하를 내렸다. 嶋主는 임신년의 공신 증 外小紫[95] 男依의 손이다. 처음에 仲滿[96]에게 봉사하여 美濃少掾에 임명되었다. 天平寶字 8년(764)에 사자를 보내 (美濃의 不破)關을 지키게 하였다. 嶋主는 내응하여 먼저 조정에 귀순했는데, 칙사는 그가 처음에 반역의 무리라고 생각하여 참살하였다. 죽음은 그 죄에 해당하지 않기 때문에 이 贈位가 행해진 것이다.[97] 종6위하 美努連財女에게 외종5위하를 내렸다.

12월 을유(4일), 和泉國人 외종5위하 高志毘登若子麻呂[98] 등 53인에게 高志連의 성을 내렸다.

계사(12일), (천황이) 西大寺[99]에 행차하였다. 무위 淸原王·氣多王·梶嶋王·

93) 山背親王. 후의 桓武天皇. 천황 실명을 거론하지 않는 忌諱 기사.

94) 百濟王敬福의 아들. 天平勝寶 6년(75)에 종5위하 攝津亮에 보임되었고, 天平寶字 6년(762)에 肥後守, 天平神護 3년(767)에는 정5위하 攝津大夫, 神護景雲 4년(770)에 종4위하에 서임되었다. 寶龜 2년(771)에는 伊勢守, 동 5년에 右京大夫가 되었다.

95) 天智 3년에 제정한 관위 26계의 제6위.

96) 藤原仲麻呂.

97) 天武 5년 7월에 뜻하지 않게 죽자 外小紫의 위에 추증되었다.

98) 『신찬성씨록』 河內國諸蕃, 和泉國諸蕃에, "古志連은 文宿禰와 조상이 같으며 王仁의 후손이다"라고 하여 백제계 씨족임을 알 수 있다. 古志[高志]라는 씨명은 大和國 高市郡이라는 지명에서 유래한 것으로 추정된다. 이전의 성은 首, 史(毗登)였다. 백제계 승려인 行基는 「大僧正舍利甁記」에 藥師寺의 승려로 俗性은 高志氏라고 나온다.

乙訓王에게 함께 종5위하를 내리고, 종4위하 藤原朝臣田麻呂에게 종4위상을, 정5위하 大伴宿禰伯麻呂에게 정5위상을, 종5위상 豊野眞人出雲에게 정5위하를, 종5위하 豊野眞人奄智에게 종5위상을, 정6위상 豊野眞人五十戸에게 종5위하를, 종5위하 多治比眞人若日女에게 정5위하를, 외종5위하 檜前部老刀自에게 외종5위상을 내렸다.

정유(16일), 大和國 사람 정8위하 秦勝古麻呂[100] 등 4인에게 秦忌寸의 성을 내렸다.

기해(18일), 종5위하 漆部直伊波를 大和介로 삼았다.

임인(21일), 因幡國 박사 소초위상 春日戸村主人足이 동전 1백만문, 因幡國 벼 1만속을 바쳤다. 그 父 종6위하 大田에게 외종5위하를 내리고 人足에게는 종6위하를 내렸다.

계묘(22일), 외종5위하 中臣伊勢連大津에게 伊勢朝臣의 성을 내렸다.

병오(25일), 무위 村國連虫麻呂에게 본위 외종5위하를 복위하였다.

무신(27일), 우경인 정7위하 清野造牛養[101] 등 12인에게 清野連의 성을 내렸다. 정5위하 多可連淨日女[102]에게 종4위하를 내렸다.

기유(28일), 大安寺 동탑이 흔들렸다.

경술(29일), 美作國 사람 종8위하 白猪臣大足에게 大庭臣의 성을 내렸다.

신해(30일), 陸奥國 사람 정6위상 名取公龍麻呂에게 名取朝臣의 성을 내렸다.

이해, 백성 중에서 사주전이 연이어 나타나 (이들을 체포하여) 주전사에

---

99) 西大寺 창건은 『西大寺資財流記帳』에 의하면, 天平寶字 8년(764) 9월에 孝謙上皇이 藤原惠美押勝의 난의 평정을 기원해서 금동사천왕상의 조영을 발원한 것에서 시작되었다. 孝謙上皇은 동년 10월에 重祚하여 稱德天皇이 되었고, 이듬해에 서대사가 창건되었다. 西大寺의 寺名은 東大寺에 대한 상대적인 의미를 갖는다. 奈良時代에는 약사금당, 미륵금당, 사왕당, 11면당, 동서 5중탑 등으로 이루어진 장대한 대가람으로 南都 7大寺의 하나로 꼽혔다.

100) 『신찬성씨록』 화천국제번에, 秦勝은 秦忌寸과 조상이 같다고 나온다.

101) 원래 이름은 高牛養으로 백제 멸망 후 망명자의 후손. 天平寶字 5년(753) 3월 경자조에 백제계를 비롯한 도래씨족에 대한 개사성 기사에 백제계 高牛養 등 8인에게 淨野造의 성을 내렸다고 되어 있다. 淨野造는 清野造이다.

102) 天平寶字 2년(758) 6월에 高麗使主淨日 등 5인에게 多可連의 성을 내렸다고 한다. 고구려계 도래씨족의 후예로 후궁의 典侍로 근시하였다. 寶龜 10년(779) 사망 시까지 典侍 종4위하였다. 高麗使主에서 多價連으로 개성된 시기는 불명이다.

배속하고 사역시켰다. (이들에게는) 모두 족쇄에 방울을 달아 도주에 대비하였고, 울리면 추격하여 체포하였다.[103]

『속일본기』 권제27

---

103) 私鑄錢을 범한 자에 대한 형벌과 처리에 대해서는 권16, 천평 17년 하4월조 48쪽 각주 14) 참조.

續日本紀卷第二十七

〈起天平神護二年正月, 盡十二月〉

右大臣從二位兼行皇太子傅中衛大將臣藤原朝臣繼繩等奉勅撰

高野天皇

◯ **天平神護二年**春正月甲子, 詔曰, 今勅〈久〉掛畏〈岐〉近淡海〈乃〉大津宮〈仁〉天下所知行〈之〉天皇〈我〉御世〈爾〉奉侍〈末之之〉藤原大臣復後〈乃〉藤原大臣〈爾〉賜〈天〉在〈留〉志乃比己止〈乃〉書〈爾〉勅〈天〉在〈久〉子孫〈乃〉淨〈久〉明〈伎〉心〈乎〉以〈天〉朝庭〈爾〉奉侍〈牟乎波〉必治賜〈牟〉其繼〈方〉絶不賜〈止〉勅〈天〉在〈我〉故〈爾〉今藤原永手朝臣〈爾〉右大臣之官授賜〈止〉勅天皇御命〈遠〉諸聞食〈止〉宣. 以大納言從二位藤原朝臣永手爲右大臣, 中納言正三位諱, 藤原朝臣眞楯並爲大納言, 參議正三位吉備朝臣眞備爲中納言, 右大弁從四位上石上朝臣宅嗣爲參議. 庚午, 正六位上伊吉連眞次獻錢百萬, 授外從五位下. 癸酉, 幸右大臣第授正二位. 其室正五位上大野朝臣仲智從四位下. 丁丑, 授從五位下息長丹生眞人大國從五位上, 外從五位下葛井連道依從五位下. 己卯, 授外正六位上桑原毘登安麻呂外從五位下.

二月庚寅, 外從八位下橘戶高志麻呂獻錢百萬, 授外從五位下. 甲午, 授正六位上白猪與呂志女從五位下, 入唐學問僧普照之母也. 己亥, 授從四位下道嶋宿禰嶋足正四位下. 壬寅, 授從五位上藤原朝臣是公從四位下, 外正六位上山背忌寸諸上外從五位下. 丙午, 勅, 夫蓄貯者爲國之本. 宜令募運近江國近郡稻穀五萬斛, 貯納於松原倉. 白丁運五百斛敍一階, 每加三百五十斛進一階, 有位每三百斛加敍一階. 並勿過正六位上. 丁未, 命婦外從五位下水海毘登淸成等五人賜姓水海連. 賜從三位山村王功田五十町, 從四位上日下部宿禰子麻呂, 從四位下坂上大忌寸苅田麻呂, 佐伯宿禰伊多知,正五位上淡海眞人三船, 從五位上佐伯宿禰三野五人, 各二十町. 從五位下紀朝臣船守, 外從五位下民忌寸總麻呂二人各八町, 並傳其子. 癸丑, 右京人從六位下私眞繩, 河內國人少初位上私吉備人等六人賜姓會賀臣. 乙卯, 左京人從八位下桑原連眞嶋, 右京人外從五位下桑原村主足床, 大和國人少初位上桑原村主岡痲呂等四十人, 賜姓桑原公.

三月戊午, 伊豫國人從七位上秦毘登淨足等十一人賜姓阿陪小殿朝臣, 淨足自言, 難破長柄朝廷, 遣大山上安倍小殿小鎌於伊豫國, 令採朱砂. 小鎌便娶秦首之女, 生子伊豫痲呂, 伊豫痲呂不尋父祖, 偏依母姓, 淨足卽其後也. 丁卯, 大納言正三位藤原朝臣眞楯薨. 平城朝贈正一位太政大臣房前之第三子也. 眞楯度量弘深, 有公輔之才, 起家春宮大進, 稍遷至正五位上式部大輔兼左衛士督. 在官公廉, 慮不及私. 感神聖武皇帝寵遇特渥, 詔特令參奏宣吐納, 明敏有譽於時, 從兄仲滿心害其能, 眞楯知之, 稱病家居, 頗翫書籍. 天平末出爲大和守. 勝寶初授從四位上, 拜參議, 累遷信部卿兼大宰帥. 于時, 渤海使楊承慶朝禮云畢, 欲歸本蕃. 眞楯設宴餞焉. 承慶甚稱歎之. 寶字四年授從三位, 更賜名眞楯, 本名八束. 八年至正三位勳二等兼授刀大將. 神護二年拜大納言兼式部卿. 薨時年五十二, 賜以大臣之葬. 使民部卿正四位下兼勅旨大輔侍從勳三等藤原朝臣繩痲呂, 右少辨從五位上大伴宿禰伯痲呂弔之. 是日, 以中納言正三位吉備朝臣眞備爲大納言. 壬申, 右京人正七位上四比河守賜姓椎野連, 從七位上科野石弓石橋連, 大初位上支母末吉足等五人城篠連. 乙亥, 左京人從七位下春日藏毘登常痲呂等二十七人賜姓春日朝臣. 辛巳, 從五位下佐伯宿禰助爲山背介, 近衛將監從五位下賀茂朝臣諸雄爲兼伊勢員外介, 左衛士佐外從五位下民忌寸總痲呂爲兼參河掾, 外從五位下高屋連並木爲遠江大掾, 從五位下巨勢朝臣公成爲武藏守, 從五位下大野朝臣眞本爲下總介, 參議民部卿正四位下勅旨大輔侍從藤原朝臣繩痲呂爲兼近江守, 從五位下太朝臣犬養爲介. 勅旨少丞從五位下葛井連道依爲兼員外介, 從五位下百濟王利善爲飛驒守, 外正五位下大原連家主爲但馬員外介, 從五位上海上眞人淸水爲豊前守. 乙酉, 左京人正五位下中臣丸連張弓等二十六人賜姓朝臣.

夏四月壬辰, 大宰府言, 防賊戍邊, 本資東國之軍. 持衆宣威, 非是筑紫之兵. 今割筑前等六國兵士以爲防人. 以其所遣分番上下. 人非勇健, 防守難濟. 望請, 東國防人依舊配戍. 勅, 修理陸奧城柵, 多興東國力役. 事須彼此通融各得其宜. 今聞, 東國防人多留筑紫. 宜加檢括, 且以配戍. 卽隨其數簡却六國所點防人, 具狀奏來. 計其所欠, 差點東人, 以塡三千. 斯乃東國勞輕, 西邊兵足. 丙申, 奉八幡比咩神封六百戶, 以神願也. 淡路, 石見二國飢, 賑給之. 己亥, 和泉國飢, 賑給之. 甲辰, 伊豫國神野郡伊曾乃神,越智郡大山積神並授從四位下, 充神戶各五烟. 久米郡伊豫神, 野間郡野間神並授從五位下, 神戶各二烟. 丁未, 勅, 比日之間, 緣有所念, 歸依三寶, 行道懺悔, 泣罪解網, 先聖仁迹, 冀施恩恕, 盡洗瑕穢. 宜可大赦天下. 自天平神護二年四月二十八日昧爽已前大辟已下, 罪無輕重, 已發覺, 未發覺, 已結正, 未結正, 繫囚見徒, 私鑄錢及八虐, 受財枉法, 監臨自盜, 盜所監臨, 强盜竊盜, 常赦所不免者咸悉赦除. 但先後逆黨不在赦原. 普告天下知朕意焉. 攝津國人正七位下甘尾雪麻呂賜姓井於連. 甲寅, 有一男子, 自稱聖武皇帝之皇子, 石上朝臣志斐氏之所生也. 勘問果是誣罔, 詔配遠流. 大和國人高志毘登久美咩等十七人, 被諸陵寮冤枉, 沒爲陵戶. 至是, 披訴得雪, 除陵戶籍. 五月丁巳, 授正五位下津連秋主從四位下. 始令七道諸國, 釆女養物, 不論存亡, 並全納釆女司. 戊午, 大納言正三位吉備朝臣眞備奏, 樹二柱於中壬生門西. 其一題曰, 凡被官司抑屈者, 宜至此下申訴. 其一曰, 百姓有冤枉者, 宜至此下申訴, 並令彈正臺受其訴狀. 壬戌, 在上野國新羅人子午足等一百九十三人賜姓吉井連. 癸亥, 主殿助從五位下下道臣色夫多賜姓朝臣. 甲子, 以從五位下百濟王三忠爲民部少輔, 從五位下百濟王文鏡爲出羽守, 從五位下坂上忌寸石楯爲介, 從五位上佐伯宿禰美濃麻呂爲能登員外介. 乙丑, 太政官奏曰, 准令, 諸國史生, 博士, 醫師, 國無大小, 一立定數. 但據神龜五年八月九日格, 史生之員, 隨國大小, 各有等差. 其博士者惣三四國一人, 醫師者每國一人, 今經術之道, 成業者寡, 空設職員, 擢取乏人. 繕寫之才, 堪任者衆, 人多官少, 莫能遍用, 朝議平章, 博士惣國. 一依前格, 醫師兼任. 更建新例. 職田, 事力, 公廨之類, 並給正國. 不給兼處, 有料之國, 名爲正任. 無料之國, 名爲兼任. 其史生者, 博士, 醫師, 兼任之國. 國別格外加置二人. 庶令經術之士周遍宣揚, 功勞之人普蒙霑潤. 奏可. 辛未, 奉幣帛於大和國丹生川上神, 及五畿內群神, 以祈注雨也. 甲戌, 上野國甘樂郡人外大初位下礒部牛麻呂等四人賜姓物部公. 丙子, 大和國人從七位下寺間臣大虫等四人賜姓大屋朝臣. 丁丑, 太政官奏曰, 備前國守從五位上石川朝臣名足等解稱, 藤野郡者, 地是薄堉, 人尤貧寒. 差科公役, 觸途忩劇, 承山陽之驛路, 使命不絶, 帶西海之達道, 迎送相尋, 馬疲人苦, 交不存濟. 加以, 頻遭旱疫, 戶纔三鄕, 人少役繁, 何能支辨. 伏乞, 割邑久郡香登鄕, 赤坂郡珂磨, 佐伯二鄕, 上道郡物理, 肩背, 沙石三鄕隷藤野郡. 又美作國守從五位上巨勢朝臣淨成等解稱, 勝田郡鹽田村百姓, 遠闊治郡, 側近他界, 差科供承, 極有艱辛. 望請, 隨所住處, 便隷備前國藤野郡者. 奏可.

六月乙酉朔, 授正六位上中臣習宜朝臣阿曾麻呂從五位下. 丁亥, 日向, 大隅, 薩摩三國大風, 桑麻損盡. 詔勿收柵戶調庸. 己丑, 大隅國神造新嶋, 震動不息, 以故民多流亡. 仍加賑恤. 乙未, 河內國飢, 賑給之. 丙申, 勅, 去二月二十日, 令募運近江國近郡稻穀五萬斛, 貯納於松原倉, 其酬敍法者, 下勅既畢. 而經旬月, 未見一人運送, 誠是階級有卑, 人情不勸. 宜運滿一萬斛者超授外從五位下. 丁酉, 丹波國人家部人足, 以私物資養飢民五十七人, 賜爵二級. 庚戌, 勅, 如聞, 左右京及大和國天平神護元年田租, 未全輸了, 誠爲頻年不登, 百姓乏絕. 宜除輸了外悉原免. 壬子, 刑部卿從三位百濟王敬福薨. 其先者出自百濟國義慈王. 高市岡本宮馭宇天皇御世, 義慈王遣其子豊璋王及禪廣王入侍. 洎于後岡本朝廷, 義慈王兵敗降唐, 其臣佐平福信剋復社稷, 遠迎豊璋, 紹興絕統. 豊璋纂基之後, 以譖橫殺福信. 唐兵聞之復攻州柔, 豊璋與我救兵拒之. 救軍不利, 豊璋駕船遁于高麗, 禪廣因不歸國. 藤原朝廷賜號曰百濟王. 卒贈正廣參, 子百濟王昌成, 幼年隨父歸朝. 先父而卒, 飛鳥淨御原御世贈小紫. 子郞虞, 奈良朝廷從四位下攝津亮, 敬福者卽其第三子也. 放縱不拘, 頗好酒色. 感神聖武皇帝殊加寵遇賞賜優厚, 時有士庶來告淸貧, 每假他物, 望外與之. 由是, 頻歷外任, 家無餘財. 然性了辨, 有政事之量. 天平年中, 仕至從五位上陸奧守, 時聖武皇帝造盧舍那銅像, 冶鑄云畢, 塗金不足. 而陸奧國馳驛, 貢小田郡所出黃金九百兩. 我國家黃金從此始出焉. 聖武皇帝甚以嘉尙, 授從三位, 遷宮內卿, 俄加河內守. 勝寶四年拜常陸守, 遷左大弁. 頻歷出雲, 讚岐, 伊豫等國守. 神護初, 任刑部卿. 薨時年六十九.

秋七月乙丑, 以中律師圓興爲大僧都. 乙亥, 出雲國按察使從三位文室眞人大市, 外衛大將兼丹波守從四位下藤原朝臣田麻呂, 右大弁兼越前守從四位下藤原朝臣繼繩並爲參議, 授從五位下菅生王從五位上, 正六位上石川朝臣眞守從五位下, 爲近江介, 從五位下太朝臣犬養爲信濃守, 從五位下國見眞人安曇爲越中介, 從五位下賀茂朝臣淨名爲紀伊守. 丙子, 遣使造丈六佛像於伊勢大神宮寺. 己卯, 近江國志賀團大毅少初位上建部公伊賀麻呂賜姓朝臣. 散位從七位上昆解宮成得似白鑞者以獻, 言曰, 是丹波國天田郡華浪山所出也. 和鑄諸器, 不弱唐錫. 因呈以眞白鑞所鑄之鏡. 其後, 授以外從五位下. 復興役採之. 單功數百, 得十餘斤. 或曰, 是似鉛非鉛, 未知所名. 時召諸鑄工, 與宮成雜而練之. 宮成途窮無所施姦. 然以其似白鑞, 固爭不肯伏. 寶龜八年, 入唐准判官羽栗臣翼賫之以示楊州鑄工. 僉曰, 是鈍隱也. 此間私鑄濫錢者, 時或用之. 庚辰, 詔賜三衛衛士諸司直丁直本司而經二十年已上者, 爵人一級. 多褹嶋飢賑給之. 八月壬寅, 授從五位上石川朝臣名足正五位下. 乙巳, 散事從三位神社女王薨. 庚戌,左京人從五位上桑內連乙虫女等三人賜姓桑內朝臣.

九月戊午, 勅, 比見伊勢美濃等國奏, 爲風被損官舍數多. 非但毁頹. 亦亡人命. 昔不問馬, 先達深仁. 今以傷人. 朕甚悽歎. 如聞, 國司等朝委未稱, 私利早著, 倉庫懸磬, 稻穀爛紅. 已忘暫勞永逸之心, 遂致雀鼠風雨之恤. 良宰莅職. 豈如此乎. 自今以後, 永革斯弊. 宜令諸國具錄歲中修理官舍之數, 付朝集使, 每年奏聞. 國分二寺亦宜准此. 不得假事神異驚人耳目. 己未, 賜助官軍近江國僧沙彌, 及錦部高園二寺檀越, 諸寺奴等物. 各有差. 山背國人堅井公三立等十一人賜姓諸井公. 丙寅, 伊豫國人大直足山, 私稻七萬七千八百束, 鍬二千四百四十口, 墾田十町, 獻當國國分寺. 授其男外少初位下氏山外從五位下. 丁卯, 從五位下佐伯宿禰家繼爲防人正. 庚午, 志摩國飢, 賑給之. 壬申, 授從六位下息長眞人淨繼外從五位下, 修行進守大禪師基眞正五位上. 攝津國武庫郡大領從六位上日下部宿禰淨方獻錢百萬, 榾榑一千枚, 授外從五位下, 丙子, 以從四位下阿倍朝臣毛人爲五畿內巡察使, 從五位下紀朝臣廣名爲東海道使, 正五位上淡海眞人三船爲東山道使, 從五位上豊野眞人出雲爲北陸道使, 從五位上安倍朝臣御縣爲山陰道使, 正五位下藤原朝臣雄田麻呂爲山陽道使, 從五位下高向朝臣家主爲南海道使. 採訪百姓疾苦, 判斷前後交替之訟, 并檢頃畝損得. 其西海道者, 便令大宰府勘檢.

冬十月癸未朔, 日有蝕之. 甲申, 授無位大神朝臣田麻呂外從五位下, 爲豊後員外掾, 田麻呂者本是八幡大神宮禰宜大神朝臣毛理賣時, 授以五位. 任神宮司, 及毛理賣詐覺. 俱遷日向. 至是復本位. 乙酉, 授無位笠朝臣始從五位下. 丙戌, 員外國司赴任者, 一切禁之. 丁亥, 左京人從八位上壹難乙麻呂賜姓淨上連. 庚寅, 正五位上大伴宿禰御依爲出雲守. 辛丑, 授正四位下藤原朝臣繩麻呂正四位上, 從四位下藤原朝臣是公從四位上, 從五位下葛井連道依從五位上, 正六位上弓削御淨朝臣鹽麻呂從五位下, 河內國人大初位下昆登戶東人等九十四人賜姓高安造. 壬寅, 奉請隅寺毘沙門像所現舍利於法華寺, 簡點氏氏年壯然有容貌者. 五位已上二十三人, 六位已下一百七十七人, 捧持種種幡蓋. 行列前後, 其所着衣服, 金銀朱紫者恣聽之. 詔百官主典已上禮拜. 詔曰, 今勅〈久〉. 無上〈岐〉佛〈乃〉御法〈波〉至誠心〈乎〉以〈天〉拜尊〈備〉獻〈禮波〉必異奇驗〈乎〉阿良波〈之〉授賜物〈爾〉伊末〈志家利〉. 然今示現賜〈弊流〉如來〈乃〉尊〈岐〉大御舍利〈波〉常奉見〈余利波〉大御色〈毛〉光照〈天〉甚美〈久〉大御形〈毛〉圓滿〈天〉別好〈久〉大末之〈末世波〉特〈爾〉久須之〈久〉奇事〈乎〉思議〈許止〉極難

〈之〉. 是以意中〈爾〉晝〈毛〉夜〈毛〉倦怠〈己止〉無〈久〉謹〈美〉禮〈末比〉仕奉〈都都〉侍〈利〉. 是實〈爾〉化〈能〉大御身〈波〉緣〈爾〉隨〈天〉度導賜〈爾波〉時〈乎〉不過行〈爾〉相應〈天〉慈〈備〉救賜〈止〉云言〈爾〉在〈良之止奈毛〉念〈須〉. 猶〈之〉法〈乎〉興隆〈之牟流爾 波〉人〈爾〉依〈天〉繼比呂〈牟流〉物〈爾〉在,故諸〈乃〉大法師等〈乎〉比岐爲〈天〉上〈止〉伊麻〈須〉太政大臣禪師〈乃〉如理〈久〉勸行〈波之米〉教導賜〈爾〉依〈天之〉如此〈久〉奇〈久〉尊〈岐〉驗〈波〉顯賜〈弊利〉. 然此〈乃〉尊〈久〉宇禮志〈岐〉事〈乎〉朕獨〈乃味夜〉喜〈止〉念〈天奈毛〉太政大臣朕大師〈爾〉法王〈乃〉位授〈末都良久止〉勅天皇御命〈乎〉諸聞食〈止〉宣. 復勅〈久〉此〈乃〉世間〈乃〉位〈乎波〉樂求〈多布〉事〈波〉都〈天〉無一道〈爾〉志〈天〉菩薩〈乃〉行〈乎〉修〈比〉人〈乎〉度導〈牟止〉云〈爾〉心〈波〉定〈天〉伊末〈須〉. 可久〈波阿禮止毛〉猶朕〈我〉敬報〈末川流〉和佐〈止之天奈毛〉此〈乃〉位冠〈乎〉授〈末川良久止〉勅天皇〈我〉御命〈乎〉諸聞食〈止〉宣,次〈爾〉諸大法師〈可〉中〈仁毛〉此二禪師等〈伊〉同心〈乎〉以〈天〉相從道〈乎〉志〈天〉世間〈乃〉位冠〈乎波〉不樂伊末〈佐倍止毛奈毛〉猶不得止〈天〉圓興禪師〈爾〉法臣位授〈末川流〉. 基眞禪師〈爾〉法參議大律師〈止之天〉冠〈波〉正四位上〈乎〉授〈氣〉復物部淨〈之乃〉朝臣〈止〉云姓〈乎〉授〈末川流止〉勅天皇〈我〉御命〈乎〉諸聞食〈止〉宣. 復勅〈久〉, 此寺〈方〉朕外祖父先〈乃〉太政大臣藤原大臣之家〈仁〉在. 今其家之名〈乎〉繼〈天〉明〈可仁〉淨〈伎〉心〈乎〉以〈天〉朝廷〈乎〉奉助〈理〉仕奉〈流〉右大臣藤原朝臣〈遠波〉左大臣〈乃〉位授賜〈比〉治賜. 復吉備朝臣〈波〉朕〈我〉太子〈等〉坐〈之〉時〈余利〉師〈止之天〉教悟〈家流〉多〈乃〉年歷〈奴〉今〈方〉身〈毛〉不敢〈阿流良牟〉物〈乎〉夜晝不退〈之天〉護助奉侍〈遠〉見〈禮波〉可多自氣奈〈彌奈毛〉念〈須〉. 然人〈止之天〉恩〈乎〉不知恩〈乎〉不報〈奴乎波〉聖〈乃〉御法〈仁毛〉禁給〈弊流〉物〈仁〉在. 是以〈天〉吉備朝臣〈仁〉右大臣之位授賜〈止〉勅〈布〉天皇〈我〉御命〈乎〉諸聞食〈止〉宣. 授參議從三位弓削御淨朝臣淨人正三位爲中納言, 正四位下道嶋宿禰嶋足正四位上. 癸卯, 勅, 去六月爲有所思, 發菩提心, 歸無上道. 因有靈示, 緘器虔候. 遂則舍利三粒見於緘器. 數月感歎莫識所爲. 朕聞, 麟鳳五靈, 王者嘉瑞. 至德之世, 史不絶書, 未見全身舍利如是顯形. 有感必通, 良有以也. 朕以虛薄, 兢懼歷年, 撫育乖方, 氷谷在惕. 豈念, 至道凝寂, 應微情而示眞, 圓性湛然, 結靈光而表質. 孤園絶跡, 久矣驚心, 雙林挽客, 爛然滿目. 玄珪綠字. 何以同年, 西法東流, 知在玆日, 猥荷希世之靈寶, 盍同衆庶之歡心. 宜可文武百官六位已下及內外有位加階一級. 但正六位上者, 廻授一子. 其五位已上子孫年二十已上者, 亦敍當蔭之階. 普告遐邇知朕意焉. 授從五位下李忌寸元環從五位上, 正六位上袁晋卿從六位上, 皇甫東朝, 皇甫昇女並從五位下. 以舍利之曾奏唐樂也. 乙巳, 詔, 法王月料准供御, 法臣大僧都第一修行進守大禪師圓興准大納言, 法參議大律師修行進守大禪師正四位上基眞准參議. 丁未, 授從四位上石上朝臣宅嗣正四位下. 備前國人外少初位下三財部毘登方麻呂等九煙賜姓笠臣.

十一月丁巳, 正四位上藤原朝臣宿奈麻呂, 正四位下藤原朝臣魚名並授從三位, 從五位下諱從五位上, 無位山邊王, 石城王, 若江王並從五位下, 正五位上安倍朝臣息道, 正五位下多治比眞人土作並從四位下, 從五位上大伴宿禰伯麻呂正五位下, 從五位下大原眞人嗣麻呂, 百濟王理伯並從五位上, 正六位上田口朝臣安麻呂, 清原眞人清貞, 息長眞人道足, 粟田朝臣鷹守, 輔治能眞人清麻呂, 從六位上藤原朝臣種繼並從五位下, 正六位上中臣伊勢朝臣子老外從五位下, 無位小治田女王, 正六位上伴田朝臣仲刀自, 從六位下平群朝臣眞繼, 大神朝臣東方, 無位巨勢朝臣巨勢野, 小野朝臣田刀自並從五位下, 從六位下平野阿佐美, 從七位上八坂造吉日並外從五位下. 己未, 以陸奥國磐城, 宮城二郡稻穀一萬六千四百餘斛, 賑給貧民. 壬戌, 贈正六位上村國連嶋主從五位下, 嶋主者壬申年功臣贈外小紫男依之孫也. 始仕仲滿任美濃少掾. 寶字八年, 遣使固關, 嶋主內應先歸朝廷, 勅使以其初逆黨, 横加誅戮, 死非其辜, 故有此贈. 授從六位下美努連財女外從五位下.

十二月乙酉, 和泉國人外從五位下高志毘登若子麻呂等五十三人賜姓高志連. 癸巳, 幸西大寺. 無位清原王, 氣多王, 梶嶋王, 乙訓王並授從五位下, 從四位下藤原朝臣田麻呂從四位上, 正五位下大伴宿禰伯麻呂正五位上, 從五位上豊野眞人出雲正五位下, 從五位下豊野眞人奄智從五位上, 正六位上豊野眞人五十戶從五位下, 從五位下多治比眞人若日女正五位下, 外從五位下檜前部老刀自外從五位上. 丁酉, 大和國人正八位下秦勝古麻呂等四人賜姓秦忌寸. 己亥, 從五位下漆部直伊波爲大和介. 壬寅, 因幡國博士少初位上春日戶村主人足獻錢百萬, 因幡國稻一萬束, 授其父從六位下大田外從五位下, 人足從六位下. 癸卯, 外從五位下中臣伊勢連大津賜姓伊勢朝臣. 丙午, 復無位村國連虫麻呂本位外從五位下. 戊申, 右京人正七位下清野造牛養等十二人賜姓清野連. 授正五位下多可連淨日女從四位下. 己酉, 震大安寺東塔. 庚戌, 美作國人從八位下白猪臣大足賜姓大庭臣. 辛亥, 陸奥國人正六位上名取公龍麻呂賜姓名取朝臣. 是年, 民私鑄錢者, 先後相尋, 配鑄錢司駈役, 並皆著鈴於其鈦, 以備逃走, 聽鳴追捕焉.

續日本紀卷第二十七

『속일본기』 권제28

〈神護景雲 원년(767) 정월에서 12월까지〉

우대신 종2위 겸 行皇太子傅 中衛大將
신 藤原朝臣繼繩 등이 칙을 받들어 편찬하다.

高野天皇

○ 神護景雲 원년(767) 춘정월 기미(8일), (천황이) 칙을 내려, "기내, 7도 제국에 7일간 각각 국분사인 금광명사에서 吉祥天悔過의 법회[1]를 행하도록 한다. 이 공덕으로 천하는 태평하고 풍우는 순조롭고, 오곡은 성숙하고, 만민은 즐거워하고, 사방의 번뇌가 있는 중생들은 이 복을 누릴 것이다"라고 하였다.

기미[2](8일), 尙膳[3] 종3위 小長谷女王이 죽었다. 3품 忍壁親王[4]의 딸이다.

기사(18일), (천황이) 東苑에 임하여 조를 내려, "지금 제왕을 보면, 연로한 자가 많다. 그중에 힘써 근무하여 예우해야 하거나, 짐의 마음속에 생각하고 있는 자가 있다. 따라서 그 상태에 따라 함께 위계를 내린다. 여러 사람들에게 고지하여 이 뜻을 알리도록 한다"라고 하였다.

무위 依智王·篠嶋王·廣河王·淨水王·名方王·調使王·飯野王·鴨王·壹志濃王·田中王·八上王·津守王·名草王·春階王·中村王·池原王·積殖王·高倉王·礒部王·

1) 吉祥天을 본존으로 하고 金光明最勝王經에 기초해서 삼보에 죄과를 참회하는 법회. 매년 정월 8일에서 14일까지 7일간 열린다.
2) 앞의 기미조와 日干支가 중복되어 나온다.
3) 후궁 12사 중의 하나인 膳司의 장관. 「後宮職員令」3 「膳司」조에 따르면, 천황에게 올릴 음식을 관장하고, 음식을 올리기 전에 맛을 보는 일, 찬, 술, 떡, 채소, 과일 등을 총괄한다.
4) 天武天皇의 황자.

長尾王·淨名王에게 함께 종5위하를 내렸다. 종5위상 百濟王理伯[5]에게 정5위상을, 외정5위하 大原連家主, 외종5위하 池原公禾守, 정6위상 弓削御淨朝臣廣方·大野朝臣石本·文屋眞人忍坂麻呂·三嶋眞人嶋麻呂·藤原朝臣雄依·藤原朝臣長道·石川朝臣眞人·石川朝臣名繼·石上朝臣眞足·大原眞人年繼·石川朝臣人麻呂·巨勢朝臣苗麻呂·當麻眞人永嗣, 종6위상 安倍朝臣草麻呂, 정6위상 佐伯宿禰家主·川邊朝臣東人·吉備朝臣眞事·笠朝臣乙麻呂에게 함께 종5위하를, 정6위상 林連雜物[6]·船連庭足[7]·堅部使主人主, 종6위상 昆解沙彌麻呂, 정6위상 高屋連赤麻呂·秦忌寸蓑守[8]·品治部公嶋麻呂·難破連足人[9]에게 함께 외종5위하를, 종4위하 藤原朝臣家子에게 정4위하를 내렸다.

경오(19일), 무위 廣田·王笠王·神王에게 함께 종5위하를, 종5위하 大伴宿禰益立에게 정5위하를, 종5위하 多治比眞人小耳에게 종5위상을, 정6위상 中臣朝臣子老·巨勢朝臣池長·石川朝臣清麻呂·上毛野朝臣稻人·榎井朝臣祖足·阿倍朝臣小東人, 종6위상 大春日朝臣五百世·大宅朝臣廣人에게 함께 종5위하를, 정6위상

---

5) 刑部卿 百濟王敬福의 아들. 권제27, 天平神護 2년(766) 11월조 424쪽 각주 94) 참조.

6) 『신찬성씨록』 좌경제번하에 "林連은 백제국인 木貴公으로부터 나왔다"고 하듯이 백제계 도래씨족이다. 동 河內國諸蕃의 「林連」조에는 "出自百濟國腆支王〈古記云周王. 一本云直支王.〉也."라고 하여 백제 전지왕 출자설을 말하고 있다. 木貴, 木貴公은 『일본서기』 天智紀 2년(663) 9월조에 보이는 木素貴子라고 생각된다. 목소귀자는 백강전투에서 패배한 후 왜국으로 망명한 인물이다. 천지 10년(671) 춘정월 달솔 목소귀자가 大山下의 관위를 받고 병법에 밝았다고 기록하고 있듯이 부흥군을 이끈 야전 사령관이었다. 『회풍조』에는 淡海朝大友皇子의 시 2수를 소개하면서, 대우황태자가 23세에 황태자가 된 후 학사 沙宅紹明, 木素貴子 등의 백제 망명인들을 빈객으로 삼아 널리 배웠다고 한다.

7) 여기에만 등장하는 인물이다. 船氏는 王辰爾系의 백제 도래씨족의 후손으로, 문서행정을 담당하는 船史氏에서 天武 12년(683)에 船連으로 개성하였다. 船連庭足은 天平勝寶 2년 4월 「攝津職移案」(『大日本古文書』 25-4)에 少屬, 동 9세 정월 孝謙天皇의 「東大寺宮宅田園施入勅」(『大日本古文書』 4-121)에 정7위하 左京大屬으로 나온다.

8) 秦忌寸蓑守는 神護景雲 원년 5월 縫部正에, 寶龜 5년 3월 日向守에 임명되었다. 秦忌寸氏는 신라계 도래씨족의 후예이다.

9) 難破連에서 破는 波의 오기이다. 難波連足人은 神護景雲 원년 5월에 主殿寮의 차관인 主殿助에 임명되었다. 主殿寮는 宮內省 산하의 관부로 궁중의 청소, 灯燭, 薪炭 등 불에 관한 일을 관리하고, 천황 순행 시에 가마, 수레, 調度 등의 물품을 준비한다. 難波連은, 백제 멸망 직후 망명한 씨족의 후예로 神龜 원년 5월 谷那庚受가 받은 難波連, 고구려에서 백제로 망명했다가 다시 일본으로 이주한 德來의 후손인 藥師惠日의 계통인 難波藥師奈良이 天平寶字 2년 4월에 받은 難波連과, 『신찬성씨록』 右京諸蕃下에 보이는 "難波連은 高麗國 好太王으로부터 나왔다"고 한 계통이 있다.

土師宿禰位·土師宿禰田使에게 함께 외종5위하를 내렸다.

계유(22일), 정6위상 阿倍小殿朝臣人麻呂에게 종5위하를, 무위 上毛野公眞人의 본위 외종5위하를 복위하였다. 정6위상 上部木·甲眞高, 종7위하 丹比宿禰眞嗣에게 함께 외종5위하를 내렸다.

기묘(28일), 尾張國에 기근이 들어 구휼하였다.

2월 갑신(4일), (천황이) 동대사에 행차하여, 정5위하 國中連公麻呂[10]에게 종4위하를, 종5위하 佐伯宿禰眞守에게 종5위상을, 외종5위하 美努連奧麻呂·桑原公足床에게 함께 외종5위상을, 造寺工 정6위상 猪名部百世에게 외종5위하를 내렸다.

정해(7일), (천황이) 大學에 행차하여 釋奠[11]을 행하였다. 座主인 直講 종8위하 麻田連眞淨[12]에게 종6위하를, 音博士[13] 종5위하 袁晋卿[14]에게 종5위상을, 問者[15] 大學少允 종6위상 濃宜公水通에게 외종5위하를, 替引[16] 및 박사의

---

10) 寶龜 5년(774) 10월 3일에 사망한 國中連公麻呂의 卒年 기사에 그의 조부 國骨富는 백제관인 德率로 백제 멸망 후인 天智 2년(663)에 망명했다고 한다. 國中連公麻呂는 天平 17년(745) 정7위하에서 외종5위하로 특진되고 이듬해 造佛長官에 임명되어 東大寺盧遮那佛像, 大佛殿 건립을 지휘하였다. 天平 20년에 종5위하에 오르고, 天平勝寶 원년(749)에 종5위상으로 승진되었다. 天平寶字 2년(758)에 동대사 대불전을 완공하고 大和國 葛下郡 國中村에 거주하여 그 지명을 따서 國中連의 씨성을 개성하였다. 天平寶字 5년(761)에 정5위하 造東大寺 차관에 임명되었다. 그 후 法華寺淨土院, 香山藥師寺, 石山寺 등의 조영에 참여하였다. 天平神護 3년(767)에 동대사 주요 가람의 완성에 즈음하여 稱德天皇이 동대사에 왔을 때에 종4위하로 승서되었고, 神護景雲 2년(768)에는 但馬員外介로 전임되었다. 寶龜 5년(774) 10월 3일에 사망하였다.

11) 孔子를 제사지내는 의식. 일본에서는 大寶 원년(701)에 처음으로 대학료에서 거행되었다.

12) 백제 멸망 직후 망명한 백제관인 달솔 答炑春初의 후손. 天智 4년(665)에 答炑春初는 長門國에 파견되어 산성을 축조하였고, 동 10년에는 병법가 谷那晋首, 木素貴子, 憶禮福留 등과 함께 大山下의 관위를 받았다. 그의 후예 씨족인 答炑陽春은 神龜 원년(724)에 答本에서 麻田連으로 개성하였다. 麻田連眞淨은 天平神護 3년(767)에 稱德天皇이 대학료에서 釋奠을 행할 때 眞淨을 直講으로 삼아 행사를 주관하게 하여 종8위하에서 종6위하로 승진시켰다. 延曆 2년(783)에는 외종5위하에 서위되었다. 그 후 主稅助를 거쳐 延曆 7년에 대학박사에 임명되었다. 동 10년에는 岡田牛養에게 대학박사를 양보하고 조교가 되었다. 延曆 16년(797)에는 종5위하에 이르렀다.

13) 釋奠 의식에서 경전을 漢音으로 읽어 발음하는 사람. 音博士는 『일본서기』 持統紀 5년 9월조에 唐人 薩守言, 薩弘格이 보인다.

14) 권27, 天平神護 2년 10월조 423쪽 각주 89) 참조.

15) 釋奠 의식에서 논의의 問子, 座主가 훈독하고 강의하는 내용에 대해 질문을 하는

제자 17인에게 각각 관위 1계씩 내렸다.

무자(8일), (천황이) 山階寺[17]에 행차하였다. 林邑樂[18] 및 吳樂[19]을 연주하였다. 노비 5인에게 관위를 차등있게 주었다.[20]

신묘(11일), 淡路國에 자주 가뭄이 들어 벼종자가 부족하였다. 播磨國의 加古, 印南 등의 郡稻 4만속을 돌려 백성들에게 대여하였다. 좌경인 정6위상 大伴大田連沙彌麻呂에게 宿禰의 성을 내렸다.

갑오(14일), (천황이) 東院에 행차하여 出雲國造 외종6위하 出雲臣益方이 神賀事[21]를 주상하였다. 이에 益方에게 외종5위하를 내렸다. 그 외의 祝部 등에게는 각각 차등있게 서위하였다.

병오(26일),[22] 淡路國에 기근이 들어 구휼하였다.

정유(17일), 山背國에 기근이 들어 구휼하였다.

자. 대학료의 侍講에 해당한다.

16) 의식을 행할 때의 인솔자.

17) 興福寺. 藤原鎌足과 그 아들 藤原不比等 일족의 사원으로 藤原氏의 氏寺. 藤原鎌足이 부인의 치유를 위해 발원하여 天智 8년(669) 山背國 山階에서 창건한 山階寺가 기원이다. 天武 원년(672)에 山階寺는 藤原京으로 옮겼고, 지명인 高市郡 廐坂을 따라 廐坂寺라고 칭하였다. 和銅 3년(710) 평성경으로 천도하자 藤原不比等이 다시 左京으로 이전해 興福寺라고 명명하였다.

18) 베트남 중남부에 존재했던 참파왕국의 음악. 참파는 2~8세기에 걸쳐 중국에서 林邑으로 불렸다. 이 음악은 『東大寺要錄』2, 供養章 제3에 인용된 「大安寺菩提傳來記」에 따르면 天平 8년(736)에 菩提僊那, 道璿과 함께 온 林邑僧 佛哲에 의해 전래되었다. 天平勝寶 4년(752) 대불개안 공양회에서 연주되었고, 天平寶字 7년(763) 1월의 발해사의 향응시에도 唐樂, 度羅樂 등과 함께 연주되었다. 承和 11년(844) 仁明天皇이 仁壽殿에서 林邑樂을 처음으로 들었다고 한다.

19) 伎樂의 별칭. 伎樂은 가면극으로 『日本書紀』 推古 20년(612)에 백제의 味摩之가 吳에서 배운 伎樂을 大和國 櫻井에서 소년들을 모아 가르쳤다고 한다. 伎樂面에는 胡人型 인물이 특징으로, 등장인물 중에는 인도적인 것이 있어 인도를 포함한 서역 일대에서 유행하던 음악으로 보인다.

20) 興福寺 노비에게 관위를 내리는 것. 사원 노비에게 관위를 수여한 사례는 神護慶雲 원년 3월 2일 元興寺, 동년 3월 14일 藥師寺, 동년 4월 29일 法隆寺, 동년 10월 25일 四天王寺, 동 3년 10월 29일 四天王寺 등이 나온다. 사원 노비에 대한 관위 수여에 대해서는 사원에 대한 우대책이라는 설이 있는데, 특히 이 시기에 사례가 집중된 것은 승려인 태정재신선사, 법왕 지위에 오른 道鏡의 영향일 것이라는 추정이 있다.

21) 神賀事는 出雲國造가 바뀔 때마다 신임 국조가 상경하여 천황의 치세를 축하하여 주상하는 壽詞. 神賀詞라고도 한다.

22) 병오(26일) 간지는 계묘(23일) 뒤에 배치되어야 한다.

경자(20일), 伊豫國 越智郡의 大領 외정7위하 越智直飛鳥麻呂는 비단 230필, 동전 1,200관을 바쳤다. 이에 외종5위하를 내렸다.

임인(22일), 和泉國에 오곡이 여물지 않아 백성들이 벼종자를 구할 수 없었다. 이에 讚岐國의 도곡 4만여속을 돌려 종자로 충당하게 하였다.

계묘(23일), 좌우대신에게 近江國의 벼 각각 2천석을 지급하였다.[23]

정미(27일), 近衛將監 종5위하 吉備朝臣泉爲 겸 대학료의 員外助로 삼고, 종5위하 吉備朝臣眞事를 주전사의 원외 차관으로 삼았다.

무신(28일), 종4위하 阿倍朝臣毛人을 대장경으로 삼고, 종5위하 藤原朝臣乙繩을 대장대보로 삼고, 종5위상 奈貴王을 大膳大夫로 삼고, 시종 正親正[24]은 종전대로 하였다. 종5위하 石川朝臣人麻呂를 彈正弼로 삼고, 종4위하 佐伯宿禰今毛人을 造西大寺 장관으로 삼고, 右少弁 정5위상 大伴宿禰伯麻呂에게 (造西大寺) 차관을 겸직시켰다. 左中弁 및 侍從, 內匠頭, 武藏介 정5위하 藤原朝臣雄田麻呂에게 右兵衛督을 겸직시키고, 종4위하 藤原朝臣楓麻呂를 大宰大貳로 삼았다.

3월 경술삭(1일), 일식이 있었다.

신해(2일), (천황이) 元興寺에 행차하여 목면 8천둔, 商布[25] 1천단을 희사하고, 노비에게 위계를 차등있게 내렸다.

임자(3일), (천황이) 西大寺 法院에 행차하여 曲水의 연에서 시를 짓게 하고 5위 이상 및 문사에게 녹을 내렸다.

을묘(6일), 좌경인 정6위상 上毛野坂本公男嶋, 上野國 碓氷郡 사람 외종8위하 上毛野坂本公黑益에게 上毛野坂本朝臣의 성을 내리고 同國 佐位郡 사람 외종5위상 檜前君老刀自에게 上毛野佐位朝臣의 성을 내렸다.

무오(9일), (천황이) 大安寺에 행차하였다. 절을 조영하는 大工 정6위상 輕間連鳥麻呂에게 외종5위하를 내렸다.

계해(14일), (천황이) 藥師寺에 행차하였다. 調의 목면 1만둔, 상포 1천단을 희사하고, 長上工 이하 노비 이상에게 위계를 각각 차등있게 내렸다. 奴

---

23) 권29, 神護景雲 3년 5월 을유조에도 좌우대신에게 稻 10만 속을 각각 하사하고 있다. 이때에도 좌대신은 藤原朝臣永手, 우대신은 吉備朝臣眞備이다.

24) 궁내성 소속인 正親司의 장관으로 皇籍을 관리하고 황족의 녹봉에 관한 일을 맡는다.

25) 商布는 調, 庸 이외의 自家用, 교역용의 布.

息麻呂를 해방하여 殖栗連의 성을 내리고, 婢 清賣에게 忍坂의 성을 내리고, 常陸國 筑波郡 사람 종5위하 壬生連小家主女에게 宿禰의 성을 내렸다.

을축(16일), 阿波國의 板野, 名方, 阿波 등 3군의 백성이 아뢰기를, "우리들의 성은 경오년[26]의 호적에 凡直으로 기록되었는데, 다만 호적에는 모두 (直이) '費'자로 기재되었다. 이로부터 이후, 評督[27] 凡直麻呂 등은 조정에 진정하여 粟凡直의 성을 고쳐 이미 완료되었다. 그런데 天平寶字 2년(758) 호적 편찬시에 凡費라고 주기해 놓아 마음이 불안하다"라고 하였다. 이에 (조정에서는) 粟凡直으로 고쳤다.

병인(17일), (천황이) 칙을 내려, "近衛將曹 종6위하 훈6등 間人直足人 등 19인은, 풍운이 변동하는 때를 만나 충용을 떨치고 발군의 용기로 적을 베고 흉적을 멸하였다.[28] 짐은 그 무용과 충절을 가상히 여겨 이 높은 공훈을 포상하고자 한다. 이에 좋은 의복을 지급하고 영예를 빛내어 그 위용을 특별히 표시해야 한다. 지금 이후로는 훈6등 이상으로 7위의 관위를 갖는 직사관은 상아의 笏[29]을 갖게 하고, 은장도[30]를 차는 것을 허가한다. 다만 원일 등의 절회에는 본래의 위계에 상당하는 의복의 색을 착용하도록 한다"라고 하였다.

기사(20일), 종5위하 巨勢朝臣苗麻呂를 소납언으로 삼고, 종4위하 阿倍朝臣息道를 중무대보로 삼고, 종5위하 石川朝臣清麻呂를 중무소보로 삼고, 종5위하 賀茂朝臣大川을 大監物로 삼고, 종5위하 文屋眞人忍坂麻呂를 右大舍人頭로 삼고, 종5위하 石上朝臣眞足을 內匠助로 삼고, 종5위하 粟田朝臣公足을 員外助로 삼고, 종5위하 淨原王을 內禮正[31]으로 삼고, 종5위하 紀朝臣廣名을 식부대보로 삼고, 종5위하 藤原朝臣小黑麻呂를 식부소보로 삼고, 종5위하 皇甫東朝[32]를

26) 天智 9년(670)의 庚寅年籍.
27) 大寶令 이후의 郡의 장관(大領)에 해당하는 관직.
28) 藤原仲麻呂의 난 때에 공훈을 세워 사람들.
29) 笏은 의복의 격식을 갖추고 위용 있게 보이기 위해 오른손에 쥐게 되어 있는 손잡이 있는 장방형 장식품. 원래는 5위 이상의 직사관이 갖는 특권이다.
30) 은장도는 「衣服令」13 「武官衣服」조에 衛府의 督, 佐의 예복에 사용한다고 되어 있다.
31) 中務省 산하 內禮司의 장관. 직장은 궁중 의례를 담당하고, 비위를 검찰한다. 正, 佑, 令史 각 1인, 主例 6인으로 구성되는데, 大同 3년(808) 탄정대에 병합되었다.
32) 권27, 天平神護 2년(766) 동10월조 423쪽 각주 90) 참조.

雅樂員外助 겸 花苑司正[33]으로 삼고, 정5위상 淡海眞人三船을 병부대보로 삼고, 종5위하 百濟王三忠[34]을 병부소보로 삼고, 종5위하 榎井朝臣祖足을 木工助로 삼고, 외종5위하 津連眞麻呂[35]를 攝津大進으로 삼고, 종5위상 佐伯宿禰三野를 下野守로 삼고, 종5위하 縣犬養大宿禰內麻呂를 (下野)介로 삼고, 외종5위하 利波臣志留志를 越中員外介로 삼고, 종5위하 阿部朝臣許智를 丹波介로 삼고, 종5위하 紀朝臣古佐美를 丹後守로 삼고, 종3위 藤原朝臣藏下麻呂를 伊豫, 土左 2국의 안찰사로 삼고, 近衛大將 左京大夫는 종전대로 하였다. 종5위하 藤原朝臣雄依를 右衛士督으로 삼고, 종5위하 田口朝臣安麻呂를 (右衛士)佐로 삼았다. 처음으로 法王宮職[36]을 설치하였다. 造宮卿 및 但馬守 종3위 高麗朝臣福信[37]에게 (法王宮)大夫를 겸직시키고, 大外記 遠江守 종4위하 高丘連比良麻呂[38]를 (法王宮)亮을 겸직시키고, 勅旨大丞 종5위상 葛井連道依[39]에게 (法王宮)大進을 겸직시키고, 그 외 少進 1인, 大屬 1인, 少屬 2인을 두었다. 외종5위하 利波臣志留志에게 종5위상을 내렸다. 간전 1백만정을 東大寺에 바쳤기 때문이다.

경오(21일), 좌경인 종7위상 前部虫麻呂[40]에게 廣篠連의 성을 내렸다.

을해(26일), 常陸國 新治郡의 大領 외종6위상 新治直子公은 동전 2천관,

33) 花苑司의 장관. 단기간 설치된 정원 관리를 담당하는데, 궁내성 산하의 園池司가 화원사의 기능을 포괄하고 있었다. 즉 離宮, 정원의 관리, 조정에 필요한 야채와 과일의 생산 및 공급을 담당하였다.

34) 天平 9년에 出羽守에 보임되고, 天平神護 2년 5월에 民部少輔를 거쳐 이해에 兵部少輔가 되었다. 父는 종5위하 出雲守 百濟王孝忠이다.

35) 津連氏는 백제계 도래씨족. 天平寶字 2년(758) 일족과 함께 史 성에서 連 성으로 개성하였다. 동 8년에 藤原仲麻呂의 난 후에 외종5위하에 서위되었고, 天平神護 3년 11월에는 大宰府에 파견되어 신라사에게 일본에 온 사정을 묻는 역할을 했다. 神護景雲 3년(769)에 종5위하 肥前守에 서임되었다.

36) 태정대신선사에서 법왕 칭호를 받은 道鏡의 신변기구로 천황에 준하는 예우를 받았다. 백제계 도래씨족인 高丘連比良麻呂, 葛井連道依가 주요 보직을 맡았다.

37) 권24, 天平寶字 7년 춘정월조 320쪽 각주 52) 참조.

38) 백제 멸망 직후 망명한 백제관인 沙門詠의 孫으로 父인 樂浪河內가 神龜 원년(724)에 高丘連으로 개성하였다.

39) 권27, 天平神護 2년(766), 춘정월조 408쪽 각주 7) 참조. 백제계 王辰爾의 후예씨족.

40) 前部는 고구려 5부의 하나로, 『일본서기』 天智 5년 정월조의 前部能婁, 天武 원년 5월조에 前部富加抃 등이 나온다. 『신찬성씨록』 좌경제번하에, "福當連은 高麗國人 前部能婁로부터 나왔다"라고 하는 선조 출자를 기록하고 있다. 前部虫麻呂와의 관계는 알 수 없다.

상포 1천단을 바쳤다. 이에 외정5위하를 내렸다.

병자(27일), 河內國 古市郡 사람 종4위하 高丘連比良麻呂에게 宿禰의 성을 내렸다.

하4월 신사(2일), 처음으로 諸王의 4세손에게 정6위상을, 5세자에게는 종6위하를 내리고,[41] 조복에 분홍색을 사용하게 하였다.

계사(14일), 동원의 옥전[42]이 새로 완성되었다. 군신들이 모여 축하하였다. 그 전각은 녹유를 칠한 기와로 지붕을 잇고 채색한 문양을 그려 넣었다. 때의 사람들이 이를 옥궁이라고 불렀다. 伊勢國 多氣郡 사람 외종7위하 敢磯部忍國이 동전 1백만문, 명주 5백필, 벼 1만속을 바쳤다. 이에 외종5위하를 내렸다.

경자(21일), 鹿嶋의 神賤[43] 남자 80인, 여자 75인을 해방하여 양민으로 하였다.

계묘(24일), (천황) 칙을 내려, "무릇 농업은 천하의 근본이고, 관리는 백성의 부모이다. 농잠을 권장하고 종사시키는 일은 (令에) 규정된 항상의 제도[44]로 한다. 요즈음 제국에 연례적으로 곡물이 여물지 않고 있다. 이것은 단지 천도의 운행이 상도에 어긋난 것만 아니라 대개 사람들의 행함에 태만이 있기 때문이다. 천하에 명하여 농잠의 일에 힘쓰도록 한다. 이에 국사 중에서 직무에 충실한 1인과 아울러 군사 및 백성 중에서 선량하고 근면하여 성실한 자를 군별로 1인씩 선발하여 그 권장의 일에 전담시키고, 이름을 기록하여 상신하도록 한다. (선발된 자들은) 우선 경건한 마음으로 그 지역의 영험한 천신, 지신에게 제사지내고, 다음으로 관할내의 백성들에게 산업을 장려한다.

---

41) 「選敍令」35 「蔭皇親」조에는 親王의 子(2세왕)에게는 종4위, 제왕의 子(3세손, 4세손)와 5세왕에게는 종5위하에 서위한다는 규정이 있다. 율령의 규정과는 다르게 4세왕에게 종6위상, 5세왕에게 종6위하에 서위하는 것은 음위를 낮추는 일이다. 이것은 황친의 서열화와 관계된 것으로 추정된다.

42) 東院은 천황의 離宮으로 원래는 황태자 동궁이었다. 발굴조사에서 녹유를 칠한 기와 등의 발견으로 확인된 녹유의 기와지붕과 기둥과 벽면을 회화로 장식한 훌륭한 건물이라는 의미에서 玉殿으로 칭했다.

43) 常陸國의 鹿嶋神社에 예속된 노비.

44) 「職員令」70 大國條에 "大國/守一人. 〈掌. 祠社, 戶口簿帳, 字養百姓 勸課農桑 …〉"이라고 하여 國守의 임무 중에 勸農이 들어가 있다.

만약 그 기원에 영험이 응하여 장려에 효과가 나타난다면, 전담한 사람에게는 별도로 포상하도록 한다"라고 하였다.

을사(26일), (천황이) 飽浪宮에 순행하였다. 법륭사 노비 27인에게 위계를 각각 차등있게 내렸다.

정미(28일), (천황이) 飽浪宮에서 돌아왔다.

무신(29일), 長門國 豊浦團[45]의 毅[46] 외정7위상 額田部直塞守가 동전 1백만 문, 벼 1만속을 바쳤다. 이에 외종5위하를 내리고, 豊浦郡 대령에 임명하였다.

5월 임자(4일), 기내의 백성이 논에 심을 종자를 얻지 못해 攝津國의 벼를 대여하였다.

임술(14일), 종5위하 三嶋眞人嶋麻呂를 大膳員外亮으로 삼고, 종5위하 乙訓王을 正親正으로 삼았다.

무진(20일), 이에 앞서, 좌경인 종8위상 荒木臣道麻呂 및 그 아들 무위 忍國은 간전 1백정, 벼 12,500석, 莊[47] 3區를 바치고, 近江國 사람 외정7위상 大友村主人主는 벼 1만속, 간전 10정을 西大寺에 바쳤다. 이에 이르러 道麻呂가 사망하자 외종5위하에 추증하고, 忍國, 人主는 함께 외종5위하를 내렸다. 尾張國 海部郡의 主政 외정8위하 刑部岡足이 해당국 國分寺에 미곡 1천석을 바쳐 외종5위하를 내렸다.

계유(25일), 종5위하 笠朝臣乙麻呂를 內藏助로 삼고, 종5위하 倍朝臣小東人을 鼓吹正으로 삼고, 외종5위하 秦忌寸蓑守를 縫部正으로 삼고, 외종5위하 難破連足人을 主殿助로 삼고, 외종5위하 氣太王을 鍛冶正으로 삼고, 종5위하 下道朝臣色夫多를 備後介로 삼았다.

무인(30일), 외종5위하 葛井連根主[48]에게 외정5위하를 내렸다.

6월 신사(3일), 伊豫國 사람 白丁 越智直國益에게 외종5위하를 내렸다. 물품을 바쳤기 때문이다.

---

45) 長門國의 군단명.

46) 소규모 군단의 장관.

47) 莊은 창고건물 등을 포함한 시설물로 보인다.

48) 葛井連은 백제계 도래씨족. 天平寶字 5년(761)에 외종5위하, 동 8년에 備中介를 역임하였고, 寶龜 2년(771)에 종5위하에 오르고, 延曆 원년(782)에 종5위상 木工頭에 임명되었다.

계미(5일), (천황이) 칙을 내려, "동산도순찰사 정5위상 行兵部大輔 겸 侍從 훈3등 淡海眞人三船은 품성이 총명하고 문학과 역사에도 밝다. (순찰사를) 선발할 때에 발굴의 재능으로 추천받았고, 명을 받아 순찰사의 임무를 맡았다. 제순찰사가 각 도로 향할 때에 받은 임무는 동일하지만, 풍속을 시찰하고 귀환하여 보고하는 날에, 정책에 대해 약간 달랐다. 마음은 명예와 영달에 있고, 검찰이 매우 가혹하였다. 下野國 국사 등이 정세의 미납을 방치하고 아울러 여러 관물에 범죄를 일으킨 일이 있었다. 그런데 전 下野國介 외종5위하 弓削宿禰薩摩는 홀로 직무에 나아가지 못하였다. 또한 (천황의) 사면이 내려진 후,[49] (용서해야 할) 죄를 결정하고 교묘히 항변을 진술하였다. 그 이유는 온당하지 않고 공평에도 어긋나 있다. 이에 현임을 해임하고 장래를 위해 징벌해야 한다.[50] 또 근년 재판을 행하는 관리는 단지 (법의) 문구에 고집하여 의리를 고려하지 않고, 임의대로 판결하고 있다. 이러한 이유로 弓削薩摩에 대한 소장에는 납득할 수 없다. 청백리의 도가 어떻게 이와 같을 수 있겠는가. 지금 이후로는 이러한 일이 있어서는 안 된다. 만약 이러한 부류가 있다면, 법에 따라 처벌해야 한다"라고 하였다.

기해(21일), 좌경인 산위 종8위상 粟田臣弟麻呂, 소초위상 粟田臣種麻呂, 정7위상 粟田臣乎奈美麻呂 3인에게 朝臣의 성을 내렸다.

경자(22일), 紀伊國 那賀郡의 대령 외정6위상 日置毘登弟弓은 벼 1만속을 해당국의 國分寺에 바쳤다. 이에 외종5위상을 내렸다. 土左國 安藝郡의 少領 외종6위하 凡直伊賀麻呂는 벼 2만속, 소 60두를 西大寺에 바쳤다. 이에 외종5위상을 내렸다.

추7월 경술(3일), 종5위하 大原連家主를 主稅頭로 삼고, 但馬員外介는 종전대로 하였다. 종5위하 大伴宿禰潔足, 종5위하 當麻眞人永繼를 함께 형부대판사로 삼고, 종5위하 石川朝臣眞守를 우경량으로 삼고, 소납언 종5위하 當麻王에게

---

49) 天平神護 2년 4월 정미조의 대사면을 말한다. 淡海眞人三船이 순찰사로 임명된 것은 동 2년 9월의 일로, 천황의 대사면이 내려진 5개월 후이다.

50) 延曆 4년 7월의 淡海眞人三船의 졸년 기사에 따르면, 이 사건으로 문책을 받아 大宰大貳로 좌천되었다. 이 사건은 道鏡 일족인 弓削氏의 처벌에 대한 대응조치로 생각되고 道鏡의 개입을 예상할 수 있다. 역으로 말하면 下野國介 弓削宿禰薩摩는 道鏡을 믿고 현지에서 비리, 부정을 저질렀을 것으로 보인다.

信濃介를 겸직시키고, 외종5위하 林連雜物[51]을 上野介로 삼고, 외종5위하 道嶋宿禰三山을 陸奧少掾으로 삼고, 외종5위하 坂合部宿禰斐太麻呂를 筑後守로 삼고, 主殿頭 종5위하 美和眞人土生에게 豊後介를 겸직시켰다.

임자(5일), 무위 忌部宿禰鳥麻呂의 본위 종5위상을 복위시켰다.

정사(10일), 종5위하 弓削御淨朝臣秋麻呂를 좌소변으로 삼고, 종5위하 楫嶋王, 종5위하 石上朝臣眞足을 함께 大監物로 삼고, 종5위하 文室眞人眞老를 內藏助로 삼고, 종5위하 賀茂朝臣大川을 內匠助로 삼았다.

이날, 처음으로 內豎省을 두었다. 정3위 弓削御淨朝臣淨人을 卿으로 삼고, 중납언, 衛門督, 上總守는 종전대로 하고, 종4위상 藤原朝臣是公을 大輔로 삼고, 左衛士督 下總守는 종전대로 하고, 종5위하 藤原朝臣雄依를 少輔로 삼고, 右衛士督은 종전대로 하고, 종5위하 田口朝臣安麻呂를 大丞으로 삼았다. 그 외에 大丞 2인, 少丞 2인, 大錄 1인, 少錄 3인으로 구성하였다. 정5위하 豊野眞人尾張을 能登守로 삼고, 備前守 정5위하 石川朝臣名足에게 陸奧鎭守 부장군을 겸직시켰다. 처음에 近衛[52] 종8위하 物部礒浪은 (天平)寶字 8년 仲滿[53]에게 驛鈴과 內印을 탈취하려고 했을 때 급히 달려와 고했다. 이에 이르러 외종5위하를 내렸다.

계해(16일), 종5위상 息長丹生眞人大國을 播磨員外介로 삼았다.

병인(19일), 정5위상 右少弁 造西大寺 차관인 大伴宿禰伯麻呂에게 駿河守를 겸직시켰다. 陸奧國 宇多郡 사람 외정6위상 훈10등 吉彌侯部石麻呂에게 上毛野陸奧公의 성을 내렸다.

신미(24일), 河內國 志紀郡 사람 정6위상 山川造魚足 등 9인에게 山川連의 성을 내리고, 同國 同郡 사람 종6위상 依羅造五百世麻呂, 丹比郡 사람 종6위하 依羅造里上 등 11인에게 依羅連[54]의 성을 내렸다.

---

51) 林連氏는 『신찬성씨록』 河內諸蕃에, 백제국 사람 木貴公으로부터 나왔다는 출자를 기록하고 있다.

52) 近衛府 무력의 중핵을 이루는 舍人.

53) 藤原仲麻呂.

54) 依羅連은 백제계 도래씨족의 후예. 『신찬성씨록』 河內國諸蕃에, "依羅連은 백제국인 素禰志夜麻美乃君으로부터 나왔다"라고 한다. 依羅의 씨명은 河內國 丹比郡 依羅鄕이라는 지명에서 유래한다.

계유(26일), 종8위하 船木直馬養에게 외종5위하를 내렸다. 물품을 바쳤기 때문이다.

8월 신사(4일), 筑前國 宗形郡의 大領 외종6위하 宗形朝臣深津에게 외종5위하를 내리고, 그의 처 무위 竹生王에게는 종5위하를 내렸다. 함께 승 壽應에게 권유받아 金埼[55]의 선착장을 만들었기 때문이다.

을유(8일), 參河國이 주언하기를, 慶雲을 보았다고 한다. 승 600인을 불러 西宮의 침전에서 설재[56]를 하였다. 慶雲을 보았기 때문이다. 이날, 승려의 행동은 불문에 있는 자와 같지 않고, 손뼉 치며 환호하는 모습은 완전히 속인과 같았다.

무자(11일), 외종5위하 健部朝臣人上을 主計助로 삼고, 종5위상 榎井朝臣子祖를 병부대보로 삼고, 종5위하 多治比眞人長野를 형부대판사로 삼고, 외종5위하 葛井連河守[57]를 伊賀守로 삼고, 종5위상 佐伯宿禰眞守를 常陸介로 삼고, 종5위하 石川朝臣名繼를 越前介로 삼고, 종5위하 大伴宿禰潔足을 因幡介로 삼고, 종5위하 弓削宿禰大成을 (因幡)掾으로 삼고, 종5위하 佐伯宿禰久良麻呂를 豊後守로 삼았다.

계사(16일), 神護景雲으로 개원하였다.

(천황이) 조를 내렸다(宣命體).

"일본국에 있으면서 대팔주국을 통치하고 있는 倭根子天皇[58]의 어명으로 내린 말씀을 모두 들으라고 분부하였다. 금년 6월 16일 신시[59]에 동남의 방각에서 매우 진기하고 수려한 구름이 7색으로 어우러져 솟아오르고 있었다. 이것은 짐이 직접 보았고, 근시하고 있는 사람들도 함께 보고, 이상하다고 생각하며 기뻐하고 있던 중에, 伊勢國守 종5위하 阿倍朝臣東人 등이, '6월 17일에 度會郡의 等由氣[60]의 궁 위에 5색의 상서로운 구름이 솟아올라 감싸고

55) 金埼는 지금의 福岡縣 宗像市 玄海地區에 있는 鐘埼를 말한다. 宗像神社의 御神體가 있는 沖ノ島 동남방에 위치하고 있으며, 해상교통의 요지이다.

56) 設齋. 법회에 승려에게 식사를 공양하는 일.

57) 권26, 天平神護 원년(765) 정월조 378쪽 각주 14) 참조.

58) 稱德天皇.

59) 오후 3시에서 5시 사이.

60) 伊勢大神宮의 外宮인 豊受大神宮.

있었다. 이에 그 형태를 서사하여 진상한다'라고 주상하였다.

또 음양료에서도 '7월 15일에 서북의 방각에서 아름답고 기이한 구름이 솟아올랐다. 동월 13일에 동남의 방각에 출현한 구름은 본 바탕은 주색이고 끝부분은 황색으로 거의 5색을 갖추고 있었다'라고 주상하였다. 이와 같이 기이한 구름이 나타난 이유를 조사해 본 결과, 식부성 등이 주상하여, '상서의 책을 자세히 검토해 보니, 이것은 景雲이고, 실로 大瑞에 합당하다'라고 하였다. 그런데 짐이 생각해 보면, 이와 같이 크고 존귀하고 기이한 대서는 성황의 치세에 이르러 덕에 감응하여 천지가 보여준 것이라고, 늘상 듣고 있다. 이것은 결코 짐의 덕이 천지의 마음을 감동시켜 생긴 것이 아니라고 생각한다. 더구나 이것은 大御神宮[61]의 위에 나타났다. 그런 까닭에 이것은 (천조)대신이 자애를 보여준 것이다. 또 말하기조차 황송한 대대의 선황의 어령이 도와 자애를 베푼 것이다.

또 지난 정월 2·7일(14일)[62] 사이에 諸大寺의 대법사를 초청하여 최승왕경을 강설시키고, 또 吉祥天의 회과를 봉사시킬 때, 대법사들이 도리에 맞게 행하고, 또 여러 신하들도 정사를 도리에 맞게 받들어, 삼보도, 諸天[63]도, 천지의 신도, 함께 보여준 진기하고 고귀한 大瑞의 구름이라고 생각한다. 이런 까닭에 진기하고 반가운 대서를 위로부터 받아 참고 가만히 있을 수가 없어 제왕 제신들을 불러 함께 기뻐하고 존숭하여 천지의 은혜에 보답해야 한다고 한 말씀을 모두 들으라고 분부하였다.

그런데 무릇 하늘은 만물을 감싸고 생성하게 하고, 자애와 연민을 주는 것이다. 또 (이세)대신궁의 禰宜,[64] 大物忌,[65] 內人[66] 등에게 2급을 올려 서위한다. 다만 무녀 이하에게는 1급을 서위한다. 또 伊勢國 神郡 2군의

61) 伊勢大神宮.
62) 二七日(14일)은 一七日(7일)의 오기로 보인다. 매년 정월 8일에서 14일까지 7일간 大極殿에서 고승들을 불러 金光明最勝王經을 강설시키고 국가의 安泰와 오곡의 풍작을 기원하는 법회인 御齋會가 열린다.
63) 天部, 四天王, 帝釋天 등 護法神의 총칭.
64) 神職의 하나로 禰宜라고도 쓴다. 신사에서 宮司를 보좌한다.
65) 伊勢神宮의 祠官의 하나로 많은 物忌職 중에서 가장 중요하다. 주로 天照大神의 大御饌에 봉사한다.
66) 伊勢神宮 등의 神職으로 禰宜 다음의 位이다. 신에게 음식을 공여하는 일을 맡는다.

군사 및 제국의 祝部로 유위자, 무위자에게도 1급을 내린다. 또 6위 이하 및 좌우경의 남녀 60세 이상에게 관위 1급을 내린다. 다만 정6위상으로 3년 이상 근무평정을 거듭해서 받은 자에게는 '上정6위상[67]'을 내린다. 또 효자, 순손, 의부, 효부, 절부, 力田[68]은 2급을 올려 서위하고, 그 집문에 취지를 표시하여 현창하고, 종신 전조를 면제한다. 또 5위 이상들에게는 천황의 하사품을 내린다. 또 천하 제국의 전조의 반을 면제한다. 또 80세 이상의 노인 및 홀아비, 과부, 고아, 독거노인으로 자활하기 어려운 자에게는 벼[69]를 지급한다. 또 (하늘이) 보여준 상서대로 연호를 개정한다. 이에 天平神護 3년을 神護景雲 원년으로 한다 라고 하신 말씀을 모두 들으라고 분부하였다.

또 천하에 죄가 있는 자는, 사형죄 이하는 죄의 경중을 묻지 않고, 이미 발각되었거나, 발각되지 않았거나, 이미 판결이 났거나, 아직 심리중이거나, 현재 수감중인 자는 모두 사면한다. 다만 팔학을 범한 자, 고의 살인, 사주전, 강도, 절도, 통상의 사면에서 면제되지 않는 자는 사면의 범위에 포함되지 않는다. 이를 두루 고지하여 짐의 뜻을 알리도록 한다".

陰陽員外助[70] 종5위하 紀朝臣益麻呂[71]에게 정5위하를 서위하고, 允[72] 정6위상 山上朝臣船主에게 종5위하를 내렸다〈지금 검토해 보니, 景雲 2년 처음으로 朝臣의 성을 내렸다. 여기에서는 位記에 의거하여 기록하였다.〉. (陰陽)員外允 정6위상 日下部連虫麻呂·(陰陽)大屬 百濟公秋麻呂[73]·天文博士 國見連今虫[74]·呪

67) 종5위하와 정6위상 사이에 설정한 관위. 율령제 하에서 5위 이상의 관인에게는 특별 대우를 하고 있고, 정6위상에서 5위로 진입하는 데는 귀족사회 특성상 커다란 장벽이 있다. 따라서 정6위상 위에 上정6위상이라는 관위를 두었다. 이러한 사례는 神護慶雲 3년 11월 경인조에 隼人에 대한 서위기사에도 보인다.

68) 농사에 힘쓴 자.

69) 탈곡하지 않은 쌀.

70) 음양료의 정원외 차관.

71) 원래 紀寺의 奴 益人.

72) 음양료의 3등관, 정7위상에 상당.

73) 神護慶雲 3년 8월에 陰陽允이 된다. 『신찬성씨록』 좌경제번하에, "百濟公은 백제국 都慕王의 24세손인 汶淵王으로부터 나왔다"라고 한다. 『속일본기』 天平寶字 5년(761) 3월 경자조에 余民善女 등이 백제공 성을 받았다고 기록하고 있다. 『신찬성씨록』 우경제번하 「백제공」조에는 천평보자 3년(759)에 鬼室氏가 백제공으로 개성한 사실을 전하고 있다. 백제공으로 개성한 예는 백제 왕족인 余氏뿐 아니라 다른 씨족도 있으므로 백제공의 씨성을 받은 인물들이 어느 계통인지 명확하지 않다. 寶龜 원년(770) 동10월

禁師 末使主望足[75]에게 함께 외종5위하를, 伊勢守 종5위하 阿倍朝臣東人에게 종5위상을, (伊勢)介 정6위하 日置造通形에게 외종5위하를, 大神宮의 禰宜 외종5위하 神主首名에게 외종5위하를, 等由氣宮의 禰宜 외종6위하 神主忍人에게 외종5위하를, 參河守 종4위하 伊勢朝臣老人에게 종4위상을, 參河目 정6위상 紀朝臣門守에게 종5위하를, 參河介 외종5위하 秦忌寸智麻呂·掾民忌寸總呂에게 함께 종5위상을 내렸다. 좌우대신에게 사람마다 목면 750둔을, 2위에게 450둔을, 3위에게 300둔을, 4위에게 150둔을, 5위에게 60둔을, 외위에게 40둔을 지급하였다. (관위가 있는) 여자에게도 이에 준하여 지급하였다.

갑오(17일), 志摩國에 기근이 들어 구휼하였다.

무술(21일), 近衛少將 종5위상 弓削宿禰牛養에게 越前介를 겸직시키고, 종5위하 石川朝臣名繼를 (越前)員外介로 삼고, 종5위하 藤原朝臣雄依를 備前權守로 삼았다.

경자(23일), 산위 정7위상 秦忌寸眞成은 동전 2천관, 소 10두를 바쳤다. 이에 외종5위하를 내렸다.

병오(29일), 종4위하 佐伯宿禰今毛人을 左大弁으로 삼고, 造西大寺 장관은 종전대로 하였다. 종5위하 紀朝臣廣庭·阿倍朝臣小東人에게 함께 勅旨少輔로 삼고, 종5위상 葛井連道依[76]를 (勅旨)員外少輔로 삼고 法王宮 大進은 종전대로 하고, 외종5위하 健部朝臣人上을 (勅旨)大丞으로 삼았다. 정6위하 紀朝臣益麻呂를 陰陽頭로 삼고, 종5위하 弓削宿禰薩摩를 (陰陽)助로 삼고, 외종5위하 松井連

조에 百濟公水通 등이 나온다. 백제공수통은 天平勝寶 2년(750) 2월 26일자 太政官符에서 정7위하 守右少史 百濟君水通으로 기록되어 있고 750년에 百濟君으로 불렸다.

74) 國見連은 國看連이라고도 하며, 신라계 도래씨족이다. 神龜 원년 5월에 신라인 金宅良이 國看連의 성을 받는데, 그는 大寶 3년 동10월 갑술조에 나오는 환속승 金財와 동일 인물이다.

75) 백제계 도래씨족의 후예. 『신찬성씨록』 山城國諸蕃에, "末使主는 백제국인 津留牙使主로부터 나왔다"라고 한다. 末使主氏 일족으로는, 天平 10년(738) 「官人歷名」(『大日本古文書』 24-86)에 등장하는 무위 末使主蘇比麻呂, 『속일본후기』 承和 11년(844) 12월조의 山城國 紀伊郡人 末使主逆麿가 있다. 『平安遺文』(1-10)에 末使主山依, 末使主廣成이 나오고, 또 동 문서(1-29)에 末使主夏麻呂, 末使主廣立은 山城國 紀伊郡 深草鄕의 刀禰이고, 末使主□良은 紀伊郡의 □□少領이었다고 기록되어 있다. 이상에서 말사주씨의 본거지는 산성국 기이군이었음을 알 수 있다.

76) 권27, 天平神護 2년(766), 춘정월조 408쪽 각주 7) 참조.

淨山을 內匠助로 삼고, 종5위상 布勢朝臣人主를 式部大輔로 삼고, 정5위상 百濟王理伯[77]을 攝津大夫로 삼고, 종4위하 阿倍朝臣毛人을 東大寺 차관으로 삼고 궁내경을 종전대로 하였다. 종4위상 伊勢朝臣老人을 造西隆寺 장관으로 삼고, 中衛中將 參河守는 종전대로 하였다. 종5위하 若江王, 외종5위상 秦忌寸智麻呂를 함께 寫一切經[78] 차관으로 삼고, 외종5위하 丈部直不破麻呂를 下總員外介로 삼고, 近衛員外少將은 종전대로 하였다. 종5위하 弓削御淨朝臣廣方을 武藏員外介로 삼고, 中衛將監은 종전대로 하였다. 종5위하 百濟王武鏡[79]을 但馬介로 삼고, 종5위하 賀茂朝臣大川을 長門守로 삼고, 외종5위상 上村主五十公[80]을 讚岐員外介로 삼고, 정5위상 淡海眞人三船, 종5위상 大伴宿禰家持를 함께 大宰少貳로 삼았다. 산위 종4위하 粟田朝臣奈勢麻呂가 죽었다.

9월 무신삭(1일), 태양 이래 5색 구름이 걸렸다. 우대신 종2위 吉備朝臣眞備가 對馬嶋의 간전 3정 1단, 陸田 5정 2단, 잡곡 2만속을 바쳤다. 이를 對馬嶋의 저장물로 하였다.

기유(2일), (천황이) 西大寺 嶋院[81]에 행차하였다. 종5위하 日置造蓑麻呂에게 종5위상을 내렸다.

신해(4일), 종5위하 池原公禾守를 造西隆寺 차관으로 삼고, 大外記 右平準令은 종전대로 하였다. 종5위하 中臣習宜朝臣阿曾麻呂를 豊前介로 삼았다.

임자(5일), 무위 玉作金弓의 본위 외종5위하를 복위시켰다.

기미(12일), 隼人司[82]의 隼人 106인에게 유위자, 무위자를 불문하고 위계 1급을 내렸다. 정6위상에게는 上정6위상[83]을 내렸다.

---

77) 刑部卿 百濟王敬福의 아들. 권27, 天平神護 2년(766) 11월조 424쪽 각주 94) 참조.

78) 一切經을 사경하기 위해 일시적으로 설치한 寫一切經司.

79) 刑部卿 百濟王敬福의 子. 天平寶字 8년(764) 藤原仲麻呂의 난 후에 종5위하로 3단계 승서되었다. 寶龜 2년(771)에 主計頭, 동 5년에 出羽守를 역임하고, 동 7년에 종5위상에 올랐다. 이어 天應 2년(782)에 大膳亮에 임명되고, 延曆 2년(783)에 정5위하에 올랐고, 동 3년에는 周防守로서 근무하였다.

80) 권26, 天平神護 원년(675) 정월조 377쪽 각주 8) 참조.

81) 園池에 섬을 갖춘 정원 구역.

82) 隼人司는 衛門府 소속으로, 조정에 근무하는 隼人의 관리, 畿內, 近江, 丹波, 紀伊에 정주하는 隼人의 계장 관리, 준인의 가무 교습 등을 맡아보았다.

83) 종5위하와 정6위상 사이에 관위를 설정한 것. 6위에서 5위 관위로 진입하는 데 장벽이 있었음을 보여준다.

계해(16일), 日向員外介 종4위상 大津連大浦를 해임하였다. 그가 소유하고 있던 천문, 음양 등의 서적은 관에서 몰수하였다.

갑자(17일), 종4위상 日下部宿禰子麻呂를 內豎員外大輔로 삼고, 종5위하 賀茂朝臣田守를 播磨守로 삼았다.

을축(18일), 처음으로 (宇佐)八幡의 比賣神에게 神宮寺[84]를 만들게 하였다. 이를 위해 인부로서 편의적으로 신궁사의 봉호를 사역시키고, 4년을 기한으로 완성하도록 하였다.

기사(22일), 河內國 志紀郡 사람 정6위상 山口臣犬養 등 3인에게 山口朝臣의 성을 내리고, 上總國 海上郡 사람 외종5위하 檜前舍人直建麻呂에게 上總宿禰의 성을, 우경인 정7위하 山田造吉繼에게 山田連의 성을 내렸다.

경오(23일), 備前國 國造 종4위하 上道朝臣正道가 죽었다. 正道는 원래 中衛였다. 天平勝寶 9세(757)에 橘奈良麻呂의 음모를 밀고하여 종4위하를 받았고, 朝臣의 성이 내려졌다. 그 내용은 천평승보 9세(757)의 기사 중에 있다. 관력은 美濃, 播磨, 備前 등의 국수, 궁내대보, 우병위독 등을 역임하였다.

동10월 신묘(15일), (천황이) 칙을 내려, "陸奥國에서 주상한 바를 보니, 伊治城[85]의 축성이 완료된 것을 알았다. 시작에서 완성까지 30일도 걸리지 않았다. 짐은 심히 기쁘게 생각한다. 무릇 위기에 직면해 목숨을 잊으면 충의와 용기가 드러난다. 천황의 뜻을 받아 사명을 수행하여 공사가 일찍 이루어졌다. 단지 축성하여 외적을 방위하는 일만이 아니고, 실로 방위를 줄이고 변경을 안정시킬 수 있다. 만약 포상하여 승진시키지 않는다면, 어떻게 뒤를 잇는 자들에게 권유할 수 있겠는가. 마땅히 공에 보답하는 포상을 내려 몸을 아끼지 않은 자들을 위무하고자 한다. 종4위하 田中朝臣多太麻呂에게 정4위하를, 정5위하 石川朝臣名足·大伴宿禰益立에게 함께 정5위상을, 종5위하 上毛野朝臣稻人·大野朝臣石本에게 함께 종5위상을 내린다. 또 외종5위하 道嶋宿禰三山은 책임자로서 이 계획을 세우고, 축조하여 완성하였다. 지금 그 공을 기려 특별히 종5위상을 내린다. 또 외종5위하 吉彌侯部眞麻呂

---

84) 神佛習合 사상에 기초해서 신사에 부속된 불교사원과 불당. 別堂寺, 神護寺, 神願寺, 神供寺, 神宮院, 宮寺, 神宮禪院 등으로도 불린다.

85) 陸奥國 栗原郡 지역. 현재의 宮城縣 栗原郡 築館町城 生野이다.

는 국을 위해 솔선해서 마침내 (蝦夷를) 복속시켜 순종하게 하여 이적의 무리들이 귀순하게 되었다. 이에 외정5위하로 승진시킨다. 그 외의 제군의 軍毅 이상 및 제국의 군사, 하이의 귀순자 등으로 축성에 공적이 있고 서위할만 한 자는 진수장군이 함께 공로에 따라 등급을 정하여 주상하도록 한다"라고 하였다.

계사(17일), 伊豫國 宇摩郡 사람 凡直繼人인 동전 1백만문, 저포[86] 1백단, 죽립[87] 1백개, 벼 2만속을 바쳤다. 이에 외종6위상을 내리고, 그 父 稻積에게는 외종5위하를 내렸다.

갑오(18일), 무위 石上朝臣等能古에게 종5위상을, 무위 久米連若女·弓削御淨朝臣美夜治·弓削御淨朝臣等能治·大伴宿禰古珠瑠河에게 함께 종5위하를 내렸다.

경자(24일), (천황이) 대극전에 임하여, 승 600인을 불러 대반야경을 전독시키고,[88] 당악, 고려악 및 內教坊[89]의 답가[90]를 연주하게 하였다.

신축(25일), 사천왕사의 家人[91] 및 노비 32인에게 차등있게 위계를 내렸다.

임술[92](4일), 종5위하 吉備朝臣泉에게 종5위상을, 외종5위하 田部宿禰男足에게 종5위하를, 命婦 정4위하 吉備朝臣由利에게 정4위상을, 무위 吉備朝臣枚雄, 종6위상 賀茂朝臣萱草에게 함께 종5위하를 내렸다.

11월 임인,[93] 사천왕사의 간전 255정이 播磨國 餝磨郡에 있다. 지난 무신년에 관에서 거둬들여 백성의 구분전으로 반급했는데, 아직까지 그 대신으로 시입하지 않았다. 이에 이르러 大和, 山背, 攝津, 越中, 播磨, 美作 등의 국의 乘田[94] 및 관에 몰수된 전지[95]를 희사하였다.

---

86) 紵布. 모시를 재료로 한 삼베.
87) 竹笠. 대나무로 만든 제품.
88) 승 600인은 대반야경 600권에 해당한다. 1인당 1권씩 전독했다고 생각된다.
89) 조정에서 여성에게 女樂, 가무 등을 교습시킨 곳. 節會, 內宴 등에 봉사하였다.
90) 여성의 踏歌. 발을 구르며 박자를 맞추면서 행렬을 지어 행하는 가무.
91) 율령제 하에서 官戶, 陵戶, 家人, 公奴婢, 私奴婢를 五賤이라 하였다.
92) 이달에 壬戌 간지는 없다. 혹은 壬戌(26일)의 오기일지 모른다.
93) 이달은 일간지 壬寅이 존재하지 않는다.
94) 구분전 등에 반급한 잉여의 전지.
95) 범죄 등으로 몰수된 전지.

기사[96](23일), 陸奧國에 栗原郡을 설치하였다. 본래 伊治城의 지배구역이다.

갑인(8일), 出羽國 雄勝城의 지배하에 있던 蝦夷 400여 인이 성에 내속을 구하자 이를 허락하였다.

계해(17일), 참의 종3위 治部卿 겸 左兵衛督, 大和守를 겸직한 山村王이 죽었다. 池邊雙槻宮[97]의 御宇橘豊日天皇의 황자이고, 久米王[98]의 후손이다. 天平 18년(746)에 종5위하를 받고, 天平寶字 8년(764)에 소납언에 임명되고 정5위하를 받았다. 그때 高野天皇이 山村王을 보내 中宮院에 있는 鈴印을 접수시켰다. 大師 (藤原惠美)押勝이 병사를 보내 기다렸다가 빼앗으려고 하였다. 山村王은 몰래 이 소식을 알렸다. 드디어 君命을 다하였다.[99] 천황은 이를 기뻐하여 정3위를 내렸다. 사망시의 나이는 46세였다.

병인(20일), 사주전한 사람 王清麻呂[100] 등 40인에게 鑄錢部[101]의 성을 내리고, 出羽國으로 유배보냈다.

12월 경진(4일), 阿波國의 제왕, 제신의 공전, 위전을 거둬들여 백성의 구분전으로 반급하였다. 그 지역은 전지가 적기 때문이다.

임오(6일), 武藏國 足立郡 사람 외종5위하 丈部直不破麻呂 등 6인에게 武藏宿禰의 성을 내렸다.

갑신(8일), 외종5위하 武藏宿禰不破麻呂를 武藏國 國造로 삼고, 정4위상 道嶋宿禰嶋足을 陸奧國 大國造[102]로 삼고, 종5위상 道嶋宿禰三山을 國造로 삼았다.

을유(9일), 종5위상 菅生王을 소납언으로 삼고, 종5위하 石川朝臣清麻呂를 원외소납언으로 삼고, 종5위상 石川朝臣豊人을 형부소보로 삼고, 종5위하 藤原朝臣弟繩을 대판사로 삼고, 정5위상 縣犬養宿禰古麻呂를 궁내대보로 삼고, 종5위하 大宅王을 主油正[103]으로 삼고, 종5위하 多治比眞人長野를 造東內司[104]

96) 기사(23일)조의 내용은 병인(20일) 뒤에 배열해야 한다.
97) 用明天皇.
98) 성덕태자의 동생인 來目皇子.
99) 天平寶字 8년 9월 11일조 참조.
100) 王氏는 고구려계 씨족 중에 많아 고구려계 씨족의 후예일 가능성이 높다.
101) 처음 나오는 사례로서, 私鑄錢에 대한 범죄자 집단임을 표시하는 칭호.
102) 大國造는 陸奧國에만 설치된 것으로, 道嶋宿禰嶋足의 특별한 지위를 나타낸다.
103) 主油正은 宮內省 산하 관부인 主油司의 장관으로, 직장은 제국에서 공상되는 調의 部物, 즉 부가세로서 공납되는 膏油의 일을 관장한다. 寬平 8년(896)에 主殿寮에 병합되

의 차관으로 삼고, 종5위상 阿倍朝臣三縣을 田原鑄錢[105]의 장관으로 삼고, 형부대보는 종전과 같이 하였다.

정해(11일), 伊勢國 飯高郡 사람 漢人部乙理[106] 등 3인에게 民忌寸의 성을 내렸다.

임진(16일), 근년 美濃國에 가뭄이 들어 오곡이 여물지 않아 백성들이 부담해야 할 조세를 면제하였다.

임인(26일), 외종7위상 丈部造廣庭에게 외종5위하를 내렸다. (사재를) 바쳤기 때문이다.

『속일본기』 권제28

었다.

104) 東內는 東院 내에 조영된 관사.

105) 大和國 添上郡 田原에 설치된 鑄錢司의 장관.

106) 백제계 도래씨족인 東漢氏의 일 지족.

續日本紀卷第二十八

〈起神護景雲元年正月, 盡十二月〉

右大臣從二位兼行皇太子傅中衛大將臣藤原朝臣繼繩等奉勅撰

高野天皇

◯ **神護景雲元年**春正月己未. 勅, 畿內七道諸國, 一七日間, 各於國分金光明寺, 行吉祥天悔過之法. 因此功德, 天下太平, 風雨順時, 五穀成熟, 兆民快樂, 十方有情, 同霑此福. 己未, 尚膳從三位小長谷女王薨. 三品忍壁親王之女也. 己巳, 御東院, 詔曰, 今見諸王, 年老者衆. 其中或勤勞可優, 或朕情所憐. 故隨其狀, 並賜爵級. 宜告衆諸令知此意焉. 無位依智王, 篠嶋王, 廣河王, 淨水王, 名方王, 調使王, 飯野王, 鴨王, 壹志濃王, 田中王, 八上王, 津守王, 名草王, 春階王, 中村王, 池原王, 積殖王, 高倉王, 礒部王, 長尾王, 淨名王並授從五位下. 從五位上百濟王理伯正五位上, 外正五位下大原連家主 外從五位下池原公禾守, 正六位上弓削御淨朝臣廣方, 大野朝臣石本, 文屋眞人忍坂麻呂, 三嶋眞人嶋麻呂, 藤原朝臣雄依, 藤原朝臣長道, 石川朝臣眞人, 石川朝臣名繼, 石上朝臣眞足, 大原眞人年繼, 石川朝臣人麻呂, 巨勢朝臣苗麻呂, 當麻眞人永嗣, 從六位上安倍朝臣草麻呂, 正六位上佐伯宿禰家主, 川邊朝臣東人, 吉備朝臣眞事, 笠朝臣乙麻呂並從五位下, 正六位上林連雜物, 船連庭足, 堅部使主人主, 從六位上昆解沙彌麻呂, 正六位上高屋連赤麻呂, 秦忌寸蓑守, 品治部公嶋麻呂, 難破連足人並外從五位下. 從四位下藤原朝臣家子正四位下. 庚午, 無位廣田王, 三笠王, 神王並授從五位下. 從五位下大伴宿禰益立正五位下, 從五位下多治比眞人小耳從五位上, 正六位上中臣朝臣子老, 巨勢朝臣池長, 石川朝臣淸麻呂, 上毛野朝臣稻人, 榎井朝臣祖足, 阿倍朝臣小東人, 從六位上大春日朝臣五百世, 大宅朝臣廣人並從五位下. 正六位上土師宿禰位, 土師宿禰田使並外從五位下. 癸酉, 授正六位上阿倍小殿朝臣人麻呂從五位下, 復無位上毛野公眞人本位外從五位下, 正六位上上部木, 甲眞高, 從七位下丹比宿禰眞嗣並外從五位下. 己卯, 尾張國飢, 賑給之. 甲申, 幸東大寺. 授正五位下國中連公麻呂從四位下, 從五位下佐伯宿禰眞守從五位上, 外從五位下美努連奧麻呂, 桑原公足床並外從五位上, 造寺工正六位上猪名部百世外從五位下. 丁亥, 幸大學釋奠. 座主直講從八位下麻田連眞淨授從六位下, 音博士從五位下袁晋卿從五位上, 問者大學少允從六位上濃宜公水通外從五位下. 贊引及博士弟子十七人賜爵人一級. 戊子, 幸山階寺. 奏林邑及呉樂, 奴婢五人賜爵有差. 辛卯, 淡路國頻旱乏種稻, 轉播磨國加古印南等郡稻四萬束, 出擧百姓. 左京人正六位上大伴大田連沙彌麻呂賜姓宿禰. 甲午, 幸東院. 出雲國造外從六位下出雲臣益方奏神賀事. 仍授益方外從五位下, 自餘祝部等, 敍位賜物有差. 丙午, 淡路國飢, 賑給之. 丁酉, 山背國飢, 賑給之. 庚子, 伊豫國越智郡大領外正七位下越智直飛鳥麻呂, 獻絁二百三十疋, 錢一千二百貫, 授外從五位下. 壬寅, 和泉國五穀不登, 民無種稻, 轉讚岐國稻四萬餘束以充種子. 癸卯, 賜左右大臣近江國穀各二千斛. 丁未, 近衛將監從五位下吉備朝臣泉爲兼大學員外助, 從五位下吉備朝臣眞事爲鑄錢員外次官. 戊申, 從四位下阿倍朝臣毛人爲大藏卿, 從五位下藤原朝臣乙縄爲大輔, 從五位上奈貴王爲大膳大夫, 侍從正親正如故. 從五位下石川朝臣人麻呂爲彈正弼, 從四位下佐伯宿禰今毛人爲造西大寺長官, 右少弁正五位上大伴宿禰伯麻呂爲兼次官, 左中弁侍從內匠頭武藏介正五位下藤原朝臣雄田麻呂爲兼右兵衛督, 從四位下藤原朝臣楓麻呂爲大宰大貳.

三月庚戌朔朔, 日有蝕之. 辛亥, 幸元興寺. 捨綿八千屯, 商布一千段, 賜奴婢爵有差. 壬子, 幸西大寺法院. 令文士賦曲水, 賜五位已上及文士祿. 乙卯, 左京人正六位上上毛野坂本公男嶋, 上野國碓氷郡人外從八位下上毛野坂本公黑益, 賜姓上毛野坂本朝臣. 同國佐位郡人外從五位上檜前君老刀自上毛野佐位朝臣. 戊午, 幸大安寺. 授造寺大工正六位上輕間連鳥麻呂外從五位下. 癸亥, 幸藥師寺, 捨調綿一萬屯, 商布一千段, 賜長上工以下奴婢已上二十六人爵各有差. 放奴息麻呂賜姓殖栗連, 婢淸賣賜姓忍坂, 常陸國筑波郡人從五位下壬生連小家主女賜姓宿禰. 乙丑, 阿波國板野名方阿波等三郡百姓言, 己等姓, 庚午年籍被記凡直. 唯籍皆著費字, 自此之後, 評督凡直麻呂等披陳朝庭, 改爲粟凡直姓, 已畢. 天平寶字二年編籍之日, 追注凡費, 情所不安. 於是改爲粟凡直. 丙寅, 勅, 近衛將曹從六位下勳六等間人直足人等十九人. 感會風雲, 奮激忠勇, 超群拔衆, 斬寇滅凶. 朕以嘉其武節, 賞此高勳. 宜令美服光榮, 容儀標異. 自今以後, 諸勳六等已上身, 有七位而帶職事者, 許執牙笏弁用銀裝刀帶等, 及元日等節, 著當階色. 己巳, 從五位下巨勢朝臣苗麻呂爲少納言, 從四位下阿倍朝臣息道爲中務大輔, 侍從如故, 從五位下石川朝臣淸麻呂爲少輔, 從五位下賀茂朝臣大川爲大監物, 從五位下文屋眞人忍坂麻呂爲右大舍人頭, 從五位下石上朝臣眞足爲內匠助, 從五位下粟田朝臣公足爲員外助, 從五位下淨原王爲內禮正, 從五位下紀朝臣廣名爲式部大輔, 從五位下藤原朝臣小黑麻呂爲少輔, 從五位下皇甫東朝爲雅樂員外助兼花苑司正, 正五位上淡海眞人三船爲兵部大輔, 從五位下百濟王三忠爲少輔, 從五位下榎井朝臣祖足爲木工助, 外從五位下津連眞麻呂爲攝津大進, 從五位上佐伯宿禰三野爲下野守, 從五位下縣犬養大宿禰內麻呂爲介, 外從五位下利波臣志留志爲越中員外介, 從五位下阿部朝臣許智爲丹波介, 從五位下紀朝臣古佐美爲丹後守, 從三位藤原朝臣藏下麻呂爲伊豫土左二國按察使, 近衛大將左京大夫如故. 從五位下藤原朝臣雄依爲右衛士督, 從五位下田口朝臣安麻呂爲佐. 始置法王宮職, 以造宮卿但馬守從三位高麗朝臣福信爲兼大夫, 大外記遠江守從四位下高丘富連比良麻呂爲兼亮, 勅旨大丞從五位上葛井連道依爲兼大進, 少進一人, 大屬一人, 少屬二人. 授外從五位下利波臣志留志從五位上, 以墾田一百町獻於東大寺也. 庚午, 左京人從七位上前部虫麻呂賜姓廣篠連. 乙亥, 常陸國新治郡大領外從六位上新治直子公獻錢二千貫, 商布一千段, 授外正五位下. 丙子, 河內國古市郡人從四位下高丘連比良麻呂賜姓宿禰.
夏四月辛巳, 始授諸王四世者正六位上, 五世者從六位下, 其朝服用纁色. 癸巳, 東院玉殿新成. 群臣畢會. 其殿, 葺以琉璃之瓦, 畫以藻繢之文. 時人謂之玉宮. 伊勢國多氣郡人外正七位下敢礒部忍國獻錢百萬, 絹五百疋, 稻一萬束, 授外正五位下. 庚子, 放鹿嶋神賤男八十人, 女七十五人從良. 癸卯, 勅, 夫農者天下之本也. 吏者民之父母也. 勸課農桑, 令有常制. 比來諸國頻年不登, 匪唯天道乖宜, 抑亦人事怠慢. 宜令天下勤事農桑. 仍擇差國司恪勤尤異者一人, 并郡司及民中良謹有誠者郡別一人, 專當其事. 錄名申上. 先以肅敬禱祀境內有驗神祇, 次以存心勸課部下百姓産業. 若其所祈有應, 所催見益, 則專當之人別加褒賞. 乙巳, 幸飽浪宮, 賜法隆寺奴婢二十七人爵各有差. 丁未, 至自飽浪宮. 戊申, 長門國豊浦團毅外正七位上額田部直塞守獻錢百萬, 稻一萬束, 授外從五位上. 任豊浦郡大領.
五月壬子, 貸畿內百姓不得種田者攝津國穀. 壬戌, 以從五位下三嶋眞人嶋麻呂爲大膳員外亮, 從五位下乙訓王爲正親正. 戊辰, 先是, 左京人從八位上荒木臣道麻呂, 及其男無位忍國, 墾田一百町, 稻一萬二千五百束, 莊三區, 近江國人外正七位上大友村主人主, 稻一萬束, 墾田十町獻於西大寺. 至是道麻呂身死. 贈外從五位下, 忍國, 人主並授外從五位下. 尾張國海部郡主政外正八位下刑部岡足獻當國國分寺米一千斛, 授外從五位下. 癸酉, 從五位下笠朝臣乙麻呂爲內藏助, 從五位下安倍朝臣小東人爲鼓吹正, 外從五位下秦忌寸蓑守爲縫部正, 外從五位下難破連足人爲主殿助, 從五位下氣太王爲鍛冶正, 從五位下下道朝臣色夫多爲備後介. 戊寅, 授外從五位下葛井連根主外正五位下.

六月辛巳, 伊豫國人白丁越智直國益授外從五位下, 以獻物也. 癸未, 勅, 東山道巡察使正五位上行兵部大輔兼侍從勳三等淡海眞人三船, 稟性聰惠兼明文史. 應選標擧, 銜命巡察, 諸使向道之時受事雖一, 省風還報之日, 政路漸異, 存心名達, 檢括酷苛. 以下野國國司等正稅未納幷雜官物中有犯. 然獨禁前介外從五位下弓削宿禰薩摩, 不預釐務. 亦赦後斷罪, 此陳巧弁. 其理不安, 旣乖公平. 宜解見任用懲將來. 又比年法吏. 但守文句, 不顧義理, 任意決斷. 由是, 薩摩訴狀不得披心, 淸白吏道. 豈合如此. 自今以後, 不得更然. 若有此類, 隨法科罪. 己亥, 左京人散位從八位上粟田臣弟麻呂, 少初位上粟田臣種麻呂, 正七位上粟田臣乎奈美麻呂三人, 賜姓朝臣. 庚子, 紀伊國那賀郡大領外正六位上日置毘登弟弓, 稻一萬束獻於當國國分寺, 授外從五位下. 土左國安藝郡少領外從六位下凡直伊賀麻呂, 稻二萬束, 牛六十頭獻於西大寺, 授外從五位上.

秋七月庚戌, 以從五位下大原連家主爲主稅頭, 但馬員外介如故. 從五位下大伴宿禰潔足, 從五位下當麻眞人永繼並爲刑部大判事, 從五位下石川朝臣眞守爲右京亮, 少納言從五位下當麻王爲兼信濃介, 外從五位下林連雜物爲上野介, 外從五位下道嶋宿禰三山爲陸奧少掾, 外從五位下坂合部宿禰斐太麻呂爲筑後守, 主殿頭從五位下美和眞人土生爲兼豊後介. 壬子, 復無位忌部宿禰鳥麻呂本位從五位上. 丁巳, 從五位下弓削御淨朝臣秋麻呂爲左少弁, 從五位下楫嶋王, 從五位下石上朝臣眞足並爲大監物, 從五位下文室眞人眞老爲內藏助, 從五位下賀茂朝臣大川爲內匠助. 是日, 始置內豎省, 以正三位弓削御淨朝臣淨人爲卿, 中納言衛門督上總守如故. 從四位上藤原朝臣是公爲大輔, 左衛士督下總守如故. 從五位下藤原朝臣雄依爲少輔, 右衛士督如故. 從五位下田口朝臣安麻呂爲大丞, 大丞二員, 少丞二員, 大錄一員, 少錄三員. 正五位下豊野眞人尾張爲能登守, 備前守正五位下石川朝臣名足爲兼陸奧鎭守副將軍. 初近衛從八位下物部礒浪. 寶字八年仲滿奪鈴印時, 疾走告急. 至是授外從五位下. 癸亥,以從五位上息長丹生眞人大國爲播磨員外介. 丙寅, 以正五位上右少弁造西大寺次官大伴宿禰伯麻呂爲兼駿河守. 陸奥國宇多郡人外正六位上勳十等吉彌侯部石麻呂賜姓上毛野陸奥公. 辛未, 河內國志紀郡人正六位上山川造魚足等九人賜姓山川連, 同國同郡人從六位上依羅造五百世麻呂, 丹比郡人從六位下依羅造里上等十一人依羅連. 癸酉, 授從八位下船木直馬養外從五位下, 以獻物也.

八月辛巳, 筑前國宗形郡大領外從六位下宗形朝臣深津授外從五位下, 其妻無位竹生王從五位下, 並以被僧壽應誘, 造金埼船瀨也. 乙酉, 參河國言, 慶雲見, 屈僧六百口. 於西宮寢殿設齋, 以慶雲見也. 是日, 緇侶進退無復法門之趣, 拍手歡喜一同俗人. 戊子, 外從五位下健部朝臣人上爲主計助, 從五位上榎井朝臣子祖爲兵部大輔, 從五位下多治比眞人長野爲刑部大判事, 外從五位下葛井連河守爲伊賀守, 從五位上佐伯宿禰眞守爲常陸介, 從五位下石川朝臣名繼爲越前介, 從五位下大伴宿禰潔足爲因幡介, 從五位下弓削宿禰大成爲掾, 從五位下佐伯宿禰久良麻呂爲豊後守. 癸巳, 改元神護景雲, 詔曰, 日本國〈爾〉坐〈天〉大八洲國照給〈比〉治給〈布〉倭根子天皇〈我〉御命〈良麻止〉勅〈布〉御命〈乎〉衆諸聞食〈止〉宣. 今年〈乃〉六月十六日申時〈仁〉東南之角〈爾〉當〈天〉甚奇〈久〉異〈爾〉麗〈岐〉雲七色相交〈天〉立登〈天〉在. 此〈乎〉朕自〈毛〉見行〈之〉又侍諸人等〈毛〉共見〈天〉怪〈備〉喜〈備都都〉在間〈仁〉伊勢國守從五位下阿倍朝臣東人等〈我〉奏〈久〉. 六月十七日〈爾〉度會郡〈乃〉等由氣〈乃〉宮〈乃〉上〈仁〉當〈天〉五色瑞雲起覆〈天〉在. 依此〈天〉彼形〈乎〉書寫以進〈止〉奏〈利〉. 復陰陽寮〈毛〉七月十五日〈爾〉西北角〈仁〉美異雲立〈天〉在, 同月二十三日〈仁〉東南角〈仁〉有雲本朱末黃稍具五色〈止〉奏〈利〉, 如是〈久〉奇異雲〈乃〉顯在〈流〉所由〈乎〉令勘〈爾〉. 式部省等〈我〉奏〈久〉, 瑞書〈爾〉細勘〈爾〉是卽景雲〈爾〉在. 實合大瑞〈止〉奏〈世利〉. 然朕念行〈久〉, 如是〈久〉大〈仁〉貴〈久〉奇異〈爾〉在大瑞〈波〉聖皇之御世〈爾〉至德〈爾〉感〈天〉天地〈乃〉示現〈之〉賜物〈止奈毛〉常〈毛〉聞行〈須〉. 是豈敢朕德〈伊〉天地〈乃〉御心〈乎〉令感動〈末都流倍岐〉事〈波〉無〈止奈毛〉念行〈須〉. 然此〈方〉大御神宮上〈爾〉示顯給. 故尙是〈方〉大神〈乃〉慈〈備〉示給〈幣流〉物〈奈犁〉. 又掛〈毛〉畏〈岐〉御世御世〈乃〉先〈乃〉皇〈我〉御靈〈乃〉助給〈比〉慈給〈幣流〉物〈奈犁〉. 復去正月〈爾〉二七日之間諸大寺〈乃〉大法師等〈乎〉奏請〈良倍天〉最勝王經〈乎〉令講讚〈末都利〉. 又吉祥天〈乃〉悔過〈乎〉令仕奉〈流爾〉諸大法師等〈我〉如理〈久〉勤〈天〉坐〈佐比〉. 又諸臣等〈乃〉天下〈乃〉政事〈乎〉合理

〈天〉奉仕〈爾〉依〈天之〉三寶〈毛〉諸天〈毛〉天地〈乃〉神〈多知毛〉共〈爾〉示現賜〈幣流〉奇〈久〉貴〈伎〉大瑞〈乃〉雲〈爾〉在〈良之止奈毛〉念行〈須〉. 故是以奇〈久〉喜〈之支〉大瑞〈乎〉頂〈爾〉受給〈天〉忍〈天〉默在〈去止〉不得〈之天奈毛〉諸王〈多知〉臣〈多知乎〉召〈天〉共〈爾〉歡〈備〉尊〈備〉天地〈乃〉御恩〈乎〉奉報〈倍之止奈毛〉念行〈止〉詔〈布〉天皇〈我〉御命〈遠〉諸聞食〈止〉宣. 然夫天〈方〉萬物〈乎〉能覆養賜〈比〉慈〈備〉愍〈美〉賜物〈仁〉坐〈須〉. 又大神宮〈乃〉禰宜大物忌內人等〈爾波〉敍二級. 但御巫以下人等敍一級. 又伊勢國神郡二郡司及諸國祝部有位無位等賜一級. 又六位以下及左右京男女年六十以上賜一級. 但正六位上重三選以上者, 賜上正六位上. 又孝子順孫義夫孝婦節婦力田者賜二級, 表旌其門至于終身田租免給. 又五位以上人等賜御手物, 又天下諸國今年田租半免. 又八十以上老人及鰥寡孤獨不能自存者賜籾. 又示顯賜〈弊流〉瑞〈乃末爾末仁〉年號〈波〉改賜〈布〉. 是以改天平神護三年, 爲神護景雲元年〈止〉詔〈布〉天皇〈我〉御命〈遠〉諸聞食〈止〉宣. 又天下有罪, 大辟罪已下, 罪無輕重, 已發覺, 未發覺, 已結正, 未結正, 繫囚見徒, 咸赦除之. 但犯八虐, 故殺人, 私鑄錢, 强竊二盜, 常赦所不免者, 不在赦限. 普告天下知朕意焉. 陰陽員外助從五位下紀朝臣益麻呂敍正五位下, 允正六位上山上朝臣船主從五位下〈今檢, 景雲二年始賜朝臣, 此據位記而書之.〉, 員外允正六位上日下部連虫麻呂, 大屬百濟公秋麻呂, 天文博士國見連今虫, 呪禁師末使主望足, 並外從五位下, 伊勢守從五位下阿倍朝臣東人從五位上, 介正六位下日置造通形外從五位下, 大神宮禰宜外從五位下神主首名外正五位下, 等由氣宮禰宜外正六位下神主忍人外從五位下, 參河守從四位下伊勢朝臣老人從四位上, 目正六位上紀朝臣門守從五位下, 介外從五位下秦忌寸智麻呂, 掾民忌寸總麻呂並外從五位上. 賜左右大臣綿人七百五十屯, 二位四百五十屯, 三位三百屯, 四位百五十屯, 五位六十屯, 外位四十屯, 女亦准此. 甲午, 志摩國飢, 賑給之. 戊戌, 近衛少將從五位上弓削宿禰牛養爲兼越前介, 從五位下石川朝臣名繼爲員外介, 從五位下藤原朝臣雄依爲備前權守. 庚子, 散位正七位上秦忌寸眞成獻錢二千貫, 牛十頭, 授外從五位下. 丙午, 從四位下佐伯宿禰今毛人爲左大弁, 造西大寺長官如故. 從五位下紀朝臣廣庭, 阿倍朝臣小東人, 並爲勅旨少輔. 從五位上葛井連道依爲員外少輔, 法王宮大進如故, 外從五位下健部朝臣人上爲大丞, 正六位下紀朝臣益麻呂爲陰陽頭, 從五位下弓削宿禰薩摩爲助, 外從五位下松井連淨山爲內匠助, 從五位上布勢朝臣人主爲式部大輔, 正五位上百濟王理伯爲攝津大夫, 從四位下阿倍朝臣毛人爲造東大寺次官, 宮內卿如故. 從四位上伊勢朝臣老人爲造西隆寺長官, 中衛中將參河守如故. 從五位下若江王, 外從五位上秦忌寸智麻呂並爲寫一切經次官, 外從五位下丈部直不破麻呂爲下總員外介, 近衛員外少將如故. 從五位下弓削御淨朝臣廣方爲武藏員外介, 中衛將監如故. 從五位下百濟王武鏡爲但馬介, 從五位下賀茂朝臣大川爲長門守, 外從五位上上村主五十公爲讚岐員外介, 正五位上淡海眞人三船, 從五位上大伴宿禰家持並爲大宰少貳. 散位從四位下粟田朝臣奈勢麻呂卒.

九月戊申朔, 日上有五色雲. 右大臣從二位吉備朝臣眞備獻對馬嶋墾田三町一段, 陸田五町二段, 雜穀二萬束, 以爲嶋儲. 己酉, 幸西大寺嶋院. 授從五位下日置造蓑麻呂從五位上. 辛亥, 從五位下池原公禾守爲造西隆寺次官, 大外記右平準令如故. 從五位下中臣習宜朝臣阿曾麻呂爲豊前介. 壬子, 復無位玉作金弓本位外從五位下. 己未, 隼人司隼人百十六人, 不論有位無位, 賜爵一級, 其正六位上者敍上正六位上. 癸亥, 日向員外介從四位上大津連大浦解任. 其隨身天文陰陽等書沒爲官書. 甲子, 以從四位上日下部宿禰子麻呂爲內豎員外大輔, 從五位下賀茂朝臣田守爲播磨守. 乙丑, 始造八幡比賣神宮寺, 其夫者便役神寺封戶, 限四年令畢功. 己巳, 河內國志紀郡人正六位上山口臣犬養等三人賜姓山口朝臣, 上總國海上郡人外從五位下檜前舍人直建麻呂上總宿禰, 右京人正七位下山田造吉繼山田連. 庚午, 備前國國造從四位下上道朝臣正道卒. 正道者本中衛. 勝寶九歲, 以告橘奈良麻呂密, 授從四位下, 賜姓朝臣. 語在勝寶九歲記中. 歷美濃, 播磨, 備前等國守, 宮內大輔, 右兵衛督.

冬十月辛卯, 勅, 見陸奧國所奏. 卽知伊治城作了. 自始至畢, 不滿三旬. 朕甚嘉焉. 夫臨危忘生, 忠勇乃見, 銜綸遂命, 功夫早成. 非但築城制外, 誠可減戍安邊. 若不褒進. 何勸後徒. 宜加酬賞式慰匪躬. 其從四位下田中朝臣多太麻呂授正四位下, 正五位下石川朝臣名足, 大伴宿禰益立並正五位上, 從五位下上毛野朝臣稻人, 大野朝臣石本並從五位上. 其外從五位下道嶋宿禰三山, 首建斯謀, 修成築造. 今美其功, 特賜從五位上. 又外從五位下吉彌侯部眞麻呂, 徇國爭先, 遂令馴服. 狄徒如歸. 進賜外正五位下. 自餘諸軍軍毅已上, 及諸國軍士, 蝦夷俘囚等, 臨事有効, 應敍位者, 鎭守將軍並宜隨勞簡定等第奏聞. 癸巳, 伊豫國宇摩郡人凡直繼人, 獻錢百萬, 紵布一百端, 竹笠一百蓋, 稻二萬束. 授外從六位下, 其父稻積外從五位下. 甲午, 授無位石上朝臣等能古從五位上, 無位久米連若女, 弓削御淨朝臣美夜治, 弓削御淨朝臣等能治, 大伴宿禰古珠瑠河並從五位下. 庚子, 御大極殿. 屈僧六百, 轉讀大般若經. 奏唐高麗樂, 及內教坊踏歌. 辛丑, 賜四天王寺家人及奴婢三十二人爵有差. 壬戌, 授從五位下吉備朝臣泉從五位上, 外從五位下田部宿禰男足從五位下, 命婦正四位下吉備朝臣由利正四位上, 無位吉備朝臣枚雄, 從六位上賀茂朝臣萱草並從五位下.

十一月壬寅, 四天王寺墾田二百五十五町, 在播磨國餝磨郡. 去戊申年收, 班給百姓口分田. 而未入其代. 至是, 以大和, 山背, 攝津, 越中, 播磨, 美作等國乘田, 及沒官田捨入. 乙巳, 置陸奧國栗原郡. 本是伊治城也. 甲寅, 出羽國雄勝城下俘囚四百餘人, 款塞乞內屬. 許之. 癸亥, 參議從三位治部卿兼左兵衛督大和守山村王薨. 池邊雙槻宮御宇橘豊日天皇皇子, 久米王之後也. 天平十八年, 授從五位下. 寶字八年, 任少納言, 授正五位下. 于時高野天皇遣山村王收中宮院鈴印, 大師押勝遣兵, 邀而奪之. 山村王密告消息, 遂果君命. 天皇嘉之. 授從三位, 薨時年四十六. 丙寅, 私鑄錢人王淸麻呂等四十人賜姓鑄錢部, 流出羽國.

十二月庚辰, 收在阿波國王臣功田位田, 班給百姓口分田. 以其土少田也. 壬午, 武藏國足立郡人外從五位下丈部直不破麻呂等六人賜姓武藏宿禰. 甲申, 外從五位下武藏宿禰不破麻呂爲武藏國國造, 正四位上道嶋宿禰嶋足爲陸奧國大國造, 從五位上道嶋宿禰三山爲國造. 乙酉, 從五位上菅生王爲少納言, 從五位下石川朝臣淸麻呂爲員外少納言, 從五位上石川朝臣豊人爲刑部少輔, 從五位下藤原朝臣弟繩爲大判事, 正五位上縣犬養宿禰古麻呂爲宮內大輔, 從五位下大宅王爲主油正, 從五位下多治比眞人長野爲造東內次官, 從五位上阿倍朝臣三縣爲田原鑄錢長官, 刑部大輔如故. 丁亥, 伊勢國飯高郡人漢人部乙理等三人賜姓民忌寸. 壬辰, 美濃國比年亢旱, 五穀不稔, 除百姓所負租稅. 壬寅, 授外從七位上丈部造廣庭外從五位下, 以貢獻也.

續日本紀卷第二十八

『속일본기』 권제29

〈神護景雲 2년(768) 정월에서 3년(769) 6월까지〉

우대신 종2위 겸 行皇太子傅 中衛大將
신 藤原朝臣繼繩 등이 칙을 받들어 편찬하다.

高野天皇

◯ 神護景雲 2년(768) 춘정월 병오삭(1일), 천황이 대극전에 임하여 신년하례를 받았다. 종전의 의례에서는 소납언이 殿上에서 근시하며 서 있었는데, 이날은 좌석을 설치하였다.[1] 그 외의 의례는 평상과 같았다. 종4위하 大和宿禰長岡에게 정4위하를 내렸다.

임자(7일), 내리에서 5위 이상에게 연회를 베풀었고, 차등있게 녹을 내렸다. 종3위 圓方女王에게 정3위를, 종4위상 伊福部女王에게 정4위하를 내렸다.

을묘(10일), 정4위상 藤原朝臣繩麻呂, 정4위하 石上朝臣宅嗣에게 함께 종3위를 내렸다. 종5위하 藤原朝臣弟繩에게 종5위하를 내렸다. 播磨國에서 흰 사슴을 바쳤다.

2월 병사삭(1일), 정6위상 生江臣東人에게 외종5위하를 내렸다.

무인(3일), 종5위하 훈6등 漆部直伊波에게 相摸宿禰의 성을 내리고, 相摸國의 국조로 삼았다.

경진(5일), 出雲國 국조 외종5위하 出雲臣益方이 (平城京에 와서) 神賀[2]의 일을 주상하였다. 이에 외종5위상을 내렸다. 祝部[3] 남녀 159인에게는 위계

1) 종전의 의식과 다르게 좌석을 배치한 것은 종4위하 大和宿禰長岡이 80세의 고령인 점을 배려한 것으로 보인다. 그는 견당사로서 파견되었고, 養老令 찬정의 1인이다. 攝津亮, 駿河守, 紫微大忠, 民部大輔, 左京大夫, 河內守, 右京大夫 등을 역임하였고, 대극전의 단상에 오른 이듬해 神護景雲 3년(769) 10월에 사망하였다.

2) 천황의 치세를 신이 축복하는 말.

1계씩 내리고, 또한 녹을 차등있게 지급하였다. 대마도 上縣郡 사람 高橋連波自米女가 남편이 죽은 후에 (정절하고) 맹서의 뜻을 굽히지 않았다. 또한 이어 시아버지가 죽었는데 묘 옆에 오두막을 지어 매일 재식[4]을 하였다. 지극한 효행과 절의로서 행인들을 감동시켰다. 이에 그 뜻을 마을 어귀의 문에 표시하고 종신토록 전조를 면제하였다.[5] 河內國 河內郡 사람 日下部意卑麻呂에게 日下部連의 성을 내렸다.

임오(7일), 大和國 사람 종7위하 大神引田公足人, 大神私部公猪養, 大神波多公石持 등 20인에게 大神朝臣의 성을 내렸다.

계미(8일), 정6위상 山村許智人足에게 외종5위하를 내렸다. 石見國 美濃郡 사람 額田部蘇提賣는 과부로서 지낸 지 세월이 오래되었다. 그 절의는 세상에 널리 알려졌다. 아울러 (재산을) 축적해서 베풀어 많은 사람들을 구제하였다. 이에 전조를 종신토록 면제하였다.

갑신(9일), 무위 笠王에게 종5위하를 내렸다.

을유(10일), 외종5위하 山村許智人足을 肥後介로 삼았다.

임진(17일), 備後國 葦田郡 사람 網引公金村은 나이 8세에 아버지를 잃고 슬퍼하여 여위어서 뼈가 드러날 정도였다. 이어 어머니 상을 당하여 추모하는 마음이 더욱 깊어졌다. 이에 위계 2급을 내리고, 전조를 종신토록 면제하였다.

계사(18일), 정3위 弓削御淨朝臣清人을 대납언으로 삼고, 內豎卿[6] 및 衛門督, 上總守는 종전대로 하였다. 종3위 中臣朝臣清麻呂를 중납언으로 삼고, 神祇伯은 종전대로 하였다. 大藏卿 종3위 藤原朝臣魚名을 참의로 삼고, 종5위상 賀茂朝臣鹽管을 神祇大副로 삼고, 종5위하 中臣朝臣子老를 중무소보로 삼고, 종5위상 藤原朝臣家依를 시종으로 삼고, 종5위하 坂上王을 大監物[7]로 삼고,

---

3) 신사에 봉사하는 神職의 하나로, 神主, 禰宜 다음의 하급직이다.

4) 齋食. 법회나 佛事를 행할 때 공양하는 정진의 식사 혹은 정오나 정해진 시간에 하는 식사를 말하지만, 여기서는 정오 이후에는 식사를 하지 않는다는 의미이다.

5) 「賦役令」17 「孝子順孫」조에는 "凡孝子, 順孫, 義夫, 節婦, 志行聞於國郡者, 申太政官奏聞, 表其門閭 同籍悉免課役, 有精誠通感者, 別加優賞"이라고 하여 우대하는 규정이 있다.

6) 천황의 명을 받아 궁중의 잡무, 잡사를 맡는 內豎省의 장관. 令外官으로 神護景雲(767)에 설치되어 寶龜 3년(772)에 폐지되었다.

7) 中務省의 관인으로, 大藏省, 內藏寮 등의 창고의 열쇠를 관리하는 책임자. 大監物 2인, 中·少監物 각 4인, 史生 4인으로 구성되었다.

종5위하 巨勢朝臣公成을 左大舍人頭[8]로 삼고, 종5위상 豊野眞人奄智를 도서두로 삼고, 종5위하 藤原朝臣家依를 식부소보로 삼고 시종은 종전대로 하였다. 종5위하 高橋朝臣廣人을 散位助로 삼고, 외종5위하 土師宿禰位를 諸陵助로 삼고, 종5위상 石川朝臣人成을 民部大輔로 삼고, 종5위하 石川朝臣己人을 主計頭로 삼고, 종5위하 田部宿禰男足을 (主計)助로 삼고, 정5위상 大伴宿禰益立을 병부대보로 삼고, 외종5위하 伊吉連眞次를 鼓吹正[9]으로 삼고, 종5위상 巨勢朝臣淸成을 대장대보로 삼고, 종5위상 榎井朝臣子祖를 궁내대보로 삼고, 종5위하 淸原眞人淸貞을 (궁내)소보로 삼고, 종5위하 石川朝臣垣守를 木工頭로 삼고, 종5위하 布勢王을 內膳正으로 삼고, 종4위하 多治比眞人土作을 左京大夫로 삼고 讚岐守는 종전대로 하였다. 百濟朝臣足人[10]을 右京大夫로 삼고, 외종5위하 上毛野公眞人을 造東大寺 대판관으로 삼고, 외종5위하 飛驒國造 高市麻呂·橘部越麻呂를 함께 造西大寺 대판관으로 삼고, 종5위하 安倍朝臣小東人을 衛門佐로 삼고, 외정5위하 葛井連根主[11]를 大尉로 삼고, 종4위하 佐伯宿禰伊多智를 左衛士督으로 삼고 上野員外介는 종전대로 하였다. 종5위하 藤原朝臣長道를 (左衛士)佐로 삼고, 종5위하 弓削御淨朝臣塩麻呂를 左兵衛督으로 삼고, 종5위하 巨勢朝臣池長을 右馬助로 삼고, 陸奧介 종5위하 田口朝臣安麻呂에게 鎭守副將軍을 겸직시키고, 大掾 종5위상 道嶋宿禰三山에게 軍監을 겸직시켰다. 정5위상 石川朝臣名足을 大和守로 삼고, 외정5위하 敢礒部忍國을 志摩守로 삼고, 종5위상 石上朝臣眞足을 遠江介로 삼고, 종5위하 粟田朝臣鷹守를 安房守로 삼고, 종3위 藤原朝臣繩麻呂를 近江按察使로 삼고, 民部卿 勅旨大輔[12] 시종은 종전대

---

8) 中務省에 속한 左右大舍人寮의 장관. 大舍人寮는 大舍人의 명부를 관리하는 직장. 舍人은 황족, 귀족에 봉사하며 경호, 잡사에 종사하는 하급관인으로 內舍人, 大舍人, 東宮舍人, 中宮舍人 등이 있다.

9) 兵部省에 속하며 군사, 의례용 鼓吹의 교습을 담당한다. 鼓는 징, 북이고, 吹는 나팔으로서 大角, 小角이 있다. 鼓吹戶가 부속되어 있다.

10) 개성하기 전의 백제 망명 관인의 후예인 余足人. 권20, 天平寶字 원년 5월조 172쪽 각주 58) 참조.

11) 葛井連은 백제계 도래씨족. 天平寶字 5년(761)에 외종5위하, 동 8년에 備中介를 역임하고, 寶龜 2년(771)에 종5위하에 올랐으며, 延曆 원년(782)에 종5위상 木工頭에 임명되었다.

12) 勅旨省의 차관. 칙지성은 천황, 상왕에 근시하며 그 칙지를 받들어 원활하게 시행하는 것을 돕는 관부. 구성은 卿, 大輔 각 1인, 少輔, 大丞, 少丞, 大錄, 少錄 각 2인이다.

로 하였다. 종5위하 吉備朝臣眞事를 美濃介로 삼고, 정5위하 藤原朝臣雄田麻呂를 武藏守로 삼고, 左中弁 內匠頭 右兵衛督 등은 종전대로 하였다. 종5위하 葛井連立足[13]을 若狹守로 삼고, 외종5위하 下道朝臣黑麻呂를 越前介로 삼고, 외종5위하 丹比宿禰眞繼를 伯耆守로 삼고, 종5위하 藤原朝臣種繼를 美作守로 삼고, 종5위하 藤原朝臣雄依를 備前守로 삼고, 종5위하 石川朝臣眞人을 備中守로 삼고, 종5위하 阿倍朝臣草麻呂를 (備前)介로 삼고 園池正은 종전대로 하였다. 종5위하 藤原朝臣小黑麻呂를 安藝守로 삼고, 종5위상 高圓朝臣廣世를 周防守로 삼고, 종5위하 中臣朝臣常을 阿波守로 삼고, 외종5위하 板茂連眞釣를 伊豫介로 삼았다.

이날, 칙을 내려, "令에 준하여,[14] 高橋, 安曇 2씨를 內膳司의 (장관에) 임명할 때에는 奉膳이라고 하고, 기타의 씨를 임명할 때에는 正이라고 칭한다[15]"라고 하였다.

갑오(19일), 무위 弓削御淨朝臣淨方에게 종5위하를 내렸다.

계묘(28일), 筑前國 怡土城이 완성되었다.[16] 讚岐國 寒川郡 사람 외정8위하 韓鐵師毘登毛人·韓鐵師部牛養 등 127인에게 坂本臣의 성을 내렸다.[17]

3월 을사삭(1일), 일식이 있었다. 이보다 앞서 동해도순찰사 겸 式部大輔 종5위하 紀朝臣廣名 등이 주언하기를, "本道[18]의 사원, 신사의 봉호의 백성이

---

13) 백제계 도래씨족인 王辰爾의 일족. 陸奧國의 鎭守軍監을 거쳐 天平寶字 4년(760)에 외종5위하, 동 8년에 主計助, 종5위하, 播磨介를 역임하였다.

14) 「職員令」46 「內膳司」조, "內膳司, 奉膳二人〈掌, 惣知御膳進食先嘗事.〉, 典膳六人. 〈掌, 造供御膳, 調和庶味寒溫之節〉, 令史一人, 膳部四十人.〈掌, 造御食〉, 使部十人, 直丁一人, 驅使丁卄人".

15) 內膳司가 설치되기 전에는 高橋氏, 安曇氏가 천황의 식사를 담당하는 奉膳으로서 장관직을 수행했지만, 후에 타씨의 장관이 임명되어 충돌을 방지하기 위해 타씨의 장관은 正으로 칭한 것이다.

16) 天平勝寶 8세(756)에 大宰大貳 吉備眞備의 건의로 축성이 시작되어 12년 만에 완성되었다. 寶龜 6년 10월 吉備眞備의 훙전 기사에는 "寶龜 七年, 功夫略畢, 遷造東大寺長官"이라고 하였다.

17) 韓鐵師는 韓鍛冶라고도 쓴다. 한반도에서 이주한 鍛冶部로서 도래계 신기술을 이용하여 조직한 鍛冶職 집단이다. 『古事記』應神天皇段에 백제에서 보낸 手人韓鍛 卓素가 나온다. 그들은 韓鍛冶首의 통솔 아래 철제 무기, 농기구, 마구 등을 제작하였고, 율령시대에는 雜戶의 鍛戶로 편성되어 造兵司, 鍛冶司, 典鑄司 등에 배속되었다. 韓鍛冶의 명칭은, 辛鍛冶, 辛鍛部, 辛金部, 韓鐵師部, 韓鍛 등으로 나타나고, 분포지역도 近江, 丹波, 播磨, 紀伊, 讚岐 등에 산재해 있다.

'공민 신분의 백성은 때로는 (조세 면제 등의) 은혜를 입는데, 사원, 신사의 봉호는 아직 면제를 받지 못하고 있다. 같은 천하의 백성이면서 고락은 같지 않다. 오로지 공민에 준하여 함께 천황의 은택을 받기를 원한다'고 한다. 순찰사 등이 헤아려 생각해 보니, 언상한 내용이 도리에 맞다"라고 하였다. 이에 이르러 태정관은 심의해서 주상하였다. 그 외의 도의 제국도 또한 이에 준하게 하였다.

또 앞에 이어서 아뢰기를, "용미[19]의 운송에는 원래 잡요를 징발해서 사람마다 식량을 지급하게 되어 있다. 그러나 지금 잡요 대신에 말을 내어 말을 끄는 자에게만 식량을 지급하고 있다. 궁핍한 백성은 말을 낼 수가 없어 식량을 지급받지 못한다.[20] 바라건대, 종전대로 운송자별로 식량을 지급했으면 한다. 또 下總國의 井上, 浮嶋, 河曲 3역, 武藏國의 乘瀦, 豊嶋 2역은 東海, 東山 양도에 걸쳐있어 공적인 사자의 왕래가 빈번하다. 中路에 준하여 말 10필씩을 두었으면 한다"라고 하였다. 칙이 내려져 상주에 의거하였다. 그 외의 제도의 용미와 제국의 식량도 동해도에 준해서 시행하도록 하였다.

북륙도순찰사 右中弁 정5위하 豊野眞人出雲이 아뢰기를, "佐渡國의 국분사 조영 비용 벼 1만속은 매년 越後國에서 지급된다. 항상 농번기 달에 즈음하여 인부를 징발하여 조운한다. 해로는 풍파가 있어 때로는 수개월이 걸리고, 표류하여 손실에 이르면, 또 (손실분을 보내기 위해) 운송하는 인부를 징발하게 된다. 바라건대 해당국의 전조를 할애하여 용도에 충당했으면 한다"라고 하였다.

산양도순찰사 左中弁 정5위하 藤原朝臣雄田麻呂가 아뢰기를, "本道의 郡을 이어주는 傳馬의 길이 멀어 (公使의 送迎에) 백성들의 고통이 많다. 바라건대 백성을 驛戶에 배속시켜 요역을 면제하고 (사자를) 왕래시키고자 한다. 또 長門國의 豊浦, 厚狹 등의 군은 양잠을 하게 하고, 調로 바치는 銅을 중지하고,

---

18) 東海道.

19) 舂米. 탈곡한 현미, 백미.

20) 令制에서는 舂米를 왕경으로 운송하는 것은 잡요에도 포함되지 않고 운송자에게 식량도 지급되지 않았다. 그러다가 天平勝寶 8세(756) 이전의 어느 시기에 식량을 지급하게 되었다.

대신에 목면을 납입하고자 한다"라고 하였다.

남해도순찰사 治部少輔 종5위하 高向朝臣家主가 아뢰기를, "淡路國 神本의 驛家는 (전후의 역가와) 거리가 가까워 폐지하고자 한다"라고 하였다. 조를 내려 모두 허락하였다.

계축(9일), 좌경인 외종5위하 楊胡毘登人麻呂[21] 등 남녀 64인에게 楊胡忌寸의 성을 내렸다.

갑인(10일), 좌우경, 기내 5국에 天平神護 2년의 미납된 전조를 면제하였다.

무오(14일), 우박이 쏟아졌다.

계해(19일), 외정6위상 壬生眞根麻呂, 외정6위상 丹比連大倉에게 함께 외종5위하를 내렸다. (사재를) 바쳤기 때문이다.

갑자(20일), 정8위상 秦忌寸弟麻呂, 외종7위상 上忌寸生羽, 외정8위상 越智直蜷淵 등 3인에게 함께 외종5위하를 내렸다. (사재를) 바쳤기 때문이다.

하4월 무인(5일), 女孺 정6위상 百濟王淸仁[22]에게 종5위하를 내렸다.

을유(12일), 종5위하 弓削御淨朝臣廣方을 武藏介로 삼고 近衛將監은 종전대로 하였다. 외종5위하 內藏忌寸若人을 員外介로 삼았다.

신축(28일), 처음으로 이세대신궁의 禰義에게 癸綠을 내리고, 그 관위는 종7위에 준하게 하였다. 度會宮의 禰義에게는 정8위에 준하게 하였다. 伊豫國 神野郡 사람 賀茂直人主 등 4인에게 伊豫賀茂朝臣의 성을 내렸다.

5월 병오(3일), (천황은) 칙을 내려, "(남의) 나라에 들어가면 금기하는 것을 묻는다는 것은 일찍이 듣고 있다.[23] 하물며 금후에 어떻게 (諱를) 피하지 않아도 좋을 것인가. 요즈음 제관사에서 주상하는 명적을 보면, 어느 사람은 國主,[24] 國繼[25]를 (자신의) 이름으로 사용하여 조정에 그 이름을

---

21) 『新撰姓氏錄』 좌경제번상에, 陽侯氏는 隋 煬帝의 자손인 달솔 楊候阿子王의 후예로 나온다. 陽侯氏는 楊候, 楊胡, 陽候, 陽胡라고도 쓴다. 楊胡毘登은 楊胡史이고 忌寸의 성을 받는다. 중국계로 되어 있지만, 달솔이라는 백제관위를 갖고 있어 백제계 씨족이다. 후에 중국계로 개변했다고 보인다.

22) 여기에만 나오는 인물이다.

23) 『禮記』 曲禮篇上에 나오는, "入竟而問禁, 入國而問俗, 入門而問諱." 국경 안에 들어가면 그 나라의 금령을 묻고, 남의 나라에 들어가면 그 풍속을 물으며, 남의 집 문 안에 들어가면 그 집의 꺼리는 바를 묻는다는 것으로, 금기하는 것은 하지 말아야 한다는 뜻이다.

주상하고 있다. 이와 같은 일을 보면, 한심하다고 하지 않을 수 없다. 혹은 眞人과 朝臣을 취해서 字[26]를 삼기도 하고, 씨명을 字로 하기도 하는데, 이것은 姓을 문란하게 하는 것에 가깝다. 또 불보살 및 성현의 이름을 사용한다. 이것을 보고 들을 때마다 마음이 편치가 않다. 지금 이후로는 그러한 일을 해서는 안 된다. 옛적에 里의 이름을 勝母[27]라고 붙였는데, 曾子[28]는 들어가지 않았다고 한다.[29] 이와 같은 것은 선례가 있다. 또한 바로 고쳐서 禮典에 따라 힘써야 한다"라고 하였다. 美作國 大庭郡 사람 외정8위하 白猪臣證人 등 4인에게 大庭臣의 성을 내렸다.

갑자(21일), 鑄錢長官 종5위하 阿倍朝臣淸成에게 종5위상을 내리고, 차관 정6위상 多治比眞人乙安에게 종5위하를 내렸다. 공무에 힘썼기 때문이다.

병인(23일), 기내의 여러 신들에게 봉폐하였다. 가뭄 때문이었다.

신미(28일), 惠美仲麻呂의 越前國 전지 200정, 고 近江按察使 종3위 藤原朝臣御楯의 전지 100정을 西隆寺에 시입하였다. 甲斐國 八代郡 사람 小谷直五百依는 효행으로 칭송되고 있어 전조를 종신토록 면제하였다. 信濃國 更級郡 사람 建部大垣은 사람됨이 공손하고 부모를 효로서 섬기고, 水內郡 사람 刑部智麻呂는 우정이 두텁고 친구와 고락을 같이하고, 같은 군 사람 倉橋部廣人은 개인 벼 6만속을 내어 백성의 대출받은 벼를 대신 납입하였다. 이에 함께 전조를 종신토록 면제하였다.

6월 정축(5일), 종5위하 尾張宿禰若刀自에게 정5위하를 내렸다.

무인(6일), 종4위상 外衛中將 겸 造西隆寺 장관 參河守 훈4등 伊勢朝臣老人, 掌膳[30] 常陸國 筑波(郡 출신의) 采女 종5위하 훈5등 壬生宿禰小家主, 尙掃[31]

---

24) 천황.

25) 황태자.

26) 본명 이외의 이름으로, 남자가 20세에 元服하게 되면 붙인다. 일본에서는 원복 연령이 일정치 않아 어느 시기에 본인이 좋아하는 이름을 쓰게 되는데, 字를 사용하게 되면 본명은 諱라고 하여 잘 사용하지 않는다. 특히 윗사람에게는 실명을 쓰지만, 동년배 이하에게는 주로 字를 사용하였다.

27) 勝母는 母를 이긴다는 말.

28) 공자의 제자인 曾參. 효를 중시하여 『孝經』의 저자로 알려져 있다.

29) 『史記』 鄒陽傳에 "故縣名, 勝母, 而曾子不入"에 나오는 고사이다.

30) 후궁 12사 중의 하나인 膳司의 3등관. 膳司는 女官만으로 구성되고, 직장은 천황의 식사에 관한 지식을 갖추고, 진상 시 시식을 하고, 요리의 맛, 술과 감주, 떡, 야채,

종5위상 美濃眞玉虫, 掌膳 上野國 佐位(郡 출신의) 采女 외종5위상 野佐位朝臣老刀自를 함께 본국의 國造로 삼았다.

임진(20일), 우경인 종5위상 山上臣船主 등 10인에게 朝臣의 성을 내렸다.

계사(21일), 武藏國에서 흰 꿩을 바쳤다. (천황은) 칙을 내려, "짐은 능력과 덕도 부족한데, 그릇되게 황위를 계승하여 천하에 군림하고 백성을 자식처럼 보살피고 있다. (그러나) 선정은 아직 미흡하고 마음은 항상 무거운 책임을 지고 있어 두렵고, 좋은 풍속도 혹은 어지러워져 늘상 달리는 말을 모는 것과 같이 긴장되는 마음이다. 이런 중에 武藏國 橘樹郡 사람 飛鳥部吉志五百國[32]이 그 국의 久良郡에서 흰 꿩을 잡아 바쳤다. 여러 신하들에게 명하여 심의시켰다. 상주하기를, '꿩(의 출현)은 良臣이 일심으로 충절하는 일에 (하늘이) 감응한 것이고, 흰색은 곧 조정의 존귀한 빛이 널리 비춘다는 표시이다. (꿩을 바친) 국을 武藏이라고 하는 것은, 이미 武를 억제하고 文을 숭상하는 상서의 표시이고, 군을 久良[33]이라고 하는 것은, 천자의 수명이 연장되는 모습을 표시한 것이다. (흰 꿩을 바친 사람의) 성이 吉志라는 것은 즉 많은 백성이, 자식이 (부모를) 따라오는 마음을 표시한 것이고, 이름이 五百國이라는 것은 5방의 국에서 조공하는 표시를 밝힌 것이다'라고 하였다. 짐은 이 좋은 상서에 대해 천지신명에 보답해야 하는데, 도리어 덕이 부족함을 부끄럽게 생각한다. 옛적에 세력이 융성했던 周가 형벌을 중지했을 때, 越裳의 국이 흰 꿩을 바치고,[34] 難波의 豊碕宮朝廷의 치세가 평안했을 때, 長門國에서

과일 등을 관리한다. 內膳司의 奉膳에 준한다.

31) 후궁 시설의 관리, 청소를 담당한다. 尙掃는 장관으로 종7위에 준하고, 典掃 2인, 女孺 10인으로 구성된다.

32) 飛鳥部氏는 河內國 安宿郡을 본거로 하는 백제계 도래씨족. 氏姓은 安宿公, 百濟安宿公, 飛鳥戶造, 安宿戶造 등으로도 쓴다. 백제 개로왕의 동생 昆支를 선조로 하는 씨족이다. 『신찬성씨록』 우경제번하에는, 飛鳥戶造는 백제국 比有王으로부터 나왔다고 한다. 동 河內國諸蕃에는 "飛鳥戶造는 백제국주 比有王의 아들 琨伎王으로부터 나왔다"고 한다. 大阪府 羽曳野市 飛鳥에 있는 飛鳥戶神社는 일족의 신사이다. 飛鳥部는 그 일족으로 어느 시기에 무장국으로 이주하여 토착한 것으로 보인다. 무장국에는 많은 고구려계 씨족도 거주하고 있었다.

33) 久良의 의미는 오래도록 좋게 이어진다는 의미이다.

34) 『後漢書』 南蠻傳, "交趾之南有越裳國, 周公居攝六年, 制禮作樂, 天下和平, 越裳氏以三象重譯, 而獻白雉". 『일본서기』 孝德紀 白雉元年 2월조, "百濟君曰, 後漢明帝永平十一年, 白雉在所見焉云云… 又周成王時, 越裳氏來獻白雉曰".

또한 바쳤다.[35] 오래도록 이 길조를 전하기 위해서는 실로 은혜를 베풀어야 한다. 武藏國에 天平神護 2년 이전의 정세의 미납분은 모두 면제한다. 또 久良郡의 금년도 전조의 3분의 1을 면제한다. 또 (해당국) 국사 및 久良郡의 郡司에게 각각 위계 1급을 서위하고, 꿩을 바친 사람 五百國에게는 종8위하를 내리고, 비단 10필, 목면 20둔, 삼베 40단, 정세의 벼 1천속을 지급하도록 한다"라고 하였다.

을미(23일), 信濃國 伊那郡 사람 他田舍人千世賣는 어린시절부터 재능과 용모가 뛰어나 집안은 매년 재물이 풍성하였다. 나이 25세에 남편을 잃었으나 정절을 지켜 과부로서 살기를 50여년에 이르렀다. 이에 그 수절을 칭송하여 위계 2급을 내렸다.

무술(26일), 종5위하 紀朝臣門守를 圖書助로 삼고, 종5위하 益田連繩手를 遠江員外介로 삼고, 외종5위하 玉作金弓을 駿河員外介로 삼고, 종5위하 石上朝臣家成을 上總守로 삼았다.

경자(28일), 內藏頭 및 大外記, 遠江守를 겸직한 종4위하 高丘宿禰比良麻呂가 죽었다. 그 선조 沙門詠[36]은 近江朝 계해의 해에 백제로부터 귀화하였다. 부 樂浪河內는 정5위하 대학두가 되었고, 神龜 원년(724)에 高丘連으로 개성하였다. 比良麻呂는 어려서부터 대학에 놀러가 배웠고, 많은 서적을 섭렵하여 大外記를 역임하고 외종5위하에 서위되었다. 天平寶字 8년(764)에 仲滿의 반역을 밀고하여 종4위하를 받았고, 神護景雲 원년(767)에는 宿禰의 성을 받았다.

신축(29일), 衛門大尉 외정5위하 葛井連根主에게 內竪大丞을 겸직시키고, 종5위하 安曇宿禰石成을 若狹守로 삼고, 종4위하 阿倍朝臣彌夫人을 伊豫守로 삼고, 右中弁 정5위하 豊野眞人出雲에게 土左守를 겸직시키고, 종5위하 紀朝臣廣純을 筑後守로 삼았다.

윤6월 을사(3일), 종5위하 船井王을 시종으로 삼고, 종5위상 大野朝臣石本을

---

35) 『일본서기』 孝德紀 白雉元年 2월조, "穴戶國司草壁連醜經獻白雉".

36) 백제 大姓 8族 중의 沙氏. 백제가 멸망한 663년 계해년에 망명한 백제의 고위 관인으로 생각된다. 복성인 沙宅氏로 자주 나오는데, 사비시대 상좌평 지위를 거의 독점한 씨족이다.

左大舍人頭로 삼고, 종5위하 田中王을 內禮正으로 삼고, 종5위상 巨勢朝臣公成을 兵部少輔로 삼고, 종5위하 佐伯宿禰三方을 右兵庫頭로 삼고, 종5위하 石城王을 內兵庫頭로 삼았다. 內藥佑 외종5위하 雀部直兄子에게 參河員外介를 겸직시키고, 종5위하 長谷眞人於保를 武藏員外介로 삼고, 외종5위하 林連廣山을 少掾으로 삼고, 종5위상 甘南備眞人伊香을 越中守로 삼고, 종5위하 佐味朝臣宮守를 越後守로 삼았다.

정미(5일), 좌경인 종6위하 和安部臣男綱 등 3인에게 和安部朝臣의 성을 내렸다.

기유(7일), 무위 笠朝臣比賣比止·多治比眞人伊止, 정6위상 忌部宿禰止美에게 함께 종5위하를 내렸다. 이날, 봉호 150호를 西大寺에 희사하였다.

경술(8일), 외정7위하 國造雄萬, 외정8위하 物部孫足, 종8위하 六人部四千代에게 함께 외종5위하를 내렸다. (사재를) 바쳤기 때문이다.

을묘(13일), 近衛少將 종5위하 佐伯宿禰國益에게 備後守를 겸직시켰다.

경오(28일), 외종5위하 健部朝臣人上에게 종5위하를 내렸다.

추7월 임신삭(1일), 종4위하 多治比眞人土作을 치부경으로 삼고, 좌경대부 讚岐守는 종전대로 하였다. 종5위하 伊刀王을 아악두로 삼고, 외종5위하 昆解沙彌麻呂를 (雅樂)助로 삼고, 종5위하 文室眞人子老를 諸陵頭로 삼고, 종5위하 石河朝臣人麻呂를 大藏少輔로 삼고, 종5위하 豊野眞人篠原을 彈正弼로 삼고, 종4위하 小野朝臣竹良을 우경대부로 삼고, 외종5위하 秦忌寸眞成을 造法華寺판관으로 삼고, 정5위상 大伴宿禰伯麻呂를 遠江守로 삼고, 右中弁 造西大寺차관은 종전대로 하였다. 종5위하 巨勢朝臣苗麻呂를 駿河守로 삼고, 종5위하 佐伯宿禰國守를 上總介로 삼고, 종5위상 紀朝臣鯖麻呂를 美濃員外介로 삼고, 외종5위하 濃宜公水通을 信濃介로 삼고, 외종5위하 船木直馬養을 越前員外掾으로 삼고, 외종5위하 豊國眞人秋篠를 石見守로 삼고, 종5위하 池原公禾守를 播磨介로 삼고, 大外記 및 右平準令, 造西隆寺 차관의 직은 종전대로 하였다.

경진(9일), 壹伎嶋에 기근이 들어 구휼하였다.

임오(11일), 武藏國 入間郡 사람 정6위상 훈5등 物部直廣成 등 6인에게 入間宿禰의 성을 내렸다. 女孺 무위 沙宅萬福에게 종5위하를 내렸다. 日向國에서 흰 거북을 바쳤다.

을유(14일), 阿波國 麻殖郡 사람 외종7위하 忌部連方麻呂, 종5위상 忌部連須美 등 11인에게 宿禰의 성을 내렸다. 대초위하 忌部越麻呂 등 14인에게 連의 성을 내렸다.

무자(17일), 종4위상 伊勢朝臣老人을 修理長官[37]으로 삼고, 造西隆寺 장관 中衛員外中將은 종전대로 하고, 종5위하 相摸宿禰伊波를 차관으로 삼고, 右兵衛佐는 종전대로 하였다.

경인(19일), 大宰府에서 언상하기를, "肥後國 八代郡 正倉이 있는 구역의 북변에 두꺼비가 행렬을 지으며 그 길이는 7丈[38] 정도였고 남으로 향했다.[39] 날이 저물자 행방을 알 수 없다"라고 하였다.

신축(30일), 대학조교 정6위상 膳臣大丘가 아뢰기를, "大丘는 天平勝寶 4년(752)에 견당사를 따라 당에 들어가 先聖[40]이 남긴 족적을 찾아 학교 건물을 보았다. 국자감에는 兩門이 있고, (현판의) 표제에는 文宣王廟[41]라고 표시되어 있었다. 이때에 국자감의 학생 程賢이라는 자가 있어, 大丘에게 말하기를, '지금 황제는 매우 유가의 가르침을 존숭하여 추증하여 고쳐서 왕으로 하였다'라고 한다. 성인의 덕의 징조가 지금까지 이르고 있다. 그러나 (일본에서는) 舊典에 의거하여 여전히 종전의 호칭[42]을 사용하고 있다. 참으로 성인의 덕을 존숭하는 마음이 어긋나고 공경하는 도를 잃어버리게 되지 않을까 걱정된다. 大丘는 범용하고 우매하지만, 들은 바를 그대로 행하고자 한다. 감히 좁은 소견을 진술하여 명확한 판단을 원한다"라고 하였다. 칙을 내려 (공자의 호칭을) 文宣王이라고 부르게 하였다. 무위 三嶋女王에게 종5위

37) 修理司의 장관. 西隆寺, 西大寺의 조영을 계기로 왕경, 왕궁 내의 궁전 수리를 목적으로 설치된 것으로 보인다. 令外官으로 『속일본기』와 木簡에 보이는 사례를 통해서 보면, 직원의 구성은 장관, 차관, 판관, 史生, 工, 民營 등의 관직명이 나온다. 장관은 종4위상, 차관은 종5위하, 외종5위하가 임명되었다.

38) 1丈은 10尺이다. 1尺은 약 0.303m이므로 1丈은 약 3.03m가 된다. 7丈은 21m로 두꺼비의 행렬 모습을 말해주고 있다.

39) 延曆 3년(784) 5월 계미조에도 2만여 마리의 두꺼비가 四天王寺 경내로 들어갔다는 기록이 있다.

40) 공자를 가리킨다. 「學令」3에 공자를 先聖이라고 칭하였다.

41) 文宣王은 당 현종이 開元 27년(739)에 공자에게 추증한 시호.

42) 공자는 唐에서 孔宣父로 불렸다. 일본의 율령 「學令」3 「釋奠」조에서도 "凡大學國學, 每年春秋二仲之月上丁, 釋奠於先聖孔宣父…"라고 하여 孔宣父라고 호칭하였다.

하를, 정6위하 大縣連百枚女·壬生公小廣·安都宿禰豊嶋에게 함께 외종5위하를 내렸다.

8월 임인삭(1일), 일식이 있었다.

계묘(2일), 出雲國 嶋根郡 사람 외종6위상 神掃石公文麻呂, 意宇郡 사람 외초위상 神人公人足, 같은 郡 사람 神人公五百成 등 26인에게 大神掃石朝臣의 성을 내렸다.

기유(8일), 參河國에서 흰 까마귀를 바쳤다.

계축(12일), 大學直講 정7위상 凡直黑鯛에게 伊豫國의 벼 1천속을 지급하고 아울러 그 모친에게 종8위하를 내렸다. (그 모자가) 학문에 힘쓴 것을 칭찬하기 위해서이다.

경신(19일), 외종5위하 荒木臣忍國을 左兵庫助로 삼았다.

下總國에서 언상하기를, "天平寶字 2년(758) 本道[43]의 問民苦使 정6위하 藤原朝臣淨弁 등이 毛野川을 굴삭해 홍수를 방지해야 하는 상황을 상세히 기록하여 태정관에 상신하여 이미 허가를 받았다. 그 후 이미 7년이나 지났다. 이에 대해 常陸國에서 받은 문서에는, '지금 태정관부를 받아 바야흐로 하천을 파려고 했으나, 그 수로를 조사해 보니 신사를 관통하고 그 위에 백성들의 가옥이 손실되는 바가 적지 않다. 이로 인해 상세히 태정관에 상신하니 파지 말라고 했다'고 한다. 이에 해마다 홍수가 일어나 손실은 날로 증가하고 있다. 만약 조속히 파서 방지하지 않는다면, 아마도 용수로는 붕괴되어 매몰되고 1군 전체의 구분전 2천여정은 오래도록 황폐해질 것이다"라고 하였다. 이에 (태정관에서는) 양국에 명하여 (毛野川을) 파게 하였다. 下總國 結城郡 小鹽鄕의 小嶋村에서 常陸國 新治郡 川曲鄕 受津村에 달하는 1천여장[44]이다. 이 양국의 경계는 또한 옛 하천으로 정한다. 수로에 따라 (경계를) 옮겨 고치지 못하도록 하였다.

신유(20일), 近江國 淺井郡 사람 종7위하 桑原直新麻呂, 외대초위하 桑原直訓志必登 등에게 桑原公의 성을 내렸다.[45]

---

43) 東海道.

44) 약 3킬로미터의 거리.

45) 『신찬성씨록』 大和國諸蕃에 따르면 桑原直은 桑原村主와 조상이 같으며, 漢 황제의

9월 갑술(4일), 大和守 정5위상 石川朝臣名足에게 陸奧鎭守將軍을 겸직시켰다.

신사(11일), (천황이) 칙을 내려, "금년 7월 8일, 參河國 碧海郡 사람 長谷部文選이 바친 흰 까마귀와, 또 같은 달 11일에 肥後國 葦北郡 사람 刑部廣瀨女, 日向國 宮埼郡 사람 大伴人益이 바친 눈이 적색인 흰 거북과 갈기와 꼬리가 흰색인 청색 말[46]을 얻었다. 아울러 소관 관사에 보내어 도첩을 조사시켰더니, (다음과 같이) 주상해 왔다. 顧野王[47]의 『符瑞圖』에는 흰 꿩은 태양의 정기라고 하고,[48] 『孝經援神契』[49]에는 덕이 鳥獸에 이르면 흰 까마귀가 (하늘에서) 내려온다고 한다. 『史記』에는 神龜는 천하의 보물이고, 만물과 함께 변화하여 사시로 색이 변하고, 있는 곳을 스스로 감추고, (알을) 품고 있을 때에는 먹지 않고, 봄에는 푸른 색, 여름에는 적색, 가을에는 백색, 겨울에는 흰색이라고 한다. 熊氏의 『瑞應圖』에는 왕이 치우치지 않고 불공평이 없고 노인을 존중하여 등용하고, 옛 친구를 잃지 않고, (왕의) 은덕이 두루 미칠 때, 靈龜가 출현한다고 한다. 顧野王이 『符瑞圖』에서 말하기를, 백색 갈기와 꼬리가 있는 청마는 신마라고 한다. 『孝經援神契』에는 (왕의) 덕이 (하늘의 뜻에) 맞고, 정치가 산과 구릉에 두루 미치면 못 중에서 신마가 출현한다고 한다.[50] 이에 瑞式을 조사해 보니 白鳥는 中瑞가 되고, 靈龜·神馬는 모두 大瑞에 합당하다. 짐은 덕이 부족한데도 빈번히 상서를 받았다. 옛 가르침에 따라 은혜를 널리 베풀고자 한다. 마땅히 肥後, 日向 양국의 금년도 용은 면제한다. 다만 상서를 낸 군에는 특별히 조, 용을 면제한다. (상서를 바친) 大伴人益, 刑部廣瀨

7세손 萬得使主의 후손이다. 桑原直에 대해서는 『속일본기』 天平寶字 2년(758) 6월 을축조에 大和國 葛上郡人 종8위상 桑原史年足 등이, 선조인 후한의 후예 鄧言興 등이 仁德天皇 치세에 고구려로 이주했다가 일본에 귀화해 온 같은 조상의 후손이라고 주장하였다. 그리고 현재 여러 성으로 나눠져 있으니 같은 성으로 해달라고 청원하고 있다. 이에 조정에서는 桑原史 등 6씨에게 桑原直의 성을 주었다고 한다. 이 씨족의 출자에 대해서는 한 황제 후예라는 주장은 가탁이고, 한반도계 중에서도 백제, 가야 지역으로부터 도래했을 가능성이 높다고 생각된다.

46) 靑馬는 털색이 푸른빛이 감도는 黑馬로 추정된다.

47) 남조 梁, 陳의 학자.

48) 『延喜式』卷第21 治部省에도 白鳥를 "大陽之精也"라고 하였다.

49) 미래를 예언하는 참위서의 하나.

50) 『續日本紀』 天平 3년(730) 12월 을미조에도 孝經援神契를 인용하여, "德至山陵則澤出神馬, 實合大瑞者"라고 기록하고 있다.

女는 함께 종8위하를 내리고, 각각 비단 10필, 목면 20둔, 자포[51] 30단, 정세의 벼 1천속을 지급한다. 長谷部文選에게는 소초위상을 내리고, 정세의 벼 500속을 지급한다. 또 부자간에는 태생적인 정이 있다. 은상을 받는 것도 같이 해야 한다. 人益의 父 村上은 (어떤 사건에) 연루된 죄를 용서하여 입경을 허락해야 한다"라고 하였다.

또 이보다 앞서 (천황은) 칙을 내려, "듣는 바에 의하면, 대재부에서 관세음사의 간전을 거둬들여 백성에게 반급했다고 한다. 이것이 사실이라면 도리에 깊이 어긋나 있다. 이 일을 소관 관사에서는 내려보내 그 근원에 대해 조사하도록 한다"라고 하였다. (태정관은) 바로 대재부에 명하여, 옛 기록을 조사시켰는데, 이날에 이르러 칙을 받들어 백성들에게 반급했던 간전 2정 4단을 절에 시입하고, 園地 36정 6단은 종전대로 公地로 하였다.

임진(22일), 陸奥國에서 언상하기를, "병사를 갖추어 놓는 것은, 긴급사태에 대비하기 위해서이다. (병사는) 적과 상대해서 곤란에 마주칠 때 목숨을 아끼지 않고, 전술을 배워 용기 있게 분투하여 반드시 선봉에서 싸워야 한다. 그러나 근년 제국에 징발되어 들어간 鎭兵은 도중에 도망가 버린다. 또 해당국에서는 1년간의 식량으로 벼 36만속을 탈곡하여 운반하고 있다. 헛되이 관물을 소비하고 점점 인민을 곤궁하게 하고 있다. 지금 옛 사례를 조사해 보면, 전 陸奥守 종3위 百濟王敬福의 때에, 타국의 진병을 정지하고, 해당국의 병사를 징발하여 더했다. 바라건대, 이 구례에 의거하여 병사 4,000인을 추가 징발하고, 타국의 진병 2,500인을 정지했으면 한다. 또, 이 지역은 대단히 춥고, 쌓은 눈은 녹지 않는다. 초여름이 되어서야 겨우 조를 운반하게 되어 출발한다. 산을 넘고 바다를 헤쳐 나가야 하는 고난에 마주하게 된다. (진병들은) 만추의 9월이 되어서야 고향에 돌아간다. 백성들의 생업에 방해가 되는 일이 이보다 더한 것은 없다. (백성들이) 납입하는 조, 용은 국사의 관할하에 수납해 놓고 10년에 1회로 왕경의 창고에 진납했으면 한다"라고 하였다. (천황은) 이를 허락하였다.

을미(25일), 좌경인 정7위상 御使連淸足·御使連淸成·御使連田公[52] 등 18인

51) 貲布. 가는 실로 짠 성질의 면.

52) 御使連은 三使連. 天平 9년 2월 무오조에 三使連人麻連의 인명이 보인다. 『신찬성씨록』

에게 朝臣의 성을 내렸다.

무술(28일), 정6위상 田部直息麻呂, 정8위상 栗前連廣耳에게 함께 외종5위하를 내렸다. 다만 (栗前連)廣耳는 (사재를) 바쳤기 때문이다.

동10월 을사(5일), 정6위상 土師宿禰眞月에게 외종5위하를 내렸다.

무신(8일), 정5위상 藤原朝臣雄田麻呂에게 종4위하를 내리고, 女孺 무위 文室眞人布登吉에게 종5위하를 내렸다.

계축(13일), 정4위상 吉備朝臣由利에게 종3위를, 종5위하 平群朝臣眞繼에게 종5위상을, 무위 藤原朝臣淨子에게 종5위하를 내렸다.

을묘(15일), 종4위하 佐伯宿禰伊多智·坂上大忌寸苅田麻呂에게 함께 종4위상을 내렸다. 종3위 藤原朝臣百能에게 정3위를, 정4위하 藤原朝臣家子에게 정4위상을, 종4위상 大野朝臣仲智에게 정4위하를, 종5위하 久米連若女에게 종5위상을, 무위 多治比眞人古奈彌에게 종5위하를 내렸다.

경신(20일), (천황이) 長谷寺에 행차하여 전지 8정을 희사하였다. 종5위하 高賀茂朝臣諸雄에게 종5위상을, 종5위상 桑田朝臣弟虫賣에게 정5위하를 내렸다.

임술(22일), 천황이 환궁하였다. 외종5위상 上連五百公〈본명은 五十公十月이다.〉에게 종5위하를 내렸다.

계해(23일), 종5위하 大神朝臣東公에게 종5위상을, 종6위하 朝妻造綿賣[53]에게 종5위하를 내렸다.

갑자(24일), 石上神[54]에게 봉호 50호를, 能登國 氣多神에게 20호와 전지 2정을 충당하였다. 좌우대신에게 大宰綿 각각 2만둔을 지급하고, 大納言 諱,[55] 弓削御

좌경황별에는 景行天皇의 황자 氣入彦命의 후예로부터 나왔다고 한다.

53) 『신찬성씨록』 大和國諸蕃에는, 朝妻造가 韓國人 都留使主로부터 나왔다고 한다. 朝妻의 씨명은 『일본서기』 仁德紀 22년 정월조에 보이는 아좌두마(阿佐豆磨, 朝妻), 동 天武 9년(680) 9월조의 "朝嬬에 순행하다"에 등장하는 지명 朝嬬(아사츠마)에서 유래한다. 조처조씨 일족으로는 承和 원년(834) 정월 무오조에 정6위상에서 외종5위하로 진급한 朝妻造淸主가 있다. 또 천평승보 2년 5월 25일부 「造東大寺司移」(『대일본고문서』 3-403)에 보이는 內匠寮의 銅鐵工인 朝妻望万呂가 있다. 『寧樂遺文』(上-389, 「元興寺塔露盤銘」)에도 崇峻朝의 사람인 作金人 阿沙都麻首未沙乃가 보이는데 조처조씨 선조 중 한 명으로 생각된다. 『신찬성씨록』 산성국제번에 백제계 末使主, 木曰佐 2인의 조상으로 전하는 津留牙使主(츠루가오미)와 동일 인물일 가능성이 있다.

54) 石上神宮.

淨朝臣淸人에게 각각 1만둔을, 종2위 文室眞人淨三에게 6천둔을, 중무경 종3위 文室眞人大市, 식부경 종3위 石上朝臣宅嗣에게 4천둔을, 정4위하 伊福部女王에게 1천둔을 지급하였다. 신라의 교역물[56]을 구매하기 위해서이다.

정묘(27일), 종6위상 昆解宮成에게 외종5위하를 내렸다.

경오(30일), 2품 井上內親王에게 大宰綿 1만둔을 지급하였다. 大尼 法戒에게 종3위에 준해서 봉호를 주었다. 大尼 法均에게는 종4위하에 준하게 하였다.

11월 임신(2일), 美作掾 정6위상 恩智神主廣人이 흰 쥐를 바쳤다.

계미(13일), 종4위하 藤原朝臣楓麻呂를 右大辨으로 삼고, 외종5위하 石上朝臣家成을 勅旨少輔로 삼고, 종5위하 紀朝臣門守를 大丞으로 삼고, 종4위하 藤原朝臣雄田麻呂를 中務大輔로 삼고, 左中 弁內匠頭 武藏守는 종전대로 하였다. 종5위하 石川朝臣眞守를 (中務)少輔로 삼고, 종4위상 藤原朝臣是公을 侍從 겸 內藏頭로 삼고, 종3위 石川朝臣豊成을 宮內卿으로 삼고. 병부경 종3위 藤原朝臣宿奈麻呂에게 造法華寺 장관을 겸직시키고, 종4위하 藤原朝臣繼繩을 外衛大將으로 삼고, 정5위상 石上朝臣息繼를 左衛士督으로 삼고 河內守는 종전대로 하고, 종5위하 上毛野朝臣馬長을 (左衛士)員外佐로 삼았다. 종4위하 阿倍朝臣息道를 左兵衛督으로 삼고, 종5위하 坂上王을 左馬頭로 삼고, 종5위하 紀朝臣廣庭을 河內介로 삼고, 종5위상 佐伯宿禰助를 山背守로 삼고, 종5위상 息長丹生眞人大國을 美作員外介로 삼고, 외종5위하 飛鳥戶造小東人[57]을 長門介로 삼고,

---

55) 白壁王. 후의 光仁天皇. 천황 실명을 거론하지 않는 忌諱 기사.

56) 大宰府의 綿 지급대상은 5위 이상의 고위 관인과 귀족으로 신라의 교역을 선매하기 위한 조치이다. 正倉院文書의 〈買新羅物解〉에는 신라 물품의 종류가 구체적으로 기록되어 있다.

57) 『신찬성씨록』 河內國諸蕃에는 "飛鳥戶造는 백제국주 比有王의 아들 琨伎王으로부터 나왔다"고 한다. 飛鳥戶造는 安宿戶造라고도 쓰며, 그 일족으로는 『일본후기』 弘仁 3년(812) 정월조에 "右京人 정6위상 飛鳥戶善宗, 河內國人 정6위상 飛鳥戶造名繼가 百濟宿禰를 받았다"라고 한 데서 볼 수 있듯이 백제숙녜로 개성한다. 『일본삼대실록』 貞觀 4년(862) 7월 을미조에 "左京人 造兵司 少令史 정6위상 飛鳥戶彌道에게 백제숙녜의 성을 주었다. 백제국 混伎의 후손이다"라고 나온다. 동 정관 5년(863) 10월 경오조에도 "右京人 陰陽少屬 종6위상 飛鳥戶造淸貞, 內堅 정6위상 飛鳥戶造淸生, 太政官史生 정8위하 飛鳥戶造河主, 河內國 高安郡 사람 主稅大屬 정7위상 飛鳥戶造有雄 등에게 백제숙녜의 성을 주었다. 그 선조는 백제국인 比有의 후손이다"라고 기록하고 있다. 『속일본후기』 承和 6년(839) 11월조에 "左京人 정6위상 御春宿禰春長 등 11인에게 숙녜의 성을 고쳐서 조신의 성을 주었다. 이들은 백제왕의 종족이고, 飛鳥戶 등의 후손이다"라고 나온다.

대납언 衛門督 정3위 弓削御淨朝臣淸人에게 大宰帥를 겸직시키고, 종4위상 藤原朝臣田麻呂를 大貳로 삼았다.

이날, 임관한 자의 대부분은 조정에 모이지 않고 省掌[58]이 임관자에 대신해서 (이름을 호명할 때) '오오(唯)'[59]라고 대답하였다. 이에 (천황은) 式部, 兵部의 省掌에게 조를 내려 처음으로 (의식의 때에) 笏[60]을 소지하게 하였다.

무자(18일), 종5위상 日置造蓑麻呂를 丹波守로 삼았다. 土左國 土左郡 사람 神依田公名代 등 41인에게 賀茂의 성을 내렸다.

임진(22일), 신상제의 豊樂 연회를 西宮의 前殿에서 열었다. 5위 이상에게 각각 녹을 차등있게 내렸다.

병신(26일), 종5위상 賀茂朝臣諸雄, 종5위하 賀茂朝臣田守, 종5위하 賀茂朝臣萱草에게 高賀茂朝臣의 성을 내렸다.

무술(28일), 정5위상 毛野朝臣稻麻呂에게 종4위하를 내렸다.

기해(29일), 종4위하 國中連公麻呂[61]를 但馬員外介로 삼았다.

이날, 정3위 弓削御淨朝臣淸人을 檢校兵庫 장군으로 삼고, 종4위하 藤原朝臣雄田麻呂를 부장군으로 삼고, 종5위하 紀朝臣船守, 종5위하 池田朝臣眞枚를 함께 軍監으로 삼았다. 그 외에 6위의 軍監 2인, 軍曹 4인이었다.

『일본삼대실록』 정관 5년(863) 8월조에 "右京人 외종5위하 行主計助 飛鳥戶造豐宗 등 남녀 8인에게 御春朝臣의 성을 주었다. 그 선조는 백제국인 琨伎이다"라고 기록되어 있다. 동 元慶 4년(880) 8월 경술조에는 氏神社인 飛鳥戶神社에 동족인 御春朝臣有世와 함께 춘추 제사의 비용에 충당하기 위해 1정의 전지를 청구하였다는 기록이 있다. 9세기 후반대에도 곤지를 제신으로 하는 飛造戶神社가 그 후손들에 의해 관리되고 있었음을 알 수 있다.

58) 太政官 내의 左右弁官 및 8省에 掌이 설치되었다. 左弁官, 右弁官의 掌을 각각 左官掌, 右官掌이라고 하고, 8省의 掌을 省掌이라고 한다. 省掌은 번상관으로서 雜任의 하급관인이다.

59) 오오(唯)는 공손히 대답한다는 의미로 보는 해석이 있다.

60) 관인이 위용을 갖추기 위한 服制의 하나로서, 養老衣服令에서 처음으로 把笏이 규정되었다. 실질적으로는 大寶令制 하의 養老 3년(719) 2월에 職事官에게 把笏의 소지를 명하였는데, 5위 이상의 귀족관인에게는 牙笏, 6위 이하에게는 木笏를 소지하게 하였다.

61) 天智 2년(663)에 백제 멸망 직후 망명한 덕솔 國骨富의 손자. 天平 17년(745)에 외종5위하에 승서되고, 동 18년에 造佛長官에 임명되어 東大寺 盧遮那佛과 대불전 건립을 지휘하였다. 天平 20년(748)에 종5위하, 天平勝寶 원년(749)에 종5위상, 天平神護 3년(767)에 종4위하에 서위되었다.

12월 갑진(4일), 이보다 앞서 山階寺 승 基眞은 심성이 한결같지 않고, 사도를 즐겨 배워 거짓 술책으로 그의 동자를 주술로 속박하고, 남의 비밀을 파헤쳐 교설하고 있다. 게다가 毘沙門天像[62]을 만들어 몰래 여러 개의 구슬을 그 앞에 놓고 불사리의 출현이라고 칭하기도 하였다.[63] 道鏡은 (基眞을 이용해서) 세인의 눈을 어둡게 현혹시켜서 자신을 위한 상서의 표시로 삼고자 하였다. 즉 천황에게 고하여 천하에 사면을 행하고, 사람들에게 위계를 주고, 기진에게는 物部淨志朝臣이라는 성을 내리고, 法參議[64]에 임명하여 신변 경호도 8인을 두었다. 기진에게 분노하는 자는 공경, 대부라도 천황이 정한 법을 꺼리지 않았다. 행인들은 이를 두려워하여 마치 호랑이를 보고 도망치듯이 피했다. 이에 이르러 그의 師主인 法臣 圓興을 능멸하여 飛驒國으로 쫓겨났다.

계축(13일), 종4위상 內藏頭 겸 侍從인 藤原朝臣是公에게 下總守를 겸직시켰다.

병진(16일), 칙을 내려, "陸奧國의 관내 및 타국의 백성들이 伊治, 桃生의 성에 이주하기를 바라는 자가 있다면, 그들이 원하는 대로 하고 도착하면 안주시켜 법에 따라 과역을 면제하도록 한다[65]"라고 하였다.

임술(22일), 외종7위상 桑氏連鷹養에게 외종5위하를 내렸다. (사재를) 바쳤기 때문이다.

갑자(24일), 尾張國 山田郡 사람 종6위하 小治田連藥 등 8인에게 尾張宿禰의 성을 내렸다.

을축(25일), 美作國 사람 외정8위상 財田直常人에게 외종5위하를 내렸다.

---

62) 天部의 佛神으로서 持國天王, 增長天王, 廣目天王과 함께 사천왕을 이르며, 多聞天王으로 불린다.

63) 天平神護 2년(766) 10월 20일조에도 隅寺의 毗沙門像으로부터 사리가 나왔다고 하여, 圓興은 法臣에, 基眞은 法參議에 임명되었다. 이때의 사리 출현은 상기 본문의 일로 거짓임이 드러났다.

64) 3위에 상당하는 지위의 승려. 天平神護 2년 10월 임인조에 基眞禪師를 法參議大律師로 임명하고 관위로 정4위상을 내린 바 있다.

65) 「賦役令」14 「人在狹鄕」조에는, "凡人在狹鄕樂遷, 就寬去本居, 路程, 十日以上復三年, 五日以上復二年, 二日以上復一年, 一遷之後, 不得更移"라고 하여 협향에서 관향으로 이주할 경우, 본거지에서 거리에 따라 1년에서 3년까지의 과역을 면제한다고 규정하였다. 과역은 調, 庸, 잡요를 포함한다.

(사재를) 바쳤기 때문이다.

○ 神護景雲 3년(769) 춘정월 경오삭(1일), 신년하례를 중지하였다. 비가 왔기 때문이다.

신미(2일), (천황이) 대극전에서 신년하례를 받았다. 문무백관 및 陸奥國 蝦夷가 각각 의례에 따라 배하하였다. 이날, 훈6등[66] 이상으로 7위의 관위를 가진 직사관에 대해서는 처음으로 7위의 조복을 입고 6위의 상위에 열석하고,[67] 6위의 제왕 중에 분홍색 조복을 입은 자는 그 다음에 열석하였다.

임신(3일), 법왕 道鏡은 西宮[68]의 前殿에 거주하고, 대신 이하는 신년하례를 하였다. 도경은 스스로 축하의 말을 고했다.

병자(7일), (천황이) 법왕궁에 임하여 5위 이상에게 연회를 베풀었다. 도경과 5위 이상에게 각각 접의[69]를 1벌씩 내렸다. 蝦夷에게는 緋袍[70]를 1벌씩, 좌우대신에게는 각각 목면 1천둔을 내리고, 대납언 이하도 각각 차등있게 주었다.

정축(8일), (천황이) 동원 내에 임하여 처음으로 吉祥天에 대한 회과[71]를 행하였다.

병술(17일), (천황이) 동원에 임하여 근시하는 신하들에게 연회를 베풀었다. 문무백관의 주전 이상, 陸奥의 하이에게 조당에서 향응을 베풀었다. 하이에게는 위계 및 물품을 각각 차등있게 지급하였다.

무술(29일), 무위 牟都岐王에게 종5위하를 내렸다.

기해(30일), 육오국에서 언상하기를, "타국의 鎭兵으로 지금 수병으로 있는 자는 3천여 인이다. 그 중에 2,500인은 태정관부를 받아 그 임무가 정지되어 돌아가 이미 종료되었다.[72] 남은 500여 인에 대해서는 삼가, 잠시 진소에

66) 「官位令」11에는 훈6등은 종5위에 준한다고 규정되어 있다.
67) 神護景雲 원년(767) 3월 병인조의 칙에는 近衛將曹 종6위하 훈6등 間人直足人 등 19인에 대해, "諸勳六等已上身, 有七位而帶職事者, 許執牙笏并用銀裝刀帶等이라고 하여 의관 착용 시에 牙笏의 소지를 허용하였다.
68) 法王道鏡의 궁전.
69) 摺衣는 초목과 화조 등의 문양을 넣고 염색한 의복.
70) 붉은 빛 명주로 솜을 넣어 만든 겨울옷.
71) 吉祥天의 悔過는 이해 정월 8일에서 14일까지 7일간 행해졌다.

머물러 여러 요새를 지키게 하고자 한다. 또 天平寶字 3년[73]의 태정관부를 받아 부랑자 1천인을 징발하여 桃生城의 柵戶에 배속하였다. (그러나) 원래 그들은 과역을 피하려는 마음이 있고 부평초와 같이 떠돌아다니며 성 주변에 있어도 또 도망친다. 국사가 본 바로는 인국의 正丁 3인 이상 있는 200호를 모집하여 성곽내에 안치하고 영구히 변경을 지키도록 한다. 그들이 안주한 이후에는 조금씩 진병을 줄여가고자 한다"라고 하였다.

태정관에서는 심의하여 말하기를, "무릇 향토를 생각하는 마음이 있어 타 지역으로 옮겨가는 것을 무겁게 느끼는 것은 세상 사람들의 보통의 마음이다. 지금 죄없는 백성들을 이주시켜 변경의 성책 방비에 배치하는 일은 인정상으로 온당하지 않고, 도망가는 일이 멈추지 않는 것이다. 만약 적극적으로 (변경으로) 나가려는 사람이 있어 스스로 2성의 비옥한 토지에서 3농[74]의 이익을 바란다면, 현지국이나 타국을 논하지 말고 편의대로 안주시키고 법의 규정 외에도 과역을 면제하고, 타인에게도 기꺼이 이주하게 하여, 변경의 수비에 충당하고자 한다"라고 하였다. (천황은) 이 주상을 허락하였다.

2월 임인(3일), (천황이) 좌대신[75]의 사저에 행차하여 종1위를 내렸다. 그 아들 종5위상, 家依, 종5위하 雄依, 그 처 정4위하 大野朝臣仲智에게 함께 위계 1급을 내렸다.

갑진(5일), 종5위상 道嶋宿禰三山을 陸奥員外介로 삼았다.

경술(11일), 종5위하 小垂水女王에게 정5위하를 내렸다.

갑인(15일), 종4위하 훈4등 竹宿禰乙女이 죽었다.

을묘(16일), 천하의 제신사에 神服[76]을 봉폐하였다. 大炊頭 종5위하 掃守王, 左中弁 종4위하 藤原朝臣雄田麻呂를 伊勢太神宮의 사자로 삼았다. 각 신사에 남신의 의복 1벌, 여신의 의복 1벌을 바치고, 대신궁과 月次社[77]에는 이에

---

72) 神護景雲 2년 9월 임진에 陸奧國이 신청하고 태정관이 이를 허락하여 타국의 진병 2천5백인의 임무가 정지되어 귀향하였다.

73) 天平寶字 3년은 2년의 오기. 天平寶字 2년 10월 갑자조에 陸奧國 부랑인을 징발하여 桃生城을 축조시켰다고 나온다.

74) 3農은 平地, 山地, 澤地.

75) 藤原永手. 藤原北家의 祖인 藤原房前의 차남. 조부는 藤原不比等. 天平神護 2년 정월 계유조에도 천황이 그의 사저를 방문하여 정2위를 내린 바 있다.

76) 신에게 바치는 神衣.

더하여 말모형 및 말안장을 바쳤다.

병진(17일), 칙을 내려, “陸奧國의 桃生, 伊治 2성은 이미 조영이 끝났다. 이 토지는 비옥하고 그 결실은 풍요롭다. 坂東 8국[78]에 명하여 관내의 백성을 모집하여 농잠을 좋아하는 마음이 있어 그 지역의 이익을 얻고자 하는 자가 있으면 원하는 대로 이주하여 편의에 따라 안주시킨다. 법 규정 외에 우대하여 과역을 면제하고, 백성들에게 이주하기를 바라도록 해야 한다”라고 하였다.

신유(22일), 伊勢國 飯高郡 사람 정8위상 上飯高公家繼 등 3인, 좌경인 정6위상 神麻續連足麻呂와 (神麻續連)子老, 우경인 神麻續連廣目 등 26인, 攝津國 嶋上郡 사람 정6위상 三嶋縣主廣調 등에게 함께 宿禰의 성을 내렸다.

계해(24일), 천황이 우대신[79] 사저에 행차하여 정2위를 내렸다.

을축(26일), 외종5위하 林連佐比物,[80] (林連)廣山, 정6위상 日下部連意卑麻呂에게 함께 宿禰의 성을 내리고, 종5위상 吉備朝臣泉[81]에게 정5위하를 내렸다.

병인(27일), 정6위상 平群朝臣家麻呂에게 종5위하를 내렸다.

3월 무인(10일), 정6위상 高市連豊足에게 외종5위하를 내렸다. 종5위하 大伴宿禰形見을 左大舍人助로 삼고, 종5위하 大伴宿禰淸麻呂를 主稅頭로 삼고, 외종5위상 秦忌寸智麻呂를 (主稅)助로 삼고, 종5위상 船井王을 형부대보로 삼고, 종5위하 石川朝臣望足을 우경량으로 삼고, 左中弁 종4위하 藤原朝臣雄田丸을 內豎大輔로 삼고, 우중변 종5위상 阿倍朝臣淸成에게 田原鑄錢 장관을 겸직시키고, 좌대변 종4위하 佐伯宿禰今毛人에게 因幡守를 겸직시키고, 종5위하 中臣朝臣子老를 美作介로 삼고, 近衛將監 종5위 紀朝臣船守에게 紀伊介를 겸직시키고, 외종5위하 高市連豊足을 大宰員外大典으로 삼고, 종5위상 阿倍朝臣三縣을 筑前守로 삼았다.

신사(13일), 陸奧國 白河郡 사람 외정7위상 丈部子老, 賀美郡 사람 丈部國益,

---

77) 매년 6월과 12월에 행하는 月次祭에 신기관에서 폐백을 지급받는 신사.

78) 關東地方 8국. 武藏, 相模, 安房, 上總, 下總, 常陸, 上野, 下野 등 8개 국을 말한다.

79) 吉備眞備.

80) 林連氏는 『신찬성씨록』 左京諸蕃下에 百濟國人 木貴公으로부터 나왔다고 한다. 동 河內國諸蕃에는 林連이 백제 전지왕으로부터 나왔다고 출자를 주장하고 있다. 그러나 목귀공은 『일본서기』 天智紀 2년(663) 9월조에 보이는 木素貴子로 보이며, 백강전투에서 패배한 후 왜국으로 망명한 인물이다.

81) 吉備眞備의 아들.

標葉郡 사람 정6위상 丈部賀例努 등 10인에게 阿倍陸奧臣의 성을 내렸다. 安積郡 사람 외종7위하 丈部直繼足에게 阿倍安積臣의 성을, 信夫郡 사람 외정6위상 丈部大庭 등에게 阿倍信夫臣의 성을, 柴田郡 사람 외정6위상 丈部嶋足에게 安倍柴田臣의 성을, 曾津郡 사람 외정8위하 丈部庭虫 등 2인에게 阿倍曾津臣의 성을, 磐城郡 사람 외정6위상 丈部山際에게 於保磐城臣의 성을, 牡鹿郡 사람 외정8위하 春日部奧麻呂 등 3인에게 武射臣의 성을, 曰理郡 사람 외종7위상 宗何部池守 등 3인에게 湯坐曰理連의 성을, 白河郡 사람 외정7위하 靭大伴部繼人, 黑川郡 사람 외종6위하 靭大伴部弟虫 등 8인에게 靭大伴連의 성을, 行方郡 사람 외정6위하 大伴部三田 등 4인에게 大伴行方連의 성을, 苅田郡 사람 외정6위상 大伴部人足에게 大伴苅田臣의 성을, 柴田郡 사람 정종8위하 大伴部福麻呂에게 大伴柴田臣의 성을, 磐瀨郡 사람 외정6위상 吉彌侯部人上에게 磐瀨朝臣의 성을, 宇多郡 사람 외정6위하 吉彌侯部文知에게 上毛野陸奧公의 성을, 名取郡 사람 외정7위하 吉彌侯部老人, 賀美郡 사람 외정7위하 吉彌侯部大成 등 9인에게 上毛野名取朝臣의 성을, 信夫郡 사람 외종8위하 吉彌侯部足山守 등 7인에게 上毛野鍬山公의 성을, 新田郡 사람 외대초위상 吉彌侯部豊庭에게 上毛野中村公의 성을, 信夫郡 사람 외소초위상 吉彌侯部廣國에게 下毛野靜戶公의 성을, 玉造郡 사람 외정7위상 吉彌侯部念丸 등 7인에게 下毛野俯見公의 성을 내렸다. 이들 사성은 大國造[82]의 道嶋宿禰嶋足이 신청에 의한 바이다.

정해(19일), 下總國에 기근이 들어 구휼하였다.

기축(21일), 志摩國에 기근이 들어 구휼하였다.

을미(27일), 처음으로 매년 대재부의 목면 25만둔을 운송하여 왕경의 창고에 납입하였다.[83]

병신(28일), (천황이) 칙을 내려, "생각하는 바가 있어, 천하에 대사면을 내린다. 神護景雲 3년 3월 28일 동트기 이전의 사형죄 이하는 죄의 경중을 묻지 않고, 이미 발각되었거나 발각되지 않았거나, 이미 판결이 났거나

82) 陸奧國의 大國造.

83) 大宰府에서 왕경으로 보내는 西海道 제국의 綿. 天平 원년 9월 경진에 大宰府가 綿을 바치기 시작하여 매년 調綿 10만 둔을 왕경으로 공진했으나, 상기 神護景雲 3년 3월에는 매년 20만 둔으로 증가되었다.

심리중이거나, 현재 수감 중인 자 및 강도와 절도는 모두 사면한다. 팔학, 사주전, 통상의 사면에서 면제되지 않는 자는 사면의 범위에 포함되지 않는다. 종5위상 榎井朝臣子祖를 山背守로 삼았다.

하4월 임인(5일), 伊豫國 溫泉郡 사람 정8위상 味酒部稻依 등 3인에게 平群味酒臣의 성을 내렸다.

계묘(6일), 산사 종4위하 牟漏(郡 출신) 采女 熊野直廣濱이 죽었다.

갑진(7일), 陸奧國 行方郡 사람 외정7위하 下毛野公田主 등 4인에게 朝臣의 성을 내렸다.

을사(8일), 大和國 添上郡 사람 정8위하 橫度春山에게 櫻嶋連의 성을 내렸다.

신유(23일), (천황이) 西大寺에 행차하였다. 종4위하 佐伯宿禰今毛人에게 종4위상을, 종5위상 大伴宿禰伯麻呂에게 종4위하를, 종5위상 息長丹生眞人大國에게 정5위하를, 종5위하 弓削宿禰大成·粟田朝臣公足·益田連繩手에게 함께 종5위상을, 정6위상 大野我孫麻呂에게 외종5위하를 내렸다.

갑자(27일), 上野國 邑樂郡 사람 외대초위상 小長谷部宇麻呂, 甘樂郡 사람 竹田部荒當, 絲井部袁胡 등 15인에게 大伴部의 성을 내렸다.

5월 을해(8일), 좌경대부 종4위하 훈4등 小野朝臣竹良이 죽었다.

병자(9일), 종5위하 橘宿禰綿裳을 소납언으로 삼고, 종4위하 大伴宿禰伯麻呂를 員外左中弁으로 삼고, 造西大寺 차관은 종전대로 하였다. 외종5위하 內藏忌寸若人을 造伎樂 장관으로 삼고, 종5위하 石川朝臣淸麻呂를 讚岐介로 삼았다.

경진(13일), 大和國 葛上郡 사람 정6위상 賀茂朝臣淸濱에게 高賀茂朝臣의 성을 내렸다.

계미(16일), 伊勢國 員弁郡 사람 猪名部文麻呂가 흰 비둘기를 바쳤다. 위계 2급을 내리고, 해당국 벼 500속을 지급하였다.

을유(18일), 좌우대신에게 벼 각각 10만속을 내렸다.

기축(22일), 攝津國 豊嶋郡 사람 정7위상 井手小足 등 15인에게 秦井手忌寸의 성을, 西成郡 사람 외종8위하 秦神嶋, 정6위상 秦人廣立 등 9인에게 秦忌寸의 성을 내렸다.

임진(25일), 천황이 조를 내려, "不破內親王[84]은 앞의 조정에서 칙이 있어 친왕 명이 삭제되었다. 그런데도 나쁜 일이 쌓여도 멈추지 않고, 거듭하여 불경함을 일삼고 있다. 그 범한 바를 논하자면, 죄는 팔학에 상당한다. 다만 생각하는 바가 있어 특별히 그 죄를 용서하고, 厨眞人厨女의 이름을 내리고 왕경 내에 있지 못하도록 한다. 또 氷上志計志麻呂는 그 鹽燒가 살해된 날,[85] 함께 같은 처분했어야 했는데, 모친으로 인해 연좌되지 않았다.[86] 지금 또한 어미의 악행이 점점 드러나 이에 遠流[87]에 처하여 土左國으로 유배보내도록 한다"라고 하였다.

갑오(27일), 외종5위하 佐太忌寸味村을 左平準令[88]으로 삼았다. 좌경인 정6위상 倭畫師種麻呂[89] 등 18인에게 大岡忌寸의 성을 내렸다.

을미(28일), 종5위하 吉備藤野和氣眞人淸麻呂 등에게 輔治能眞人의 성을 내렸다. 외종8위상 吉備藤野宿禰子麻呂, 종8위하 吉備藤野宿禰牛養 등 12인에게 輔治能宿禰의 성을, 近衛 무위 吉備石成別宿禰國守 등 9인에게 石成宿禰의 성을 내렸다.

병신(29일), 縣犬養姉女 등은 巫術에 연좌되어 유배에 처해졌다.

(천황이) 조를 내려(宣命體), "現神으로 대팔주국을 통치하는 倭根子(天皇)의, 말조차 꺼내기 황송한 천황의 말씀을 천왕, 제왕, 백관의 사람들, 천하의

84) 聖武天皇의 딸. 鹽燒王의 처.

85) 天平寶字 8년(764) 9월에 藤原惠美押勝은 孝謙上皇과의 권력투쟁으로 반란을 일으켜 鹽燒王을 천황으로 옹립하고 今帝라고 칭하였다. 그러나 孝謙上皇 측이 파견한 토벌군에 의해 近江國에서 일가와 함께 살해되었다.

86) 당시 孝謙上皇과 不破內親王은 이복자매 간이어서 그 아들에게는 죄를 묻지 않았던 것이다.

87) 神龜 원년 3월 遠流, 中流, 近流의 국을 정하였고, 土左國은 遠流에 해당하였다.

88) 平準署의 장관. 常平倉을 관리하고 물가의 안정을 꾀했다. 좌우에 각각 설치되고 2명의 장관이 임명되었다.

89) 倭畫師種麻呂의 씨성인 倭畫師는 회화를 전문으로 하는 씨족으로 후에 大崗忌寸으로 개성한다. 이와 관련하여 『신찬성씨록』 좌경제번상에는, "大崗忌寸은 魏文帝의 후손인 安貴公으로부터 나왔다. 大泊瀨幼武天皇[시호는 雄略]의 치세에 4部의 무리를 이끌고 귀화하였다. 아들 龍[일명 辰貴]은 그림을 잘 그렸다. 小泊瀨稚鷦鷯天皇[시호는 武烈]이 그 재능을 칭찬하여 首의 성을 하사했다. 5세손인 勤大壹 惠尊도 그림에 재능이 있었다. 天命開別天皇[시호는 天智]의 세에 倭畫師의 성을 받았다. 또 高野天皇 神護景雲 3년(796)에 거주지에 따라 재차 大崗忌寸의 성을 하사했다"라고 기록되어 있다. 한편 『신찬성씨록』 우경제번하 「백제」조에는 "岡連은 市往公과 同祖이며, 目圖王의 아들인 安貴의 후손이다"라고 하여 백제를 출자로 하는 안귀라는 인물이 나온다. 앞의 안귀공은 출자는 중국으로 되어 있고 안귀는 백제이다. 양자는 동일인물일 가능성이 큰데, 백제 출자에서 어느 시기에 중국왕조의 후손을 표방했다고 보인다.

공민들은 모두 들으라고 분부하였다. (짐은) 犬部姉女를 근시하는 자로 삼아 관위를 올려주고 姓을 고쳐서 예우해 왔다. 그런데 도리어 역심을 품고 스스로 우두머리가 되어 忍坂女王, 石田女王 등을 이끌고 말조차 꺼내기 황송한 앞의 조정이 과오[90]를 저질러버린 厨眞人厨女[91]와 몰래 통하고, 나쁜 자들과 서로 결탁하여 모반을 꾀했다. 이는 조정을 기울게 하여 국가를 혼란시키고, 퇴출된 氷上鹽燒의 아들 志計志麻呂를 황위에 세우려는 음모를 꾀하고, 말조차 꺼내기 황송한 천황의 머리카락[92]을 훔쳐 佐保川의 썩은 물에 넣었다가 대궁[93] 내로 가져와 부정의 저주를 3번이나 하였다. 그러나 노사나여래, 최승왕경, 관세음보살, 불법을 수호하는 신들인 범천왕, 제석, 사대천왕의 불가사의한 신의 위력과 말조차 꺼내기 황송한 천지개벽 이래의 천하를 통치하신 천황의 어령, 천지의 신들의 보살펴 주신 힘으로 그들이 부정한 저주의 음모는 모두 발각되었다. 이를 법에 비추어 보면 모두 사형죄에 해당한다. 그런 까닭에 도리로서는 법에 따라 처리해야 한다. 그러나 자비를 베풀어 죄를 1등 감하여 그들을 성을 바꾸고 遠流에 처한다고 한 천황의 말씀을 모두 들을 것을 고한다"라고 하였다.

6월 정유삭(1일), 종5위하 礒部王을 다시 大監物로 삼았다.

무술(2일), 우경인 정8위하 白鳥村主馬人, 白鳥椋人廣 등 23인에게 白原連의 성을 내렸다.

계묘(7일), 攝津國 菟原郡 사람 정8위하 倉人水守 등 18인에게 大和의 성을 내리고, 播磨國 明石郡 사람 외종8위하 海直溝長 등 19인에게 大和赤石連의 성을 내렸다.

갑진(8일), 정6위상 清湍連雷에게 외종5위하를 내렸다.

을사(9일), 園池正 종5위하 安倍朝臣草麻呂에게 內藏助를 겸직시키고, 정5위상 大伴宿禰益立을 式部大輔로 삼고, 종5위하 相摸宿禰伊波를 玄蕃助로 삼고,

---

90) 不破內親王의 친왕 명이 삭제된 일.

91) 不破內親王.

92) 稱德[孝謙]天皇의 머리카락. 天平寶字 8년 9월 갑인조의 宣命에서, "짐은 머리를 깎고 부처의 가사를 입는다"라고 하였다. 이때의 머리카락이 삭발 당시에 보관하고 있던 것인지, 그 후의 것인지는 알 수 없다.

93) 천황의 御所.

정5위하 吉備朝臣泉을 左衛士督으로 삼고 大學員外助는 종전대로 하였다. 종5위하 弓削御淨朝臣廣方을 右兵衛佐로 삼고 武藏介는 종전대로 하였다. 종5위하 牟都支를 左馬頭로 삼고, 외종5위하 伊勢朝臣子老를 伊賀守로 삼고, 외종5위하 葛井連河守[94]를 遠江介로 삼고, 외종5위하 武藏宿禰不破麻呂를 上總員外介로 삼고, 縫殿頭 종5위하 桑原王에게 下總員外介를 겸직시켰다. 정5위상 石上朝臣息嗣를 美濃守로 삼고, 少納言 종5위하 當麻王에게 下野介를 겸직시키고, 종5위하 石川朝臣人麻呂를 能登守로 삼고, 종5위하 弓削宿禰薩摩를 員外介로 삼고, 종5위상 布勢朝臣人主를 出雲守로 삼고, 左少弁 종5위하 弓削御淨朝臣秋麻呂에게 周防守를 겸직시키고, 종5위상 高圓朝臣廣世를 伊豫守로 삼고, 외종5위하 田部直息麻呂를 壹伎嶋守로 삼았다.

정미(11일), 부랑인 백성 2,500여 인을 陸奧國 伊治村에 안치시켰다.

을묘(19일), (천황이) 조를 내려, "神語[95]에 (中臣을 가리켜) 大中臣이라고 하는 일이 있다. 中臣朝臣淸麻呂는 2번에 걸쳐 神祇官에 임명되어 그 직무를 받들어 실패하지 않았다. 이에 大中臣朝臣의 성을 내린다"라고 하였다.

경신(24일), 大外記 종5위하 池原公禾守, 左大史 외종5위하 堅部使主人主에게 함께 修理司 차관으로 삼았다.

임술(26일), 備前國 藤野郡 사람 別部大原, 소초위상 忍海部興志, 財部黑士, 邑久郡 사람 別部比治, 御野郡 사람 物部麻呂 등 64인에게 石生別公의 성을 내렸다. 藤野郡 사람 母止理部奈波, 赤坂郡 사람 외소초위상 家部大水, 美作國 勝田郡 사람 종8위상 家部國持 등 6인에게 石野連[96]의 성을 내렸다.

계해(27일), 美作, 備前 양국의 家部, 母等理部 2씨 전원에게 石野連의 성을

---

94) 葛井連은 백제계 王辰爾의 일족으로 씨성은 養老 4년(720)에 白猪史에서 葛井連으로 개성하였다. 葛井連河守의 관력을 보면, 右衛士少尉, 伊賀守, 遠江介, 木工助를 역임하였고, 寶龜 11년에는 외종5위하 參河介가 되었다.

95) 中臣氏의 직무인 神詞. 神事와 관련된 말을 의미한다.

96) 『新撰姓氏錄』 좌경제번하에, 石野連은 백제국인 近速古王의 孫인 憶賴福留로부터 나왔다고 한다. 억례복유는 백제 멸망 직후인 天智 3년(663) 9월에 다수의 백제귀족과 함께 망명한 백제관인이다. 石野의 씨명 유래는 확실하지 않다. 『和名類聚抄』에는 伊豫國 宇和郡 石野鄕이 보인다. 『속일본기』 천평보자 5년(761) 3월 경자조에 백제인 憶賴子老 등 41인에게 石野連을 사성하였다는 기록이 나온다. 상기 본문의 美作, 備前의 家部, 母等理部 2씨도 백제 출자의 憶禮氏 일족으로 보인다.

내렸다.

을축(29일), 備前國 藤野郡을 고쳐 和氣郡으로 하였다.

『속일본기』 권제29

續日本紀卷第二十九

〈起神護景雲二年正月, 盡三年六月〉

右大臣從二位兼行皇太子傅中衛大將臣藤原朝臣繼繩等奉勅撰

高野天皇

◯ **神護景雲二年**春正月丙午朔, 御大極殿受朝, 舊儀少納言侍立殿上. 是日, 設坐席. 餘儀如常. 授從四位下大和宿禰長岡正四位下. 壬子, 宴五位已上於內裏, 賜祿有差. 授從三位圓方女王正三位, 從四位上伊福部女王正四位下. 乙卯, 正四位上藤原朝臣繩麻呂, 正四位下石上朝臣宅嗣並授從三位, 從五位下藤原朝臣弟繩從五位上. 播磨國獻白鹿.

二月丙子朔, 授正六位上生江臣東人外從五位下. 戊寅, 從五位下勳六等漆部直伊波賜姓相摸宿禰, 爲相摸國國造. 庚辰, 出雲國國造外從五位下出雲臣益方奏神賀事. 授外從五位上. 賜祝部男女百五十九人爵各一級, 祿亦有差. 對馬嶋上縣郡人高橋連波自米女, 夫亡之後, 誓不改志. 其父尋亦死, 結廬墓側, 每日齋食, 孝義之至. 有感行路, 表其門閭, 復租終身. 河內國河內郡人日下部意卑麻呂賜姓日下部連. 壬午, 大和國人從七位下大神引田公足人, 大神私部公猪養, 大神波多公石持等二十人賜姓大神朝臣. 癸未, 授正六位上山村許智人足外從五位下. 石見國美濃郡人額田部蘇提賣, 寡居年久, 節義著聞, 兼復積而能散, 所濟者衆. 復其田租終身. 甲申, 授無位笠王從五位下. 乙酉, 外從五位下山村許智人足爲肥後介. 壬辰, 備後國葦田郡人網引公金村, 年八歲喪父, 哀毁骨立. 尋丁母艱, 追遠益深, 賜爵二級. 復其田租終身. 癸巳, 以正三位弓削御淨朝臣淸人爲大納言, 內竪卿衛門督上總守如故. 從三位中臣朝臣淸麻呂爲中納言, 神祇伯如故. 大藏卿從三位藤原朝臣魚名爲參議, 從五位上賀茂朝臣鹽管爲神祇大副, 從五位下中臣朝臣子老爲中務少輔, 從五位上藤原朝臣家依爲侍從, 從五位下坂上王爲大監物, 從五位下巨勢朝臣公成爲左大舍人頭, 從五位上豊野眞人奄智爲圖書頭, 從五位下藤原朝臣家依爲式部少輔, 侍從如故. 從五位下高橋朝臣廣人爲散位助, 外從五位下土師宿禰位爲諸陵助, 從五位上石川朝臣人成爲民部大輔, 從五位下石川朝臣己人爲主計頭, 從五位下田部宿禰男足爲助, 正五位上大伴宿禰益立爲兵部大輔, 外從五位下伊吉連眞次爲鼓吹正, 從五位上巨勢朝臣淸成爲大藏大輔, 從五位上榎井朝臣子祖爲宮內大輔, 從五位下淸原眞人淸貞爲少輔, 從五位下石川朝臣垣守爲木工頭, 從五位下布勢王爲內膳正, 從四位下多治比眞人土作爲左京大夫, 讚岐守如故. 從四位下百濟朝臣足人爲右京大夫, 外從五位下上毛野公眞人爲造東大寺大判官, 外從五位下飛驒國造高市麻呂, 橘部越麻呂, 並爲造西大寺大判官. 從五位下安倍朝臣小東人爲衛門佐, 外正五位下葛井連根主爲大尉, 從四位下佐伯宿禰伊多智爲左衛士督, 上野員外介如故. 從五位下藤原朝臣長道爲佐, 從五位下弓削御淨朝臣鹽麻呂爲左兵衛督, 從五位下巨勢朝臣池長爲右馬助, 陸奧介從五位下田口朝臣安麻呂爲兼鎭守副將軍, 大掾從五位上道嶋宿禰三山爲兼軍監. 正五位上石川朝臣名足爲大和守, 外正五位下敢礒部忍國爲志摩守, 從五位下石上朝臣眞足爲遠江介, 從五位下粟田朝臣鷹守爲安房守, 從三位藤原朝臣繩麻呂爲近江按察使, 民部卿勅旨大輔侍從如故. 從五位下吉備朝臣眞事爲美濃介, 正五位下藤原朝臣雄田麻呂爲武藏守, 左中弁內匠頭右兵衛督等如故, 從五位下葛井連立足爲若狹守, 外從五位下下道朝臣黑麻呂爲越前介, 外從五位下丹比宿禰眞繼爲伯耆守, 從五位下藤原朝臣種繼爲美作守, 從五位下藤原朝臣雄依爲備前守, 從五位下石川朝臣眞人爲備中守, 從五位下阿倍朝臣草麻呂爲介, 園池正如故. 從五位下藤原朝臣小黑麻呂爲安藝守, 從五位上高圓朝臣廣世爲周防守, 從五位下中臣朝臣常爲阿波守, 外從五位下板茂連眞釣爲伊豫介. 是日, 勅, 准令以高橋, 安曇二氏任內膳司者爲奉膳, 其以他氏任之者, 宜名爲正. 甲午, 授無位弓削御淨朝臣淨方從五位下. 癸卯, 筑前國怡土城成. 讚岐國寒川郡人外正八位下韓鐵師毘登毛人, 韓鐵師部牛養等一百二十七人, 賜姓坂本臣.

三月乙巳朔, 日有蝕之. 先是東海道巡察使式部大輔從五位下紀朝臣廣名等言, 得本道寺神封戶百姓款曰, 公戶百姓, 時有霑恩, 寺神之封, 未嘗被免. 率土黎庶, 苦樂不同. 望請, 一准公民, 俱沐皇澤, 使等商量, 所申道理. 至是, 官議奏聞. 奏可. 餘道諸國亦准於此. 又同前言, 運舂米者, 元來差徭, 人別給粮. 而今徭分輸馬, 獨給牽丁之粮, 窮弊百姓無馬可輸. 望請, 依舊運人別給粮. 又下總國井上, 浮嶋, 河曲三驛, 武藏國乘潴, 豊嶋二驛, 承山海兩路, 使命繁多. 乞准中路, 置馬十疋. 奉勅依奏, 其餘道舂米, 諸國粮料, 亦准東海道施行. 陸道使右中弁正五位下豊野眞人出雲言, 佐渡國造國分寺料稻一萬束, 每年支在越後國. 常當農月, 差夫運漕, 海路風波, 動經數月, 至有漂損復徵運脚. 乞割當國田租, 以充用度. 山陽道使左中弁正五位下藤原朝臣雄田麻呂言, 本道郡傳路遠, 多致民苦. 乞復隷驛將迎送. 又長門國豊浦, 厚狹等郡, 宜養蚕. 乞停調銅, 代令輸綿. 南海道使治部少輔從五位下高向朝臣家主言, 淡路國神本驛家, 行程殊近. 乞從停却. 詔並許之. 癸丑, 左京人外從五位下楊胡毘登人麻呂等男女六十四人賜姓楊胡忌寸. 甲寅, 免左右京五畿內天平神護二年逋租. 戊午, 雨雹. 癸亥, 外正六位上壬生眞根麻呂, 外正六位上丹比連大倉並授外從五位下. 以貢獻也. 甲子, 正八位上秦忌寸弟麻呂, 外從七位上上忌寸生羽, 外正八位上越智直蜷淵等三人, 並授外從五位下. 以貢獻也.

夏四月戊寅, 授女孺正六位下百濟王淸仁從五位下. 乙酉, 以從五位下弓削御淨朝臣廣方爲武藏介, 近衛將監如故. 外從五位下內藏忌寸若人爲員外介. 辛丑, 始賜伊勢大神宮禰義季祿, 其官位准從七位, 度會宮禰義准正八位. 伊豫國神野郡人賀茂直人主等四人賜姓伊豫賀茂朝臣.

五月丙午, 勅, 入國問諱, 先聞有之. 況於從今, 何曾無避. 頃見諸司入奏名籍, 或以國主國繼爲名向朝奏名. 可不寒心. 或取眞人朝臣立字, 以氏作字. 是近冒姓, 復用佛菩薩及賢聖之號, 每經聞見, 不安于懷. 自今以後, 宜勿更然. 昔里名勝母, 曾子不入. 其如此等類, 有先著者. 亦卽改換, 務從禮典. 美作國大庭郡人外正八位下白猪臣證人等四人賜姓大庭臣. 甲子, 授鑄錢長官從五位下阿倍朝臣淸成從五位上, 次官正六位上多治比眞人乙安從五位下. 以勤公也. 丙寅, 奉幣於畿內群神. 旱也. 辛未, 惠美仲麻呂越前國地二百町, 故近江按察使從三位藤原朝臣御楯地一百町捨入西隆寺. 甲斐國八代郡人小谷直五百依, 以孝見稱, 復其田租終身. 信濃國更級郡人建部大垣, 爲人恭順, 事親有孝, 水內郡人刑部智麻呂, 友于情篤, 苦樂共之. 同郡人倉橋部廣人出私稻六萬束, 償百姓之負稻, 並免其田租終身.

六月丁丑, 授從五位下尾張宿禰若刀自正五位下. 戊寅, 以從四位上外衛中將兼造西隆寺長官參河守勳四等伊勢朝臣老人, 掌膳常陸國筑波采女從五位下勳五等壬生宿禰小家主, 尙掃從五位上美濃眞玉虫, 掌膳上野國佐位采女外從五位下上野佐位朝臣老刀自, 並爲本國國造. 壬辰, 右京人從五位上山上臣船主等十人賜姓朝臣. 癸巳, 武藏國獻白雉. 勅, 朕以虛薄, 謬奉洪基, 君臨四方, 子育萬類, 善政未洽. 每兢情於負重,淳風或虧, 常駭念於馭奔. 於是, 武藏國橘樹郡人飛鳥部吉志五百國, 於同國久良郡, 獲白雉獻焉. 卽下群卿議之. 奏云, 雉者斯群臣一心忠貞之應, 白色乃聖朝重光照臨之符, 國號武藏, 既呈戢武崇文之祥, 郡稱久良, 是明寶曆延長之表, 姓是吉志, 則標兆民子來之心, 名五百國, 固彰五方朝貢之驗. 朕對越嘉貺, 還愧寡德. 昔者隆周刑措, 越裳乃致, 豊碕升平, 長門亦獻. 永言休徵, 固可施惠. 宜武藏國天平神護二年已徃正稅未納皆悉免除. 又免久良郡今年田租三分之一. 又國司及久良郡司各敍位一級, 其獻雉人五百國. 宜授從八位下, 賜絁十疋, 綿二十屯, 布四十端, 正稅一千束. 乙未, 信濃國伊那郡人他田舍人千世賣, 少有才色, 家世豊贍, 年二十有五, 喪夫守志寡居五十餘年, 褒其守節, 賜爵二級. 戊戌, 從五位下紀朝臣門守爲圖書助, 從五位下益田連繩手爲遠江員外介, 外從五位下玉作金弓爲駿河員外介, 從五位下石上朝臣家成爲上總守. 庚子, 內藏頭兼大外記遠江守從四位下高丘宿禰比良麻呂卒. 其祖沙門詠, 近江朝歲次癸亥自百濟歸化. 父樂浪河內, 正五位下大學頭. 神龜元年, 改爲高丘連. 比良麻呂少遊大學, 涉覽書記. 歷任大外記, 授外從五位下. 寶字八年, 以告仲滿反授從四位下. 景雲元年賜姓宿禰. 辛丑, 衛門大尉外正五位下葛井連根主爲兼內竪大丞, 從五位下安曇宿禰石成爲若狹守, 從四位下阿倍朝臣彌夫人爲伊豫守, 右中弁正五位下豊野眞人出雲爲兼土左守, 從五位下紀朝臣廣純爲筑後守.

閏六月乙巳, 從五位上船井王爲侍從, 從五位上大野朝臣石本爲左大舍人頭, 從五位下田中王爲內禮正, 從五位上巨勢朝臣公成爲兵部少輔, 從五位下佐伯宿禰三方爲右兵庫頭, 從五位下石城王爲內兵庫頭, 內藥佑外從五位下雀部直兄子爲兼參河員外介, 從五位下長谷眞人於保爲武藏員外介, 外從五位下林連廣山爲少掾, 從五位上甘南備眞人伊香爲越中守, 從五位下佐味朝臣宮守爲越後守. 丁未, 左京人從六位下和安部臣男綱等三人賜姓和安部朝臣. 己酉, 無位笠朝臣比賣比止, 多治比眞人伊止, 正六位上忌部宿禰止美並授從五位下. 是日, 戶百五十烟捨西大寺. 庚戌, 外正七位下國造雄萬, 外正八位下物部孫足, 從八位下六人部四千代並授外從五位下, 以貢獻也. 乙卯, 以近衛少將從五位下佐伯宿禰國益爲兼備後守. 庚午, 授外從五位下健部朝臣人上從五位下.

秋七月壬申朔, 以從四位下多治比眞人土作爲治部卿, 左京大夫讚岐守如故. 從五位下伊刀王爲雅樂頭, 外從五位下昆解沙彌麻呂爲助, 從五位下文室眞人子老爲諸陵頭, 從五位下石河朝臣人麻呂爲大藏少輔, 從五位下豊野眞人篠原爲彈正弼, 從四位下小野朝臣竹良爲右京大夫, 外從五位下秦忌寸眞成爲造法華寺判官, 正五位上大伴宿禰伯麻呂爲遠江守, 右中弁造西大寺次官如故. 從五位下巨勢朝臣苗麻呂爲駿河守, 從五位下佐伯宿禰國守爲上總介, 從五位上紀朝臣鯖麻呂爲美濃員外介, 外從五位下濃宜公水通爲信濃介, 外從五位下船木直馬養爲越前員外掾, 從五位下豊國眞人秋篠爲石見守, 從五位下池原公禾守爲播磨介, 大外記右平準令造西隆寺次官如故. 庚辰, 壹伎嶋飢, 賑給之. 壬午, 武藏國入間郡人正六位上勳五等物部直廣成等六人賜姓入間宿禰. 授女孺無位沙宅萬福從五位下. 日向國獻白龜. 乙酉, 阿波國麻殖郡人外從七位下忌部連方麻呂, 從五位上忌部連須美等十一人賜姓宿禰, 大初位下忌部越麻呂等十四人賜姓連. 戊子, 從四位上伊勢朝臣老人爲修理長官, 造西隆寺長官中衛員外中將如故, 從五位下相摸宿禰伊波爲次官, 右兵衛佐如故. 庚寅, 大宰府言, 肥後國八代郡正倉院北畔, 蝦蟆陳列廣可七丈, 南向而去. 及于日暮, 不知去處. 辛丑, 大學助教正六位上膳臣大丘言, 大丘天平勝寶四年, 隨使入唐, 問先聖之遺風, 覽膠庠之餘烈, 國子監有兩門, 題曰文宣王廟, 時有國子學生程賢告大丘曰, 今主上大崇儒範, 追改爲王. 鳳德之徵, 丁今至矣. 然准舊典, 猶稱前號, 誠恐乖崇德之情, 失致敬之理. 大丘庸闇, 聞斯行諸. 敢陳管見以請明斷. 勅號文宣王. 授無位三嶋女王從五位下, 正六位下大縣連百枚女, 壬生公小廣, 安都宿禰豊嶋並授外從五位下.

八月壬寅朔, 日有蝕之. 癸卯, 出雲國嶋根郡人外從六位上神掃石公文麻呂, 意宇郡人外少初位上神人公人足, 同郡人神人公五百成等二十六人, 賜姓大神掃石朝臣. 己酉, 參河國獻白烏. 癸丑, 賜大學直講正七位上凡直黑鯛伊豫國稻一千束, 幷授其母從八位下. 賞勤學也. 庚申, 以外從五位下荒木臣忍國爲左兵庫助. 下總國言, 天平寶字二年, 本道問民苦使正六位下藤原朝臣淨弁等具注應掘防毛野川之狀申官, 聽許已訖. 其後已經七年, 得常陸國移曰, 今被官符, 方欲掘川, 尋其水道, 當決神社, 加以百姓宅所損不少. 是以具狀申官. 宜莫掘者, 此頻年洪水, 損決日益. 若不早掘防, 恐渠川崩埋, 一郡口分二千餘田, 長爲荒廢. 於是仰兩國掘. 自下總國結城郡小鹽鄉小嶋村, 達于常陸國新治郡川曲鄉受津村一千餘丈, 其兩國郡堺. 亦以舊川爲定. 不得隨水移改. 辛酉, 近江國淺井郡人從七位下桑原直新麻呂, 外大初位下桑原直訓志必登等賜姓桑原公.

九月甲戌, 大和守正五位上石川朝臣名足爲兼陸奧鎭守將軍. 辛巳, 勅, 今年七月八日, 得參河國碧海郡人長谷部文選所獻白烏. 又同月十一日, 得肥後國葦北郡人刑部廣瀨女, 日向國宮埼郡人大伴人益所獻白龜赤眼, 靑馬白髮尾, 並付所司. 令勘圖諜, 奏稱, 顧野王符瑞圖曰, 白烏者大陽之精也. 孝經援神契曰, 德至鳥獸, 則白烏下. 史記曰, 神龜者天下之寶也. 與物變化, 四時變色, 居而自匿, 伏而不食, 春蒼夏赤, 秋白冬黑. 熊氏瑞應圖曰, 王者不偏不黨, 尊用耆老, 不失故舊, 德澤流洽, 則靈龜出. 顧野王符瑞圖曰, 靑馬白髮尾者神馬也. 孝經援神契曰, 德協道行, 政至山陵, 則澤出神馬. 仍勘瑞式, 白烏是爲中瑞. 靈龜神馬並合大瑞. 朕以菲薄, 頻荷鴻貺, 思順先典式覃惠澤. 宜免肥後, 日向兩國今年之庸. 但瑞出郡者, 特免調庸. 大伴人益, 刑部廣瀨女, 並授從八位下, 賜絁各十疋, 綿二十屯, 貲布三十端, 正稅一千束. 長谷部文選授少初位上, 賜正稅五百束. 又父子之際, 因心天性. 恩賞所被事須同沐. 人益父村上者, 恕以緣黨. 宜放入京. 又先是勅, 如聞, 大宰府收觀世音墾田, 班給百姓, 事如有實, 深乖道理. 宜下所由硏其根源. 卽仰大宰, 搜求舊記, 至是日奉勅, 班給百姓見開田十二町四段捨入寺家, 園地三十六町六段, 依舊爲公地. 壬辰, 陸奧國言, 兵士之設機要是待, 對敵臨難, 不惜生命, 習戰奮勇, 必爭先鋒. 而比年, 諸國發入鎭兵, 路間逃亡. 又當國春運年粮料稻三十六萬餘束, 徒費官物, 彌致民困. 今檢舊例, 前守從三位百濟王敬福之時, 停止他國鎭兵, 點加當國兵士. 望請, 依此舊例點加兵士四千人, 以停他國鎭兵二千五百人. 又此地祁寒, 積雪難消, 僅入初夏, 運調上道, 梯山帆海, 艱辛備至, 季秋之月. 乃還本鄕. 妨民之産, 莫過於此. 望請, 所輸調庸, 收置於國, 十年一度, 進納京庫. 許之. 乙未, 左京人正七位上御使連淸足, 御使連淸成, 御使連田公等十八人賜姓朝臣. 戊戌, 正六位上田部直息麻呂, 正八位上栗前連廣耳並授外從五位下. 但廣耳以貢獻也.

冬十月乙巳, 授正六位上土師宿禰眞月外從五位下. 戊申, 授正五位上藤原朝臣雄田麻呂從四位下, 女孺無位文室眞人布登吉從五位下. 癸丑, 授正四位上吉備朝臣由利從三位, 從五位下平群朝臣眞繼從五位上, 無位藤原朝臣淨子從五位下. 乙卯, 從四位下佐伯宿禰伊多智, 坂上大忌寸苅田麻呂並授從四位上, 從三位藤原朝臣百能正三位, 正四位下藤原朝臣家子正四位上, 從四位上大野朝臣仲智正四位下, 從五位下久米連若女從五位上, 無位多治比眞人古奈彌從五位下. 庚申, 幸長谷寺, 捨田八町. 授從五位下高賀茂朝臣諸雄從五位上, 從五位上桑田朝臣弟虫賣正五位下. 壬戌, 車駕還宮. 授外從五位上上連五百公〈本名五十公十月〉從五位下. 癸亥, 授從五位下大神朝臣東公從五位上, 從六位下朝妻造綿賣從五位下. 甲子, 充石上神封五十戶, 能登國氣多神二十戶, 田二町. 賜左右大臣大宰綿各二萬屯, 大納言諱, 弓削御淨朝臣淸人各一萬屯, 從二位文室眞人淨三六千屯, 中務卿從三位文室眞人大市, 式部卿從三位石上朝臣宅嗣四千屯, 正四位下伊福部女王一千屯. 爲買新羅交關物也. 丁卯, 授從六位上昆解宮成外從五位下. 庚午, 賜二品井上內親王大宰綿一萬屯. 大尼法戒准從三位賜封戶, 大尼法均准從四位下.

十一月壬申, 美作掾正六位上恩智神主廣人獻白鼠. 癸未, 從四位下藤原朝臣楓麻呂爲右大辨, 外從五位下石上朝臣家成爲勅旨少輔, 從五位下紀朝臣門守爲大丞, 從四位下藤原朝臣雄田麻呂爲中務大輔, 左中弁內匠頭武藏守如故. 從五位下石川朝臣眞守爲少輔, 從四位上藤原朝臣是公爲侍從兼內藏頭, 從三位石川朝臣豊成爲宮內卿, 兵部卿從三位藤原朝臣宿奈麻呂爲兼造法華寺長官, 從四位下藤原朝臣繼繩爲外衛大將, 正五位上石上朝臣息繼爲左衛士督, 河內守如故. 從五位下上毛野朝臣馬長爲員外佐, 從四位下阿倍朝臣息道爲左兵衛督, 從五位下坂上王爲左馬頭, 從五位下紀朝臣廣庭爲河內介, 從五位上佐伯宿禰助爲山背守, 從五位上息長丹生眞人大國爲美作員外介, 外從五位下飛鳥戶造小東人爲長門介, 大納言衛門督正三位弓削御淨朝臣淸人爲兼大宰帥, 從四位上藤原朝臣田麻呂爲大貳. 是日, 被任官者, 多不會庭, 省掌代之稱唯. 於是詔式部兵部省掌, 始賜把笏. 戊子, 以從五位上日置造蓑麻呂爲丹波守. 土左國土左郡人神依田公名代等四十一人賜姓賀茂. 壬辰, 設新嘗豊樂於西宮前殿, 賜五位已上祿各有差. 丙申, 從五位上賀茂朝臣諸雄, 從五位下賀茂朝臣田守, 從五位下賀茂朝臣萱草賜姓高賀茂朝臣. 戊戌, 授正五位上下毛野朝臣稻麻呂從四位下. 己亥, 從四位下國中連公麻呂爲但馬員外介. 是日, 以正三位弓削御淨朝臣淸人爲檢校兵庫將軍, 從四位下藤原朝臣雄田麻呂爲副將軍, 從五位下紀朝臣船守, 從五位下池田朝臣眞枚並爲軍監, 六位軍監二人, 軍曹四人.

十二月甲辰, 先是山階寺僧基眞, 心性無常, 好學左道. 詐呪縛其童子, 教說人之陰事. 至乃作毘沙門天像, 密置數粒珠子於其前, 稱爲現佛舍利. 道鏡仍欲眩耀時人, 以爲己瑞. 乃諷天皇, 赦天下, 賜人爵. 基眞賜姓物部淨志朝臣, 拜法參議, 隨身兵八人. 基眞所作怒者, 雖卿大夫, 不顧皇法, 道路畏之, 避如逃虎. 至是, 凌突其師主法臣圓興, 擯飛驒國. 癸丑, 從四位上內藏頭侍從藤原朝臣是公爲兼下總守. 丙辰, 勅, 陸奧國管內及他國百姓, 樂住伊治桃生者. 宜任情願, 隨到安置, 依法給復. 壬戌, 授外從七位上桑氏連鷹養外從五位上, 以獻物也. 甲子, 尾張國山田郡人從六位下小治田連藥等八人賜姓尾張宿禰. 乙丑, 授美作國人外正八位上財田直常人外從五位下, 以貢獻也.

◯ **三年**春正月庚午朔, 廢朝. 雨也. 辛未, 御大極殿受朝. 文武百官及陸奥蝦夷, 各依儀拜賀. 是日, 勳六, 身有七位而帶職事者, 始著當階之色. 列於六位之上, 六位諸王着纁者次之. 壬申, 法王道鏡居西宮前殿, 大臣已下賀拜. 道鏡自告壽詞. 丙子, 御法王宮. 宴於五位已上, 道鏡與五位已上摺衣人一領, 蝦夷緋袍人一領, 賜左右大臣綿各一千屯. 大納言已下亦各有差. 丁丑, 御東內始行吉祥悔過. 丙戌, 御東院賜宴於侍臣. 饗文武百官主典已上, 陸奥蝦夷於朝堂. 賜蝦夷爵及物各有差. 戊戌, 授無位牟都岐王從五位下. 己亥, 陸奥國言, 他國鎭兵, 今見在戍者三千餘人. 就中二千五百人, 被官符, 解却已訖. 其所遺五百餘人. 伏乞暫留鎭所, 以守諸塞. 又被天平寶字三年符, 差浮浪一千人, 以配桃生柵戶. 本是情抱規避, 萍漂蓬轉, 將至城下, 復逃亡. 如國司所見者, 募比國三丁已上戶二百烟安置城郭, 永爲邊戍. 其安堵以後, 稍省鎭兵. 官議奏曰, 夫懷土重遷, 俗人常情, 今徙無罪之民, 配邊城之戍, 則物情不穩. 逃亡無已. 若有進趨之人, 自願就二城之沃壤, 求三農之利益. 伏乞, 不論當國他國, 任便安置, 法外給復令人樂遷以爲邊守. 奏可.

二月壬寅, 幸左大臣第授從一位, 其男從五位上家依, 從五位下雄依. 其室正四位下大野朝臣仲智並賜一階. 甲辰, 以從五位上道嶋宿禰三山爲陸奥員外介. 庚戌, 授從五位下小垂水女王正五位下. 甲寅, 從四位下勳四等竹宿禰乙女卒. 乙卯, 奉神服於天下諸社. 以大炊頭從五位下掃守王, 左中弁從四位下藤原朝臣雄田麻呂, 爲伊勢太神宮使. 每社男神服一具, 女神服一具. 其太神宮及月次社者, 加之以馬形并鞍. 丙辰, 勅, 陸奥國桃生, 伊治二城, 營造已畢. 厥土沃壤, 其毛豐饒. 宜令坂東八國, 各募部下百姓, 如有情好農桑就彼地利者, 則任願移徙, 隨便安置, 法外優復, 令民樂遷. 辛酉, 伊勢國飯高郡人正八位上飯高公家繼等三人, 左京人正六位上神麻續連足麻呂, 子老, 右京人神麻續連廣目等二十六人, 攝津國嶋上郡人正六位上三嶋縣主廣調等並賜姓宿禰. 癸亥, 幸右大臣第, 授正二位. 乙丑, 外從五位下林連佐比物, 廣山, 正六位上日下部連意卑麻呂並賜姓宿禰. 授從五位上吉備朝臣泉正五位下. 丙寅, 授正六位上平群朝臣家麻呂從五位下.

三月戊寅, 授正六位上高市連豊足外從五位下. 以從五位下大伴宿禰形見爲左大舍人助, 從五位下大伴宿禰淸麻呂爲主稅頭, 外從五位上秦忌寸智麻呂爲助, 從五位上船井王爲刑部大輔, 從五位下石川朝臣望足爲右京亮, 左中弁從四位下藤原朝臣雄田丸爲兼內豎大輔, 右中弁從五位上阿倍朝臣淸成爲兼田原鑄錢長官, 左大弁從四位下佐伯宿禰今毛人爲兼因幡守, 從五位下中臣朝臣子老爲美作介, 近衛將監從五位下紀朝臣船守爲兼紀伊介, 外從五位下高市連豊足爲大宰員外大典, 從五位上阿倍朝臣三縣爲筑前守. 辛巳, 陸奥國白河郡人外正七位上丈部子老, 賀美郡人丈部國益, 標葉郡人正六位上丈部賀例努等十人, 賜姓阿倍陸奥臣, 安積郡人外從七位下丈部直繼足阿倍安積臣, 信夫郡人外正六位上丈部大庭等阿倍信夫臣, 柴田郡人外正六位上丈部嶋足安倍柴田臣, 會津郡人外正八位下丈部庭虫等二人阿倍會津臣, 磐城郡人外正六位上丈部山際於保磐城臣, 牡鹿郡人外正八位下春日部奥麻呂等三人武射臣, 曰理郡人外從七位上宗何部池守等三人湯坐曰理連, 白河郡人外正七位下靭大伴部繼人, 黑川郡人外從六位下靭大伴部弟虫等八人, 靭大伴連, 行方郡人外正六位下大伴部三田等四人大伴行方連, 苅田郡人外正六位上大伴部人足大伴苅田臣, 柴田郡人外從八位下大伴部福麻呂大伴柴田臣, 磐瀬郡人外正六位上吉彌侯部人上磐瀬朝臣, 宇多郡人外正六位下吉彌侯部文知上毛野陸奥公, 名取郡人外正七位下吉彌侯部老人, 賀美郡人外正七位下吉彌侯部大成等九人上毛野名取朝臣, 信夫郡人外從八位下吉彌侯部足山守等七人上毛野鍬山公, 新田郡人外大初位上吉彌侯部豊庭上毛野中村公, 信夫郡人外少初位上吉彌侯部廣國下毛野靜戶公, 玉造郡人外正七位上吉彌侯部念丸等七人下毛野俯見公, 並是大國造道嶋宿禰嶋足之所請也. 丁亥, 下總國飢, 賑給之. 己丑, 志摩國飢, 賑給之. 乙未, 始每年運大宰府綿二十萬屯, 以輸京庫. 丙申, 勅, 緣有所思, 大赦天下. 神護景雲三年三月二十八日昧爽以前雜犯大辟罪以下, 罪無輕重, 已發覺, 未發覺, 已結正, 未結正, 繫囚見徒, 及强竊二盜, 咸赦除之, 其八虐, 私鑄錢, 常赦所不免者, 不在赦限. 以從五位上榎井朝臣子祖爲山背守.

夏四月壬寅, 伊豫國溫泉郡人正八位上味酒部稻依等三人賜姓平群味酒臣. 癸卯, 散事從四位下牟漏采女熊野直廣濱卒. 甲辰, 陸奥國行方郡人外正七位下下毛野公田主等四人賜姓朝臣. 乙巳, 大和國添上郡人正八位下横度春山賜姓櫻嶋連. 辛酉, 幸西大寺. 授從四位下佐伯宿禰今毛人從四位上, 正五位上大伴宿禰伯麻呂從四位下, 從五位上息長丹生眞人大國正五位下, 從五位下弓削宿禰大成, 粟田朝臣公足, 益田連繩手並從五位上, 正六位上大野我孫麻呂外從五位下. 甲子, 上野國邑樂郡人外大初位上小長谷部宇麻呂, 甘樂郡人竹田部荒當, 絲井部袁胡等十五人, 賜姓大伴部.

五月乙亥, 左京大夫從四位下勳四等小野朝臣竹良卒. 丙子, 以從五位下橘宿禰綿裳爲少納言, 從四位下大伴宿禰伯麻呂爲員外左中弁, 造西大寺次官如故. 外從五位下內藏忌寸若人爲造伎樂長官, 從五位下石川朝臣淸麻呂爲讚岐介. 庚辰, 大和國葛上郡人正六位上賀茂朝臣淸濱賜姓高賀茂朝臣. 癸未, 伊勢國員弁郡人猪名部文麻呂獻白鳩, 賜爵二級, 當國稻五百束. 乙酉, 賜左右大臣稻各一十萬束. 己丑, 攝津國豊嶋郡人正七位上井手小足等十五人賜姓秦井手忌寸, 西成郡人外從八位下秦神嶋, 正六位上秦人廣立等九人秦忌寸. 壬辰, 詔曰, 不破內親王者, 先朝有勅, 削親王名. 而積惡不止, 重爲不敬, 論其所犯, 罪合八虐. 但緣有所思, 特宥其罪. 仍賜廚眞人廚女姓名, 莫令在京中. 又氷上志計志麻呂者, 弃其父鹽燒之日, 俱應相從. 而依母不坐, 今亦其母惡行彌彰. 是以處遠流, 配土左國. 甲午, 以外從五位下佐太忌寸味村爲左平準令. 左京人正六位上倭畫師種麻呂等十八人賜姓大岡忌寸. 乙未, 從五位下吉備藤野和氣眞人淸麻呂等賜姓輔治能眞人, 外從八位上吉備藤野宿禰子麻呂, 從八位下吉備藤野宿禰牛養等十二人輔治能宿禰, 近衛無位吉備石成別宿禰國守等九人石成宿禰. 丙申, 縣犬養姉女等坐巫蠱配流. 詔曰, 現神〈止〉大八洲國所知倭根子挂畏天皇大命〈乎〉親王王臣百官人等天下公民衆聞食〈止〉宣〈久〉. 犬部姉女〈乎波〉內〈都〉奴〈止〉爲〈弖〉冠位擧給〈比〉根可婆禰改給〈比〉治給〈伎〉. 然〈流〉物〈乎〉反〈天〉逆心〈乎〉抱藏〈弖〉己爲首〈弖〉忍坂女王石田女王等〈乎〉率〈弖〉挂畏先朝〈乃〉依過〈弖〉弃給〈弖之〉廚眞人廚女許〈爾〉竊往乍岐多奈〈久〉惡奴〈止母止〉相結〈弖〉謀〈家良久〉. 傾奉朝庭發國家〈弖〉岐良比給〈弖之〉氷上鹽燒〈我〉兒志計志麻呂〈乎〉天日嗣〈止〉爲〈牟止〉謀〈弖〉挂畏天皇大御髮〈乎〉盜給〈波利弖〉岐多奈〈伎〉佐保川〈乃〉髑髏〈爾〉入〈弖〉大宮內〈爾〉持參入來〈弖〉厭魅爲〈流己止〉三度〈世利〉. 然〈母〉盧舍那如來最勝王經觀世音菩薩護法善神梵王帝釋四大天王〈乃〉不可思議威神力挂畏開闢已來御宇天皇御靈天地〈乃〉神〈多知乃〉護助奉〈都流〉力〈爾〉依〈弖〉其等〈我〉穢〈久〉謀〈弖〉爲〈留〉厭魅事皆悉發覺〈奴〉. 是以檢法〈爾〉皆當死刑罪, 由此〈弖〉理〈波〉法〈末爾末爾〉岐良〈比〉給〈倍久〉在〈利〉. 〈止毛〉慈賜〈止〉爲〈弖〉一等降〈弖〉其等〈我〉根可婆禰替〈弖〉遠流罪〈爾〉治賜〈布止〉宣〈布〉天皇大命〈乎〉衆聞食〈止〉宣.

六月丁酉朔, 以從五位下礒部王, 復爲大監物. 戊戌, 右京人正八位下白鳥村主馬人, 白鳥椋人廣等二十三人賜姓白原連. 癸卯, 攝津國菟原郡人正八位下倉人水守等十八人賜姓大和連, 播磨國明石郡人外從八位下海直溝長等十九人大和赤石連. 甲辰, 授正六位上淸湍連雷外從五位下. 乙巳, 以園池正從五位下安倍朝臣草麻呂爲兼內藏助, 正五位上大伴宿禰益立爲式部大輔, 從五位下相摸宿禰伊波爲玄蕃助, 正五位下吉備朝臣泉爲左衛士督, 大學員外助如故, 從五位下弓削御淨朝臣廣方爲右兵衛佐, 武藏介如故. 從五位下牟都支王爲左馬頭, 外從五位下伊勢朝臣子老爲伊賀守, 外從五位下葛井連河守爲遠江介, 外從五位下武藏宿禰不破麻呂爲上總員外介, 縫殿頭從五位下桑原王爲兼下總員外介, 正五位上石上朝臣息嗣爲美濃守, 少納言從五位下當麻王爲兼下野介, 從五位下石川朝臣人麻呂爲能登守, 從五位下弓削宿禰薩摩爲員外介, 從五位上布勢朝臣人主爲出雲守, 左少弁從五位下弓削御淨朝臣秋麻呂爲兼周防守, 從五位上高圓朝臣廣世爲伊豫守, 外從五位下田部直息麻呂爲壹伎嶋守. 丁未, 浮宕百姓二千五百餘人置陸奧國伊治村. 乙卯, 詔曰, 神語有言大中臣. 而中臣朝臣淸麻呂, 兩度任神祇官, 供奉無失. 是以賜姓大中臣朝臣. 庚申, 以大外記從五位下池原公禾守, 左大史外從五位下堅部使主人主, 並爲修理次官. 壬戌, 備前國藤野郡人別部大原, 少初位上忍海部興志, 財部黑士, 邑久郡人別部比治, 御野郡人物部麻呂等六十四人賜姓石生別公, 藤野郡人母止理部奈波, 赤坂郡人外少初位上家部大水, 美作國勝田郡人從八位上家部國持等六人石野連. 癸亥, 美作, 備前兩國家部, 母等理部二氏人等, 盡頭賜姓石野連. 乙丑, 改備前國藤野郡爲和氣郡.

續日本紀卷第二十九

『속일본기』 권제30

〈神護景雲 3년(769) 7월부터 寶龜 원년(770) 9월까지〉

우대신 종2위 겸 行皇太子傅 中衛大將
신 藤原朝臣繼繩 등이 칙을 받들어 편찬하다.

高野天皇

○ 神護景雲 3년(769) 추7월 을해(10일), 廚眞人廚女[1]에게 봉호 40호, 전지 10정을 지급하였다. 처음으로 法王宮職의 인[2]을 사용하였다.

경진(15일), 사자를 보내 기내 5국의 風伯[3]에게 폐백을 올렸다.

임오(17일), 좌경인 阿刀造子老 등 5인에게 阿刀宿禰의 성을 내렸다.

정해(22일), 周防國의 50호를 (봉호로서) 사천왕사에 시입하였다.

8월 병신삭(1일), 일식이 있었다.

경자(5일), 외종5위하 武藏宿禰不破麻呂에게 종5위하를 내렸다.

신축(6일), 종8위하 茨田連稻床에게 외종5위하를 내렸다. (사재를) 바쳤기 때문이다.

갑진(9일), 尾張國의 海部, 中嶋 2군에 홍수가 나서 특히 가난한 자에게 사람마다 도곡 1두씩 지급하였다. 종5위하 皇甫東朝[4]에게 종5위상을 내렸다.

---

1) 不破內親王. 鹽燒王의 처. 神護景雲 3년(769) 5월 임진조에 內親王의 칭호가 삭제되고 廚眞人廚女의 성명으로 개칭되었다. 이때 지급된 封戶는 지방으로 추방된 그녀의 생활비용에 충당시킨 것이다.

2) 神護景雲 원년 3월에 설치된 法王宮職이 발급하는 문서에 法王宮의 직인을 날인한 것. 다만 寶龜 2년(772) 정월 임술조에 "自天平神護元年以來, 僧尼度緣, 一切用道鏡印印之"라고 하여 승니의 도첩에는 道鏡의 印이 사용되었다.

3) 風의 신. 「神祇令」4의 「義解」 주석에는 어지러운 바람이 불지 않고 곡식을 심어 여물게 하기 위해서라고 되어 있다. 거센 태풍을 피해 풍작을 이룰 수 있도록 기원하는 것이다. 風神祭는 孟夏, 孟秋인 4월과 7월의 4일에 행한다.

무신(13일), 遠江, 越前 2국의 각각 20호, 大和, 山背의 양국의 전지 각각 5정을 龍淵寺[5]에 시입하였다.

기유(14일), 下總國 猿嶋郡에 화재가 발생하여 곡물 6,400석이 불탔다.

계축(18일), 河內國 大縣郡 사람 종5위하 上村主五百公[6]에게 上連의 성을 내렸다.

갑인(19일), 종5위하 當麻眞人永繼를 左少弁으로 삼고, 종4위하 大伴宿禰伯麻呂를 員外右中弁으로 삼고, 造西大寺 차관은 종전대로 하였다. 종5위하 太朝臣犬養을 右少弁으로 삼고, 정5위하 小野朝臣小贄를 中務大輔로 삼고, 勅旨大丞 종5위하 健部朝臣人上에게 圖書助를 겸직시키고, 종5위하 山上朝臣船主를 陰陽助로 삼고 筑後掾은 종전대로 하고, 외종5위하 百濟公秋麻呂[7]를 (陰陽)允으로 삼았다. 외종5위하 雀部兄子를 內藥正으로 삼고, 외종5위하 淸湍連雷를 雅樂大允으로 삼고, 종5위하 阿倍朝臣意宇麻呂를 主船正으로 삼고, 정4위하 田中朝臣多太麻呂를 宮內大輔로 삼고, 종5위하 大伴宿禰不破麻呂를 彈正弼로 삼고, 大藏卿 종3위 藤原朝臣魚名에게 左京大夫를 겸직시키고, 종5위상 阿倍朝臣淸成을 造宮大輔로 삼고, 式部少輔 정5위하 藤原朝臣家依에게 大和守를 겸직시키고, 종5위하 多治比眞人長野를 (大和)介로 삼고, 종5위하 小野朝臣石根을 近江介로 삼고, 종5위상 弓削宿禰大成을 信濃員外介로 삼고, 정5위상 石川朝臣名足을 陸奧守로 삼고, 종5위하 輔治能眞人淸麻呂를 因幡員外介로 삼고, 외종5위하 田部禰足嶋를 淡路守로 삼고, 종5위상 袁晋卿[8]을 日向守로 삼았다.

병진(21일), 처음으로 大宰府에 綾師[9]를 두었다.

---

4) 天平 8년(736) 일본 견당사와 함께 온 唐人 3인 중 1인이다. 神護景雲 원년(767)에 雅樂員外助 겸 花苑司正에 임명되어 당의 음악을 전수하였다. 寶龜 원년(770) 12월에 越中介에 임명되었다.

5) 大安寺의 別院.

6) 여기에만 보이는 인물이다. 上村主는 백제계 씨족이다.

7) 권28, 神護景雲 원년(767) 8월 계사조 448쪽 각주 73) 참조.

8) 당나라 출신으로 天平 7년(735)에 견당사를 따라 일본으로 건너와서 귀화하였다. 후에 『文選』, 『爾雅』의 음을 배워 대학의 音博士가 되었다. 天平神護 2년(766) 법화사 舍利會에서 唐樂을 연주한 공로로 종5위하에 서위되었다. 동 3년에는 釋奠 의식에서 音博士로 참여하였고, 종5위상으로 승서되었다. 寶龜 5년(778)에는 玄蕃頭에 임명되었고, 동년 12월에는 淸村宿禰로 개성하였다. 延曆 4년(785)에는 安房守에 임명되었다.

9) 綾織 기술자. 和銅 4년 윤6월에 제국에 挑文師를 파견하여 綿, 綾의 직조기술을 전하고,

9월 정묘(3일), 처음으로 제국의 군단의 主帳에 임명된 자에게 위계 1급을 내렸다.

임신(8일), 尾張國에서 주언하기를, "이 국과 美濃國과의 경계에는 鵜沼川이 있다. 금년에 홍수가 나서 물길이 넘쳐 매일 葉栗, 中嶋, 海部 3군의 백성의 전지와 가옥을 침수시켜 피해를 주고 있다. 또 國府 및 國分 2사는 모두 하류에 있어 만약 세월이 지난다면, 반드시 유실되는 수해를 입는다. 바라건대, 解工使[10]를 보내 원래의 수로를 복구시켜야 한다"라고 하였다. (이 청원을) 허락하였다.

신사(17일), 河內國 志紀郡 사람 종7위하 岡田毘登稻城 등 4인에게 吉備臣의 성을 내렸다. 종4위하 藤原朝臣楓麻呂를 信濃守로 삼았다.

병술(22일), 좌경인 종8위하 河原毘登堅魚 등 10인, 河內國 사람 河原藏人人成 등 5인에게 함께 河原連의 성을 내렸다.

기축(25일), (천황이) 조를 내렸다(宣命體).

"천황의 어명으로 조를 내리기를, 무릇 신하라고 하는 것은, 군주를 따르고, 깨끗하고 곧고 밝은 마음으로 군주를 도와 수호하고, 마주 대할 때에는 무례한 표정을 짓지 않고, 뒤에서 비방하는 일이 없고, 도리에 어긋나고 아첨하는 일이 없이 봉사해야 하는 것이다. 그런데 종5위하 因幡國 員外介 輔治能眞人淸麻呂[11]는 그 누이 法均과 함께 심히 사악한 망언을 만들어 짐에 대해서 法均은 (허위)사실을 주상하였다. 그 모습을 보니, 안색과 표정이며, 입으로 내는 말이며 명확하게 자신이 만들어낸 말을 大神의 말로 위장하고 있는 것을 알았다. 추궁해 보니, 짐이 생각한 바와 같이 대신의 말이 아니라는 것을 단정할 수 있다. 그런 까닭에 국법에 따라서 퇴출한다고 내린 어명을 모두 들으라고 분부하였다.

동 5년 7월에는 綾, 綿의 輸納國을 정했다고 한다.

10) 수로의 개삭, 굴착, 축조 등 토목공사에 밝은 기술자.

11) 和氣淸麻呂. 天平寶字 8년(764)의 藤原仲麻呂의 난 때 孝謙上皇 측에 참가하여 이듬해 훈6등을 받고 藤野別眞人에서 吉備藤野和氣眞人으로 개성하였다. 右兵衛少尉를 거쳐 天平神護 2년(766)에 종5위하에 서위, 近衛將監으로 임명되고 봉호 50호를 받았다. 稱德天皇의 사망과 道鏡의 실각으로 복위되어 豊前守에 임명되었고, 그 후 攝津大夫, 中宮大夫, 造宮大夫를 역임하고 종3위까지 올랐다.

또 조를 내려, 이 일은 남이 말했기 때문이 아니고, 단지 그 말이 심히 도리에 맞지 않고 반대에 있기 때문이다. 표정도 무례하고 자신이 말하는 것을 받아들이라고 생각하고 있다. 이것은 하늘과 땅이 뒤집힌다고 해도 이보다 심한 것은 없다. 그러나 諸聖,[12] 천신지기의 신들이 나타나 (거짓임을) 깨닫게 한 것이다. 누가 감히 짐에게 (거짓을) 말하는가. 또한 사람이 말하지 않아도 마음속에 악하고 불결하고 탁함이 있는 사람은 반드시 천지가 보여주는 그런 까닭에 사람은 자신의 마음을 밝고 깨끗하고 곧게 하여, 삼가 봉사하라고 하신 어명을 모두 들으라고 고하였다.

또 이 일을 알고 淸麻呂 등과 모의한 사람이 있다는 것을 알지만, 군주는 자애로서 천하의 정치를 행하기 때문에 자애와 연민을 베풀어 용서하도록 한다. 그렇지만 이러한 행위를 거듭한 사람은 법에 따라 처분하도록 한다. 이러한 사정을 깨닫고 청마려 등과 마음을 같이하여 한두 가지의 일을 공모한 사람은 마음을 고쳐 밝게 곧은 마음으로 봉사하라고 한 말씀을 모두 들으라고 하였다. 또 청마려 등은 봉시하는 자라고 생각하여 성을 내리고 베풀었다. 지금은 부정한 자로서 퇴출해야 하기 때문에, (앞서) 내린 성을 취소하여 別部로 하고, 그 이름을 穢麻呂로 하고, 法均의 이름도 (환속시켜) 廣虫賣로 바꾸어 내린다고 한 어명을 모두 들으라고 고하였다. 또 明基는 廣虫賣와 몸은 둘이지만 마음은 하나임을 알기 때문에 그 이름을 들어 같이 퇴출한다고 하신 어명을 모두 들으라고 분부하였다".

처음에 대재부의 主神[13]인 習宜阿曾麻呂는 道鏡의 마음에 들기 위해 아첨하였다. 이에 八幡神의 교시라고 속여 말하기를, 도경이 황위에 오르면 천하가 태평할 것이라고 하였다. 도경은 이 말을 듣고 매우 기뻐하며 자만하였다. 천황은 淸麻呂를 옥좌 가까이 불러 칙을 내려, "어제 밤 꿈에 팔번신의 사자가 와서, '大神은 (천황에게) 주상할 일이 있어 비구니 法均을 보내고자 한다'고 하였다. 그대 청마려는 대신 가서 저 신의 말씀을 듣고 오도록 하라"고 하였다. (淸麻呂가) 출발에 임하자, 도경은 청마려에게 말하기를, "大神이

12) 佛菩薩과 諸天.

13) 「職員令」69 「大宰府」조에, "大宰府〈帶筑前國〉 主神一人.〈掌, 諸祭祠事.〉"이라고 하여 主神은 대재부에서 제사를 주재하였다.

사자(의 파견)를 청한 것은 아마도 나의 즉위의 일을 고하기 위한 것이다. 이런 까닭에 관작을 중히 내릴 것이라고 하였다. 청마려는 출발하여 (宇佐八幡)神宮에 나아가 大神은 "우리나라의 개벽 이래 군신은 정해져 있다. 신이 군주가 되는 일은 아직 없었다. 황위는 반드시 황통의 사람을 세우고, 무도한 사람은 조속히 제거한다"라고 신의 뜻을 알렸다. 청마려는 (왕경에) 와서 신의 교시를 그대로 주상하였다. 이에 도경은 대노하여 청마려의 본관을 해직하고 因幡員外介로 좌천시켰다. 아직 임지에 출발하지도 않았는데 계속해서 조를 내려 제명[14]하고 大隅로 유배보냈다. 그 누이 法均은 환속시켜 備後로 유배보냈다.

동10월 을미삭(1일), (천황이) 조를 내렸다(宣命體).

"천황의 어명으로 조를 내리기를, 말조차 꺼내기 황송한 新城[15]의 대궁에서 천하를 통치하신 中天皇[元正]이 신들을 불러 遺詔로 말씀하기를, '그대들을 부른 것은, 조정에 봉사하는 상황을 가르치려고 한 것이다. 마음을 평온하게 하여 모두 듣도록 한다. 곧고 밝고 깨끗한 마음으로 짐의 자식인 천황[16]에게 봉사하고 수호하여 돕도록 한다. 다음에 이 태자[17]를 돕고 봉사한다. 짐의 가르침에 따르지 않으면 왕들은 자신이 얻을 수 없는 帝의 존엄한 보위를 바라고 구하기 위해 남을 유혹하여 악하고 부정한 마음으로 배반하여 음모를 꾸미고, 신하들은 자신의 생각에 빠져 여기에 붙기도 하고 혹은 저기에 의지하여 고집스럽게 무례한 마음을 품고 사악한 음모를 꾸미기도 한다. 이와 같은 사람들을 짐은 (죽어서도) 반드시 하늘을 날아 바라보고 물리쳐 제거할 것이다. (그들은) 천지가 주는 행복도 받지 못할 것이다. 이러한 상황을 알고 밝고 깨끗한 마음으로 봉사하는 사람에게는 짐은 자애와 연민으로 베풀 것이다. 또 하늘이 내려준 복도 받고 영구히 가문이 끊이지 않고 봉사하며 번영할 것이다. 이를 알고 삼가 깨끗한 마음으로 봉사하라고 불렀다'고 하신 말씀을 모두 들으라고 분부하였다.

14) 위계, 훈위를 모두 박탈당하고 과역도 본래대로 부담하는 신분이 됨.
15) 平城京.
16) 聖武天皇. 실제로는 元正의 조카이다.
17) 阿倍內親王. 후의 稱德天皇.

또 조를 내려, 말조차 꺼내기 황송한 짐의 天의 帝皇[18]의 어명으로서 말씀하기를, '짐[聖武]에게 봉사하는 신하들로서 짐을 군주라고 생각하는 사람은 대황후[19]를 잘 모셔야 한다. 짐을 생각하는 것과 같이 (섬기고), 달리 생각해서는 안 된다. 다음으로는 짐의 자식, 태자에게 밝고 깨끗한 마음으로, 두 마음 없이 봉사한다. 짐의 자식이 둘이라는 것은 없다. 오직 이 태자 1인만이 짐의 자식이다. 이 마음을 알고 모두 수호하여 돕고 봉사하라'고 하였다. 그렇지만 '짐은 몸이 피로해진 상태이기 때문에 태자에게 황위를 물려주고자 한다'라고 말씀하고, 짐에게 (聖武天皇이) 말씀하기를, '천하의 정치는 자애로서 다스려라. 또 위로는 불법을 흥륭시켜 출가자를 우대하고 다음으로는 여러 천신지기의 신들에게 제사를 끊이질 않고, 밑으로는 천하의 백성들에게 위무하고 베풀어야 한다'라고 분부하였다.

또 말씀하기를, '이 제위라는 것은, 하늘이 주려고 하지 않는 사람에게는 준다고 해도 유지할 수는 없다. 또 오히려 멸하게 되는 것이다. 짐이 세운 사림이라도 너의 마음에 좋지 않은 사람임을 알고, 눈으로 본 사람을 바꾸어 세우는 것은 생각한 대로 하라'고 하였다.

또 말씀하기를, '짐이 東人[20]에게 太刀를 주어 봉사하게 한 것은, 너의 신병을 보위하고 지키려고 생각하기 때문이다. 이 東人들은 항상 '이마에 적의 화살이 맞아도 등에는 화살을 맞지 않는다'라고 했듯이 군주와 일심으로 호위하는 사람들이다. 이 마음을 알고 (그들을) 봉사시키도록 하라고 하신 말씀을 (짐은) 잊지 않는다. 이러한 사정을 깨닫고 東國의 사람들을 삼가 봉사하도록 한다. 그런데 말하기조차 황송한 2인[21]의 천황의 말씀을 짐은 받들어 주야로 마음에 두고 있으나, 이유도 없이 사람들에게 알리지 못했다. 이 기회에 여러 사람들에게 알리기 위해 부른 것이다. 그런 까닭에 지금 짐이 그대들에게 교시하는 어명을 모두 들으라고 분부하였다.

무릇 군주의 위는 원하고 구한다고 해도 얻는 일은 매우 어렵다는 것은

---

18) 聖武天皇.

19) 光明皇后.

20) 聖武天皇이 황태자 阿倍內親王[孝謙天皇]의 신변 경호를 위해 설치한 授刀舍人. 東人은 東國의 사람을 가리키며, 이 지역 출신자들이 중심이 된 것으로 보인다.

21) 元正天皇과 聖武天皇.

모두 알고 있지만, 앞서 (위를 얻으려고 한) 사람들은 모의가 졸렬하였다. 자신은 잘 모의했기 때문에 반드시 성공한다고 하는 생각으로 여러 소원을 빌기도 하지만, 역시 諸聖, 천신지기의 신들, 천황의 어령이 허락하지 않고 주지 않기 때문에 자연히 사람들이 말하여 보이게 되고, 자신도 발설하여 도리어 몸을 망쳐 재앙을 입게 되어, 끝내 자신도 (자신이 유혹한) 타인도 죄에 빠지게 된다. 이로 인해 천지를 탓하고 군신을 원망하게 된다. 그러나 역시 마음을 고쳐 깨끗하게 한다면, 천지도 미워하지 않고 군주도 버리지 않고 복을 받아 몸도 안전해질 것이다. 살아서는 관위를 받아 영광을 누리고, 죽어서는 좋은 이름을 후세에까지 전하게 될 것이다. 이런 까닭에 현인이 말하기를, '몸은 재와 함께 땅에 묻혀도, 이름은 연기와 함께 하늘로 올라간다' 라고 하였다.

또 말씀하기를, '잘못을 알면 반드시 고치고, 좋은 것을 얻으면 잊지 말라[22]' 고 하였다. 그런데 입으로는 자신이 깨끗하다고 하면서, 마음이 부정하면 하늘은 감싸주지 않고 땅은 받쳐주지 않는다. 이 가르침을 유지하면 영예를 얻고, 버리면 비난을 받게 된다. 짐이 귀히 존숭하고 독송하는 『最勝王經』의 「王法正論品」에서 언급하고 있는 것은, '만약 선악의 업을 이루었다면, 현재에 있어서 諸天의 신들이 호위하고 있고, 그 선악의 응보를 나타낼 것이다. 국인들이 악업을 쌓았다면 王者가 금하고 규제하지 않으면 이것은 바른 도리가 아니다. 악을 다스리는 데에는 바로 법과 같이 정해야 한다'라고 말하고 있다. 이런 까닭에 그대들을 가르치고 인도하는 것이다. 지금의 세상에서는 세간의 영예와 행복을 얻고 올바르고 청정한 이름을 보이고, 후세에는 인간계, 천상계에서 크나큰 기쁨을 얻어 마침내 부처가 될 수 있다고 생각하여, 모두 이 일을 가르친다고 한 말씀을 모두 들으라고 하였다.

또 말씀하기를, '이 하사하는 띠를 받아 그대들의 마음을 바로잡고, 짐의 가르침에 어긋남이 없이 바르게 다스리는 표시로서 이 띠를 내린다[23]'고,

---

22) 千字文에 "知過必改, 得能莫忘"이라고 나온다.

23) 帶는 허리띠. 의복이 흐트러지지 않도록 반드시 조여매듯이 정치에도 불순한 생각없이 반듯하게 군주를 섬기고 봉사하라는 의미일 것이다.

한 말씀을 모두 들으라고 분부하였다".

이 띠는 모두 자색의 비단으로 길이는 모두 8척이고, 그 양단은 금가루로 쓴 '恕'[24]자가 새겨져 있다. 이것은 5위 이상에게만 내린다. 재기 및 (사재를) 바쳐 서위받은 자는 지급 대상에 포함되지 않는다. 다만 藤原氏에게는 성인이 되지 않았어도 모두 이를 지급하도록 하였다.

갑진(10일), 종5위상 奈癸王을 正親正[25]으로 삼았다. 대재부에서 언상하기를, "이 府는 사람과 물자가 많고 번화하여 천하 제일의 도시이다. 청년들은 배우려고 하는 자가 많은데, 府庫[26]에는 오경이 있을 뿐이고, 3史[27]의 정본이 없고, 배우고자 하는 사람도 널리 배울 길이 없다. 삼가 바라건대, 역대의 역사를 각각 1부씩 지급하여 관내에서 전습시켜 학업을 융성시키고자 한다" 라고 하였다. 이에 조를 내려 사기, 한서, 후한서, 삼국지, 진서 각 1부씩 지급하였다. 讃岐國 香川郡 사람 秦勝倉下 등 52인에게 秦原公의 성을 내렸다.

기유(15일), 천황이 飽浪宮으로 순행하였다.

신해(17일), 나아가 由義宮[28]으로 순행하였다.

계축(19일), 종4위하 藤原朝臣雄田麻呂를 河內守로 삼았다. 左中弁 右兵衛督 內匠頭는 종전대로 하였다.

을묘(21일), 龍華寺의 서쪽 하천[29] 위에 임시 시장을 개설하고, 河內國의 상인들을 불러서 여기에 두었다. 수행한 5위 이상은 개인이 좋아하는 물품을 그곳에서 거래하였다. 천황이 이 장소에 임하여 유람하였다. 難波宮의 목면 2만둔, 소금 30석을 龍華寺에 시입하였다.

---

24) '恕'의 의미는 남을 너그럽게 이해하고, 자신을 반듯하게 수양하여 잘못이 없도록 하라는 말이다. 이는 군주에 대한 신하의 도리를 충실히 하라는 메시지이고 몸과 마음에 각인시키려는 정치적 표징이다.

25) 正親正은 正親司의 장관. 宮內省에 속하며 천황의 2세 이하 4세 이상 친족의 명적을 관리하고, 季祿과 時服에 관한 일을 담당하였다.

26) 大宰府의 調, 庸의 물자, 서적 등이 보관되어 있는 창고.

27) 史記, 漢書, 後漢書.

28) 稱德天皇 때 河內國 若江郡에 조영된 離宮으로 平城京 서쪽의 都라는 의미로 西京으로 불렸다. 칭덕천황이 총애한 道鏡의 출신지인 若江郡을 중심으로 여러 곳에 이궁을 두었는데, 神護景雲 3년(769)의 和氣淸麻呂의 宇佐八幡宮 신탁사건 직후 離宮을 세워 由義宮이라 하였다.

29) 옛 大和川.

신유(27일), 수행한 仕丁, 仕女 이상 및 僧都 이하에게 면을 각각 차등있게 지급하였다.

임술(28일), 무위 上村主刀自女에게 종5위하를 내렸다. 당시 나이는 99세였다. 고령자를 우대한 것이다.

계해(29일), 大和國造 정4위하 大和宿禰長岡이 죽었다. 刑部少輔 종5위상 五百足의 아들이다. 젊어서부터 법률학을 좋아하고 또한 문장을 잘 구사하였다. 靈龜 2년(716) 請益生[30]으로 당에 건너가 많은 의문시되던 많은 것을 이해하였다. 당시 법령을 논하고자 하는 자는 長岡에게 가서 가르침을 받았다. 天平勝寶 연중에 忌寸의 성을 고쳐서 宿禰를 내렸다. 天平寶字 초년에 정5위하 民部大輔 겸 坤宮大忠[31]에 임명되었다. 동 4년 河內守로 전임하였다. 행정에 자애심을 베푸는 일이 없었고, 부하 관리, 백성도 힘들어 하였다. 그 후 종4위하를 받았고, 산위가 되어 사저로 돌아갔다. 동 8년 右京大夫에 임명되었으나 고령을 이유로 관직을 사퇴하였다. 神護景雲 2년(768) 신년하례의 연회에서 부름을 받아 특별히 전상에 배석하였다. 때에 머리카락이 쉬지 않았고, 동작의 작법도 다름이 없었다. 천황이 "경은 몇 살인가"라고 물었다. 長岡은 좌석에서 물러나 "금일 바로 80세가 되었다"라고 하였다. 천황은 오랜만에 감탄하고 직접 位記를 작성하여 정4위하를 내렸다. 이날, 智識寺에 배속된 今良[32] 2인과 사천왕사 노비 12인에게 각각 관위 3급을 내렸다.

갑자(30일), 조를 내려, 由義宮[33]을 西京으로 삼고, 河內國을 河內職[34]으로 삼았다. 70세 이상 고령에게 물품을 지급하고, 하내국의 금년도 調를 면제하고, 大縣, 若江 2군의 전조, 安宿, 志紀 2군의 전조의 반을 면제하였다. 또 하내국에서 사형죄 이하는 모두 사면하였다. 또한 弓削御淨朝臣淸人[35] 등과

---

30) 의심스러운 부분을 해결하기 위해 단기간 입당하여 배우는 학생.

31) 紫微中台의 3등관. 光明皇太后의 家政機關이었지만, 실제는 藤原仲麻呂의 휘하에 있던 정치, 군사기관. 후에 坤宮官으로 개칭하였다.

32) 천민에서 양민이 된 자. 主殿寮에 속하고 皇居 청소 등의 잡사에 종사하였다.

33) 稱德天皇이 이 지역 출신 道鏡을 총애하여 평성경의 이궁으로 설치하였다. 범위는 道鏡의 고향인 若江郡을 중심으로 高安郡, 大縣郡에 걸쳐 있다. 神護景雲 3년(769)에서 寶龜 원년(770)까지 존속하였다.

34) 西京의 설치와 함께 左右京職, 難波宮의 攝津職을 모방하여 河內國에 河內職을 설치하였다. 稱德天皇 사망과 道鏡의 실각 후인 寶龜 원년 8월 河內國으로 복귀하였다.

(순행에) 봉사한 국사, 군사, 軍毅[36]에게 관위 1계를 내렸다. 정3위 弓削御淨朝臣淸人에게 종2위를, 종4위하 藤原朝臣雄田麻呂에게 종4위하를, 종5위상 弓削御淨朝臣廣方·葛井連道依에게 함께 정5위하를, 종5위하 紀朝臣廣庭·弓削御淨朝臣秋麻呂·弓削御淨朝臣塩麻呂에게 함께 종5위상을, 무위 弓削御淨朝臣廣津에게 종5위하를, 무위 山口忌寸沙彌麻呂에게 본위 종5위하를 복위시키고, 정6위상 河內連三立麻呂·六人部連廣道·井上忌寸蜂麻呂·高安忌寸伊可麻呂에게 함께 외종5위하를, 종5위상 弓削御淨朝臣美努久賣·乙美努久賣에게 함께 정5위하를, 무위 藤原朝臣諸姉·弓削宿禰東女에게 함께 종5위하를, 정6위상 伊福部宿禰紫女에게 외종5위하를 내렸다. 종4위상 藤原朝臣雄田麻呂를 河內大夫로 삼고 본관은 종전대로 하였고, 종5위상 紀朝臣廣庭을 (河內)亮으로 삼고, 法王宮大進 외종5위하 河內連三立麻呂에게 (河內)大進을 겸직시키고, 외종5위하 高安忌寸伊賀麻呂를 (河內)少進으로 삼았다.

11월 병인(2일), 외종5위하 美努連智麻呂를 文章博士로 삼고, 외종5위하 鳥取連大分을 美濃大掾으로 삼았다.

계유(9일), 천황이 환궁하였다. 大和國守 정5위하 藤原朝臣家依에게 정5위상을, (大和國)介 종5위하 多治比眞人長野에게 종5위상을 내렸다.

병자(12일), 신라사 급찬 金初正 등 187인 및 (사자를) 인도하여 보내는 자 39인[37]이 대마도에 도착하였다.

경진(16일), 좌경인 神麻續宿禰足麻呂, 우경인 神麻續宿禰廣目女 등 26인에게 神麻續連의 성을 내렸다.

신사(17일), 정6위상 大和宿禰西麻呂에게 외종5위하를 내렸다.

임오(18일), 彈正史生 종8위하 秦長田三山, 造宮長上[38] 정7위하 秦倉人呰

35) 道鏡의 동생으로, 天平寶字 8년(764) 7월에 宿禰 성을 받았다. 藤原仲麻呂의 난 후에 道鏡이 실권을 잡자 종8위상에서 15단계 승진한 종4위하에 서위되고, 弓削御淨朝臣으로 개성하였다. 天平神護 원년(765)에 종4위상 參議, 동 2년에 정3위 中納言, 神護景雲 원년(767)에 內豎卿을 겸직하였고, 동 2년에는 大納言, 동 3년에는 종2위, 大宰帥에 임명되었다. 寶龜 원년(770) 道鏡이 실각하자 弓削의 성으로 되돌아왔고, 아들 3인과 함께 土佐國으로 유배되었다.

36) 군단의 大毅, 少毅, 毅의 총칭.

37) 39인의 導送者는 일본에 보낸 신라사절단의 일원으로, 향도자를 비롯한 水夫 등을 가리킨다고 보인다.

主,[39] 造東大寺 工手[40] 종7위하 秦姓綱麻呂[41]에게 秦忌寸의 성을 내렸다.

기축(25일), 陸奧國 牡鹿郡에 귀순한 蝦夷 외소초위상 훈7등 大伴部押人이 아뢰기를, "전해들은 말인데, '壓押 등은 본래 紀伊國 名草郡 片岡里 사람이다. 옛적에 선조 大伴部直이 하이를 정토할 때, 小田郡 嶋田村에 이르러 거주하였다. 그 후 자손이 하이의 포로가 되어 수대에 걸쳐 귀순한 하이로 취급받았다. 다행히 성조가 통치하는 시대에 신덕과 같은 무위가 변경에 미치게 되어 의지하게 되었고, 저 포로로부터 벗어나 오래도록 덕화를 입는 백성이 되었다' 한다. 바라건대, 俘囚의 이름을 삭제하고 조, 용을 내는 백성이 되고자 한다"라고 하였다. 이를 허락하였다.

경인(26일), 천황이 궁전에 임하자, 大隅와 薩摩의 隼人이 향토의 가무를 선보였다. 외종5위하 薩摩公鷹白·加志公嶋麻呂에게 함께 외종5위상을 내리고, 정6위상 甑隼人麻比古, 외정6위상 薩摩公久奈都·曾公足麻呂·大住直倭, 上정6위상[42] 大住忌寸三行에게 함께 외종5위하를 내렸다. 그 외의 隼人들은 각각 차등있게 녹을 내렸다. 이날, 무위 春日王에게 종5위하를 내렸다.

임진(28일), (천황이) 5위 이상에게 연회를 베풀었다.

(천황이) 조를 내리기를(宣命體), "지금 말씀하기를, 금일은 新嘗祭 直會[43]의 豊明의 날이다. 그런데 어제 동지에는 비가 내려 토지를 적시고 만물도 맹아가 시작되어 좋은 일이라고 생각하고 있는데, 伊豫國에서 상서로운 흰 사슴을 바쳐 매우 기쁜 마음으로 보았다. 또 3개의 좋은 일[44]이 동시에 모인 것은 대단히 드문 일이라고 생각되어, 경외롭고 존귀하여 제신들과

---

38) 造宮城의 長上工.

39) 秦倉人은 秦氏 중에서 倉人의 직장을 맡은 집단에게 주어진 씨성으로 官倉의 출납을 담당하는 하급관인. 藏人으로도 쓴다.

40) 건축기술자. 工手라는 용어는 초견이다.

41) 秦姓氏는 秦氏 일파로 『신찬성씨록』 河內國諸蕃에, "秦始皇帝의 13세손 然能解公의 후손이다"라고 되어 있다. 원래 중국계로 나오지만, 신라계로 추정된다. 秦姓氏 일족으로는 天平 11년(739) 4월 15일부 「寫經司啓」(『大日本古文書』 2-163)에 秦姓乙安이 나오고 사경소의 업무 일지에 이름이 올라 있다. 천평 20년 2월 24일부 「天部法花經校帳」(『대일본고문서』 9-58) 등에도 秦姓弟兄이 나온다.

42) 종5위하와 정6위상 사이에 설치한 관위.

43) 直會는 神事를 마친 후 신들에게 神酒, 神饌 등을 바치고 먹는 연회.

44) 新嘗祭, 동짓날의 비, 흰사슴 헌상.

함께 기이하고 수려한 흰모습을 보고 기뻐하였다. 이런 까닭에 흑주, 백주의 어주를 받아 즐기고, 평상시에 주는 주연의 어사품을 내린다"라고 하였다. 녹을 차등있게 내렸다. 종5위상 高賀茂朝臣諸雄을 員外少納言으로 삼았다.

12월 갑진(10일), 종5위상 佐伯宿禰助를 兵部大輔로 삼았다.

을사(11일), 정6위상 三嶋宿禰宗麻呂를 외종5위하로 내렸다.

계축(19일), 員外右中弁 종4위하 大伴宿禰伯麻呂, 攝津大進 외종5위하 津連眞麻呂 등을 大宰府에 보내 신라사의 입조 이유를 물었다.

을묘(21일), 외종5위하 津連眞麻呂[45]에게 종5위하를 내리고, 肥前守로 삼았다.

무오(24일), 河內國 志紀郡 사람 외종5위하 土師連智毛智에게 宿禰의 성을 내렸다.

○ 寶龜 원년(770) 춘정월 신미(8일), (천황은) 次侍從[46] 이상의 시종에게 동원에서 연회를 베풀고, 침구를 지급하였다.

을해(12일), (河內國의) 大縣, 若江, 高安 등의 군에서 백성의 집이 由義宮에 들어가는 사람에게 그 대가를 보상하였다.

무인(15일), 궁중에서 인왕회를 열었다.

갑신(21일), 대재부 관내에 대풍이 불어 관사 및 백성의 가옥 1,030여 채가 무너져 피해를 입은 백성들에게 물품을 지급하여 도왔다.

2월 무신(15일), 陰陽頭 정5위하 紀朝臣益麻呂에게 伯耆介를 겸직시켰다.

병진(23일), 西大寺의 동탑 심초석을 깨트려서 버렸다. 그 돌크기가 사방 1장[47] 정도이고, 두께는 9척이었다. 동대사 동쪽의 飯盛山의 돌이다. 처음에 수천인이 이를 끌었으나 하루에 몇 보밖에 가지 못했다. 때로는 무슨 소리가 났다. 이에 인부의 수를 늘려 9일이 걸려 옮겼다. 즉시 돌을 다듬어 기초를

45) 백제계 도래씨족의 후예. 권28, 神護景雲 원년 3월조 441쪽 각주 35) 참조.

46) 의식, 연회 등에서 천황에게 봉사하는 임시관. 인원이 부족할 경우 中納言 이상이 칙을 받들어 임명한다.

47) 1丈은 3.03미터.

구축하고 완성하였다. 당시의 巫覡[48]들이 자칫하면 돌의 저주를 받을 것이라고 말하였다.[49] 이에 짚을 쌓아 돌을 태웠다. 30석의 술을 붓고 파편을 만들어 도로에 버렸다. 그 후 1달 정도가 지나 천황이 병이 들었다. 점을 쳐 보니, 파괴한 돌이 저주를 내린 것이라고 하여 즉시 (돌을) 주어 깨끗한 토지에 두고 인마가 밟지 못하도록 하였다. 지금 절 내의 동남쪽 수십 개의 파편석이 그것이다.

경신(27일), 천황이 由義宮으로 순행하였다.

3월 병인(3일), 천황이 博多川[50]에 임하여 연회를 열고 유람하였다. 이날, 백관, 문인 및 대학생 등이 각각 曲水의 시를 바쳤다.

정묘(4일), 처음에 신라사가 방문한 이유를 묻는 날, 金初正 등이 말하기를, "在唐大使 藤原河清, 학생 朝衡 등이 숙위 왕자 金隱居[51]가 귀향할 때, 고향의 부모에게 보낼 서신을 부탁하였다. 이에 (신라)국왕이 初正 등을 파견해 河清 등의 서신을 보낸 것이다. 또, 사자를 보낸 편에 土毛를 바친다"라고 하였다. 또 묻기를, "신라가 調를 바치는 것은 그 유래가 오래되었다. (이를) 고쳐서 土毛라고 칭한 이유는 어디에 있는가"라고 하였다. 대답하여 말하기를, "사자 편에 바치는 것이기 때문에 調라고 칭하지 않았다"라고 하였다. 이에 이르러 左大史 외종5위하 堅部使主人主를 보내 初正 등에게 말하기를, "앞서의 사자 (金)貞巻이 귀국하는 날에 (일본조정이) 내린 약속[52]에 대해 답변이 없다. 지금도 역시 멋대로 사적인 일로서 왔다. 그런 까닭에 이번에는 빈례로서 예우하지 않는다. 지금 이후에는 전에 내린 바와 같이 하도록 한다. 일을 책임있게 말할 수 있는 사람이 입조한다면,[53] 상례와 같이 대우한다. 이러한 상황을 그대의 국왕에게 보고하여 알리도록 한다. 다만 唐國의 소식과

48) 巫는 여자무당, 覡는 남자인 박수무당.

49) 돌의 저주는 돌을 산출한 飯盛山 신앙과 관련이 있다.

50) 大和川의 지류.

51) 『舊唐書』 新羅傳에 "大曆初遣金隱居, 入朝待命"이라고 기록되어 있고, 『삼국사기』 신라본기 惠恭王 3년(767) 7월조에, "遣伊飡金隱居, 入唐貢方物, 仍請加冊命, 帝御紫宸殿宴見"이라고 하여 관련 기사가 나온다.

52) 권23, 天平寶字 4년 9월 계묘조에 "專對之人, 忠信之禮, 仍舊之調, 明驗之言"이라고 하여 일본측이 신라에 제시한 4개조의 외교의례에 관한 것.

53) 권24, 天平寶字 7년(763) 2월 계미조에 보이는 왕자 혹은 집정대신을 말한다.

당에 있는 우리 사자 藤原朝臣河淸 등의 서신을 보낸 것은 그 노고를 기쁘게 여겨 대재부에 명해서 안전하게 체재하게 하고 향응을 베풀고 물품을 내리도록 한다. 이 일을 알았으면 한다"라고 하였다. (신라)국왕에게 녹으로 비단 25필, 명주실 100구, 목면 250둔을 보내고, 대사 金初正 이하에게는 각각 차등있게 주었다. 종6위하 津守宿禰夜須賣에게 종5위하를 내렸다.

계유(10일), 종5위하 山口忌寸沙彌麻呂, 西市 員外令史 정8위하 民使毘登日理를 임시로 會賀市司[54]에 임명하였다.

임오(19일), 內掃部司[55]의 員外令史 정7위상 秦刀良은 본래 備前國의 仕丁이다. 교묘하게 폭이 좁은 바닥재를 만들고 관사에 근무한 지 40년에 이르러 그 공로로 외종5위하를 내렸다.

계미(20일), 외정8위하 周防凡直葦原이 동전 1백만문, 소금 3천과[56]를 바쳤다. 이에 외종5위상을 내렸다.

신묘(28일), 葛井, 船, 津, 文, 武生, 藏 6씨 남녀 230인이 함께 歌垣[57]에 봉사하였다. 그 복장은 모두 청색의 주름진 세포로 만든 옷이고 홍색의 긴 끈을 내려뜨리고 남녀가 서로 나란히 행렬을 나누어 서서히 나아가면서 노래하였다.

"소녀들에게 남자들이 다가서서, 힘껏 밟은 이 西京은 만대의 왕도이다".

그 가원에서는 (다음과 같이) 노래하였다.

"못도 여울도 푸르고 상쾌한 博多川[58]은 천년 후까지도 맑은 강으로 있기를".

노래의 끊어지는 부분 마다 소매를 들어 가락을 맞췄다. 그 나머지 4수는 모두 古詩이다. 또다시 번거롭게 싣지 않는다. 이때 5위 이상과 內舍人 및

---

54) 由義宮이 있는 河內國 會賀市에 설치되었다. 由義宮을 西京이라고 칭하였기 때문에 西京의 市가 된다.

55) 宮內省에 소속된 관사로, 궁중 調度品의 조달과 관리를 담당한다. 正, 佑, 令史 각 1인, 掃部 30인 등으로 구성되어 있다.

56) 顆는 작고 둥근 물건의 단위로, 소금을 일정 크기로 뭉친 덩이 모양을 말한다.

57) 중국에 기원을 갖는 집단 가무로 일본에서는 특정한 날, 특정 장소에 젊은 남녀가 모여 함께 식사하며 가무를 행하던 무속적 신앙에 기초한 행사이다. 중국에서 전래한 踏歌와 혼합되어 발로 바닥을 구르면서 박자를 맞추는 동작을 취한다.

58) 大和川의 지류.

女孺들에게 조를 내려, 그 가원 중에 참석시켰다. 노래를 수회 반복하고 나서 河內大夫 종4위상 藤原朝臣雄田麻呂 이하의 사람들이 和舞[59]를 연주하였다. 가원에 참석한 6씨의 사람들에게 교역용 삼베 2천단, 목면 5십둔을 내렸다.

하4월 계사삭(1일), 정6위하 縣犬養宿禰眞伯에게 종5위하를 내렸다. 외종5위하 內藏忌寸若人을 攝津亮으로 삼고, 河內亮 종5위상 紀朝臣廣庭, 攝津亮 외종5위하 內藏忌寸若人을 함께 造由義大宮司 차관을 겸하게 하였다. 美濃國 方縣郡의 소령 외종6위하 國造雄萬은 사재 벼 2만속을 국분사[60]에 바쳤다. 이에 외종5위하를 내렸다.

陸奧國의 黑川, 賀美 등 11군의 俘囚[61] 3,920인이 아뢰기를, "우리들의 부와 조부는 본래 王民이다. 蝦夷에게 침략당하여 마침내 비천한 신분이 되었다. 지금 이미 적을 죽이고 귀순하여 자손이 증가하였다. 바라건대 俘囚의 이름을 삭제하고 조, 용을 (공민이 되어) 바치고자 한다"라고 하였다. 이를 허락하였다.

을미(3일), (천황의 순행에) 수행한 문무백관 및 12대사의 승, 사미에게 물품을 각각 차등있게 지급하였다.

정유(5일), 조를 내려, 由義寺[62]의 탑을 만드는 제관사의 사람 및 잡공 등 95인에게 노고의 경중에 따라 위계를 내렸다. 정6위상 船連淨足,[63] 東人, 虫麻呂 3인은 일족의 장로이고, 가원을 이끌고 봉사했기 때문에 함께 외종5위하를 내리고, (船)東人은 攝津大進으로 삼았다. 또 정6위상 土師宿禰和麻呂에게 외종5위하를 내렸다.

무술(6일), 천황이 由義宮으로부터 (평성경으로) 돌아왔다.

경자(8일), 弓削氏의 남녀에게 물품을 차등있게 내렸다.

59) 日本風 가무로 倭儛, 大和儛라고도 한다. 평성경 長屋王家 출토 목간에도 '倭儛'라는 문자가 보인다.

60) 美濃國의 國分寺.

61) 귀순한 蝦夷.

62) 道鏡의 일족인 弓削氏의 氏寺인 弓削寺.

63) 백제계 도래씨족인 王辰爾의 후손. 문서행정에 밝아 船史의 성을 받았고, 天武朝 때에 船連으로 개성하였다.

신축(9일), 대마도에 기근이 들어 구휼하였다.

계묘(11일), 종5위상 弓削宿禰牛養 등 9인에게 弓削朝臣의 성을 내리고. 외종5위하 弓削連耳高 등 38인에게 宿禰의 성을 내리고. 외종5위하 美努連財刀自 및 정8위상 作造辛國에게 宿禰의 성을 내렸다. 아직 세월이 지나지 않았는데 모두 본래의 성으로 되돌아갔다.[64)]

기유(17일), 무위 紀朝臣豊賣에게 종5위하를 내렸다.

임자(20일), 정8위상 道公張弓에게 종5위하를 내렸다. (사재를) 바쳤기 때문이다.

무오(26일), 처음에 천황이 (天平勝寶)8년의 난[65)]이 진압되었을 때, 크게 발원하여 3중의 소탑 1백만기를 만들게 하였다. 높이는 각각 4촌 5분, 기저부의 직경은 3촌 5분, 노반 밑에는 각각 根本, 慈心, 相輪, 六度 등 陀羅尼經을 수납하였다.[66)] 이에 이르러 완성했기 때문에 제사찰에 나누어 두도록 하였다. 이 일에 봉사한 관인 이하 仕丁 이상 157인에게 각각 차등있게 관위를 내렸다.

5월 을축(4일), 처음으로 제국의 國師[67)]가 역마를 이용하여 조정에 朝使集로 가는 것을 허용하였다.[68)]

경오(9일), 종5위하 田上王을 縫殿頭[69)]로 삼고, 종5위하 眞立王을 造酒正[70)]으로 삼고, 종5위하 笠朝臣乙麻呂를 伊豆守로 삼고, 종5위상 大伴宿禰駿河麻呂를 出雲守로 삼고, 정5위상 大伴宿禰益立을 肥後守로 삼았다.

---

64) 道鏡이 실각한 후 그 일족 및 관련 씨족들은 모두 원래의 성으로 강등되어 되돌아갔다는 의미이다. 道鏡의 실각은 이보다 4개월 후인 寶龜 원년 8월의 일이므로 이 문장은 『속일본기』 편자의 해설이다.

65) 藤原仲麻呂의 난.

66) 법륭사에 남아 있는 백만탑을 조사한 바에 따르면, 탑신부 높이는 13.5㎝, 상륜부 8.6㎝, 총높이 21.5㎝이다.

67) 國師는 僧官. 道鏡에 의한 승려 우대책으로 보인다.

68) 역마를 이용할 수 있는 경우는 『公式令』 46에, "凡國有急速大事, 遣使馳驛, 向諸處相報告者"라고 하여 긴급한 대사 통신용이라고 할 수 있다. 국사가 파견하는 통사의 사자는 원격지의 朝集使만이 역마를 사용할 수 있다. 在京 제 관사의 사자는 필요에 따라 태정관에 신청하여 천황의 칙을 얻은 후 역마를 이용할 수 있다.

69) 縫殿寮의 장관. 궁중용 의복제조의 감독, 후궁 여관의 인사를 담당하였다.

70) 造酒司의 장관. 궁내성 소속으로 술, 단술, 식초 등을 양조하고, 천황, 제 관사에 공급하였다.

임신(11일), 앞서 伊豫國 員外掾 종6위상 笠朝臣雄宗이 흰 사슴을 바쳤다. (천황이) 칙을 내려, “짐은 덕이 부족한데도 삼가 황위를 이어받았다. 아직도 선정을 베풀지 못했는데, 상서의 표시가 빈번히 나타났다. 작년에는 伊豫國守 종5위상 高圓朝臣廣世 등이 진상한 흰 사슴 한 마리를 얻었고, 금년에는 大宰帥 종2위 弓削御淨朝臣淸人 등이 진상한 흰 참새 한 마리를 받았다. 천지가 복을 내려 상서가 이어지고 있다. 혹은 깃털이 있는 상서(새)로 나타나기도 하고, 혹은 주옥의 털을 가진 상서(동물)로 나타나기도 한다. 실로 이것은 선조가 쌓은 덕이 자손에게 미친 것이라고 할 수 있다. 어떻게 짐과 같은 평범하고 재능이 부족한 자가 감히 이러한 감응을 받을 수 있겠는가. 하늘이 내린 칭찬을 받아 점점 걱정이 앞서고, 상서의 물건을 받아 두려울 뿐이다. 다만 (짐은 선조와) 덕을 같이 해야 한다. 공경들은 정치를 돕고, 좋은 관리들은 선정을 널리 펼쳐서, 성인의 가르침으로 삼가 천제에 보답하고자 한다. 이전의 조칙에 준거하여 헤아려 은혜의 정치를 베풀고자 한다. 다만 상서의 물건을 바치는 경우에는, 그 노고는 동일하지 않다. 짐승은 (산채로) 바치기 어렵고, 새는 잡기 쉽다. 이와 같은 경우에는 헤아려 결정해서 주상하도록 한다”라고 하였다.

이에 좌대신 藤原朝臣永手, 우대신 吉備朝臣眞備 이하 11인이 주상하기를, “신들이 말씀 올린다. 신들이 들은 바로는, 이곳에 하늘이 열린 이래, 세상에 군주의 통치가 있고, 상서의 출현과 좋은 감응이 때때로 있었다고 들었지만, 많은 것이 계속해서 나타나고, 이와 같은 성황을 보인 적은 없다. 삼가 생각해 보니, 황제 폐하는 덕을 쌓고 기회를 얻어 다시 황위에 올라 통치하고 계시다. 천지를 단속하여 적절히 관리하고, 상서의 표시에 화합하여 통치의 업을 정하였다. 예악을 갖추어 정치와 교화를 펼치고, 형벌을 공평히 행하여 옥사도 청정한 상태이다. 바람과 구름의 모습도 변하고, 날고 달리는 새나 짐승도 자애에 순종하고, 진기하고 아름다운 상서가 수장고에 끊이지 않고, 먼 곳으로부터의 선물과 보물은 (이를 기록하는) 사관의 붓을 멈추게 하지 않을 정도이다. 신들은 황공하게도 가까이서 봉사하고, 자주 영물을 보니 뛰어오를 듯한 기쁨이 실로 평상의 마음의 만배나 된다. 흰 사슴은 上瑞이고, 흰 참새는 中瑞에 합한다. 삼가 바라건대, 흰 사슴을 진상한 사람에게는 관위 2계에 서위하고, 비단 20필, 목면 40둔, 삼베 50단, 벼 2천속을 지급하고, 함께 흰 사슴을 잡은 5인에게는 각각 1계를 서위하고, 牧長[71] 1인과 挾抄[72] 2인에게는 각각 벼 400속을, 사슴을 잡는 곳의 잡역부 3인, 선원 13인에게는 각각 벼 300속을 내린다. 흰 참새를 진상한 사람에게는 관위 2계에 서위하고, 벼 1천속을 지급하고, 상서를 진상한 국사 및 출현한 곳의 군사에게는 각각 1계를 서위한다. 또 伊豫, 肥後 양국은 神護景雲 3년 이전에 미납한 정세를 모두 면제한다. 상서가 출현한 군의 전조는 3분의 1을 면제한다. 신들이 칙에 따라 헤아려 결정한 것은 이상과 같다. 삼가 바라건대, 이 일을 담당 관사에 알려 시행하고자 한다"라고 하였다. (천황이) 제를 내려 허가하였다.

계유(12일), 右京大夫 종4위하 훈4등 百濟朝臣足人[73]이 죽었다.

무인(17일), 三田毘登家麻呂 등 4인에게 道田連의 성을 내렸다.

6월 임진삭(1일), (천황이) 칙을 내리기를, "짐은 재주가 없고 덕이 부족한데, 그릇되게 황위를 계승했지만, 위무하고 보살피는 방법이 어긋나 백성들이 안주할 바를 잃어버리고 있다. 돌이켜 생각하면, 죄인을 보면 눈물이 나고, 마음은 수렁에 빠진 것 같은 고통이 있다. 요즈음 생각하는 바가 있어, 조칙을 내리고자 한다. 천하에 대사면을 내린다. 神護景雲 4년(770) 6월 1일 동트기 이전의 사형죄 이하는 죄의 경중을 묻지 않고, 이미 발각되었거나 발각되지 않았거나, 이미 판결이 났거나 현재 심리중이거나, 수감중인 죄인 및 강도와 절도는 모두 사면한다. 팔학, 사주전, 통상의 사면에서 면제되지 않는자는 사면의 범위에 포함되지 않는다. 다만 전후의 반역[74]에 연좌된 사람들은 관할 관사에서 그 경중을 헤아려 (사면해야 할 자들의 이름을)

71) 관의 목장을 운영하고 관리하는 직.

72) 사슴을 운송하기 위해 배를 조정하는 선원.

73) 백제 망명 관인의 후예인 余足人. 天平 10년(738)에 鎭守判官을 시작으로 天平感寶 원년(749)에 陸奧國守로 있던 百濟王敬福이 발견된 금을 공상했을 당시, 陸奧大掾로 있던 余足人은 종5위하에 서위되었고, 그 후 무성에서 百濟朝臣을 받았다. 孝謙朝에서 淳仁朝에 걸쳐 陸奧介 겸 鎭守副將軍을 역임하고, 天平勝寶 9歲(757)에 종5위상, 天平寶字 4년(760)에는 雄勝城과 桃生柵을 축조한 공로로 陸奧國安察使 겸 鎭守將軍에 임명되었다. 天平寶字 5년에 東海道節度副使가 되었고, 동 8년에는 藤原仲麻呂의 난 때 孝謙上皇 측에 서서 종4위하 右衛士督에 보임되었다.

74) 天平寶字 원년(757)의 橘奈良麻呂의 반역모의와 天平寶字 8년(764)의 藤原仲麻呂의 반란사건.

주상하도록 한다. 두루 천하에 고지하여 짐의 뜻을 알리도록 한다"라고 하였다.

갑오(3일), 정5위상 藤原朝臣家依를 式部大輔로 삼고, 종5위하 大伴宿禰東人을 散位助로 삼고, 종5위상 弓削御淨朝臣秋麻呂를 大藏少輔로 삼고, 中納言 종3위 石川朝臣豊成에게 右京大夫를 겸직시키고, 종5위상 粟田朝臣公足을 美濃員外介로 삼고, 외종5위상 桑原公足床을 能登員外介로 삼고, 외종5위하 堅部使主人主를 備後介로 삼았다.

기해(8일), 志摩國에 대풍이 불어 피해입은 백성들을 진휼하였다.

신축(10일), 처음으로 천황이 由義宮에 순행한 이후, 건강이 악화된 지 수개월이 지났다. 이에 칙을 내려 좌대신[75]에게 近衛府, 外衛府, 左右兵衛府의 직무를, 우대신[76]에게 中衛府, 左右衛士의 직무를 맡게 하였다.

갑진(13일), 左大弁 종4위상 佐伯宿禰今毛人에게 播磨守를 겸직시켰다.

을사(14일), 美濃國에 장마가 들어 피해를 입은 백성들을 진휼하였다.

정미(16일), 종5위하 息長眞人道足을 大監物로 삼고, 정4위하 田中朝臣多太麻呂를 民部大輔로 삼고, 종5위상 大伴宿禰家持를 少輔로 삼고, 정5위하 小野朝臣小贄를 大宰少貳로 삼았다.

갑인(23일), 京師 4곳, 기내의 경계지 10곳에 疫神[77]을 제사지냈다.

을묘(24일), 경사에 기근과 역병이 돌아 진휼하였다.

병진(25일), 정6위하 多治比眞人豊濱에게 종5위하를 내렸다.

추7월 병인(6일), 黃文連牟禰[78]에게 외종5위하를 내렸다.

---

75) 藤原永手.

76) 吉備眞備.

77) 역병을 가져오는 신의 침입을 막기 위한 제사. 「神祇令」3 「季春」조에, "季春〈鎭花祭〉"라고 하고, 그 「義解」의 주석에 "봄에 꽃이 질 때 疫神이 돌아다니고 역병이 돈다. 이를 누르고 방지하기 위해 반드시 이 제사를 지낸다. 그래서 鎭花라고 한다"라고 하였다. 동 「季夏」조에는 귀신의 경내 침입을 막기 위해 경사 4곳의 도로 위에 제사를 지낸다고 되어 있다. 한편 『延喜式』 3 臨時祭에서는 궁성 4곳과 기내의 경계지역 10곳에 역신을 제사지낸다고 규정되어 있다.

78) 고구려계 도래씨족의 후손. 寶龜 9년 2월에 佐渡守가 되었다. 『일본서기』 推古 12년(604) 9월에 "是月, 始定黃書畫師·山背畫師"라고 하여 황서화사와 산배화사를 정하였다고 한다. "始定"이라는 말은 최초로 설정, 조직했다는 의미로 왜왕권에서 화공집단을 관사조직 내에 편입하였다는 뜻이다. 黃書는 黃文으로, 특히 회화 분야에서 두각을

을사(9일), 土左國에 기근이 들어 구휼하였다.

을해(15일), (천황이) 칙을 내리기를, "짐은 중임을 맡아 살얼음판을 밟고 깊은 못에 임하는 것 같다[79]. 위로는 하늘의 뜻에 앞서 때에 봉사하지 못하고, 밑으로는 백성을 자식과 같이 보살피지 못하여, 항상 덕이 부족함에 부끄러움을 느끼고 참으로 마음으로 내세울 만한 것이 없다. 衣食을 간소화하고 몸을 절제하여 하루하루 근심하고 있다. 살생금지의 법을 국가에 세우고, 죄를 사면하는 법을 조정에 반포하였다. 그러나 여전히 역병은 생물에 피해를 주고, 천지의 변이는 만물을 동요시킨다. 이것이 오래도록 마음을 아프게 하여 어찌할 바를 모르겠다. 다만 부처가 이 세상을 해탈해서 남긴 가르침이 감응함이 있다면, 곤경에서 반드시 벗어날 수 있고, 재해는 능히 제거할 수 있을 것이다. 이에 그 깨달음을 따라 이 괴이한 기운을 불식시키고자 한다. 삼가 경내의 여러 대소의 사원에, 금월 17일부터 시작하여 7일간 승려들을 초청하여 대반야경을 전독시키고자 한다. 이로 인해 지혜의 힘이 홀연히 준령과 같은 사악을 타파하여 자비의 구름이 영구히 하늘을 덮고, 이미 죽은 영혼은 상하에 통하여 성불하고, 미래와 현재의 인간은 (신분의) 존비가 하나같이 영광되도록 한다. 널리 천하에 포고하여 辛,[80] 고기, 술을 금하고 해당국의 제사원에서 (대반야경을) 전독한다. 國司, 國師[81]는 모두 이를 숙지하고 아울러 독경의 권수와 승니의 숫자를 조사하여 사자를 보내 주상한다. 내외의 문무관인도 또한 이 규정에 따르고, 짐의 뜻에 맞도록 한다"라고 하였다.

무인(18일), 常陸國 那賀郡 사람 丈部龍麻呂, 占部小足이 흰 까마귀를 잡았고, 筑前國 嘉麻郡 사람 財部宇代는 흰 꿩을 잡았다. 각각 관위 2계를 내리고, 벼 5백속을 지급하였다. 但馬國에 역병이 돌아 진휼하였다.

경진(20일), 종3위 藤原朝臣宿奈麻呂, 종4위하 多治比眞人土作을 참의로 삼

나타난 인물이 적지 않다.

79) 『詩經』 小雅, 小旻에, "戰戰兢兢, 如臨深淵, 如履薄冰"의 내용을 인용한 것이다.

80) 자극이 강한 다섯 식물. 『僧尼令』 7 「飮食」조의 「義解」 주석에 파, 마늘, 달래, 부추, 미나리과의 회향 등을 거론하고 있다. 『梵網經』 第4輕戒의 「食五辛戒」에서도 동일한 5辛을 기록하고 있다.

81) 제국에 설치된 승관.

았다. 종4위하 多治比眞人土作에게 종4위상을 내리고, 정5위상 百濟王理伯[82]·紀朝臣益麻呂에게 함께 종4위하를, 종5위상 石川朝臣垣守·高賀茂朝臣諸雄에게 함께 정5위하를, 정6위상 大中臣朝臣繼麻呂에게 종5위하를, 정6위상 吉田連斐太麻呂[83]에게 외종5위하를, 종5위하 若狹遠敷朝臣長賣에게 정5위상을 내렸다.

신사(21일), 정5위상 藤原朝臣家依, 정5위하 吉備朝臣泉에게 함께 종4위하를 내리고, 무위 笠朝臣賀古에게 종5위하를 내렸다.

임오(22일), 志紀, 澁川, 茨田 등의 제방을 수리하였다.[84] 연인원 3만여 인이었다.

계미(23일), 태정관에서 주상하기를, "지난 6월 1일의 칙을 받들어, '전후의 반역에 연좌된 사람들을 관할 관사에서 그 경중을 헤아려 주상하라'라고 한 것에 대해, 신들과 (태정관의) 曹司가 조사해 보니, 天平勝寶 9세의 반역자 橘奈良麻呂 등과 연좌된 자 총 443인이고, 그 중에 262인은 죄가 가벼워 사면해도 좋을 자들이다. 자세히 명부를 기록하여 삼가 천황의 결재를 받고자 한다"라고 하였다. (천황은 이에 대해) "칙을 받들어 주상한 바에 따른다. 다만 명부는 본관에 편입해도 그 본인은 입경해서는 안 된다"라고 하였다.

을유(25일), 외종5위하 三嶋縣主宗麻呂에게 宿禰의 성을 내렸다.

무자(28일), 出羽國에 우박이 내려, 이 때문에 벼에 피해를 주었다.

기축(29일), 今良[85]의 大目東人의 아들 秋麻呂 등 68인에게 檜前, 若櫻部, 津守部, 眞髮部, 石上部, 丈部, 桑原部, 置始部, 宇治部, 大宅部, 丸部, 秦部, 林部, 穗積部, 調使部, 伊福部, 采女部, 額田部, 上村主, 湯坐部, 壬生部의 성을 내렸다.

---

82) 百濟王敬福의 子. 天平勝寶 6년(754)에 종5위하 攝津亮에 서임되었고, 天平寶字 6년(762)에 肥後守, 天平神護 2년(766)에 종5위상, 동 3년에는 정5위하, 寶龜 2년(771)에는 伊勢守, 동 5년에는 右京大夫를 역임하였다.

83) 吉田連은 天智 10년(671) 백제 망명자들을 대상으로 한 관위수여식에서 소산하의 관위를 받은 吉大尙의 일족이다. 『文德實錄』 嘉祥 3년(850) 興世朝臣書主의 卒年 기사에도 그의 本姓은 吉田連이고 선조의 출자에 대해서는 "其先出自百濟"라고 하여 백제국 출신임을 밝히고 있다. 吉田連斐太麻呂는 寶龜 2년(771)에 內藥正에 임명되고, 동 10년에는 종5위하, 天應 원년(781)에 종5위상에 서위되었다. 光仁朝에서는 시의도 겸하고 있었다. 이 씨족은 의약분야에서 고위 관료를 배출하고 의약을 가업으로 계승하였다.

84) 志紀와 澁川은 옛 大和川이고, 茨田은 淀川의 제방이다.

85) 官戶. 官奴婢에서 해방되어 良人이 된 자.

8월 경인삭(1일), 일식이 있었다. 참의 종4위하 外衛大將 겸 越前守 藤原朝臣繼繩, 左京少進 정6위상 大中臣朝臣宿奈麻呂를 이세태신궁에 보내 폐백 및 적색 말 2필을 바쳤다. 若狹國目 종7위하 伊勢朝臣諸人, 內舍人 대초위하 佐伯宿禰老를 보내, 갈색 말 각 1필씩을 若狹彦神, 八幡神宮에 바쳤다.

신묘(2일), 神祇官의 員外少史 정7위상 中臣葛野連飯麻呂를 越前國 氣比神, 能登國 氣多神에게 보내 폐백을 바치고, 雅樂頭 종5위하 伊刀王을 住吉神[86]에게 보내 神敎를 받게 하였다.

계사(4일), 천황이 西宮의 침전에서 붕어하였다. 춘추 53세였다. 좌대신 종1위 藤原朝臣永手, 우대신 종2위 吉備朝臣眞備, 참의 兵部卿 종3위 藤原朝臣宿奈麻呂, 참의 民部卿 종3위 藤原朝臣繩麻呂, 참의 式部卿 종3위 石上朝臣宅嗣, 近衛大將 종3위 藤原朝臣藏下麻呂 등이 금중에서 정책을 정했다.[87] 諱[88]를 세워 황태자로 하였다.

좌대신 종1위 藤原朝臣永手는 유언의 선명을 받아서 말하기를(宣命體), "지금 (천황이) 말씀하기를, 갑작스러운 일로 인해 제신들이 논의하여, 白壁王은 제왕 중에서 연장자이고, 또 선제[89]의 공적이 있는 까닭에 태자로 정하고, 주상한 대로 칙을 내린다"라고 하였다. 사자를 보내 3關을 굳게 지키게 하였다.

종3위 文室眞人大市·高麗朝臣福信[90]·藤原朝臣宿奈麻呂·藤原朝臣魚名, 종4

86) 攝津의 住吉大社.
87) 황태자 옹립 문제. 『日本紀略』 寶龜 원년 8월 4일조에 인용된 藤原百川傳에는 藤原百川이 藤原永手와 모의해서 거짓 宣命을 만들어 白壁王을 태자로 세웠다고 한다. 신뢰성에는 문제가 있지만, 이들이 황태자 옹립에 주도적으로 관여했음을 보여주고 있다.
88) 白壁王. 天智天皇의 孫. 후에 光仁天皇으로 즉위하여 天智系 왕통을 개창하였다.
89) 天智天皇.
90) 延曆 8년(789) 高倉朝臣福信의 薨傳에 의하면, 그는 무장국 고려군 사람으로 본성은 背奈이고 조부인 복덕이 당나라 장군 이세적이 평양성을 함락했을 때 일본에 귀화하여 무장에 살게 되었다고 한다. 그의 출생은 고구려 멸망 후 30년이 지난 화동 2년(708)으로 고구려 유민 3세에 해당된다. 背奈氏는 양로 5년(721)을 하한으로 하는 시기에 背奈公으로 바뀌었고, 천평 19년(747)에 背奈王으로 개성되고, 천평승보 2년(750)에 高麗朝臣, 보귀 10년(779)에는 다시 高倉朝臣으로 개성되었다. 성무천황의 총애를 받아 천평승보(749~757) 초에는 종4위 紫微少弼에 이르렀고, 신호 원년(765)에 종3위로 造宮卿에 임명되어 武藏守, 近江守를 겸임하였다. 또 고려복신은 천평승보 8세(756), 보귀 원년(770), 연력 2년(783) 등 3번에 걸쳐 무장국 장관인 무장수를 겸임하였다.

위하 藤原朝臣楓麻呂·藤原朝臣家依, 정5위하 葛井連道依[91]·石川朝臣垣守, 종5위하 太朝臣犬養, 그 외의 6위 11인을 御裝束司로 삼고, 종3위 石川朝臣豊成, 종5위상 奈癸王, 정4위하 田中朝臣多太麻呂, 종4위상 佐伯宿禰今毛人, 종4위하 安倍朝臣毛人, 종4위상 安倍朝臣淨成, 종4위하 小野朝臣石根, 그 외의 6위 이하의 8인을 作山陵司로 삼고, 종5위하 石川朝臣豊人, 외종5위하 高松連笠麻呂, 6위 2인을 作路司[92]로 삼고, 외종5위하 太忌寸味村, 외종5위하 秦忌寸眞成, 그 외의 판관, 주전 각 2인, 宮內, 大膳, 大炊, 造酒, 筥陶, 監物 등 제관사에서 1인을 養役夫司로 삼고, 좌우경, 기내 4국과 伊賀, 近江, 丹波, 播磨, 紀伊 등 제국의 인부 6,300인을 징발하여 산릉에 봉사하게 하였다.

을미(6일), 천하에 애도하게 하였다. 복상 기한은 1년으로 하고, 近江國의 기병 200기를 차출하여 조정을 수호하게 하였다. 종3위 藤原朝臣宿奈麻呂를 騎兵司로 삼고, 종5위상 阿倍朝臣淨成을 차관으로 삼고, 그 외에 판관, 주전은 각각 2인이었다.

정유(8일), 釋奠[93] 의식을 정지하였다. 천하가 복상 중이기 때문이다. 이날, 천황이 붕어한 지 초7재가 되어 동서의 대사[94]에 독경하게 하였다.

무술(9일), 정5위하 豊野眞人出雲에게 종4위하를, 종5위상 豊野眞人奄智에게 정5위하를, 종5위하 豊野眞人五十戶에게 종5위상을 내렸다. 이들의 아버지 고 式部卿 종2위 鈴鹿王의 구저택을 山陵으로 삼았기 때문이다. 종5위상 藤原朝臣乙繩에게 종4위하를, 정6위상 藤原朝臣是人에게 종5위하를 내렸다.

기해(10일), 蝦夷 宇漢迷公宇屈波宇 등이 갑자기 동족을 데리고 적지[95]로 도망쳐 돌아갔다. 사자를 보내 소환하였으나 돌아오려고 하지 않고, "1, 2의 동족을 데리고 반드시 성책을 침략할 것이다"라고 말하였다. 이에 정4위상 近衛中將 겸 相摸守 훈2등 道嶋宿禰嶋足 등을 보내 그 허실을 조사시켰다.

---

91) 백제계 王辰爾의 후예씨족. 권26, 天平神護 원년 정월조 378쪽 각주 15) 참조.

92) 천황릉으로 가는 길을 조영하기 위해 설치한 임시 관사. 天應 원년 12월 정미에 光仁太上天皇, 延曆 8년 12월 병인에 光明皇太后 高野新笠, 동 9년 윤3월 정축에 桓武皇后 藤原乙牟漏의 장의에도 설치하였다.

93) 공자에게 제사지내는 의식.

94) 東大寺와 西大寺.

95) 일본조정의 지배 하에 있는 蝦夷지역.

을사(16일), 2·7재가 되어 약사사에서 독경시켰다.

병오(17일), 高野天皇을 大和國 添下郡 佐貴鄕 高野山陵에 장사지냈다. 종3위 藤原朝臣魚名을 御前次第司 장관으로 삼고, 종5위하 桑原王을 차관으로 삼고, 그 외 판관, 주전은 각 2인으로 하였다. 종4위하 藤原朝臣繼繩을 御後次第司 장관으로 삼고, 종5위하 大伴宿禰不破麻呂를 차관으로 삼고, 그 외 판관, 주전은 각 2인으로 하였다. 황태자를 평성궁에서 留守[96]하게 하였다. 道鏡法師는 천황릉에 봉사하고 릉 아래의 움막에 머물렀다. 천황이 (앞서) 由義宮에 순행하고 나서 바로 몸상태가 좋지 않음을 느끼고 즉시 평성궁으로 돌아왔다. 이로부터 100여 일이 지나도록 친히 정사를 보지 못했다. 군신들도 그 사이에 알현할 수 없었다. 典藏[97] 종3위 吉備朝臣由利가 침소에 출입하며 주상할 일들을 전했다. 천황은 더욱 불도를 숭상하고, 힘써 형벌로 옥에 있는 자들을 불쌍히 여겼다. 天平勝寶 때[98]의 정치는 검약이 칭송되었다. 太師[99]가 주살된 이후 道鏡은 권력을 독단하고 경솔하게 역역을 징발하여 가람을 수리하는데 힘썼다. 공사 모두 피폐해져 국가의 비용은 부족하게 되고, 정치와 형벌은 날로 엄해져 멋대로 살육이 행해졌다. 고로 훗날 이 일을 말하는 사람은, 자못 무고한 죄(의 시대)라고 말하였다.

경술(21일), 황태자는 令旨[100]를 내려, "듣는 바로는, 道鏡法師는 몰래 황위를 엿보는 마음을 품은 날이 오래되었다고 한다. 산릉이 아직 마르지도 않았는데, 간계한 음모가 발각되었다. 이것은 즉 천신지기가 수호한 바이고, 사직[101]이 도운 것이다. 지금 선황의 두터운 은덕을 되돌아보면, 법에 의거하여 처벌하지 않을 수 없다. 따라서 下野國 藥師寺의 별당에 임명하여 보내기로 한다. 이 사정을 숙지하기 바란다"라고 하였다. 당일, 左大弁 정4위하 佐伯宿禰

---

96) 이때의 留守는 「公式令」44에 나오는 留守官의 의미가 아니고 황위계승자로서 준비하기 위한 행위로 보인다.

97) 후궁 藏司의 차관.

98) 孝謙天皇의 치세. 孝謙의 즉위는 天平勝寶 원년 7월.

99) 藤原仲麻呂.

100) 令旨는 황태자와 3后(태황태후, 황태후, 황후)의 명령을 전하는 문서. 여기서는 천황 사망 이후의 황태자 令旨이기 때문에 천황의 勅旨에 준한다.

101) 토지의 신과 오곡의 신, 혹은 사직이 국가를 지칭하므로 역대 천황의 혼령이라고도 생각할 수 있다.

今毛人, 彈正尹 종4위하 藤原朝臣楓麻呂를 보내어 (道鏡을) 출발하게 하였다. 종5위하 中臣習宜朝臣阿曾麻呂를 多褹嶋守로 삼았다.

신해(22일), 종5위하 阿倍朝臣東人을 中務大輔로 삼고, 종5위상 日置造簑麻呂를 圖書頭로 삼고, 종4위하 藤原朝臣楓麻呂를 伊勢守로 삼고, 종5위하 桑原王을 下野員外介로 삼고, 종4위상 左中弁 內豎大輔 內匠頭 右兵衛督 藤原朝臣雄田麻呂에게 越前守를 겸직시키고, 式部大輔 종4위하 藤原朝臣家依에게 丹波守를 겸직시키고, 종5위하 文室眞人高嶋를 備中守로 삼고, 종5위하 大伴宿禰東人을 周防守로 삼고, 참의 종3위 兵部卿 겸 造法華寺 장관 藤原朝臣宿奈麻呂를 大宰帥로 삼았다. 道鏡의 동생 弓削淨人, 淨人의 아들 廣方, 廣田, 廣津을 土左國으로 유배보냈다.

임자(23일), 3·7재에 元興寺에서 독경하게 하였다. 이날, 종4위상 坂上大忌寸苅田麻呂에게 정4위하를 내렸는데, 道鏡法師의 간계를 고발했기 때문이다.

을묘(26일), 河內職을 河內國으로 복구하였다. 慈訓法師, 慶俊法師를 소승도로 복구하였다.

정사(28일), 대학두 諱[102]에게 종4위하를 내렸다. 종5위하 賀茂朝臣淨名을 員外少納言으로 삼고, 종4위상 藤原朝臣雄田麻呂를 右大弁으로 삼고, 內豎大輔 內匠頭 右兵衛督은 종전대로 하였다. 종4위하 諱[103]를 시종으로 삼고, 종4위하 吉備朝臣泉을 대학두로 삼고, 종5위상 紀朝臣廣庭을 河內守로 삼고, 종5위하 桑原王을 下總介로 삼고, 造宮卿 종3위 高麗朝臣福信에게 武藏守를 겸직시키고, 大藏卿 종3위 藤原朝臣魚名에게 但馬守를 겸직시키고, 종5위하 大伴宿禰潔足을 因幡守로 삼고, 近衛少將 종5위하 紀朝臣船守에게 紀伊守를 겸직시키고, 종4위하 豊野眞人出雲을 大宰大貳로 삼았다.

무오(29일), 처음에 天平 12년(730) 左馬寮 馬部大豆鯛麻呂가 河內國 사람 川邊朝臣宅麻呂의 아들 杖枚代, 勝麻呂 등을 무고하여 飼馬로 편적하였다. 宅麻呂는 여러 해에 걸쳐 호소했는데, 이에 이르러 비로소 무고의 오명을 벗었다. 이에 따라 飼馬의 명적에서 삭제되었다.

기미(30일), 4·7재를 大安寺에서 올렸다.

---

102) 山部親王. 후의 桓武天皇. 천황 실명을 거론하지 않는 避諱 기사.
103) 山部親王. 후의 桓武天皇.

9월 임술(3일), (황태자는) 令旨를 내려, "근년에 영외관은 그 인원이 많아 헛되게 국가의 비용이 들어가고, 공익에 도움이 되지 않는다. 관직을 줄이고 업무를 간편히 하는 일은 지난 聖帝의 좋은 규범이다. 주요 관사를 제외하고는 모두 폐하거나 줄이도록 한다. 또 지난 天平勝寶 9세에 首와 史의 성을 고쳐서 모두 毘登으로 하였다. (그런데) 피차의 구분이 어려워 씨족이 혼잡하게 되었다. 이것은 온당하지 않다. 원래의 字로 되돌리기로 한다. 또 앞서 관인의 상의는 (만드는데) 1필로 한정했는데, 천하의 사람들은 착용하고 백성들은 협소하다고 말한 적이 없다. 요즈음 마음대로 크게 입는 것을 좋아하여 옷을 재단할 때에 더욱이 반필을 더하고 있다. 또 상의와 두루마기도 동일하게 하여 내의와 외의를 분별하기 어렵고, 그대로 습속이 되고 있다. 이것은 실로 헛되게 쓰이는 비용이다. 지금 이후로는 이러한 일이 있어서는 안 된다"라고 하였다.

을축(6일), 和氣淸麻呂와 廣中을 備後, 大隅에서 불러 경사에 들어오게 하였다.

병인(7일), 5번째 7일재를 약사사에서 올렸다. 종5위하 文室眞人眞老를 丹波員外介로 삼고, 종5위하 阿倍朝臣小東人을 伯耆守로 삼고, 종4위하 藤原朝臣乙縄을 土左守로 삼았다.

신미(12일), 基信의 친족인 近江國 사람 종8위하 物部宿禰伊賀麻呂 등 3인에게 본성인 物部로 되돌렸다.104)

계유(14일), 6번째 7일재, 西大寺에서 올렸다.

을해(16일), 종5위하 石川朝臣眞守를 소납언으로 삼고, 종5위상 大伴宿禰家持를 좌중변 겸 중무대보로 삼고, 종5위하 橘宿禰綿裳을 少輔로 삼고, 종3위 藤原朝臣宿奈麻呂를 式部卿으로 삼고, 造法華寺 장관은 종전대로 하였다. 近衛大將 종3위 藤原朝臣藏下麻呂에게 병부경을 겸직시키고, 종5위상 阿倍朝臣東人을 궁내대보로 삼고, 중무소보 종5위하 橘宿禰綿裳에게 山背守를 겸직시키고, 종5위하 豊國眞人秋篠를 甲斐守로 삼고, 종5위상 榎井朝臣子祖를 上總守로 삼고, 종4위하 藤原朝臣乙縄을 美作守로 삼고, 종5위상 巨勢朝臣公成을 長門守로 삼고, 종3위 石上朝臣宅嗣를 大宰帥로 삼고, 정4위하 坂上大忌寸苅田麻呂를

104) 物部宿禰에서 物部로 되돌렸다는 것이다.

陸奧鎭守將軍으로 삼았다.

신사(22일), 49재이다. 山階寺에서 재를 올렸다. 제국에서는 국마다 관내의 승니를 金光, 法華 2사[105)]에 초청하여 行道[106)]하고 (경전을) 轉經[107)]하게 하였다. 이날, 경사 및 천하 제국에 大祓[108)]을 행하였다.

임오(23일), 1년의 상복 기간을 중지시키고, 천하의 생활을 吉禮에 따르게 하였다.[109)]

이해의 6, 7월에 혜성이 북두칠성에 들어갔다.

『속일본기』 권제30

105) 金光明寺는 國分寺, 法華寺는 國分尼寺.

106) 경전을 독송하면서 불전 주위를 맴도는 의식.

107) 경전의 초, 중, 종의 數行을 略讀하는 것.

108) 祓은 일종의 부정을 씻는 정화의식으로 궁중과 신사에서 일상적으로 행하였다. 천하 만민의 죄를 씻는다는 罪穢의 祓은 大祓이라고 하였다.

109) 光仁天皇의 즉위로 인해 중지되었다.

續日本紀卷第三十

〈起神護景雲三年七月, 盡寶龜元年九月〉

右大臣從二位兼行皇太子傅中衛大將臣藤原朝臣繼繩等奉勅撰

高野天皇

◯ **神護景雲三年**秋七月乙亥, 賜廚眞人廚女封四十二戶, 田十町. 始用法王宮職印. 庚辰, 遣使奉幣於五畿內風伯. 壬午, 左京人阿刀造子老等五人賜姓阿刀宿禰. 丁亥, 周防國戶五十烟入四天王寺.

八月丙申朔, 日有蝕之. 庚午, 授外從五位下武藏宿禰不破麻呂從五位上. 辛丑, 授從八位下茨田連稻床外從五位下, 以貢獻也. 甲辰, 尾張國海部, 中嶋二郡大水, 賜尤貧者穀人一斗. 授從五位下皇甫東朝從五位上. 戊申, 遠江, 越前二國戶各二十烟. 大和, 山背兩國田各五町捨入龍淵寺. 己酉, 下總國猿嶋郡災, 燒穀六千四百餘斛. 癸丑, 河內國大縣郡人從五位下上村主五百公賜姓上連. 甲寅, 以從五位下當麻眞人永繼爲左少弁, 從四位下大伴宿禰伯麻呂爲員外右中弁, 造西大寺次官如故, 從五位下太朝臣犬養爲右少弁, 正五位下小野朝臣小贄爲中務大輔, 勅旨大丞從五位下健部朝臣人上爲兼圖書助, 從五位下山上朝臣船主爲陰陽助, 筑後掾如故. 外從五位下百濟公秋麻呂爲允, 外從五位下雀部兄子爲內藥正, 外從五位下清湍連雷爲雅樂大允, 從五位下阿倍朝臣意宇麻呂爲主船正, 正四位下田中朝臣多太麻呂爲宮內大輔, 從五位下大伴宿禰不破麻呂爲彈正弼, 大藏卿從三位藤原朝臣魚名爲兼左京大夫, 從五位上阿倍朝臣清成爲造宮大輔, 式部少輔正五位下藤原朝臣家依爲兼大和守, 從五位下多治比眞人長野爲介, 從五位下小野朝臣石根爲近江介, 從五位上弓削宿禰大成爲信濃員外介, 正五位上石川朝臣名足爲陸奥守, 從五位下輔治能眞人清麻呂爲因幡員外介, 外從五位下田部宿禰足嶋爲淡路守, 從五位上袁晋卿爲日向守. 丙辰, 始置大宰府綾師.

九月丁卯, 始賜任諸國軍主帳者爵一級. 壬申, 尾張國言, 此國與美濃國堺, 有鵜沼川.

今年大水, 其流沒道, 每日侵損葉栗, 中嶋, 海部三郡百姓田宅. 又國府并國分二寺, 俱居下流. 若經年歲, 必致漂損. 望請, 遣解工使, 開掘復其舊道. 許之. 辛巳, 河內國志紀郡人從七位下岡田毘登稻城等四人賜姓吉備臣. 以從四位下藤原朝臣楓麻呂爲信濃守. 丙戌, 左京人從八位下河原毘登堅魚等十人, 河內國人河原藏人人成等五人, 並賜姓河原連. 己丑, 詔曰, 天皇〈良我〉御命〈良麻止〉詔〈久〉. 夫臣下〈等〉云物〈波〉君〈仁〉隨〈天〉淨〈久〉貞〈仁〉明心〈乎〉以〈天〉君〈乎〉助護對〈天方〉無禮〈岐〉面〈幣利〉無〈久〉後〈仁波〉謗言無〈久〉姦僞〈利〉諂曲〈流〉心無〈之天〉奉侍〈倍岐〉物〈仁〉在. 然物〈乎〉從五位下因幡國員外介輔治能眞人清麻呂其〈我〉姉法均〈止〉甚大〈仁〉惡〈久〉姦〈流〉妄語〈乎〉作〈天〉朕〈仁〉對〈天〉法均〈伊〉物奏〈利〉, 此〈乎〉見〈流仁〉面〈乃〉色形口〈爾〉云言猶明〈爾〉己〈何〉作〈天〉云言〈乎〉大神〈乃〉御命〈止〉借〈天〉言〈止〉所知〈奴〉. 問求〈仁〉朕所念〈之天〉在〈何〉如〈久〉大神〈乃〉御命〈爾波〉不在〈止〉聞行定〈都〉. 故是以法〈乃麻爾麻〉退給〈止〉詔〈布〉御命〈乎〉衆諸聞食〈止〉宣. 復詔〈久〉此事〈方〉人〈乃〉奏〈天〉在〈仁毛〉不在. 唯言其理〈爾〉不在逆〈爾〉云〈利〉. 面〈幣利毛〉無禮〈之天〉己事〈乎〉納用〈與止〉念〈天〉在. 是天地〈乃〉逆〈止〉云〈爾〉此〈與利〉增〈波〉無. 然此〈方〉諸聖等天神地祇現給〈比〉悟給〈爾己曾〉在〈禮〉, 誰〈可〉敢〈弖〉朕〈爾〉奏給〈牟〉. 猶人〈方〉不奏在〈等毛〉心中惡〈久〉垢〈久〉濁〈天〉在人〈波〉必天地現〈之〉示給〈都留〉物〈曾〉. 是以人人己〈何〉心〈乎〉明〈爾〉清〈久〉貞〈爾〉謹〈天〉奉侍〈止〉詔〈布〉御命〈乎〉衆諸聞食〈止〉宣. 復此事〈乎〉知〈天〉清麻呂等〈止〉相謀〈家牟〉人在〈止方〉所知〈天〉在〈止毛〉君〈波〉慈〈乎〉以〈弖〉天下〈乃〉政〈波〉行給物〈爾〉伊麻〈世波奈毛〉慈〈備〉愍〈美〉給〈天〉免給〈布〉. 然行事〈乃〉重在〈牟〉人〈乎波〉法〈乃麻爾麻〉收給〈牟〉物〈曾〉. 如是狀悟〈天〉先〈爾〉清麻呂等〈止〉同心〈之天〉一二〈乃〉事〈毛〉相謀〈家牟〉人等〈波〉心改〈天〉明〈仁〉貞〈爾〉在心〈乎〉以〈天〉奉侍〈止〉詔〈布〉御命〈乎〉衆諸聞食〈止〉宣. 復清麻呂等〈波〉奉侍〈留〉奴〈止〉所念〈天己曾〉姓〈毛〉賜〈弖〉治給〈天之可〉. 今〈波〉穢奴〈止之弖〉退給〈爾〉依〈奈毛〉賜〈幣利之〉姓〈方〉取〈弖〉別部〈止〉成給〈弖〉其〈我〉名〈波〉穢麻呂〈止〉給〈比〉法均〈我〉名〈毛〉廣虫賣〈止〉還給〈止〉詔〈布〉御命〈乎〉衆諸聞食〈止〉宣. 復明基〈波〉廣虫賣〈止〉身〈波〉二〈爾〉在〈止毛〉心〈波〉一〈爾〉在〈止〉所知〈弖奈毛〉其〈我〉名〈毛〉取給〈弖〉同〈久〉退給〈等〉詔〈布〉御命〈乎〉衆諸聞食〈止〉宣. 始大宰主神習宜阿曾麻呂希旨, 方媚事道鏡, 因矯八幡神教言, 令道鏡卽皇位, 天下太平. 道鏡聞之, 深喜自負. 天皇召淸麻呂於床下, 勅曰, 昨夜夢, 八幡神使來云, 大神爲令奏事, 請尼法均, 宜汝淸麻呂相代而往聽彼神命. 臨發, 道鏡語淸麻呂曰, 大神所以請使者, 蓋爲告我卽位之事. 因重募以官爵, 淸麻呂行詣神宮. 大神詫宣曰, 我國家開闢以來, 君臣定矣. 以臣爲君, 未之有也. 天之日嗣必立皇緖. 無道之人, 宜早掃除. 淸麻呂來歸, 奏如神敎. 於是道鏡大怒, 解淸麻呂本官, 出爲因幡員外介. 未之任所, 尋有詔, 除名配於大隅. 其姉法均還俗配於備後.

冬十月乙未朔, 詔曰, 天皇〈我〉御命〈良麻止〉詔〈久〉. 〈麻久毛〉畏〈岐〉新城〈乃〉大宮〈爾〉天下治給〈之〉中〈都〉天皇〈能〉臣等〈乎〉召〈天〉後〈乃〉御命〈仁〉勅〈之久〉. 汝等〈乎〉召〈都留〉事〈方〉朝庭〈爾〉奉侍〈良牟〉狀敎詔〈牟止曾〉召〈都留〉. 於太比〈爾〉侍〈弖〉諸聞食. 貞〈久〉明〈爾〉淨〈伎〉心〈乎〉以〈天〉朕子天皇〈仁〉奉侍〈利〉護助〈麻都禮〉. 繼〈天方〉是太子〈乎〉助奉侍〈禮〉. 〈我〉敎給〈布〉御命〈爾〉不順〈之天〉王等〈波〉己〈我〉得〈麻之岐〉帝〈乃〉尊〈岐〉寶位〈乎〉望求〈米〉人〈乎〉伊射奈〈比〉惡〈久〉穢心〈乎〉以〈天〉逆〈爾〉在謀〈乎〉起. 臣等〈方〉己〈我〉比伎婢企是〈爾〉託彼〈爾〉依〈都都〉頑〈爾〉無禮〈伎〉心〈乎〉念〈弖〉橫〈乃〉謀〈乎〉構. 如是在〈牟〉人等〈乎波〉朕必天翔給〈天〉見行〈之〉退給〈比〉捨給〈比〉岐良〈比〉給〈牟〉物〈曾〉. 天地〈乃〉福〈毛〉不蒙〈自〉, 是狀知〈天〉明〈仁〉淨〈伎〉心〈乎〉以〈天〉奉侍〈牟〉人〈乎波〉慈給〈比〉愍給〈天〉治給〈牟〉物〈曾〉, 復天〈乃〉福〈毛〉蒙〈利〉永世〈爾〉門不絶奉侍〈利〉昌〈牟〉. 許己知〈天〉謹〈麻利〉淨心〈乎〉以〈天〉奉侍〈止〉將命〈止奈毛〉召〈都流止〉勅〈比〉於保世給〈布〉御命〈乎〉衆諸聞食〈止〉宣, 復詔〈久〉. 掛〈毛〉畏〈伎〉朕〈我〉天〈乃〉御門帝皇〈我〉御命以〈天〉勅〈之久〉. 〈爾〉奉侍〈牟〉諸臣等朕〈乎〉君〈止〉念〈牟〉人〈方〉大皇后〈仁〉能奉侍〈禮〉. 朕〈乎〉念〈天〉在〈我〉如〈久〉異〈奈〉念〈曾〉, 繼〈天方〉朕子太子〈爾〉明〈仁〉淨〈久〉二心無〈之天〉奉侍〈禮〉. 朕〈方〉子二〈利止〉云言〈波〉無唯此太子一人〈乃味曾〉朕〈我〉子〈波〉在. 此心知〈天〉諸護助奉侍〈禮〉, 然朕〈波〉御身都可良〈之久〉於保麻之麻須〈爾〉依〈天〉. 太子〈爾〉天〈都〉日嗣高御座〈乃〉繼〈天方〉授〈麻都流止〉命〈天〉朕〈爾〉勅〈之久〉. 天下〈乃〉政事〈波〉慈〈乎〉以〈天〉治〈與〉. 復上〈波〉三寶〈乃〉御法〈乎〉隆〈之米〉出家道人〈乎〉治〈麻都利〉. 次〈波〉諸天神地祇〈乃〉祭祀〈乎〉不絶. 下〈波〉天下〈乃〉諸人民〈乎〉愍給〈弊〉, 復勅〈之久〉. 此帝〈乃〉位〈止〉云物〈波〉天〈乃〉授不給〈奴〉人〈爾〉授〈天方〉保〈己止毛〉不得. 亦變〈天〉身〈毛〉滅〈奴流〉物〈曾〉. 朕〈我〉立〈天〉

在人〈止〉云〈止毛〉汝〈我〉心〈爾〉不能〈止〉知目〈爾〉見〈天牟〉人〈乎波〉改〈天〉立〈牟〉事〈方〉心〈乃麻爾麻世與止〉. 命〈伎〉, 復勅〈之久〉朕〈我〉東人〈爾〉授刀〈天〉侍〈之牟留〉事〈波〉汝〈乃〉近護〈止之天〉護近〈與止〉念〈天奈毛〉在, 是東人〈波〉常〈爾〉云〈久〉. 額〈爾方〉箭〈波〉立〈止毛〉背〈波〉箭〈方〉不立〈止〉云〈天〉. 君〈乎〉一心〈乎〉以〈天〉護物〈曾〉. 此心知〈天〉汝都可〈弊止〉勅〈比之〉御命〈乎〉不忘. 此狀悟〈天〉諸東國〈乃〉人等謹〈之麻利〉奉侍〈禮〉, 然挂〈毛〉畏〈岐〉二所〈乃〉天皇〈我〉御命〈乎〉朕〈我〉頂〈爾〉受賜〈天〉晝〈毛〉夜〈毛〉念持〈天〉在〈止毛〉由無〈之弖〉人〈爾〉云聞〈之牟留〉事不得, 猶此〈爾〉依〈天〉諸〈乃〉人〈爾〉令聞〈止奈毛〉召〈都留〉, 故是以今朕〈我〉汝等〈乎〉教給〈牟〉御命〈乎〉衆諸聞食〈止〉宣. 夫君〈乃〉位〈波〉願求〈乎〉以〈天〉得事〈方〉甚難〈止〉云言〈乎波〉皆知〈天〉在〈止毛〉先〈乃〉人〈波〉謀乎遲奈〈之〉我〈方〉能〈久〉都與〈久〉謀〈天〉必得〈天牟止〉念〈天〉種種〈爾〉願禱〈止毛〉猶諸聖天神地祇御靈〈乃〉不免給不授給物〈爾〉在〈波〉自然〈爾〉人〈毛〉申顯己〈我〉口〈乎〉以〈天毛〉云〈都〉變〈天〉身〈乎〉滅災〈乎〉蒙〈天〉終〈爾〉罪〈乎〉己〈毛〉人〈毛〉同〈久〉致〈都〉, 因茲〈天〉天地〈乎〉恨君臣〈乎毛〉怨〈奴〉. 猶心〈乎〉改〈天〉直〈久〉淨〈久〉在〈波〉天地〈毛〉憎〈多麻波受〉君〈毛〉捨不給〈之天〉福〈乎〉蒙身〈毛〉安〈家牟〉. 〈天方〉官位〈乎〉賜〈利〉昌死〈弖波〉善名〈乎〉遠世〈爾〉流傳〈天牟〉. 是故先〈乃〉賢人云〈天〉在〈久〉, 〈方〉灰〈止〉共〈爾〉地〈仁〉埋〈利奴禮止〉名〈波〉烟〈止〉共〈爾〉天〈爾〉昇〈止〉云〈利〉. 又云〈久〉, 〈乎〉知〈天方〉必改〈與〉, 能〈乎〉得〈天方〉莫忘〈止伊布〉. 然物〈乎〉口〈爾〉我〈方〉淨〈之止〉云〈天〉心〈仁〉穢〈乎波〉天〈乃〉不覆地〈乃〉不載〈奴〉所〈止〉成〈奴〉. 此〈乎〉持〈伊波〉稱〈乎〉致〈之〉捨〈伊波〉謗〈乎〉招〈都〉. 猶朕〈我〉尊〈備〉拜〈美〉讀誦〈之〉奉〈留〉最勝王經〈乃〉王法正論品〈爾〉命〈久〉. 若造善惡業今於現在中諸天共護持示其善惡報, 國人造惡業, 王者不禁制, 此非順正理, 治擯當如法〈止〉命〈天〉在. 是〈乎〉以〈天〉汝等〈乎〉教導〈久〉. 今世〈爾方〉世間〈乃〉榮福〈乎〉蒙〈利〉忠淨名〈乎〉顯〈之〉. 後世〈爾方〉人天〈乃〉勝樂〈乎〉受〈天〉終〈爾〉佛〈止〉成〈止〉所念〈天奈毛〉諸〈爾〉是事〈乎〉教給〈布止〉詔〈布〉御命〈乎〉衆諸聞食〈止〉宣. 復詔〈久〉, 此賜〈布〉帶〈乎〉多麻波〈利弖〉汝等〈乃〉心〈乎〉等等能〈倍〉直〈之〉朕〈我〉教事〈爾〉不違〈之天〉束〈禰〉治〈牟〉表〈止奈毛〉此帶〈乎〉賜〈八久止〉詔〈布〉御命〈乎〉衆諸聞食〈止〉宣. 其帶, 皆以紫綾爲之, 長各八尺, 其二端, 以金泥書恕字, 賜五位已上. 其以才伎幷貢獻敍位者,不在賜限. 但藤原氏者, 雖未成人, 皆賜之.

十月甲辰, 從五位上奈癸王爲正親正. 大宰府言, 此府人物殷繁, 天下之一都會也. 子弟之徒, 學者稍衆. 而府庫但蓄五經, 未有三史正本, 涉獵之人, 其道不廣. 伏乞, 列代諸史, 各給一本, 傳習管內, 以興學業. 詔賜史記, 漢書, 後漢書, 三國志, 晋書各一部. 讃岐國香川郡人秦勝倉下等五十二人賜姓秦原公. 己酉, 車駕幸飽浪宮. 辛亥, 進幸由義宮. 癸丑, 以從四位下藤原朝臣雄田痲呂爲河內守, 左中弁右兵衛督內匠頭並如故. 乙卯, 權建肆廛於龍華寺以西川上. 而驅河內市人以居之. 陪從五位已上以私玩好交關其間, 車駕臨之. 以爲遊覽, 難波宮綿二萬屯, 鹽三十石, 施入龍華寺. 辛酉, 賜陪從仕丁仕女已上及僧都已下綿有差. 壬戌, 授無位上村主刀自女從五位下, 時年九十九, 優高年也. 癸亥, 大和國造正四位下大和宿禰長岡卒. 刑部少輔從五位上五百足之子也. 少好刑名之學, 兼能屬文, 靈龜二年, 入唐請益, 凝滯之處, 多有發明, 當時言法令者, 就長岡而質之. 勝寶年中, 改忌寸賜宿禰. 寶字初, 仕至正五位下民部大輔兼坤宮大忠. 四年遷河內守, 政無仁惠, 吏民患之. 其後授從四位下, 以散位還第. 八年任右京大夫, 以年老自辭去職. 景雲二年, 賀正之宴, 有詔特侍殿上. 時鬢髮未衰, 進退無忒. 天皇問之曰, 卿年幾, 長岡避席言曰, 今日方登八十. 天皇嘉嘆者久之. 御製授正四位下. 是日, 賜配智識寺今良二人, 四天王寺奴婢十二人, 爵人三級. 甲子, 詔以由義宮爲西京, 河內國爲河內職. 賜高年七十已上者物, 免當國今年調, 大縣, 若江二郡田租, 安宿, 志紀二郡田租之半. 又當國犯死罪已下, 並從赦除. 仍賜弓削御淨朝臣淸入等, 幷供事國郡司軍毅爵一級. 授正三位弓削御淨朝臣淸人從二位, 從四位下藤原朝臣雄田痲呂從四位上, 從五位上弓削御淨朝臣廣方, 葛井連道依並正五位下, 從五位下紀朝臣廣庭, 弓削御淨朝臣秋痲呂, 弓削御淨朝臣鹽痲呂並從五位上, 無位弓削御淨朝臣廣津從五位下, 及復無位山口忌寸沙彌痲呂本位從五位下, 正六位上河內連三立痲呂, 六人部連廣道, 井上忌寸蜂痲呂, 高安忌寸伊可痲呂並外從五位下, 從五位上弓削御淨朝臣美努久賣, 乙美努久賣並正五位下, 無位藤原朝臣諸姉, 弓削宿禰東女並從五位下, 正六位上伊福部宿禰紫女外從五位下. 從四位上藤原朝臣雄田痲呂爲河內大夫, 本官如故. 從五位上紀朝臣廣庭爲亮, 法王宮大進外從五位下河內連三立痲呂爲兼大進, 外從五位下高安忌寸伊賀痲呂爲少進.

十一月丙寅, 以外從五位下美努連智痲呂爲文章博士, 外從五位下鳥取連大分爲美濃大掾. 癸酉, 車駕還宮. 大和國守正五位下藤原朝臣家依授正五位上, 介從五位下多治比眞人長野從五位上. 丙子, 新羅使級湌金初正等一百八十七人, 及導送者三十九人, 到着對馬嶋. 庚辰, 左京人神麻續宿禰足麻呂, 右京人神麻續宿禰廣目女等二十六人復爲神麻續連. 辛巳, 授正六位上大和宿禰西麻呂外從五位下. 壬午, 彈正史生從八位下秦長田三山, 造宮長上正七位下秦倉人呰主, 造東大寺工手從七位下秦姓綱麻呂, 賜姓秦忌寸. 己丑, 陸奥國牡鹿郡俘囚外少初位上勳七等大伴部押人言, 傳聞, 押人等本是紀伊國名草郡片岡里人也. 昔者先祖大伴部直征夷之時, 到於小田郡嶋田村而居焉. 其後, 子孫爲夷被虜, 歷代爲俘, 幸賴聖朝撫運神武威邊, 拔彼虜庭久爲化民. 望請, 除俘囚名, 爲調庸民. 許之. 庚寅, 天皇臨軒. 大隅薩摩隼人奏俗伎. 外從五位下薩摩公鷹白, 加志公嶋麻呂並授外從五位上, 正六位上甑隼人麻比古, 外正六位上薩摩公久奈都, 曾公足麻呂, 大住直倭, 上正六位上大住忌寸三行, 並外從五位下, 自餘隼人等, 賜物有差. 是日, 授無位春日王從五位下. 壬辰, 賜宴於五位已上. 詔曰, 今勅〈久〉, 今日〈方〉新嘗〈乃〉猶良比〈乃〉豊〈乃〉明聞〈許之賣須〉日〈仁〉在. 然昨日〈能〉冬至日〈仁〉天雨〈天〉地〈毛〉潤萬物〈毛〉萌毛延始〈天〉好〈阿流良牟止〉念〈仁〉. 伊豫國〈與利〉白祥鹿〈乎〉獻奉〈天〉在〈禮方〉有禮〈志〉與呂許保〈志止奈毛〉見〈流〉. 復三〈乃〉善事〈乃〉同時〈仁〉集〈天〉在〈己止〉甚希有〈止〉念畏〈末利〉尊〈備〉諸臣等〈止〉共〈仁〉異奇〈久〉麗白〈伎〉形〈乎奈毛〉見喜〈流〉. 故是以黑記白記〈乃〉御酒食〈倍〉惠良〈伎〉. 常〈毛〉賜酒幣〈乃〉物賜〈禮止之天〉御物給〈波久止〉宣. 賜祿有差. 以從五位上高賀茂朝臣諸雄爲員外少納言.

十二月甲辰, 以從五位上佐伯宿禰助爲兵部大輔. 乙巳, 授正六位上三嶋宿禰宗麻呂外從五位下. 癸丑, 遣員外右中弁從四位下大伴宿禰伯麻呂, 攝津大進外從五位下津連眞麻呂等於大宰, 問新羅使入朝之由. 乙卯, 授外從五位下津連眞麻呂從五位下爲肥前守. 戊午, 河內國志紀郡人外從五位下土師連智毛智賜姓宿禰.

◯ **寶龜元年**春正月辛未, 宴次侍從已上於東院. 賜御被. 乙亥, 大縣, 若江, 高安等郡, 百姓之宅入由義宮者, 酬給其價. 戊寅, 設仁王會於宮中. 甲申, 大宰管內大風, 壞官舍幷百姓廬舍一千三十餘口, 賑給被損百姓.

二月戊申, 陰陽頭正五位下紀朝臣益麻呂爲兼伯耆介. 丙辰, 破却西大寺東塔心礎, 其石大方一丈餘, 厚九尺. 東大寺以東, 飯盛山之石也. 初以數千人引之, 日去數步. 時復或鳴. 於是, 益人夫, 九日乃至, 卽加削刻築基已畢. 時巫覡之徒, 動以石祟爲言.

於是, 積柴燒之. 灌以三十餘斛酒, 片片破却, 棄於道路. 後月餘日, 天皇不悆, 卜之破石爲崇. 卽復拾置淨地, 不令人馬踐之. 今其寺內東南隅數十片破石是也. 庚申, 車駕行幸由義宮.

三月丙寅, 車駕臨博多川, 以宴遊焉. 是日, 百官文人及大學生等各上曲水之詩. 丁卯, 初問新羅使來由之日, 金初正等言, 在唐大使藤原河淸, 學生朝衡等, 屬宿衛王子金隱居歸鄕, 附書送於鄕親. 是以, 國王差初正等, 令送河淸等書. 又因使次, 便貢土毛. 又問, 新羅貢調, 其來久矣. 改稱土毛, 其義安在. 對言, 便以附貢, 故不稱調. 至是, 遣左大史外從五位下堅部使主人主. 宣告初正等曰, 前使貞卷歸國之日, 所仰之政, 曾無申報. 今亦徒持私事參來, 所以, 此度不預賓禮. 自今以後, 宜如前仰. 令可申事人入朝者, 待之如常. 宜以此狀, 告汝國王知. 但進唐國消息, 并在唐我使藤原朝臣河淸等書, 嘉其勤勞. 仰大宰府安置饗賜. 宜知之. 賜國王祿絁二十五疋, 絲一百絇, 綿二百五十屯, 大使金初正已下各有差. 授從六位下津守宿禰夜須賣從五位下. 癸酉, 以從五位下山口忌寸沙彌麻呂, 西市員外令史正八位下民使毘登日理, 權任會賀市司. 壬午, 內掃部司員外令史正六位上秦刀良, 本是備前國仕丁, 巧造狹疊, 直司四十餘年, 以勞授外從五位下. 癸未, 外正八位下周防凡直葦原獻錢百萬, 鹽三千顆, 授外從五位上. 辛卯, 葛井, 船, 津, 文, 武生, 藏六氏男女二百三十人供奉歌垣. 其服並着靑摺細布衣, 垂紅長紐. 男女相並, 分行徐進. 歌曰, 乎止賣良爾, 乎止古多智蘇比, 布美奈良須, 爾詩乃美夜古波, 與呂豆與乃美夜. 其歌垣歌曰, 布知毛世毛, 伎與久佐夜氣志, 波可多我波, 知止世乎麻知弖, 須賣流可波可母. 每歌曲折, 擧袂爲節. 其餘四首, 並是古詩. 不復煩載, 時詔五位已上, 內舍人及女孺. 亦列其歌垣中. 歌數闋訖, 河內大夫從四位上藤原朝臣雄田麻呂已下奏和舞. 賜六氏歌垣人商布二千段, 綿五百屯.

夏四月癸巳朔, 授正六位下縣犬養宿禰眞伯從五位下. 以外從五位下內藏忌寸若人爲攝津亮, 河內亮從五位上紀朝臣廣庭, 攝津亮外從五位下內藏忌寸若人並爲兼造由義大宮司次官. 美濃國方縣郡少領外從六位下國造雄萬獻私稻二萬束於國分寺, 授外從五位下. 陸奧國黑川, 賀美等一十郡俘囚三千九百二十人言曰, 己等父祖, 本是王民. 而爲夷所略, 遂成賤隷, 今旣殺敵歸降, 子孫蕃息. 伏願, 除俘囚之名, 輸調庸之貢. 許之. 乙未, 賜陪從文武百官及十二大寺僧沙彌物, 各有差. 丁酉, 詔造由義寺塔諸司人及雜工等九十五人, 隨勞輕重, 加賜位階. 正六位上船連淨足, 東人, 虫麻呂三人, 族中長老, 率奉歌垣. 並授外從五位下. 以東人爲攝津大進. 又授正六位上土師宿禰和麻呂外從五位下. 戊戌, 車駕至自由義宮. 庚子, 賜弓削氏男女物有差. 辛丑, 對馬嶋飢, 賑給之. 癸卯, 從五位上弓削宿禰牛養等九人賜姓弓削朝臣, 外從五位下弓削連耳高等三十八人宿禰, 外從五位下美努連財刀自及正八位上矢作造辛國賜姓宿禰. 未經歲月, 皆復本姓. 己酉, 授無位紀朝臣豊賣從五位下. 壬子, 授正八位上道公張弓從五位下, 以貢獻也. 戊午, 初天皇, 八年亂平, 乃發弘願, 令造三重小塔一百萬基. 高各四寸五分, 基徑三寸五分, 露盤之下, 各置根本, 慈心, 相輪, 六度等陀羅尼, 至是功畢. 分置諸寺, 賜供事官人已下仕丁已上一百五十七人爵, 各有差.

五月乙丑, 始聽諸國國師乘驛朝集. 庚午, 以從五位下田上王爲縫殿頭, 從五位下眞立王爲造酒正, 從五位下笠朝臣乙麻呂爲伊豆守, 從五位上大伴宿禰駿河麻呂爲出雲守, 正五位上大伴宿禰益立爲肥後守. 壬申, 先是, 伊豫國員外掾從六位上笠朝臣雄宗獻白鹿, 勅曰, 朕以薄德, 祗奉洪基, 善政未孚, 嘉貺頻降. 去歲得伊與國守從五位上高圓朝臣廣世等進白鹿一頭. 今年得大宰帥從二位弓削御淨朝臣淸人等進白雀一隻. 乾坤降祉, 符瑞駢臻, 或瑞羽呈祥, 或珠毛表貺. 良由宗社積德, 餘慶所覃. 豈朕庸虛, 敢當茲應, 奉天休而倍惕, 荷靈貺. 以逾兢. 唯可與同德, 公卿佐治, 良吏弘政, 至道敬答上玄. 宜准前綸, 量施惠政. 但其貢獻瑞物, 勞逸不齊. 獸則難致, 鳥則易獲, 如此之流, 量定奏聞. 於是, 左大臣藤原朝臣永手, 右大臣吉備朝臣眞備已下十一人奏, 臣等言, 臣聞, 粤自開闢, 世有君臨, 休徵嘉應, 時亦聞之. 雜沓繽紛, 豈如此盛. 伏惟皇帝陛下, 蘊德乘機, 再造區宇. 括天地以裁成, 叶禎祥而定業, 禮樂備而政化洽, 刑獄平而囹圄淸. 風雲改色, 飛走馴仁, 奇珍嘉瑞, 不絶於冊府, 遠贐殊琛無停於史筆, 臣等叨陪近侍, 頻觀靈物. 抃躍之喜, 實萬恒情, 白鹿是上瑞, 白雀合中瑞. 伏望, 進白鹿人敍位兩階, 賜絁二十疋, 綿三十屯, 布五十端, 稻二千束. 共捕白鹿五人, 各敍位一階, 牧長一人, 挾抄二人各賜稻四百束. 捕鹿處駈使三人, 水手十三人, 各三百束. 進白雀人敍位兩階, 賜稻一千束. 進瑞國司及所出郡司, 各敍位一階. 又伊豫, 肥後兩國神護景雲三年以往正稅未納, 皆悉除免. 出瑞郡田租免三分之一. 臣等准勅商量, 奉行如件, 伏請付外施行. 制曰可. 癸酉, 右京大夫從四位下勳四等百濟朝臣足人卒. 戊寅, 三田毘登家麻呂等四人賜姓道田連.

六月壬辰朔, 勅曰, 朕以非薄, 謬承重基, 撫育乖方, 黎首失所. 顧念泣罪, 情軫納隍, 屬有所思, 欲流渙汚, 可大赦天下. 自神護景雲四年六月一日昧爽以前, 大辟罪以下罪無輕重, 已發覺, 未發覺, 已結正, 未結正, 繫囚見徒及强竊二盗咸赦除之. 其八虐,私鑄錢, 常赦所不免者, 不在赦限. 但前後逆黨緣坐人等, 所司量其輕重奏聞. 普告天下, 知朕意焉. 甲午, 正五位上藤原朝臣家依爲式部大輔, 從五位下大伴宿禰東人爲散位助, 從五位上弓削御淨朝臣秋麻呂爲大藏少輔, 中納言從三位石川朝臣豊成爲兼右京大夫, 從五位上粟田朝臣公足爲美濃員外介, 外從五位上桑原公足床爲能登員外介, 外從五位下堅部使主人主爲備後介. 己亥, 志摩國大風, 賑給被害百姓. 辛丑, 初天皇自幸由義宮之後, 不豫經月. 於是, 勅左大臣, 攝知近衛, 外衛, 左右兵衛事, 右大臣知中衛, 左右衛士事. 甲辰, 左大弁從四位上佐伯宿禰今毛人爲兼播磨守. 乙巳, 美濃國霖雨, 賑給被損之民. 丁未, 以從五位下息長眞人道足爲大監物, 正四位下田中朝臣多太麻呂爲民部大輔, 從五位上大伴宿禰家持爲少輔, 正五位下小野朝臣小贄爲大宰少貳. 甲寅, 祭疫神於京師四隅, 畿內十堺. 乙卯, 京師飢疫, 賑給之. 丙辰, 授正六位下多治比眞人豊濱從五位下.

秋七月丙寅, 授正六位上黃文連牟禰外從五位下. 己巳, 土左國飢, 賑給之. 乙亥, 勅曰, 朕荷負重任, 履薄臨深. 上不能先天奉時, 下不能養民如子. 常有慚德, 實無榮心. 撤膳菲躬, 日愼一日. 禁殺之令立國, 宥罪之典班朝. 而猶疫氣損生, 變異驚物. 永言疚懷, 不知所措. 唯有佛出世遺教應感, 苦是必脫, 災則能除. 故仰彼覺風, 拂斯祲霧. 謹於京內諸大小寺, 始自今月十七日, 七日之間, 屈請緇徒, 轉讀大般若經. 因此, 智惠之力忽壞邪嶺, 慈悲之雲永覆普天. 旣往幽魂, 通上下以證覺, 來今顯識及尊卑而同榮. 宜令普告天下, 斷辛肉酒, 各於當國諸寺奉讀. 國司國師共知, 檢校所讀經卷. 并僧尼數, 附使奏上. 其內外文武官屬. 亦同此制, 稱朕意焉. 戊寅, 常陸國那賀郡人丈部龍麻呂, 占部小足獲白烏, 筑前國嘉麻郡人財部宇代獲白雉, 賜爵人二級, 稻五百束, 但馬國疫, 賑給之. 庚辰, 以從三位藤原朝臣宿奈麻呂, 從四位下多治比眞人土作, 爲參議. 授從四位下多治比眞人土作從四位上, 正五位上百濟王理伯,正五位下紀朝臣益麻呂並從四位下, 從五位上石川朝臣垣守, 高賀茂朝臣諸雄並正五位下, 正六位上大中臣朝臣繼麻呂從五位下, 正六位上吉田連斐太麻呂外從五位下, 從五位下若狹遠敷朝臣長賣正五位上. 辛巳, 正五位上藤原朝臣家依, 正五位下吉備朝臣泉並授從四位下, 無位笠朝臣賀古從五位下. 壬午, 修志紀, 澁川, 茨田等堤, 單功三萬餘人. 癸未, 太政官奏, 奉去六月一日勅, 前後逆黨緣坐人等, 所司量其輕重奏聞者. 臣曹司且勘, 天平勝寶九歲逆黨橘奈良麻呂等并緣坐惣四百四十三人. 數內二百六十二人, 罪輕應免. 具注名簿, 伏聽天裁, 奉勅依奏. 但名簿雖編本貫, 正身不得入京. 乙酉, 外從五位下三嶋縣主宗麻呂賜姓宿禰. 戊子, 出羽國雨氷, 稻禾爲之被損. 己丑, 今良大目東人子秋麻呂等六十八人賜姓檜前, 若櫻部, 津守部, 眞髮部, 石上部, 丈部, 桑原部, 置始部, 宇治部, 大宅部, 丸部, 秦部, 林部, 穗積部, 調使部, 伊福部, 采女部, 額田部, 上村主, 湯坐部, 壬生部.

八月庚寅朔, 日有蝕之. 遣參議從四位下外衛大將兼越前守藤原朝臣繼繩, 左京少進正六位上大中臣朝臣宿奈麻呂, 奉幣帛及赤毛馬二疋於伊勢太神宮. 遣若狹國目從七位下伊勢朝臣諸人, 內舍人大初位下佐伯宿禰老, 奉鹿毛馬於若狹彦神, 八幡神宮, 各一疋. 辛卯, 遣神祇員外少史正七位上中臣葛野連飯麻呂, 奉幣帛於越前國氣比神, 能登國氣多神. 使雅樂頭從五位下伊刀王受神教於住吉神. 癸巳, 天皇崩于西宮寢殿. 春秋五十三. 左大臣從一位藤原朝臣永手, 右大臣從二位吉備朝臣眞備, 參議兵部卿從三位藤原朝臣宿奈麻呂, 參議民部卿從三位藤原朝臣繩麻呂, 參議式部卿從三位石上朝臣宅嗣, 近衛大將從三位藤原朝臣藏下麻呂等, 定策禁中, 立諱爲皇太子. 左大臣從一位藤原朝臣永手受遺宣曰, 今詔〈久〉, 事卒爾〈爾〉有依〈天〉諸臣等議〈天〉, 白壁王〈波〉諸王〈乃〉中〈爾〉年齒〈毛〉長〈奈利〉. 又先帝〈乃〉功〈毛〉在故〈爾〉太子〈止〉定〈天〉奏〈波〉奏〈流麻爾麻〉定給〈布止〉勅〈久止〉宣. 遣使固守三關. 以從三位文室眞人大市, 高麗朝臣福信, 藤原朝臣宿奈麻呂, 藤原朝臣魚名, 從四位下藤原朝臣楓麻呂, 藤原朝臣家依, 正五位下葛井連道依, 石川朝臣垣守, 從五位下太朝臣犬養, 六位十一人, 爲御裝束司. 從三位石川朝臣豊成, 從五位上奈癸王, 正四位下田中朝臣多太麻呂, 從四位上佐伯宿禰今毛人, 從四位下安倍朝臣毛人, 從五位上安倍朝臣淨成, 從五位下小野朝臣石根, 六位已下八人, 爲作山陵司. 從五位下石川朝臣豊人, 外從五位下高松連笠麻呂, 六位二人爲作路司. 外從五位下佐太忌寸味村, 外從五位下秦忌寸眞成, 判官主典各二人, 宮內, 大膳, 大炊, 造酒, 筥陶, 監物等司一人, 爲養役夫司. 與左右京四畿內, 伊賀, 近江, 丹波, 播磨, 紀伊等國役夫六千三百人, 以供山陵. 乙未, 天下擧哀, 服限一年. 差近江國兵二百騎, 守衛朝庭. 以從三位藤原朝臣宿奈麻呂爲騎兵司, 從五位上阿倍朝臣淨成爲次官, 判官主典各二人. 丁酉, 停釋奠, 以天下凶服也. 是日自天皇崩, 爰登一七, 於東西大寺誦經. 戊戌, 授正五位下豊野眞人出雲從四位下, 從五位上豊野眞人奄智正五位下, 從五位下豊野眞人五十戶從五位上, 以其父故式部卿從二位鈴鹿王舊宅, 爲山陵故也. 授從五位上藤原朝臣乙繩從四位下, 正六位上藤原朝臣是人從五位下. 己亥, 蝦夷宇漢迷公宇屈波宇等, 忽率徒族, 逃還賊地. 差使喚之, 不肯來歸. 言曰, 率一二同族, 必侵城柵. 於是, 差正四位上近衛中將兼相摸守勳二等道嶋宿禰嶋足等, 檢問虛實. 乙巳, 二七, 於藥師寺誦經. 丙午, 葬高野天皇於大和國添下郡佐貴鄕高野山陵. 以從三位藤原朝臣魚名爲御前次第司長官, 從五位下桑原王爲次官, 判官主典各二人. 從四位下藤原朝臣繼繩爲御後次第司長官, 從五位下大伴宿禰不破麻呂爲次官, 判官主典各二人. 皇太子在宮留 守, 道鏡法師奉梓宮, 便留廬於陵下. 天皇自幸由義宮. 便覺聖躬不豫. 於是, 卽還平城, 自此積百餘日, 不親視事. 群臣曾無得謁見者. 典藏從三位吉備朝臣由利, 出入臥內, 傳可奏事. 天皇尤崇佛道, 務恤刑獄. 勝寶之際, 政稱儉約. 自太師被誅, 道鏡擅權, 輕興力役, 務繕伽藍. 公私彫喪, 國用不足. 政刑日峻殺戮妄加. 故後之言事者, 頗稱其冤焉. 庚戌, 皇太子令旨, 如聞, 道鏡法師, 竊挾舐粳之心, 爲日久矣. 陵土未乾, 姦謀發覺. 是則神祇所護, 社稷攸祐. 今顧先聖厚恩, 不得依法入刑. 故任造下野國藥師寺別當發遣. 宜知之. 卽日, 遣左大弁正四位下佐伯宿禰今毛人, 彈正尹從四位下藤原朝臣楓麻呂, 役令上道. 以從五位下中臣習宜朝臣阿曾麻呂爲多褹嶋守. 辛亥, 從五位上阿倍朝臣東人爲中務大輔, 從五位上日置造簑麻呂爲圖書頭, 從四位下藤原朝臣楓麻呂爲伊勢守, 從五位下桑原王爲下野員外介, 從四位上左中弁內豎大輔內匠頭右兵衛督藤原朝臣雄田麻呂爲兼越前守, 式部大輔從四位下藤原朝臣家依爲兼丹波守, 從五位下文室眞人高嶋爲備中守, 從五位下大伴宿禰東人爲周防守, 參議從三位兵部卿兼造法華寺長官藤原朝臣宿奈麻呂爲大宰帥. 流道鏡弟弓削淨人, 淨人男廣方 廣田, 廣津於土左國. 壬子, 三七, 於元興寺誦經. 是日, 授從四位上坂上大忌寸苅田麻呂正四位下, 以告道鏡法師姦計也. 乙卯, 河內職復爲河內國. 以慈訓法師, 慶俊法師復爲少僧都. 丁巳, 授大學頭諱從四位下. 以從五位下賀茂朝臣淨名爲員外少納言, 從四位上藤原朝臣雄田麻呂爲右大弁, 內豎大輔內匠頭右兵衛督如故, 從四位下諱爲侍從, 從四位下吉備朝臣泉爲大學頭, 從五位上紀朝臣廣庭爲河內守, 從五位下桑原王爲下總介, 造宮卿從三位高麗朝臣福信爲兼武藏守, 大藏卿從三位藤原朝臣魚名爲兼但馬守, 從五位下大伴宿禰潔足爲因幡守, 近衛少將從五位下紀朝臣船守爲兼紀伊守, 從四位下豊野眞人出雲爲大宰大貳. 戊午, 初天平十二年左馬寮馬部大豆鯛麻呂誣告河內國人川邊朝臣宅麻呂男杖枚代, 勝麻呂等, 編附飼馬, 宅麻呂累年披訴, 至是始雪, 因除飼馬之帳, 己未, 四七, 於大安寺設齋焉.

九月壬戌, 令旨, 比年, 令外之官, 其員繁夥, 徒費國用, 無益公途. 省官簡務, 往聖嘉典.

除要司外. 宜悉廢省矣. 又以去天平勝寶九歲改首史姓. 並爲毘登, 彼此難分, 氏族混雜, 於事不穩. 宜從本字. 又先著袍衣, 以疋爲限, 天下服用, 不聞狹窄, 比來, 任意競好寬大, 至于裁袍更加半疋. 袍襖亦齊, 不弁表裏, 習而成俗. 爲費良深. 自今以後, 不得更然. 乙丑, 徵和氣淸麻呂, 廣中於備後大隅, 詣京師. 丙寅, 五七, 於藥師寺設齋焉. 以從五位下文室眞人眞老爲丹波員外介, 從五位下阿倍朝臣小東人爲伯耆守, 從四位下藤原朝臣乙繩爲土左守. 辛未, 基信親族近江國人從八位下物部宿禰伊賀麻呂等三人, 復本姓物部. 癸酉, 六七, 於西大寺, 設齋焉. 乙亥, 以從五位下石川朝臣眞守爲少納言, 從五位上大伴宿禰家持爲左中弁兼中務大輔, 從五位下橘宿禰綿裳爲少輔, 從三位藤原朝臣宿奈麻呂爲式部卿, 造法華寺長官如故. 近衛大將從三位藤原朝臣藏下麻呂爲兼兵部卿, 從五位上阿倍朝臣東人爲宮內大輔, 中務少輔從五位下橘宿禰綿裳爲兼山背守, 從五位下豊國眞人秋篠爲甲斐守, 從五位上榎井朝臣子祖爲上總守, 從四位下藤原朝臣乙繩爲美作守, 從五位上巨勢朝臣公成爲長門守, 從三位石上朝臣宅嗣爲大宰帥, 正四位下坂上大忌寸苅田麻呂爲陸奥鎭守將軍. 辛巳, 七七, 於山階寺, 設齋焉. 諸國者, 每國屈請管內僧尼於金光法華二寺, 行道轉經. 是日, 京師及天下諸國大秡. 壬午, 停一年服期, 天下從吉. 是年六七月, 彗星入於北斗.

續日本紀卷第三十